籀园芳馨

温州图书馆百年馆庆文集

温州市图书馆 ——— 编

上海书店出版社
SHANGHAI BOOKSTORE PUBLISHING HOUSE

百年荣光　勇立潮头　引领发展

——祝贺温州图书馆百年华诞

（代序）

温州图书馆走过了百年历程。今天，说起温州图书馆，“业界谁人不识君”，于我而言，熟知温州图书馆是近十几年的事，而认识“籀园”却有四十年的光阴。四十年前，我在北京大学中文系读古典文献专业，知道晚清有个备受后人推崇的大儒叫孙诒让，温州九山湖畔有座为纪念孙诒让而修建的藏书楼，名曰“籀园”，从那时起开始接触了孙诒让一些有关文献目录学方面的著述，如《温州经籍志》《四库全书简明目录批注》《四部别录》等。我 1984 年完成的硕士学位论文研究的是清代乾嘉目录学，其中还有一段将近一千字的文字说到了孙诒让：

孙诒让是晚清又一个在研治目录学上有较大成就的学者。《温州经籍志》和他为《四库全书简明目录》所做的笺注是其目录学方面的主要著作。……从孙诒让在目录学上的这两部代表性作品可以看出，孙诒让的目录学既继承了乾嘉考据学者一派目录学注重搜辑序跋题记、以资考核的特点，又体现出了乾嘉考据学者一派目录学注重描绘考订典籍版本的遗风。学术文化的发展都有一种继承性，乾嘉目录学对乾嘉以后一百年来目录学发展的影响便是这样。

说这一段背景想表达的意思是，温州图书馆的百年历史和中国为数不少的公共图书馆一样，是从传统藏书楼演化而来的，其源头有显赫的名人效应，也有深厚的学术积淀，还体现了中华文化“盛世修典、富贵藏书”的传统。想表达的另一个意思是，我最早是从文献上知道了温州图书馆的前身——籀园藏书楼。

真正和今天的温州图书馆有较多接触、较多了解，是最近十几年的事情。由于研究和工作的关系，我对温州图书馆的创新实践做过多次调研，参加过多次研讨，也发表过多次评论。在我看来，百年温图真正的辉煌和影响，是公共图书馆服务中体现出来的创新创造精神、勇立潮头气魄和引领发展担当。伴随着十多年来公共文化服务体系建设的快速推进，温州图书馆作出了足以载入我国当代公共图书馆发展史册的贡献。

首创“城市书房”，引领了人民美好生活向往的城市公共阅读空间的发展方向。曾几何时，我国城市散布在街头巷尾的小型图书馆，给人的印象是灰头土脸、条件简陋。2014 年，温州图书馆对坐落在老城区县前头的分馆进行了改造，并命名为“城市书房”，甫一亮相，便彻底颠覆了人们以往对城市小型图书馆的印象。城市书房麻雀虽小，但它有恰当的选址、高端的设计、新颖的形式、优雅的环境，还配备了时尚的数字化、智能化设备，管理和服务纳入了城市总分馆体系，成为城市的一道亮丽风景线。2016 年 10 月底，中国图书馆年会卫星会议“图书馆服务体系新模式学术研讨会”在温州举行，我在会上做了一个发言，题为《打通公共阅读服务“最后一公里”的新突破》，其中谈到了温州城市书房的意义和价值。我说道，温州城市书房实现了与小康社会发展水平相适应的公共图书馆布局、环境和服务的转型升级；改变了城市以高大上的中心图书馆为重点的建设格局；适应了小康社会人们追求品质生活和优雅阅读环境的愿望；以优越的环境、现代化的服务、方便的利用条件显著提升了公共图书馆的服务效益；引领了我国城市公共阅读空间的发展方向，堪称公共图书馆服务的“中国创造”。如今回首近几年全国范围内城市公共阅读空间的发展变化，城市书房模式由点到面全面开花，带来了城市公共阅读空间从形式到内容革命性的变化，可以说，温州城市书房模式不仅仅是改变了当地公共图书馆的服务业态，更重要的是引领了全国城市公共图书馆建设与服务的发展方向，创造出了城市公共阅读空间与时俱进、提档升级、创新服务的实现方式。2017 年，温州城市书房作为文化改革典型案例，入选总结“十八大”以来我国全面深化改革的大型专题政论片《将改革进行到底》，证明了温州城市书房的创新性、影响力和引领作用。今天在温州，城市书房的做法和经验正在向农村延伸，农家书屋、乡村图书馆正在蜕变为令人耳目一新的“百姓书屋”。这是温州图书馆在实施乡村振兴战略的背景下建设与农民美好生活相适应的乡村图书馆的最新实践，必将开辟出新时代农家书屋提档升级、提高效能的新路径，成为落实“十九大”提出的深入实施文化惠民工程任务的新举措。

探索公共文化机构法人治理结构建设的“温州模式”，为现代治理体系和治理能力建设作出了富有特色的基层实践。2013 年中共十八届三中全会要求公共文化机构建立法人治理结构，2014 年中央文化体制改革工作领导小组将公益性文化事业单位建立理事会制度试点列为重点推进的改革任务，文化部随即开展了公共文化机构法人治理结构建设试点，温州图书馆被选定为全国十个试点单位之一。在这一轮为期两年的试点过程中，温州图书馆在市委市政府、市文广新局的领导和支持下，锐意改革、勇于创新、大胆探索、扎实推进，创造出了一系列具有中国特色的公共文化机构法人治理结构建设的新鲜做法和经验，如公开招募社会理事、企业家担任理事长、建立理事接待日；赋予理事会参与“三定”方案编制、参与对领导班子工作评议、参与馆领导任免和中层干部竞岗等干部人事方面的权力；赋予理事会审议财务预决算、审议财政投资执行情况、审议大额采购和大型工程项目等财务预决算方面的权力；赋予理事会审议核准章程修订、事业发展规划、空间布局调整、图书文献采购条例、重要规章制度等工作管理方面的权力；建立起了较为规范的理事会议事规则和运行机制；依托理事会建立温州图书馆发展基金等。2014 年 8 月，文化部文化体制改革工作领导小组办公室编印的《文化体制改革简报》，把温州图书馆的做法和经验概括为以“四个突破”创新凸显法人治理结构建设“四项成效”：一是理事产生突破，面向社会公开招募；二是理事构成突破，社会代表比例大；三是理事长人选突破，社会理事代表“掌舵”；四是理事会运行管理突破，享有重大事项决策权。由此带来的成效是，实现了政府与图书馆的“管办分离”，保证了党和政府对图书馆的有效领导，实现了图书馆利益相关群体的共同治理，激发了社会力量参与公共文化服务建设的积极性。

2014 年 10 月中国图书馆年会开设“公共图书馆法人治理：进展、问题与前瞻”分会场，温州图书馆的做法和经验在业界广泛传播。之后几年间，全国数以百计的兄弟单位到温州图书馆调研学习，温州图书馆为全国公共文化机构法人治理结构建设树立了样板，提供了借鉴，产生了重要影响，也为 2017 年中央七部门出台《关于深入推进公共文化机构法人治理结构改革的实施方案》提供了实践基础。温州图书馆的法人治理结构建设同样被总结“十八大”以来全面深化改革的大型专题政论片《将改革进行到底》作为典型案例采纳。一个地级公共图书馆，创新案例双双入选国家权威性总结性政论片，业界前无古人。缘于研究和工作需要，我全程跟踪和关注了温州图书馆的法人治理结构建设试点。记得在一次专题研讨会上我说过，全国公共文化机构法人治理结构建设试点，温州图书馆做得最好，没有之一。行文至此，我不免想到了温州图书馆理事会首任理事长、英年早逝的杰出企业家李国胜先生，他为温州图书馆法人治理结构建设引领全国作出了重要贡献，也是我国公共文化机构建立现代治理方式的先行者、探路人，值得百年温图史铭记。

城市书房和法人治理结构建设，是近年来温州图书馆具有浓墨重彩的创新、改革与建设篇章。不独于此，温州图书馆在升华服务理念、创新服务方式、提高服务效能方面也多有亮点。以我所知而言，温州图书馆的汽车图书馆早已做到了“公交化”运行，还通过“线路你来定，书车开到家”活动向公众征集运行线路。我曾目睹夜晚的温州市民广场上男女老少在灯光明亮的汽车图书馆前排队借还书的情景，温州市民的读书热情和温州图书馆的服务热情就这样相互促进、融为一体。温州图书馆的“儿童知识银行”项目，是一个极具创意、地方文化特色鲜明、将温州精神培育融于潜移默化之中的少儿阅读推广活动，曾获得文化部群星奖、浙江省公共文化服务创新奖等殊荣。目前，这一项目已经发展为总分馆连锁、线上线下结合的品牌活动。2018 年 5 月起，温州图书馆总馆因内部装修改造闭馆，闭馆不停服务，通过加强城市书房服务、强化线上提供服务、开辟“书香门递”服务等一系列举措，丰富了大型公共图书馆临时闭馆期间持续开展服务的模式和经验。什么是公共图书馆服务以人民为中心，什么是公共图书馆服务以读者为本，温州图书馆用实际行动作出了回答。

一百年前，温州先人为纪念乡贤、传承文脉创办了籀园藏书楼。一百年间，几代温州人励精图治、薪火相传，一座传统藏书楼发展演变为今天几十座享誉全国的城市书房，编织出一张遍布城乡的温州书网。在这片领改革开放风气之先的热土上，温州图书馆人秉承温州精神，开拓进取，勇立潮头，锐意创新，作出了无愧于时代、对我国公共文化服务体系建设产生了重要影响的贡献，充分体现了温州图书馆人的奉献与担当。2017 年，温州市获得第四批国家公共文化服务体系示范区创建资格，温州图书馆跨入第二个百年之际，正是温州市公共文化示范区创建的关键之时，新时代、新起点、新任务，呼唤温州图书馆在第二个百年创造出新的辉煌。

李国新
2018 年 12 月 31 日
（作者系北京大学教授、国家公共文化服务体系建设专家委员会主任）

目　　录

馆友编

日记编

读者编

永嘉文脉的建构者

潘德宝

温图肇造的时代，传统的私家藏书楼已经日薄崦嵫，湖州皕宋楼精品转手给了日本静嘉堂文库，宁波天一阁所藏失窃而现身沪上，杭州八千卷楼入藏江南图书馆，起而代之的正是现代的公共图书馆，名称上易楼为馆，功能上化私为公，分类上弃四部而就西学，在在彰显了时代的洪流，这种改弦更张的确从一个侧面印证了张灏所谓的中国现代转型之说。从这一角度看，温图的肇造与近现代史的宏大叙事若合符契，因此，温图的百年风雨历程，当然也是具体而微的温州现代转型史。不过，最近看了孙衣言《永嘉学案》一书，我对温图肇造的意义开始别有会心。

一

虽说读了《永嘉学案》，其实主要是这个题目引人深思。因为所读的《永嘉学案》现藏温州市图书馆，仅存抄本一卷，只有王开祖、林石、丁昌期三先生学案，自是单薄不足观。章太炎《孙逊学先生年谱序》载此书有二十卷之巨，恐怕是传闻之误。孙诒让《先考太仆公行状》中称其父此书作意云：“黄梨洲、全谢山《宋元学案》于永嘉诸儒尚未赅备，补缉为《永嘉学案》，以冠所著《瓯海轶闻》之首。”学者或据此以为《永嘉学案》是对《宋元学案》的拾遗补缺，且已编入《瓯海轶闻》，因而不太注意它的存在，其实这是两种完全不同性质的著作，其意义和价值自是大不相同。我注意到此书是因为它与玉海

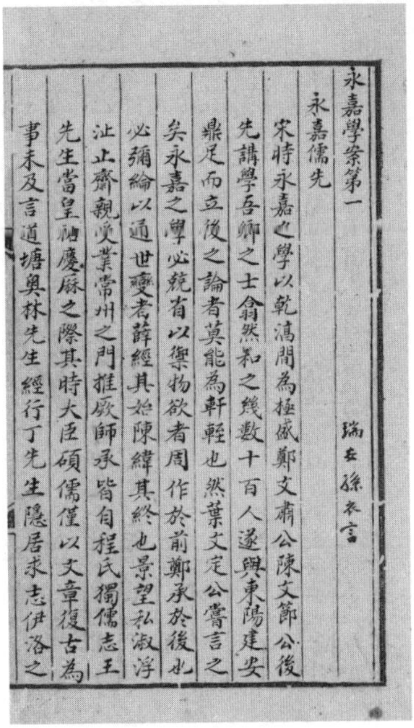
永嘉學案第一　瑞安孫衣言
永嘉儒先
宋時永嘉之學以乾淳間為極盛鄭文肅公陳文節公後
先講學吾鄉之士翕然和之幾數十百人遂興東陽建安
鼎足而立後之論者莫能為軒輊也然葉文定公嘗言之
矣永嘉之學必兢省以禦物欲者周作於前鄭承於後必
必彌綸以通世變者薛經其始陳緯其終也景望私淑浮
沚止齋親受業常州之門推厥師承皆自程氏獨儒志王
先生當皇祐慶曆之際其時大臣碩儒僅以文章復古為
事未及言道塘與林先生經行丁先生隱居求志伊洛之

《永嘉学案》

楼及孙诒让《温州经籍志》之间的关联。此书为学案体著作,《温州经籍志》为目录学著作，而玉海楼是私家藏书楼，三者之间有什么关联呢?

黄宗羲创撰、全祖望补修的《宋元学案》由王梓材整理，于道光年间刊刻流行，孙衣言所见《宋元学案》当即此本。王梓材《周许诸儒学案》案语云:“周许诸先生，原列《永嘉学案》之一，谢山《序录》始定为《周许诸儒学案》。”又《艮斋学案》案语云:“梨洲原本合下止斋为《永嘉学案》之二，自谢山始别是卷为《艮斋学案》，下卷为《止斋学案》。”由此可知，黄宗羲《宋元学案》原有《永嘉学案》两篇，一为元丰九先生、二为艮斋止斋诸儒，似有表出永嘉学术前后演进之意，惟皇祐三先生王开祖、林石、丁昌期未列入《永嘉学案》。至全祖望虽然将三先生补入《士刘诸儒学案》及《古灵四先生学案》中，但却删去“永嘉学案”的名目，并将它们分割开来，各自别成一家。这表明了在清代主流的学术史论述中，虽然已经关注到了薛季宣、陈傅良、叶适等大家，但尚未形成一个源远流长、交互错杂的永嘉学术谱系的观念。

孙衣言《永嘉学案》以皇祐三先生为“永嘉儒先”，开篇即与《宋元学案》唱了对台戏，当然不是要复现黄宗羲原本、改正全祖望的失误，而是正本清源，为永嘉学术另立源头，虽然只有“永嘉儒先”三先生学案，但将永嘉文脉的起源时间上推，表明他试图建构一种独立而且早于朱子学的学术渊源，这样一来，永嘉学术的价值就大不一样了，甚至还有了一些针砭时弊的意义。追溯学术渊源，看似对学术史的实证研究，但其心理颇近于民国时期老子、孔子时代先后的争论，冯友兰、钱穆认为孔子早于老子，颇有一种尊孔的意味，虽然参与讨论双方都努力在实证、思辨范围内论证，丝毫不提及研究者自己的信仰层面。孙衣言《永嘉学案》的背后其实也是一种信仰，是地方意识兴起的表现。

孙衣言的建构永嘉文脉的工作显然没有完成，相较《瓯海轶闻》中文献的丰富程度,《永嘉学案》的文献实在太过简陋，大约文献不足征，自然而然就有了孙诒让的《温州经籍志》。透露两者之间密切联系的，正是刘寿曾《温州经籍志序》，刘序中特意提到“吾师尝编《永嘉学案》以见派别之正。又曰:‘欲救今汉学、宋学之弊者，其永嘉乎!’以仲容之贤而好学，而诵法其乡先生之言，见于撰著者又如此矜慎，则它日大展儒效，广永嘉之学于天下，以达于风俗政教者，其必有在也。目录学云乎哉!”可见一郡艺文之渊海，其实与《永嘉学案》一样，也是永嘉文脉的一种建构，只不过更为含蓄罢了。孙诒让说“惟我温州，疆拓东扬，星分南戒。山名石室，盖藏书之奥区；地号学渊，实缀文之硕薮”，可是“瓯水卅里，问原委而终淆；元丰九贤，举姓名而罔识”，感叹永嘉文脉未能彰显，为补《温州经籍志》之未备和《永嘉丛书》之未及，于是手撰《征访温州遗书约》，所有征访最后都汇入孙衣言所建的玉海楼，可以说，玉海楼也参与了永嘉文脉的建构。总之，藏书、编目与《永嘉学案》，完全不同于为学术而学术的目录学家和学术史家的论著，从地方意识的角度观察，其实它们都是建构永嘉文脉的不同侧面。

二

上面以孙氏父子为例，简单说明了晚近温州学人对永嘉文脉的建构，有学术史论述和地方文献收藏、整理、编目二途，两者之间互为支撑、互为资源。嗣后学术史论述方向，除了林损《永嘉学派通论》欲建立新的论述范式外，后人增事踵华者并不多见，倒是地方文献一途与《四明经籍志》《金华经籍志》《台州经籍志》以及晚清民初刊刻各种地方丛书之间，有铜山西崩、洛钟东应之观，彰显了地方意识的勃兴。而我所谓对温图肇造的意义别有会心之处，实则是从这一历史脉络来看百年温图的矻矻追求。

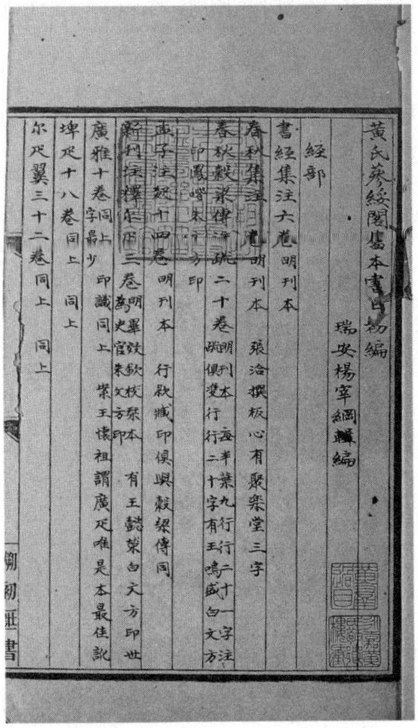
黄氏蔘綏閣舊本書目初編
經部
書經集注六卷 明刊本
春秋集注 明刊本 張洽撰 板心有聚樂堂三字
春秋穀梁傳注疏二十卷 明刊本
孟子注疏十四卷 明刊本
廣雅十卷 同上
埤雅十八卷 同上 同上
爾雅翼三十二卷 同上 同上

永嘉敬乡楼捐赠之《蔘绥阁旧本书目》

温图虽然不是玉海楼的直接转型，但两者之间关系匪浅。1913 年旧温属六县知识界为纪念著名学者、温处学务分处总理孙诒让而集资筹建公立图书馆籀园，即为温州市图书馆的前身。还应提一句的是，孙诒让之子孙孟晋曾任籀园图书馆第六任馆长，还将玉海楼部分藏书捐赠给了籀园图书馆。我所在意的倒不是这些人事、文物上的直接关联，而是两者之间在建构永嘉文脉上精神意趣的一脉相承。如馆长梅冷生也作有《郡斋征书记》一篇，实为孙诒让《征访温州遗书约》的续篇。据章亦倩《籀园受赠书目汇编》等记载，自 1924 年瑞安黄仲弢后人将蔘绥阁藏书捐赠籀园，至 2014 年夏鼐家属捐赠藏书，近百年间，有黄仲弢蔘绥阁、吕文起于园、永嘉区乡著会、黄溯初敬乡楼、潘鉴宗养心寄庐、梅冷生劲风阁、朱铎民咏莪堂、王理孚念庐、孙氏玉海楼、徐氏秋桐馆以及项淑贞、项新、吴性慧、夏承焘、赵瑞蕻、许思言、唐湜、马大任、金品芳、陈桑、胡雪冈、郑孟津、夏鼐、金江等数十家，这些捐赠何尝不是孙诒让《征访温州遗书约》、梅冷生《郡斋征书记》的遥远回响？

在地方意识勃兴的影响下，建构永嘉文脉还包括几次大规模的地方文献整理。第一次为清同光年间孙衣言汇刊《永嘉丛书》十五种；第二次为民国初年瓯海关监督冒广生编刻《永嘉诗人祠堂丛刻》十四种；第三次即二十世纪二三十年代温州旅沪实业家黄群刻印《敬乡楼丛书》四辑三十八种；第四次是抗战爆发之前永嘉区征辑乡先哲遗著委员会抄缮地方文献四百零二种。此后第五次就以温图为中心的一系列地方文献整理，最具有影响力的当数《温州文献丛书》四辑四十部以及《温州文献丛刊》十部。如果说这两部丛书还属于政府文化工程主导下的温图业绩，那么《温州历史文献集刊》《温州市图书馆藏日记稿钞本丛刊》等，则完全是温图独立主持的成果。这一系列地方文献整理，自可视为孙衣言以来永嘉文脉建构的集大成者，同时还将关注的重心下移到晚清民国时期，甚至还整理出版了多部温州学者日记以彰显永嘉文脉的日常与细节。

至于温图发行的《温州读书报》也值得从永嘉文脉建构的角度大书特书。周振鹤先生在《瓯歌——〈温州读书报〉文选》的序言中以“卓尔不群”来称赞这份小报，大概是因为在作为经济符号的温州，居然能有读书怀人阅世的读书报，真是出人意料。可以说，《温州读书报》建构一个与流俗认知完全不同的温州形象，而且一期接一期地刊出了两百多期，实在是一个异数。至于报上刊发的怀人、纪事、读书的文章，不必是自觉建构永嘉文脉，在此氛围之中，吉光片羽本身就已经是微言大义了。试读《瓯歌》及《瓯歌二集》两种文选，定知我所言不虚。

三

温图作为永嘉文脉建构者的另一个重要表现就是提携后生。道理很简单，如果没有后来者，那么温图就会是永嘉文脉的终结者，而不是建构者。从晚清的玉海楼开始，提携后生一直就是建构永嘉文脉题中的应有之义。梅冷生《郡斋征书记》中说：“道咸以后，我郡人士多锢于帖括制义，以为猎取科名之具。自琴西方伯兄弟始重振永嘉经制之学，一洗乡曲沉霾之习，多士景从，人才复盛，玉海一楼，灵光独峙。”随着时代变迁，孙诒让又积极推广新学，创办瑞安学计馆、瑞安方言馆、温州蚕桑馆、瑞平化学馆等技校。父子两人提携后生的做法，同样也体现在玉海楼的藏书借书上。孙衣言《玉海楼藏书记》云：“取古人读书之法，及我今日藏书之意，具为条约，揭之堂壁，乡里后生有读书之才、读书之志而能无谬我约，皆可以就我庐、读我书，天下之宝，我固不欲为一家之储也。”孙衣言晚年很是热衷指导乡里后生，这里所谓“读书”，其实主要恐怕还是读永嘉经制之学，作育人才或新或旧，唯随时代变迁而已，但父子意趣则一。

孙衣言私家藏书楼而有提携后生之意，化私为公之后，温图同样也注意提携后生，特别是时代赋予了温图教育、研究的功能，尤其是基础教育尚未完善的时期、文脉中断而不绝如缕的时期，温图提供了温州人一个自学的机会，比如刚刚去世的郑张尚芳教授还自称是温州图书馆大学毕业的。我自己也受到了温图的提携。第一件事就是我留学日本期间，《温州读书报》向我约稿，推出一个专栏，约我写在日本的所见所思。本来因为时间有限，我在日本期间只能心无旁骛地完成博士论文，担心不能按时交稿，而且《读书报》开专栏的都是名家高手，而我从来没有写过游记、散文，很怕有负厚意。但是《读书报》不以为意，仍然提供给我一个练笔的机会，最后还选了几篇收入《瓯歌二集》，让我留下几颗可供他年捡拾的青杏。

第二件事是增订《黄体芳集》。瑞安黄体芳与宝廷、张佩纶、张之洞被称为“翰林四谏”，号为清流党，其人博学而罕有著述，至2004年始有俞天舒先生编成《黄体芳集》，作为《温州文献丛书》之一刊行，限于丛书体例，俞编《黄体芳集》未收篇幅较大的《钱虏爰书》。2014年春，中华书局计划将它列入《中国近代人物文集丛书》再版，温图卢礼阳先生嘱我加以增订。因为俞编《黄体芳集》留有电子文档，《钱虏爰书》也曾收于《太平天国时期温州史料汇编》一书，所以礼阳先生所谓的“增订”，不过是提携后生的婉转说法而已。而我借由增订《黄体芳集》，对温州文献、文化有进一步的认识。现在中华版《黄体芳集》字数较俞编增加一倍，新增诗文数量与原编几乎埒等，大约无愧“增订”二字了。

这样提携后进的事，从个体看，往往是因缘际会，或是特殊机遇，但从温图百年的历史来看，像我这样受到提携的人，都是温图建构永嘉文脉的方式——至少我从这温图开始对永嘉文脉有了新的认识，对温州有了新的认同。

四

温图主持整理乡邦文献、编写书目，甚至设立地方文献阅览室，当然也可以说是对“乡土文献”的保护、继承，那么本文为什么要说是“文脉建构”呢？“建构”一词仿佛给人一种“虚构”的联想，永嘉文脉成了自我作古的想象。其实这种情况很常见，如“史前史”这个词中，第一个“史”字就是指一种叙事，而第二个“史”才指历史本真，只有这样理解，整个词才能指“载籍以前的历史本真”，因为历史本真不可复现，我们常说的“历史”、“传统”等词，事实上就更多地侧重于这样的叙事和感知。今天我们提到永嘉文脉，就是以温图为中心的一批温州学者所建构的叙事。

分而观之，的确只是整理了某书、阐释了某论，但总体上合而观之，温图这百年间一直通过这样具体而丰富的细节塑造着永嘉文脉。这种塑造不是孙衣言《永嘉学案》式的，也不是林损的《永嘉学派通论》式的，而是无声的细腻叙事、百年的接力拼图。这一叙事和拼图，是近代地方意识的产物，是温州文人学者使命感的产物。要长久、深层地凝聚、维系地方，不能只靠经济，还需要建构一种地方认同和想象，而永嘉文脉则是最具学术性的一种认同和想象。夏鼐在 1934 年 2 月 28 日的日记中说：“学术虽无地方性，但以阐发故乡文化及专载有关故乡之文亦另有风味”，就是这种认同的表现。这就是为什么我要用“建构者”来定位温图的原因，若只是“整理文献”、“重视乡邦文献”等等，不足以见地方意识勃兴下的温图百年历程。

光绪二十年孙衣言八十岁辞世时，俞樾挽联中有“刻横塘、竹轩、水心诸家遗集，自任永嘉嫡派”一语。以梳理永嘉文脉的方式，向乡贤致敬，同时也期望后人也将自己纳入这一地方文化脉络之中，这种观念或情感，是基于对历史或传统的认同，而所谓“自任永嘉嫡派”，就是更进一步，自信自己就是再现着的传统。

温图的百年历程中，有没有自信自己就是再现着的传统？我要举自己的亲身经历为例来说明。卢礼阳先生嘱我增订《黄体芳集》时，先约我去瑞安找原整理者俞天舒先生的家属取得授权，整理过程中，礼阳先生自己也一起费心费力校读修订，但却坚持不署自己的名字而题作“温州市图书馆”。在我看来，这不是版权、署名权的问题，而是表明了温图作为永嘉文脉建构者的自觉。而我得附骥尾，实在与有荣焉。至于《温州市图书馆藏日记稿钞本丛刊》及标点本等署名时特意标举“温州市图书馆编”，在我看来，也是一种永嘉文脉建构者自觉的表现。

2018 年 5 月 30 日初稿，6 月 12 日改定

（作者系浙江工业大学人文学院讲师）

文澜精神　籀园争光

——贺籀园百年

顾志兴

新世纪之初，浙江图书馆曾拍过一部文献专题片《浙江藏书楼》，首发和向全球上网之日，他们举行了一个小小的仪式，因为我曾为此片的文澜阁专题作过讲解，他们也知道我是个研究藏书史和热爱图书馆的人，所以邀我与会，并作为嘉宾要我即席讲几句话，我提到了籀园。我说，浙江大地上历史上，无论城市还是山乡水村都有许多藏书楼，体现了浙江人重文的精神，然随着历史的推移，风吹雨打消失了不少，保留了一些，这是“风雨藏书楼”。我希望和热忱地要求再拍部“百年图书馆”。这样犹如一副对子，完整了。我举例子说，从杭州菜市桥

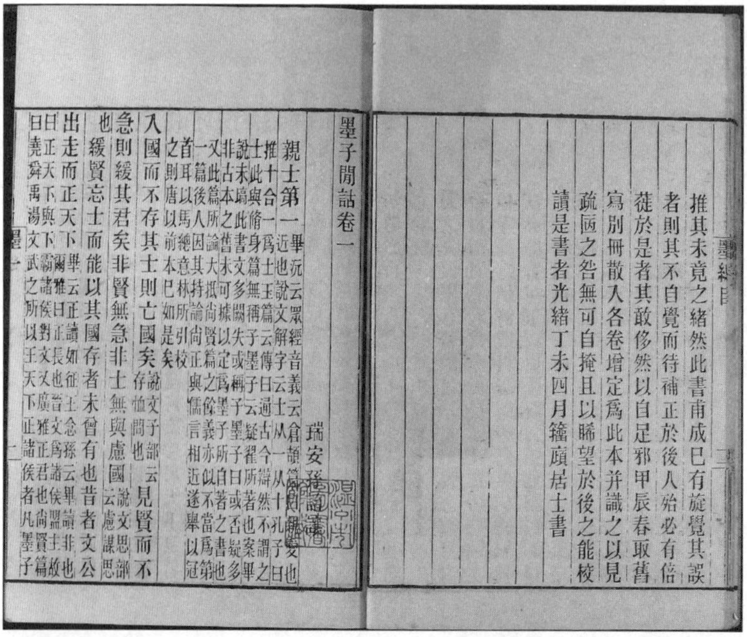

推其未竟之緒然此書甫成已有旋覺其誤
者則其不自覺而待補正於後人殆必有倍
蓰於是者其敢侈然以自足邪甲辰春取舊
寫別冊散入各卷增定爲此本并識之以見
疏陋之咎無可自掩且以睎望於後之能校
讀是書者光緒丁未四月籀廎居士書

墨子閒詁卷一
瑞安孫詒讓學
親士第一
入國而不存其士則亡國矣見賢而不
急則緩其君矣非賢無急非士無與慮國
也緩賢忘士而能以其國存者未曾有也昔者文公
出走而正天下

温图收存玉海楼书目之《墨子间诂》

河下的杭州藏书楼到大方伯的浙江藏书楼，到民初建的孤山浙图，绍兴的古越藏书楼和今之绍图，温州籀园和今之温图，湖州的海岛图书馆和今之湖图，海宁的水仙阁、海宁州图书馆和今之海宁图书馆，其间传承关系清晰，历历可按，班班可考。这段历史记述了先辈们的努力，他们筚路蓝缕培植了一棵小苗，如今已是粗壮的参天大树，这段历史，反映了浙江的人文精神，是值得记录下来的，这就是文献，值得后代永远记取的。

籀园百年，是瓯人重文的百年。1913 年温属永嘉等六县知识界为纪念朴学大师孙诒让（号籀庼），议决在九山湖畔曾氏依绿园故地建籀公祠，并于祠旁建藏书楼，称籀园，这就是如今温图的前身。籀园是温州地区也是全省较早的公共图书馆之一。如今籀园仍在，藏书移藏温图，摩挲这些陈编旧籍，不由人想起最初王毓英任馆长的两千多册基本藏书，想起改称温属公立图书馆、温属联立图书馆时，温籍学者的捐书和时任瓯海道尹的张宗祥向国内名家的征集藏书，丰富了馆藏。而抗战期间，温州三次沦陷，梅冷生馆长数度将善本书运至乡间僻静处保存，以免遭敌人的蹂躏。至新中国成立前藏书达七万余册。现在人们都在说基因，籀园和后来温属公立图书馆及其藏书不都是今日温图的“基因”吗？正是这株籀园小苗，茁壮成长为温图这棵大树。“百年树木”这句古训得到了很好的验证。籀园百年怎不令人欢欣鼓舞，额手为之庆贺！

我个人认为，晚清和民国初年在浙江大地上涌现的省市县属公共图书馆，实是乾隆皇帝创建的文澜阁藏书精神的延续和重光，籀园是其中之一。文澜精神是什么？就是它的公共性和藏书为培养人才的精神，向全社会民众开放。所谓公共图书馆，它至少应具备以下三个特征，一是它是由政府出资主办和管理的（包括由私人主办而后捐交政府的，如古越藏书楼；也有少数知识界人士捐建而后由政府管理的，如籀园和海宁州图书馆）；二是所藏的图书是供众阅览的，读者的对象不分阶层，没有任何限制；三是非营利性，创办图书馆是为国家乡邦培育人才。这三条乾隆时贮藏《四库全书》的“南三阁”完全具备。南三阁中，文宗、文汇两阁由于战争毁灭了，没有留下任何文献资料，且不去说它。文澜阁不一样，乾隆的上谕仍在，三令五申阁书必须公开让士子阅读，乾隆四十七年（1782）七月初八上谕命令四库馆“再缮写全书三分，安置各该处，俾江浙士子得以就近观摩誊录，用昭我国家藏书美富、教思无穷之盛轨”。过了两年，正当库书颁发给江浙三阁时，又发出上谕：“第恐地方大吏过于珍护，读书稽古之士无由得窥美富，广布流传，是千缃万帙，徒为插架之供，无俾观摩之实，殊非朕崇文典学、传示无穷之意。将来全书缮竣，分贮三阁后，如有愿读中秘书者，许其陆续领出，广为传写。”及至乾隆五十五年（1790）南三阁即将开放之际，五月二十三日的上谕口气更为严厉：“地方有司恐士子等翻阅污损，或至过为珍秘，阻其争阅快睹之忱，则所颁三分全书，亦仅束之高阁，转非朕搜辑群书、津逮誊髦之意。”“著该督抚等谆饬所属，俟贮阁全书排架齐集后，谕令该省士子，有愿读中秘书者，许其呈明到阁抄阅，但不得任其私用携归，以致稍有遗失。”这时的乾隆皇帝很像一个图书馆长在书写“阅书规则”的了。有材料证明，这一些文澜阁是切实做到了。不仅浙江，连江苏也有藏书家来抄书，学人读书不计其数。

我以为这就是文澜精神！编《四库全书》干什么用的？一是保存古文献，古文化，藏在北四阁中；二是供读书人读的，贮藏在文化基础较好的江浙二省的“南三阁”中。在18世纪世界上有哪个国家有那么三个大型的公共图书馆？我以为中国是公共图书馆的创始国，这在我新撰的《文澜阁四库全书史》中专门有一节论之，这里不说了。

在文澜精神影响下，于光绪十四年（1888）瓯籍学者孙衣言、孙诒让父子以建造玉海楼藏书楼为标志，陆续将八九万卷书藏于其中。《玉海楼藏书记》中有言除培养孙氏子弟外，凡“乡里后生，有读书之才，读书之志，而能无谬我约，皆可以就我庐，读我书。天下之宝，我固不欲为一家之储也”。这不是心血来潮之言，而是有深刻思想认识的，光绪四年（1878），孙衣言先生应邀主讲杭州紫阳书院，与丁丙相交甚欢，而此时丁丙正在紧锣密鼓地筹请当局重建文澜阁、补抄库书缺本，两人颇有商斟，琴西先生为《库书抱残图》第一轴作长篇题记，王同《文澜补书记》提到“其声气所同，一时如孙太仆衣言……，皆四方借助，乐观厥成”。同时之有清季全国四大藏书楼之称的湖州皕宋楼主人陆心源，其先曾就文澜阁抄书多种，充实其藏，见之于《皕宋楼藏书志》的著录。丁丙补抄库书时，陆心源慷慨以家藏出借供作补抄底本。清末湖州创办海岛图书馆，其时陆心源尚在世，曾向湖州府立案，言明守先阁藏书虽为私有，但可向公众开放。光绪三十四年（1908）湖州建海岛图书馆，陆心源后人捐赠守先阁藏书。这样，晚清最有影响的几家藏书楼中的玉海楼、皕宋楼开始转型了。从封闭的私人藏书楼，局部向社会开放，这就是文澜精神的感召！

当然，最能体现文澜精神的是由杭州藏书楼改建的浙江藏书楼，光绪二十九年（1903），浙江学政张亨嘉《浙江藏书楼之碑记》说得非常清楚：

> 天以教育宏我圣清。乾隆四十七年《四库全书》告成，缮写颁发，而浙之文澜阁遂与文宗、文汇鼎峙东南。四十九年复申领出传写之谕。其时远人宾服，四方无虞。天子振兴学校，以奋海内之士，何其盛也！……余来视学浙中，俯仰文澜阁遗迹，思有以敬承之。（以下数语言改建杭州藏书楼为浙江藏书楼，略）增拓规模，广置图籍仪器，俾官绅士之愿学者，均得恣其渔猎，以冀读书者众，而豪杰之士出于其中，稍阐文澜阁藏书之精意，非仅规抚西法已也。……书楼之法，辅学堂之行，在各国最称善政，岂知夫中国圣人已先百年为之者！

籀园是浙江所建的“百年图书馆”之一，意义非凡，对瓯地培养人才起过重要作用，我以最真诚的感情，谨祝籀园百年之庆，生命之树常绿！

2018 年 5 月 7 日于杭州

（作者系浙江省社科院研究员）

从籀园到温州市图书馆

陈增杰

籀园，我素怀敬仰[①]

籀园，前名温属公立图书馆。籀园不仅是一处反映近现代温州历史文化发展进程的名胜古迹，而且在温州知识人士中有着不可替代的崇高地位。正如人们所说的，籀园在温州，是知识的渊薮，文化的摇篮，植播文明种子的沃土。我于籀园素怀敬仰，始终以虔诚之心，顶礼而膜拜之。

余生也晚，未及如前辈学人那样出入籀园，躬逢其盛。只记得年幼时曾随父辈去过数回，那里轩阁临湖，古木翠森，其幽雅环境和书香氛围，给我留下深刻印象。1954 年秋，我入读新创办的温州三中，校址（1957 年后为温师专、温一中校址）邻近籀园；不过此时籀园图书馆已搬迁沧河巷新址了。

沧河巷的市图书馆，虽易地迁徙，而文脉不断，承继了籀园图书馆的优良传统和作风，给广大读者提供普遍的优质服务。沧河巷新馆由一座临街洋式大宅院改建而成，一楼二进辟为外借处，二楼大厅是阅览室。我当时居住信河街丁字桥巷，离新馆很近，新馆便成了我课余暇日常往之所。那时大多数人家处于果腹糊口水准，作为学生哪有能力买书，新华书店对于我等来说只是展览书籍的橱窗，所以公共图书馆的作用就显得非常重要。凭着一张借书证，我阅读了许许多多中外小说和五四以来的新文学作品，如《水浒全传》《西游记》，如《青年近卫军》《牛虻》，如《新儿女英雄传》和鲁迅小说集、杂文集等等。

除了借书，我还经常到阅览室看书，阅览室规定只坐看不外借。我常在那里读到刚才出版的新书和一些不容易外借到的好书。阅览室还订有各地出版的各种报章杂志，品类丰富。我最爱看报纸的副刊，如《羊城晚报》《新民晚报》《中国青年报》的副刊，都登有许多文史知识、诗词欣赏、读书心得及游记、人物回

① 本则写于 2011 年 7 月，原载《籀园》2011 年第 2 期。

忆、评论、杂感类文章，短小精悍，生动优美，招人喜欢。取阅当日报纸犹嫌不足，于是就想到借旧报看。阅览室将以前的报纸都按月装订成册，读者可以借阅。这样我就多了一项阅览内容，就是逐年逐月一册一册地翻阅旧报，检看副刊上自己感兴趣的文字。阅览室有这么多可供解饥解渴的书报，真的像磁铁一样吸引了我。遇上星期日，到了寒暑假，我几乎整天泡在里头（除了回家吃饭），长时乐此不疲。

新馆大门进口处两壁，辟有黑板报形式的学习园地，定期出刊，登载新书介绍和读者交流文章。我也经常向之投稿，畅谈自己的读书体会，刊登出来，很受鼓舞。记得有一篇谈读书方法的文章，还被同班的好几位同学看到并加以传诵。

可以说，我在中学时代，课外阅读基本上是在市图书馆完成的，包括借阅和坐看。图书馆给我打开了广阔的外部世界，提供了源源不断的精神食粮，也为我日后从事的学术研究奠定有力基础。

60年代中期，我大学毕业后回温工作，就住在九山落霞潭畔的温师宿舍（旧名黄群花园）。打开小楼西窗，与"籀园"（那已经不是籀园了）隔湖而望，朝夕相对。漫步窦妇桥、胜昔桥，经过籀园遗址，就会看到那出自名家之笔古朴苍劲的"籀园"青石匾额，被充作墙体的一部分胡乱地嵌在断垣残壁之中，夕照下满目苍凉。盛衰沧桑，不禁令人感慨惆怅。斯文辱没，是何不幸！

因此，当我读到《温州读书报》2011年第6期卢礼阳先生《温州亟待理顺文物管理体制》的文章，颇有同感。卢文说，温州遗存仅有的几处文化古迹，如东瓯王庙、天宁寺、江心屿、籀园等，被一些部门和单位占用或变相占用，资源维护和利用困难重重。文物古建，是宝贵的公共财富和历史遗产，也是全市人民的精神家园。温州要创建历史文化名城，这些蕴含和载负着深厚文化内涵的胜迹，尤应珍惜，给予切实保护和管理，期能发扬而光大之。又据文物所蔡钢铁先生《籀园的保护与维修》文（《籀园》2011年第1期），籀园已完成二期修复工程和陈列布置，这是颇令人欣慰的。希望排除障碍，争取早日实施三期修复工程，将一个美丽的完整的籀园献现在温州人民的面前，让书香遗韵永远代代相传。

对《汉语大词典》编写工作的支持

《汉语大词典》是一部国家规划的特大型汉语词典，由国家新闻出版局和教育部牵头，华东六省市协作编纂。温州编写组于1977年7月组建[①]，直属温州地委宣传部领导，在当时的温州师范专科学校办公，图书资料方面则仰仗温州市图书馆的支持。

编写组的工作按照上头统一部署，分为两个阶段。在收词阶段，编写组承担《宛陵集》《梦窗词》《坚瓠集》等书的收词任务，要求选择精良版本。如《宛陵集》，采用四部备要本，参考四部丛刊本；《梦窗词》，采用杨铁夫《梦窗词全集笺释》，参考毛刻宋六十家词本；《坚瓠集》，采用道光寻春书屋本，参考笔记小说大观本，等等。市馆古籍部收藏丰富，保存完好，基本上可以满足工作需要。那时十年动乱方始结束，百废待兴，古书奇缺，所以这样的支持显得十分重要。

1978年进入释文阶段后，查考校核例证需要置备大量图书尤其是古籍，编写组筹建资料室，一方面到上海等地想方设法购买新旧要籍，同时又求助于市馆古籍部，商借一部分重要书籍以备日常查用。承蒙市馆负责人的重视，予以特事特办，慨然应允，破例出借，供编写组长期使用。尤其值得一提的是，出借的商务印书馆1936年版缩印平装《四部丛刊初编》，全套计440册，是很要紧的用书，又检索方便，帮助很大。

编写组成员到沧河巷古籍部查书，往往会开列一大张书单，需要一本一本或一部一部地找出来检阅，费时费力；管理人员不厌其烦，从无怨言，和颜悦色，使大家有宾至如归的感觉。

为此，我写了一则短讯，用志感谢，并作表彰，题为《温州市图书馆大力支持〈汉语大词典〉编写工作》：

> 温州市图书馆领导和有关管理人员非常重视和关心《汉语大词典》的编写工作，给予大力支持，并为编写组查对资料提供种种方便。该馆古籍部藏书相当丰富（收藏线装书有十几万册），除将一部分常用书包括一些大部头的书，如：《四部丛刊》一套，《骈字类编》《通典》《春秋三传引得》《全上古三代秦汉三国六朝文》《宋诗钞》《章氏丛书》等，出借给编写组长期使用外，平时编写组人员上馆查书，总是热情接待，有求必应，百拿不厌，并主动帮助寻检，或提供有关线索和资料。

---

① 参阅拙文《〈汉语大词典〉温州编写组纪事》，见《瓯风》新刊第四集，黄山书社2012年4月版，第131—141页。

请大家再来议议插图问题

《简报》第九十四期发表了我处钱自成、韩以听两同志写的《议议〈汉语大词典〉插图问题》一文，并附了不同画法的三幅图样。后来印出的初稿本中，（长）部试画了八幅插图。发表文章和试画插图的目的，是希望引起大家的兴趣和讨论，以便集思广益，把《汉语大词典》的插图工作搞好。

插图是《词典》的重要组成部分，也是《词典》质量好坏的标志之一。讨论确定插图的原则、范围、要求（包括绘画技术），制订插图工作的细则，已提到日程上来。我们热切希望大家提出宝贵意见和建议。

《〈汉语大词典〉编写和审稿工作条例》"编写"部分第十二点中提出，编写人员在编写释文时一并考虑插图问题，对插图提出具体建议（见《编纂手册》102页），希望能进一步引起大家的重视，把考虑插图问题纳入编写和审稿的过程。因为，在编写和审稿工作中，必然会碰到有关条目的文字、图片、甚至实物的资料。对年代久远现已不常见的器物，或文字不易解释清楚、有图可供补足的条目，都请在释文稿上加以注明，能详写资料、图片（或实物）出处或现存何处，则更好。

·编者·

温州市图书馆

大力支持《汉语大词典》编写工作

温州市图书馆领导和有关管理人员非常重视和关心《汉语大词典》的编写工作，给予大力支持，并为编写组查对资料提供种种方便。该馆古籍部藏书相当丰富（收藏线装书有二十几万册），除将一部分常用书包括一些大部头的书，如：《四部丛刊》一套，《骈字类编》《通典》《春秋三传引得》《全上古三代秦汉三国六朝文》《宋诗钞》《章氏丛书》等，出借给温州师专编写组长期使用外，平时编写组人员上馆查书，总是热情接待，有求必应，百拿不厌，并主动帮助寻检，或提供有关线索和资料。

古籍部的三位同志全心全意，兢兢业业，不辞麻烦，精神十分感人，得到编写人员的一致赞扬和好评。

（杰）

来函照登

编辑同志：

贵刊106期增刊上的《回顾·探索·建议》一文第四小段上"俄国诗人N·罗扎诺夫说"一句有误，应当改为"谢尔巴在《俄法辞典的序言》里曾引用斯卡里格尔的诗说"。

斯卡里格尔的诗最初我是在科学出版社出版的《辞典编纂法论文选译》第一辑上读到的。这次引用时仅凭记忆，没有认真核对原文，所以才造成了上述的失误。谨向读者深表歉意。

王佩增

编辑同志：

《简报》109期登载了我组的短文《补充和更正》，对"老部"初稿本编写说明中将叶运升同志姓名的"升"字误为"森"作了更正。但此稿因誊写时笔误，致将"升"[illegible]，并向读者致歉。

上海市卢湾区编写组

— 8 —

《汉语大词典》编写工作简报

古籍部三位同志全心全意，兢兢业业，不辞麻烦，精神十分感人，得到编写人员的一致赞扬和好评。

此文登载在《汉语大词典》编写领导小组和编纂处编印的《〈汉语大词典〉编写工作简报》第110期（1982年10月15日出刊）。文中提到的"古籍部三位同志"，为阮延龄、张宪文、李均三位先生。我将该期《简报》送市馆一份，后来看到，《简报》被剪贴展列县前头总馆对外展览橱窗的显要位置。

直至1984年，编写组承担的编纂任务完成，所借的书全部归还，完璧无损，馆方很表满意。这确是市馆做出的一项值得表彰的业绩，很好地体现了公共图书馆全心全意为科研服务、为社会服务的高尚宗旨。

为《永嘉四灵诗集》编校提供方便

1982年初，我得悉刚刚成立的浙江古籍出版社规划编辑出版"两浙作家文丛"，因之献议，并获赞同，《永嘉四灵诗集》遂列入"文丛"第一批十种书目。

那时出版的古籍校点本不多，我也没有古籍整理方面的经验，因此工作十分用心，一定要把它编好。四灵诗的版本调查和有关参考图书，主要借助于市馆古籍部，或从古籍部获得线索资料，然后到浙江图书馆、上海图书馆查阅。此书的编校和四灵研究论文的撰作，市馆提供诸多便利，给予很大帮助，所以我在出版的《永嘉四灵诗集》前言中特别提及，用铭谢忱。

《四灵诗集》的版本较为复杂，且少人所知。清乾隆间四库馆臣修纂《四库全书》时已不甚了解，所撰各书提要多猜测疑似之词。那时文渊阁《四库全书》还没有影印出版，我从古籍部借到馆藏所有版本，如清鲍廷博知不足斋影写本、孙诒让玉海楼抄本、光绪四年（1878）乐清郑见田息耒园刊本、民国四年

（1915）冒广生永嘉诗人祠堂丛刻本、民国十四年南陵徐乃昌刊本、民国十七年永嘉黄群敬乡楼丛书刻本。

同时又借阅《南宋群贤小集》（32 册）、《江湖后集》（8 册）、《四库珍本丛书》（南宋别集部分）等大部头书和《瀛奎律髓刊误》《东瓯诗集》《续集》等要籍。其中《群贤小集》第四册所载四灵诗友许棐《融春小缀·跋四灵诗选》，是考察四灵集刊布的关键资料；孙本《四灵诗集》存有何焯康熙辛巳（四十年，1701）跋语和孙诒让同治九年（1870）跋语，也都十分宝贵。这些有关四灵版本的重要记述，前此未尝有人注意和运用过。

凭着馆藏图籍，以及续后在浙图、上图的补充查阅，经过汇总比较和仔细考察，终于发现历来刊布流传的四灵诗，计有两个版本系统，即选集本和全集本。这两种版本各有来历渊源，取材亦不尽相同，篇什可作互补。厘清四灵诗传布情况和版本系统，即可确定底本及参校诸书，这样就在 1983 年完成《永嘉四灵诗集》的整编校理工作；并搜集了有关生平、交往、评论的大量资料，编辑附录。在此基础上撰写长篇前言，论述四灵生平、诗歌成就、四灵诗派形成原因及影响、四灵集版本等。《前言》后题为《南宋四灵简论》，发表于《浙江师范学院学报》社会科学版 1984 年第 1 期，中国人民大学复印报刊资料《中国古代近代文学研究》1984 年第 4 期予全文转载。另一篇《对〈赵师秀小考〉的几点补正》，见刊《文学遗产》1984 年第 3 期。

《永嘉四灵诗集》出版后，被举为“精善之本”，给宋诗研究者带来了方便，得到学术界的好评①。由于这是温州一方水土孕育的土生土长历史上广具影响的著名文学作品，尤为地域读者所喜闻乐见，所以它的出版给温州地方文献整理开了一个头，起到了推动促进的作用。该书 1987 年由温州市图书馆选送，参加浙江省文化厅、各地市文化局联合举办的“浙江省公共图书馆服务成果展览”展出，浙江省文化厅颁发荣誉证书。

为温州市图书馆一百周年馆庆作，2018 年 5 月 7 日改定

（作者系温州大学学报编辑部编审）

---

① 参阅拙文《〈永嘉四灵诗集〉的整理和出版》，载《温州读书报》2014 年第 2 期第四版，2014 年 2 月 26 日出刊。

籀缘

陈光熙

读小学时，我被选为图书管理员，每天提着小书箱往返于图书馆和籀公楼，一时成为班级里最受欢迎的人。后来回家种地，在同乡家看到一本籀园图书馆藏书，心向往之。1979 年进温师专，毫不犹豫地选择了图书馆工作。工余学些业务知识，诸如高校图书馆是学校图书情报资料中心，是为教学和科学研究服务的学术性机构，图书馆工作具有服务性、教育性、学术性等等。我在图书馆做过发行、期刊、阅览等工作，看到同事每天忙忙碌碌，疲于应付繁重的日常事务，全馆仅采编工作略需动脑，一位老先生做文献资料索引有点难度，大多数工作实在没多少学术性可言，说白了就是体力劳动，我感到十分困惑。

由于工作关系，我们常去县后巷温州市图书馆参观学习，认识了不少同行：如林启旦先生，夫人与拙荆同行；郑荣国先生，干后勤；柳树椿与我同龄，潘猛补姨妈是我同乡，张永苏是小学同学的堂弟。我们时常请同行来开讲座，逐渐对市图书馆有些了解，发现他们服务对象比我们广泛，工作人员气质也很不一样，连墙上的标语都特别潇洒，是书法家手笔。据我所知，市馆过去的和在职的馆长、馆员乃至临时工都善于学习，他们除了出色完成本职工作，还在其他领域有所建树。老馆长刘绍宽、孙孟晋、梅冷生等都是学者，姚平子是革命党人；当时工作人员中，张宪文先生擅长古典文学，阮延陵先生精通美学，潘国存先生熟悉目录学，陈寿楠先生研究戏剧史；郑张尚芳先生是语言学家，伍龙先生是建筑师，他们都在温州市图书馆工作过。对这些前辈钦佩崇拜之余，我意识到，图书馆不只能为社会造就人才，近水楼台的工作人员自己也容易得到提升。

一天，在园西巷市馆古籍部见一位读者看《鲍川戴氏西祠宗谱》，出于好奇，拿过一册翻阅，有一篇《恭祝敕授登仕郎戴公光峰七旬荣庆序》，因为作者署名“诰授奉直大夫、刑部主事、福建清吏司行走、同治丁卯补行甲子科举人、谊侄孙诒让顿首拜撰”，就从头到尾读完全文。文中提到“长君成琦，天资聪颖，气宇魁梧，行且以《诗》《书》大公之门矣；次、三鼎立杰出，卓荦不凡；少者亦崭露头角，望而知为伟器。加以群从多材，无非康乐；半子独秀，不减右军。”令我吃惊不小，戴成琦是我的外公，孙诒让居然为他的父亲作寿序，自称“谊侄”，对外公兄弟、堂兄弟、姐妹夫称赞有加，何其荣幸乃尔！《宗谱·艺文外篇》，有孙锵鸣、黄体芳、王岳崧、刘绍宽、郑曦等写的文章，还有林大同、马公愚、苏步青等发起为戴叔梅伉俪六十一寿征文启；有曹应枢、池源瀚、郭奇远、唐澄士、黄式苏等写的诗，最难得的是有我表哥陈光汉的不少诗文，这位表哥1955年即蒙冤去世，遗物荡然无存，想不到《宗谱》里倒保留有他的作品。后来得知，《宗谱》的编写曾得到孙孟晋馆长的指导，完谱后赠送籀园图书馆卷一至卷十四一部，现在成为孤本，当地已经找不到这本《宗谱》，而卷十五《世系》早就灰飞烟灭了。新中国成立以来，历经多次政治运动，这种“四旧”竟能保存完好，真是不可思议。温州市图书馆收藏了大量地方文献，无疑是研究温州的极其珍贵的文化遗产。

瑞安董朴垞先生著作颇丰，多未出版。我早想看他的《瑞安孙诒让学记》，请教过市馆潘猛补先生，他说董先生逝世后市馆曾向其家属征集遗著，没有成功，下落不明。后来获取董先生遗著多在丽水董铁铮先生处的信息，1998年春到丽水向董先生商借，铁铮先生慷慨地将清抄本《学记》52册和《中国史学史长编》18册赠送温师院图书馆，以供学术研究，并委托我们联系出版。是年10月，我写了一篇文章，随周梦江先生去瑞安参加孙诒让学术研讨会，认识了张宪文先生和胡珠生先生，聆听几位老先生在车上谈话，有茅塞顿开、胜读十年书之感。《学记》抄本我用三十来种书校过，又向铁铮先生借原件校勘一次，諟正文字八千来处，比较完善了，就四处联系出版，但人微言轻，都如泥牛入海。后来听说瑞安将举行孙诒让研究国际讨论会，就致函钱建民市长与瑞安政协文史委，推荐这本书。承市长先生关心支持，《瑞安文史资料》第十九辑选编了《孙诒让学记选》。

2001年，温州启动《温州文献丛书》整理出版项目，抢救挖掘宋代至近代先贤遗留的稿本、抄本、孤本，为研究人员提供地方文献基本资料。接着成立了整理出版委员会和编辑部，温州市图书馆负责日常工作，抽调卢礼阳先生任专职委员。7月初，整理出版委员会召开座谈会，我忝陪末座。看了拟整理文献目录，我就倒吸一口冷气，洋洋五六十种文献，我仅看过温师院图书馆收藏的孙孟

《温州文献丛书》签约仪式

晋的《孙徵君籀廎公年谱》抄本，只有这种勉强可以一试，其他内容从未接触，实在不敢冒险。主编胡珠生先生同意了我的要求，还打印了拟编目录。于是我先回校复印了《年谱》抄本300页，趁暑假着手工作。抄本字体娟秀，容易辨认，但有明显讹字，如“陈止斋”写成“陈正斋”，“适同里洪锦标”写成“通同里洪锦标”，显然未曾校过，不得不用他校或理校。短短的章太炎《序》用《瑞安孙诒让学记》《瓯风杂志汇编》《章太炎年谱长编》一校，有异文六处，均贴上纸条。正文又用朱芳圃、宋慈抱所编《年谱》及雪克《籀廎遗著辑存》、张宪文《孙仲容先生年谱简编》《孙诒让遗文辑存》等书校过。抄本有句读，文字不算艰深，标点也颇顺利。只是引用的碑拓、金文，既多空白，字又古怪，无法标点。经过一个暑假，完成了全书90%，不料徐和雍、周立人先生以原件在他们手中为由，要求让他们整理。我不甘心，曾致函孙孟晋先生的哲嗣孙宝麟先生，问《年谱》是否还有其他稿本，草稿也行，孙先生说已片纸不存，只得忍痛放弃。

孙宝麟先生建议我整理孙孟晋先生其他几种著作，胡珠生先生就要我以孙孟晋《明季温州抗清事纂》内容为纲，收入史料五种、年谱二种、文集六种，整理《明清之际温州史料集》。于是温州市图书馆为我复印了大量原件作为底本与校本：《明季温州抗清事纂》稿本，《明季瓯江殉节四先生事迹》同治刻本，《困苦悲愤记》敬乡楼、黄玉山、杨绍廉抄本等共24种。为使史料集更为完善，古籍部潘猛补先生特地从《四库全书存目丛书》中搜检出当时浙江总督李之芳的《李文襄公别录》卷四中部分涉及温州的公文充实内容。于是我从各种版本中选择较好的作底本，用校本校勘一过，再开始标点。文集只选用其中涉及当时温州政治、军事、经济与百姓生活的诗文，并删除《事纂》中已引用的内容，以免重复。碰到疑点难点，感到束手无策的时候，频繁出入市图书馆，向编辑部与市馆古籍部行家请教，常常有我无从下手处，经各位先生指点，即能怡然理顺，让我学到许多知识与方法。为了整理这本书，我几乎动用了温师院图书馆能找到的所有文献，一首天关山诗有残缺，手头没有《泰顺分疆录》，无意中在电脑里找到电子文本，补足了残缺部分，于是知道钻故纸堆有时也可利用电脑。我打字速度极慢，只能请人代打，然而校对五次，错误仍然不少，最后不得不自行修改。初稿交上，如释重负，心里却忐忑不安，质量能否过关？胡先生很快审完初稿，打电话说已经通过初审，用红笔改过的地方让我斟酌修改。还说看我的稿子很省力，一天能看四五十页，问我能否再整理一本？胡先生建议整理二刘文集，我答应了。可是翻开初稿，看到上面密密麻麻的红字，感到十分汗颜，所谓“省力”分明是鼓励，意在通过修改让我逐步掌握校勘古籍的正确方法。我对书稿进行了修改，删除了大量繁冗的校记，比原来清楚得多了，只有七八条校记自以为有点价值，就用铅笔写在打印稿旁边。后来稿件送往上海社会科学院出版社，原上海古籍出版社总编钱伯城先生审稿，评价不错，还特地指出铅笔写的校记“颇精审”，这些文字就又补充到书中。我自然知道，要不是胡先生修改润色，初稿是不可能在出版社蒙混过关的，于是反复阅读初审稿，摸索犯错规律，寻求解决方法。

二刘是“元丰九先生”中的刘安节、刘安上，北宋时期人，远早于明清，文章说理较多，不像《明清之际温州史料集》以叙事为主，难度较大。因为整理过一本书，有市图书馆作后盾，胆子又壮了些。二刘文集以《四库全书》为底本，《永嘉丛书》为校本，自己打字以节省校对时间。初稿完成，发现篇幅嫌小，加上有作者争议的《渔樵问对》，又从《二程遗书》录出刘安节手编《伊川先生语四》载入《附录》，仍不足整理出版委员会每部书不少于20万字的要求，就擅自增入拟整理文献目录中同属“九先生”的许景衡文集，整理完毕，已逾40万字，不觉窃喜。二刘、许景衡文集由副主编陈增杰先生初审，陈先生曾提议整理许景衡《横塘集》，但无人承担，见到书稿特别高兴：永嘉学派学者存世著作终于全部整理完毕了。陈先生审稿风格与胡先生不同，他不再逐字修改，只在旁边写“以时代为序”“此类不必分段，下同”“此类当补入正文”“附录不必详校”等。卷面看起来是清洁多了，同类错误需自己细心寻找修改。《明清之际温州史料集》与《刘安节集　刘安上集　许景衡集》先后于2005年1月、2006年8月出版，托温州市图书馆与《温州文献丛书》编辑部的福，我似乎已挤进整理古籍的旁门。

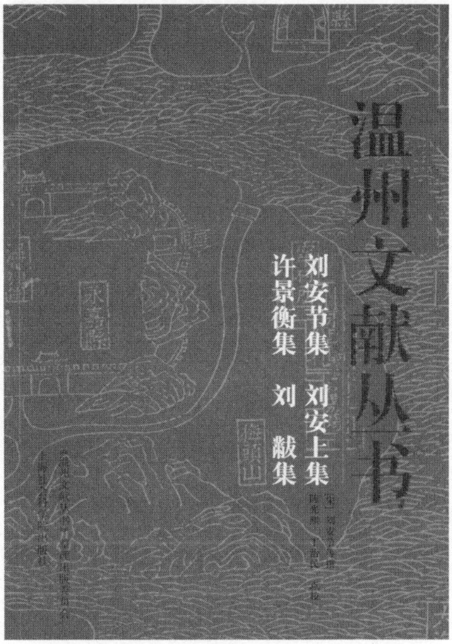

陈光熙等编校的三刘一许集

退休后，因为学校远在茶山，去温州市图书馆看书的机会反而多了。2010年11月，温州市图书馆开始整理馆藏日记丛刊，卢礼阳先生邀请我参与，我立刻答应了，商定由我标点符璋日记。其时我参与《中华大藏经续编》这个所谓全国重点出版科学研究项目，是三天打鱼三百天晒网，闲的很；又浏览过温州文献丛书里的《张㭎日记》选本，对其中一些熟人轶事很感兴趣，觉得古人日记价值不菲，值得整理研究。市馆古籍部陈伟玲、王妍等又不厌其烦陆续为我复印符璋日记28册，从1893年2月17日到1929年2月9日，厚厚一叠复印纸，重达30斤。后来市馆又热心提供瑞安玉海楼藏《蠡佣日记摘存》照片一种。温州博物馆谢作拳先生已整理好符璋《翳彗主人旑室日札》一册，从1929年2月10日到10月8日，与市馆收藏的最后一册《翳彗旑室日札》相衔接，直到符璋去世前两天。市图书馆藏符璋日记，是作者家属符石青捐赠的，此公我以为即是符璋长子寿彭，日记中通常称“彭儿”，但有几处叫“硕卿”“石儿”，“硕”“石”温州方言同音，“卿”“青”普通话同音，石青即是硕卿，也就是寿彭。现存第1册封面有“第四册”三字，前面应该还有三册，日记大部分一年装订一册，完本可能在四十册左右。2010年12月7日，我与谢智勇馆长签了一份《约稿协议》，着手整理符璋日记。

符璋，字聘之，一字笑拈，原籍江西宜黄，1853年（咸丰三年）生于福清。十二岁父亲去世，捐资做小官养家，迁居浙江。历任幕友、文案、知县，1903

年迁居温州。1911年任瑞安知县，辛亥革命时留任民事长，次年辞职，到江西，任九江交涉署秘书。1913年起历任宜春、虔南、广昌知事，忤要员被劾，离开政界。1916年任《平阳县志》总纂，1919年总办上海哈同爱俪园文牍。1922年回温州，卖文为生，兼瓯海道署、瓯海关监督署顾问，也在家设帐授徒。1929年10月10日逝世，享年77岁。

符璋读书极多，当时温州推为第一。他除了自买，还得借书，籀园图书馆是首选。他每次动辄借几十册甚至一百多册，听起来像天方夜谭。也向图书馆售书、捐书，与馆长、馆员交往密切，当年馆长月薪12.5元，馆员18元，与现在完全相反。

日记内容十分丰富，有家事、官场见闻、刑事案件、战乱动态、苛捐杂税、自然灾害、经济资料等等，能提供鲜见史料、补充名人传记、鉴别诗文真伪、纠正报刊讹误、佐证党史资料、还原名胜古迹。

这部日记文字并不艰深，字迹还容易辨认，整理比较顺利。最初走了弯路，原来规定用繁体字，但日记中不少字与简化字一模一样，我觉得现在有些学者反对简化字毫无道理，古人就曾经这么写的，就不断切换打出其中的简化字。后来卢礼阳先生发现了，说不能打简化字，又切换成繁体，就出乱子了，“瑞安”变成“里安”，“警察”变成“员警”，台州一个地名变成非洲地名，叫人哭笑不得，只得从头校改，真是自讨苦吃。日记中还有百来处朱笔、黑笔勾乙，复印件全是黑色，意图不明，内容大抵是书籍及评论，我嫌累赘曾删除，卢先生认为有价值，又重新补足。日记中也有草字，认不得的照样画葫芦请书法行家再三辨认，还有四处五个字无法确定，只得用“□”表示。但是有两种情况不得不改；一是苏州码无法打字，现在认得的人不多，又是横排，就改为汉字。二是干支日期，错误超出四分之一，作者本人有发现的，后来写明“甲子皆讹”“干支均错”“重一日”“漏一日”等，甚至“改者亦错”；未发现的，现代人不会推算，整理时按《万年历》予以改正。

我2010年底开始工作，半年后完成26册底本，因内子看报让我找到一个打工机会，最后两册居然花了约半年时间。2012年1月底交出初稿。经卢礼阳先生审稿，修改一次，年底写好《前言》。市图书馆原已联系一家出版社，因中华书局愿无偿出版这批日记，中华书局是我国出版古籍最权威的机构，自然求之不得。书局要求编制人名索引，就有点麻烦，日记文字精炼，如“过荣宅，遇高、苏、陈三人”，“客为吴、王、刘三大令”，“同座为赵、邓、培、陈”等，其中只有培是稀有姓氏，可以查到全名，全书“陈大令”就有三十多位，只写姓氏，看上下文也无法判断是谁，遇到这种情况就无法编入索引。好在我曾记录过人名，日记中人物的复杂名号职衔大抵清楚，利用电脑，做起来还算迅速。等看到校样，原稿繁体字已变成简化字，繁简转换又产生异文三百来处，从头到尾再校对一次，同时纠正了两百多处差错，总算是比较完善了。2013 年 12 月底交给中华，耐心地等待四年，收入中国近代人物日记丛书，今年 3 月四部日记同时出版，可谓皆大欢喜。

平常我遇到难题，百思不得其解，最后求助温州市图书馆，往往都能迎刃而解。我为《温州文化》杂志审稿时，一篇文章引用宋翁卷《南塘即事》有“渚禽飞藩拗罾船”一句，我对“藩”字产生怀疑，字义既无法解释，声调又不合格律，疑是“落”之误，又无依据。上网搜到一种《苇碧轩集》，也是“藩”字。手头没有资料，请责编去市馆查陈增杰先生《永嘉四灵诗集》，问题就解决了。作者后来对责编说：我一直以为是“飞藩”，原来竟是“飞落”。

2015 年 6 月，我到瓯海区政协文史委帮忙，为纪念抗日战争胜利七十周年，8 月要出陈寿楠先生编的《董辛名集》，时间紧迫。陈先生是戏剧专家，出版过《温州进步戏剧史料集》《温州老剧本》等书，近期又从上海戏剧学院图书馆找到董辛名一部剧本，搜集相当完备。文史委没有可据以校对的资料，我凭校勘积习以插图校了四五篇文章，以《阿比西尼亚的母亲》校《呼声》，以网络上田汉原作校《名优之死》，又以颜一烟两篇文章校留日学联的启事与郭沫若信，发现歧异六处，最后以理校纠正稿件部分错误。为保留原貌，我请陈先生提供原件，他说有，并且很快就带来了。我一看，傻了眼，是打印稿，简体字横排，不是 20 世纪 30 年代原件。陈先生到四川去了，怎么办？又非找温州市图书馆不可。地方文献部同行为我找出 1939 年永嘉游击文化出版社一本剧本，里面有董辛名的《游击队的母亲》《敌人的兽行》《最后胜利》三种剧本；1938 年、1940 年《浙瓯日报》光盘里有《名优之死》三幕全文，1940 年《温州日报》光盘里有《生命线》第一场。于是花了两天时间校对，纠正异文多处，小则一个标点，大的遗漏两段对白几十个字，还用光盘校对了《〈名优之死〉改编上演的话》一文。《董辛名集》编成，八部剧本有六部用可靠材料校过、八篇文章也校了六篇，比较接近原貌了，如果没有市图书馆支持，不敢想象《董辛名集》会是什么样子。

常有陌生人问我在哪里工作，我答温师院图书馆或温大图书馆，岂料多次人家又问：是温州市图书馆吗？我想，大概因为温州市图书馆历史悠久，收藏丰富，服务周到，自然有口皆碑，相形之下，温大图书馆的社会影响就小得多了。胡珠生先生“平生治学靠温图”，郑张尚芳先生“图书馆大学毕业”，都是肺腑之言。我不治学，有野鸡大学文凭，却根本无法与人比肩，只有喜欢跑市图书馆是我们的共同点。我一向不趋时髦，手机都老掉了牙，新村居士拉我参加微信群，要我起一个网名，我就说叫籀缘居士。群友问：这是什么字？什么意思？答复：我幼年在玉海楼前魁星阁改建的籀公楼读书，与籀公有缘；中年在高校图书馆工作，对温州市图书馆藏书感兴趣，又与籀园结缘；自称籀缘，恰到好处。

2018 年 5 月 30 日

（作者系温州大学图书馆研究馆员）

高山流水　知音难觅

——忆郑张尚芳先生与图书馆的情缘

沈克成

我和郑张先生相知相交五十年

我是在图书馆里认识郑张尚芳先生的，那是五十年前的事了。那时候我是印刷厂的工人，郑张是渔械厂的工人。

20 世纪 50 年代末，我高中毕业后，因为家庭成分不好而考不上大学，但自幼嗜书成瘾，为了过把瘾，只能隔三岔五地跑沧河巷的市图书馆去翻书。毕竟这是座公共图书馆，她不会限制什么人可以进去，什么人不可以进去，而且图书馆阅览部的黄东君、徐笑中阿姨见我斯文儒雅，是个乖孩子，所以宠爱有加，几乎是有求必应，我想找什么书，她们都会尽量地满足我。那时候条件很差，全馆借用金宅一座洋式的两层四合院，楼下一个阅报室，楼上一个阅览室，我们的求学天地就只有这么两处。而我，又多往楼上跑。那时候有个怪现象，阅报室里多的是老人，阅览室里却有一些年轻的常客。

那时候，我和郑张都是阅览室里的常客，论年龄，他比我大八岁，无论是知识和阅历都要比我老成得多。只见他老坐在那儿翻阅些古书，而我则一门心思在学英语，啃莎士比亚的大部头。隔行如隔山，我们平时也只是点点头，没有深入地交流。一次，在一份杂志上见到北大唐作藩教授的文章，他说当时语言学界泰斗王力先生正在策划出版学术巨著《汉语语音史》，在内部征求意见时，收到了一位姓郑张的名不见经传的青年工人的来信，和他讨论上古歌部的拟音问题，后来王先生采纳了他的意见，将歌部拟音由［a］改为［ai］，认为这样更合理，更富于系统性……这一下子拔高了我对郑张的印象，原来他是这么有学问。只可惜他所研究的方言文献，我根本看不懂，我当时也没想到要跟他学习方言学、音韵学、训诂学、文字学。好景不长，没多久“文化大革命”爆发，这一块充满书香的净土竟然被说成是“藏污纳垢”之地，图书馆被勒令关门，百姓手中的藏书也被抄去付之一炬，听说郑张损失惨重，几次相遇，他总是垂头丧气的，从此后我们见面的机会就很少了，大家都如丧家犬似地疲于奔命。

日子一晃就过去了十年，再见到郑张时，已是雨过天晴，十一届三中全会开过以后了。我们这些爱读书的另类，终于见到了一丝晨曦。一天，在松台山脚遇见郑张先生，我问他有什么打算。他胸有成竹地说，考研究生太小儿科了，要考就考社科院。果不其然，他终于被社科院录取，成了李荣先生的助手，从此闯出了一片新天地。

他去北京后，我们就很少联系了，只是我认识他的岳丈大人任士镛老先生，时不时会登门求教，偶然间从任老的嘴里获得乘龙快婿的一些消息。我为他感到骄傲，毕竟我们曾经是图书馆里的室友。

有一次，郑张怂恿我涉足温州方言，我找来了游汝杰的《温州方言词典》、潘悟云的《温州话音档》、颜逸明的《浙南瓯语》，总觉得这类书学术性太强，令读者望而生畏，于是我萌发了个念头，是否可以用普及易懂的言词来解读方言呢？我尝试着尽可能多地搜集一些资料，写成了上下两册的《温州话文化研究》《温州话特征词汇编》，交由宁波出版社出版，郑张先生和林斤澜前辈给我作序，想不到一出版竟得到了不少好评。

郑张先生在学术方面给我的指导和帮助是全方位的，今试举几例：

其一，温州人给少女起了个人见人爱的雅号 jy^{22}tsɿ^{35}ŋ^{31}，许多人把它写成“媛子儿”，潘悟云认为该写成“县主儿”，郑张尚芳、游汝杰认为该写成“院主儿”，颜逸明认为该写成“媛主儿”，而现存的有关文献资料中又找不到什么书证，为此我向郑张先生请教。他说，温州话中“子”与“主”是同音的，但在瑞安话中“子”与“主”是有区别的，从瑞安话的发音足以佐证是“主”而不是“子”。于是，我择善而行，在初版中将其“译”成“院主儿”，但许多读者认为，写成“媛主儿”更容易接受，我没有信心认为这是最完美正确的翻译，但是得到了郑张的认可。

其二，郑张先生对吴越地名颇有研究，他跟我说，越人名中以“余、夫、无、句”开头的很多，旧说以为这些都是无义的发语辞，现在经过语言比较，发现都有实义，原来“余”义大略相当田地，如余姚即指姚姓居住的地方。余杭则是搁置舟航之地。“夫”义相当于君，吴王夫差的夫其实是个加于帝王名前的词头。越王句践的句也是词头，表示祭祀的意思，作为帝王，以兴祀为名表达了保卫家园的决心。

地名是当地居民给居留地及地理实体取的名称，带着明显的民族语言烙印，即使原住居民因故迁走或改换语言，地名也往往长久保留下来。由此可以推断：作为越人，常喜欢称自己的民族为“瓯越”，即使其中一些支族如南越、西瓯、骆越等，他们虽已迁移到很远很远的地方，还仍然保持着瓯越的称呼，其实“瓯越”就是“我们越族人”的意思。郑张断言，瓯越是泛指而不是专指，这里的瓯已远远超越了瓯江流域了。浙南一带的越民把母亲河（古称鞭蓉江）称作瓯江，同样也是“我们的江”的意思。由于语音演变，散居在各地的百越后裔对人称的发音有了较大的变异，于是，“瓯江”就成了专指名称了。

我要感谢郑张尚芳老师，是他把我领进了方言学这一神圣殿堂。从2004年开始，我又先后推出了《温州话词语考释》《温州话字林》《温州方言韵略》《瓯语音系》等专著。我还在郑张的指导下，完成了《鹿城区志方言卷》《龙湾区志方言卷》《温州市志方言卷》的编撰任务。我们俩还合作共同主编五卷本《温州方言文献集成》。

人活着是靠一种精神来支撑的，所谓的精神其实就是一种追求，一种梦想。有的人为了挣钱而活，有的人为了名利而活；而我呢，就希望自己能实现自己的抱负，体现做人的价值，这才是人生最大的幸福。

郑张献给温州的一份厚礼

2011年秋，郑张先生来温探亲，他给我看了一篇新作《温州能尾比喻语语汇》，内中收有大量采自乡间的方言语汇。令人吃惊的是郑张只比我大八岁，他儿时所听到的乡音俗语，有些我竟然全然不知，甚至连听都未听过。郑张语重心长地说，待到我们这一代过去，这些民间文化瑰宝恐怕就要被时代淹没了。他说自己十几岁立志研习方言，曾经不遗余力，多方搜集前人留下来的方言文献，并到各地采风，搜集整理民间的俗俚语。据不完全统计，几近百余种，可惜遭遇“文革”时的抄家，几乎丧失殆尽，好不容易从造纸厂的纸浆池旁，从旧书摊中抢回了一些，现在所存仅四十几种。亏得梅冷生馆长的努力，劫后余生，这些宝贝中的一部分流进了温图古籍部的善本库，真是万幸。

郑张说，这些文献亟需整理，留给后人，但自己年事已高，深感力不从心，而且身在异乡，不具备整理条件，他希望我能帮助他了却这一心愿。我当即表态，这不是你个人的事，这是家乡的事，更是攸关子孙的事，我义不容辞。

在郑张的授意下，我草拟了一份三百来字的报告，呈送给温州市人民政府：

对温州方言的记录，始自宋代，其典籍以宋末戴侗《六书故》为最早，明清以降则文献日益丰富，汇聚成了极其浩瀚的地方学术宝库。然而由于种种原因，有关温州方言的文献除部分被图书馆收藏外，不少散落在民间甚至海外，面临着散佚的危险。而这些文献资料，除了《六书故》和《岐海琐谈》外，至今未曾经过整理。由于方言文献的校订、整理者必须具备文字学、音韵学、训诂学、历史学等方面的知识，目前正处于断层期。我们几位平均年龄70多岁的温籍方言工作者深感责任重大，时不我待，在市委“六城联创”精神鼓舞下，愿意抽出时间和精力回报家乡，为家乡的文献整理尽一份绵薄之力，计划花三四年时间编撰完成十卷本《温州方言文献集成》，作为温州申报国家历史文化名城的献礼……

没过几天，市文化局吴东局长、市社科联洪振宁副主席先后打来电话，表示全力支持。市社科联很快将其立项，并向财政部门申请落实了经费；市文化局指定由市图书馆具体操办，确定由谢智勇馆长负总责，古籍部王妍主任负责协调。

《温州方言文献集成》

但是，编辑该书的工作量很大，专业性又强，郑张先生又不在温州，怎么办？刚好有位叫王昉的女孩从北大方言学专业研究生毕业，回温州找工作，图书馆立即将其招了进来，王昉很快就进入了角色。

我立即行动，一是在古籍部王妍、陈伟玲等人的帮助下，先把馆存的家底摸了个透，然后写就了一份《实施方案》。计划在四年内整理完成五辑。第一、二、三辑为影印本，第四辑为排印本，第五辑为翻译本。前三辑参照记音字汇、分类词汇归类，再以原书问世先后为序，安排如下：

第一辑收谢思泽《四声正误》、谢思泽《因音求字》(永嘉音)、谢用卿《因音求字》(乐清音)。

第二辑收陈虬《瓯文音汇》、陈虬《新字瓯文七音铎》、叶衢《新编音画字考》、张兆麟《温州音识字捷法》、叶泰来《东瓯音典》、蒋纯绚《永嘉方言汉字读音便查》、玉海楼《俗字编》、黄绍裘《补正俗字编》、余国光《俗字编》。

第三辑收林大椿《海滋方言》、杨绍廉《瓯海方言》、戴炳聪《字衡·东瓯杂字》、郑衡《通俗字书》、包筱清《温州方言初稿》。

第四辑为民间杂字编和谚语熟语编。

第五辑收外国学者有关温州方言的著作。

郑张说，全国各地能着手整理地方方言文献的，我们算是第一家。率先吃螃蟹的，难免会有风险，这风险不外于两方面：其一，如果整理不当，那将愧对前人；如果遗漏过多，那将愧对后人。我们深感责任重大，为此，建议敦聘几位温籍著名语言学家担任该丛书顾问，他们是华东师大颜逸明教授、山西社科院温端政研究员、复旦大学游汝杰教授、上海师大潘悟云教授、社科院民族所吴安其研究员。他们都欣然接受了我们的邀请，在工作中给了我们不少帮助。

第一步工作是扫描。先把馆藏的文献扫描，其中《因音求字》是由该书作者谢用卿先生的后人谢庆潮先生把家藏的珍品提供给我们，其情义令人感动。

第二步工作是整理。这部分的工作量很大，首先要熟读各部著作，然后写出一份简介，附在书前，供读者参阅。这一份工作是由王昉独力支撑着。呈现在大家面前的每篇简介别看都只有短短数百个字，却浓缩了该书的精要，是她心血的结晶。

第三步工作是编辑，这本应由出版社来做的，但由于出版社迟迟不接手，大量的 photoshop 上的活也由王昉来做了。真得好好谢谢她，一年多来不是她任劳任怨的担当，这部《集成》不知何年何月才得以付梓。

不巧，我需要做左膝关节置换手术，为了不耽误进度，我刚出院第一天，谢智勇馆长和吴谷副馆长就把郑张先生请到我家中开编辑会议了。

洪振宁先生也自己操刀，把跟浙江人民出版社接洽的一揽子活接了过去。古籍部的全体成员都给我们大开绿灯，在人力、物力上给予支持。

从 2011 年 11 月开始酝酿，到 2013 年 5 月三本《文献集成》出版发行，只用去了一年半时间，简直创造了奇迹。2013 年 5 月 14 日，在市图书馆举行隆重的首发仪式，并举办了温籍语言学家著作展。

但是，第四辑的出版就不那么顺利了，直至2016年8月才姗姗来迟。虽然晚了，郑张还能看到，至于第五辑，更是遥遥无期，至今还难产中，对郑张先生来说，也成了一大遗憾。

郑张一生牵挂的是书，书，书！

郑张先生是读书人，是当今温州人中典型的读书人！他夫人衣红经常说，他一生唯一的牵挂就是书。

记得是90年代一个正月初三，我们家去雪山莲花心墓园祭扫，竟然邂逅了郑张，那一天谈了好多，他说起，十多年前离开温州时，他曾把从十几岁就开始收集的有关温州方言的卡片，悉数交给了表弟杨乾明先生，他的夙愿是在此基础上编写一本《温州话辞海》，他知道我是市政协委员，希望我帮他叫叫，争取得到政府的支持。我立即写了份提案，当年即被列为重点提案，当时主政的钱兴中市长很重视文化建设，立即从企业剪彩献金中划拨十万元交给晚报社，作为编辑《温州话辞海》的专项经费。后来郑张说十万元恐不够出版费用，于是我又写了份提案，财政局的答复是可以据实列支。我总算为郑张办成了一件事，但我始终认为这不是郑张的私事，他是在为温州的文化事业做贡献，我仅是为他呐喊而已。遗憾的是，当年钱市长批给他的十万元钱，最终没有到了他的手里，而是被这家报社拿去买纸了。郑张先生梦寐以求的《温州话辞海》至今仍未面世。

郑张先生一生与书为伴，他说家中藏书大概有两吨，退休后一直想叶落归根，他想把这些书运回家乡，可是温州的家房子小，根本放不下这么多书。我们也知道这些书的价值，曾经多次向有关单位呼吁，政府不是天天在期盼着“温商”回归吗？唯独没有一个人认识到“温儒”回乡的意义所在。到后来，只有温州图书馆胡海荣馆长表了态，依他的权力范围，只能给郑张提供一间办公室。可是让一位八十多岁的老人天天去图书馆上班，现实吗？

记得是21世纪初，市社科联副主席洪振宁策划为温州十位学人出集立传，其中有胡珠生、陈增杰、章志诚等先生，郑张先生列为首位。可是待到洪退休时，却只出了七本，其中的《郑张尚芳集》《颜逸明集》《郑孟津集》还没有出来，其原因是郑张和颜先生的专著以方言为主，专业性很强，出版社缺乏对口编辑；

而郑孟津先生刚刚过世，他的文章还需要整理。当时，郑张先生感到非常难过。后来《颜逸明集》由华东师大出版，《郑孟津集》由郑老的学生叶长海帮其出版。唯有《郑张尚芳集》没有着落。好的是中国社科院委托中华书局给他出了《郑张尚芳语言学论文集》上下两册。于是，郑张将未出的此书改为《郑张尚芳方言学论文集》。

2011年洪振宁跟我商量，由他积极想法落实经费，请我帮忙编辑。这是义不容辞的，于是从2011年11月22日至12月23日，我放下手头的活儿，日夜兼程历时整整一个月，把书稿整理了一遍，交给黄山书社。但是想不到好事多磨，直到今天，此书还没有出来，听说黄山书社的高层因为经济问题被连窝端掉了，这部书的书稿也从此没有了下落。

随有年岁的增长，郑张先生的健康状况每况愈下，2015年9月曾患小中风一次，虽然没留下后遗症，但精神状态已大不如前了。2016年12月，我得知他回温探亲，即上他家看望，他送我刚出的《浙江语言志》上下册。坐了一个半小时，我请他女儿给我们俩拍了张照片留念。想不到这本书成了他送我的最后一部签名本，这张照片也成了我们的“绝唱”了。

今年1月，惊悉郑张先生住进中西医医院，我立即去看他，竟然从医生口中获悉他得了不治之症。不久，转院到附一院，我去探望了多次，他跟我念叨得最多的就是书，书，书。他说自己还有两件事没有完成，一是答应给温州通史编辑部写一部《温州方言史》，虽已拿出20万字的初稿，还来不及统稿整理；二是黄山书社的《方言学论文集》还没有着落。听说潘悟云一次来探望他时，已答应为他完成《方言史》的书稿，于是我也向他承诺，请他放心，一定会让这部《论文集》跟读者见面。我曾跟洪振宁、跟郑张的公子任钊联系过，至今还没有找到该书的书稿，但我不担心，因为我的电脑里还存有此书的电子版，我只是恳请政府有关部门尽快把此书的经费落实好，否则也太对不起温州的文化人了。

3月19日下午我再去看望郑先生，刚好社科院相关负责人带领中央台摄制组来温，要拍摄郑张先生的人生轨迹。古人云：人之将死，其言也善；而今却是人之将死，其身始荣。可喜可悲，感触良多。我帮他们联系了温州图书馆和温州二中。第二天到图书馆拍摄，我与礼阳先生在场。社科院负责人说，像郑张先生这样的资深学者在国内不是太多，但学历不高却是一种奇特现象。郑张的最高学历只有高中，所以必须去他的母校拍几个镜头；郑张先生口口声声说自己是从图书馆大学毕业的，所以去图书馆拍几个镜头尤为重要。在拍摄过程中，我特别提出希望能按照郑张的愿望，把他珍藏的有关温州方言的文献资料交给温州市图书馆收藏。

2018 年 5 月 31 日

（作者系浙江省文史研究馆馆员）

那些年的那些人和那些书

——中华书局版温图日记出版琐忆

张玉亮

在网上认识了温州市图书馆的卢礼阳先生，得知他在组织馆藏日记稿钞本的整理出版。少不更事的我，一直对当时自己负责的“中国近代人物日记丛书”野心勃勃，希望通过自己的努力，将之做大。这里的做大不只是多出几个品种、扩大规模而已。在我早期提交的报告引起的讨论里，与社里几位前辈、领导有过交流，我的一个观点是：日记不同于其他文献，它很多时候是以未刊稿本的形态存世的，这就决定了对日记类选题的把握和价值判断，与其他类型文献要有所不同。近代人物的文集或其他著述，已刊行者多，其价值、影响力有目共睹，或相对来说已为人知、易为人知，那么，对此类选题的把握可以参考其经典性；而日记则不然，多数是藏在深闺人未识的稿本，如果只以或过于偏重影响的话，就会使视野里只剩下知名人物（多为政治史范畴的，甚至更集中在权力核心的人物），或近世已影印刊行过的人物日记（当然两者有重合）了，如“晚清四大日记”的其中三种翁同龢《翁文恭公日记》、李慈铭《越缦堂日记》、叶昌炽《缘督庐日记》，皆或全部、或部分、或摘录地刊行过。然而其他声名不彰者的日记，其价值就不必重视了么？若真这样，只能说是出版者的偷懒。《忘山庐日记》刊行之前，学界绝少机会会措意于

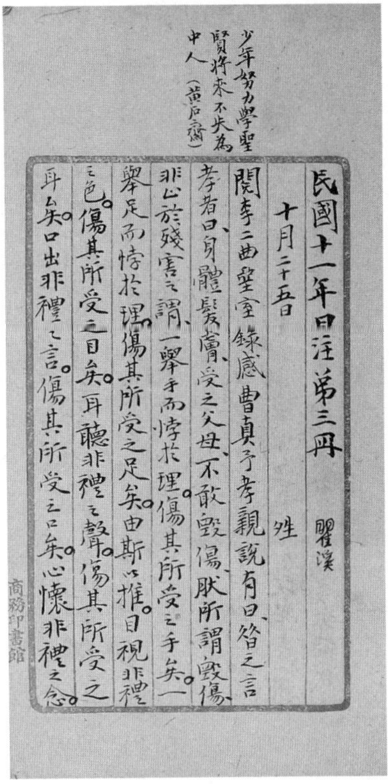
少年努力學聖賢，將來不失為中人（黃石齋）
民國十一年日注第三冊　瞿溪
十月二十五日　晴
閱李二曲堊室錄感曾貞子孝親說有曰、昔之言
孝者曰身體髮膚、受之父母、不敢毀傷、然所謂毀傷、
非止於殘害之謂、一舉手而悖於理。傷其所受之手矣。一
舉足而悖於理。傷其所受之足矣。由斯以推。目視非禮
之色。傷其所受之目矣。耳聽非禮之聲。傷其所受之
耳矣。口出非禮之言。傷其所受之口矣。心懷非禮之念。
商務印書館

夏承焘早年日记

孙宝瑄，尽管他是晚清四公子之一，但此书整理本一出，学界如获至宝，利用这部日记进行研究的很多学人得到了自己想要的，此书也是近代日记文献整理本中名声较大、征引率排行榜上的翘楚。我期待做这样的选题，于是与卢老师取得联系，并承蒙不弃，由此开始了与温州市图书馆的合作。

最初的选题是，刘绍宽、符璋、林骏、张棡四家日记的整理本。我按照惯例向礼阳老师要来申请选题立项的相关材料并填写选题立项表，并补充了当时刚刚刊发的徐佳贵老师根据林骏日记撰写并发表于权威期刊《近代史研究》上的论文以印证这批文献的史料价值，很顺利地通过了选题审批。拿着返回生效的厚厚一叠纸质立项材料，心中无比喜悦，现在回想，真怀念那段日子。

在组织立项等待审批期间我萌生了一个想法：这批日记文献的整理工作和编辑出版工作耗时较久，且短时间内很难实现整理本的全覆盖，何不先就馆藏日记稿钞本推出一个影印汇编，以后陆续推进单个品种的点校整理。这个想法得到了礼阳老师的支持，于是在四个整理本之外我们还就馆藏日记稿钞本整理影印项目达成意向，立项通过后签约。在此之后，承蒙礼阳老师不弃，接受我的委托代为联系胡珠生先生，续约《宋恕集》、签署《陈虬集》及新编增订《陈黻宸集》等，使早年近代史编辑室选题规划中的“东瓯三先生”著述齐集中华书局。同时，在礼阳老师联系下，我还有幸结识潘德宝、谢作拳两位老师，就黄体芳、黄绍箕父子著述集达成协议，立项通过并签约。可以说，温州地区这批重要人物文集、日记选题的组织，没有温州市图书馆和卢礼阳先生的无私帮助，是不可能的。

然而计划总是赶不上变化，开始接稿的时候，也正是我们编辑室开始大规模上马大项目的时候。从最初的钓鱼岛文献项目（后因故撤项），到民国时期外交文献汇编（2015 年底出书），以及后来的孙中山史事编年项目（2017 年出书）及相关的《孙中山全集》的修订和续编，都是几百万字上千万字的。在人力有限的近现代史编辑室，这是非常巨大的工作量，也改变了我们最初的计划。包括温图日记影印本和四个整理本、以及上述几个文集在内，我具体负责的所有基础文献类选题，亦即中华书局近代史板块最重要的两套丛书——中国近代人物文集丛书和中国近代人物日记丛书，全线搁置。2013 年度所出品种好容易聚集起来的作者关注和产生的影响，经过 2014—2016 年的抛荒，逐渐耗散。而这几年，也正是凤凰出版社“中国近现代稀见史料丛刊”稳扎稳打、逐步积累形成规模和影响的几年。逆水行舟不进则退，我愧对礼阳老师和诸位整理者，愧对关注和支持文集丛书、日记丛书的读者和作者。温图日记项目一拖再拖，礼阳老师也承受了巨大压力。

影印项目是最早出版的。这个看似最简单的项目，给了我迎头痛击。与其他传世文献不同，日记稿钞本情况极其复杂。首先，篇幅悬殊巨大，有的只有几十页，有的则上百册，如何做到编排合理、分册均匀，是需要花心思的；其次，形制开本各异，有大本有小本，有立式有卧式，且差异巨大，因为成书为 16 开精装较为厚重，为避免读者翻转图书之不便，不能一概简单粗暴地“整旧如旧”，在保存原貌和和谐方便之间取得最优解，也颇费踌躇；再次，编次上也需要精心，且不论颇好自设名目如符璋者（其日记之别名多至十数种，考订排序需要小心），即便是已经装订成册的也要留心，此次编辑过程中就发现刘绍宽《厚庄日记》之错简。此外，日记不同于其他传世文献有相对统一的开本乃至行格、页码可以较为清晰地释读分辨，上述任何问题的调试，都会产生巨大的工作量；而这些问题的发现和解决，又非建立在细致的编辑工作的基础上，不读文字只泛览页面绝难发现错简。所有这些，使得项目进展比计划慢得多。具体工作中，每一遍筛查发现的新问题，都需要馆方相应作出核、补、修、换等繁重工作。我在四川师范大学历史学院的一次分享会上曾以此项目为例进行介绍时说，日记文献的影印刊布工作量巨大，漫漶、残缺、褶皱、污痕、错简，五大受损一个对策——精益求精。而这精益求精简单四个字，饱含着王妍、杨虹等老师为此付出的多少心血呀。

感谢诸位的宽容与支持，影印本和四种整理本（张棡日记因篇幅巨大而延后，后期新补充的赵钧日记后来居上，赶上刘绍宽、林骏、符璋三种的出版进度）终于出版。不能忘记，陈盛奖老师、陈光熙老师多达几十封的修订邮件；不能忘记，就林骏日记中一处数学考题的释读和断句问题向沈洪保先生请教时，洪保先生特地向数学专家请教并传来的处理意见和演算图示；不能忘记，陈伟玲老师细心截图、逐一标号的精细的封面集字图样和“强迫症式”（联系时伟玲老师微信中自称）精益求精反复修改核订的敬业精神；当然也不能忘记，已经过世的张钧孙先生对其祖父张棡日记整理出版进程的关切和辛勤付出……凡此种种，都使我获益匪浅。

与礼阳老师神交已久，而初次谋面，则是在去年 12 月复旦大学主办的近代史料扩展与史学演进学术研讨会上。这次会议与会学者中有一半以上都是这几年

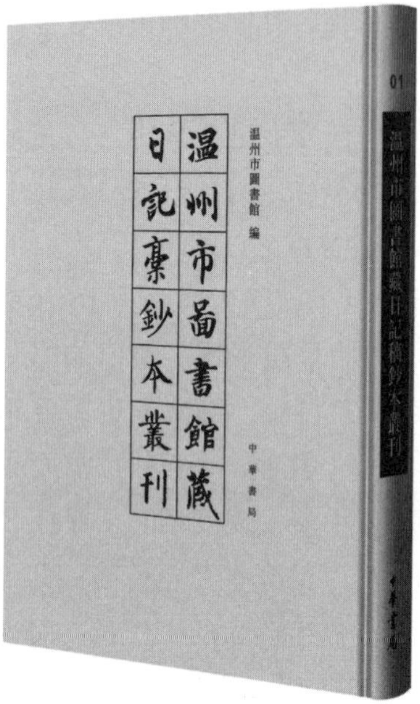

日记稿钞本丛刊之一

联系、结识的新老作者，不可不去，虽然那时工作推进不力，但我仍带上新入职近现代史编辑室的伙伴吴冰清前来参会。会上，礼阳老师在发言中肯定了中华书局为近代文献整理出版做出的贡献，也对我个人褒扬有加，而这时，整理本还一种都没出版呢。这使我且感且愧。会议期间，礼阳老师不仅向很多老师推介我们合作的影印本（在影印本《温州市图书馆藏日记稿钞本丛刊》出版之后，他就多方联系、努力推介，为此书影响的进一步扩大做出贡献），听到我工作调动的事后，还分享了个人经历并对我多所鼓励。我何其幸运，偶然结识的这位温图学人，不止对我的工作颇多帮助，还使我在挫折中得到了超出业务范围的关爱、慰藉与指点。所有这些，不只是我职业生涯中、更是我人生道路上最可宝贵的财富。

我曾跟新加入的同伴说，30 至 35 岁当是编辑的黄金岁月，既积累了一定经验又年富力强、稍少家室之累，是最出成绩的时段。然而遗憾的是，我自己的这段岁月却未能做出成绩，这当然是个人能力所限。所幸这段岁月有温图、有温图人。自与礼阳老师结识、温图日记项目启动，我就收到礼阳老师寄赠的《温州读书报》，到现在已经五年时间了，每期不落，翻看现在已积存得厚厚的一叠报纸，很多选题就蕴藏其中，如刘节先生日记之增订本及其首批《广韵》之影印整理，就是多承礼阳老师介绍、以此报为线索联系组约的。

今年年初，因各种原因我中止了图书编辑业务，转至书局主办的学术期刊《中国出版史研究》编辑部工作。回想这五年来为近代基础文献所做的工作，自觉虽不满意但尚不虚度，主要就是因为书架上的温图日记影印本首册假样和几套刚刚领到未全拆封的整理本样书。

温州这个地方于我个人来说，以前总留有一些偏见。儿时，我所在的红权小学临近温州服装城的经商者聚居区，校长很有魄力，将我们附近居民家庭的学生安置到周围小学，专门接收经商者子女入学，而且采取寄宿制，改名“江南寄宿小学”。那时印象里的温州就是出商人的地方。然而随着读书渐多，才发现这是一方人文荟萃的热土。且不说清季以来孙、黄等名门望族，就是更近民国期间也涌现了刘节、王季思等优秀的学术名家。纵观近些年来的地方文献出版，可谓蔚然成风，湖湘文库、浙江文丛、荆楚文库、山东文献集成、巴蜀全书以及近来启动的江苏文库等。然而其实早在十多年前，就有一套《温州文献丛书》，我早年迷恋戏曲时曾购买了其中《张协状元》的整理本，深为感佩。而当聆听礼阳老师介绍此书出版之艰辛时，这种感佩更加深刻了。进入近代文献出版领域，在翻阅中华书局旧时档案时，最令我动容和遗憾的就是，当时的前辈广泛调研、积极策划、主动组约的很多选题，有的甚至已经展开具体的编校工作，后来都因为种种原因而流失掉。这种遗憾是我多年来从事近代文献工作的动力，我想通过自己的努力，让后来接手这一板块的同伴少点遗憾，哪怕一点点。可惜的是，遗憾终究难免。可喜的是，在我离开这一奋斗多年、投入全部精力和感情的事业前，结识了如礼阳老师这样与我志同道合的温图人。非常荣幸，我们一起合作做过艰难但有价值的事情。谨以此文，纪念那段令我怀念的日子，感念那些令我尊敬和感念的人。

2018年5月24日

（作者系中华书局副编审）

温州图书馆和《温州通史》编纂

吴松弟

自世界出现图书馆以来，世人知道图书馆是供人借阅图书的地方，是知识的宝库。2011 年 3 月，我受邀担任《温州通史》主编，当得知温州市政府部门将为编纂《温州通史》服务这样重要的事务，交与平常和编纂通史风马牛不相及的温州市图书馆承担，才知道温州市图书馆除了借阅图书，还具有其他方面的作用。它是否是改革开放以来在发展民营经济方面走在全国前例、思维无定势的温州人的一项首创，有待考证，但从听说这种安排的朋友一脸惊讶的表情来看，在全国应该不多。

一

温州是有很深的文化底蕴的区域，但在编纂区域通史方面在浙江省内起步相对晚一些。然而，有着强烈的创新精神和开阔视野的温州的领导和文化人，迅速接受我们提出的关于如何编纂温州通史的几个观点：其一是作者必须眼光向下，在反映全国共性表现的同时，侧重反映民间的经济文化，从而突出温州区域的特点。其二是通史结构上不仅分成导论卷和东瓯、汉唐、宋元、明代、清代、民国等六个断代卷，约计 350 万字，还设立专题史，包括温州的移民史、戏曲史、思想史、方言史、地方政治史、海上交通史、民间信仰研究、畲族史、政区与地方政治运作、古旧地图集等近 30 部专题史，合计约有 400 万字。其三是在中国乃至世界范围遴选熟悉浙江、温州情况的一流研究人员，以保证通史的研究水平。其四是要在全温州范围内，展开大规模的地域考察和地方文献的采集与整理，在编辑各断代史、各专题史的“资料长编”基础上，建立约千万字的“温州历史文献数据库”，不仅便于通史作者使用，也便于通史完成之后的温州地方历史研究。

在我们这些通史编纂者看来，上述措施是研究温州历史、写好《温州通史》

的必要前提。在负责通史编纂工作的温州文广新局看来，这是一项需要举全市之力的浩大的工程。对于承担编纂通史服务工作的温州市图书馆而言，则是增加了大量的工作量，有的甚至远远超出图书馆的工作能力。为了做好各项工作，温州市人民政府成立温州通史编纂指导委员会和编纂委员会两套班子，加强协调，明确责任，切实保障通史编纂的顺利开展。温州市文广新局、图书馆、档案馆、博物馆等多个单位的负责人，都参加了两套班子。

在全市性的通史编撰服务系统中，图书馆无疑承担了绝大部分的工作。除了加速进行馆藏地方文献数字化，凡通史作者在温州和外地拍摄的原始资料均拷贝在图书馆的存储服务器中，及时整理并提供给各位作者调阅。除了大量的文献服务之外，有关通史服务的大量工作与图书馆自身的业务并无关系。通史服务涉及面广，工作繁杂，图书馆平时便有自己的繁忙工作，通史服务属于额外的工作，诸多事务并无先例。此外，通史服务往往具有突击性的特点，平时服务不多，而一旦有服务便需要在短时间内完成，故又具有时间紧、任务多、人手少的特点。在上述情况下，图书馆积极探索，大胆实践，很好地完成了各项事务。

二

温州市图书馆的通史服务工作，至少包括以下各项：

经费管理。除了提供撰写者的稿费之外，所有的调查、会议等各项开支，都由图书馆财务人员管理，而短缺经费的申请则由图书馆向上级部门申请。

联系各地的档案馆、图书馆，确保各类资料采集的顺利进行。2011 年 7 月 13 日，温州市人民政府办公室下达《关于做好〈温州通史〉编纂工作的通知》，要求各有关单位积极配合通史编纂工作人员做好资料查阅、影印、拍照等工作，各级档案馆、图书馆、博物馆凡有文史资料收藏的单位，凭市创建国家历史文化名城领导小组办公室开具的介绍证明，向编纂人员提供其保存档案、文献及其他史料的全部目录，并且开放新中国成立以前的各类资料。考虑到各地的档案馆有自己的一些规定，温州市图书馆与乐清市档案馆、平阳县档案馆、通史民国史资料采集团队、清史资料采集团队签订“《温州通史》编纂项目有关档案利用的保密协议”，从各个方面保证资料采集工作的顺利进行。此后，清代卷、民国卷作者带领的资料采集队伍，多次到过温州的各图书馆和档案馆以及浙江省档案馆，获得大量的研究资料。

组织召开各类学术研讨和工作协调会议。通史结构复杂，内容多样，需要经常召开各种学术会议，以保证编纂的质量和进度，并协调解决各类问题。尤其在通史启动以后的第一年，围绕通史的编纂宗旨、中心内容、编纂体例、温州历史特点，以及《温州通史》的编纂特色，召开了多次会议，这些会议不仅通史的作者参加，也请温州地方文史工作者出席并发表各自观点。这些规模大小不一、内容颇不一样的各类会议，基本上都是主编提出，报通史编纂委员会批准，由图书馆负责通知参加者并做好接站、会场、食宿等方面的工作，图书馆的负责人大多参加了会议。

安排通史作者在温州各地的考察和资料采集。考虑到通史作者对温州历史虽然有所研究，但他们大多不是温州本地人，有必要在温州各地进行必要的田野考察，增加对温州各地的认识，并在考察中获取有用的地方文献和口碑资料。通史作者在温州各地的考察和资料采集，一般都由温州市文广新局下文各县文广新局，再由各县图书馆联系具体部门，带通史作者到相关村庄访谈。为了感谢民间的支持，图书馆还特地设计一纸奖状，凡提供文献拍照的老人，发放“感谢您为温州通史编纂做出贡献”的奖状。2011 年寒假、2012 年和 2013 年的两次暑假，都进行了大规模的地域考察和资料搜集，遍及温州各区县三分之一的乡级单位。

建立《温州通史》专题网站等方式，以达到作者之间的信息沟通。图书馆工作人员在网站上发布通史相关动态、通知公告、座谈纪要、研究成果和文献资料等内容。此外，还不定期出版《温州通史编纂通讯》，累计发行十五期。温州市图书馆的一些工作人员，对温州历史的某些方面有较

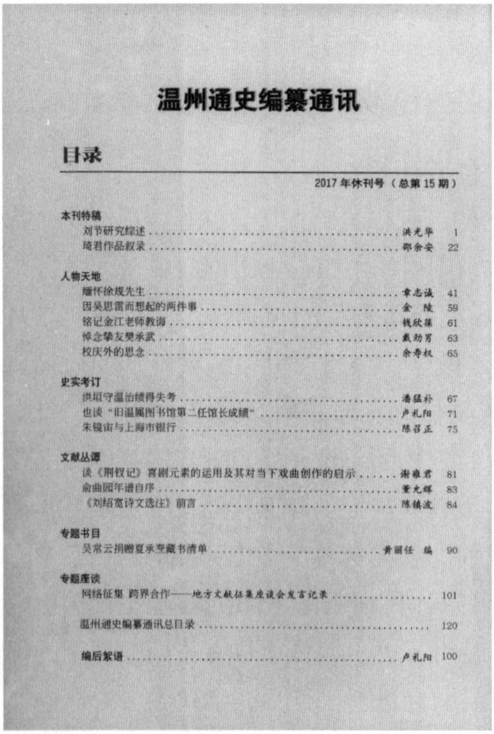
温州通史编纂通讯

目录

2017 年休刊号（总第 15 期）

《编纂通讯》休刊号

好的研究，有几位应邀参加了通史专题史的编撰，还有的将本地有水平的研究者介绍给主编。

催稿。《温州通史》由导论卷和 6 部断代卷、30 部专题史所组成，各书除了一位主要作者之外有的还有两三位次要作者，作者人数多达五六十人。由于进度有快有慢，催稿任务相当繁重。除了各断代卷、各专题史主要作者之外，图书馆业务办通史联络员毛薇洁常常是主要催稿人。如果作者之间发生某种误解或矛盾，文广新局和图书馆的领导以及毛薇洁便成了调解人。

"温州历史大讲堂"。随着通史撰写的进行，利用刚形成的研究成果为温州创建历史文化名城服务，便成为文广新局、图书馆和作者的共同想法。在温州文广新局的支持和图书馆人员的努力下，作者不辞辛苦撰写讲稿，温州电视台开设"温州历史大讲堂"栏目，先后播放近二十集。这些节目，讲授人都是温州通史作者，历史故事都发生在温州大地，主人公都是温州人的祖先，而故事的场景为受众所熟悉，因此播出时颇受温州人的欢迎。

三

经过八年的努力，《温州通史》有望于今年结束基本工作，一套温州历史上从未出现过的区域通史，将展示在温州人面前。她如同一条历史长河，将温州三千年多彩而独特的历史一一展示出来。主编《温州通史》，自然也成为我学术生涯中特殊而又难忘的重要一段。在这八年中，我充分体会到温州有关干部积极而认真的工作态度和对人的诚恳真挚。这些好印象的相当一部分来自温州市图书馆以及它上级单位温州市文广新局。

总的说来，在 2011—2018 年这八年《温州通史》的编纂过程，大致按照如下流程进行：主编根据进展向市图书馆提出活动建议，图书馆报文广新局批准，再由图书馆具体经办。可以说，通史编纂的每个环节，都少不了图书馆的事务安排和过程服务，一旦进入某项活动过程，从领导到办公室的相关工作人员，都是一派忙碌。从开始承接通史编撰服务的谢智勇馆长，到中间调到图书馆主持工作的胡海荣馆长，都为通史想方设法，尽心尽职，通史联络员毛薇洁往往经历全程，自然是最忙的人。尽管如此，由于大家对工作的认真负责，可以说至今为止各项工作都一直顺利进行着。我作为《通史》的主编，不仅对每位作者的呕心沥血心存感激，对温州市文广新局、市图书馆领导和工作人员的辛劳同样充满感激之心。我相信《温州通史》其他的作者，也持有和我一样的看法。

2018 年 6 月 2 日

（作者系复旦大学历史地理研究所教授）

手中有一炷温州的书香

陈徒手

这些年来，我常收到国内一些文化单位寄来的报刊，视为珍爱之物，时常阅读、揣摩，从中受益匪浅，譬如有上海巴金故居的《点滴》，天津冯骥才学院的《大树》等等，最为喜爱、惦念的还是《温州读书报》。承蒙温州图书馆的厚爱，每期报纸都能得到，信封很小巧，却能装进一张四版的报纸，打开后有一股熟悉的书香扑面而来，心有期待，每次所期待的又总是如约而至。

在20世纪二三十年代时，总能在文坛上感受到一种叫做“乡邦文献”的东西，显示地域文化的鲜明质感，有所在地区的独特人文感知，更有这个地方绵长的流转史、标杆式的人与事，描述的圈子虽带有家乡的小风味，似乎被地方色彩罩住，但细读之后深感文本之间都充满中国传统典籍的悠久风韵，由一地一事伸展到广阔的精神天地，更令人神往和青睐。近几十年来，由于长期政治运动的侵袭，“大而空”思潮的影响，很容易忽视这种一地一乡的文化表述，“乡邦文献”的风韵散失已久，大家对一个城市范围的文化品种不是特别重视，更看重所谓全国性影响的东西，所以我们对地方性文化内容的了解是远远不够的，缺失是巨大的，亏空也是长时期的。

温州讀書報

中国图书馆学会阅读推广委员会指定书香园地

2018年第6期　总253期　浙江省温州市图书馆主办　温州市图书馆学会协办

往事恰如碑石

使君与操

——《汉语大词典》二版补目

温州读书报二〇一八年六月号

《温州读书报》的一纸风行，应该是重建“乡邦文献”的尝试之一，是满足人们对一方天地人文的渴望之情。我们身处北京，之所以怀着兴致和热情来阅读，就是想在字里行间领略温州一带的人文风情，了解温州文脉的沿袭和传承，体会地方先贤的感人情怀。如果没有《温州读书报》长达二十年之久的持续宣传，没有像以卢礼阳主编为首的编辑团队恒力坚持，没有一支意志坚强、功力深厚的作者队伍，我们就难以看到枝满花圆的温州文史图景。我的老家在福州，同样也是近代历史上英雄辈出、传统底蕴丰富的开放型城市，但在挖掘家乡的人文遗产方面，福州文化界却没有很大的动作，更缺乏存在一份像《温州读书报》这样深厚的载体，没有一个沟通的有效平台，就难以组合一个城市活跃的人文群体，就无法建立一座老城市文化的血脉联系，就容易使文脉断裂，传统阻隔，年轻一代失去滋养的人文根系。从这一点上看，他们的努力于温州而言，是功在当代，利在后人。

去年 12 月 24 日《温州读书报》是我比较喜爱的一期，能鲜明体现报纸的办报思路，四个版水准整齐，可读性非常强，几乎是一字不漏读完。头版袁逸的《我所认识的孙伟良》，一位送煤工能够执著于收集和研究大学者来新夏的资料工作，令人惊诧，当今少有，作者评价道：“孙伟良对文献资料的搜集、考证、引述，向来慎重严谨，搜集求全，资料求真，考校务细，其专业规范程度甚至超过了许多专业学者。”本身文化水平低，地处偏僻乡村，可用资料少，但孙伟良下的是笨功夫，十年之功编辑成《来新夏著述经眼录》，简直是乡村人物的当今传奇版。更有趣的是，作者写了他的刻苦，譬如把《绍兴县志资料（氏族编）》点校出来，制作了拼音与笔画的两种索引，这种笨活现在已无人爱做。也写到他少城府、大嘴、耿直的一面，家中书斋犹如一个“炮兵阵地”，每天晚上准时“开炮”，四面八方种种的不顺眼、谬误、史实失察，都难逃他的一番揭丑挖苦。这种近似魏晋风范的乡间作者，做城里有职称、有条件的学者不屑做的“作业”，活得自信而滋润，读了之后难免一遍遍地想象他的书斋神态。这是大城市里难以见到的有趣人物，只能在绍兴的乡间靠着醇厚的学养和兴趣而快活地工作着。

同一期的徐宏图《忆董楚平先生》文字不长，写尽了董先生一生与厄运搏斗的艰难历程，身处逆境中而不轻易屈服，留下宝贵的吴越文化研究专著。晚年因患扩张性心肌病，被迫停顿研究工作四年，在身体好转、安好起搏器后，担心来日无多，他又全力撰写未竟的《论语钩沉》，写完之时已达 38 万字，堪称学术的壮举。顾志兴的《浙江藏书家藏书楼》记载了作者受胡道静先生耳提面命、提携长进的感人过程，胡先生不仅将腹中所知倾囊相授，还帮助寻找线索，介绍前辈，这种学业承转的场景正是浙江古老文化传统的美好呈现。

《温州读书报》选稿时非常注重亲情的流露，感伤之中含有人世间的至情，透露出时代曲折之中家人亲友所蕴含的人性之美。譬如今年第二期的杨卫民《一段封存的记忆》，记述父母遭遇反右风暴之后流落北大荒的遭遇，一贯衣来伸手、饭来张口的母亲是如何抵住沉沦，作为一家的有力肩膀，扛住辛酸和屈辱的黑暗闸门，平反之后内心翻江倒海的母亲那种神情让人过目不忘，尤其写到由于“文革”的经历使她不再相信任何人，不愿意与人交流，过日子中拒人千里之外的寒意更是令我们感伤不已。一篇悼念之文，写出政治运动的惨烈与内心的禁锢，已是泪水婆娑，深思再三。马邦城的《“生命的火花”背后的故事》写出父亲几十年写书的纠结与悲哀，经过多年的考察走访，60年代初父亲一本描述瑞安革命斗争故事的书稿出版在即，却因领导的一句话而耽搁，到了“文革”期间原稿竟被红卫兵点火烧毁，那些珍贵的第一手斗争史料化为灰烬，早已老去的当事人口述再也无法复原。那种心痛是格外真切，一人一生能有几回这样的心碎时刻?

今年第三期的封面文章是郑元明的《我心目中的黄宝琦老师》，描述一位教学出彩的地理黄老师的有趣一生，用心上课，细节过硬，足可以成为一生最为难忘的学习印记，譬如用温州话“麻糍买四个”口音逐渐演变成“敖德萨”，让同学记住苏联黑海的城市名称；指导学生测量海坦山的高度，从学校楼前的平地开始，然后一节节上去，最终测得山顶离地面24点5米，让学生从实际操作中学会本领。没想到，作者四十年后在海坦山附近买房，一下子想起当年测量的数字，就选择第十层楼，这样平视过去，眼前刚好是一片绿色的树林。这样的细节比比皆是，顺手拈得，妙趣横生，写出优秀老师的不平凡之处，他们当年课堂上的出色可以让学生一辈子受益。读这类文章，从不起眼之处入手，平平实实的文字中，往往能得到很深的教益，心里总会有跌宕、有波澜。

《温州读书报》也不时保持着一种学术的锋芒，让人阅读之时还能感受到一点刺激、一种激励。像今年第一期刊发朱正先生的《关于〈查太莱夫人的情人〉的被查禁》，读了才知道当年查禁的真相，原来缘自武汉一家新华书店负责人（《求是》杂志总编辑熊复的亲戚）打小报告告状，竟然把一家势头很好的出版社和领导班子连锅端掉。一桩旧事和幕后真相，朱先生写得极为洒脱，没一句虚话，全是过来人的明白语，看得我们有几分感喟几分伤痛。子张先生的《重读吴伯箫“北极星”》是一篇很有分量的长文章，《读书报》分两期刊发完毕，读了上篇就想读下篇，读完下篇就是一声长叹。作者有力地指出，吴伯箫的“延安系列”散文作品是“耐人寻味的特别作品”，提倡“与困难作斗争”，实际为大跃进和反右倾错误所导致困境的人们“打气”，今天读来仍有超越时空的探索价值，正像作者所言的那样，“作品接受的错位有时就是这样不可避免，这是吴伯箫的无奈，也是历史的无奈”。这篇文章很耐读，我忍不住读了两遍，佩服作者的锐气和用心，他的一些新鲜提法也是值得记取的，譬如说吴伯箫的某些文字“还是未能免俗，不能保持纯净，而带上不少枝枝蔓蔓的东西”。

能在《温州读书报》上感受到学术思考的锐利，触摸到地方文脉的流转，记住有趣人物的趣事，是一种幸福的、额外的收获，是人间亲情的抚慰和历史碎片的捡拾。更重要的是读到一座城市的包容和大气，让我们想象到出入编辑部的儒雅人们，在心里描摹围集在它周边的作者群的模样。希望能从《温州读书报》中读到更多精彩的美文华章，让手中的那一炷温州的书香更加浓郁更加长久。

2018 年 5 月 22 日

（作者系《北京青年报》副刊部副主任）

书香文脉两相随

孙良好

对于走过近百年历程的温州市图书馆来说，我只能算是一个晚到者。作为晚到者，我欢喜于她的书香流播，更在意于她的文脉绵延。一个城市的图书馆，若能做到书香文脉两相随，我觉得其存在的意义便可以得到充分彰显。

说是晚到者，是因为我和她的亲密接触基本在新世纪。再往上追溯，隐约记得大学时代去县前头听过一两次讲座，印象较为深刻的是黄宗江先生颇为亲切生动的讲谈，但讲谈的具体内容，已经模糊不清了。园西巷的馆舍，于我大抵是匆匆来去的一座现代藏书楼，并无深入的交集。直至市府路新馆开张，我和她的关系就渐渐变得非同寻常。因为离家近，环境佳，去的次数就多起来了，先是办了一个普通借阅证，很快又成了第一批的“重点读者”，由此就拉近了我和她的距离。作为“重点读者”，一方面借阅图书时能得到馆方更多的关照，另一方面也要接受馆方的跟踪服务并定期登记因相关服务而获得的科研成果。此外，“重点读者”还会获邀参加馆方的图书订购咨询会。一来二往，那些年我就成了图书馆的常客，充分享受书香的润泽。当然，这“书香”不止于传统的纸质书刊，也包含音像制品和网络资源。我对于温籍作家作品的格外关注和当年风行的各类讲坛的熟稔，以及热播的影视剧的集中观赏，都和图书馆息息相关。

随着个人阅读的拓展和研究的深入，我和图书馆的关系就不再停留于读者这一角色了。自己新出版的书，会第一时间想到赠送给她；一时兴起写就的与书相关的小文章，会立马想到那份在民间读书界颇受青睐的《温州读书报》。特别值得一提的则是籀园讲坛和籀园品书会，“讲”与“品”成为我和许许多多爱读书的朋友分享读书心得的绿色通道。

我可以清晰记得的讲座有五场，分别是：

1.《从“志同道合”到“分道扬镳”——漫说周氏兄弟》；

2.《林语堂和他的〈京华烟云〉》；

3.《寻找读书的兴奋点》;

4.《21 世纪，我们如何面对文学?》;

5.《诺贝尔文学奖和中国当代文学——从莫言获奖说起》。

这些讲座大抵以我自己所从事的中国现当代文学专业为基点，以市民熟悉和可能感兴趣的作家作品或者热点文学现象为切入口，围绕读书和文学两个话题展开，在充分表达自我的同时，尽量和听众形成对话的场域或互动的气场，唱的似乎是独角戏，但参与其中的则是一众入戏的听者。

“台湾文学的守护天使”齐邦媛的《巨流河》是我做客籀园品书会品读的第一本书，品读此书用的标题源于王德威教授的十二字真经：“如此悲伤，如此愉悦，如此独特。”我以沉浸其间和直击当下的方式来品读这本抒写时代洪流中“清洁的精神”的大书，自己实实在在地被感动了，进而以自己的言说感化共读此书的听者。品读的第二本书是我主撰的《文学的温州——温籍现当代作家作品研究》，从“文学的温州”源头说起，重点讲述如何建构“文学的温州”以及“文学的温州”的现状，并藉此提醒世人关注“商”海中的“文”名，展现“永嘉文脉”的古今风貌。第三场品书会，品读的是温州本土作家王手的小说，我用“好看”和“好玩”来品味：之所以“好看”，是因为语言朴素得如拉家常但却不

籀园讲坛一千期

缺乏精致的质地，是因为故事讲得活灵活现却没有任何距离感，是因为那些小人物的内心生活被揭示得相当透彻；之所以“好玩”，是因为小说的语言、故事、人物都是属于初看有点意思，再看值得回味的那一类，其中隐藏着“日常生活的潜流与漩涡”，温州市井风情中的人生百态鲜活呈现。

除了读、写、讲、品，我还在图书馆作为嘉宾主持了籀园讲坛的第一千期，和评论家谢有顺、作家鲁敏一起分享温籍旅加作家张翎的新作《劳燕》。在我看来，这是一场“天时地利人和”皆备的新书分享会，分享的时间9月2日是日本正式签署投降书的日子，分享的地点温州是小说发生的场域（文成玉壶中美合作所是故事发生地），参与的人有抗战老兵和关心抗战老兵的义工以及喜爱张翎小说的读者。在这样的分享中，作家的自述、同行的体会、评论家的阐释以及听众的参与，共同形成一种神奇的阅读合力，让文学与人生在那个特定的时空水乳交融，非常美好，非常感人。

最后，想说一说图书馆近年打造的一张城市名片——城市书房，我的几个学生正在做着相关的调研，她们在“鼓”与“呼”的同时也努力采集各方的不同声音。当这盏阅读的灯开始照亮这座城市的各个角落时，我希望她不仅仅是读者阅读的空间或旅者歇脚的场所，而且是思想者的领地或分享者的天堂。比如适当地安排一些民间思想者来主持小型的阅读分享会，或者由资深读者自主申请相关品读活动等等，让书香在四溢的同时，也让文脉得以多渠道地绵延。

2018年6月5日晨

（作者系温州大学教授、人文学院院长）

“城市书房”何以率先出现在温州

巫志南

自2014年4月16日温州第一家城市书房开放，截至2018年底，温州市建成并投入运行的“城市书房”68家，“百姓书屋”34家。作为长期关注城乡基层公共文化服务的科研工作者，我近期一直在思索这样几个问题：“城市书房”为何率先出现在温州，“城市书房”的出现为何得到温州民众的普遍欢迎，“城市书房”给温州这座城市带来了哪些积极的变化。

温州是中国著名的民营经济之城。2018年6月，中国社会科学院和经济日报社发布《中国城市竞争力报告》，对中国294个城市2017年综合经济竞争力进行研究，温州市是国内40个经济发展最成功的城市之一①。据该研究报告提供的数据，到2017年底，温州市在册市场主体90.2万户，其中企业22.3万户，民营占比达99.5%。民营经济占工业产值的95%以上，占财政收入的70%以上。

温州地处浙江省东南部，西部为山区，中部多丘陵地带，东部是沿海平原和滩涂。曾几何时，全境资源贫乏、良田稀缺、交通闭塞，与富庶的杭嘉湖平原恰好是鲜明对照：在嘉兴民间曾经流传着一句俗语，曰“离家十里，面有愁容”，原因是嘉兴为鱼米之乡，民众不愿远离故土；温州恰好相反，部分地区人均才二分地，人多地少，一方水土难以养活一方人，所以温州民间流传“千山万水、千言万语、千辛万苦”的俗语。为此，如果说温州是一个以民营经济为主，以全民经商、全民创业为特色，以不竭奋斗谋求生存和富裕的城市，实不为过。

当今时代，世界范围内以科技进步获取竞争优势、扩大发展空间的特点愈演愈烈，顺应科技大潮、学习科技知识、掌握科学技术、推进科技创新，几乎毫无悬念地成为每个城市及其企业的首选。对于缺资源、少国企的温州而言更是如此。城市资源特点以及经济社会发展的道路、模式，客观地决定了温州这座城市与游手好闲、吃喝玩乐、轻歌浅舞、低俗媚众无缘，这座城市的每个民营企业的

① 倪鹏飞：《中国城市竞争力报告NO.16—40年：城市星火已燎原》，中国社会科学出版社2018年版。

成功只能来自砥砺奋进、顽强拼搏。

前一时期，温州也不例外，社会盛行娱乐化、肤浅化、庸俗化，老年人饱食终日、耽于舞乐，年轻人迷恋游戏、追逐泡沫，即便是中年人也不乏烟酒麻将、夜夜笙歌之辈。这种在其他城市感觉十分宽松或貌似祥和的现象，在温州引起了城市深深的无意识忧虑甚至莫名恐慌。因为温州城市在艰苦奋斗中生存的广大企业主或创业者，忧虑娱乐化的下一代能否接住家族企业发展的“下一棒”，恐慌民营经济因为城市品质在娱乐进程中的不断劣化，而走上持续下滑的“不归路”，此种感受或许其他城市难以体谅。

在这个时代和城市变动的关键时刻，处在温州这座民营经济之城文化深层的温州图书馆，及时察觉时代大势、城市脉搏和民众心声，在温州地方党委和政府的大力支持下，如中流砥柱，发挥公共图书馆的超强定力，及时创新推出“城市书房”“百姓书屋”建设，力挽社会娱乐化的狂澜，引导民众从肤浅娱乐的“下坡路”转向“向上向善”的全民阅读。遍布城乡的城市书房，整洁温馨的阅读空间，民众自发的阅读组织，志愿提供的阅读指导，周期更新的阅读资源，在吸引城市下一代走进书房、打开书本、获取知识的同时，快速而有效地引领温州这座城市成功回归“崇文重教”的优良传统。

我国的图书馆事业发展，远可以追溯至西周盟府、两汉兰台、隋观文殿、宋崇文院、明澹生堂等。如今的图书馆，不再是皇宫贵族的专属，而是走向社会、走向民间。特别是地方公共图书馆，除了传统的文献收集、典藏、服务功能之外，最重要的是与城乡经济社会发展形成紧密的互动关系。温州的“城市书房”“百姓书屋”，回应了民众关切，延续了城市文脉，维护了城市优良传统，在城市经济社会发展关键时刻及时发挥了正确而有力的引领作用，并且率先建构起面向新时代的城市全民阅读服务网络。这一点，恰如温州图书馆的使命和愿景所述：集散古今文献，传播先进文化，提升全民素质，共创社会文明。

我们有理由相信，温州这座城市将因“城市书房”“百姓书屋”而更有人文的温度和高度，温州的孩子将因“城市书房”“百姓书屋”而比其他城市的孩子有更多的知识和更好的读书习惯，温州广大民营企业的可持续发展，也将长期受益于温州图书馆及其“城市书房”“百姓书屋”服务网络的建设运行。

（作者系上海社会科学院研究员）

我把籀园写进长篇小说

叶永烈

籀园是难忘的。我在温州瓯海中学念初中，是个“小溜溜”，常常去不远处的籀园玩。

那时候，虽然我因年幼还不够资格办理籀园借书证，但是拥有那么多藏书的籀园令爱书的我肃然起敬。直至在温州二中高中快毕业的时候，我终于领到了籀园的借书证。尽管从海坛山到籀园路远，我还是去那知识的殿堂求胜探宝。

籀园之籀，源于“籀公”。孙诒让是温州著名的学者、经学大师，号籀庼，人称“籀公”。在他1908年去世之后，为了纪念他，民国初年在温州九山湖畔的依绿园建立“籀公祠”，依绿园也因此改名“籀园”。1919年5月9日温属联合县立图书馆在籀园创立，也就被称为“籀园图书馆”。“籀园图书馆”是温州市图书馆的前身。1989年5月9日当温州市图书馆建馆七十周年华诞到来之际，我欣然写了《籀园之忆》，表达我的怀念。转瞬之间三十个春秋飞逝，温州市图书馆建馆一百周年大庆即将到来。温州市图书馆卢礼阳兄来函约我写纪念文章，我写下这一别致的标题——《我把籀园写进长篇小说》。

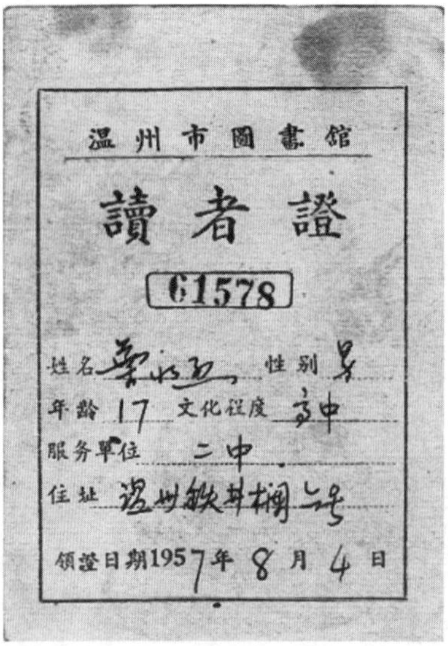

叶永烈珍藏的温图读者证

最近三年，我以每年写一部的速度，完成了长篇小说“上海三部曲”——《东方华尔街》《海峡柔情》《邂逅美丽》，每部45万字，总共135万字。《东方华尔街》写的是上海与美国的故事，《海峡柔情》是上海、台北双城记，而《邂逅美丽》则是上海、温州双城记。

《邂逅美丽》是上海作家协会重点扶持的创作项目，于2017年8月完成，2018年4月出版。

《邂逅美丽》是中国版的《乱世佳人》。20 世纪 40 年代的上海是“乱世”，日、汪、蒋、共以及法租界、英美公共租界六方的斗争错综复杂，在蒋内部又有中统与军统的互比苗头，相互倾轧，而爱情则与政治斗争千丝万缕紧紧相连。

《邂逅美丽》的“美丽”，是指瓯越“佳人”方美莲。《邂逅美丽》讲述方美莲在动荡岁月里的传奇故事。方美莲原本是单纯善良的姑娘，出自温州铁井栏名门望族，自幼在艺文学堂受到良好的教育，琴棋书画，样样精通，才貌双全。出于对电影明星的向往，欲走“阮玲玉之路”，从温州来到上海。她的父亲、温州富商方豪在上海法租界亚尔培路（今陕西南路）买下亚尔培公寓整幢两层公寓。她在霞飞路启秀女中上学时，成为国文老师、著名女作家关露（中共特工）的高足，深受左翼文化的影响。方美莲奉关露老师之命，常去上海市民立女中国文组办公室给来自温州的中共地下党员姚平子送去书信，成为她们之间的交通员。姚平子于 1924 年在温州加入中共，曾任籀园图书馆馆长。不料方美莲却因家庭变故，被父亲方豪的小妾陈梅推入火坑，成为上海四马路红灯区兰玉阁的卖艺不卖身的“女校书”……

方美莲先是在上海四马路妓院受尽凌辱，好不容易跳出火坑又受到上海中统特工刘连的不断纠缠，此后她遭到温州瓯绸老板高瑞的感情欺骗，命运大起大伏，人生坎坷崎岖。她备受打击，历经磨难，心灰意冷，几乎失去生活的勇气，以致欲步弘一大师后尘，遁入空门，削发为尼。她前往温州宝严寺寻找弘一大师时，在附近的舜岙山村结识贫苦农民周强，参加了姚平子之子胡景瑊在舜岙山村组织的读书会，渐渐振作精神，终于鼓起勇气，开始新的生活。胡景瑊乃浙南游击纵队政治部主任，在他的帮助下，方美莲和周强双双成为坚毅的浙南游击纵队战士……

小说源自生活。创作长篇小说，更需要丰厚的生活阅历。我写《邂逅美丽》，来源于我在上海、在温州的多年生活，所以写《邂逅美丽》时，种种生活细节就会在脑海中翻腾，很快就通过不断的叩键，呈现在电脑屏幕上。

我把我所熟悉的籀园，写进了《邂逅美丽》。在这里摘录《邂逅美丽》中有关籀园的部分章节，以特殊的方式献给温州市图书馆百年庆典。虽然是小说笔法，年轻读者仍可以从中了解籀园的历史与文化，了解籀园对于温州的深刻影响……

小说中的九山湖和籀园

九山湖是我度过少年时代的地方。浙江少年儿童出版社 2016 年 10 月出版我关于少年时代的回忆录，书名就叫《九山湖畔的作家梦》。我在《邂逅美丽》中，写及伪上海特别市政府警察局情报处长、汉奸王水在抗日战争胜利之后，改名换姓，躲到温州九山湖当瓯绸商人高瑞的仓库管理员。王水天天去籀园图书馆看报，为的是了解他的哪些同僚被捕、受审，竟然邂逅梅冷生馆长。

我是这样描述当时的九山湖和籀园的：

宁静的九山湖水，像一面银镜，横躺在松台山脚下。清朝诗人朱彝尊有诗赞松台山云："苍苍山上松，飒飒松根雨。松子落空山，朝来不知处。"

九山湖碧波荡漾，不深也不浅，清澈见底。松台山绿树蓊郁，不高也不矮，满目青翠。松台山上有一座塔，名唤净光塔。鸟掠晴空，鱼翔浅底，林荫作伴，绿水相随，百花竞放，草木清香，湖光塔影，美不胜收。

相传古代温州有九座山，所以这里叫九山。九山有一条护城河，叫做九山河。九山河南端，河面宽广，那便是九山湖。在温州话里，"湖"、"河"同音，所以有人以为九山湖应写作九山河，而更多的人以为应写作九山湖。

人称九山湖是"小西湖"。在王水看来，九山湖最令他喜爱的是清静，是一颗遗世的珍珠，不像西湖那样游人如鲫。王水正是企求大隐隐于市。

王水也很喜欢他的住所。那是在高机瓯绸公司仓库旁一幢干干净净的白墙青瓦平房。诚如高瑞所言，虽说不大，但是独门独户，出入方便，独进独出，自由自在。

原先的门卫沈老先生对于王水的到来，十分热情。还好，沈老先生能够讲国语，只是带有浓重的温州口音。办理交接手续之后，把一大串叮当作响的黄铜钥匙交给了王水，内中既有高机瓯绸公司仓库大门以及各货仓的钥匙，也有那幢平房的房门钥匙。

沈老先生临走时对王水说："萧先生，我家就在九山湖'豆腐桥'边的徐家门台里住。还有什么事不明白，到徐家门台寻我就行。"

王水问道："去籀园图书馆怎么走？"

沈老先生说："走过'豆腐桥'，就是籀园图书馆。"

沈老先生说着，指指点点，告诉王水去籀园图书馆怎么走。

王水安顿毕，便前往籀园图书馆。他原本是一个终日跟情报打交道的人，到了温州，他的信息源被完全切断，仿佛与世隔绝。住在高府的时候，他唯一可以获得外界动态的是阅读高瑞所订的《浙江日报》《浙瓯日报》。他非常关注日本投降之后的局势，每当他看到报纸上所载某某汉奸被捕的新闻时，往往心惊肉跳。尽管如此，他还是细细阅读这些新闻，尤其是关注那些他所认识的汉奸被捕的消息。他庆幸自己逃到温州。他猜想，籀园图书馆一定有许许多多报纸，在那里他可以详细了解世界大势、国内动态以及浙江动向。

同在九山湖畔的籀园图书馆，不过一箭之遥。王水走过一座石桥时，看见桥上刻着“窦妇桥”三字时，不由得咔哧一笑，原来他把沈老先生所说的窦妇桥听成了“豆腐桥”！他当时就疑惑，豆腐一般的桥能走吗？

离窦妇桥不远处，有一棵百年大榕树。长长的榕须随风飘荡，宛如长者的长髯。王水沿着绿树夹道的石板小路走道，见到前方一堵粉墙，中间为照壁状的穹门，青石匾额刻着“籀园”两个大字，落款为张謇。张謇乃江苏南通状元、近代著名实业家。

籀园是一座三进园林，原本是名为依绿园的私家花园，乃清乾隆年间温州名士曾唯和他的弟弟曾儒章所建。1908 年温州朴学大师孙诒让（号籀庼）逝世之后，为了追念他，在此建园立祠，建籀公祠，遂改名籀园。

在籀园，曲径，回廊，假山，小亭，清泉，草地，花圃，古榕，与庄严肃穆的文德堂、籀公祠相拥。在籀园的最北边，便是籀园图书馆。

王水以萧炎之名，在籀园图书馆登记阅览。

王水贪婪地翻阅报架上的报纸，恶补着逃亡以来未曾知晓的种种消息，如同享受了一顿信息大餐。面对许许多多老朋友以汉奸之名被捕的新闻报道，王水可谓触目惊心。

不知不觉，不知何时，一位知天命之年的男子，身穿灰布长衫，见到王水如此披览各报，心存欣喜，便踱了过来，站在王水身后。直至发现报纸上有一身影，王水回头一看，方见那男子，八字眉，戴一副黑框圆镜片眼镜，一望而知是学者类型的人物。

“萧先生真是关心时事之人。”他用一口温州话对王水说道。他大约从阅览登记表上知道王水叫萧炎。

王水木然，听不懂他的话，用国语说道："抱歉，我不是温州人。"

那人重新用国语说了一遍，并说萧先生原来是"外路人"。

"先生贵姓？"王水恭恭敬敬地问道。

"免贵姓梅。"男子答道。

"莫非是梅馆长？"幸亏王水细心，刚才进籀园图书馆时，看到一告示，下署"籀园图书馆梅冷生"。姓梅的人很少，故他猜测站在面前的便是梅冷生。

"在下正是。"男子彬彬有礼地回答之后，问道，"萧先生是初次来籀园图书馆？"

"是的。"王水答道。

"欢迎萧先生常来敝馆。本馆不仅可以阅报，亦可借书。"梅冷生对于新读者，格外热情，"只是善本图书还要过些日子方可在馆内查阅，因为抗战期间，本馆生怕善本图书落入日寇之手，只得运往瑞安山区大峃保存。"

一听到"抗战"、"日寇"，王水的表情便不自然起来，不愿与梅冷生多谈，告辞。

王水走出籀园之后，走过百年榕树，便朝窦妇桥靠东首那座气势不凡的大宅门走去。一打听，那里果然就是徐家门台。

走进大宅门，王水打听沈老先生，一问便知，进门之侧的一间厢房，便住着他。沈老先生见王水前来看望他，格外高兴。带着王水参观这座百年大屋，三进院落，青砖黛瓦，虽说有些破败，有些杂乱，仍不失大户人家的气派。

一边参观，沈老先生一边说："这徐家门台，又称徐宅。这徐，就是徐定超。徐定超是温州的大名人，清朝光绪九年中了进士，出任监察御史。还曾兼任京师大学堂医学馆教习，京师大学堂是清朝的最高学府，也就是后来的北京大学。辛亥革命后，他从杭州回故乡担任温州军政分府的都督，受到温州几万乡亲夹道欢迎。这座老屋的原主姓陈，因为经济拮据典给了徐定超。徐都督名气大，所以人人皆称此屋为徐宅。"

沈老先生说及自己，他原是一位小学国文老师，因为是宅主徐定超远亲，便被徐定超请来看家，所以住了进来。

沈老先生接着说："徐都督是好人，清正廉洁，为温州百姓做了许多好事。"

沈老先生叹了一口气："1918 年，徐定超先生偕同夫人胡德淑从上海回温州，所乘的普济轮船在吴淞江口被一艘英国轮船撞沉，夫妻双双遇难。徐宅倒了顶梁柱，这三进房子分头出租，住进了许多人家，变成了杂乱不堪。萧先生刚才所见，已非当年徐宅风光……"

沈老先生请王水在他所住的厢房里坐下来。

这时，王水说起刚才去了籀园图书馆，见到了梅冷生馆长。

沈老先生对于籀园图书馆非常熟悉。他说，梅冷生是籀园图书馆的第七任馆长。第四任馆长是一位女馆长，叫姚平子。徐定超的夫人胡德淑在温州创办大同女学堂时，担任校长，姚平子就是胡德淑的学生。

沈老先生说起籀园图书馆的趣事。

他说，籀园图书馆第二任馆长叫严琴隐，是温州的一位才子。但有一缺点，喜欢喝酒。

那时候，温州新任瓯海道道尹叫张宗祥，此人曾任京师图书馆主任（馆长）、浙江省教育厅厅长。出于对图书馆的多年关注，他到任不久，在一个上午，就"微服私访"籀园图书馆。

当他走进籀园图书馆，见一人在馆内里间呼呼大睡，浑身散发酒气。一问工作人员，得知睡者正是馆长严琴隐，他昨晚应酬，多喝了几杯。

张宗祥回去之后，一份解聘书就送到籀园图书馆。严琴隐从此成为"短命"的籀园图书馆馆长，任职只有一年。

见到沈老先生如此健谈，王水说，他把窦妇桥听成了"豆腐桥"！请问窦妇桥有何来历？

沈老先生笑罢，又对王水说起窦妇桥掌故：

窦妇桥这窦妇，是指北宋的时候，温州九山有一位守寡老妪，姓窦，人家都喊她"窦妇"。窦妇以织布为生，非常辛苦。天上的织女得知，就让牛郎送一把雨伞给窦妇。雨伞里藏着一只蜘蛛，帮助窦妇织出了轻、柔、薄、美的绸。很多人出高价争着买窦妇的绸，窦妇从此不那么辛苦，又不那么贫穷。

窦妇的秘密被一个名叫金刁的坏人得知，就去抢窦妇的那把织女所送的雨伞。寔妇逃，金刁追，寔妇逃，金刁追，到了九山湖边，寔妇无处可逃，就抱着那把雨伞跳进了九山湖……

当地的老百姓听说之后，非常悲伤，就说："如果湖边有座桥，寔妇就用不着跳九山湖了。"

这样，众多百姓捐钱，在九山湖建造了一座石桥。为了纪念寔妇，就把这座桥命名为"寔妇桥"……

王水自从这次拜访沈老先生之后，每一回去籀园图书馆看书读报，路过徐家门台，总是走进去，到沈老先生那里坐坐。每一回从籀园图书馆归来，王水有一种庆幸感。从报纸上读到东京审判消息，一个个日本战犯被押上被告席；在南京，一个个大汉奸，也被押上法庭的被告席。他能够躲在温州九山湖畔，犹如生活在世外桃源。尤其仓库门卫是一个清闲的工作，往往一个星期里难得有一两次存货、提货，所以他越发显得悠游自在。王水打心底里感谢高瑞，给他提供了这么一个无忧无虑的工作，提供了这么一个天堂一般的工作环境。

小说中的籀园姚平子馆长

在《邂逅美丽》中，多处写及籀园图书馆馆长姚平子。那是做着明星梦的温州姑娘方美莲，从温州来到上海，在上海霞飞路启秀女子中学念高中，成为女作家关露的高足。经关露介绍，方美莲来到上海南市文庙附近的民立女中，见到了在那里当国文教师的姚平子：

听见女儿嘴边整天嘴上挂着"郎里格朗"，方太太笑道："留声机里的唱片坏了，反反复复只会唱'郎里格朗'！"

没有想到，方美莲很骄傲地告诉妈妈：

"你知道吗，这首《春天里来百花香》的歌词是谁写的？是我们高中的国文老师写的！"

方太太问："哪位国文老师？"

方美莲答："胡楣老师。"

方太太有点不大相信："胡老师会为电影插曲写歌词？"

女儿答道："没错。胡楣老师的笔名，叫关露，才女一个，人也格外漂亮。我不仅喜欢她，而且把她当成心中的偶像。”

方太太有很好的文学修养，读过关露的诗，也读过关露的小说。当她在知道关露是女儿的国文老师之后，深为欣慰，庆幸为女儿选择了启秀女中。

当然，不仅方太太不知道，方美莲也不知道，才女关露乃中共地下党员。不过，关露是参加中国左翼作家联盟的作家，这是见诸于报纸的。从她借给方美莲看的图书和杂志，也显示“左翼”倾向，诸如鲁迅的《狂人日记》《阿Q正传》，陈望道主编的《太白》半月刊，直至美国记者斯诺的《西行漫记》。

关露听说方美莲是温州人，就问：“你认识温州的姚平子老师吗?”

“认识呀，她是我们温州最大的图书馆——温属联合县立图书馆籀园图书馆的馆长呀。”

方美莲回答说，“我从小喜欢看书。有一回，父亲带着我顺着温州九山湖的窦妇桥，沿着石板小路，走进籀园，来到籀园图书馆，见到这么多的书，非常高兴，就在那里看了起来。这时候，突然有人摸了摸我的脑袋，用温州话说：‘小溜溜，这样爱看书，难得，难得。’我一回头，看见一位戴着金丝无框眼镜、留着齐耳短发的阿姨正朝我微笑。父亲对我说，‘美莲，姚馆长来看你了。’我赶紧站了起来，对姚馆长深深鞠了一躬。姚馆长非常喜欢我这个爱读书的孩子。本来，只有大人才能申办籀园图书馆借书证，姚馆长特批，给我这个‘小溜溜’借书证。从那以后，我常去籀园图书馆借书、看书，也常常见到姚馆长。”

关露一听，满脸欢笑。

关露告诉方美莲：“姚平子老师现在上海教书。我有几本书要送给她。你有空，替我送一下，顺便看望当年给你借书证的老馆长。”

就这样，按照关露给的姚平子地址，方美莲来到上海南市，在文庙附近找到了上海市民立女中。

门房听方美莲说要找姚老师，便指了指一个挂着“国文组”牌子的房间说：“姚老师就在那里。”

方美莲叩门之后，听见里面响起清脆的女声：“请进！”

国文组办公室只有一位老师在用红笔批改学生作文。出现在方美莲面前的，还是那张戴着金丝无框眼镜、留着齐耳短发的和蔼的脸。

方美莲朝她恭恭敬敬鞠了一躬，用国语说道："姚馆长好！"

在上海，难得有人称她"姚馆长"，姚平子细细打量面前的这位姑娘。

"你是……"真是女大十八变，姚平子已经认不出面前的方美莲。

"我是'小溜溜'！"方美莲用温州话说道。

哦，姚平子猛然记起，当年那个籀园图书馆爱看书的小女孩，用温州话说道："'小溜溜'变成大姑娘，我都不认得了。你怎么知道我在这里？"

这时，方美莲拿出关露托她送去的书，姚平子明白，原来这位"小溜溜"如今是上海霞飞路启秀女子中学的高中生，关露的学生。

那天，在国文组办公室，姚平子跟方美莲用温州话聊天，那么亲切，那般亲密。姚平子告诉方美莲，在这动荡的岁月，她过着漂泊不定的生活。她从温州籀园图书馆卸任之后，到舟山的定海小学教书，然后又"漂"到杭州、温州，如今"漂"到上海。

姚平子很关注关露，向方美莲问了关露的近况以及关露的新作，称赞关露是一位才女。

姚平子期望，方美莲也能像关露那样，成为一位才女。

从那以后，方美莲成为关露与姚平子之间的交通员，为她俩传送信件和图书。

关露关照方美莲，不要对别人说起去上海市民立女中，不要对别人说起姚平子老师。

姚平子则关照方美莲，不要再喊她"姚馆长"，而是称她"姚老师"。另外，如果办公室里有别的老师在，不要用温州话跟她交谈。

方美莲隐隐约约感到，关露与姚平子之间，似乎并不是普普通通的两所女子中学国文老师之间的友谊……

当方美莲在上海屡遭挫折，公共租界巡捕房甚至要追捕她。在万不得已之下，她跟随温州瓯绸商人高瑞从上海回温州，途经定海，又提及了姚平子：

在定海城里漫游之际，方美莲向尤小姐提出，能否带她去定海小学看看。

"好呀，我就是定海小学毕业的。"尤小姐没有想到，方美莲小姐会对定海小学有兴趣，说道，"定海小学原本只招女生，叫做定海县立第一女子小学，不仅校长沈毅是女的，老师也都是女的。”

于是，尤小姐带方美莲、高瑞来到定海小学。这所小学两层砖木楼房，整整齐齐。

方美莲似乎对这所学校格外关注，请尤小姐陪着她楼上楼下、里里外外走了个遍。

游罢定海古城，肚子里唱起“空城计”，由高瑞作东，请两位小姐一起步入望海楼餐馆午餐。作为温州人，高瑞和方美莲最喜欢的是定海的海鲜，不论是黄鱼还是鲳鱼，不论是带鱼还是梭子蟹，都比上海新鲜，而且便宜。

尤小姐笑道，上海的海鲜几乎都是来自舟山，这里的海鲜当然比上海新鲜而且便宜。

午餐毕，尤小姐又带他俩逛小吃街。“瑞和”糕饼店的条子糕，很合方美莲的胃口，而高瑞则爱吃这里的皋泄香柚和金塘李子。

回到国民宾馆，尤小姐跟方美莲已经很熟了，她悄然问方美莲：“你怎么对定海小学那样有兴趣？”

方美莲答道：“一位温州老师，曾经在定海小学教过书。”

尤小姐说：“定海小学的老师，我差不多都认识。你的温州老师姓什么？”

方美莲答道：“姓姚。”

尤小姐马上说：“哦，我知道。定海小学只有一位姓姚的老师，她叫姚平子。”

“对，对。”方美莲点头道。

“姚平子老师当过我的国文老师，她还是我的级任。她很有学问。”尤小姐接着说，“学校里还有一位来自温州的女老师，叫庄竞秋，跟她一起来的。庄老师教美术。”

这时候，尤小姐压低了声音，对方美莲说道：“定海小学的老师当中，有好几位是共产党！”

“你怎么会知道？”方美莲觉得惊奇。

“定海小学的金爱卿（即金维映，1904—1941，邓小平的第二任妻子）老师，是我们定海本地人。她曾经带领舟山一万多盐民示威游行，围攻盐公署，要求反霸除恶，减免盐税。她是定海百姓都知道的共产党员，定海的女中豪杰。后来她被抓起来，保释之后去了上海。听说，她去了江西，加入红军……”

方美莲听罢尤小姐这番话，默不作声。她说有点累了，回房休息去了。

方美莲并不知道定海小学的金爱卿老师，但是她熟悉关露，熟悉姚平子。她曾经从上海的小报上看到消息，说关露不仅是左翼作家，而且是中共党员。至于姚平子是不是中共党员，她并不知道，但是从关露跟姚平子来往那么密切，看得出关系非同一般。

出于对关露老师的尊敬之情，方美莲向来把这些秘密深埋心底。

当方美莲还只是“小溜溜”的时候，对于姚平子一无所知。

后来，方美莲才知道，姚平子是温州的“女秀才”，所以才有资格担任温州公立的图书馆馆长，而且是历任馆长之中唯一的女馆长，这在当时是很不容易的。籀园图书馆历任馆长皆为温州名绅，不仅满腹经纶，学识渊博，而且有着很高的社会名望，要经温属六县（永嘉、乐清、瑞安、平阳、泰顺、玉环）教育局长推举，经永嘉县公署报浙江省教育厅，由浙江省务委员会委任。

姚平子出身于温州书香门第，父亲姚养吾曾经留学日本。

光绪三十三年（1907），温州创办大同女学堂，这在温州是一件大事。学堂设在温州竹马坊左营衙门旧址。徐定超夫人胡德淑担任校长。徐定超曾兼任京师大学堂医学馆教习，京师大学堂是清朝的最高学府，也就是后来的北京大学。

年方十岁的姚平子，聪明伶俐，知书识礼，成为大同女学堂首批女生。

经过四年学习，在1911年冬，14岁的姚平子从温州大同女学堂毕业。为了从毕业生之中挑选最优秀的学生，永嘉县知事主考，亲自出题目。姚平子被永嘉县知事当场选中，成为大同女学堂培养的首批八名优秀女生之一。

于是，姚平子被送往杭州，进入浙江省立女子师范学校深造。

在那个年代，一个青年女子具有浙江省立女子师范学校毕业的学历，算是高学历人士了。从浙江省立女子师范学校毕业之后，1915年，18岁的姚平子与温州留日医生胡同颖结婚。

1916年，姚平子的母校大同女学堂扩建为温州第一所高等女子小学——永嘉高等女子小学。就在这一年，19岁的姚平子出任永嘉高等女子小学校长。

1927年，30岁的姚平子出任籀园图书馆馆长。

不过，令方美莲不解的是，像姚平子这样的温州女界翘楚，怎么会在当了两年籀园图书馆馆长之后辞职，“漂”到海岛古城定海去做一名小学教师。此后她又“漂”到上海，做一名普通的中学教师？

方美莲猜测，内中必有隐情：莫非姚平子跟关露一样，也是中共地下党员？

方美莲这么一猜，忽地明白，为什么关露与姚平子有那么密切的书信来往，莫非是中共地下组织的地下活动？

★★★

是的，“一路书香，一生阳光”。籀园的书香，使我一生都生活在阳光之中。

正因为这样，我怀着感恩之情，把籀园写进长篇小说《邂逅美丽》，表达我对籀园的敬意。

也许在籀园众多的读者之中，我是第一个把籀园及其馆长写进小说的人。作为作家，我用这样独特的方式，摘录长篇小说新作《邂逅美丽》中有关籀园图书馆的一部分文字，用来庆贺、纪念温州市图书馆一百周年华诞。

2018年3月31日于上海沉思斋

（作者系上海作家协会专业作家）

吕文起与籀园图书馆

吕朝晖　郑　全

2019 年，温州图书馆即将迎来百年华诞。在这百年的历史长河中，历代温州学人在这座知识的宝库中汲取知识。如今却很少有人知道，是吕文起等人的慷慨捐助和悉心辅佐，克服重重困难，才有了后来的籀园图书馆。

吕文起（1855—1927），名渭英，字永年，号文起，永嘉城区（今温州市鹿城区）人，是中国近代史上一位声名卓著的实业家、慈善家。吕文起中举后，于光绪十九年（1893）以候补知县衔指分福建，先后出任惠安、闽县、浦城等县知县，福州府知府等职，还曾兼掌财政、洋务、商务、邮政、警察等局事务。宣统二年（1910）和民国四年（1915）两度出任广东官银钱局总办，民国五年（1916）冬改任广东实业银行行长。吕文起在广东任职期间，敢担重任，擘画周详，数载于兹，与廖仲恺一起完成孙中山革命和广东军政府与军队开支及护法运动的艰巨筹款任务，并于民国九年（1920），被广东军政府授予五等嘉禾勋章。

民国九年（1920），吕文起回温州后，一方面将自己在广东、上海等地从政从商的经验带回温州，支持地方各项实业发展，成为温州实业重要的奠基人；另一方面，积极推动温州文化、教育、社会事业的建设，在很多方面都留下了彪炳青史的功绩。近代著名教育家、政治家，被誉为“浙江大儒”的温州同乡陈黻宸曾言：“温州之事非吕公不可。”

吕文起一生中对文化教育事业尤为关心。他在光绪二十九年（1899），任福州浦城县知县时，就曾在当地创办过一所图书馆。筹办期间他就亲自筹款购书，并带头倡捐书籍，创办初期图书达 93 种 1261 册。同时确定从祝姓捐助给书院的余款中按年提拨部分作为购书之资，并商订借阅规则，至光绪三十四年其藏书已达 2627 册。

光绪二十八年（1902）七月中旬，吕文起在福州担任同知时，根据自己多年办洋务的经验，他即深深感受到教育事业的发展和公共图书馆等文化设施的建设，对社会的发展，百姓的启蒙具有非常重要的意义。清末民初，他结合自己在福州推动文化事业的经验，会同当时温州政界、学界人士童兆蓉、徐定超、孙诒让、王雪庐、程子良、朱眉山等人依托积谷山麓的东山书院创办永嘉图书新社（后来易名书报公会），该社与瑞安心兰书社成为当时温州地区两家公共图书馆的雏形。在该社建设过程中，吕文起为此捐助大量书籍。此后该社又经三次葺缮，都是吕文起一手任之。时人称“一时东山之壁，恍闻丝竹之声”。

籀园图书馆筹建过程中，根据籀园图书馆首任馆长王毓英记载，筹创期间，困难重重，多蒙吕文起热心帮助，图书馆才初具规模。

民国四年（1915）三月，吕文起在担任广东官银钱局总办时，获悉籀园图书馆在筹建时缺乏资金，就牵头和温州一批士绅联名呈请省公署，要求从拨给温州师范学校与温州中学两校戏捐、统捐经费中拨出一千元，作为籀园图书馆的常年经费。在吕文起等人的努力下，经浙江巡按使屈映光批准，图书馆得以顺利建设。

民国八年（1919）籀园图书馆建成开放后，正式改称“温属六县联立籀园图书馆”，当时馆藏书籍仅 205 种，不能满足百姓的阅读需求。获悉这种情况以后，身在广州担任广东地方实业银行行长的吕文起就将他在温州纱帽河于园藏书 270 部 5240 册，其中包括经、史、子、集、丛词、曲部书籍寄存到籀园图书馆，供大众阅读，后来他又将这部分书籍全部捐赠给图书馆，目前已成为温州图书馆古籍珍贵藏书。同时，吕文起任广东地方实业银行行长期间，他还千方百计帮助馆长王毓英从广东购进大量图书，从而极大地丰富了籀园图书馆的藏书。

籀园图书馆建成后一直隶属于永嘉县，图书馆经费始终得不到有效保障。民国十年（1921）夏秋之间，已告老还乡的吕文起，三次牵头出面，力请将籀园图书馆改为隶属瓯海道署管辖，在吕文起等人的努力下，终于获浙江教育厅厅长夏敬观批示，请瓯海道尹段毋怠办理。

民国十一年（1922）夏，籀园图书馆河厅三间为台风所毁，吕文起又出资在籀园图书馆东畔筑轩房三楹，解了图书馆的燃眉之急。

为给老百姓借阅提供方便，吕文起又禀请瓯海道尹沈致坚，将地处闹市区谯楼的西面两间划作籀园图书馆办分馆。建了分馆之后，发现当时谯楼内有乐园酒馆，就餐时喧闹影响读者阅览。吕文起见状，屡次出面劝阻，使之停办，但该酒馆屡停屡办，终未停业，直接影响图书馆分馆的正常运行。1924 年，吕文起就联合众绅要求道尹，派警员勒令该酒馆于阴历十二月底前迁移，归还公共场所。由于吕文起的出面，终于还分馆一个安静的读书环境。

吕文起在籀园图书馆的筹建、运营及书籍筹集等方面倾注大量心血，为温州的公共文化事业的发展做出积极贡献。当时馆长王毓英非常感念吕文起帮助创图书馆的功绩，民国十二年（1923），王毓英与温属六县代表江步瀛、刘项萱等 12 人，曾呈瓯海道尹，要求在籀公祠中为吕文起立长生禄位，感谢他在创办和捐助图书馆中的贡献。

值此馆庆将至之时，让我们回眸历史，感谢吕文起等先贤所做出的功绩！

（作者分别系温州市政协常委、温州教育史馆馆员）

郑胜孚与温州抗战木刻漫画运动

陈钧贤

新兴木刻自1935年首先在温中附小出现，得该校三位美术、劳作教员管文南、张明曹、郑胜孚的推广，以及校长王晓梅的支持，逐渐引起了艺术界的注意和爱好。1936年12月，张明曹通过李桦、野夫、林夫引进了“第二次全国木刻流动展览会”，在中山公园的中山纪念堂展览三天，观众达万余，再加《浙瓯日报》发特刊，对木刻艺术加以理论的阐述和宣扬，对温州艺术界产生重大影响，很快使发轫时期（1935—1936）转向蓬勃时期（1937—1941），也即温州抗战木刻运动最兴盛时期。

温州漫画，初称“滑稽画”（或称讽画、时画、谐画、寓意画等），1907年就出现漫画组画《阖邑士民欢送陈明伦图》于城区学宫照壁，其表现形式“大都从近日各报纸上画页脱胎”。当1925年，郑振铎在上海主编《文学周报》发表丰子恺的《子恺漫画》，统一“漫画”的称法，“漫画”一词开始在中国流行的时候，温州漫画已经从幼稚趋向成熟。1932年“一·二八”上海淞沪抗战爆发，温州艺术界陈振龙、大朱小朱（君爽、惠白）、王晓梅、陈光宗、谷义等也开始以“漫画”新名词在《葱茏晨报》《民众日报》《温州日报》《永嘉民众》等报刊发表作品、办展览宣传。1934年的青莱画社和1936年陈振龙在温高的漫画教学，使温州漫画发展有了坚实基础，并与温州抗战木刻运动同时出现最兴盛时期。

1937年11月，温州出现了前所未有的漫画刊物——《抗敌漫画》旬刊，标志温州抗战漫画和木刻运动同时出现兴盛时期，因为刊载作品内容不仅有漫画，还有许多木刻。

温州抗战木刻和漫画运动最兴盛时期，已经成为温州美术史上值得讴歌的篇章。为此作出历史性贡献的艺术家也值得我们后人缅怀——正在籀园图书馆工作，并有特别出色表现的郑胜孚便是其中一位。

郑胜孚（1905—1985），原名郑璠，字品珍。1905年出生于瑞安塘下白门郑宅（现属瓯海区）。1926年毕业于浙江省立第十中学旧制师范。曾得马孟容等名家指点，深得其法，从而奠定了坚实的造型基础。先在平阳郑楼小学、瑞安中心小学、定海第一小学、定海师范讲习所任教六年。1933年8月到温中附小教劳作、图画，常与同事管文南、张明曹交流教学经验。当时管文南尝试木刻教学，在校刊发表小学生作品，他就参与其中；张明曹发表的《木刻教学法》就凝聚三位同仁的实践知识。

1937年10月，王晓梅以温中附小三位美术、劳作教员为骨干，再一起出面联络朱君爽、陈振龙、谢印心、周景焘、陈光宗、李锄非、朱夷白、谷义、黄振琪、薛适楼、郑野夫、林夫、席菊香、管孟颂、陈石龙等温州美术界人士召集到本校，共同商议成立抗敌漫画社。根据集体决定，11月就要正式出版《抗敌漫画》旬刊，郑胜乎等人一个个都紧急行动起来。他在创刊号发表的第一幅画作是《拿我们的血，来战胜敌人的铁》，以后陆续发表的画作有《抗敌的路上》《一场空梦》《北平伪组织》《庆祝民族之花》《生与死》《横行者没路》。1938年4月，《抗敌漫画》因缺乏经济来源，不得已停刊。他获悉《抗敌旬刊》即于5月创刊，马上以实际行动予以支持，从第二期开始，先后发表画作有《侵华的代价》《一致来杀死这条万恶的恶蛇》《军人天职》《仅留一兵一卒，亦必奋斗到底》（木刻）《光荣的创伤》（木刻）。从1938年至1939年，他还不间断地为《浙瓯日报》《老百姓》《先锋》《游击》等报刊提供自己的木刻创作。据目前发现有8幅，分别是《把敌人赶出去，收复一年来失去的土地》《发动我们全民族的大力量来杀尽倭寇，收复首都》《被奸后》《光荣的创伤》《反抗》《我空军之威力》《封面木刻》《杀！前进！》。

1940年3月至1941年2月，郑胜乎应瑞安同乡、籀园图书馆馆长孙孟晋聘请，到籀园担任抗战宣传推广工作。虽然时间只有短短一年，他努力所做的两件事，可以载入中国美术史册。

第一件是1940年11月23日至26日在地点僻静的籀园举办“抗战木刻漫画展览会”，会期原定三天，应观众要求，又延展一天，四天中间还下了两天雨，观众达七千多人次，日均观众高达1800人次，如果除去雨天，日均观众便是3500多人次，与1936年12月在闹市区中山公园举办的“第二次全国木刻流动展览会”日均观众3300多人次比较，一点不逊色。展览内容，从数量看，有1500余件，其中本地木刻作品1194件（不包括浙江省战时美术工作者协会木刻研究社提供，由野夫负责精选的500件)，分作三组，计小学组292件，中学组244件，民众组658件，总数接近“第二次全国木刻流动展览会”的一倍；从质量看，可以肯定温州美术界的作品堪称上乘之作，中小学生的作品也是在老师指导下完成，并经挑选而来。据评判结果名单，木刻优良者33人，漫画优良者25人，其中有平野和张树云两人成为国内著名版画家。本次展览的成功不仅表现在组织方面，同时展览宣传也做得很好。展览开幕第二天《浙瓯日报》《温州日报》的副刊都发了《抗战木刻漫画展览会特刊》；《籀园月报》第八期(十一月份)刊出《抗战木刻漫画展览会专号》；还编辑了非常珍贵的文献资料《展览品总目录》和《抗战木刻漫画选集》。本次展览的成功不仅表现在当时，如孙孟晋言“亦未尝不足以表见国人雕绘新活力的一斑。在现时励行国民精神总动员的国策之下，有此一举，似乎也有相当效益的罢!”在今天看来，当时的成功展览策划，对现在的公共图书馆如何办好展览，仍有值得学习和借鉴的地方。本次展览的策划人就是郑胜孚。如孙孟晋言“系出本馆推广组郑主任播的提倡与发动”。当然也与孙孟晋的支持密不可分。

第二件是1940年3月21日开始，由郑胜孚亲手绘制编发，十日一期，贴于街头的《抗建画报》。一直坚持出到1941年2月26日第27期，改由特约编辑张长弓接编。细查温州市图书馆馆庆纪念集《七十春秋录》，有关《抗建画报》何时创刊、何时停刊均不详。七十多年过去了，尚有《抗建画报》存世，上标有明确的出版时间、期数为第一期，可谓奇迹！不仅为解决温州市图书馆馆史悬案找到了实物依据，也为今天开展爱国主义教育提供了非常难得的好教材。从中国抗战史角度看，这无疑是非常珍贵的抗战文物；从中国美术史角度看，至今国内没有发现同类藏品，可以说《抗建画报》能奇迹般流传至今绝无仅有。其内容涉及木刻、漫画、抗战文化，因此颇具历史研究价值。

《抗建画报》属手绘壁报。原件为白报纸，宽102厘米，高76厘米，版面内容围绕中心标题“实行节约献金”，刊有主题木刻画《大家来献金》一幅；漫画组画12幅，配文字，可谓图文并茂。

木刻画《大家来献金》宽11.5厘米，高14厘米。画面出现一班民众正在聚听一爱国青年发表劝募演讲。左下角标一“孚”字。刻画的水平按现在的标准衡量不算高，但艺术感染力十分强烈。作者刻画表现了激动的人群，个个手里拿着钞票，争先恐后地涌向献金台的瞬间。我们看后深感温州人在抗战期间的高度爱国热情。

漫画组画 12 幅，以独幅和多幅，大幅和小幅（最大画幅 27×34 厘米，最小画幅 12×12 厘米），参差分布版面，显得活泼而具有视觉冲击力。第一幅，表现一平民打扮的年轻人，一手挎着菜篮子，一手把钱塞进标有“自由献金”字样的献金箱。说明文字：“没钱的人也应节省很少的钱，献给政府。”第二幅，画面出现三个人，一人在演讲，两个人抬着一枚外圆内方，题有“有钱出钱”四字的大铜钱。说明文字：“人人献金，能增强我们的武器！”第三幅，画有五座炮口对准正惊慌逃跑的日本鬼子。仅一座炮筒上题有“献金救国”，别无说明文字。第四幅，围绕小标题《东北爱国的车夫》，画一黄包车夫将钱交给老板模样的人。说明文字：“沪某商号经理赴东北路过沈阳，遇一车夫张仁里，将一年储蓄四十七元零四分托代为献给中央政府捐作寒衣。”第五幅，小标题《深明国家至上的小学生》，画一小学生将钱交给老师。背景横幅，上有“附小三十周年”字样。说明文字：“日前，温中附小三十周年举行纪念献金时，有一位小朋友钱仲仪献金十元，可谓深明国家至上之义！”第六幅至第九幅，总标题《把这四种无谓消耗的金钱节省下来，献给国家》，其中第六幅，小标题《勿打牌》，画两男一女正在灯下打麻将。第七幅，小标题《勿喝酒》，画酒店坐着两位顾客在喝酒划拳，一女服务员端着酒壶过来。第八幅，小标题《勿吸烟》，画一戴眼镜的先生正在看着报纸抽烟。第九幅，小标题《勿去嫖》，画一老板正左一个右一个地搭着青楼女子。第十幅，画两位太太一起把首饰交到“献金代收处”。说明文字：“有钱的太太应把首饰金银献给国家！”第十一幅，画一布店老板把钱交给代收献金的工作人员。背后贴着“踊跃献金”的宣传标语。说明文字：“商人应把盈余的钱献给国家！”第十二幅，画面一颗题有“节约献金”字样的大炸弹从空中掉下来，一旁是多架飞机过来，对准正瘫倒在地的日本鬼子。说明文字：“实行节约，能增厚抗战的力量！”

《抗建画报》的正中还有一段不长不短的快板诗，题目叫《大家来献金》。

1941 年，郑胜孚应三希小学校长王晓梅聘请担任美术教员。曾与王晓梅、管文南、王乔楣、王祝南等人一起组成指导委员会，为培养有绘画天赋，但又家贫无力入学的刘小粟（现名刘旦宅）倾注了心血。1942 年成功举办了《十龄童刘小粟画展》，这是郑胜孚与其他美术教师精心辅导的成果。刘旦宅曾在当年将自己画的《渔翁图》赠师留念，可惜因年代久远，这幅画今已散佚。郑胜孚在三希小学期间，还曾与王晓梅、叶蓁一起为小学生编辑出版了一册《思源木刻集》。

解放后，郑胜孚回原籍瑞安，先后执教于湖岭小学、瑞安中学、瑞安师范学校，均任美术教师。他房间的书架上陈列着精装的三十六卷《世界美术全集》（当时在瑞安新华书店及学校图书馆是根本无法看到的美术图书）。学生经常去翻看欣赏画册，他都不厌其烦地，随时结合自己创作的国画，给予讲解指点，让学生领悟传统中国画的用笔用墨技法。

郑胜孚在极左思潮泛滥的年代，日子过得并不舒心，特别是"文革"初期的 1967 年惨遭晚年丧子之痛，他还是挺了过来。改革开放以后，国家日见兴旺，年迈多病的爱国老画家百感交集，他将珍藏的一幅早年琴条拿出——画面下方一块岩石的后面左上方挺立着一棵松树，用笔舒畅，墨色浓淡相宜；松石间从右向左横斜的梅枝上用不同浓淡的曙红、胭脂点一些怒放的红梅。作品布局法度严谨，色彩淡雅的松树与横斜的红梅相互映晖，古旧细腻的生宣纸上自然渗化的笔墨效果和自然流淌的气韵格调，颇能触景生情。他凝思良久终于补上迟到的题款："一九四六年作，八〇年题，时年七十六。"

2011 年 7 月 13 日脱稿；7 月 16 日四稿

（原载《籀园》2011 年第 3 期，作者系温州文化馆前副馆长）

籀园图书馆青年读书会会员二三事

——《籀园追梦》读后

黄鸿森

《籀园》2013年第3期刊出张永苏先生的《籀园追梦——青年读书会琐记》一文（以下简称“张文”），附有1940年11月10日拍的“籀园图书馆青年读书会成立大会摄影”和“籀园图书馆青年读书会会员录”，彰显了籀园图书馆的百年优秀传统。籀园馆人不只是坐拥书城，穷搜博采，珍藏典籍，而且走向社会，组织青年勤奋读书。那是个什么时代？那是个烽火漫天、兵荒马乱、全民奋起抵抗日本侵略者的时代，温州又处在海防前哨。籀园图书馆馆长孙孟晋先生和馆内同仁真正贯彻了当时贤达的呼吁：“抗战不忘读书，读书不忘抗战！”读书是求知，知识是力量，读书就是增强抗战的力量。

张文在介绍了青年读书会会员洪焕椿、李成勋、周仁生三位先生的生平事业之后说：“深信会员中像洪焕椿、李成勋、周仁生这样出色的人一定还有不少，仅凭本人孤陋寡闻，实乃难窥全豹，有待有识之士去进一步揭示。”其实，七十多年前的人物，今人知其二三已属不易，遑论“全豹”，张先生过谦了。文中提到的洪焕椿，是我在瑞安西南小学求学时的同班同学，交往不多，知其为读书种子。

我用放大镜看了青年读书会的会员名录，看清了十之八九，发现其中有杨桂森、周冠华、吴亦然、叶璜、庄文俊、娄桂芳、郑铸、周宣（雪）娥八人，是我在“永嘉政工队”的同事。“永嘉政工队”全名是永嘉县战时政治工作队，成立于1938年春天，隶属于永嘉县政府，实际上是中共地下党掌握的抗日救亡团体。当时的永嘉县，辖境包括今天温州市的鹿城、龙湾、瓯海三区和永嘉一县。我是1938年8月考入永嘉战地工作人员训练班，脱离印刷学徒生活的。受训两个月后，分配到永嘉政工队当队员，编入第三区队，到碧莲、郭溪、永临等区做抗日宣传和推行二五减租工作，后当选干事、干事长。1940年6月初，我离开温州到江西前线投军。关于永嘉政工队，该队原第三区队长陈易先生（当时系中共党员）写过《永嘉县“政工队”的前期工作》（刊于《温州文史资料》第二辑，1985年8月），队员杨涵写过《战斗在瓯江两岸的永嘉政工队》（刊于《温州党史资料》，1986年1月，后收入《杨涵文集》）。我读后才知道包括地下党活动在内的一些前线未知的情况。我进政工队不久，陈易就介绍我参加“民先”（中华民族解放先锋队，相当于地下共青团），后陈易离队，也就失去联系。我当时只猜想，陈易大概是中共地下党员。

现在我约略介绍籀园青年读书会会员杨桂森先生和周冠华先生的出色成就。

杨桂森，后名杨涵，著名版画家。1920年生于温州城区。家里开小铁匠铺，他从小跟父亲学过打铁。智力超群，自学勤奋。诗文书画都有很高造诣。1939年参加永嘉政工队，同年加入中共。在东南地区从事木刻运动。1943年参加新四军，做艺术宣传工作。1958年从部队转业到上海人民美术出版社，任副社长兼副总编辑、总编辑。主编《艺苑掇英》《中国美术总集》。1985年离休。著有《杨涵木刻》（上海人民美术出版社2000年版）、《杨涵文集》（国际炎黄文化出版社2004年版）、《杨涵山水画集》（文化艺术出版社2010年版）等。荣获新兴版画贡献奖。1983年和1984年先后在南京、温州举办个人画展。他作《个展怀感》诗云：

射阳河畔大江边，日夜耕耘片艺田。
毛笔依然依铁笔，烽烟捕过捕云烟。
幸夫劫后存原稿，复旦公余积画笺。
四十余年留手迹，欣逢节日报诸贤。

周冠华，文史学家。1920年出生于温州城区一个贫穷家庭，卖过苦力。智商过人，博览群书。1940年参加温州五四青年节论文竞赛，以《青年应有的人生观》一文名登榜首，初露锋芒。常在《浙瓯日报》《东南日报》等报刊发表文章，如历史小说《红拂》。抗战胜利后，应国民政府文官考试及格。1949年去台湾，悉心撰述，蜚声士林而成为“立法院”秘书班头。主编《梅花》杂志、《浙江月刊·浙江诗坛》，被推为浙江旅台诗人盟主，著《迎晖楼诗词》；精研红学，著《大观园就是自怡园——揭开大观园两百年之谜》；文史研究成果斐然，著

《荀子字义疏证》，国学大师钱穆教授为之作序，誉之为“陈义精卓，妙得荀子原旨，……语简义尽，更为发近人之所未发。”著作能得到钱先生嘉许，正所谓“一字之褒，宠逾华衮之赠”也。周冠华的诗，试举《秋瑾女侠》一首：

浙水钟灵秀，蛾眉举世钦。
笔锋寒虏胆，剑气作龙吟。
碧血千秋壮，丹忱万古心。
遗篇光国史，读罢泪沾巾。

十分不幸，1998年，周冠华在台北的住宅惨遭回禄之灾，他因而罹难，未能圆他久怀回乡探亲访旧之梦。

杨涵和周冠华的政治道路是迥然相异的，此亦时代使然，不过他们生活事迹也有些相同之处。

一是同为自学出身。他们都来自社会底层，所受的正规教育不多，为了抗战走在一起御侮救亡；靠着勤奋刻苦，焚膏继晷，孜孜不怠而卓然成为知识精英。

二是同有诗集问世。杨涵著《杨涵诗词》，周冠华著《迎晖楼诗词》。永嘉政工队存在两年多时间，人员进进出出有一百多人，而著有古典诗词结集问世的，依我所知，只有他们两位。九叶诗人唐湜先生也曾在永嘉政工队做过救亡工作，并有多部诗集出版，写的是新诗，属另一范畴。

三是同被辞书立传。杨涵、周冠华两位，以各自的成就为世所重，《浙江古今人物大辞典》(江西人民出版社1998年版)给他们两人立了条目，写了传略。这是社会对他们贡献的认同。

四是同样后继有人。杨涵先生之女杨春华女士幼承过庭之训，随父习艺。1976年毕业于南京艺术学院版画专业，1980年毕业于中央美术学院版画系研究生班。现任南京艺术学院美术系教授。她的山水画不受传统笔法束缚，笔墨潇洒随意，具有音乐节奏和韵律之美；人物画亦风格独具，成就不凡。代表作有《农家》《家住千里运河边》《西北小站》等。作品曾获第七届全国美展银奖，中国画学术精英奖。享受国务院颁发的政府特殊津贴。父女画家，画坛传为美谈。

周冠华先生的外孙女王微芳女士撰祭文《外公，你在天堂还好吗?》，参加2011年“两岸大交流，你我共参与”网络作品大赛，在2.5万件参赛作品中，脱颖而出，荣获二等奖。她说自己未和外公见过面，是外公给她写了 41 封信，信中鼓励她走文学之路的，已在海峡两岸报刊发表几十篇文学作品。近撰电视专题片《琦君：台湾文坛上闪亮的恒星》，播出后受到普遍好评。

下文再介绍一位籀园青年读书会会员单雨龙先生，他是我朋友的朋友。我跟他不认识，但他帮过我的忙，说起来就颇为拐弯抹角了。我是辞书编纂工作者，曾应邀参加新闻出版总署举办的辞书质量评审工作。2003 年总署公布的不合格辞书名单中有中国国际广播出版社出版的《建宏成语义类辞典》。此书版权是从台湾建宏出版社引进的。我是这部书的主审者，于是写了一篇辞书评论，题为《这样的辞书，何必引进——评〈建宏成语义类辞典〉》，刊于《中国出版》月刊 2007 年第 10 期。文章发表后，我想找此书台湾原版看看，就写信给原先永嘉政工队的同事、后去台湾的林朝杲先生，请他代购。他买到后就委托单雨龙先生旋里之便带回大陆邮寄给我。我收到书就致函林朝杲道谢，并请他代向单雨龙先生致谢。

关于单雨龙先生有两个信息。一是马骅（莫洛）先生赠我一部诗集卷首有一幅马氏照片，注明是单雨龙先生拍摄的。二是潘善庚主编《当代温州人物》（今日中国出版社 2001 年版）收有“单雨龙”条目，照录如下：

单雨龙，1923 年生，温州城区人。黄埔军校十九期工科及陆军参谋大学毕业，陆军少将。曾任国民党集团工兵指挥官、陆军总部后勤署副署长、金门防卫部副参谋长、台湾警备总部处长，台北市温州同乡会理事。

2013 年 11 月 24 日于北京，时年九十有三

（原载《籀园》2013 年第 4 期，作者系中国大百科全书出版社编审）

万卷平生有三风

吴常云

如果仔细思忖我们每个人的名字，其中往往都寄托着长辈对我们的某种殷殷期待……我的两个儿子的名字都是由我母亲给起的，一个叫“燕遥”，一个叫“燕迅”。其中“燕”字对应的是出生于京城，母亲的意思是，希望这两个孙子一个要飞得远，一个要飞得快。现在，我也当爷爷了，我的小孙子已四岁半了，我同儿子合计，为他取名“语桥”，意思是寄希望于他能成长为一个通达、有学养的人，不论他将来从事何种职业。

人处孩提时期，大人总会在不经意间问孩子，你长大了想做什么？我也同样问过小“语桥”，他一会儿说要当司机，一会儿又说要当飞行员，过几天他又说变了，要做像他妈妈到国贸大厦里去开会的工作……总之，随着他见到的东西越多，他的想法也在不停地变换着。其实，回顾我们每个人的人生经历，会发现我们在孩提时，根本不会知道命运将会如何眷顾自己，但伴随成长，在学识、兴趣、时间、环境、机遇……诸多因素的综合作用下，我们必会在社会中找到自己的定位。

记得我小时也懵懂回答过大人类似的问题，现在一晃六七十年过去，退休都有十一个年头了。回过头看，自理工科大学毕业后，在工厂当过炉前工，回京后又当过一家科技类杂志编辑，最后调到摄影杂志社工作。虽然这个经历看起来并不算太复杂，但在我的大学同学中却是改行最彻底的，从冶金口一下跳到文艺口，实现了从理工类到艺术类的蝶变。这种改行，现在细思起来，并不纯属偶然，它和我从小所受到大量文艺类书籍熏陶分不开。上初中时，母亲就开始鼓励我阅读家里书橱中摆放着的诸多书籍，其中大都是母亲喜读的中外名著，当然还包括与母亲采访工作相关的戏剧类书籍，还有一些文艺评论类书籍。那段时间，书橱中所有中外名著陆续被我读遍，甚至像母亲收藏的不下四五种版本的《石头记》，我也都一一阅读了。这之后，我又开始到学校的图书馆里去借书读，所涉面大大扩展，诸如传记类、推理类、科幻类乃至武侠类图书都看。后来又走出校门，到北京图书馆、首都图书馆这些大型图书馆去看书。中学阶段，成为我人生中的一个读书旺季，当然所读之书还是以文学类和艺术类为主。

我想，也许正是因为这种从小养成的对阅读文艺类书籍的爱好，打下了我后来做艺术杂志图文编辑工作的兴趣和基础。1984 年，得到一次机会的眷顾，我调入《中国摄影》杂志社成为一名编辑。我全神贯注地在这个岗位上一下子干了二十三个年头。自 1993 年起，这本杂志开始由我主持，历经数次改版后容量竟扩大了三倍半，质量也达到国际同类杂志前列水准，杂志被权威机构评为国家摄影类核心期刊的称号，得到了业界的认可。然而，年龄不饶人，当我从岗位上退下来的那一刻，让我感到欣慰和释然的是，自己这辈子多少也算为国家摄影传媒事业的发展做了些实实在在的事。是母亲从小对我阅读兴趣的培养，为我一路走来打下了应有的基础。我记得，母亲曾告诉过我一件有关父亲如何读书的事，印象深刻。说父亲年轻时在严州中学教书，学校内有一藏书楼，父亲意外发现其中藏有许多外面难得看到的好书，就利用课余和假期时间整个泡在楼内，将所有藏书通读个遍，并做了大量笔记，为后来研究词学打下了坚实的基础。父亲这一生，真可谓“读书破万卷”。

当然，我也记得父亲曾谆谆教导我，读书不宜“苦读”，要“乐读”。我想，这是一个涉及读书心态的问题，对此我一直铭记。所以至今我也很享受泡一杯清

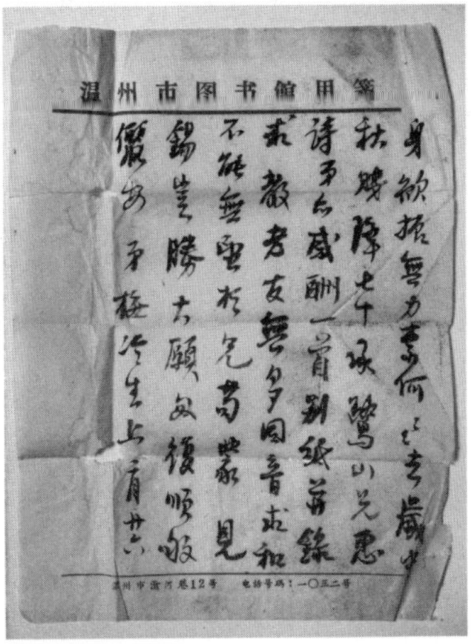

温州市图书館用箋

梅冷生致夏承焘信札

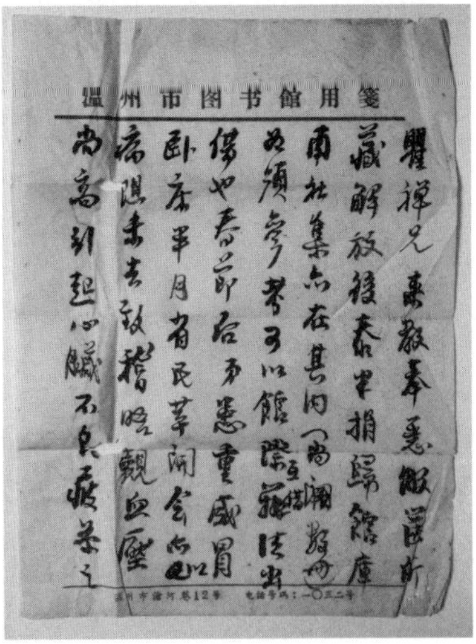

温州市图书館用箋

梅冷生致夏承焘信札

茶，执一本好书，端坐于窗下静读的时光。读书真的可使身心如沐春风，如沾雨露，读书不仅可以让心灵得以润养，心情得以愉悦，而且有了读书的积累，不知何时何地或许会带给我们不期而至的人生机遇。

我上小学时就跟随母亲从上海来到北京，后又长期学习、生活、工作在北京，但我始终没有忘记我的根在温州，我出生在雁荡山观音峰脚下的一个小山村，母亲也以雁荡山西南方位的一座山峰的名字为我取名。温州，虽未曾熟悉就已离开，但母亲早已将我的名字与其紧紧相连。前些日，温州图书馆礼阳先生联系我，嘱写纪念温图建馆百年的短文，我却甚为为难。我本人与温图交集无多，只是去年将父亲留下的部分书籍捐赠温图而已，为的只是那份与家乡无法释怀的乡愁，更为的是父母曾经与籀园的那段不解的情缘，以及父亲与老馆长梅冷生先生自 20 世纪 20 年代起就共创温州文学团体“慎社”，以及之后数十年建立起来的、持续一生的友谊。

父母晚年生活在北京，但我经常能从他们的言谈中，听他们提到梅冷生先生，我也听到父母谈起过曾向温图捐书的事情。所以，这次为完成礼阳先生邀文之约，我又一次翻阅父母留下的书稿及信札，希望能够从中寻找到些许与温图有关的线索。令人感到欣慰的是我收获有三：一是父亲 20 世纪 50 年代收到的一封信札，二是父亲早年日记中的一句话，三是母亲一个小本子中的两首词。

一封信札。这是当年温图馆长梅冷生先生寄给父亲的，内中共有两封信函，下署日期不同，但都放在一个信封中了。一封是用钢笔写的，署名梅雨清，信很短，言及得知父亲所著《唐宋词人年谱》出版，希能赠送图书馆一册，下署日期“二月七日”与信封上的邮戳可获对应。另一封是用毛笔书写，共两页，时间要晚些，大体涉及馆库书籍借阅、近来身体状况和与吴鹭山诗词唱和等内容。我将信札翻拍下来，附于文中供诸位读者朋友研读，并亲睹梅老前辈的笔迹，以示怀念。

日记中的一句话。在《天风阁学词日记》一书中，1942 年 9 月 30 日那天有如下记载：“午后雨。上午与天五（即笔者舅舅吴鹭山）、无闻（当时母亲仅为父亲的学生）过永嘉中学，过籀园借书。”即便只是这么短短一句话，也足可作为父母当年与籀园不舍情缘的见证。父亲的日记自 20 世纪 20 年代起直至晚年，始终没有停歇过一日。浙江古籍出版社曾于 1985 年出版《天风阁学词日记》两卷本，系由父亲的学生吴战垒先生编撰，后经补充于1997年又并入八卷本的《夏承焘集》中出版。时至今日，浙江古籍出版社又委托战垒先生之女吴蓓女士领衔总编辑，经长期艰苦的编撰，即将出版内容更加详实的日记于计划中的《夏承焘全集》内。待全集出版，吾定当代父母将样书奉寄温图以飨家乡的读者。

母亲的两首词。在母亲留下的一个蓝皮小本子的扉页中，有母亲用钢笔竖写的四个字："无闻诗词"。今春，我在为《瓯风》2018年第十五期写的一篇追忆母亲的文章《词风吹拂叙晚情》中，引述了母亲在小本子中写的十多首诗词。今天，我将本子中的两首与温州图书馆相关的词引录如下，供读者朋友品赏：

20世纪40年代抗战前后，温州图书馆的前身籀园图书馆馆长梅冷生先生为籀园的早期建设、图书保护及充实，不惜付出身家，可谓功至千秋。这第一首词系母亲于1986年为"梅冷生先生逝世十周年纪念"而作：

浣溪沙

慎社嘤鸣韵未终，书城还继籀亭踪。
不辞辛苦理残丛。
双客交期馀一梦，四灵别派有三风。
落霞依旧荡秋空。

词下有注：

天风阁词"水调歌头"梦冷生、鹭山莅止湖楼，"双客闯然到，灯火吐光芒。"（按：1975年，父亲曾作"水调歌头"奉寄冷生，即为冷生先生八十寿，参见《夏承焘词集》湖南人民出版社1981年版，227页。）

冷生书斋，劲风楼；鹭山书斋，光风楼；自家书斋，天风阁。

这第二首词系母亲病故之前三个月左右为"贺温州图书馆建馆七十周年纪念"而作，此词录于她全部诗作词作之最后，这可能也是母亲留下的最后一首词（1988年8月13日）：

减字木兰花

籀园忆昔，缃素如山环四壁。朵朵红葩，

俯仰江潭有落霞。
池塘春草，万卷平生遗几老？翘首三风，
辽鹤归来一梦中。

词下有注：
籀园为温州图书馆前身。四十年代予曾借住籀园。籀园附近有落霞潭。
三风：天风阁、劲风楼、光风楼。

从以上两首词及词注中，可见母亲在她读书时期就与籀园交往甚笃，且与当时的馆长兼教师梅冷生先生也建立深厚的师生情谊。从这两首词中，更有感于母亲的词风，温婉却难掩大气，境悠远且意沧桑，特别是两首词的末句，读后不禁令人唏嘘感叹。母亲在这两首词中均引用了“三风”两字，深切怀念当年曾一度叱咤温州文坛的三位大家：天风阁，夫子——夏承焘；劲风楼，师长——梅冷生；光风楼，兄长——吴鹭山。管中窥豹，从母亲这两首词的词意拓展开去，自南宋永嘉“四灵”起到当代别派“三风”，数百近千年来的温州历代文化底蕴积淀之深厚足见一斑，而这一切又都与籀园——温州图书馆及其所拥有的大量珍贵馆藏图书有着无法割裂的关联。

今天，当我们怀着万分敬仰之情，纪念温州图书馆建馆百年之际，我们不能忘记先贤们为了国家及民族的文化保护和传承所做出的奉献。而我们后来人，特别是今天的年轻一代，当然我也希望一些年之后包括我的小孙子——“语桥”在内，能一同参加到将家乡温州这份珍贵文化遗产发扬光大的行列中来。

2018年5月31日于北京
（作者系《中国摄影》杂志社前主编）

“微阳温落叶”

——试补曾祖冷生先生微阳诗

梅　海

倭国侵人乱，贤书圣寺容。
微阳温落叶，残水答疏钟。
擒虎仙岩上，寻龙涧水淙。
掷声雷响久，发意载艨艟。

上周清明为曾祖上坟，父亲又提起，曾祖诗作不少，但晚年只对“微阳温落叶，残水答疏钟”这一句甚感满意，并经常念叨。问我是何原因？我寻思良久，虽觉此句必有深意，但难探其中秘密。今日回家，翻检潘国存先生编的《梅冷生集》，按潘老考证“微阳”一句是诗中残联，作于1944年（卷二诗，172页）。

1944年正是抗战时期，当年国民政府豫湘桂千里溃败。9月9日，温州沦陷于日寇。之前城中百姓已经开始逃亡，我梅家亦与大众一起逃难。据我祖母（林文英）回忆，1944年逃难时，曾祖父要照顾图书馆古籍，没有和家人一起。而且事发突然，我祖父（梅之荣）刚好在外做生意，没有回家，她一个女子拉扯大伯（梅明杰）、二伯（梅余春）两个孩子往潘桥逃难。二伯当时才二三岁，需要大人背抱，结果祖母在码头把大伯弄丢了。大伯也只是个六七岁的孩子，就在码头上哭了起来，还好被后来的阿公（梅之芳）一家拣到，阿公带着我大伯随图书馆同事先往瑞安仙岩（今属瓯海区）逃

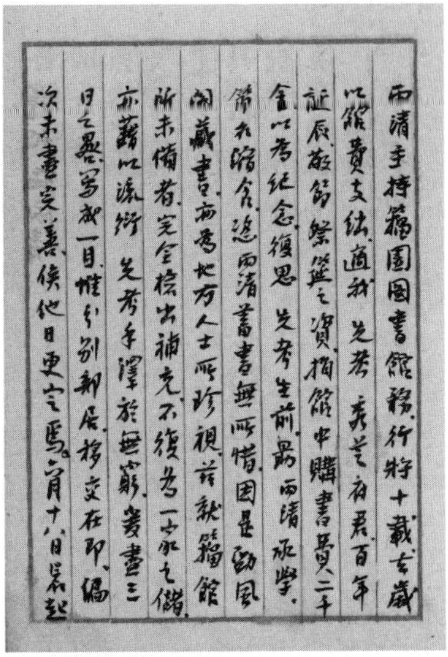

永嘉梅氏劲风阁捐赠书籍目录序

难。几个月后，我们一家人才在瑞安龙川（今属文成县）团聚。大伯曾告诉我，当时逃难，大家躲在船舱里害怕日本人飞机机枪扫射不敢露头，他口渴难忍，也不敢在河里舀水喝。那时在船上“生尿配饼干”的滋味令他一生难忘。

曾祖冷生先生作为籀园图书馆馆长，他身上有一份责任，要在战火纷扰中保存温州文脉。籀园图书馆的馆藏古籍丰富，因为在曾祖及其前任们的努力下，当时温州有名的乡绅生前或身后往往把家藏的书刊捐给了图书馆，这些古籍不少是孤本珍本。如果因为战乱丢失，这份责任就大了。因此曾祖父在日寇入侵的危难时刻决意与图书馆职员一起将馆藏古籍转运仙岩圣寿禅寺（后转运龙川文昌阁）。仙岩是温州的旅游名胜区，后因朱自清的《绿》而闻名。其实仙岩还是一宗教圣地，区内的圣寿禅寺，是一座建于宋朝的古寺，当时曾祖就是把书寄存在圣寿寺内。所以首联曰：“倭国侵人乱，贤书圣寺容。”

曾祖父为何会把图书馆的古籍运往仙岩呢？虽然仙岩的地理位置比较偏，但毕竟在温州和瑞安中间，属于鱼米水乡富裕地带，与潘桥三溪一带相比，安全性明显不如。曾祖是有名的温州地理通，他岂能不知这点？带着这个疑惑，我又翻开《梅冷生集》，书中附录了一出家人写给曾祖的一通信札，信中探讨永嘉大师典故及重建净光塔因缘（389 页）。这位出家人法名觉澄，温州人，广州六榕寺的方丈，亲近过当代大德虚云长老，也曾在仙岩圣寿寺住持过。网络上有觉澄法师的资料，但是他与曾祖的交往除了这封信却没有其他任何记载。我只好求证父亲，父亲说曾祖的确与仙岩寺一位和尚关系很好，这位和尚还教曾祖打坐，只是曾祖当时家事琐碎，一直没有静下来。我想应该是这个因缘，曾祖才想到仙岩寺，想通过寺院的僻静来保护这笔文化财富。

“微阳温落叶，残水答疏钟。”应该是在仙岩的创作。“落叶”“残水”对应遭受日寇入侵后家乡的萧索，“微阳”寄托一片赤心热肠，希望用自己的一点微薄之力，为不可为之事，为家乡的文化传承尽一点力。钟声在佛教里代表智慧，所谓“钟声起，烦恼轻”。在寺院旁疏钟的声音肯定非常清晰，透过钟声，曾祖似乎悟到了文化传承中不可思议的因缘。

仙岩最初因为宋代有一位安楞严禅师在这里悟道而闻名。禅师在读《楞严经》中“知见立知，即无明本”时，无意间把断句读成了“知见立，知即无明本”而大悟。禅师大悟后，据说山上的老虎都跑过来皈依。所以仙岩山上有一座伏虎寺，即是安楞严禅师的茅屋扩建而成。伏虎寺的典故，背后也是一种文化传承。同时仙岩溪水清澈晶莹，一脉相流，也是一种流传。曾祖父此时此刻找到了文化的源泉，内心升起了无穷的力量，一种为乡邦奉献自我的力量。因此颈联说“擒虎仙岩上，寻龙涧水淙”，表面写景，其实是寻求信仰与力量的源泉。

源泉找到了，自然升起无比信心。故尾联说：“掷声雷响久，发意载艨艟。”仙岩梅雨潭之上还有一个很神奇的潭，叫雷响潭，只要有人把石头往潭里扔，就会响起打雷般的声音，因此得名。同时因颔联中有“残水”两字，而今找到了文化和山水的源泉，信心大增，故“发意载艨艟”。艨艟是古代的大船，是很重的。但是我们中国人只要找到文化的源泉，坚持文化自信，并因此团结起来，这个力量是无穷的，就像溪水也可以把艨艟浮起来。宋儒朱熹《观书有感》中：“昨夜江边春水生，艨艟巨舰一毛轻。向来枉费推移力，此日中流自在行。”用艨艟浮起比喻一种修行的功夫和力量。此处也借用这个道理。

抗战时期是我们同胞最痛苦的时候，也是传统文化最为危难的时刻。道德仁义作为中国传统文化的核心受到了挑战，并被很多人抛弃。但也有人秉持信念一再坚持，从义做起。所谓“义”字，从繁体字“義”来看，上面一个“羊”字表示祭祀表示牺牲，下面是一个“我”字，所以义表示牺牲自我。每当国家遭受入侵之时，就会有无数中国人在“義”字的感召下，牺牲自我保卫祖国。也正是有无数仁人义士的努力，中华文明才能传承数千年而不中断。曾祖是一位小人物，但他是一位秉持仁义传统的读书人，因此在国家危难之际，他会毫不犹豫，“义字当先”，公而忘私。

抗战胜利后，经仙岩而龙川的古籍完整无缺回到城区籀园图书馆。这件事是曾祖父平生最为得意之事，亦是温州文化传承史的一件大事。然十年动乱期间，此事难以言说，只能时时念叨“微阳”诗句。由于时代因缘，这首诗没有完全保留下来，作为后辈，我认为“微阳”联背后的“仁义”精神并非小事，所以斗胆补写此诗，以言其事，以明其志。

于戊戌年清明后（2018 年 5 月 15 日）

（作者系浙江安福利生慈善基金会副秘书长）

籀园慧月

张乘健

到北京，那么多新建筑新景观，竟然都觉得漠然，留下清纯的心影的居然是不为世人注意的所在——北京图书馆古籍部。北图古籍部原来就是解放前的北京图书馆旧址，不禁联想起温州的籀园。籀园的建成似比文津街的北图要早，20世纪初叶，为纪念温州近代学者孙籀庼，于曾氏依绿园建籀园。

早期的籀园情形，依据文字记录，文字是“隔”；我所亲历亲见的籀园是在解放后。奇妙的是，平生第一次是赤着双脚走进籀园的。听家里人说：我四五岁的时候，捧着一本书，坐在门槛边的小凳上，同伴的小孩子争东西吃，我对于身边放着的糖果糕点，连看也不看。家里人说：这孩子读书读蒙了，这么蒙，以后到世上，好似又憨又蒙的熊猫放到森林里，怎么是好？家里人不是鼓励我读书，而是不鼓励我读书。我不顾这些，就是喜读书，小学的课本不满足了，听人说有个籀园，有好多好多书，在窦妇桥边。偷偷从家里跑出去，那时虽然解放已几年了，九山湖畔依然是古城墙基的野趣的荒墟。从西门到窦妇桥经过一条田间小路，叫“五十丈”，路边都是野草摇曳的水洼。我怕踩坏脚下的新布鞋，舍不得穿。布鞋是母亲在瓦片上搓苎麻线，一针一线带着手指的血痕缝出来的，更因为小孩子的顽皮天性，赤脚淌着野草边的水洼，太好玩了。眼前一条摇漾在粼粼水波上的别致的小木桥，是窦妇桥，心境豁然清爽。我就这样赤脚进入籀园。那时我是七岁，用儿童的眼睛，更用纯真的童心观照，这庭园花木扶疏，云影渌波，太赏心悦目了。一位老者笑着走过来，慈惠的笑容那么平和。

人生初入世的第一次太重要了，假如我第一次到籀园遇到的是冷漠、拒绝甚至呵斥，我的终生的读书兴趣可能就此打消了。那天，那位老者含笑注视我的赤脚，并没有要我把腋下夹着的布鞋赶紧拿下来穿在脚上，领我到里面房间，向我说明怎样办借书手续。后来知道，这位老者原来就是梅冷生先生，是馆长！

虽然是梅馆长亲自把童年的我领进门，我和梅冷生先生却从来没有随意交谈过。这么高年的前辈的先生，我这个幼稚的小学生，敢和他随便说什么呀。但一有余暇，我总是喜欢到这儿来，童年的心灵觉得整个世界就是这里最幽静最美好，太使人舒心了。童年到籀园图书馆的印象是那么清晰那么美好，尽管好些珍藏的书特别是古书那时根本看不懂。籀园给我的是精神，这是什么精神？似难以语言概括，从很高的高度说，这精神维系了数千年历劫不坠的中国文化；于我而言，培养了纯粹的不掺杂俗念的近乎憨痴的读书兴趣。兴趣是一切事业的真正的动力，是取得一切成就的自发的源泉，更是一切学问的最好的老师。

籀园给我灵气，这灵气把钝根变做慧根。微妙的是，我没有刻意追求考试成绩，而我在籀园读的书和学校考试似乎毫无直接关系，我的考试分数居然逐年上升。到初中毕业时我的考试成绩，数理化每门 100 分，语文历史 98 分，连音乐美术也是高分，是全校的第一名，也是全市第一名。我生活在惠畅的春风里，受到几乎所有老师和同学赞誉和爱护。我那时年龄是足岁十三岁半，同班级的同学都是我的亲昵的哥哥姐姐。初中最后一个学期，我和另一位优秀生被指派去瓯北帮助农村扫除文盲，完成任务后，当地农业生产合作社和乡村政府给我们热情的感谢信和奖状。怀揣着奖状从瓯北回到九山湖畔的学校，新任的班主任把我召去，按捺不下兴奋的心情，正想把奖状拿出来。班主任说：“不要逼问我，不要逼我犯错误，我只是个传令兵，我传达女校长的指示：不许你再继续读书。”

我那时正怀着将来上大学到苏联东欧留学的憧憬，这突如其来的指示太难接受了，我问：“为什么？”

“出身资产阶级，分数越高越反动！”

“为什么这样仇视高分！为什么这样仇恨一个中学生？你们心底究竟藏什么东西？”

“你还说不反动？这话够反动的了。”

“我想不通！你们有什么权力剥夺我读书的权利？我要读书！走遍天下，我要读书！”

“哼！你别做梦！老实告诉你，全中国所有读书的地方都替你封死了。”

我掉头不顾，从学校飞跑回家。自出生以来，家里人、邻舍、老师、同学，都是春风和煦的面容，今天对着这样的恶狠狠的音容，觉得天地好像都颠覆了。夜晚躺在床上辗转反侧，怕惊动家里人，怎能使他们不安？蹑手蹑脚下来，悄悄推开门出去。浑浑噩噩，不知道往哪儿走。一眼望去，往日平和温馨的街道、田塍、野路、围墙的缝隙间，现出恶狠狠的蓝脸，回荡着恶狠狠的声音。急于逃脱，拔腿飞奔，跑到一道墙外，倚着墙在墙根坐下来。奇妙！怎么到这里才觉得安然，夜风越来越冷……

昏沉中依稀听见曼妙的声音，寒风里骤然觉得暖和。微睁眼睛，身边依偎着一个女子，那身材丰硕又婀娜。眼泪强忍了那么久，这时禁不住眼眶湿润。她说："好男孩不哭。"

我问："这里是哪里呀？"她笑："你怎么不知道，是籀园。""啊！籀园！"仿佛第一次见到似的，夜色中从墙外向园里凝望，此刻的籀园，多么安谧，多么净洁，即使整个世界沉沦了，这里依然是芳馨。

她挽着我的肩头说："抬起头来，看。"浮云散去，一轮冰雪似的月亮，涌出碧海，这是籀园的慧月。"俗世的一切，都是浮云。惟有那慧月，是永恒的。你看她，这么皎洁，这么妩媚，那是美，是爱，是慧。"

她痴痴地看着我，低声呼："阿当尼斯！"忽然她哭了，她劝我不要哭，自己却情不自禁哭了，清澈的泪泉沿着脸颊，沿着洁白的颈脖、胸脯潸流，太优美了，又太凄然了。好一会儿，她说："我们俩身上都是泪痕污渍。让我们清洗个痛快，开始新生！"

我不知道自己是怎么滚落到湖水中。湖边醒来，天际微明，揉着惺忪的眼睛。哦！难道是个梦？

籀园的慧月唤起我的精神，教我平和地坚毅地走向世界。果然如班主任所说，世上所有的可以读书求学的正规的学校都封死了，惟有一个读书的地方没有封死，那就是图书馆。迈进图书馆，梅馆长和馆里工作人员的脸不是"无产阶级专政"的脸，依然是春风和煦，这脸容似很平常，可是对那时的我来说，是多么温暖的安慰啊！其时籀园图书馆早已从落霞潭畔搬到沧河巷。梅馆长"亲自"坐在外借处出借书，那时候还没有流行"亲自"这个词。见梅先生手边放着一本书《大风歌》，怯怯地问："是汉高祖《大风歌》？"梅先生微笑，"不是，是现在人写的书，借古代的名。"我和梅冷生先生明晰地谈话竟然只有那么一次——到后来倒是和他随意交谈了，可是梅先生已不能明晰地说话了。

惟有到图书馆才能平复心境的安宁。但不久我去了重工业的工厂，那时是火热的"大跃进"时代，鼓足干劲建设社会主义，日班夜班交替，有时甚至一天干十八个小时。尽管这样，我还是偷时间到图书馆去，寻求片刻的安恬，唤起知识的追求。三年后，我被贬谪到一个偏僻的乡间，起初很不安心，抬头看夜空的月亮，那不就是籀园的慧月吗？心境安定下来，月下读书，那竹影、绿野、青山，竟然觅到超越功利静心读书的佳境。惟一可憾的是，离城里图书馆太远了。

轰轰烈烈的“无产阶级文化大革命”开始了，我仍然身处世外桃源似的乡间。一天偶然返城，像往日一样，直奔图书馆，可是图书馆关着门，大街上都是大字报。有个大字报专栏通栏标题“愤怒批判匪帮残渣余孽、反革命牛鬼蛇神梅冷生反动罪行”。我十三岁就被批为“反动”，见了“反动”二字潜意识中竟有特殊的关切。大字报专栏前一些上了年纪的人在悄悄私下议论。纷纭的议论中透露梅冷生的“反动”逸事：温州和平解放第二天，一个女人，厚施脂粉，大耳环在风中叮当响，扭动腰肢扭到籀园来。梅冷生一见发怔：籀园女读者中哪有这样的女人？那女人漫启朱唇，说出一番话来，把梅冷生弄得头晕目眩，天旋地转。原来这女子是原国民党保安司令的姨太太，新时代新名词叫新爱上的新爱人。当日地方报纸登载，保安司令解放后“荣膺新职”，成了人民政府副专员兼浙南游击纵队副司令。他的新爱人看上了籀园，说“找遍温州就是这里好，清净、淡雅，结庐人境，心旷神怡”，要将这里作公馆，和人民打成一片。梅冷生面有难色，问：“籀园那么多书怎么办？”那女人吐出口中含着的瓜子壳，淡然一笑，说：“梅先生，解放了，你怎么思想还这么落伍，一点也不开窍？新时代要的是新书，你那些旧书破书，统统扔到九山湖里去，或者送东门浦边讨饭丐儿做引火柴。”梅冷生气得浑身发抖，一反平时的温良恭俭让，大吼：“我是籀园图书馆馆长，人民政府并没有把我免职，我打翻在地还是籀园馆长。你那个新爱人，自以为披一张新皮，难道我梅冷生怕你！”叫馆里工作人员快点提水来，把这块地面冲洗干净，刚才被这个骚狐狸弄脏了。

——以上是大字报揭露和鹿城市上引车卖浆者流的街谈巷议，近乎稗官野史；但有件罪行却是证据确凿，有石刻的碑文为证。那是抗日战争期间，国军进入温州，消极抗日，积极反人民，见日本军队来，闻风溃逃，和日寇暗里勾搭。对老百姓，蛮横凶狠，搜括地皮，抢劫财产，侮辱妇女，残害儿童，简直丧心病狂，温州人民恨之入骨。梅冷生应师长萧冀勉之请，替国军使劲歌功颂德。现在这块“抗敌阵亡将士纪念碑”捣毁了，革命群众人心大快，但是，梅冷生的“流毒”远远没有肃清。无产阶级奋起金光闪闪的千钧棒，把牛鬼蛇神批倒批臭，踏上一只脚，叫他永世不得翻身。

这些惊心动魄的“反动”材料，倒引起心头情结，想见梅冷生先生。直到后来，因缘契合，才见到梅先生，已是“文革”后期，也是梅先生的暮年。进入石坦巷的旧居，院子的墙上布满苔藓，经年的雨渍，年久的失修，显出旧屋主人的苍凉，还是顽强地透露着一股书卷气。急于拜谒梅先生，快步上楼，一阵痛感袭来。见一个老人躺在床上，中风瘫痪，口中喃喃，说些什么，需要传译。心里浮起的感觉，悲悯，怆然……籀园图书馆我认识的两位馆长，严琴隐穷饿偃蹇，梅冷生缠绵病榻。这两位都曾尽力于籀园图书事业，即使这不是足以夸耀的功劳，难道是罪过？司马迁在《伯夷列传》深沉慨叹：“或曰：‘天道无亲，常与善人。’……天之报施善人，其何如哉？……余甚惑焉，倘所谓天道，是耶非耶？”梅先生在病榻上吟哦，要将平平仄仄平平仄弄妥帖，作诗的同时，关心籀园馆藏的古书，更关心颓屋外面的世界风云。我虽然多次去过石坦巷梅先生居所，但不忍和他多说话，见他说话这么吃力，再和他多交谈多请教，那是折磨他了。见他的病容，心里不禁浮现我第一次赤脚进籀园，梅先生领我进门的情景……

那个班主任当年说的话竟然是严峻的应验。初中毕业二十年后，我报考中国最高学术机构的研究生，仍然是被封杀。数年后，作为“学术流浪者”到北京某大学打工。一天，为查阅资料到北图古籍部，一进入那朗爽的庭院，心神豁然清爽。进入门里面，目光相遇的一位女子，极普通的装束，但那难以描摹的风度，散发着隐蕴的名门闺秀的高雅气质。接过我的身份证，惊喜地说：“哦！你就住在鼓楼！”她居然把温州的鼓楼当作北京的鼓楼，捧出一大叠书籍，把我领到临窗的明亮的座位上。周围越来越寂然，原来闭馆了，读者都已离去，她翩然而来，“没关系，不是更清静吗？”转身不见她，忽然面前降下一杯淡雅的清茶。奇怪！这是在北京，却怎么品味到家乡泰顺茶叶似的风味。禁不住抬头凝视，那仙境里恍然相遇的仙子似的优美，那梦似的亲切，忽然觉得似曾相识，是在哪儿哪时见过她？不禁问：“我们不是相遇过？”她好奇而疑惑地问：“哪儿呀？”她笑了，那微笑，嫣然粲然湛然，太神秘了。

啊，籀园！不禁抒之以诗：

髫年我昔踏莎草，赤脚蒙登破晓园。入世始逢欣越秀，异时那卜烘秦燔！
采薇远遁严琴隐，菀柳焉寻司马温？赖有天真旧院燕，残枝跳荡送寒暄。

落霞潭水千秋碧，百载芳馨系籀园。鸡唱心仪海晏阁，鹿奔情忆竹桥村。
罗浮山麓石鸣鼓，瓯浦丘原野叫埙。韶远更怜依绿芷，奚招寥寂冷梅魂！

零雨凄其潺日夜，望瀛举目企春菲。芜园久惜闭三地，荒苑还祈破重围。
芳梦畅游快激湍，舞风漫卷乐丰肥。澄空慧月溥红露，甚日硕人天际归？

近来偶过籀园墙外，从颓墙向里面看，一片萧疏荒凉，几支鸟儿在枝头犹然跳跃，天真地慰藉这今日闭锁的荒园——昨天的芳馨的籀园，不禁唏嘘。多年来，我即使身处于各界宴会，觥筹交错、谈笑风生，即使做学术讲座，主持人热情介绍，雷动的掌声，热情的拥簇，内心深处却有那挥之不去的深深的忧郁。回忆最舒心的时光，竟然是我童年少年到籀园的时光，这也就是我们这个城市最舒然最芳馨的时代。

我以为对于现在籀园的处置，有上中下三策。上策：将温州图书馆整个搬迁到籀园，将现在温图馆舍交政府另做安排，将实验小学籀园小学迁出，这是温图认祖归宗，恢复原名籀园图书馆，将图书馆的藏书功能、大众传播与学术研讨合成一体，将籀园图书馆建成世界著名的园林式图书馆。中策：将温州市图书馆古籍部迁到籀园，细心维护古建筑风貌，内涵现代化使用功能。下策：维持现状，将籀园辟为籀园纪念馆。

（原载《籀园》2012 年第 3 期，收入《籀园慧月》，文汇出版社 2017 年 6 月版，作者原系温州师范学院副教授）

为了千万个读者

——记温州市图书馆

沈利民

温州市图书馆座落在温州市县前头街，是一幢灰白色四层楼房。这里有丰富的藏书、高质量的服务工作，每天都吸引着众多的读者。

潜心钻研学问

一个周末之夜，我们来到图书馆的社会科学图书阅览室。从一大堆“读者意见征询表”上，我们看到，读者纷纷赞扬这儿的工作人员业务水平高。其实，这个图书馆的不少同志是从剧团转业来的，原来的文化基础较差，也没有经受过图书管理的专业训练。从前年六月开始，馆里有计划地组织业务培训，根据工作人员的不同情况，分成中级组和初级组，分别学习古代汉语、中国历史、唐宋诗词、古典散文小说以及图书馆学、目录学的基础知识；博学的副馆长郁宗鉴担任初级组的辅导老师。为了促进学习，还要不定期地进行考试。这对于那些家务缠身的女同志来说，的确是一种巨大的压力。就拿图书管理员陈欣欣来说吧，她有三个小孩，小的才上小学，爱人是越剧团导演，每晚忙在剧场。而陈欣欣却有一半时间做晚上班，得夜里九点闭馆以后回家，时间实在不够用，她就把要记的唐诗抄在一张张小纸片上，塞在口袋里，在买菜的路上，做饭菜的间隙，掏出来诵读。就凭这股毅力，她在初级组的每次考试中，都名列前茅。

称职的管理员

温州市图书馆二楼的外借处是最繁忙的地方。这里，一天最多时外借图书七百册左右。为了方便读者，这里开设了半开架书籍出借处，一些新出版的小说和读者经常借阅的书籍，共四五千册，陈列在书架上。当然，大量的书籍只能放在书库里。组长倪新祯在图书馆已经工作了近三十年，她仍刻苦学习图书管理业务。一次全馆举行快速检书竞赛，这次竞赛规定要在六分钟之内，从自己所在部门的书架上提出十本书。这十本书中，有七本由馆长开出书名，但不提供检索号；另三本连书名也不提供，只提个与书有关的问题，比如某文集中的某篇文章，某历史文献中的一个年代，或者理、化方面的一个数据，以至一味中药的性能、一种矿物质的硬度，等等。在这短短的六分钟中，外借组有半数同志取得了好成绩。

为了让新书尽快和读者见面，负责编目的陈德光几乎每天要提早半小时上班，及时编好新书卡片，最大限度地缩短新书在自己的案头滞留的时间。这样，一般图书采进以后，只要二三天便与读者见面了。在这个图书馆古籍部工作的同志，两年来，在日常接待研究工作者的同时，逐册逐卷地校点（拟整理）了十万册书。搞静电复印的潘旭龙，为了让读者及时得到急需的珍贵资料，经常打破接待惯例，甚至忘了吃饭……

“图书馆大学生”

在三楼的科技图书阅览室里，四位工作人员几乎都能如数家珍地述说读者的升学情况和研究成果。一些学有成效的读者，在去研究机关或大学报到之前，往往专程到图书馆表示感激之情，并高兴地以“图书馆大学生”自诩。的确，这里的工作人员，把读者的需要当作自己的需要，把读者的困难当作自己的困难。一次，温州地区医科所一位同志为编写《温州老中医临床经验选编》一书，来馆要求帮助查找老中医薛凝嵩的有关文章，可是，一连查找了许多书，就是没有发现。科技阅览室的同志时时留意，一有空就翻找有关书籍，终于在一本薄薄的不起眼的小册子中找到了，便马上告诉了读者。温州海洋渔业公司一位技术员写成《冷库制冷技术》一书初稿后，给科技阅览室送来了五本油印本，要求供大家借阅，以广泛征求意见。阅览室的陈铭兰等同志欣然承接了这项额外的业务。一连三个月，每逢合适的读者对象，他们就主动推荐这部印制还十分粗糙的书稿，征得了许多有益的意见。现在，这部书稿已由农业出版社正式出版。

（原载《浙江日报》1981年2月14日）

【附记】这篇通讯的原稿和剪报，我找不到了，卢礼阳先生把馆藏资料中的电子文本发给我。重读旧稿，勾起我三十八年前的一段记忆。

1980年前后，浙江日报在总编辑吴尧民带领下推进新闻改革，开掘深度，活跃版面。当时，报社成立了一个机动组，抽调精兵强将抓典型抓重要新闻。资深记者江坪、陈冠柏就是这个机动组领军人物。1980年初冬，他们来温州调研，晚上经过县前头温州市图书馆时，发现里面灯火通明，阅览室里读者众多，借书还书的读者川流不息……这与当时相对冷清的温州经济状况形成了对照。他们认为这种现象值得关注和研究，建议我去实地采访，写一篇通讯或特写，发浙江日报的《周末特稿》专栏。

接受任务后，我就去图书馆实地考察，情况确如江坪、陈冠柏两位所说，我也深感诧异，想不到温州的读书氛围如此浓厚，人们的求知欲如此旺盛。于是再去馆方采访。老馆长郁宗鉴先生接待了我。他风度儒雅，知识渊博，从温州市图书馆的历史到现状，从全国公共图书馆的数字到美国公共图书馆的数字，从图书管理员的专业培训到读者的结构……娓娓道来，如数家珍。尤其让我印象深刻的是，他在始终语调平静的叙述中所说的这么一句话："这些年我们主观上一心一意为读者服务，把门开得大一些，自己搞得忙一些……"好一个"大一些"、"忙一些"！"大"者，把馆藏量扩大，把读者队伍扩大，把经营特色放大，一句话即把事业做大；而"忙"者，为方便读者而忙，为提高员工自身素质而忙，为提升整体服务水准而忙……我想，这种观念，这样的实践，不正是温州市图书馆事业如此红火的内在动力嘛？不正是温州"读书热"的幕后推手嘛？请看他们的所作所为：在艰苦的环境下，图书馆经费有限，为了压缩行政管理支出，尽可能多地保证采购图书经费，职工们一小块废纸也舍不得扔掉，收集起来卖给废品回收站。新书进馆，马上加固封面，贴上牛皮纸。发现图书破损，随破随补。图书馆是"清水衙门"，面对社会上企事业单位当时的"奖金风"，职工们能甘淡泊，任劳任怨，心系读者。他们加强第一线力量，借阅、阅览部门的管理人员比过去增加一倍，一周开放时间从1977年的21小时增加到51小时，晚上开放到九时止。那时温州供电紧张，书库遇上停电，管理员并不回家，而是坚守岗位，等待来电后再接待读者；甚至打着手电筒照书出借……追溯到温州"文革""武斗"时期，社会如此动乱，而温图人却照样坚守这块文化阵地，坚持天天开放接待读者。只是在武斗规模扩大发生"火烧五马街"恶性事件时，才被迫闭馆。到笔者那次采访时，温州市图书馆刚好走过了一个甲子，经过几代人的不懈努力，已拥有藏书

50万册，次于省馆和杭州市馆，多于宁波馆；并成为温州地区各种地方志、地方人著作收藏中心，有些是全国孤本；订有各种期刊1300种和各种科技情报资料；还收藏了近2万册各种旧期刊，有清朝末年、民国初年的重要刊物，清末的报纸（最早是同治年间），大革命时期的《中国青年》杂志、农民运动讲习所的讲义，以及中国1920年出版的陈望道翻译的《共产党宣言》……凡此种种，使我想到，温州市民的求知热情固然可喜，但图书馆人以文化传播为己任的使命感和责任感更为难能可贵。

于是，我决定写一下温图人。后来，我又采访了图书管理员陈欣欣、倪新祯、陈德光等人。当时负责《周末特写》专栏的陈冠柏赞同了我的意见，很快编发了我的稿子。这篇通讯见报后不久，郁宗鉴先生高兴地告诉我，中国人民大学图书馆系复印收集了这篇报道。但限于笔力，报道尚未完全刻画出温图人的风采。

我生性疏懒，读书少，跑图书馆更少。尽管温州市图书馆后来发展变化很快，我却一直没有去再写一个续篇。但自从卢礼阳先生在温图工作后，我与温图的联系再未间断。我与他也是结缘于图书。1999年9月，他的长篇人物传记《马叙伦》出版后，我写了一则简讯发于《浙江日报》。他后来跻身温州重大文化建设项目——《温州文献丛书》整理出版委员会，担任专职委员和编辑部成员，我也在他的影响下成了该丛书的热心读者。虽然我对温州市图书馆一无贡献，但温图人对我关爱有加。地方文献部的同志给我定期提供《温州读书报》、馆刊《籀园》和《温州通史编纂通讯》；我自己编印的几本小书如《沈利民新闻作品选》《论文与札记》《温州的背影》《孔子究竟说什么——〈论语〉今译百问》《金州集团发展史》等，也是在地方文献部同志的鼓励下，才斗胆交温图收藏。

2012年8月，礼阳先生告诉我，有鉴于温州市的文化地标、温州近代学术的摇篮、温州市图书馆的前身——籀园原有的布局和风貌受到人为的破坏，由图书馆几位热心读者牵头，京、沪、杭、温、穗一批文化界人士正酝酿上书温州市委、市政府领导，要求恢复籀园的原有布局，并做好整体规划，扩大保护范围，向市民开放，集中展示温州学者的国学研究成果。说起籀园，我立即想起当年郁宗鉴先生介绍过的籀园历史，想起1991年11月，89岁高龄的苏步青教授应邀来温州指导办学时，我跟随他重访籀园时的情景。于是，我郑重地在《关于恢复籀园整体功能的建议书》上签了名。

百年沧桑，世易时移。一代又一代温图人，博学不穷，笃行不倦。那种根植于他们内心深处的传播弘扬人类优秀文化的使命感和责任感，历久弥坚，闪耀着时代的光芒……

2018 年 4 月 25 日

（作者系浙江日报温州分社前副社长）

新馆的馆名题字和两副巨联

张　索

温州市图书馆新馆位于新城世纪广场，2005 年竣工，高大气派，与原图书馆相比，完全不可同日而语，是温州市中心区文化标志性建筑。

温州市图书馆前身为“籀园图书馆”，成立于 1919 年，为纪念清末经学大师、教育家孙诒让而建。原址位于九山河畔，1953 年搬至沧河巷一旧宅，现为郑振铎纪念馆；1973 年在县前头创建新馆，1998 年又于温州中山公园池上楼北侧建新馆。三年后，时任温州市长的钱兴中先生，重视市政，关心文化，主持温州中心区建设规划，将市政府搬至新城，并在周边兴建温州博物馆、图书馆和大剧院等文化标志性建筑，历经四年，中心区建成，温州博物馆和图书馆新馆等也相继落成。

2005 年初，时任图书馆馆长的郑笑笑女士找我商量新馆的布局设置等，如何彰显温州的文化底蕴，并委托我策划，内容涉及图书馆馆名题字、馆内公共环境和广场雕塑及图书馆的 VI 系统。当时我建议门口和大厅悬挂两副对联，在广场设建籀园的门台造型和孙诒让、黄群、梅冷生的雕塑。

时间过得很快，当年夏天图书馆搬迁工作启动，11 月试开馆。11 月 12 日，温州市文化局局长瞿纪凯和图书馆馆长郑笑笑约我在博物馆会议室商量温州市图书馆正式开馆事宜。当天，我就开馆仪式的地点，邀请嘉宾范围、人数，附属展览、笔会活动及主要环境布置方案等谈了思路，得到两位领导赞许，并请我担任新馆正式开馆活动的总策划，具体事务由开元文化公司实施。

接下来近一个的月时间我都在忙开馆活动的事情，印象最深的有两件事。

一是馆名题字。温州市图书馆新馆建筑比较现代，如何体现其文化底蕴和温州的文化品位，非常重要。为此我约开元文化企划设计师余建海多次到现场察看，寻找安放馆名的合适放置。我们最终选定朝东西两面大墙，这样可多角度展示馆名，在世纪广场确立文化建筑标志。题字还是郭沫若先生的手笔，尽管老馆也曾采用过郭老的题字，但作横式处理，而新馆选定的位置系竖式，必须重新调整。郭沫若先生 20 世纪 60 年代曾来过温州为图书馆题过词，为竖式书写，书法流动精美，章法跌宕起伏，一气呵成，其中就有“温州市图书馆”一行连贯六字，其大小、枯湿、正欹、虚实全含其中，可谓妙矣。但“温州市图书馆”这六字毕竟是在一幅题词中取出，并非专题招牌，如何将其作为馆名题字招牌，需做一些空间上的艺术处理。我们根据图书馆外墙的高度和最佳视觉效果，对郭老题字的字形大小、字距、整体章法在电脑中进行了调整，由于郭老的原字笔画部分较纤细且多飞白，制作铜字很难体现，且安装在高大的建筑物上，视觉效果不够理想，故将笔画适度作实笔处理，文字大小也相应调整，将原“图”字缩小，“馆”字放大，但仍保留大小起伏变化。这样既体现标牌文字的相对独立，又体现一气呵成的气势。整个馆名有十余米，最大字约两米见方，最小的也有一米左右。安装馆名文字，需预先将喷绘设计图固定在墙上，然后按底样位置打孔吊装。这里还有一个插曲。因“温州市图书馆”文字较大，故将落款“郭沫若”和印章另行喷绘。“温州市图书馆”六字安装时，我在现场监督，落款部分我交代工人按效果图安装，便有事离开。第二天一早我来察看馆名题字，发现落款“郭沫若”三字和印章落在“书馆”之间下方，看起来很不协调。我即叫来工程队，将装好的“郭沫若”和印章拆掉重新上升移位。因安装铜字须打孔上膨胀螺丝，故移位后遗留下几个洞眼，幸好孔洞位置较高，远距离看不明显，但就近仔细寻找，还是能发现墙上的小洞，留下了一点遗憾。事后郑笑笑馆长还告诉我，这里的东西两面墙原本只用一面，另一面要给温州市档案馆，但她坚持说此建筑的主体是温州市图书馆，故最终用两面馆名题字，也成为中心区广场最明显的文化地标。

二是图书馆门口和大厅的对联。采用对联形式，早在 2005 年初我给图书馆的策划书中就已提出并得到肯定，但内容一直未落实。直到当年 11 月 14 日试开馆后，筛选对联事宜提上重要议事日程。

图书馆门厅是现代建筑造型，温州市图书馆又是一个具有历史底蕴的文化空间，为了在现代与传统的和谐中体现温州文化底蕴，决定在新馆正门和中央大厅悬挂两副对联。初拟采用孙诒让和夏承焘先生的对联，他们两位是近代对温州有影响的学者，特别是孙诒让，温州图书馆最初是为纪念他而命名为“籀园”。但翻了许多资料，询问温州博物馆和瑞安博物馆及私人藏家，均无合适的对联。

新馆黄体芳联

寻找对联一事成为我那几天的心病。11 月 23 日晚，我约温州博物馆副馆长王新宇，翻阅馆藏历代书法目录。我们将所有馆藏对联信息一一过滤，其中包括作者、内容、书体、年代等，特别是对联内容和作者的筛选。从中选出与读书相关的七对对联，有温州作者和外地作者，其中孙锵鸣“刚日读经，柔日读史；十年树木，百年树人”和孙衣言“修词立诚，躬行君子；诵诗读书，当友古人”，我颇为满意。当晚即电话咨询张如元老师，张师对此两联也十分赞许。后考虑两联皆出于瑞安孙家有些不妥，11 月 29 日再到博物馆，最终选定了黄体芳先生书写的“书从历事方知味；理到平心始见真”，又分别征询过胡珠生、吴景文、张如元、潘猛补、卢礼阳等人意见，皆言适宜，最终经瞿纪凯局长和郑笑笑馆长两位同意，正式确定下来。

正门悬挂孙锵鸣书写的“刚日读经，柔日读史；十年树木，百年树人。”其内容和图书馆内涵十分契合，且书法遒劲，浑厚端庄，雍容大度。孙锵鸣（1817—1901），瑞安人，教育家、藏书家。孙衣言弟，孙诒让叔。清朝进士，翰林编修，李鸿章、沈葆桢皆出其门下，故有“天下翰林皆后辈，朝中宰相两门生”之称。孙家是温州历史上著名的书香门第，与温州图书馆渊源深厚。其私家藏书楼玉海楼所藏 2200 多册图书被后人捐献给市图书馆，孙诒让哲嗣孙孟晋还做过籀园图书馆馆长，并累计向温州图书馆捐赠图书两万两千册，功不可没。

中央大厅悬挂黄体芳撰写的联语：“书从历事方知味；理到平心始见真。”内容为其自撰，将读书历事的境界说得十分到位，可谓用于图书馆的妙联。其行楷取法于王羲之、颜真卿，对联阴刻填石绿，文气雅正。黄体芳（1832—1899），瑞安人，与子黄绍箕、侄黄绍第一门三进士，都是维新派重要官员，支持康有为变法，名扬海内。黄家亦有大量图书捐赠图书馆，此二联充分体现出温州近代人文底蕴，以孙、黄为代表的温州文化群体实力。

方案确定后，博物馆副馆长王新宇即请人拍摄对联原作，除整体外，还逐字拍摄。我根据图书馆空间位置进行电脑设计，做出了效果图，对字距略作调整。两副原联均有上款，系赠予私人，故此处将上款略去。效果图出来后，对联长

5.2m、宽 0.8m，要求在 12 月 8 日前完成悬挂，制作时间非常紧迫。于是约温州雕刻制作对联的姚景辉先生来我处，商量制作对联的木材、文字的刻法和填色事宜。最终决定用黄花梨木，孙锵鸣联贴金，黄体芳联填石绿。

姚景辉的作坊无法容纳制作此两联，故借乐清瑄头一处作坊制作，日夜赶制。当基础工作完成后，我等中途专门驱车乐清工作作坊察看，当时见到了放在地上的半成品，初步效果已凸显，体势庞大，很有气势。12 月 8 日九时左右，两副巨联抵达温州图书馆。每联重约 400 斤，安装也颇费周折。姚景辉叫来工程队安装，从早上一直到晚上八时才安装完毕，其间不少人驻足观看。

王新宇、金辉先生等人也来过现场看悬挂后的效果，均大为称赞，认为联佳、字美、内容切题，堪称温州对联之最。

12 月 10 日温州市图书馆开馆仪式，原定九时在广场举行，因突然下雨，开馆仪式延至 9 时 35 分在门前大厅举行，孙锵鸣巨幅“刚日读经，柔日读史；十年树木，百年树人”对联为开馆仪式的背景，成为历史的定格。12 月 12 日金丹霞女史采写的新闻特写刊发在《温州日报》头版，题为《温州最大对联高悬市图新馆》，一时传为佳话。

2018 年 6 月 12 日

（作者系华东师范大学美术学院副教授）

合办民间文献联合展纪事

方韶毅

我已忘了什么时候冒出举办民间文献联合展的念头，大概是梦里的一个灵感。日有所思，夜有所梦，见多了各种展览，自己也手痒痒，总想试一把。当我把这个想法告知沈迦兄时，得到了他的赞许和支持。这些年来我们有个共同的理念，就是要多做点既有价值又有趣味的事。

举办民间文献联合展，在我们看来就是件既有价值又有趣味的事。主要有两方面的考虑：一是继承和发扬温州地方先贤搜集整理研究乡邦文献的优良传统，并借此展览进一步推动温州地方文献的研究，达到政府和民间联动的目的。说白了，温州地方文献研究成绩有目共睹，但近年来缺乏新规划新举措，有吃老本之嫌，有必要促进。二是以此应对新形势下地方文献搜集整理工作的挑战。近十几年来，随着时代的发展，尤其是互联网的普及与拍卖业的发展，大量地方文献出现在网络、各地拍场乃至海外的旧肆书摊，地方文献之搜集变得相对便捷。搞过收藏的人都知道，这在过去是不可想象的，而公立收藏机构受限于体制、人力，几与这千载难逢的机会失之交臂。这使得越来越多的收藏家、学者及地方文史爱好者致力其中，捡到了“漏”。这些年来我自己沉醉于地方文献收藏，也看到身边一些朋友收藏了不少珍稀地方文献，如果把这些宝贝拿出来亮亮相，可能就会给地方文献研究多一些新材料多一些新线索。

我和沈迦兄言及这个设想的时候，是2016年1月27日晚上，近年关的一个冷雨夜。时客上海，进退两难，人生又面临选择。但说起这些有意思的事，还是有些兴奋。沈兄叮嘱，要办就要办成功，要做的和以前不一样，类似的展览一般会偏收藏，以藏品价格衡量价值，我们要偏文献价值，以学术来策展。办展览的同时，还要印本图录，限量本，更显价值。

大道理讲讲容易，做起来难。案头工作总必须的。第二天，我就写了一份简要的策划书。

温州民间文献（联合）展第一回策划书

近二十年来，温州在整理与研究地方文献方面取得不少成绩，许多民间有识之士亦纷纷投入地方文献收集工作。举办温州民间文献展，旨在展示民间文献收集成果，是为进一步挖掘温州地方文献，加强地方文献整理，推动地方文化研究。

策展方：《瓯风》编辑部。

拟邀请参展人员：沙开胜、杨瑞明、沈迦、林晓克、郑金才、方韶毅。

拟举办地址：美术馆或图书馆，定下举办地方则请有关单位一起作为主办单位。

形式：有别于官方展览，有别于收藏展，突出文化研究，凸显民间特色，有时尚气息。

展品要求：重在文献，包括稀见中外书刊、手稿、信札、图片、档案、外文资料等，并以一九四九年之前的文献为主，个别价值重大的材料时间上可延后。专题化为佳。每人一般限三十件以内。

展示成果：出版画册，对此次成果进行存档，以便检索、研究。

进度安排：

1. 二〇一六年三月底前提供参展目录，以便统筹；

2. 四月确定参展品，撰写展品介绍，最好附以有关研究文章，如释文、著作年表之类，达到以展推动研究的目的，五月底交稿；

3. 六月确定举办地方，九月底制作好画册及展板方案。

4. 十月或十一月开展，展期半月。

经费：争取文化部门资助一部分，自筹及售卖《瓯风别册》来解决一部分。

方韶毅
二〇一六年一月二十八日

既以《瓯风》的名义，还要知会几位编委。写好策划书，我发邮件给卢礼阳、沈迦他们，请提意见。又传送给沙开胜、杨瑞明、林晓克、郑金才等几位同道，各个打招呼，希望他们共同参与，拿出最有特色的藏品。为什么要选定多人举办联合展，而非邀请一人举办个人藏品展？以我的了解，他们收藏地方文献的实力足以办个展。目的只有一个，扩大参与面，体现温州民间文献收藏的整体成果。温州博物馆这几年来每年也都会举办一场以博物馆之友协会会员藏品为主的展览，但他们展示的一般都是字画、工艺品，与文献展的宗旨大相径庭。

在与藏家的沟通中，逐步确立了各个专题。比如请沙开胜展出老照片；杨瑞明虽然地方文献门类齐全，但我建议他只拿出温州学人书札；而林晓克手头有不少温州名家手稿本、批注本；郑金才的收藏和我相似，我们就分分工，他拿乐清人著作出来展示，我就展示一二温州学人的著作；沈迦兄则拿海外温州文献出来。这样一来，不仅是参与的人多了，而且展示的门类也较为齐全，名家手札、海外文献、古籍珍本、专题版本、摄影史料等文献载体基本涉及，这也是后来展览呈现的五大板块。

一边联系藏家，一边找合办单位。春节回家，我和何天健兄一起找了年代美术馆馆长罗静方，6 月底回归温州，又马上找了市档案局局长万邦联、市书画院副院长陈默等，四处吹风，寻求资金，落实场地。7 月赴乐清参加滕万林先生书法展，遇温图地方文献部黄丽任，讲起文献展，她表示感兴趣，要去方案，请示领导。或与其办馆定位不符，或一时排不出档期，或一下安排不了资金，最终都没有与上述单位达成合作，因此 2016 年底前举办展览的计划推迟了。

转机出现在 2017 年 1 月 27 日，很是凑巧，是我提出想法的一年后。温州市图书馆举行文献征集座谈会，我在会上谈到了举办民间文献联合展的设想。地方文献部主任王妍会后即表示可合作，过了几天，又找我一起商量展览的细节问题，并执笔写了方案上报，列入当年“书香温州”全民阅读节项目，经费预算六万，用于布展、编印图录、会务等项。3 月中旬，分管副馆长吴谷召集王妍、曾海宁和我等人开会，对展览工作做了分工。事情就这么敲定了。与图书馆合办，其实是最佳方案、最合适的选择，亦是我心之所仪。温州图书馆从创办开始就非常注重乡邦文献的搜集和整理工作，王毓英、刘绍宽、孙孟晋、梅冷生等历任馆长征求前贤遗著不遗余力。在图书馆办民间文献联合展，不仅是致敬先贤，更是传承和弘扬他们的精神。

接下来的三四个月，筹备工作有条不紊进行着。陈瑞赞、陈瑾渊、王昉帮着做展品的释文；展柜不够，王妍向博物馆、文保所、书画院借调；曾海宁、王昀负责布展；沈迦兄两次从加拿大运来他的展品；杨瑞明从他哥哥杨瑞津处借来一些手札精品，充实展品，参与的藏家又多了一位；沙开胜工作最仔细，分门别类，扫描展品，并亲自到现场布展；我在办公室布置了一个小摄影棚，用于拍摄展品；何天健兄在展览设计方面给予了很大的帮助，他设计的图录、海报色彩鲜艳，元素时尚，把文献纳入新时代下来考量，而不是印象中的陈旧气息，深得我心。

为了提升展览的学术氛围，我们打算开一个座谈会，探讨地方文献的收集整理研究工作，与会对象不限于温州，以扩大视野，所以向浙江图书馆地方文献部、浙江省民间档案文献收藏研究会、华东师范大学古籍研究所副研究员丁小明、上饶博物馆馆员潘旭辉以及本地的温州大学图书馆，张维藩、黄瑞庚、孙金辉、洪振宁、张索、李新德等致力于地方文献工作的机构、专家发出了邀请。

7月20日上午九时，2017温州民间文献联合展在温州市图书馆二楼展厅开幕。没有领导讲话，没有嘉宾致词，没有花篮彩带，开幕式简简单单，正是民间本色。但展厅内人头攒动，气氛融洽，几位参展藏家早已被媒体记者围住。最吸引人的当然还是展品，刘绍宽、高谊、黄式苏、刘景晨、潘鉴宗等50位温州近现代名家翰墨，信息丰富，耐人玩味；英国传教士苏慧廉及其家族成员著作21种，不仅涉及温州的历史风貌，有些还脱稿于温州，对认识近代温州的时代变迁乃至整个中国的社会变革都有一定参考意义；弘一法师持诵本《占察义疏》、戴家祥批校本《籀庼述林》等弥足珍贵；目前发现最早的温州照片，不同时期的温州照相馆所摄作品等勾起了观众的记忆。

九点半的座谈会延至十点才开始。王妍主持，并宣读了浙江省民间档案文献收藏研究会发来的贺信，馆长胡海荣首先致辞，随后我介绍策展情况。丁小明兄第一个发言。作为地方文献收藏爱好者，他近年来也在积极策划与华师大校史相关的文献展。他说，相比古董、玉石，文献收藏相对冷门，需要情怀与奉献；温州收藏家能够不计经济报酬，是收藏界的一股清流，值得尊敬；海外文献是本次展览的一大亮点，它突破了地方文献展览的乡土味，国际的视野提升了研究的层次，不会显得狭隘，这或许是将来民间文献研究的新思路。上饶文广局副局长曾辉率上饶信州区图书馆副馆长程辉、涂梅君专程到温与会，介绍了上饶成立文献研究会的相关情况。浙江图书馆地方文献部副主任刘杭，温州洪振宁、卢礼阳、张索、张维藩、黄瑞庚、陈胜武、沙开胜等也谈了自己的感想，为进一步推动温州地方文献研究献计献策。沈迦兄压轴，他说展出的目的在加强研究；苏慧廉材料从加拿大带回，是回家。座谈会开得很热烈，十二点来钟才结束。

对于此次展览，媒体给予了极大的支持。澎湃新闻派记者陆林汉来温采访，当天下午就发出了报道。晚间，温州都市报、温州商报新闻客户端也发出了文献展开幕消息，温州电视台播放了新闻。次日，温州都市报一个版刊发消息，温州晚报一版发图片、文化版半个版报道，浙江日报新闻客户端刊发消息。温州日报文化周刊后来两个版报道此次展览。

想不到的是展览引起了外地同道的关注。湖南株洲发布负责人舒凡、《株洲日报》记者温琳偕株洲县政协文史委主任姜满珍等人远道而来；福建宁德市政协文史委主任黄式斌，方志委王乃化、吴巧蓉来温考察通史编纂工作之际，参观文献展；浙江平湖李叔同纪念馆馆长王维军听说展品中有件弘一持诵本，特意来看看；宁波图书馆采编部陈英浩趁周末赶来看展。

一个展览、一本图录、一场座谈会，本来已经很圆满了，达到了预期的效果。但曾海宁还策划了一场文献展收藏人见面沙龙，可谓锦上添花。7 月 29 日下午，展厅现场，章秀平主持沙龙，除沈迦兄离温外，其他参展人悉数到场，各自介绍收藏经过，与五六十位观众面对面交流探讨。

8 月 4 日，持续了半个月的 2017 温州民间文献联合展正式闭幕。我到展厅整理展品，遇到陈默先生赶在撤展前来，他是最后一位观众。前一天上午，温州市文广新局局长张纯芳也特地来观展。他认为，这是温州近年来比较有特色的一个展览活动，有深度，有可看性，展示了温州的文化底蕴和温州学人的坚韧严谨的精神。市图书馆传承有序，研究和传播并重，这次展览虽然冠名“民间文献展”，但作为公立图书馆的温图在其中发挥的引导和支持作用是不可或缺的。

20 世纪 30 年代中期中华民族存亡之际，江、浙、沪、皖、闽等地相继举办过浙江文献展、上海文献展览会、吴中文献展览会、嘉兴文献展览会、淮海文献展览会、漳州文献展览会、建瓯文献展览等，那是“以文献展的方式救亡图存”（吕新雨语）。今天，我们再启文献展形式，不仅是唤起历史记忆，可以说是另一种文化抢救。正如我在展览前言所说，地方文献的搜集整理与研究水平是衡量一座城市文化发展程度的重要坐标。我希望这样的展览多些再多些，有第二次、第三次……

2018 年 6 月 1 日

（作者系《温州人》杂志副总编）

我与温图有“缘”

王春南

我虽然没有进过温州市图书馆的大门，没有进去借阅过一本书，但我跟温图是有“缘”的。

三十五年前，我的第一本小册子《书法家成功之路》(与徐元田合署)，在山西人民出版社出版后，温州市图书馆购进和收藏了这本小书。三十四年后，我写了一篇介绍这本书写作过程的文章《学历史的涉足书法》，在《温州读书报》刊载时，所配书影，就是用温图藏书拍摄的。可以说，我与温图早有渊源。

我认识的第一位温州人是王栻先生，他是我大学老师。结交的第一位温州朋友是卢礼阳先生，我编《民国春秋》双月刊时，他是本刊热心支持者和作者。1995年，卢先生不嫌我的字稚拙，约我为他主持的《温州日报》专栏题写“史海泛舟”四字。2001年4月我退休后，继续与卢礼阳先生保持了密切的联系。他任温图主办的《温州读书报》主编后，约我写稿，我便成了该报的作者。

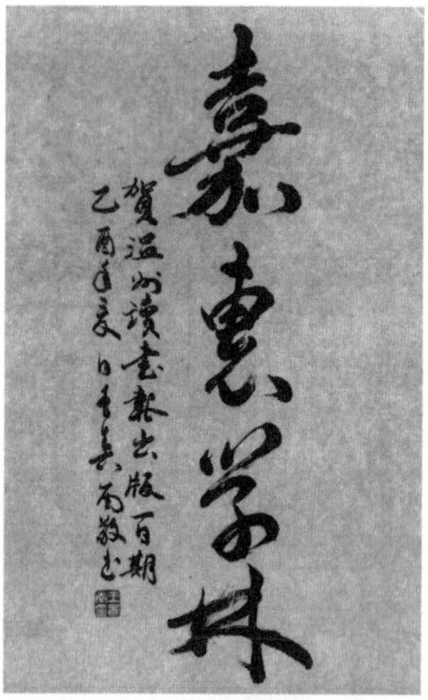

王春南贺辞

退休十七年，我看的书比退休前三十年还多，大约平均每年读一二十种书。2016年，我读的书，总计七百多万字。退休后我养成了一个习惯：如无特殊情况，每天必看书，看了书必在日记中写下一段，今天所读何书，有何精彩内容，有何体会。并且每年都要写七八篇读书札记，十七年共写一百多篇。其中一半刊于《温州读书报》，另一半载于《人民论坛》《世纪》《北京日报》《齐鲁晚报》《湘声报》等报刊。我与卢礼阳先生的“翰墨缘”，扩大为我与温图的“翰墨缘”。

我能为《温州读书报》写这么多文章，跟主编卢礼阳先生的鼓励和推动有关。只要我有一段时间没有给该报设稿，卢先生就会发来邮件（或短信、微信），问：

“最近在读什么书？有何新作？”于是我赶紧写一篇文章交差。我的一些文章，就是这样“逼”出来的，这种“逼”当然是好事。例如：有一次，卢先生得知我在读钱理群的《周作人传》，就约我写读钱书札记，我便写了一篇《读钱理群〈周作人传〉》；卢先生又约我写亲见亲闻及师友，于是我陆续写了《听匡亚明校长忆往》《有问必答的吴世民老师》《“偷读”外国小说》《毛泽东借小说〈何典〉说事》等。

我给《温州读书报》写《通读〈胡适全集〉》《重读〈鲁迅全集〉》《两读塔尔列〈拿破仑传〉》《三读〈水经注〉》等几篇文章，是下了些功夫的。我花两年多时间通读了《胡适全集》，才动笔写了《通读〈胡适全集〉》。花四个月时间，坐在南京图书馆读完了《鲁迅全集》，才动笔写了《重读〈鲁迅全集〉》(此文改了六遍，《湘声报》《世纪》《温州读书报》刊出了不同的文本)。从网上搜寻并购来“文革”期间出版的塔尔列著《拿破仑传》，重读一遍，才写了《两读塔尔列〈拿破仑传〉》。几十年间，将《水经注》读了三遍，才写了《三读〈水经注〉》。我是不敢凑合一篇文章敷衍《温州读书报》的。

我给《温州读书报》写稿十几年，读《温州读书报》十几年。通过这张报纸，认识温图；通过这张报纸，结交文友。《温州读书报》团聚了东西南北的学人、作家，可谓人才荟萃。这张报纸，开本不大，但很厚重。在图书馆界，在文人圈中，有口皆碑，影响日广。能为《温州读书报》供稿，深感荣幸。

《温州读书报》的办报人，有温州人的开放、创新、包容以及敢为天下先的精神。《温州读书报》为学人、作家们提供了发表读书心得、自由讨论的很好的平台。给《温州读书报》写稿，不用把文章的棱角磨光；不用套固定的格式；不用带八股腔。学人、作家们乐于在这里自由表达和讨论。我写的《我读陈立夫的〈唯生论〉》《延安：康生作报告，朱德诘问》《殷海光看国民党的危机》《斯大林传语蒋介石：杀人立威》《说实话是今日第一要务——张申府〈所思〉之思》等文，能在《温州读书报》发表，得谢谢主编和几位编辑，他们的胆识和担当令我感佩。

读书做学问的人，要背靠“大树”，这“大树”就是图书馆。温州市图书馆历史悠久，越办越兴旺，一百年来，嘉惠士林，功莫大矣。在温州市图书馆建馆百年大庆即将到来之际，写下上面这些话，谨表衷心祝贺。

2018年4月3日

（作者系江苏凤凰出版社编审）

心中的温图　心中的温暖

陈福康

我爱书，因此，我当然也爱图书馆。

早就听说过阿根廷前国家图书馆馆长博尔赫斯这样一句话：天堂，如果有的话，应该是图书馆的模样吧？这句话深得我心，我觉得非常温暖。

我小的时候曾经幻想过，长大了最好能去图书馆工作。后来，虽然工作没去图书馆，然而我还是经常去图书馆，看书和借书。哪怕就是在那里坐坐，我都会觉得很温馨。

我去过很多图书馆，上海的，外地的，国内的，国外的，大的，小的，新的，旧的，普通的，专业的，等等。当然主要是去查书和借书。温州市图书馆，我曾去过三回。第一回是连续几天去查资料；后两回则是有幸应邀去做讲座。我与温图有缘，是缘于一位温州出生的伟大学者和文学家，那就是郑振铎先生。我几乎一辈子学习和研究他。

第一次去温州，是 1982 年春。那时，我在复旦大学写有关郑振铎的研究生毕业论文已到关键阶段。我去温州图书馆查资料，看到了馆里珍藏的孤本——郑振铎“五四”时从北京回温州参与创办的《救国讲演周刊》，还查阅了《温州府志》《永嘉县志》等。那时交通还不方便，去时是坐火车到金华，然后换汽车到温州，回时则是乘船。

第二次是十九年后的 2011 年，交通事业与整个国家的事业一样，有了突飞猛进的发展，温州图书馆帮我买了来回的动车票，只感到顺快极了。因为是 5 月去的，记得我讲的题目是“郑振铎与五四新文化运动”。当时图书馆一楼多功能厅临时有紧急任务，图书馆把我这场讲座安排到附近的绣山中学阶梯教室，听众中有很多大中学生，我觉得他们的读书生活是非常幸福温暖的。

就在这一次，我还参观了鹿城九山河滨胜昔桥畔的籀园，看到了大门口青石匾额刻着的张謇所书“籀园”二字。我知道，那是为纪念温州大学者孙诒让先生而重新修建的。孙氏号籀庼，清末曾任温处学务分处总理，兴办学校，成绩斐然。民国初，温州文教界人士购得此地依绿园旧址建立“籀公祠”。1919年，又在此地创立了旧温属六县联合的“籀园图书馆”。我知道，“籀”本是春秋战国时流行于秦国的一种字体，又称大篆，石鼓文即其代表；“籀”又有读书的意思，所谓籀绎就是阅读并理出文章脉络。因此，以“籀园”命名图书馆是非常高雅的。而籀园图书馆就是温州图书馆的前身。因此，今天的温州图书馆已有百年历史了。

我第三次去温图，是2015年8月，时值中国人民抗日战争胜利七十周年，因而我讲的题目特意选了“郑振铎抗战时期保卫民族文化”，郑先生高尚的爱国情操深深感动了我，我也希望通过我的介绍感动更多的听众。这次去，还参观了温州正在装修中的“郑振铎纪念馆”。郑先生确实是是值得纪念的。因此，今天我们纪念温州图书馆不平凡的百年，也不能忘了籀庼孙诒让、西谛郑振铎这样的文化先贤为我们做出的表率和贡献。

多年来，我与温州图书馆的很多同志，如卢礼阳先生、潘猛补先生、毛薇洁女士等，建立了友谊。在温图同志的介绍下，我还认识了当地文化界同仁洪振宁、方韶毅、董姝和郑金才诸先生，相谈甚欢。温图编辑的《温州读书报》一直寄赠我学习。该报在全国读书界很有名气，我也不时在该报发表一些小文章，包括出刊一百期、两百期时的祝贺文章。温图编辑出版的《籀园受赠书目汇编》还请我写序，令我感到非常光荣。

温州图书馆是我心中一个美好的地方。

每想起温图，我心中就流过一股温馨的暖流。

2018年5月7日于上海

（作者系上海外国语大学文学研究院研究员）

我与温图的情缘

诸葛忆兵

离开中学而走向青年的时代，每个人大致都能脱离少年时期对未来的幻想，对自己的职业工作开始有了比较切实的认识。“文革”时期，我们没有机会升学读书，只能老老实实进入社会，该打工就打工，该种田就种田。我 14 岁辍学去打工，数年之后，居然又萌发新的职业幻想：希望自己能够成为温州图书馆管理员！

“文革”后期，温州图书馆再度开馆，当时馆址在县前头。我辗转获得一张借书证，偶尔可以去借书。所借之书与借书过程大致都忘记了，惟记得借与还都是非常艰难的过程，似乎也很难查阅到书目，只能从刚刚还回图书馆、未能上架、还摆在外面小推车上的图书中去挑选。正因为借书过程过于困难，所以萌生“此生愿为温州图书馆管理员”的心愿。我那时理解的管理员，就是图书外借处的工作人员。当年对读书的渴望有多强烈，此心愿就有多强烈。某日回家途中失窃，口袋中少许零钱与借书证一并失去，我与温州图书馆的第一阶段联系就此切断。

再度与温州图书馆发生联系，就已经是二十多年以后的事情，此时我已经在中国人民大学工作，时时与家乡发生读书方面的联系，温州图书馆自然而然地成为我时常联系的一个单位。如受邀讲座、送自己新书、获赠《温州读书报》等等。

我两次受邀到温图讲座。讲座题目分别为“宋代士大夫的境遇与士大夫精神”和“阅读与理解”。第一个讲座时间是 2008 年 1 月 20 日，讲座在温图新址举办，这是我第一次到新馆，宏大壮丽的建筑给我留下深刻印象。家乡除了经商闻名，也开始重视文化了，这是令人欣慰的动向。因此，只要家乡有需求，我一定回来讲座。这次讲座我试图从宋代文人士大夫新的境遇谈起，解读宋代文人士大夫“先天下之忧而忧，后天下之乐而乐”新的精神风貌产生之缘由。所得出的结论是：一种新的精神风貌或优良品质，是由当时特定的制度催生的。我们以往的教育，有太多的假大空内容，以至许多国人失去判断力，完全不懂“人的正确思想是从哪里来的”这一哲学命题。一旦我将“先天下之忧而忧”的优秀思想品质所产生的基础落实到当时功名利禄制度，听众就会产生质疑。质疑，意味着头脑里有了不同的声音，这也是我讲座期望达到的效果。第二个讲座时间是 2010 年 4 月 25 日，针对听众的种种质疑，我阐述了以往教育中对经典的故意误读，倡导听众养成独立思考之习惯。我对自己讲座的要求：传播知识仅仅是一个方面，更为重要的是必须引导人们形成独立思考之能力，举一反三，在现实社会中对事物有真正自我之判断。

同时，我也将自己近年来的新作送给家乡图书馆，期望与家乡有更多的联系。某年，我将《唐诗解读》《宋词解读》《宋词入门》几种小书送到温图，卢礼阳先生又将其介绍给家乡报刊，于是我又与家乡报刊结缘。这是另一个话题。

这里提到了卢礼阳先生。其实，我与温州图书馆的再次亲密接触，讲座、送书、赠报等，居间联络的大都是礼阳先生。我也是从礼阳先生身上，领悟到家乡图书馆的朴实敦厚。礼阳先生嘱托，开始将每期的《温州读书报》寄赠给我，至今从不间断。从这份报纸中，我读到了温州图书馆工作者的人文情怀，以及他们的默默耕耘。某年回温到图书馆小坐，见到温图副馆长仇杨坪女士，即对其盛赞《温州读书报》。多年免费获赠阅读，无以报答，只能写作《小报中的天地》一文，刊载于《中华读书报》2010 年 2 月 3 日第八版，以表达感谢之意。文中我提及“《读书报》的编辑们有着敏锐的新闻触觉、开阔的文化视野、独特的学术思考、深切的人文关怀”。因此，我总是以家乡图书馆的报纸为荣，与友人交谈中屡屡提及。又，记得礼阳先生外出开会，看见成都一家书店出售香港出版的《范仲淹研究文集》，知道我当时正从事范仲淹研究工作，即购买赠送于我。此举情谊浓浓，是友人之谊、家乡之情，也是我与温图的另一种情缘。

最近一次到温图，是 2018 年新春，我回家乡过年，将自己新作《多维视野下的宋代文学》送到图书馆，踩踏着“嘎吱”作响的地面，接待我的依然是礼阳先生。谈及温图及家乡的种种文化举措，更多的是民间自发的举措，令人感动钦佩。“嘎吱”的声响，提醒我温图新馆也有了相当的岁数，不知是否提醒家乡地方官员对文化建设要有持续的投入？礼阳先生告知，家乡图书馆明年五月将迎来百年馆庆，故拉拉杂杂写下上述文字，以寄托对家乡的情思。

2018 年 5 月于北京世纪城时雨园

（作者系中国人民大学国学院教授）

书香传世久

——贺温州市图书馆百年

褚树青

2017年7月21日，中央电视台一套播出了《将改革进行到底》专题片，在第五集《延续中华文脉》中，专门将温州城市书房和温州市图书馆理事会作为全国文化体制改革的样板进行了介绍。当时我边看边激动，很为海荣馆长和温州市图书馆的同仁高兴，图书馆工作能上中央台不容易，而能被大型专题政论片专门介绍，更是不容易，不是具有先进的典型意义，是选不进去的。所以甫一播出，在全国业界迅速引起了积极讨论和热烈反响。

改革开放以来，我国图书馆界一直致力于业务的转型、服务的提升。我个人认为，在文化事业单位，图书馆是极具创新目标、极具人文情怀、取得较快发展的公共文化机构。从致力于公共精神的恢复，到打造让读者喜欢的“第三文化空间”；从单体图书馆建设，到地区图书馆体系化建设（总分馆制或中心馆——总分馆制）；从单一文献服务到多元文化服务，图书馆与时代发展同步。温州作为改革开放的前沿城市，以改革的先行者、探路者为人所熟知，创造了举国闻名的“温州模式”，其公共图书馆事业，也毫不逊色于这个城市取得的经济奇迹。此次《将改革进行到底》的播放，实际上是对长期以来温州市图书馆在公共文化服务领域积累的经验成果的肯定，我觉得是实至名归。

国内城市图书馆对于如何打通公共文化服务“最后一公里”这个问题，一直在多方探索。温州市图书馆因地制宜，创造性设计出了“城市书房”这个概念，向我们展示了一种答案。城市书房不仅解决了公共文化服务“最后一公里”的问题，同时成为了广大市民的“第三文化空间”，以阅读培育市民素养，以文化提升城市品位，引领了城市文化新风尚；城市书房延伸到农村地区，有了另一个名字“百姓书屋”，它延续了城市书房的选址建设标准、开放理念、管理方式和运行模式，同时对接了基层群众阅读需求，成为一种接地气的文化供给方式。目前全国有很多城市都在学习复制温州城市书房的建设模式。温州市图书馆理事会也是这次被专题片重点提出的改革样板。当中央提出要在公共文化机构推动法人治理结构改革的时候，我想许多公共图书馆都是充满疑虑的。法人治理改革是涉及改变图书馆管理、运行模式的大事，国内还没有先例，要如何设计，如何推进？当时温州市图书馆成为文化部法人治理改革试点单位，在2014年就先行先试，组建了理事会，通过这些年的摸索和实践，形成了具有温州特色的法人治理结构改革“温州模式”，并在2016年以第一名的成绩通过文化部的考核验收，成为全国公共图书馆法人治理改革的样板之一。温州市图书馆这些年来取得的种种成绩，在图书馆业内早已获得广泛的认可，在央视的专题片播出后，更为社会大众所熟知，我们公共图书馆行业的工作也受到了社会更多的关注，我觉得应该向温图所有辛勤工作的同仁们致敬。

温州是南宋浙东永嘉学派的发源地，其事功思想和经世致用、求真务实、变通图新、重视教育的学术传统，是近代思想启蒙的起点之一，深深刻印在温州的文化血脉中，成为今日“温州模式”的历史源头。温州市图书馆前身为建立于1919年的籀园图书馆，到今天，已走过百年的风雨历程。这间为纪念晚清经学宗师、教育家孙诒让先生建立的图书馆在创办之初，就成为近代浙南地区的文献重镇和学术摇篮，是温州的文化象征，也是老一辈文化人的精神家园。在民国时期，籀园图书馆历任馆长王毓英、刘绍宽、孙孟晋、梅冷生等为收集整理和保护温州地方古籍文献做出了巨大的贡献。说来也巧，浙图和温图之间在历史上也存在着因缘，孙诒让先生之子孙孟晋先生在1935年至1941年期间担任籀园图书馆馆长，任职期间，多方征书、募款，极大扩充了馆藏；他重订藏书外借、阅览等项规章制度，以图书馆为阵地积极组织开展学术研究和文化科学宣传活动，组织籀园图书馆青年读书会，宣传抗日救亡，编印《籀园》月刊；1941年离任后便是来到浙江省立图书馆担任馆长。当时浙图正因躲避战火从杭州迁出，孙馆长上任时馆部正迁至永康，在他四年的任职期间组织了浙图馆藏在丽水、龙泉、青田南田（今属文成）的几度搬迁，同时又将秘藏龙泉的善本古籍迁藏庆元，为保护浙图的馆藏在战乱中不受波及起到重要的作用；同时他在战乱中坚持设点开展图书借阅工作，创刊《浙江图书馆通讯》。这是浙江学者、图书馆人一脉相承的风骨，也是我们现在的图书馆工作者要延续的精神。同时，作为浙图人，在此刻纪念温图百年时，也不禁让我深深感念孙孟晋前馆长当时办馆的艰辛和不易。

改革开放以来，温州市图书馆面貌日新月异，我在十几年前去过原来的园西巷宏德大楼，当时的馆舍面积是 9000 多平方米，现在的市府路新馆是 2005 年正式对外开放的，建筑面积已经达到 3.2 万平方米，在当时全国地市级的公共图书馆中算得上是佼佼者。我去温图新馆次数比较多，每一次都能感受到温州市图书馆的创新活力，也能感受到温图几任馆长郑笑笑、谢智勇、胡海荣及班子成员和馆员们，在新馆建设和图书馆业务建设过程中付出的精力和汗水。公共图书馆肩负传播知识、传播文明的使命，温州市图书馆在完成这个使命的过程中探索出了一条成功的道路，这个过程中遇到的问题、总结的经验都是我们公共图书馆行业的宝贵财富。

“图府巍巍建筑新，籀园景色更宜人。群推插架琳琅富，利泽东瓯到万民”，谨以著名图书馆学家顾廷龙诗，略改数字，为温州市图书馆百年贺。

2019 年 1 月 11 日

（作者系浙江图书馆馆长）

“晴耕雨读”与“刚经柔史”

——从孙氏玉海楼到温州市图书馆

徐　雁

究竟是什么时候，在哪里，因为何事，我开始对温州有了印象，并有幸缘结温州市图书馆的？

——当仲春的一个晚上，我接到温图约稿来邮，言称“鄙馆明年五月迎来百年馆庆，拟编《籀园芳馨——温州图书馆百年馆庆纪念集》，邀请省内外各界人士执笔，届时正式出版。兄台……曾两度光临鄙馆，又长年关注《(温州)读书报》业务，给予鼎力支持，理所当然在敦请之列。为此劳烦兄台百忙之中惠赐一稿，篇幅不限，最好五月底之前掷下，以便编入纪念集”云云，不禁思忖起这个问题来。

其实，读书人往往在阅读中，对某个地名先存意于心了，然后才在往后的人生岁月中，缘及履至，进一步获得实地观感的。或如1935年春，林语堂（1895—1976）在读到其好友郁达夫（1896—1945)《扬州旧梦寄语堂》一文后，在“附记”中随笔所说的那样：“在我总是书上太常看见的地名，必想到一到……以后读书时心中才有个大略山川形势”，这其实正是所谓“读（万卷）书”与“行（万里）路”的真谛，乃是一个人阅历社会、增长见识的正门右道。而我对于温州这座中国历史文化名城的阅历和见识，亦不能例外。

（上）

早在20世纪80年代中叶，我在搜集史料、整理出版《续补藏书纪事诗》一书的过程中，对于温州孙氏父子的玉海楼就有了关注。

我注意到，近代文献学家、藏书家伦明（1875—1944）所撰《辛亥以来藏书纪事诗》有“孙诒让（仲容）”一篇云：“周官墨子版重开，逊学斋中几剩材。楚社才完温社继，云霄片羽惜南陔。”诗注曰：“瑞安孙仲容先生（诒让）为晚清汉学大师……著书满家，生前流布只《周礼正义》《墨子间诂》《古籀拾遗》《札迻》《述林》数书”云云。

清光绪十四年（1888）春，时任太仆寺卿的孙衣言（1815—1894）为其子诒让（1848—1908）创建玉海楼，坐落在浙江温州瑞安古城东北隅。因为他十分敬慕南宋朝《玉海》作者王应麟（1223—1296），以为“玉可宝而有用，海之藏无不具”，故以“玉海楼”为名，藏书多至十万卷。以名家批校本、温州乡邦文献及孙氏父子亲笔批校本著称。订有《藏书规约》十六款，允许士子入楼阅书。云：“乡里后生，有读书之才，读书之志，而能无谬我约，皆可以就我庐，读我书。天下之宝，我固不欲为一家之储也。”

玉海楼坐北朝南，房舍建筑分为前后两进。均为木结构五间重楼，重檐硬山顶，两侧作如意式封火墙。底层进深六间，前后为廊。楼层原为庋藏书籍之处，进深四间，前后檐通长开窗，南面临窗设坐槛一排。门台与前楼间有天井，楼与楼间亦有大井及东西回廊，形成封闭院落。又西首有五小开间木结构平屋，即“百晋陶斋”所在地。其北有丁字形雨廊，南有“颐园”及荷花池等。三面环水，庭院清幽，树木苍翠，花草扶疏。台门石额“玉海楼书藏”，为礼部侍郎顺德李文田（1834—1895）所书。现为孙诒让纪念馆。

按：孙诒让幼名效洙，又名德涵，字仲容，别号籀庼。数十年间精研古学，融通旧说，校注古籍，著书三十余种。为朴学大师，有“晚清经学后殿”之誉。代表性著作有《周礼正义》《墨子间诂》《契文举例》《温州经籍志》，及目录、版本学专著《四库全书简明目录批注》与《四部别录》二卷等。曾任温处学务分处总理，兴办学校，成绩斐然，因此，在当地以教育家著称于民间。

（中）

温州市图书馆的前身，是创建于 1919 年 5 月的籀园图书馆。

史载，温州文化、教育界人士在 1913 年购得曾氏依绿园旧址，建立了籀公祠。六年后，又合议于此创立“旧温属六县联立籀园图书馆”。在今九山河畔、胜昔桥侧，存有张謇（1853—1926）所书“籀园”题额。是为温州图书馆馆庆一百年活动的来历。

记得 1995 年，曾有家住温州李家村三号的吴景文（蠡庐）老人，因观余之《秋禾书话》而赐书愿求《清代藏书楼发展史·续补藏书纪事诗》，并以《七十春秋录——温州市图书馆馆庆纪念集》相赠，盛意甚感。是书由温州市图书馆在当年10月自印1000册，流传无多，殊为珍贵。卷首有时任中国图书馆学会副理事长、上海图书馆名誉馆长顾廷龙先生（1904—1998）所题贺诗一绝云：“建馆欣逢七十春，书城百垒育新人。籀园考据闻天下，学术精研典范存。”

2002年前后，灵感忽来，我对于“耕读文化”发生追根溯源的兴趣。随即关注及于温州楠溪江古代村落文化，先后参阅了陈志华《楠溪江中游古村落》（三联书店1999年版），丁俊清、肖健雄《温州乡土建筑》（同济大学出版社2000年版），及胡念望《芙蓉、苍坡以及楠溪江畔的其他村落》（浙江摄影出版社2001年版）等书，并进而完成了一篇万余字的《“耕读传家”的故事》，编集在《苍茫书城》（河北教育出版社2005年版）之中。

2008年的4月中旬，我终于得了一个机缘前往温州图书馆。该馆时已移址于府西路的新馆舍三年了。容我编录当日日记如次：

4月16日下午的学术报告会，由该馆馆长郑笑笑女士主持。北京大学信息管理系教授王余光兄作《图书馆的社会阅读》，我作《图书馆导读工作的创意和策划》，中山大学图书馆馆长兼中国图书馆学会图书馆史研究专业委员会主任委员程焕文教授作《图书馆用户永远是“正确”的吗?》，受到与会同行的热烈欢迎。

4月17日早饭后，全体代表赴温州图书馆开会研讨。于正门口见悬挂有“刚日读经，柔日读史；十年树木，百年树人”一联，大堂内对联则为黄体芳所书：“书从历事方知味：理到平心始见真。”现代图书馆建筑内装饰典雅楹联，固题中应有之义也。

余为第二届图书馆史学术研讨会（主题：“敬惜字纸：读网时代的纸张崇拜和文献情结”）开幕式主持人，介绍出席嘉宾，众人鼓掌如仪。继由焕文、余光两兄，及温州市图书馆学会理事长、温州市文化广电新闻出版局副局长徐顺聪致辞，并由焕文向研讨会承办单位温州市图书馆等赠送纪念品。随后全体与会代表步至馆前，合影留念……下午五时许，由我进行会议综述后即行闭幕。

闭幕会后的余兴活动，是与会代表一行十余人，坐车前往温州名胜池上楼之“雅博茶坊”，参加温州翻译家、作家瞿光辉先生随笔集《美丽的旧书》（南京师范大学出版社2008年1月版）的“茶话品评会”。入得池上楼，但见园中环境清幽，水榭有一联云："欲把西湖比西子：从来佳茗似佳人。"由余介绍参与的中国图书馆史各位专家，由《温州读书报》主编卢礼阳先生介绍温州地方名流。据他披露，作者自2004年以来有22篇文章交由《温州读书报》发表，收入《美丽的旧书》者有14篇。

首次温州之行，我还实地观光了"读可荣身，耕以致富"的楠溪江畔芙蓉、苍坡、岩头三村。具体情节，则记载在《越踪集》(徐雁著，浙江古籍出版社预计2018年7月底出版）之中。

此行并得张宪文《仰云楼文录》(香港天马图书有限公司2000年6月版）等书。张先生序称："我素好史学方面的考据文章……温馆是浙南的图书渊薮，素以贮藏善本和地方文献的丰富而著称。我在馆十年，是一生中读书最多，得益最大，写作兴趣也最为旺盛的时期。'藜阁有情容倜傥，芸窗萦梦最缠绵'，我曾以粗浅的诗句，写下当时对图书工作的美好回忆。这本集子收录了我居馆期间业余所写的二十多篇文章……书名取《仰云楼文录》，是为了纪念我的业师、著名语言学家蒋礼鸿教授，他字云从，嘉兴人，1938年执教温师时，我受其熏陶启迪，此后五六十年间，虽世事沧桑，而从游无间，我治学之所以尚能粗知门径，稍涉藩篱，主要是由于云师的教导。"是书篇目多涉及温州地方藏书和乡邦文献事，甚有史料价值也。

岁月匆匆。时隔八年之后，应温州市图书馆学会秘书长章亦倩女士邀请，我于2016年11月14日上午，在该学会学术年会上做了题为《全民阅读推广与"学习型馆员"》的讲座。有报道称，现场有来自温州市图书馆及各县（市）区公共图书馆、院校、医疗系统的200多名会员代表和从业人员听讲。

讲座完毕，我以半日之力，在温州市图书馆地方文献阅览室查阅并抄录了当地史志中，有关"丙午书厄"的资料。尤其难忘的是，在胡海荣馆长等的引导下，我得以参观了温州市首家"城市书房"——县前头书房。

次日上午，我应苍南县图书馆之邀，为读者作了《最是书香能致远——阅读选择与幸福追求》的专题讲座。我从"世上几百年旧家，无非积德：天下第一件好事，还是读书"说起，介绍了包括《温州读书报》在内的以地方文献和读书写作为重点的民间报刊，重点讲解了分众、分类、分地、分级四种全民阅读推广方法，分析了"人生惟有读书好"的道理。

（下）

凡是去到过温州图书馆的人，对于该馆正门口悬挂着的“刚日读经，柔日读史；十年树木，百年树人”，及大堂内“书从历事方知味；理到平心始见真”两副对联，往往过目难忘。

在2006年第8期的《温州读书报》上，沈洪保先生发表了《温图门厅对联试释》一文，略云：

先说大门的对联。该联大字镏金，笔力遒劲浑厚：“刚日读经，柔日读史；十年树木，百年树人。”

我国古代以甲、乙、丙、丁、戊、己、庚、辛、壬、癸这“十干”记日。数分奇数（单数）与偶数（双数），日也分奇日与偶日。甲、丙、戊、庚、壬五日居奇位，属阳刚，故称单日为刚日；乙、丁、己、辛、癸五日属偶位，属阴柔，故称偶日为柔日。

经，指儒家的经典，如《易经》《书经》《诗经》《周礼》《仪礼》《礼记》《春秋》《论语》《孝经》等，还包括小学（文字、训诂、音韵）方面的图书。史，指历史书籍，如《史记》《汉书》《三国志》等，还包括地理书籍。

《礼记·曲礼上》说：“外事以刚日，内事以柔日。”指单日与双日有不同的工作安排。上联“刚日读经，柔日读史”，亦指不同的时间安排不同的学习内容，这样可以有积极的休息，提高学习效果。

下联“十年树木，百年树人”，出于《管子》。《管子·权修》中说：“一年之计，莫如树谷；十年之计，莫如树木；终身之计，莫如树人。”这话的意思，种粮食是为当年打算；种树是为十年后打算；培养人才则是为长远打算。

对联下署的是“止庵孙锵鸣”。孙锵鸣（1817—1901），字韶甫，号蕖田，晚号止庵，瑞安人，是孙衣言的弟弟，孙诒让的叔叔。清道光二十一年（1841）登进士第，授编修，充会试同考官，李鸿章、沈葆桢均出其门。他后来回乡，笃志宋永嘉诸儒之学以启迪后进，培养了许多人才。故晚清学者俞樾称其为“天下翰林皆后辈；朝中宰相两门生”。

“刚日读经”这对联并非孙锵鸣撰写，而是孙锵鸣留下的书法，该对联的作者是比孙锵鸣早，与林则徐同时代的福建文人李兰卿。他当时办了培养人才的“实学斋”，摘取古人的文句拼出这副对联，把它写在“实学斋”的柱子上。

对于图书馆大堂内的联语，沈先生诠释道：

该联阴刻填绿，行楷雅正端秀：“书从历事方知味；理到平心始见真。”历事，指实习。古代国子监的学生要到政府各部门去实习。这个“历事”我们也可以理解为实践。上联的意思是：读了许多书经过实习（或实践）才知晓书的旨趣。下联的意思是：道理在心气平和中才能得到本真。这对联意为读书要与实践相结合，求学问要心平气静，不可浮躁。

对联下署“漱兰黄体芳”，该联不是前人的集句，是黄体芳撰写的。黄体芳（1832—1899），字漱兰，瑞安人。他同治二年（1863）登进士第，入翰林院。为人刚直敢言，抨击时政，弹劾官吏，与张之洞等被人称之“翰林四谏”。后任江苏学政，赫赫有名的江阴南菁书院就是他任内创办。晚年参加康有为发起的维新派政治团体“强学会”。

在文章末尾，作者曲终奏雅道：“想不到一百年前的旧联语，竟切合新图书馆的内涵，其精深的含义仍然在激励后学奋发求学。这两副对联让来图书馆求知的人，一上台阶就受到美的润泽，这是多么奇妙的构思啊！”

因山水遥隔，温州图书馆自然不可能时去常往，但非常幸运的是，《温州读书报》却是每月随邮差而必来雁斋。该报有“文讯”“书窗”“书香”“瓯风”四个版面，据说所坚持的三项基本编辑原则是：“决不媚俗”，“兼顾可读性”，“侧重筛选反思性质的题材……”，坚持二十年，给读者所传达的，无非是以温州地域为中心的一段人情、一丝文脉，或一缕书香。四年前的阳春，朱正先生在长沙评价道：“别看它只是一个月才出一张的四开小报，容量不大，可是格调高，时有可读的文章。”

因此，在2014年春，由中国图书馆学会阅读推广委员会主办的首届“中国图书馆界阅读推广类十佳内刊内报”评选活动中，《温州读书报》荣登金榜，实至名归。于是，这张原属温州图书馆的“金名片”，从此也就成为了中国图书馆学会阅读推广委员会的“指定书香园地”。至于1997年该报创刊以来的佳作良篇，则先后有2011年、2014年选编的《瓯歌》及《瓯歌二集》（上海远东出版社）问世，两本文选发行后脍炙人口，似已无需赘言啦。

2018年6月11日晚，于金陵雁斋山居

（作者系南京大学教授）

温图弹指百年间

雷　雨

站在历史长河俯瞰芸芸众生大千世界，匆匆百年一个世纪不过是白驹过隙一瞬间而已。一个国家，百年太平，则会被称为盛世。考察中国史，能够大体上保持百年基业风调雨顺，殊为不易而难得。即使在西方，有些国家之间，百年战争，兴，百姓苦，亡，百姓苦，想来令人不寒而栗。一座城市，历尽百年沧桑，说起来不算太长，但也不是太短。城市不是空旷的建筑，不是森严的兵营，不是没有人间烟火气的动物庄园，它必须有人的活动。芒福德·刘易斯说过，城市的本质是人与人之间的对话，没有人的存在，城市就是一座死城。而人的存在，也很短暂，不是说，人生草草，不过百年吗？一座城市的正常运行，必备的要件多多，而一座图书馆对于一座城市的存在，也许不是那么特别显眼备受瞩目，也许不是那么光鲜靓丽鹤立鸡群，但设若没有一座图书馆，对于一座城市而言，一定是有缺陷的，甚至是与所谓的现代文明极不协调的。温州这座古城，这座令人神往的古越之地，它所拥有的具有现代意义的货真价实的图书馆，居然已经穿越了百年风雨，如今已经是一座拥有藏书三百万册的公共图书馆了，真是令人感慨而又羡慕。细说起来，与温州、与温州图书馆，还是有话可说，并非无病呻吟，隔靴搔痒，言不及义，且容我一一道来。

那一年春，受温图的盛意邀请，前往温州，做一场关于龚自珍的讲座。如今，高铁便捷，出行简单。但行走在南京与温州之间，还是感慨连连，浮想联翩：这江浙之间，往昔所谓的吴越之地，还真是藕断丝连，难解难分呢。且不说，龚自珍作为浙江人，长期在江苏生活，即使辞官京城，仓促南下，最终还是在江苏的昆山落脚，并没有回到故土杭州。而龚自珍的猝然而死，还是在镇江丹阳的云阳书院，留下谜团种种，让后人费尽猜疑。江苏与浙江，南京与温州，因为一些人物，而发生了关联，还真不是信口开河呢。

我几乎每天都要到玄武湖里溜达，似乎一天不去玄武湖，就觉得这日子过得有点虚飘似的。南京有玄武湖，杭州有西湖。但平心而论，西湖的文化含量与其知名度，似乎都要高于玄武湖。说到西湖，大家自然会想到白堤、苏堤，也就是白居易与苏东坡给西湖留下的功德，但是南京的玄武湖，与其有关联的文化名人，好像都没有叫得太响。王安石倒是在南京经年，也很有一番作为，苏东坡与他政见不合，但也到南京来看望过他，王安石甚至还劝说过苏东坡定居南京呢，但苏东坡最终还是死在了常州。也就是这位王安石，推行填湖造田，活生生把玄武湖在南京的历史上抹去了，这一大手一挥，转眼间就是两百年啊。倒是玄武湖内，有一个很清幽的所在，树木浓郁，高岗突起，据说就是郭璞墩。这位郭璞，在南京讲学，很有一番影响。但是，据说，他也曾经在温州留下过踪迹。这样说来，郭璞大概是曾经在温州与南京之间留下过踪迹与背影的较早的历史人物了吧？

不管是生活在南京的人，或者是多少对南京有点兴趣的人，大概都会知道刘禹锡的“旧时王谢堂前燕，飞入寻常百姓家”的句子，王谢所指，本来很是明确，就是东晋时期的名门望族王家与谢家，可就是有人硬要说，王谢是一个人，不是指王谢两大家族，呵呵，这也算是一家之言吧。就如南京的东南大学的四牌楼校区的西北一隅有一梅庵，还有一株古树被称作六朝松，是东南大学历代学子念兹在兹的精神象征，但就是有人活生生要跳出来说：这棵树，并不是传说的为梁武帝萧衍所植，而是当年中山陵施工的时候，从东郊移栽而来。这种说法，令人大摇其头，也就几乎湮没无闻了。谢家子侄，不管是谢安，还是谢玄，门第鼎盛，钟鸣鼎食，在当年是无话可说的显赫世家，不说李白推崇备至的谢朓，就说这谢灵运，据说与温州也是渊源甚深，被列入温州历史文化名人之列的。这样说来，秦淮河南岸的谢家旧宅，与温婉如玉的温州谢灵运还是血脉相连渊源有自的啊。

南京真正被正式称作南京，还是到了明朝朱元璋开国之时。众所周知，朱元璋的团队之一主要是淮西集团，主要代表人物有徐达、李善长等，但为其出谋划策最终帮助朱元璋成就一番大事业的，不能不提到浙江人宋濂等，而其中最为出类拔萃也传说最多被神秘化的人物，就是几乎家喻户晓的刘基刘伯温。刘基在狮子山之战也好，在鄱阳湖大战也罢，他在其中都是举足轻重的人物。朱元璋奠都南京之后，关于科举考试，还有大明律法，刘伯温都殚精竭虑，贡献了自己的聪明才智；但最为切实可感，至今仍在南京绵延耸立令人感怀的则是刘基作为主要设计者之一而存在的明代城墙。据说，城墙也好，宫城、皇城也罢，所有图纸的形成，城门的设计，城墙基础的选择，都浸透着刘基的心血。明城墙建造前后长达二十余年，刘基为此可谓焚膏继晷，鞠躬尽瘁。城墙历经六百年风雨而依旧巍峨，明砖斑驳，汉字清晰。城墙蜿蜒，静默无声。刘基是大文章家，大文人，他并不像宋濂那样，完全是一介书生，他有谋略，有担当。他作为一位温州的乡贤，在当时的首都建设中，功勋卓著，应该也算是温州与南京都不应该忘记的一位历史人物。其他在南京留下浓墨重彩的文化痕迹的浙江人，还有大戏剧家李渔、大文豪袁枚等，因为他们与温州关系较远，在此就不再赘言了。

藏书楼固然很多，在江浙尤为繁盛。当年具有现代意义的向公众开放的具有图书馆性质的藏书之地，有人说是古越藏书楼，有人说是江南图书馆，也有人说是湖北武汉的昙华林。但不管谁是第一，地处南京龙蟠里的江南图书馆，当然还有京师图书馆，还有温州的籀园图书馆，都是得风气之先，都是较早具有公共意识与开放意识的图书馆，应该没有异议吧？说到江南图书馆，我们会提到缪荃荪，也会提到柳诒徵；但要说到籀园图书馆，怎能不提到孙诒让呢？说实在话，温州图书馆，经常给我寄赠多以“籀园”命名的刊物，我看其字，当然不敢如同北大的校长大人那样自信满满因为鸿鹄事件而名满天下，细查字典，暗自庆幸，好在没有在礼阳兄面前读错字，否则被他写进他的“日志”里，可就要贻笑大方了。

如今，经济虽然繁盛，但区间差异还是相当明显。即使经济发达，诸如长三角、珠三角、京津唐地区，图书馆之间的差异还是相当明显。经济是基础，这是常识，但经济发达是否就意味着文化一定昌盛？也算走过不少图书馆了，但恕我直言，不少图书馆虽然也很努力，也做了不少活动，配合全民阅读活动营造书香社会，更是不遗余力，声嘶力竭，但还是总让人觉得缺少点什么？你看一些图书馆编印的读物，粗制滥造，漫不经心，随便在网上搜罗一些资料，也不加甄别，就堂而皇之地印发派送了；更有些图书馆的一些读物，把一些名人文章与自己小兄弟的文章混杂在一起，借船出海，自我抬轿，说好听点是古为今用，说难听点就是拉大旗谋虎皮不伦不类；还有一些所谓依托图书馆的民刊，毫无立场，毫无判断，把一些根本不值得推荐的图书，在那里大张旗鼓摇旗呐喊，误导读者，混淆视听；至于那些弄几个遗老遗少营造一个小圈子孤芳自赏成为牟利的工具吸吮文化老人血汗的牛虻之类的印刷品，就更是等而下之了。每每看到这些被浪费的纸张，这些浪费公共资源的无所用心，这些把图书馆这一国家公器如许糟蹋不知珍惜，就会想起温州图书馆的朋友们来，就想起卢礼阳和他的同伴的认真执着来，就会想起已经出版印行了252期的《温州读书报》来，就会想起他们费尽心思把《温州读书报》上的文章编辑成册的默默奉献上来，就会想起他们把冷板凳坐热兀兀穷年皓首穷经组织或者参与点校的不少温州地方文献来。每念及此，对于《温州读书报》为我开设的“振羽话书”专栏，就不敢有丝毫懈怠，为求言之有物，不负所托。

那年春天，我到温州图书馆，大致就是在一楼的报告厅，与温州的朋友们分享龚自珍的陈年旧事。更为令人难以忘怀的是，在温州的短暂停留，因为礼阳兄的介绍与张罗，得以结识了温州不少爱书的朋友，如与礼阳兄一样清癯一样精瘦的方韶毅兄，如诗人瞿炜先生，还有就是《温州读书报》的鲁方平、章亦倩等同仁，大家在一起，无拘无束，不用设防，海阔天空，分享读书的快乐，也月旦读书界的种种是非，至今想来，都还历历在目宛若眼前呢。

2018年5月27日

（作者系南京评论家）

梅冷生劲风阁藏戏曲史料汇考

徐宏图

梅冷生（1895—1976），名雨清，字冷生，温州人。善诗文，与夏承焘、吴天五齐名。毕生主要从事图书馆工作，长期任温州图书馆馆长，为图书文献的征集罗致竭尽全力。平生嗜好收藏古籍，取楼名“劲风阁”。1949年6月，在主持籀园图书馆期间，从其劲风阁藏书中检出清人别集两千两百余册，皆为籀园所未备者，捐献归公。详见潘国存编《梅冷生集》所附《永嘉梅氏劲风阁藏书捐赠目录》。其中有四十多种载有戏曲史料，为研究温州戏史者所必阅。现择其要者汇考如下：

一、宋元南戏

1.《王魁传》。宋周密《齐东野语》卷六，商务排印本，见劲风阁藏书捐赠目录“子部”。传曰：“状元王俊民，字康侯，为应天府发解官，得狂疾……康侯既死，有妄人托夏噩姓名作《王魁传》。”

案：由于此传传主“王魁”与宋南戏《王魁负桂英》主角“王魁”同名，学界即普遍认为南戏《王魁》的题材出自《王魁传》，王魁即王俊民的化身。其实，这完全是缘于牵强附会造成的结果。故《齐东野语》本条一开头即辨误说：“世俗所谓王魁之事殊不经，且不见于传记杂说，疑无此事。《异闻集》虽有之，然集乃唐末陈翰所编，魁乃宋朝人，是必后人剿入耳。”意谓南戏所演王魁之事，其实并不存在，是后人虚构的。接着，考证王俊民其人：王俊民，莱州掖县人，中状元后，得了一种怪病，服了一种叫“金虎碧霞丹”的药之后，更加重了病情，死时年仅27岁。而南戏《王魁》写王魁中状元后负桂英，桂英化为厉鬼去勾取王魁生魂的故事。二者风马牛不相及，南戏当另有所本。正如徐渭《南词叙录》于《王魁负桂英》条所说：“王魁名俊民，以状元及第，亦里俗妄作也。周密《齐东野语》辨之甚详。”

2.《韫玉传奇》。南宋张炎《山中白云词》卷五【满江红】，见劲风阁藏书捐赠目录“集部”。词文如下：

满江红

赠韫玉传奇惟吴中子弟为第一。

傅粉何郎，比玉树、琼枝谩夸。看□□、东涂西抹，笑语浮华。蝴蝶一生花里活，似花还是恐非花。最可人、娇艳正芳年，如破瓜。　离别□，生叹嗟。欢情事，起喧哗。听歌喉清润，片玉无瑕。洗尽人间笙笛耳，赏音多向五侯家。好思量、都在步莲中，裙翠遮。

案：因词题标点有分歧，“韫玉”究竟是人名还是剧名，便产生不同的观点：凡点作“赠韫玉传奇，惟吴中子弟为第一”者，主张《韫玉》为早期南戏剧目名；凡点作“赠韫玉，传奇惟吴中子弟为第一”者，则主张韫玉是吴中戏文子弟名。主张前者的，有王国维《宋元戏曲考》、胡忌《宋金杂剧考》、钱南扬《戏文概论》，张庚等主编《中国戏曲通史》、彭飞等主编《戏文叙录》等。主张后者的有夏写时《中国戏剧批评的产生和发展》、洛地的《韫玉试证》等。

二、元杂剧

《绘像第六才子书西厢记》八卷。元王实甫著，清金喟批改，见劲风阁藏书捐赠目录“子部”。

案：金喟，即金圣叹（1608—1661），名喟，一名人瑞，字若采，江苏吴县人。明诸生，入清后以哭庙案被杀。主要成就在于文学批评，对《水浒传》《西厢记》《左传》等书及杜甫诸家唐诗都有评点。

金批本《西厢记》刊印极为工细，收版图20幅，分别为“惊艳”、“借厢”、“酬韵”、“闹斋”、“寺警”、“请宴”、“赖婚”、“琴心”、“前候”、“闹简”、“赖简”、“后候”、“酬简”、“拷艳”、“哭宴”、“惊梦”、“捷报”、“猜寄”、“争艳”、“荣归”。每折一幅，连同卷首“双文小像”，共21幅。图像小巧可爱，眉目传神，须发毕现，堪称清代版画佳品。该书版面整洁，字迹清晰，套印准确，有衬纸每图附朱色诗一首，字体各异。颇显雅致，亦可赏玩。

王季思在《西厢记》1954年版《后记》说：“王实甫西厢记杂剧，由于流传广泛，刻本最多，从明代中叶以来，替它校注过的徐文长、徐士范、王伯良、凌濛初、闵遇五、金圣叹、毛西河诸家，而以金圣叹批本为最流行。”

三、明清传奇

1.《玻璃燕》《娘子军》《风流侠》。赵绍鼎作传奇三种，收入周天锡《花萼楼集》，见劲风阁藏书捐赠目录“集部”。

案：赵绍鼎，字云汾，明末永嘉人。时人周天锡《花萼楼集·赵云汾墓志铭》载其生平及剧作曰：“君少孤，母夫人护持之……若《玻璃燕》《娘子军》《风流侠》诸剧，识者谓远出关汉卿、马东篱上也。”周氏借时人之口，称远出关汉卿、马致远之上，未免溢美之嫌，却也说明其影响之大。

2.《梦花笺》。曾凤翱作传奇，载《瓯乘补》，见劲风阁藏书捐赠目录“史部”。

案：曾凤翱，号松华，永嘉（今温州市）人，万历邑庠生。今知作《梦花笺》一种，佚。清黄汉《瓯乘补》“艺文”载曰：“《永嘉曾氏谱》：曾凤翱，号松华，万历邑庠生，与弟凤翔同以文名，时有二曾之目。著作甚富，有《稽古汇编》《永言集》《游览闻集》《诗经总歌》《医方纂要》《梦花笺》传奇，以寿终。”

3.《倚晴楼七种曲》。载黄燮清《倚晴楼诗集》附录，见劲风阁藏书捐赠目录“集部”。

案：黄燮清（1805—1864），原名宪清，字韵甫，号韵珊，又号吟香诗舫主人。海盐武原镇人。清道光十五年举人，官湖北松滋知县，怡情山水，以诗词自娱，在武原镇修葺拙宜园，改茸晴云楼为倚晴楼，又购得砚园废址，自号“两园主人”。咸丰十一年，太平军攻克海盐，避往湖北，不久病故。著有《倚晴楼诗集》《国朝词综续编》等。《倚晴楼七种曲》分别为《茂林弦》《帝女花》《鹡鸰原》《鸳鸯镜》《凌波影》《桃溪雪》《居官鉴》。其中以《桃溪雪》最著名，凡二十出，演永康烈女吴绛雪为保乡里安全智计捐躯殉难事。

4.《髯姝姗》《绯桃咏》传奇二种。清王会昌作，载清嘉庆《瑞安县志》，见劲风阁藏书捐赠目录“史部”。

案：王会昌，字玄晰，瑞安城东人。清顺治甲申贡生。作有《髯姝姗》《绯桃咏》传奇二种，嘉庆《瑞安县志》卷九著录。均佚。据赵绍鼎《髯姝姗传奇序》可知此剧叙一女子武侠行事，讥讽朝中一班沉溺于“花枪粉阵”的碌碌男儿。与孔尚任《桃花扇》旨意相类，颇得永嘉知县杨文骢的青睐，在《籀梦草序》中称赞说："玄晰复工为传奇乐府，长于诗歌，磊砢英爽，不可一世。"杨文骢，字龙友，贵州人，时任永嘉知县，有梅冷生《广桃花词》"龙友当年念永嘉，倪黄粉本遣生涯"等作证。

四、清末民初地方戏

1.**《永嘉闻见录》**。清孙同元著，见劲风阁藏书捐赠目录"史部"。本书有以下两条戏曲史料：

其一，温州傩戏。本书"补遗"云："昔东瓯王信鬼，其风至今未替。……上巳迎东岳神，神前有方相氏，硕大无朋，二目炯炯，状狞恶可怖。"所谓"逐傩""方相氏"，即傩舞之谓。傩舞曾为南戏所吸收，如《张协状元》第三十三出【五方神】、第十出【五方鬼】及第二十七出"钟馗捉小鬼"云云，即为古傩之遗传。

其二，温州"平安戏"。本书卷上载其盛况云："今每年三月初，民间必请王出庙，巡行城内外以驱瘟疫。两庙之神轮出，出之日通街大道多设布棚，张灯结彩，灯烛辉煌，男女杂遝……习俗相沿，有司不能禁止也。"

2.**《笠杖集》**。清张盛藻著，见劲风阁藏书捐赠目录"集部"。

案：这是一本诗集，内《看剧演李密》盛赞温州昆剧名角叶良金的演技云："一曲笙歌傀儡场，蒲山姓氏片时彰。妆来面目神惟肖，望去须眉气自扬。泪洒伯当悲剑短，樽开翟让示弓强。英雄往事成千古，莫与江东共较量。"所谓"蒲山姓氏"即指"蒲门生"，真名叫叶良金，谐音莲襟，号丽生，平阳县蒲门（今苍南县马站镇蒲城社区）人，以饰演生角闻名，遂以"蒲门生"为艺名。据《苍南县志》"人物"载：叶良金只读过几年私塾，即做了牧童、糖贩。因天资聪慧，擅演《十五贯》况钟、《金印记》苏秦、《千金记》韩信等，至今仍脍炙人口。

3.**《戏言校记》**。民国薛钟斗撰，油印本，载《寄瓯寄笔》卷一，见劲风阁藏书捐赠目录"子部"。

案：《戏言校记》是薛钟斗替冒广生的《戏言》校订后所写的一篇笔记。《戏言》为冒氏于瓯海关监督任上所作，自称"因思温州戏学，余素举以与永嘉学术称为二霸者，不可无以表章之。发箧陈书，撰成此卷"。撷取温州自宋代南戏以降约千年的戏事而成，计八千多字。薛钟斗（1892—1920），字储石，号守拙，瑞安人。得冒广生赏识，特聘为瓯海关邮电检查员，教他专攻词曲之学。作有《泣冬青》等杂剧。时冒广生作《戏言》毕，嘱薛校补。薛就见闻所及为之增补，名曰《戏言校记》。

结语

梅先生一向关注戏曲，曾为籀园图书馆所藏戏曲文献太少而忧虑。他在1948年5月13日所写的《访书日记》中说："籀馆藏曲，列目极少，《集成曲谱》亦因出借不全。上年为购开明版《六十种曲》六十册，复籍黄氏敬乡楼寄存藏书中，有《暖红室汇刻传奇》二十余种、诵芬室影刻《古石巢》四种，聊资点缀。"是年，正是他行将退休之时，他不无感慨地说："承乏籀园垂七载，丁亥颇思于馆事有所扩充。黾勉师维，心力几瘁，行将退休，以谢邦贤。今夏蒙教育厅拨款千万，命购文物，病马加鞭，宁辟驱策。"于是，急赴沪杭购书。其中于抱经堂购得《元明孤本杂剧》三十二册，曾述其始末云："《元明孤本杂剧》原本，为明赵□常家故物，后归钱牧斋，幸免绛云之烬……今得此亦慰情胜无而已。"喜悦之情，溢于言表。

梅氏劲风阁捐赠籀园的戏曲书籍颇为珍贵。今闻温图筹备百年馆庆，特撰此文以表祝贺。

2018年5月7日于杭州

（作者系浙江艺术职业学院研究员）

读温州整理文献资料札记

朱则杰

我在上大学之前，一直僻居永嘉山区。上大学以及工作以后，虽然每年回乡探亲，但也极少在温州市区逗留。因此说起来很惭愧，温州市图书馆，我还只在2011年6月参加“《温州通史》编纂研讨会”才瞻仰过一次，没有能够直接利用丰富、珍贵的馆藏资源。但是，图书馆的悠久历史，和本专业关联比较紧密的某些情况，尤其是乡贤著述的收藏，我都久有所闻，素所关心。近些年来通过馆办《温州读书报》这个桥梁，各种联系日益频繁。特别是有关专家整理的《温州文献丛书》以及其他大量文献资料，不但是我经常学习、参考的对象，而且内心也很想为之做些有用的工作。这次选取不同时期写成的若干读书札记，厘为一束，借以表达这种特殊的感情，同时也作为百年馆庆的一个纪念。

一、《黄体芳集》订正二则

家乡温州，近年整理出版了一大套《温州文献丛书》(第一辑)，于经济发展之际不忘文化建设，令人欣喜。丛书中的乡贤著作，笔者此前大都没有读到过甚至没有听说过，更谈不上为其整理、宣传出力。现在开始，则自然而然地会随时加以留意。

《温州文献丛书》第二辑所收《黄体芳集》，系今人俞天舒先生多方搜集汇编而成，其功甚伟。该集卷六为诗歌，共二十七题。但其中有两题存在疏误，兹订正于次。

（一）第十五题《感时》标题

此题为组诗，凡二首①。据当页脚注，知其辑自孙延钊《瑞安五黄先生系年

① 俞天舒编《黄体芳集》，上海社会科学院出版社2004年5月版，第304页。

合谱》“光绪二十五年”己亥（1899）条，谓“春首，漱兰先生有感伤时事诗云”（黄体芳字漱兰）。现今的标题，猜想就是由“感伤时事”截取“感”“时”二字而来。但检《温州文献丛书》第三辑所收《孙延钊集》，《瑞安五黄先生系年合谱》“民国二十五年丙子（1936）”条附有孙延钊“所见五黄先生遗作诗文之未经刊印者”的“汇目”，其中“漱兰诗”内这一组原作“感事（二首，见袁昶《水明楼集》）”[①]。

又据该“汇目”此题之前的“题丁氏《双烈图》（三首，见钱塘吴庆坻《蕉廊随［脞］录》）”[②]，以及之后的“喜闻壶公奉召入都（二首，见同前）”[③]，对照吴庆坻《蕉廊脞录》卷六“黄体芳诗”条[④]，猜想“汇目”这三组诗歌实际上都来源于《蕉廊脞录》。而《蕉廊脞录》该处“于袁忠节［昶］《水明楼集》得附刊先生诗四章，并录之”，其中这一组也题作《感事》。

另外笔者按照《蕉廊脞录》及《孙延钊集》提供的线索，就便去浙江图书馆查阅了宣统元年己酉（1909）上海时中书局铅印《袁忠节公遗诗》中的《水明楼集》，见到袁昶该组和作的标题也正是《和漱丈感事》[⑤]。

这样，这组诗歌本来的标题，也就可以确信无疑了。虽然这里的“感时”与“感事”总体上都是“感伤时事”的意思，但从文献的角度来看，还是以“感事”更能够符合原始的面貌。

（二）第十七题《喜闻壶公奉召入都》正文

此题也是组诗，目前凡四首，起句依次为“龛拯端须仗异材”、“弱翕强张局势艰”、“不召斯人已十年”、“皖水舟中递好音”[⑥]。检上及袁昶《水明楼集》，其中的前二首系袁昶和作，题作《和漱丈喜闻壶公师奉召入都》[⑦]；后二首为所附“原作”[⑧]，即黄体芳原唱。这也就是说，《黄体芳集》这里，乃是将袁昶两首诗歌也一起当作了黄体芳的诗歌。

---

① 周立人、徐和雍编《孙延钊集》，上海社会科学院出版社 2006 年 4 月版，第 354 页。

② 孙延钊《孙延钊集》，第 354 页。

③ 孙延钊《孙延钊集》，第 355 页。

④ 吴庆坻《蕉廊脞录》，中华书局 1990 年 3 月版，第 186—187 页，总第二百五十则。

⑤ 袁昶《袁忠节公遗诗》，宣统元年己酉（1909）上海时中书局排印本，第 5b 页。

⑥ 《黄体芳集》，第 305 页。

⑦ 袁昶《袁忠节公遗诗》，第 5b—6a 页。

⑧ 袁昶《袁忠节公遗诗》，第 6a 页。

有趣的是，上及《蕉廊脞录》该条据袁昶《水明楼集》抄录《喜闻壶公奉召入都》二首，偏偏就是袁昶的和作而非黄体芳的“原作”，这应该是一时疏忽所致。而《黄体芳集》之所以误收这两首诗歌，原因也许就在这里。

二、《杨园诗录》作者“张湘九”

新近问世的《温州文献丛书》第三辑本《杨青集》“附编”《杨园诗录》，辑录部分乾隆以后温州乡贤诗作（个别作家为散文或楹联），可以视为一种地方类清诗总集。据卷首谢作拳、伍显军两位先生合撰的“编者按”，此集乃据温州图书馆藏“永嘉乡著会”抄本点校整理①。全部作者五十八人，都顺次标上序号，最便检阅。又作者目录，原则上都以姓名加注字号（或相反）的形式出现；但也有若干其名或字号不详，付诸阙如，或者以方框代替。现在对其中第五十六人“张□□（湘九）”，做一点补充。

清末潘衍桐辑《两浙辅轩续录》卷八，录有张衡青《落花》一诗：

> 酒人初散小园空，才见新红又落红。
> 春事飘零成隔世，笛声凄咽在东风。
> 迷迷画院幽苔路，寂寂琴帘落照中。
> 为尔年年揽怀抱，可堪肠断赋惊鸿？②

此诗也见于《杨园诗录》“张□□（湘九）”名下③，用韵相同；惟字句颇多出入，则当属传钞所致。而《两浙辅轩续录》该处有作者小传：“张衡青，字仲平，号湘九，永嘉人。”并附有朱寿保按语：“衡青，泰青仲弟，为‘名花十友’之一，诗多社中唱和之作。”永嘉系温州属县，在清代为府治所在地。孙诒让《温州经籍志》卷三十一“曾氏（瑛［煐］）《友十花楼诗存》”条所录孙锵鸣序，具体说到过“名花十友”的构成：

> “友十花楼”者，先生昔时文酒宴游之地。其相与擘笺阄韵，刻烛分题，

---

①《杨青集》，上海社会科学院出版社2005年12月版，第447页。

② 潘衍桐《两浙辅轩续录》，《续修四库全书》第1685册，第203页。

③《杨青集》，第611页。

> 则有张泰青孟平、衡青仲平，李士诒［诏］金门、士京仙苑，陈越英蠡川、渠英芸石，丁钟英兰坡，童冠儒砚农，吴桢桐冈，马如春涤泉，凡十人，并一时知名士。[①]

《杨园诗录》作者内，第二十至二十三人为童冠儒、陈越英、陈渠英、吴桢，第三十六、三十七人为李士诏、李士京，第五十四人为张泰青；而第五十五人张步瀛系据张泰青《怀人诗》补充插入[②]，此下一人即为“张□□（湘九）”。如此各方面综合来看，可以确信“张□□（湘九）”就是张衡青[③]。其兄张泰青为嘉庆九年甲子（1804）科浙江乡试亚元，世所熟知；张衡青则据光绪《永嘉县志》卷十二《选举志二》“杂选·国朝”，为廪贡生，嘉庆二十一年丙子（1816）官遂昌训导[④]。

附带关于《杨园诗录》作者第三十一人“周香溪”，据《两浙輶轩续录》卷二十一所收温州平阳县鲍台《留别周香溪（淮）孝廉》一诗标题[⑤]，可知其单名“淮”，曾中式举人。

三、黄式苏谢世时间及其他

拙著《清诗考证》第一辑之三《〈清人别集总目〉零札》第十三条“黄迂”，曾叙及其原名为黄式苏，并从今人单锦珩先生总主编《浙江古今人物大辞典》下编引用其小传，最末还补记有一条《乐清文献丛书》第一辑内《黄式苏集》的出版信息[⑥]。最近承丛书整理出版委员会惠赐第一辑、第二辑所有各种，因此得以获读此集，令人感激。

此集整理者张炳勋先生，据《前言》第四部分介绍，系黄式苏的从外孙[⑦]。

---

① 孙诒让著、潘猛补校补《温州经籍志》，上海社会科学院出版社 2005 年 9 月版，下册第 1479 页。

② 《杨园诗录》“张步瀛（仙洲）诗”题下原注：“据张孟平《怀人诗》补。”见《杨青集》第 605 页。

③ 《杨园诗录》“张□□（湘九）”名下有按语提及“张湘九”“一本作张湘凡”，见《杨青集》第 607 页。该“凡”字，当系“九”字形近而误。

④ 光绪《永嘉县志》，《中国地方志集成》浙江府县志辑第 60 册，第 288 页。

⑤ 潘衍桐《两浙輶轩续录》，第 583 页。另旧平阳今析为平阳、苍南二县，该题萧耘春先生选辑《苍南诗征·内编》亦曾录入，见《苍南文献丛书》本，上海古籍出版社 2005 年 8 月版，第 154 页。

⑥ 朱则杰《清诗考证》，人民文学出版社 2012 年 5 月初版，上册第 80—83 页。

⑦ 张炳勋编《黄式苏集》，线装书局 2009 年 4 月版，第 9 页。

《前言》第一部分，又全书最末附录之八《黄式苏年谱》“1947年（民国三十六年，丁亥）七十四岁”条，都记载黄式苏卒于这一年的“农历十一月二十（廿）六日”①。换算作公历，则已经是1948年的1月6日。因此，像《前言》开头，以及旧引《浙江古今人物大辞典》该小传，黄式苏名后括注的卒年“1947”，最好都改作“1948”。

另外，拙著该条曾经叙及陈衍《石遗室诗集》卷七有“丙辰”（民国五年，1916）为黄式苏而作的《题胥庵诗稿》绝句一首；按照《黄式苏集》的体例，可以补入附录之七《杂俎》。而倒过来，《黄式苏集》卷首插页《东溪送别图》长卷，有陈衍“丙辰立秋节”所题“南浦销魂后”云云律诗一首②，则《石遗室诗集》该卷对应之处却又未曾收入，可为补遗。长卷其他题辞作者还有陈三立等，有关作品同样可以用于校勘。

至于整部《黄式苏集》，容待日后再继续研读、取资。

四、金天羽《仙岩观瀑图记》校勘

金天羽是晚清、民国时期著名的文学家兼学者，一生著述很多。近年学术界刚刚为之整理校点《天放楼诗文集》，收入上海古籍出版社《中国近代文学丛书》。

金天羽原籍江苏吴江，寓居苏州。民国十三年（1924）春，曾游历浙江温州，到过瑞安仙岩、乐清雁荡山等地。顷见《温州读书报》2011年第8期第4版最末，刊有王学钊先生整理的《〈仙岩观瀑图〉跋》，包括金天羽为朱鼎新而撰的《仙岩观瀑图记》和朱鼎新的跋语两项内容，并附有原画对应部分的照片。以此与校点本《天放楼诗文集》内《天放楼文言》卷五所收《仙岩观瀑图记》对勘③，发现文字不无出入。

在这些出入的文字中，校点本有三处明显的错误。一是前面“导登城南华盖山，折入朱霞洞”，“朱”字应作“飞”。二是中间“道书列仙岩为福地，班居二十有六”，“六”字应作“八”。三是后面“朱君晓霞点笔为图”，“霞”字应作“崖”。

① 《黄式苏集》，第4页、第721页。

② 全文亦见《黄式苏集》附录之四《题图》“题《东溪送别图》”，第665页。

③ 金天羽《天放楼诗文集》，上海古籍出版社2007年11月版，中册第672—673页。

据《〈仙岩观瀑图〉跋》，金天羽这篇图记，系次年书寄朱鼎新，再由朱鼎新“录置幅首隙处”。因此，原画上的文字，很可能经过朱鼎新的修订，其正确是完全应该的。而就金天羽这方面来说，虽然时隔一年，难免记忆有误，但与他自己的其他相关作品发生抵牾，这却有些不可思议。例如同在《天放楼诗文集》内，《天放楼诗集》卷十（《诗续集》卷一）当时所作《卧树楼》，小序称“城外飞霞洞”，首句云“飞霞洞口仙人去”①，“飞”字即均不误。又《天放楼文言》卷四有《朱晓崖（鼎新）千佛图序》一题，文内称“晓崖居士”②，“崖”字同样也都不误。校点本在《仙岩观瀑图记》处，如果能够根据这些相关作品酌加校记，那就可以避免错误的延续。而如今有了这幅原画的照片，所有文字出入更是全可以解决了。

另外对比《〈仙岩观瀑图〉跋》与校点本《仙岩观瀑图记》的标点，也能发现一些细微的差别。例如校点本“坐有徐澄秋大令诘朝”云云，《〈仙岩观瀑图〉跋》在“大令”之后添有句号，即非常正确。盖“诘朝”意思是次日早晨，而并非“徐澄秋大令”的名字；又《天放楼文言》卷五《孟楼记》曾提及“县令徐澄秋祥麟”③，同样可以参证。

五、《清人诗文集总目提要》订补三则

在清代诗歌（包括散文）的文献学研究领域，世纪之交相继出版了李灵年、杨忠两位先生共同主编的《清人别集总目》和柯愈春先生所撰《清人诗文集总目提要》两种巨著④。两种均为16开三大册，各著录清代作家近两万人，别集约四万种。特别是《清人诗文集总目提要》(以下简称《提要》)，更可以说是后出转精，代表着目前该领域研究的最高水平。

但不难想见，涉及这么多的对象，即以《提要》而论，这里面的各种疏忽、缺漏乃至错误，自然也是难以尽免的。并且遗留下来的这些问题，一般说来，其难度恰恰也是最大的。对这些问题进行订正和补充，正可以使两书更趋完善。特

---

① 金天羽《天放楼诗文集》，上册第261—262页。

② 金天羽《天放楼诗文集》，中册第622页。

③ 金天羽《天放楼诗文集》，中册第648页。

④ 李灵年、杨忠《清人别集总目》，安徽教育出版社2000年7月版；柯愈春《清人诗文集总目提要》，北京古籍出版社2002年2月版。

别是关系到《提要》本身以及日后《全清诗》《全清文》等内部排序的作家生卒年问题[①]，更是解决一处是一处，完成一家多一家。因此，笔者主要就从生卒年入手，将所发现的有关问题陆续写成文字，提供给编撰者以及其他相关读者参考。这里专门抽取新出《乐清文献丛书》中的三位作家，仍旧按照《提要》著录的先后立目排序，依次考述；有些同时涉及《清人别集总目》的问题，也附此一并予以指出。

（一）高谊

高谊，《提要》及《清人别集总目》著录其《薏园文钞》六卷及《岭南吟草》一卷[②]，但作者或没有介绍，或仅仅依据版本信息推测为“字薏园，浙江人”。

按高谊诗文集，今人高益登先生已经整理为《高谊集》，收入《乐清文献丛书》第二辑，内容除已知两个小集之外还包括《薏园续文钞》二卷以及《辑佚》等。据该集《前言》第一部分介绍[③]，高谊出生于清同治七年戊辰（1868），小名仁荣，字步云，号心博，一作性朴；后改今名，字储庼，号薏园，浙江乐清人。清末廪生，曾留学日本，执教两广方言学堂。民国时期，在家乡创办学校，从事教育工作。中华人民共和国成立之后，受聘为浙江省文史馆馆员。1959 年逝世，享年九十二岁。

该集最末附录之二，为整理者所编《高谊先生年谱》，但比较简略。而关于高谊的生年，集内也有不少地方涉及。其中提法较为笼统者毋论，如《薏园文钞》卷首孙延钊序称“乙亥（民国二十四年，1935）……先生时已六十有八”[④]；《辑佚》“文”内《重修前黄杨氏谱叙》末尾署款：“薏园老人撰，时年七十二。中华民国二十八年夏历二月十五日。”[⑤]又《倪砥如六十六寿言》末尾署款：“民国三十三年甲申五月吉日，愚高谊撰，时年七十有七。”[⑥]逆推确实都是同治七年戊辰（1868）。《提要》本卷将高谊大致归入“生于乾隆三十一年至三十五年（1766—1770）”者，相差很大。

附带关于该年谱，在谱主岁数的标注等方面存在不少的疏误。一是“光绪

① 《清人别集总目》虽然按作家姓氏笔画排序，但各家小传也力求注明生卒年。

② 《提要》见卷三十六，中册第 1039 页；《清人别集总目》见第 2 册第 1917 页。

③ 高益登编《高谊集》，线装书局 2013 年 7 月版，第 1—2 页。

④ 《高谊集》，第 5 页。

⑤ 《高谊集》，第 344 页。

⑥ 《高谊集》，第 349 页。

二十二年（1896）丁酉，三十二岁”条[①]，这里“丁酉”应作“丙申”，“三十二岁”应作“二十九岁”。二是“光绪二十八年（1902）壬寅，三十三岁”条至“光绪三十一年（1905）乙巳，三十六岁”条[②]，每年都应当增加两岁。三是“民国二十九年（1940）庚辰”条[③]，应当补注岁数“七十三岁”。四是“民国三十四年乙酉，七十九岁”条至“一九五一年辛卯，八十五岁”条[④]，每年都应当减去一岁。

另外，《蕙园续文钞》卷首李洣序，曾经提到“胥庵少蕙园四岁”[⑤]。这里“胥庵”为黄式苏别号，但黄式苏出生于同治十三年甲戌（1874）[⑥]，实际小于高谊六岁。

（二）叶正阳

叶正阳，《提要》及《清人别集总目》均著录其《鹿迹山房诗草》一卷[⑦]，但作者没有介绍。

按叶正阳诗文集，今人黄岳清先生已经整理为《鹿迹山房诗文集》，包括《鹿迹山房文集》《鹿迹山房诗集》《叶晓园诗稿》以及《补遗》各一卷，收入《乐清文献丛书》第二辑。据《前言》有关介绍[⑧]，叶正阳字春华，号晓园，浙江乐清人。出生于乾隆四十六年辛丑（1781）。道光十六年丙申（1836）恩贡生，曾执掌当地梅溪书院。卒年不详；咸丰元年辛亥（1851）尚在世，享年在七十一岁以上。

该集最末附录之二，为整理者所编《叶正阳简谱》。第一条关于生年及生日，有编者按语[⑨]，引据《叶晓园诗稿》内《寿林礼门先生八十》四首之四尾联上句“我亦老夫思附骥”自注“时年七十一”[⑩]，结合林启亨（礼门其号）生年乾隆三十七年壬辰（1772）[⑪]，推得叶正阳出生于乾隆四十六年辛丑（1781），这确

---

①② 《高谊集》，第395页。

③ 《高谊集》，第398页。

④ 《高谊集》，第398—399页。

⑤ 《高谊集》，第257页。

⑥ 参见《黄式苏集》附录之八《黄式苏年谱》，第696页。

⑦ 《提要》见卷五十，中册第1732页；《清人别集总目》见第1册第307页。

⑧ 叶正阳著、黄岳清编注《鹿迹山房诗文集》，线装书局2013年7月版，第1页。

⑨ 《鹿迹山房诗文集》，第275页。

⑩ 《鹿迹山房诗文集》，第212页。

⑪ 参见《林启亨集》附录之二《林启亨简谱》，线装书局2013年5月版，第282页。林启亨生年在其集内佐证很多，可以确信无疑；唯所含《礼门诗文集·礼门诗录》倒数第二题《寄赠玉环州来其山馆张氏诸昆玉》题注“咸丰辛亥（元年，1851），时年八十一”，“一”字当系衍文，见第87页。

实很不容易，值得取信；但接下去说：

> 案其《五十自述》诗中"……百花生日是花朝。二月春风为谁媚，我比花朝早六宵"句，江南花朝节系二月十二日，则知其于二月初六诞生。

《五十自述》也见于《叶晓园诗稿》，凡八首，其三上截原文为：

> 百花生日是花朝，我早花朝度六宵。
> 二月春光为谁媚，一生福分也应饶。①

可见按语所引这三句，不但次序乱套，而且错字不少。另外《叶晓园诗稿》紧接下去为《六十自述》四首，其一起句即云："二月初逢第六辰。"②这比借助"花朝节"的日期来推算叶正阳的生日为该年"二月初六"(1781 年 2 月 28 日)，无疑也更加直接、可靠（江南"花朝节"不一定都定在二月十二日）。

《提要》本卷将叶正阳大致归入"生于道光十六年至二十年（1836—1840）"者，相差比较大。

（三）曹文昇

曹文昇，《提要》著录其《耕心堂集》钞本③，但作者缺少生卒年，并且籍贯称作浙江永嘉。

按曹文昇乃浙江乐清人。其《耕心堂集》今有乐清吴小如先生点校本，即收入《乐清文献丛书》第二辑。该丛书所收各家诗文集，最末往往附有整理者新编的年谱，但《耕心堂集》此项阙如。关于曹文昇生卒年的介绍，仅《前言》开头有括注"1863—1912"④，亦即清同治二年癸亥至民国元年，享年五十岁整。但是，卷首原载刘之屏所撰《曹志丹先生行略》，叙及时任乐清县大荆区官的曹文昇（志丹其号，亦作志旦、子丹）被土匪杀害，接下去说："此壬子二月二十一

① 《鹿迹山房诗文集》，第 229 页。
② 《鹿迹山房诗文集》，第 232 页。
③ 《提要》见卷五十六，中册第 1979 页。
④ 曹文昇著、吴小如校《耕心堂集》，线装书局 2011 年 11 月版，第 1 页。

日也。……年五十有三。”[①]这里“壬子”即民国元年（1912）；而据享年逆推，则曹文昇应该出生于清咸丰十年庚申（1860）。此集整理者，很可能漏看了这里“年五十”之后的“有三”二字。《提要》本卷将曹文昇大致归入“生于同治五年至九年（1866—1870）”者，相差不是很大。

附带关于这篇《曹志丹先生行略》，又见于刘之屏《盗天庐集》卷一[②]，标题作《曹子丹先生行状》，正文文字也略有出入。特别是“年五十有三”这一句，为《盗天庐集》本所缺，应该是《耕心堂集》原先的编纂者所补。

又关于曹文昇的忌日，《耕心堂集》附录之一“资料”所收刘绍宽《曹先生祠堂记》、高谊《祭曹子丹先生文》都说是“夏建壬子二月二十五日”、“二月廿五日”[③]；并且从有关各文的署款来看，写作时间以高谊祭文“中华民国元年三月□日”为最早，因此更加值得取信。

2018年3月31日稿，6月8日增订

（作者系浙江大学教授）

① 《耕心堂集》，第5页。

② 刘之屏著、袁国唐校注《盗天庐集》，线装书局2012年3月版，第13—16页。

③ 《耕心堂集》，第246页、第253页。

结缘温图“一报一刊”

李树德

人们把“缘”喻为命运纠缠的丝线，就是缘分，也就是某种必然存在的相遇的机会和可能。我是怎么与温州市图书馆主办的一报《温州读书报》，一刊《籀园》结缘的呢?

2010年秋，我应聘从河北小城廊坊到温州大学城市学院任教。新到一地，总想了解一下它的历史沿革、文化景观，以及现实发展，这大概也属人之常情。到温州不久，从朋友的博客上了解到温州市图书馆办有一份报纸《温州读书报》。我当即给在温图工作的博友“历史的余温”发去纸条，迫切希望能读到《温州读书报》。很快我就收到两期《温州读书报》，此后我定期地获得赠报。从此，我就与《温州读书报》结缘，成了不离不弃的精神朋友。掐指算来，已经八年了，我的聘期届满，从温州回到廊坊，《温州读书报》又跟随我到了廊坊。

作为温州市图书馆馆报，《温州读书报》办得有声有色、文采斐然，令人爱不释手，看了这一期还惦记看下一期。所刊文章短小精悍，无论是一般文章，还是学者的“专栏”，都是如此，千八百字，简洁明快，不拖泥带水，娓娓道来，不板着面孔训人，不引经据典，也不咬文嚼字。文章虽短，并不单薄，有内容，有质量，文短而意长，方寸之地，气象万千。第二版“书窗”以专栏文章为主，无论是“图书馆纪行”“我的签名本”，还是“旧书新语”“振羽话书”，这些专栏里的文章向读书人和藏书人传授有益的历史和人文知识，趣闻盎然、轻松活泼。三版“书香”，是名家与读者一起品书，评书，多数文章题目新，视角新，内容新，手法新，让人读来如饮佳酿，如沐春风。四版“瓯风”极具温州特色，但又紧贴时代。特别是“温州老版本”专栏里的文章，使人们了解到温州不仅是一座引领潮流的现代化商业城市，而且它还是一座文化底蕴非常丰厚的城市。这方热土培育出来诸多璀璨的文化，弥散着馥郁的书香。

后来我不揣浅薄，也给《温州读书报》投稿，投去的大部分文章被采用，从

2011 年到 2016 年，我在《温州读书报》上共发表了 13 篇文章。这是《温州读书报》编辑们对我的厚爱和鼓励。我与主编卢礼阳先生在虚拟空间早已认识，经过几年的交往，我们的友谊更深了。

在与《温州读书报》结缘一年以后，2011 年 10 月，温州市图书馆主办全国第九届民间读书年会，我有幸受邀参加了会议，第一次走进温州市图书馆。

温州市图书馆坐落在市中心区。那是幢七层的造型优美的大厦，它是温州市标志性建筑之一。整个建筑面积有三万多平方米，藏书近 100 万册，其中包括古籍 16 万余册。

温州市图书馆历史悠久，它是在五四新文化运动中诞生的，顶着时代风雨和硝烟，一路走来，百年的沧桑岁月，百年的文脉传承。2005 年搬入现在的新址，是温州市图书馆发展史上的一个飞跃。现在，图书馆采用高新的科学技术、先进的设备设施，向读者提供书刊借阅、信息检索与开发、电子文献、网络及图书馆数字化等服务。成为一个集文化、教育、科研、休闲等功能一体化的现代公共图书馆，充分发挥了现代图书馆保留人类文化遗产、开发信息资源、参与社会教育的三大功能。

在那次读书年会上，代表们屡屡提到温州市图书馆的馆刊《籀园》，但我是第一次听说。原来温州市图书馆除了这“一报”之外，还办有“一刊”。

会议结束后时间不长，我就接到《籀园》编辑部给我寄来的 2012 年第 1 期《籀园》(总第 4 期)。我感到很意外，我并没有向编辑部投稿，更没有去信求刊。原来这一期上刊登了《第九届全国民间读书年会发言摘要》，我在会上的发言也摘登了一小段。温州图书馆如此尊重年会代表(作者)，令我肃然起敬。

《籀园》是季刊，小 16 开本，印刷精美，用纸考究，这一期封面底色为淡绿色，色彩明快，与春天的气息正相匹配，印着经历过风雨侵蚀、充满沧桑感的“籀园”正门照片。共 70 个页码，还有四个彩色的插页，“精彩讲座回眸”和“社团活动”的照片。

《籀园》馆刊

我仔细阅读了这一期的每一篇文章，对“读者之窗”这个栏目的几篇文章尤感兴趣。忽然想到自己的一篇文章，可能适合这个栏目。我的那篇文章题目是《难忘的“读书小组”》，写的是20世纪70年代初，我大学毕业后在农村接受“再教育”时，与几个大学生组织“读书小组”学习英语的故事。在当时的政治气候下，我们这个“读书小组”被视为“搞小圈子”“拒绝接受‘再教育’”，最终在“阶级斗争新动向”的大棒打击下，被迫解散，并写了检讨。那篇文章在2012年河北省委宣传部和省作协联合举办的“我的读书故事”征文中，获得一等奖。我把那篇文章发给《籀园》编辑部，很快就在2012期第3期上刊出。从此我又与温州市图书馆的馆刊《籀园》结缘。

文章能在《籀园》上发表，对我是个极大鼓舞。因为我不是学文学的，我的专业是外语。就写作而论，可以说是个门外汉。第一次投稿能在这么好的刊物上发表近四千字的文章，当然是一个极大的鼓舞。

接着我又写了几篇长文：《小人书铺里的童年》《我和〈水浒〉这部书》《山窝窝读书记》等，投给《籀园》。到2016年，我在上面共发表了7篇文章，每篇文章都在三千字以上。可以说《籀园》是我发表文章的一个重要的园地。

在投稿的过程中，我和主编张永苏先生也成了朋友，结下了友谊，但我们一直没有见过面，只是互通邮件而已。直到在一次温州市图书馆召开的读者座谈会上，我才第一次见到张永苏先生。我们交谈时，我几次想向他说一声“谢谢”，但看到他那热情率真的样子，话到唇边又咽了下去……

离开温州这座美丽的南国小城，已经三年多了，我常常做南国的梦。在那里三年的生活，我品尝过无数的美食，饱览过许多的美景，这些常常出现在我的梦中。我在温州更是收获了友谊、收获了作品，还收获了一箩筐留待日后慢慢讲述的故事。

明年，温州市图书馆将迎来百年华诞，我先讲出这段与温图“一报一刊”的故事，当做一件庆祝华诞的小小礼物，奉献给她。

2018年5月21日星期一，于廊坊师范学院书枕斋

（作者系河北廊坊师范学院教授）

百年温图

王成槊

一、籀园

一块青石匾额的篆籀
留给一段记忆的年轮
转动时光翻卷的书页
指纹弥漫开来的香气
随着丹桂飘逸

我在九山河的涟漪里
忽闪一方褐红的印章
那是书籍扉页的题签
曾经若隐若现的梦境
琅琅书声铿锵

我走过胜昔桥的脚步
沾满秋果遗落的叶汁
籀园照壁穹门的形态
书虫缓缓移动的路径
蜿蜒舒展开来

一百年了。我一声赞叹
岁月静静流淌着的最爱
翻过一页页的书

捡过一枚枚的叶
始终拖曳痴迷

二、竹简

我看到了竹。在漫无边际的旷野
我看到了竹。在简单至极的远山
一支支竹一片片竹铺天盖地
一种种简一个个简大道至简

我博览群书之时的饱学梦
却同饥饿一百年的贫穷者
守护着极其简陋的吃住行
一身背囊负重着寂寞孤苦

我习惯于骨瘦如柴
我认同于学富五车
我追求于孜孜不倦
我舍弃于黄金美玉

我是一支竹。一支节节挺拔的竹
我是一个简。一个简简单单的简
我在籀园的黄卷里蜷缩着古铜色
我在一个虫蚀的小孔中安然若饴

三、书房

现在是旅途的终点，我在回眸中
看见锃亮锃亮字眼：城市书房

百年籀园的篆字已幻动发光字
闪耀在街头巷尾

柔和的灯光下，静静的雅舍
整洁的几案上，优雅的书籍
一本书翻开的声音如此轻逸
即如星空外丝丝飘忽的梦呓

白昼与黑夜什么时候逝去
光阴已停留着发呆的时针
一本书一个人一间书房
在城市的纷纷扰扰里
回归到静默如初

纵是寂寞的午夜，连同悄然的风铃
有时拨动的思绪与微风撩起的记忆
说是百年温图走过的奇迹
一个最新书写的行楷
即在浑厚的背影里放进一帘幽梦
那如纱似雾的字迹
多么显眼突兀

一个黑夜闪烁的彩灯
一行字激起的温馨
阅读走进心灵
心房烙下书印

2018 年 11 月 1 日，为纪念百年温图而写

（作者系苍南县图书馆研究馆员）

怀念籀园

胡雪冈

我少年时期就开始到籀园借书，其起因在于参加了瓯海中学的一个读书会，活动地点就在籀园东侧的一条弄内，从此与籀园结下了不解之缘，使我终身受益并留下了美好的记忆。

籀园是为纪念孙诒让先生而建立的，坐落在落霞潭畔，波光粼粼，湖边有一株倾斜的大榕树，不远处为松台山，水色山光两相映衬，显得十分清幽秀美。门口是庭院式的灰色围墙，青石门额“籀园”两字为张謇所手书，苍劲有力，至今记忆犹新。入内，右为传达室，左有花墙相隔，廊边有斑驳的籀园图书馆碑志。再前左侧为报刊阅览室，前后两门相通，走廊外是木栏杆，有月洞门可到清洌的河畔和对面黄色的准提寺。入内是鹅卵石铺成的小路，周边是小花园，有亭有石桌有小池有假山，假山上铺满紫藤，两侧杂花小树，佳木繁荫，中间一株古柳高丈许，摇曳多姿。左面为籀公祠，门楹有对联，祠前松柏森森长青不凋，左右有花墙，有拱门状墙垛，墙边种花芭蕉，置身其中，使人顿生敬仰之情。

通过水泥坦，一幢西式二层楼房耸立于前，正门上有“书库”两字。入内，窗明几净，左侧为借书处，右侧排列目录柜，中间放置长桌和靠椅，填了借书单便可借书阅读，在当时可说是开放型的，为读者提供了极大的方便。我陆续地借阅了张天翼的童话《大林和小林》《秃秃大王》、叶圣陶的《稻草人》、冰心的《寄小读者》等等，这是我第一次看这么多书，从而打开了知识的天地，增进了阅读和求知的乐趣。而持有借书证的读者，如所借的存放楼上书库的话，馆员则将借书条放在一个藤筐里从绳吊上去，书放进后拉响了铃将藤筐吊下来。我当时十分羡慕这些借书的读者，因他们借的都是大部头的书，而且可以借回去阅读。

当时籀园图书馆还经常而不定期地举办各种讲座，地点就在报刊阅览室，座位三四十人，坐的是条凳，听讲者大多为中年知识分子，也有老年人，我们因年纪小不敢进去，唯有一次后面位置有空，终于进去了。主持者平头，戴着一副黑边眼镜，穿着黑色的长袍，语气平缓，态度安祥，以后得知此人就是馆长梅冷生先生。他介绍了今天所讲的题目为《西厢记》，并介绍了演讲者王季思先生。王先生用温州话讲，既深入浅出又十分生动。至今我仍记得崔莺莺和红娘以及“破蒲鞋索取凑成双”的俗谚。另一次是关于抗日战争形势的报告，听的人很多，座无虚席，我们只得站在窗外听讲，但仍留下了难以磨灭的印记，真是国难当头，匹夫有责！

旧社会民不聊生，长期为失学失业所困扰，但籀园是难得的一方净土，我仍经常到此借阅图书，除了中国古典的、现代的小说外，还阅读了大量的俄罗斯小说，如屠格涅夫的《罗亭》等等。晚上在昏暗的豆油灯下，几乎手不释卷，每每读到深更半夜，真是获益良多，为我的自学打下初步的基础。

五十年代初，我到温州中学教书，才开始认识梅冷生先生和潘国存同志。梅先生集诗人的气质和学者的襟怀于一身，或借书或答题，谆谆善诱有求必应，我是心怀敬仰和感激之心的。他任馆长达三十五年之久，鞠躬尽瘁，功莫大焉！潘国存同志是籀园图书馆的老馆员，是一位资深地方文献的学者，对籀园怀有刻骨铭心的感情，我们可说是通过“书”的纽带，建立了半个世纪无私的友情。

有位学者在一篇文章中写道：“北大，北大，北大究竟在哪里呢？”他的答案是在未名湖畔的燕园北大图书馆，并深情地赞颂说：“在这里触摸到北大的灵魂。”这话说得多好，多深刻，放射着睿智的光辉，可谓体察深切之论！

籀园代表着一种人文精神，它启发我对知识的渴求，使我一生受用不尽，籀园是难忘的，我永远怀念它！

（原载《籀园》复刊号，2011 年第一期，作者系温州大学副教授）

怀念沧河巷温州市图书馆

李性忠

我久久凝视着《籀园》2012 年第 3 期封二刊登的黑白照“籀园旧影：温州市图书馆送书上门正在出发”，那熟悉的沧河巷温州市图书馆大门，那亲切的工作人员面容，使我“穿越”五十余年，回到中学时代……

予生也晚，没有机会走进窦妇桥边、落霞潭畔的籀园，在四面波光、潆洄环绕中陶醉于书海，但却与沧河巷温州市图书馆有着一段不解之缘。

1957 年我升入温四中初中读书，当时学校图书室办得是不错的，有目录可供检索，半开架的图书也琳琅满目，怎奈每每课间开放之时，大家争先恐后，蜂拥而入，混乱之中，常常与心仪之书失之交臂。无数次的懊恼之后，自然想到了温州市图书馆。当时我家住金钥匙巷，与沧河巷仅隔一条黄府巷，经常路过图书馆门口，但从未进去过，不知道跨进那四五级台阶，里面会是什么样的世界。

市图书馆会接待一个十三四岁的初中生吗？我曾无数次在馆门口犹豫徘徊。终于有一天，强烈的求知欲驱使我迈上了那几级台阶。工作人员非常友善地告诉我，持户口簿和住地街道居委会出具的担保证明，便可申领借书证。这大大出乎我的意料，又使我欣喜若狂。就这样，知识殿堂的大门向我敞开。

借书处在一楼，可我总看到人往楼上跑，络绎不绝。这是为什么呢？我心中的疑惑很快就解开了，原来那里别有洞天：进门处是阅报区，陈列着《人民日报》及全国各地报纸；十来张大桌，百余个座位，常常人满为患却又鸦雀无声；再往里，一排半开架左右分列，各种工具书、社科百科图书、文艺作品把书架挤得满满的；服务台设在半开架的正中，面对大门；服务台后靠墙是一排杂志架，《人民文学》《文艺报》《中国青年》等摆在显著的位置上。

大概没有开架书刊的缘故，阅览室不禁止读者携包入内，而凭借书证，可任意借阅书刊。好一个理想中的自习之地！于是，在上学的日子里，每当一天的课程结束夕阳西下之时，只要未到晚餐时间，我总是背着书包到沧河巷去，在阅览室浏览《人民日报》，了解时事风云是每天的必修课。晚餐后，则借一本杂志或图书，占一个座位，静静地做作业，功课完毕，翻阅借来的书刊，既放松自己，又增长知识。星期日及寒暑假，更整天泡在图书馆。记得阅览室除寒冷的冬天外，晚上都开放到八点半或九点，而我总是在闭馆的铃声响起才依依不舍地起身离开。《籀园旧影》中二排左边的那位女士，就是当时阅览室的管理者，我每到阅览室，总能看见她默默地在为读者服务。五十多年后的今天，望着照片中的她，依然倍感亲切。

冬去春来，年复一年。1963 年我高中毕业，在选择志愿时，看到第一志愿的招生目录中有北京大学图书馆学系，脑子里突然跳出一个书名：《图书馆学辞典》，这是我在阅览室半开架上隔着玻璃见过书脊的一本厚厚的工具书，我没借过该书，不知其作者为何人（上北大后才得知卢震京大名），也不知图书馆学为何物，只是感到这本厚厚的工具书中一定有大学问，再说，坐拥书城的职业该是多么惬意呀！于是，我在北京大学的第一、第二、第三志愿上（只允许填三个志愿）全都填上图书馆学系。

高考过后的等待是一种煎熬，更令人痛苦的是，我不敢到沧河巷阅览室去，怕在那里遇见同学，怕听到有人已收到录取通知之类的消息。一天，我正躲在家里翻阅从图书馆借来的世界古典名著《唐·吉诃德》，突然听见邮递员的高叫声。啊！是北京大学的录取通知书！狂喜过后，我的第一反应就是到图书馆阅览室去，没有了胆怯、害怕，更希望遇见同学，好交流信息。

北上燕园后我才知道，来自全国各地的图书馆学系 1963 级新生仅 35 人，浙江省只有两人。那个年代信息极不透明，高考成绩对个人是保密的，而且我至今也不知道当年高考的分数，但有一点毋庸置疑，沧河巷图书馆丰富的藏书、优越的环境助我考上北大，功不可没。

此后，我每次回故乡，沧河巷是必去之地。1966 年 8 月下旬，乘大串连之机，我回家住了一段时间，除上街看大学报、会亲友同学之外，大都待在市馆阅览室，社会动荡，这里还是相对宁静的世外桃源。1967 年再次回家，图书馆已大门紧闭，毕竟，“文化大革命”无一单位能幸免。70 年代我已在浙江图书馆工作，几次家乡之行仍常到沧河巷阅览室浏览报纸。1991 年 12 月，全省公共图书馆业务知识竞赛在温州举办，我时任浙江图书馆常务副馆长，主持工作，自然要全力以赴，会同省文化厅图书馆处，组织好活动。在温期间，潘旭龙馆长陪同我们参观了县前头新馆，可惜挤不出时间到沧河巷旧地重游。

我将年届古稀，虽说往事如烟，但总有些人与事永远铭刻在心，挥不去，抹不掉，沧河巷图书馆之于我就是如此，《籀园旧影》中二排左边的那位女士之于我也是如此。

永远怀念你——沧河巷温州图书馆，我中学时期的第二课堂，我少年时代的精神家园。

（原载《籀园》2013 年第 1 期，作者系浙江图书馆前副馆长）

籀园之恋

瞿光辉

每当我迈进温州图书馆，便会想起那座水木清华的籀园。

记得我自己幼时家贫，家里没有一本课外书，也不知如何可以获得更多知识。小学快毕业时，项定良老师介绍我到“籀园”去借书，才知道这就是图书馆，是可以获得更多知识的地方。它坐落在远山青近水明的落霞潭畔，那幽静的临河的回廊，青翠的草地与有点西式风格的藏书楼至今还留在我的心中。

我虽然生长在城里，但从小就喜爱农村风光，热爱草木虫鱼，我在图书馆里首先发现的也是关于农业园艺方面的书籍。我仿佛置身于一个充满金银珠玉的宝库，真不知拣回哪一件珍宝好，我饥不择食地借阅了许多农业科学方面的图书，小小年纪知道了达尔文的进化论、米丘林的遗传学说、李森科的春化理论，而对摩尔根的染色体理论也了解一点皮毛。

从事植物学研究必须有一个实验场地，可我一家挤在一间仅八平方米的小阁楼上，除了窗台上的几个小花钵外，什么也没有。花钵里的植物园只是个云中的童话世界，它美丽的云幕很快就在灼人的现实阳光下消逝，我的兴趣便转到文学上去了。

又是在这里，我阅读了古今中外的许多文学作品，特别是五四以来的新诗。柔石的《二月》令我感动流泪，鲁迅的《呐喊》使我更深地理解人生，罗曼·罗兰的《安多纳德》、屠格涅夫的《贵族之家》让我认识了圣洁与美丽，而鲁彦的《童年的悲哀》至今还萦绕在我的心头。

为了查阅刘半农翻译的印度奈都夫人的诗，我想翻看一下当时很难看到的《新青年》，我只是向梅冷生老馆长随便提一下，他却郑重其事地亲自到异地的书库里给我携来。就是在大量图书都被诬为“毒草”成为禁书的年代里，图书馆管理员也是我的良师益友，我为了要参考许地山译的《二十夜问》苦于遍寻不获时，徐笑中老师不顾“四人帮”的淫威，冒着风险，让我坐在馆里读完它。

在这些师长的帮助下，我养成了爱读书的习惯。不但爱读书，而且也幻想写

瞿光辉《美丽的旧书》品评会

书。我曾用语体翻译了《诗经》，出了个油印本《风诗选译》，馆里的阮延陵同志知道后就将它收为馆藏。我还写了本《美丽的旧书》，从发表到出版，卢礼阳同志都极为关心。从这里不难看出温州图书馆既是传播文化知识又是帮助读者成才的地方。下面的事例可能更加说明问题。

那是多年前的事，我收到一封聘书，打开一看，竟是市图书馆请我去主持一个讲座。我知道，这里的讲坛原是我聆听教授学者传授知识的地方，现在却要我这个既不善于言辞，又默默无闻的读者登上讲坛，那忐忑不安的心情可以想见！但是朱韦辛等馆领导多方鼓励，提供资料，终于使我有勇气在五四运动六十五周年纪念日晚上登上讲坛，平生第一次面对来自全市的听众主讲了《新诗与温州》。那晚正值暴雨大作，图书馆负责人都亲临会场听讲。我深为他们“不薄名人爱新人”的作风所感动。

由于长期出入图书馆耳濡目染，我也学着写了点东西，如《最初的微笑》《狐狸的神药》《美丽的旧书》《瞿光辉诗选》（英汉对照），翻译泰戈尔《园丁集》以及《新译伊索寓言》，如果这些也可称得上是小小的果子，那也都是吸取“籀园”里大树上的养分而结出的。她怎么能叫我不怀恋呢？

2012 年夏初稿，2018 年 6 月 29 日改定

（作者系温州诗人）

冬日暖阳

张思聪

依稀记得那年我十岁，读小学五年级，不像现在的学生，要学这个补那个，忙得连喘息的时间都没有。那时我们供自己支配的时间很多，我不爱玩，就是喜欢看书。家里大大小小的书早翻了个遍，一部《三国演义》至少看过五六次。没有书看的时候，就无目的地在路上瞎逛。说来有意思，我和温州图书馆的缘分，就是开始在一次瞎逛中。

我们家出自永强普门张氏家族，那时住在大士门1号张阁老祠堂里。那天出了家门，不像以往习惯性地往东向信河街方向走，而是朝西向九山河方向去。天气很冷，西北风吹得人瑟瑟发抖，但是太阳很好，照在身上舒服极了。我沿着九山河走啊走，突然看到几个人从一扇门里出来，手里都拿着一本书。我朝门里张了张，看见一个园子，静悄悄地没有什么声响。在门口驻足半天，平素胆子不大的我鬼使神差般地跨门而进。进去一看，穿过走廊，里边是一个院子，靠墙放着几个书架，上边摆放着许多杂志。一个老者守在边上，静悄悄的。几个大人一人一本书，边晒太阳边顾自看书，偶尔有人去书架上换一本，也无人干涉。我看了一会，实在忍不住看书的欲望，怯生生地也过去拿了本大概是《大众电影》看了起来，越看越入迷，直到一个声音在耳边响起："孩子，吃饭了，下午再来看吧。"抬头一看，原来是那老者笑眯眯地看着我说话。我至今都不知道他是不是就是梅冷生先生，但是我清楚地记得那眼神亲切极了，又柔和极了，就像头顶上冬天的太阳一样，照得我全身暖洋洋的。回家后我问祖父那是个什么地方，祖父根据我的描述告诉我那叫籀园，是个大家都可以看书借书的地方。这个"籀"字，让年幼的我看着写着都觉得有点怪，但却从此在我心中打下了深深的烙印，而且结下一生的不解之缘。

籀园后来搬到了沧河巷，正式名称为温州市图书馆。少年时代的我还没有阅览证借书证，但还是经常去，特别是星期天和寒暑假，总要去一下，看一些不需证件的书报。甚至心生奇想，将来读大学时，能不能考图书馆系，以后好回这里工作，那就可以天天和书为伴了。遗憾的是1960年我高中毕业，由于家庭出身问题，没有机会上大学，于是市图书馆就成了我的大学。谢谢当时馆里的黄东君等女士，她们的热心服务，使我能在这里安心系统地读王实甫读关汉卿，读曹禺读田汉，也读莎士比亚读莫里哀……为我以后的戏剧影视创作开好了步，打下了扎实的基础。“文化革命”开始后，市图书馆特别是古籍部贴上了封条。正当我无书可看焦急无计时，阮延陵先生悄悄地冒着风险为我开了方便之门，让我以借阅创作参考资料之名，直接进入古籍书库，任意浏览借阅。这段时间竟然成为我一生阅读古籍最多的时期。知识的阳光，就这样穿过阶级斗争的阴霾，依然洒照在我的身上。

“文化革命”结束后，文艺得解放。我的创作也进入了快车道，不时需要参考书籍，难忘那些年，我不知多少次得到郁宗鉴先生、朱韦辛先生、潘旭龙先生、陈德光先生、陈欣欣女士等的大力支持。有的书，我只有一点点线索或者零星印象，他们也能凭借自己渊博的学识和娴熟的业务能力，总能让我很快得到需要的东西。当时市图书馆已经搬到县前头，虽然馆舍有所扩大，但随着藏书急骤增加，非常拥挤。我要的资料，很多比较冷僻，需要不断翻寻。每当看见他们满头大汗，手上身上都是尘土的样子，心里总是觉得十分歉疚。我觉得自己后来能写出一点点作品，实在和市图书馆的支持密不可分。所以每当有作品出版，第一时间想到的就是要奉赠市图书馆。秀才人情纸半张，也算是个读者的微薄回报，表达一下自己的感激之情吧！

退休之后，心想除了看看书报之外，和市图书馆大概没有更多交集了吧。谁知命中注定，缘分还要继续。2015年，市图书馆率先进行法人治理改革，组建理事会。这个理事会，是通过媒体发布面向社会公开招募成员的，我作为文化界代表有幸当选首届理事，任期两年。在这两年中，虽然也多次参加有关会议和活动，惭愧的是我没做更多工作，但是也亲眼目睹了在李国胜理事长为首的理事会领导下，胡海荣馆长率领全体馆员解放思想，大胆创新，城市书房、理事会基金会、读书会联盟等新生事物不断出现，社会口碑极好，成为我市文化领域的一张新名片。理事会还入选文化部10家“全国公共文化机构法人治理试点单位”，形成公共文化机构法人治理改革的“温州模式”，影响深远。作为国家文化体制改革样板在央视大型政论专题片《将改革进行到底》中展示，温州经验进入中央深改决策小组的视野中。我作为理事会的一员，也深感骄傲和自豪。同时也就在这段时间，市图书馆还别开生面地组建了读书话剧社。开始是一大群社会上各行各业的读书爱好者不满足于静态读书，希望把书读活起来，自愿结合，从编演名著开始，开展话剧演出活动。市图书馆敏锐地抓住时机，因势利导，积极主动出面承担组织责任，在人力物力场地诸方面大力支持。吴谷副馆长等还亲力亲为，不辞辛劳，无微不至，做了大量的具体工作。我因为从事戏剧专业的关系，一开始就被邀担任话剧社顾问。这个新生事物的青春活力，使我也觉得自己年轻起来。以后受其影响，全市各地都纷纷仿效，让我市读书之风与话剧创作演出活动出现了一个遍地开花的崭新局面。去年还由市图书馆牵头，正式成立了温州市话剧表演艺术协会。一个图书馆，居然能推动一个城市的话剧活动，我看在全国来说，也是绝无仅有的！

如今，温州市图书馆走过了它辉煌的百年历程，作为一个终身受益的老读者，在此衷心祝愿它百尺竿头更进一步，明天越来越精彩！

2018 年 5 月 14 日

（作者系温州市文联名誉主席）

五十八载师友缘

——致敬温州市图书馆百年馆庆

邱国鹰

得知温州市图书馆百年馆庆在即，我心中一阵感慨：市图七十周年时我写过短文，参加过座谈会，如今一晃竟已三十年！唉，岁月催人老啊！当年我十六岁时求学温州师范学校，踏进在沧河巷的市图书馆大门；如今七十又四，不觉之间已五十八年！这么些年，市图书馆于我，是师；我与市图许多同仁，是友。亦师亦友，缘分颇深。

市图书馆于我是师。她使我养成了喜爱阅读、善于利用文献资料的习惯，开启了我对民族民间文化的崇敬和热爱，奠定了我走上文学创作之路的基石。这一些，我在三十年前写的《深深的眷恋》中已有所表述，长记心中。而与市图书馆诸多同仁是友，源于工作关系。20世纪70年代末到90年代初，我先在县文化馆任副馆长，负责文学辅导，兼报刊图书室的图书编目工作；后来图书报刊阅览室独立建为图书馆，我任馆长，这一来与市图书馆联系就多了，得到了市图书馆同仁诸多的支持和帮助。

半路出家搞图书工作，有点难；尤其是图书编目，更难。光是那厚厚的一大本图书分类法，就让人眼花缭乱。我向市馆的领导和搞编日的同志求助请教，记得那时的副馆长朱韦辛、张国然都很热情地给我提供过很好的帮助，还有丁宁先生，给过我许多具体的指导。

大约是1987年，省里举办图书馆图书资料专业培训班，温州图书情报系统参加的，有市图的潘旭龙、陈欣欣（他们后来是市馆的正副馆长），瑞安的馆长陈碎丁，洞头的副馆长屠素华和我。这个培训班是要考试的，考试成绩作为评聘图书资料专业中级职称的主要依据，所以大家都很用功。不过我们几个毕竟是四十多岁的人了，记性差，一些需要记忆的概念、理论问题，常常背得天昏地暗还丢三落四，学得颇为费力。潘旭龙、陈欣欣从事图书工作的时间比我们长，知识、经验自然也多，他们没有市级大馆的架子，却有老大哥馆乐于助人的风范，为我们起了领头作用。我们几个人常常凑在一起，相互帮助，平日里交流学习心得，交换最便于记忆的方法，复习时你问我答，质疑解惑。经过这次学习，大家业务知识提高不少，通过了考试，后来都获得了中级职称；而图书馆同仁间的友情更是增进了许多。

从事图书馆工作还有一个难处，是撰写专业论文，申报职称要有论文，参加图书馆学会的年会要交论文。有人说我会写文章也出过书，写篇论文还不是小菜一碟。我只是苦笑：如果图书馆学术论文的撰写能跟创作寓言、童话故事一样，那多好啊！可是两者根本就不是一码事嘛！市图朱韦辛先生伸出了援手，他启发我要扬长避短，选自己熟悉的又和图书馆有关的课题。刚好我从事寓言创作时研读了不少古今中外寓言作品，在编目的实践中发现，《中图法》对寓言的分类不甚合理:《中图法》反映寓言的类目，一是民间文学类下的两个五级类目；二是儿童文学类下的一个五级类目。这样的设置，大量的作家创作的以成年人为阅读对象的寓言，却无“号”可入座。朱先生赞同我的思考，又帮我往理论上拎了拎。这篇《寓言文学的类目设置》在市图书馆学会上交流，后来在省里的《图书馆研究和工作》上刊登，署的是我的名，渗透着朱先生的智慧。

市图的卢礼阳先生，是个很热心的人，我和他认识较早，交往也多。我从1993年调离县图书馆后，市图的熟人渐少，需要查询、复印资料，就去麻烦他，每一次都如愿以偿。尤其是他提供的洞头革命先辈余之介资料，更为充实洞头的党史、文化史做了贡献。

余之介先生（1907—1979），字审之，玉环县北岙镇（今属洞头区）人。1938年入党，新中国成立后任中国民主促进会北京市委专职副主委，是中共统一战线的忠诚践行者。只因他早年离家，长住北京，家乡对他的情况知之甚少。大约是2002年，我在县人大常委会任职，卢礼阳先生主动给我通了信息：“余之介的儿子给我们图书馆寄了一批资料，你要不要来看看？”我兼任过县政协副主席，负责文史资料工作，深知这项工作的重要意义。当时看了余之介的资料，觉得有分量，有价值，就请礼阳先生帮忙再予以补充，争取出本专集。后来由于多方面的原因，出专集一事久久未能落实，一搁就是十多年。

2014年，洞头县筹建“红色印迹馆”，已经退休的我，被聘为展馆布陈顾问。当研究到展馆第一厅洞头解放斗争历史的展陈内容时，我想到了余之介。于是得到礼阳先生的帮助，精选余之介的相关史料、照片，制作了一个专板。“红

邱国鹰主编《余之介文集》

色印迹馆”展出后，余之介的事迹为家乡更多人所知晓，县政协决定编纂《余之介文集》，作为洞头文史资料专辑出版，特邀我为主编。我再次求助于礼阳先生，他不但热心地联系余之介先生的亲属，提供了许多资料和照片，还主动查找、提供馆藏的相关材料，特别是检索到叶圣陶、夏承焘日记中有关与余之介交往的记载，复印给我。文集编成后，他又不辞辛劳，帮助审校，以他丰富的编纂经验，勘正了集子中的一些错讹。

从发现余之介的史料到最后成书，前后15年，礼阳先生先是慧眼识珠，继而锲而不舍，最后全力以赴，终使文集得以顺利出版。我知道，他曾到北京一家档案馆寻找线索，查找资料，也曾数十次与余之介先生的公子余三乐老师电话、邮件联系。可我不知道他是如何从叶圣陶、夏承焘两人几大卷的日记中找到相关余之介的宝贵资料的，也不知道他校对这本30万字的文集熬了多少个不眠之夜。我深切地感受到，对于这项与他个人毫无关系的事情，他如此尽心倾力，这不仅缘于一个文史专家鉴别史料目光的敏锐（他曾兼任温州市政协文史委副主任），更出于一个图书馆工作者为使地方文献资料充分发挥作用而尽的职责。

市图书馆给过我帮助的人还有很多。有一段时间我探究洞头的海防史，向潘猛补先生请教过郑成功在洞头诸岛的驻扎史实。魏明伦先生为洞头望海楼创作了《望海楼赋》，我向温州几位辞赋行家征求意见，其中就有当时还在市图的陈瑞赞先生……这么多年来，我查资料、做研究、写文章，一有难处，首先想到的，是到市图书馆查阅，向市图的高人请教，每次都得到令人满意的答案。

五十八载，一路同行。温州市图书馆是我的学堂，我的老师，也是我的朋友；市图不少同仁是我的贵人，我的朋友，也是我的老师。欣逢百年馆庆，谨借拙文以贺，真诚地道一声：谢谢！

2018年5月1日劳动节

（作者系中国作家协会会员）

温州图书馆雨露滋润我

金城濠

我第一次到图书馆是躲雨，那是六十多年前的事了。

我家住百里坊，上初中高中读书都要经过沧河巷。每当上下学天下起雨来，图书馆在我家和学校当中，正好躲雨。有时候下雨一时歇不了，就在这里多待一会儿。我发现这里有许多报纸摆在那里任你看的，比学校里多多了。后来还知道这里的图书允许大家借阅的。那时我们学校上课轻松，空余时间很多，就经常到这里借书看。

我看的最多的是苏俄文学。那个时代流行苏联文学，提倡看苏联英雄的故事。我看过《卓娅与舒拉的故事》,《普通一兵》描写反法西斯英雄玛特洛索夫的故事，波列沃伊写的《真正的人》,《钢铁是怎样炼成的》这本书里的关于人一生应该怎样度过的警句我能用俄语背出来，还在温州一中全校的大会里朗诵过。

从苏联文学入口，我喜欢上俄罗斯古典文学。列夫·托尔斯泰、屠格涅夫、普希金，我都是在那个时候读的。后来上大学基本上没有时间读文艺作品。

上高中时我是班级里俄语课代表，我还到图书馆找到俄文歌曲:《如果在节日里》，组织班里同学唱。演出获得了学校的奖励。五十年后，温州一中我们班同学聚会，拍了照片，做成 PPT，就是用这首歌作为背景音乐的。

喜欢上俄罗斯文学，偶尔也看浅显的原文作品。1961 年我订阅了一份俄文杂志《木耳齐尔卡》，是个少儿读物。杂志一到手，我发现封面正着看和上顶倒看一样的，都是 1961。后来几十年间办报办杂志，想用一下这个手法，没机会。前年看到胡颂平写的《胡适之晚年谈话录》，胡适之先生也谈到 1961 年。他说这叫倒顺年。胡颂平乐清人，胡先生的学生。他这本书写得很好，在台湾书籍中得奖。这本书我也是借温州图书馆看的。

在中学读书时，流行和苏联中学生交笔友，我向那位女同学索要俄文原版的故事书。我收到以后翻译了其中一则。我当时手头只有一本曾经是中共领导人之一的陈昌浩编写的俄华词典。所收的单词少，有个俄文字查不到。我到图书馆里找到一本《露和词典》，是俄语日语词典。终于找到那个词的日文意思，日文里面夹杂汉字，把全文翻译出来。后来发表在北京《俄语学习》杂志上，刊出是1963年11月份。那时我已经到杭州大学中文系读书了。那篇民间故事的发表，连我的俄语老师也说，她一辈子也没有发表过翻译著作。从此上俄语课，我只要坐在那里，看看其他的书，老师也不理会。

到杭州读书，我也带去了在温州图书馆里养成的跑图书馆的习惯。在那场文化大破坏的岁月里，家父被挖出是个漏划地主，我战战兢兢地躲避政治风暴，图书馆又成了我躲雨的地方。

大学毕业后我被分配到文成县龙川人民公社的一个学校里教书。这里是中国晚报界泰斗人物林放的出生地，抗日战争时为了躲避战争风雨，曾有国立英士大学、浙江省第三临时中学在这里办过学。温州图书馆也曾经把一批善本书藏在龙川文昌阁。我在文成工作十二年，我视龙川为第二故乡。后来我回温州市区工作，我曾写文章建议乡政府立三个碑，把以上三件事留下一些鸿爪，不但能提高龙川知名度，提高文化档次，而且也是谴责法西斯侵略，实属善事。为此事我也同乡政府的负责人一起察看了原址。我也联系过当年送温州图书馆善本书到这里，并守看半年之久的管理员潘国存先生，当时他卧病在床。如果龙川恢复重建文昌阁，也可告慰当年藏书于此的温州图书馆梅冷生等诸位前辈。

我到温州新闻单位工作，正值拨乱反正百废待兴之际。见到我师马骅先生等前辈为新建图书馆努力呼喊，后来终于建成了崭新的现代化的图书馆。这里既有温州特色的馆藏书籍，又有相当现代的设施。我们继续从中得益。我退休后闲来无事，写了一组《为温州话探源　在典籍里求证》文章。几乎篇篇离不开图书馆那个地方文献室。我从《夏鼐日记》《董每戡文集》等先贤著作里找到他们引用温州方言的例子。夏先生引用俚语："捣臼也背回家过年"，董先生信札里引用"拣过拣，拣个破灯盏"，这些内容为我的文章增光添彩。

温州图书馆现代网络系统也给我很大的帮助。前年我去老师金凤仪先生家拜年。先生20世纪50年代就读上海外国语学院俄罗斯文学系，后执教于温州。在20世纪80年代他翻译了《屠格涅夫散文诗》。当时我国俄罗斯文学权威戈宝权先生对译文倍加称赞，他在致友人信中写道：金凤仪同志的译文不错。有许多优点，主要在于他的理解较为正确。可惜的是出版社仅仅选择了七篇散文诗发表在《春风译丛》1981年第二期上。老师的其他数十篇译作就静静地躺在抽屉里，一躺就是三十多年。如今我也是古稀之人了，老师把他珍藏的《屠格涅夫散文诗》中译手稿一共147页托付给我。我接过老师的译作，思绪万千,一种责任感浮上心头。我当即向老师表示；我一定把文稿编辑印刷成书。答应老师后，我想需要一篇绍介译文的前言后语之类的东西。说实在的几十年没有再读俄罗斯文学了。还要找来原作和能找到的中译版本加以对照，这样才能看出金译的水准到底如何。要动笔谈何容易，我又想到温州图书馆。这时的温州图书馆已经有了网络。我通过温图找到了数字图书馆，终于找出十几个屠格涅夫散文诗的不同的中译本。我选择了一首散文诗《粗工和白面书生》的不同译法作了比较研究。1920年7月12日晨报（第七版）副刊，沈颖译为《劳动的工人与白手人》；1921年《小说月报》十二卷七期，海峰译为《工人和白手人》；1930年1月《真美善》五卷三期，刊出时题为《干粗活的人和双手苍白的人》；1935年8月《译文》二卷六期，巴金译为《工人和白手人》；1981年2期《春风译丛》金凤仪先生译为《粗黑的工人与白面书生》；1983年3期《译林》戈宝权译为《干粗活的人和不爱干粗活的人》。成书时金凤仪先生和我讨论定稿为《粗工和白面书生》。

没有温州图书馆，我不可能找到网络数字图书馆，也不可能见到这么多的版本译作。所幸的是，金凤仪先生译作《屠格涅夫散文诗》成书了。我把它呈现在老师面前时，老人家会心地笑了。温州图书馆的《温州读书报》还发表了我关于这部译作的文章。

值此温州图书馆百年庆之际，作为她的老读者的我深深地表达谢意。

温州图书馆雨露滋润了我。

2018年5月29日于闲不斋

（作者系温州老报人）

春潮带雨晚来急

——我的读书与阅世

金　陵

籀园，温州最早的公共图书馆，九山河畔，胜昔桥堍。照壁状的穹门，题着张謇的字。何炳棣回忆读史阅世六十年，曾深情地说："如果我今世曾进过天堂，那天堂就是三十年代的清华园。天堂不但必须具有优美的环境和充裕的资源，而且还必须能供给一个精神环境，使寄居者能持续提升他的自律意识和对前程的信心。几度政治风暴也不能抹杀这个事实：我最好的年华是在清华这个人间伊甸园里度过的。"

籀园，我的精神的伊甸园。

文脉相续　三代传承

籀园的前身名依绿园。位大士门底，九山湖畔，窦妇桥堍，与准提寺隔河相邻。孙诒让，名仲容，号籀庼，又作籀高。光绪三十四年，孙诒让逝世后，温州文化界人士买下依绿园旧址，建籀公祠，又从府学田租中划拨资金，建藏书楼、祠堂、回廊、亭阁，植以花木，配以题额。蔡元培书联："博学于文，约之以礼；多闻阙疑，慎言其余。"田租、戏捐、社会补助、政府拨款、私人捐献，多管齐下，维持运转。办刊、展览、讲座、培训。刘绍宽任馆长期间，由梅冷生发起，夏承焘草拟征书通启，发动社会贤达、知识精英，共襄盛事。"怀籀亭边勤讲诵，中山精舍坐春风。"朱自清的温州中学校歌，写到了籀园。

孙仲容在《契文举例》中释读了一百多个甲骨文字。其中田字里四个点的字被释作周，舟的最初形态。在古代文献中周舟两字谐音通用。《考工记》"车以陆行，周以水行"。马王堆三号汉墓之帛书《春秋事语》，以周代舟。《左传·宣公十四年》申舟，注申周。孔雀石，以冶炼青铜，铸造青铜器；孔雀石中还可以抠出玉石，以雕琢玉器。甲骨文田字中四点，表示舟中承载着冶炼青铜的矿石。今河南安阳之西仍产铜矿，铸铜作坊在安阳后岗，北距洹水不远，靠水路运输。这种解释，至今无人异议。孙诒让一生致力于《周礼正义》。为了写好这部书，他不得不细读精校先秦古籍。其《札迻》《墨子间诂》《周书斠补》《尚书骈枝》《大戴礼记斠补》，都是《周礼正义》的副产品。金文甲骨文虽只占其一生精力的极小部分，但他的《古籀拾遗》《古籀遗论》却被誉为闳通而矩矱的典范。《契文举例》成书于光绪三十年，取材仅限一部《铁云藏龟》。不啻甲骨文字研究的开山之作。

戴家祥本名幼和，周姓，瑞安鲍田人，出生十几天被卖予永嘉上田戴氏。民国九年秋在瑞安县立中学就读，借住虞池姨公孙家。十五年考入清华研究院，得见王国维先生。戴说，我早年就读过他的《观堂集林》。只见他身穿长袍马褂，留着长辫，戴着深度近视眼镜，问我简况，耐心听我的研究计划。先生鼓励我专攻古文字，这正是我平生之愿。清华国学研究院采取中国古代的书院制和英国牛津大学的导师制相结合的方法。王先生讲《仪礼》《说文举例》，梁启超讲《儒家哲学》《历史研究法》。他多次召见我，总是滔滔不绝，不让学生讲话。陈寅恪讲《金刚经》。他的知识面太广，难以听懂。梁漱溟讲《人生哲学》，李济讲《考古学》，他们还不到而立之年呢。赵元任那里去得比较少。一次李济从山西带回考古资料。他说之所以选择山西，是因为《史记》有尧都平阳，舜都蒲阪，禹都安邑。第二天我去王先生那里请教，山西夏县是不是夏都。王先生说，那是搞错的。我国古代帝都一般都选东方。太皞之墟在陈，大庭氏之库在鲁，黄帝邑于涿鹿之阿，少皞与颛顼之墟皆在鲁卫，帝喾居亳。尧号陶唐氏而冢在定陶之阳，舜号有虞氏，而子孙封于梁国之虞县，孟子称舜生卒之地皆在东夷。又说，禹之都邑虽无考，然自太康以后以迄于桀，其都邑及地名之见于经典者率在东土，与商人错处河济盖数百岁。王先生提倡双重证据法。找一个有历史根据的地方挖掘，一层层挖下去，看它的文化堆积。

南怀瑾读书生涯

难忘的新禧元年春天，我应邀在图书馆讲座：南怀瑾读书生涯。民国年间，少年南怀瑾就在表兄王世鹤家旁听朱味渊的课。小楼一角，轻衫靸履，修髯清癯，把卷吟哦，声达户外。门墙罗列三千士，江国流传一卷诗。春风化雨，桃李芬芳。十五岁时，父亲把他送到井虹寺，寄宿在玉溪书院。少年诗作：“西风黄叶万山秋，四顾苍茫天地悠。狮子岭头迎晓日，彩云飞过海头东。”杭州里西湖，闲地庵，史量才家庙；杭州天竺中印庵。抗战在四川，与风了和尚远走康藏丛林古刹；遁迹峨眉山大坪寺下院，闭关三年，遍阅道藏及佛家三藏经典，凡五六千卷，印证个人修持所得。成都贵州会馆、提督街三义庙维摩精舍、乐山乌龙寺复性书院，都留有南怀瑾的足迹。有一段时间则在张怀恕家的五通楼潜心学术。张怀恕，抗战时隆昌县教育局长。1980年，香港十方丛林书院。1985年，美国东西文化学院。综其一生，大凡离不开修持、著述、办学、讲经、布道、出版。他跟台湾的历史学家许倬云说，我的路子不一样，我走的是另外一条路。“七十年来春梦尘，四恩未报客惊心。云山家国愁千结，未转金轮愧此身。”晚年还不忘倡导儿童读经。

世界的希望，在于一种新的思想的产生。1973年，英国历史学家汤因比临终前一年，曾经预言：经历了工业革命的西方无疑是病倒了。它处于统治地位的时间将会像蒙古人或穆斯林人那样短促。我们必须向东亚社会寻找西方的继承人，这个继承人既能接受东方的农业文明，又能接受西方留下的工业文明。过农业社会生活的人类，是能够同自然和平而持久地共存的。中国还没有偏离农业社会这个人类历史进程的干线。物竞天择，弱肉强食。美国精神应融合东方的抑强扶弱精神。

琦君的读者见面会

琦君在大陆时名叫潘希真，离开大陆前，她特意将瞿溪的潘鉴宗藏书五千三百六十七册捐赠给了籀园图书馆。琦君把她在大陆的经历和在台湾的思念，写成文学作品《橘子红了》，后被改编成电视连续剧，风靡海内外。

新禧元年，琦君偕夫君李唐基来到园西巷的温州图书馆，与读者见面。她说，正是由于读者的鼓励，使我有了写作勇气。《橘子红了》从灵感到构思，都从生活出发，灌注了许多思想与情感。散文、小说、剧本是三种不同的文体，编剧本要加入有些具体情节。我还没有看完电视连续剧《橘子红了》，但我感到剧中演员，给原作中的人物增加了许多光彩。诗词创作，以情为主，还要讲究音韵。用诗来写故事也可以虚构。诗歌、散文、小说、戏剧，语言都很重要。文学要写得有声有色，如见其人，如闻其声。用词要注意感情，这并非一日之功。散文是创作的基础，是造房子的砖和木料。散文写不好，小说和剧本自然也写不好。我习惯把生活中瞬间的灵感记录在本子上，写作时便可以从中寻。写作要做到精练，不拖泥带水。创作是精神的享受。假如变成折磨，那一定不是出自心灵。我念的书都是中国古典文学，我也愿意接受新的东西。关于意识流，一会儿东一会儿西，这也不是外国特有的，中国古典诗歌里就有意识流的创作思维。

琦君讲得很精辟、很经典，句句是浓缩的。肺腑之言，字字珠玑。

夫君李唐基也与读者们分享了当年恋书的快乐。他是在读到小说《金盒子》后，爱慕琦君，开始通信，然后相识，终成眷属。杜甫诗中描述离乱中的痛苦："戍鼓断人行，秋边一雁声。露从今夜白，月是故乡明。有弟皆分散，无家问死生。寄书长不达，况乃未休兵。"古人与今人的思乡之情、兄弟之情是有共鸣的。我也喜爱文学。我发现琦君的文学细胞比我丰富。我就推她前进，在有生之年，写出更多更美的作品。而琦君说，李唐基是我的第一读者，是我作品的评论家。他常常会用铅笔，在我的文章旁写上自己的意见。

大约在 1986 年，我走访过叶云帆和周希靖两位老先生。叶云帆是当年永嘉中学校长，家住大南门游丝巷；周希靖是琦君的表兄弟，家住信河街石坦巷口。我将了解到琦君的情况，整理成一份写作与生平年表，刊载于《瓯海文史资料》。时过境迁三十年，改革开放与两岸互动，把一代家乡的游子，从幕后推到了台前。沧桑巨变，物是人非。许多鲜活的资料涌现出来，经过沉淀又变成了历史。终于可以和盘托出一个完整的琦君了。

胡今虚与泥土社

胡今虚，激情澎湃的热血诗人，一个时代的影子。50 年代初，他与尹庚一起成立了泥土社，出版了自己的诗集《妇女解放礼赞》。当时胡今虚任教杭州女中，为开展诗歌朗诵活动，创作了一系列作品，其中包括《欢呼》《献给年青的海空军战士》《欢送会上》《妇女解放礼赞》，朗诵剧《保卫祖国》。《怀郑嘉治》，送战友赴抗日根据地延安。挨过严霜烈日，又是秋残冬尽。一年来怀念越积越沉，一年前情愫依旧分明。那褪色的背包，那瘦削的身影，趁月暗云重，你跨出了万里征程。/ 背包只带着纸张毛巾，胸膛里却装着丰盛的礼品。几万双眼睛盯着瘦削的身影，几万颗红心齐祝着一路安宁。跨过长江，渡过黄河，经过敌营，踏破千难万险，只为一个信念，朝圣。/ 伸出双臂，跳踊着，向巍峨的宝塔直奔。瞧一瞧圣洁的河水，洗净一身的征尘。欢呼呵，天南地北万流朝宗。紧握呵，千百双巨手结成长城。/ 云山万重，透过云山。望见你瘦削的身影，在会场讲台上晃动。鸦噪遍野，冲开鸦噪。你嘹亮的喉咙，迸发出控诉和歌颂。/ 而今，战火已把东南半壁烧红，霜前的地虫又乘机蠢动。海防上的战友望穿双眼，隔山隔水，探寻你的归踪。快渡过黄河，快跨过长江。小心绕过敌营，专程奔回浙东，等待你传回，反攻的部署。准备着，一齐撞向，全线出击的洪钟。

郑嘉治，乐清人，民国五年出生，1937 年加入中国共产党，永嘉战时青年服务团秘书长。曾任浙江人民出版社代社长，中华书局编辑，译文出版社编辑室主任。1973 年去世。泥土社的成立，在于编辑出版鲁迅研究资料。想不到反胡风运动紧随而来，个个成了瓮中之鳖。

孤魂眷顾　窦妇桥畔

马蹄疾，原名陈宗棠，绍兴人。其父陈步云在解放前曾任绍兴田赋税务官。新中国成立后，因系旧职人员，被下放到温州茶厂。他的大哥误入一贯道，当时被称作反动会道门，被政府以现行反革命镇压了。二哥，因疾病殁，陈宗棠便随母亲离开绍兴，迁居温州。十六岁的陈宗棠才小学毕业，父亲托人在松台街道一家锁厂，找到一份学徒工的差使。陈宗棠酷爱文学，常常与工友到沧河巷的图书馆看书，结识了前辈导师梅冷生，也受到夏承焘、夏鼐等学者的通讯指导。除了文学，陈宗棠还喜欢书法、美术、医术、音乐，拉得一手好胡琴。1959 年，他毛遂自荐，向中科院院长郭沫若寄去了论文，并请求到北京找资料。在郭沫若的帮助下，破格调入中科院一家研究所任资料员。不久就有长篇学术论文《三槐堂刊本水浒传》发表于上海《文汇报》。1961 年，插红旗拔白旗运动中，被以“个人奋斗、白专道路”为名，下放辽宁鞍山，直至 1978 年借调北京，参加《鲁迅全集》书信部分的编辑工作。1980 年落实在辽宁社科院。生活艰苦，劳累过度，终患肝癌不治，享年才六十岁。马蹄疾生前多次表示，要回温州这个曾爱护和培养他的故乡看看故旧风物、人情民俗。

1997 年夏天，他的夫人薛贵兰，从沈阳飞抵温州，寻访当年关心与爱护少年陈宗棠的师友。胡今虚先生引着她寻访故地，从任宅前到九山河，从窦妇桥畔到沧河巷，薛贵兰深情地重踏夫婿的足迹。陈宗棠的同乡长辈宋承先，他的朋友沈不沉，图书馆长潘旭龙，还有当年陈宗棠的师傅朱元桂，小工友叶多多、陈忠胜都会见了薛贵兰。

自强不息　厚德载物

转瞬间乘健兄离世已五年了。生前他自称草莽学匪。草莽，根据他的《周易本事》解释，狗追逐兔子于草木丛中；匪，戴罪的囚徒。一个带着桎梏在草野间被追逐的人。这本书约九百页六十万字，分上中下三册，开篇之作《周易复原》讲了六个问题。第一，为什么要复原？第二，殷墟卜辞与周易的区别。第三，周易的形成。第四，周文王编纂易经的动机以及步骤。第五，后世对周易义理的演义发挥。第六，易学历史及前瞻。主体部分十六章，渔猎、畜牧、农耕、饮食、贸易、行旅、婚媾、家庭、祭祀、政治、刑法、战争、邦交、遇世、自然、乾坤。六十四卦穿插其中。每卦的结构，引征原文，加以自由发挥，带有抒情风格。每章之后，皆置甄解一节、发微一节，以阐发他的观点。书的最后部分为研究论文，约占全书三分之一弱。我认为该书最有价值的部分应是帛书《汉本易经》。它是作者校订了历史上各种版本之后，慎重选择的定本。

依我的理解，周易是反映殷周时期天地人之间关系变化的预测。周，方圆四周；易，日与月的合称。日往月来，寒往暑来，往来相推，谓之易矣。周易，指周边关系的变化；本事，探究事物本来面目。《周易》里有几个重要命题。一，观乎天文，以察时变；观乎人文，以化成天下。文者，刚柔交错、阴阳亲和的景象。大自然刚柔交错、阴阳亲和，形成天文；人类社会刚柔交错、阴阳亲和，则形成人文。天文反映宇宙时空的运动变化；人文反映人类社会的发展完善。天通过文而生时变，人通过文而达到进化。二，立天之道，曰阴与阳；立地之道，曰刚与柔；立人之道，曰仁与义。把仁与义视为人类社会之道。这种人道，既有含情之仁，又有寓理之义。三，天行健，君子以自强不息。地势坤，君子以厚德载物。像宇宙在稳健地运行那样，我们要自强不息；像脚下的大地那样，以宽厚的道德修养来承载责任。这是《周易》里最根本的精神。四，天地之大德曰生，生生之谓易。第一个生是生命之育，孔子对乾坤二卦赞美为大哉乾元，万物滋始，大哉坤元，万物滋生。第二个生是生命之续，就人类而言，就是生存、生长、生活、生发。使世间百花齐放，充满生机。

我们民族的先人从洪荒时代开始就这样日夜进取，奋发自强，在严酷的环境下生存下来，把奋发精神升华为一种生命的母乳，再重新输入到我们民族的体内，使之成为民族传统的性格，变成一种强大的民族原动力。正是这种力量，我们才度过了自然的历史的种种厄难，发展壮大，矗立于今日世界民族之林。周易虽然探赜索隐，义理难懂，但其中有很多积极进取的思想，在现代生活中被广泛引用，如革故鼎新，道济天下。阴阳互补，外柔内刚。天地细缊、万物化醇。盛极而衰，否极泰来。仁者见仁，智者见智。形而上谓之道，形而下谓之器。观乎天文，以察时变；观乎人文，以化成天下。这些精神都来自《周易》，当年孔子读《周易》读多了，连竹简的皮绳也扯断了三次，后世留下了韦编三绝的成语。

冯友兰曾说，人的成功在天资、命运、努力。命运是一个人无意中的遭遇，靠自身之力无法摆脱。但性格有时也会决定命运，把自己拖入绝路。城府之见，防范同行，文人相轻，胸襟偏窄，事不关己高高挂起等等，无形中阻挡了他的发展空间。命运与性格不能说没有关系。民国有几位口出狂言的学者如章太炎、辜鸿铭、林公铎、黄侃、刘文典，他们都具有一种反骨的精神。在张乘健身上似乎也隐约看到了这种民国遗风。但制度的遭遇又迫使他尽量规避现实，于是他把目光投向先秦文化。周易只是先秦的入口，他下一步的更宏大的计划是要写出《中国人的心史》。只可惜，天不假以年，他过早地走了。在世时他常说，我闷闷不乐，其实那是他自己心灵的叹息，只是他自己没有说出来。去年问世的遗著《籀园慧月》透露了他的心声。

2018 年 4 月 10 日

（作者系温州市政协副调研员）

行万里路 读百家书

刘时觉

这辈子可与图书馆结下了不解之缘，扎根于温州图书馆和温州医科大学图书馆，枝蔓所及，遍布国内，屈指数来，三十多年来竟跑了六十余家图书馆，也算得上行万里路、读百家书了。

说是扎根于温州，温州医科大学图书馆以其丰富的专业藏书和热情的服务，支撑着我整个的中医药学专业基础，立足于此，不断积累知识，夯实基础，开拓视野，努力进取；而温州图书馆丰富的人文藏书和特有的地方文献，经史子集、儒理仙宗、释典道藏、方乘志书、笔记家谱，扩充了我的眼界。两家图书馆互补互济，协同构筑的知识结构使我在多种学科领域的边缘游刃有余，我的地方医学及医学目录学研究发端于此，离不开这个扎根之地。《温州文献丛书》的子项目《温州近代医书集成》、《温州通史》的专题史《温州医学史》自不待言。对于南宋永嘉医派及其著作的研究，肇始于孙衣言、孙诒让父子对《易简方》的发掘、整理，从《青田县志》《处州府志》《景宁县志》找出南宋大医学家陈无择生活在温州的重要证据，又从厚厚的十二巨册的《医方类聚》中把孙志宁《增修易简方》大海捞针般重辑出来，形成《永嘉医派研究》的基础。又如，元代医家朱丹溪《丹溪治痘要法》失佚已久，陈瑞赞先生从一部相当冷僻的丛书《奚囊广要》中发现，由此还找到丹溪亲著《风水问答》，遂成《丹溪逸书》之一部。温图馆藏的《四库全书》《续修四库全书》成柜成排，稿本影印的《续修四库全书总目提要》直接触发了我的灵感，遂从数以万计的书目中挑选涉医书目，再整理注释，撰成《四库及续修四库医书总目》。图书馆成了学术研究不可或缺的坚实基地。

说是枝蔓遍国内，则是随着学术研究的深入，必须走出温州，面向广大的图书天地，搜求、收集相关资料。例如，永嘉医派研究奠基于温州，而卢祖常的《易简方纠谬》和施发的《续易简方论》却远在南京，自 20 世纪 80 年代中期起，十余年间四次赴宁，硬是把南京图书馆古籍部的两部珍藏一字一句地抄了回来；又托人把王暭的《续易简方脉论》从海峡对岸的台北故宫博物院图书馆引了回来，终得成就《永嘉医派研究》。搜寻到《丹溪治痘要法》《风水问答》后，又从苏州大学瑞云图书馆顺利地读到抄本《丹溪医按》，在上海中医药大学图书馆觅得久湮不传的杨珣《丹溪心法类集》，三年间数次往返，终得抄录以归，并整理为《丹溪逸书》。走出温州的初级阶段的目标，是集中精力攻下《续易简方论》《易简方纠谬》及《丹溪医按》《丹溪心法类集》等书，只牵涉有限的三五个单位，且时间跨度长达十余年。自新世纪始，我的研究方向转为中国医学古籍的目录学，这需要对现存的全部古籍书目展开调查、搜集，考证研究，需要更广泛地浏览群书，掌握第一手资料。为此，走出温州的步伐大大加快，阅览面也更广。2008 年出版的《浙江医籍考》是试笔之作，除中国中医科学院图书馆这个令人神往的医籍宝库外，所走访的外地图书馆尚属无多；到 2011 年的《中国医籍续考》，卷首专门列出“致谢”，向二十一家图书馆古籍部表达我的敬意与谢意；2014 年的《浙江医人考》增至 40 家；2017 年的《中国医籍补考》则增至 53 家。《中国医籍补考》和《中国医籍续考》共载录古医籍 6859 种，其中笔者所亲见亲读者 6355 种，占全部书目的 92.65%，这些旁人难以企及的数字记录了我四处奔波的艰辛，衍化为学术研究的成果。其副产品是，这四部大部头的著作都获得了国家科技学术著作出版基金的资助，这可以视为学界对我付出的艰辛与取得的成果的认可。

几十年来涉足的图书馆，从家乡的温州市图书馆，就读的浙江中医学院图书馆，工作单位的温州医科大学图书馆起步，足迹北到哈尔滨、长春，南及广州，西则成都、兰州、贵阳，遍布全国；包括国家图书馆、中国科学院、中国中医科学院、中国医学科学院等国字号大馆，走访了大部分的省级和各中医药院校图书馆；追溯时间，长的有三十年二十年之久，多的三番五次不断上门，当然更多的图书馆只是一次性地光顾。走的地方多了，时间长了，便生出颇多的感触来，公共图书馆与专业单位图书馆各有特色，各地图书馆也风格各异，器量不同，有些图书馆则叫人恼火，而更多图书馆的热情、认真，让人感动。所遇图书馆工作人员都很敬业，业务大都熟练，则是相同点。把这些感触一一写出，或许有点意思，刚巧，温州图书馆卢礼阳先生邀我为《温州读书报》写点什么，于是便有了写作的冲动。2013 年 8 月号上刊出第一篇《国图纪事》，9 月《三进中科院》，10

月则是《令人神往的医籍宝库》，一一道来，遂成一专栏；加上前些年已在《温州读书报》刊行过的《我与温州图书馆》《我的南图情缘》，多年的读书足迹成《图书馆纪行》系列，迄于今年4月的《三九常州》已发表35篇，颇足可观。所谓树高千尺，叶落归根，枝蔓虽盛，不忘扎根的土壤，这或可视为我回报温州图书馆的小小的礼物吧。

生命不息，读书不止，“图书馆之行”仍在进行中。我的《苏沪医籍考》列为教育部人文社科研究项目，那么巡游江苏各地图书馆，寻觅、挖掘古籍宝藏，自然就成为题中应有之义，于是二下江南，三出苏北，两年间走遍江苏各地级图书馆，兼及盱眙、常熟，唯剩宿迁一地，走访过的图书馆也上升到六十四家。《宋以后医籍年表》列为浙江省哲学社会科学规划重点研究项目，根据医学古籍成书、出版、重刊的时间展开编年研究，注重版本流传，先后传承，这些都需要进一步拓宽渠道；下一步的研究计划是《安徽医籍考》和《浙江医籍考补编》，要跑遍浙江、安徽各地的众多图书馆，访书读书更是任重道远。接下来的日子还忙着呢，我的《图书馆纪行》还该要多少篇接续呢？

实体图书馆之外，网上图书馆使人足不出户而检索、阅读到许多难得一见的珍本，这为高质量地完成搜集书目资料的艰巨工作提供了极大的便利，不能不感谢浙江网络图书馆、超声数字图书馆以及台湾“中研院”史语所数位典藏资料库整合系统等网站。日本全国汉籍データベース网站提供了许多日藏古医籍的信息，不少是国内无存的孤本。早稻田大学更把馆藏古籍都搬上图书馆网站，可以直接获得不少国内无存更无从一见的珍贵古籍。例如，《丹方类编》有乾隆怀德堂刻本四册，《全国中医图书联合目录》《中国医籍大辞典》均不载录，独早稻田大学有藏，笔者从其网站得读；顾鼎臣《医眼方》国内无存，亦无相关版本著录，日本有文化十一年（1814）东都书林万笈堂英平吉刻本，笔者即从早稻田大学图书馆网站得读其书；明代陈朝阶《妇人产带记》一卷，书仅六叶，又名《奚囊便方》，国内未见著录，笔者即此网站得读其书日本延宝四年（1676）刻本。我庆幸现代科学技术的进步，为找到这个网站而兴奋，也钦佩日人无保留地把珍稀古籍晒上网站的度量与气魄。

千里之行，始于足下，不积跬步，无以至千里，我的学术之路、图书馆之行始于温州。想十年前，温州图书馆九十华诞，笔者曾撰文回顾当年在图书馆的读书岁月，在那个无书可读的荒唐年代里有书可读，在一片读书无用的喧嚣噪声中埋头读书，这个无言的老师开启了我的读书人生，引导我一步步走上知识之路，砸实专业根基，当时读书抄书的日日夜夜如今铸成刻骨铭心的记忆，这成为“始于足下”的第一步。其后，从参加浙江省医史学会的《浙江历代医林人物》和《浙江历代医药著作》二书的编写工作始，《永嘉医派研究》《中医学教程》《丹溪学研究》《丹溪逸书》《宋元明清医籍年表》《四库及续修四库医书总目》等等，一步一个脚印，不断取得学术成果，饮水思源，又岂能忘记知识之源、学术之源的图书馆呢？又怎能不深深感激怀念给我以莫大帮助和关切的一代代温图人呢？文末谓：“生命不息，读书不止，我的图书馆情缘将不断地持续下去，还将衍生出更多的友情和成果。”今日，温图期颐大庆，抚今追昔，这十年的图书馆情缘确实又衍生出更多的友情和成果；展望未来，可以断言，这种浓浓的图书馆情缘还将衍生出更多的友情和成果。

2018 年 5 月 4 日

（作者系温州医科大学教授）

馆缘·人缘

金柏东

一

温州博物馆与温州市图书馆曾经是一家！

1953 年 6 月，中央文化部批示：温州市有必要成立文物管理委员会，兼理温区各县文物图书业务。此后，温州市文物保管委员会，易名为温州市文物管理委员会，列为政府工作部门，并任命刘景晨为主任，梅冷生、方介堪为副主任。梅、方两先生在前后主持日常工作期间，接受捐赠或征集到一大批珍贵文物，为温州博物馆建立奠定了基础。后来我们在整理馆藏书画、文献藏品时，发现朱铎民的书画藏品，孙诒让、黄绍箕等的书信、文稿，以及章太炎、马一浮、于右任、黄宾虹、张宗祥等的书画作品都来自图书馆移交。而杨青、杨逢春、李思程的文稿等，也是通过梅先生转入博物馆。令人感动的是梅先生还将自己珍藏多年的方洁竹雕笔筒《紫气东来》也捐给博物馆。

而当我 1974 年 5 月分配到温州市文管会工作时，报到那天才知道，市文管会、博物馆与图书馆于 1969 年 3 月又并为一家了，名称为市文化系统革委会图书文物组。这样一来，我经常与图书馆同志一起学习时事政治，参加公益活动。在工作之余，我偶尔也到借书处，帮助管理人员为读者还书、借书；有时到采编组，看看这一堆书是如何采编、制卡的。这里的老同志对我很关心，看我平时爱看书，时常会把新书、好书留给我借用。这段时间并不长，但为我的知识储备打下了良好基础。

郁宗鉴先生知识渊博，是位受人尊敬的老先生，我几次想找他讨教，都没有合适的机会。一天，他突然找我帮忙：几箱古旧书籍要从石坦巷藏书处搬到沧河巷古籍部。我一口答应。第二天起了个大早，来到石坦巷藏书处，看到门口已停了辆小板车。我快步走进藏书间，只见郁先生已在里面整理，我马上过去帮他整理打包。他却小心翼翼地拿出手套让我戴上，并神秘地说：这是最后一批古旧藏书从这里起运，现已捆扎包装好了，搬的时候要轻拿轻放，运输途中要保持车的前后、左右平衡，保证万无一失。我请郁先生放心，我一定会加倍小心的。当我开始搬书时，他又拦住我说：现在是早高峰，路上会堵车。他让我先盘点，并编好顺序号。他还告诉我，温州古籍数量在全省排得上号，尤其是具有地方特色的书籍，对研究地区历史文化起到至关重要的作用。再三叮嘱我保护古籍与保护文物同等重要，千万不可掉以轻心。当时我听了也不是全部明白，但保护古籍文物的使命却牢牢记在心中。

1979 年 3 月，温州市文管会、博物馆、图书馆正式分开，各自恢复行政建制。当时文管会、古籍部办公地址都设在沧河巷 24 号，我们在一进，他们在二进。这里值班人员只有一位大妈，我们称她为“张师母”。她负责信件收发、提供茶水、打扫卫生和治安管理。这院子被她管理得井井有条，前后近二十年，太不容易了。古籍部有阮延陵、李均、张宪文、陈声远先后在此供职，我们彼此尊重，互相交流，相处融洽。我偶尔也在这里翻翻书、聊聊天，有时还向他们请教出书的事、版本知识方面的问题。

1980 年，省文管会拨款维修文天祥祠，为了便于观众理解，我们以纪念馆的名义着手编印《文天祥诗词楹联碑记注解》，先请张宪文先生详加注解出过油印本，后又扩充内容，复请胡珠生先生订补。这小册子刊印后，社会反响很好，我也有收获的喜悦。张宪文先生早年与家父金达明供职于工商联，他的学识广博、书法不凡，我常有耳闻。二十年后第一次与他直接接触，他的和气与健谈，使我倍感亲切。他对注释的内容、出处，都做得仔细、专业，又通俗易懂。还时常给我讲这些诗词、楹联和碑文的注解、读法与断句，或是这些名家的故事。日后，我写的谯楼、白象塔、池上楼等碑文，都请他过目修改。一次次聆听，一次次接受教诲，至今记忆犹新。

二

在同一屋檐下，古籍芳香的熏陶，使我慢慢对古籍版本产生兴趣。1985 年，我们整理温州白象塔出土文物，发现一件北宋佛经残页。该经字迹轻微凹隐，墨色浓淡不一，字体大小悬殊，并出现漏字、倒字，颇具活字印刷特征。在得到胡珠生、张宪文两位先生的肯定后，我们将发现写成论文《早期活字印刷术的实物见证》，刊发在《文物》1987 年第五期上，迅即引起国内外关注。《浙江七千年》

大型图集也以显著版面刊登大幅实物照片，介绍其价值。美国芝加哥大学图书馆名誉馆长、李约瑟《中国科技史》大系中《造纸和印刷》一书的作者钱存训博士，对此十分关注，多次来信了解情况，并在美国、英国、中国台北国际会议上作了评介，他说："你们初步鉴定为北宋之说应加肯定"，"如推测这一佛经是毕昇制作的胶泥活字所印，也极可能"。

1995 年在全省文物工作会议上，我得知省博物馆藏有一件锡雕印刷版，是 1957 年杭州疏浚西湖时出土的。在年代鉴定上，有五代、北宋、南宋说。我很感兴趣，便与汪济英馆长联系。他立即请韩经世先生帮助拓印。当我收到拓片时，被他们的工作态度所感动。这是两张拓裱完整的作品，不仅字样清晰，而且右下角还有拓片人韩经世的印章。该锡版纵 27.5 厘米，宽 16.5 厘米。长方形，周边平栏，正反两面雕有阳文楷体字，写刻俱精，疏朗有致。所雕内容一面为《太圆满陀罗尼神咒秽迹直言》，另一面为《不空罗索毗庐遮那佛大灌顶光直言》。值得庆幸的是，这版上有阴刻"胡彦"两字，为刻工姓名，而落款"丙午八月八日募缘置"，则为断代的确切依据。于是我到处在古籍中寻找刻工"胡彦"的名字，一直没有满意的结果。图书馆潘猛补先生知道后为我提供线索，省图书馆有位先生雕版刻工多年，并有油印本刊出。我马上托人与这位先生联系，过了一年多，我才在温州新华书店单位订购的书架上找到这本书，《古籍宋元刻工姓名索引》，由王肇文主编，上海古籍出版社出版。经查刻工胡彦曾参与《欧阳文忠公集》《帝王经世图谱》和《清波杂志》三部书的雕刻，时间为公元 1190—1196 年间，由此断定该锡雕版为南宋淳熙十三年（1186）所作。文章在《东方博物》1997 年创刊号发表。钱存训先生来信认为："大作《现存最早的锡雕印刷版》考订周详，对版中刻工胡彦之名，考定丙午为一一八六，当系定论，确为现存稀见实物。"

1994 年 6 月，我们在整理温州国安寺石塔内藏文物时，发现一件彩色版画《蚕母》。版画高、宽约 20 厘米，画面较为完整地反映北宋时期蚕神的形象和蚕茧丰收的情景，且年代确切，并有"蚕母"两字，应该说是一重要发现。经初步梳理，我们提出：该作品是否为最早的蚕母形象，是否为套色版画。因此与中国丝绸博物馆联系，第二天他们就派两位专家（一位是付传仁先生，另一位就是现任馆长、全国著名丝绸史专家赵丰），冒着酷暑高温，正午赶到温州文管会。我们选择一处凉快通风的地方——古籍部楼下外廊，摆个小桌围在一起吃了几道温州菜，赵丰先生连声说好吃。午餐后两位专家看到《蚕母》版画十分惊讶，同声认为是重大发现，希望我们做进一步考证。依据图书馆、博物馆图书室提供的资料，我们分析考证，“蚕母”作为艺术形象留下来的尚不多见，早期的仅见宋代巨鹿遗址出土的人物雕版，上面隐约看出“三姑置蚕大吉”六字，“疑是宋代民间供奉蚕神神像雕版”。于是我们写了《温州发现蚕母套色版画》，在《文物》1995 年第五期发表。该期卷首语认为：“这套彩色版画非但是我国目前现存最早的一件，而且也是目前发现最早的蚕母形象作品。”

三

2001 年 5 月，钱兴中市长主持召开座谈会，共商地方文献编纂事宜。接着市政府成立《温州文献丛书》整理出版委员会，投入 200 万元，系统抢救整理一批有价值、有影响的温州地方文献。由温州博物馆资深专家、著名地方史学者胡珠生先生担任主编，温师院编审、古典文学专家陈增杰先生担任副主编，选调卢礼阳先生为专职编辑，负责日常工作的正是图书馆。9 月 1 日，我有幸参加丛书第一次约稿协议签订会，承担《温州历代碑刻集》整理。在一年多的时间里，博物馆、图书馆的同志不厌其烦、积极主动配合，协助辑录碑刻文献、点校碑刻文字等。2002 年 11 月 29 日下午，举行《温州文献丛书》首发式，第一辑《太平天国时期温州史料汇编》《温州历代碑刻集》头两部正式与读者见面。我在会上介绍了碑刻整理情况，对胡珠生先生的悉心指导，并无私提供部分手录资料，以及温州博物馆、温州图书馆的全力支持，表示感谢！那天适逢我的生日，亲朋好友纷纷以各种形式表达问候和祝贺，可谓双喜临门。

每个人的生日，最要感谢的是自己母亲。第二天一大早，我带上两本新书去看望她，她高兴地接过书，边翻边说：“你写的书，我可要细细看！好几个月你都没给我送书了，是不是工作太忙了？”我母亲陈曼珍，出身温州城区东门陈氏大户人家，平时爱好看书，尤其喜欢古典名著和历史类小说。我参加工作后，从图书馆借来给她阅读的书，足有一百本。

《温州历代碑刻集》的发行引起同行与读者的关注，温州博物馆多次购买，以供文博单位的索求。胡珠生先生自掏腰包购买六册，赠送给北京何龄修等先生；卢礼阳先生也自费购买两册，赠送给同学、朋友。值得一提的是，三年前的一天傍晚，我到延生堂准备买感冒药时，遇见一位坐堂的老中医。我就去挂了一个号，请他把把脉。他在开处方时说，您的《温州历代碑刻集》我读了好几遍，后托人买了一本，时而翻翻，颇有收获。在聊天中得知，这位先生叫朱国庆，原是永嘉中医院院长，退休后在这里发挥余热。说来有趣，这本书还帮过叶同仁堂一个忙。约十年前，叶同仁堂一位姓麻的先生找我，说叶同仁堂遇到一场官司，北京同仁堂告他们侵犯商标，要求巨额赔偿，请我帮忙找找这方面的证据。说来也巧，我岳父杨明潜早年写过温州叶同仁堂始创于康熙九年（1670）文章，而我编的《温州历代碑刻集》中也收录《叶氏同仁堂纪功碑》，两者时间相符。我把所有掌握的物证提供给他，并强调北京同仁堂始建时间仅比温州叶同仁堂早一年。后来听说，该证据平息了一场不该打的官司。

《温州历代碑刻集》收录元代黄溍撰写的《永嘉重修海堤碑》，系海丝重要金文碑志之一。碑中“温为郡，俯瞰大海，江出郡城之后，东与海合”，简述了温州与海结缘的地理环境；“百货所萃，廛氓贾竖，咸附趋之”，展现了温州城内商贸的繁华景象；“江浒故有大石堤，延袤数千尺……。凡为马头有二,一以俟官舸，一以达商舶云”，反映了温州港口码头规模和实力。它作为原始第一手资料，为温州海上丝绸之路的研究提供了重要依据。

温州图书馆、博物馆各自收藏稿本、抄本、刻本，不乏珍贵文献，在这次《温州文献丛书》整理出版中，温州博物馆伍显军、谢作拳编《杨青集》，温州图书馆提供《永嘉风俗竹枝词》卷一、《杨园诗录》《慈阴山房笔记》《慈慕山房笔记》《四香草堂百花吟》藏本。温州图书馆陈瑞赞编《东瓯逸事汇录》，温州博物馆提供《东瓯掌故》《瓯乘补》藏本；图书馆卢礼阳编《刘景晨集》，博物馆提供馆藏刘景晨《红梅图》作卷首插页。两馆资源共享、优势互补，成为文化界又一段佳话。

2018 年 5 月 17 日

（作者系温州博物馆前馆长）

生活，离不开图书馆

洪振宁

我是从“文革”那极端的没书读的年代过来的，因此，对书有一种特别的爱好。我把读书，视为自身精神家园的建构。

20世纪80年代初，承蒙老师的教导：买书，是为了读书更有系统，能够循序渐进。记得1984年调入市委宣传部工作后，曾经办理并获取温州市图书馆的借书证，很是小巧，号码竟然是0001，从此有了一个获取知识的更大的空间。那个年代，图书馆购书的经费不多，但千方百计鼓励我们读者向馆里推荐需要购买的新书。图书馆人的心地是那样的美好，总是希望让知识的分享给读者更多。

后来，得益于图书馆的，主要的，一是信息化系统，二是有关温州的文献，三是结识了一班懂书爱书的朋友。

从2002年3月5日《浙江日报》上获悉超星数字图书馆开馆，我以报上公布的免费试用读书卡号和密码，试着上网借阅想读的书。那时，网上读书，还是在宣传提倡阶段，图书馆馆长又给了一张上网读书的体验卡，凭密码，通过温州市馆，进入超星数字图书馆，体验期限虽短，但让我非常兴奋。

网上读书学习，的确给生活带来更多的乐趣，尽管那时电脑的配置和上网的速度都不理想，但已经让人尝到甜头，得益多多。为此，我还特地写了一篇短小的文章，发表在2002年3月19日《温州日报》的阅读版上，与大家一起分享，并且在讲课中也经常提及。

我在文章中说道：“一件喜事是，买到新电子版《中国大百科全书》(光盘1.2版)。其实，我已经有了1.1的旧版。那薄薄的4张光盘，竟装下了74卷厚厚的书，里头有1.264亿汉字，5万余幅插图。”

在文章里，我还说：“网上读书，特别是查阅资料，方便快捷，节省了我大量的时间。不多工夫，我就找到了我这一段时间里一直想找的书，许多册。过去，有时候，往往为了一本印数很少的书当中那对我有用的几页，只好拿钱买下厚厚的一大本，或者是跑到杭州，在庆春路的购书中心，找书来复印。现在好了，按几下鼠标，打印下来，就有了我那珍贵的宝贝。在超星数字图书馆里，我看到原版的《永嘉县志》《平阳县志》《温州府志》。从《永嘉县志》中打印了书中的一些插图，其中民国二十四年补刻的旧学宫图，系明朝正德四年（1509）勒石。打印下来的图，相当清晰，假如拿原书复印，因为书不能拆了只能卷起来复印，会出现一道灰黑，而从数字图书馆里打印的图，却没有这一缺点。”“于是，我迫不及待地把喜事写出来，让更多的人分享，劝更多的人参与。”

后来，我如去购买印刷本的图书，经常是先到超星·读秀，有时也通过深圳文献港或浙江数字图书馆，先翻阅电子版。通过图书馆进入超星、知网，以关键词查阅图书资料，身未到实体图书馆，心却都在书上，能博览众书，视野极大拓展开来。工作再忙，也想方设法上网读书。每到夜晚，经常是人可以不到馆，但通过温图的窗口进入更大的图书馆。

到2017年夏天的一次聚会上，我还按照自己的理解，讲到图书馆的发展趋势是信息化与本土化及其相互之间的互动。信息化的扩展，越来越深入人们的生活，做历史研究的，需要注重和提倡音像史学。

1998年，我读书的兴趣转向关注温州文史。经常抽空去市图书馆古籍部翻阅乡邦文献，时间长达多年。每到图书馆，就看到：被翻阅最多的是方志书。记得2006年冬，请图书馆购买一套《全宋文》，三百六十卷。星期天不够用，到了2007年春节，放假那七天，七天都在图书馆翻阅这套书，寻找有关温州的资料。编写完《宋元明清温州文化编年纪事》，2009年出版后，还不时加以修改补充。接着，转入民国时期的温州人和近代温州文化的研究。

曾经当过美术教师的我，对历史图片最感兴趣。2011年9月22日《温州日报》人文周刊发表我写作的《中国新兴版画运动史上温州的贡献》和《温州：现代版画史略》，当时是依靠温图整理出来的更多的民国图书和期刊，古籍部和地方文献部的工作人员很是支持。同时用了我的中学老师陈青秀家中的藏书。后来选编了一册《温州老版画》，列入“老温州系列”。近现代温州版画家群体对中国的贡献巨大，影响深远，他们的作品，只是选了其中的一小部分，以后有条件的话，应当汇编成为全集，作为地方文献推出。

就地方文献的征集，尤其是在温州本地的征集，温州市图书馆长年坚持不懈，工作做得很是出色。我也曾多次带了外地客人来参观过。温州人的著作，地方文献部馆藏富有特色。但人心总是不满足，多了还想更多。由于温州研究逐渐深入，探索得以深化，新世纪始，我们已认识到：古代温州人到外地当官，文集里往往记载外地的事，外籍人到温州旅居，外籍人的文集里往往有记录温州人与事的史料，因此，要努力从外籍人文集中寻找温州史料。

当温州市图书馆馆藏古籍12部列入首批国家珍贵古籍名录公布时，我很为温图骄傲。第二批又列入名录16部，又是欣喜十分。但查看国务院发文公布的整个名录，发现外地图书馆藏温州人著作更多。

以国家珍贵古籍为例：自2008年3月至2013年3月，国务院陆续公布第一、二、三、四批国家珍贵古籍名录，共入选古籍11375部，其中汉文古籍不足1万部。入选国家珍贵古籍名录的温州著作大致是：第一批29部，第二批66部，第三批38部，第四批19部，合计152部。152部温州著作，藏于温州地区图书馆、博物馆的仅有19部，其中85%以上并不藏在温州，而藏于外地的图书馆。名录中的温州著作，外地各有所藏，如苏州图书馆藏有明刻本《止斋先生奥论》等温州著作4部，吉林藏有7部，其中吉林大学图书馆就有3部。

如何将这些历尽劫难而幸存于世的古籍善本保护和利用好，文化部和财政部自2002年开始在全国实施“中华再造善本工程”，精选珍贵古籍版本，采用现代和传统相结合的印刷技术加以影印，这一工程持续了十几年。一些珍贵的温州著作如蔡幼学、蔡节著作，明代玩虎轩刻本《琵琶记》等，陆续得以高仿真影印，虽然印数极少，但我们已可以借机将这些“市宝”回归故乡温州。绍兴市也于2005年启动“绍兴再造古籍珍本工程”，影印了王十朋的著作《会稽三赋》四卷本等。

至2011年，我提出：要将乡邦文献陆续复制回温州。在2011年12月17日《温州日报》第六版“风土”发表《从〈异鱼图〉拍卖说到“市宝”回归》，在2012年1月5日《温州日报》第十四版人文周刊发表《资源共享与“市宝回归”》。

后来，又将这一想法多次写进有关调研报告草稿，提出加大“市宝回归”工作力度的建议。大意是：温州亟待实施文化“市宝回归”工程，让更多的温州人了解藏在外地的温州文化瑰宝。将藏于外地的温州文化瑰宝如历史上大量的画雁荡山的作品和近代拍摄雁荡的老照片，温州历史名人的墨迹手稿等，通过征集或仿真影印图书、绘画等各种现代手段，以各种形式，使得这些“市宝”能够回归故乡温州，造福温州人民。当增加温州博物馆和温州市图书馆征集“市宝”的经费，设立专项，加大征集和回归的工作力度，并鼓励民间捐献。

继温州市图书馆2013年搜集影印《证道歌》的多种版本回温州之后，2014年，瑞安市纪念孙诒让《契文举例》问世110周年，向浙大图书馆商借藏书一种，仿真影印了稿本《契文举例》。乐清市有关方面还特地组织去台湾寻找乡邦文献资料。

我自己也很努力，尽力去做“回归”的一些事，不断从外地发现温州的史料，并陆续通过发表文章把它公布出来。从网上和温图工作人员那里感受到的“知识共享”，得以不断推进，地方知识水平才能水涨船高。有生之年，当在“以文化做公益”方面，尽力多做点事。

回顾人生，我的体会是，人的一辈子，从成长、工作，到生活，私人藏书总是有限的，因此，怎么也离不开公共图书馆。当然，图书馆也发生变化，从实体图书馆，到数字图书馆。网上的图书馆，能使得我们更有效地利用图书馆的藏书。

2018年5月29日

（作者系温州政协智库专家）

梦开始的地方

——我与温图的结缘

李新德

20 世纪 90 年代末我来温州工作，开始与温州图书馆结下不解之缘。

当时的温图还在市区公园路上，除去温图借还书外，我还常到外文阅览室读最新国外报章杂志，去二楼报告厅听报告，去电子阅览室上网。说到互联网，要知道当时我所工作的温州师范学院，整个学校也只有三台电脑能够上网，而且还是通过电话线连接；而那时的温图，已经有数十台电脑可以上网浏览资料了！我曾自诩为中国第一代网民，早在 1996 年于长沙读研期间，我就开始触网。为了不愿忍受校园内慢得如蜗牛一样的网速，我曾跑到湖南省图书馆上网，可收费高达 15 块钱一个小时；当时的温图，上网收费较低，而且工作人员服务热情。2000 年起，我曾在温州师院进行专业课程的网络教学改革，许多教学资料的收集与上传，都是在温图完成的！

我虽然早在读本科时，就已经接触到基督教文化，但下定决心从事基督教传教士的个案研究，却始于我在温州图书馆的读书经历。我与温图开始更深层次的接触，则源于我对苏慧廉（William Edward Soothill，1861—1935）的关注与研究。传教士出身的英国著名汉学家、教育家，牛津大学教授苏慧廉曾在温州生活、工作二十五年。苏慧廉受英国循道公会（时称偕我公会）派遣来到温州，他曾在温州创立医院、开办学校；他曾将《圣经》翻译成温州话，致力于中国儒、道、释三教的研究与中国文化的西传，曾将《论语》《妙法莲华经》译成英文，并编撰《中国佛学词典》等。今日温州被海外学界称为“中国的耶路撒冷”，温州教会被称为“中国的安提阿”，基督宗教的发展自有其独特之处。作为一名宗教文化研究者，我希望能够找出温州基督教发展的历史脉络。一次偶然的机会，我从在温州市图书馆工作的张永苏老师那里得知，温州图书馆藏有苏慧廉的一本传记 *A Mission in China*，这是 20 世纪 50 年代初期，温籍著名学者夏鼐先生买来转赠给温州图书馆的。借来阅读之后，我深深地为苏慧廉的经历所吸引，当时就暗下决心：有机会要将这本书翻译出来，让更多的人分享。2002 年我们就完成这部书的翻译，后来虽经很多波折，由张永苏先生与我合作翻译的苏氏这本 A Mission in China 中文版最终于 2011 年以《晚清温州纪事》为题名公开出版。

张永苏、李新德译本

后来我有机会到中国香港、美国访学，陆续在上海徐家汇藏书楼、上海图书馆、香港中文大学图书馆以及美国加州大学图书馆、俄勒冈大学图书馆、华盛顿大学图书馆、林菲尔德学院图书馆、芝加哥基督教研究中心等收集到苏慧廉的英文著作多种。在上海读博期间，我选定了传教士与中国宗教文化关系为研究方向，苏慧廉成了我博士学位论文研究的重要个案。我撰写的《苏慧廉及其汉学研究》一文，先是在“基督教与中国社会文化”——第二届国际青年学者研讨会会议宣读（香港中文大学：2004 年 12 月 10—14 日）；后经匿名专家评审，收入《基督与中国社会》（香港中文大学，2006 年）。我始终认为，今日温州基督教之蓬勃发展，与苏慧廉当年极具个人特色的宣教工作分不开。遗憾的是，今日温州平信徒很少知道温州基督教发展史，以及苏慧廉当年在温州的汉学研究成就与历史贡献。另外，一百多年来，温州历经战乱、“文革”，所遗留下来的地方教会文献很少，尤其是在新中国成立前近百年温州教会的史料，在温州几乎是一片空白；国内外学人对温州教会的早期发展历史尤其是对循道公会温州早期传教史的研究很不全面，已发表的文章又差错较多。我的这篇文章在认真阅读苏慧廉著述原文的基础上，充分利用广泛收集的中西一手文献资料和人物访谈，对苏慧廉的汉学成就进行梳理，并对这位几乎被人忘却的汉学家在基督教与中国社会文化关系史上地位做出初步的评价。如针对偕我公会传教士李庆华（Inkermann Exley）何时来温开教、苏慧廉是 1881 年抑或是 1882 年来温州等问题，我则通过对西文文献资料的考证，纠正了谢圣弢牧师、支华欣牧师以及本地学人莫法友先生文中的错误。该论文曾获温州市第十一届社科优秀成果奖一等奖（2008 年 4 月），使我们从事人文社科研究的学者看到自己的研究在地方文化建构方面的积极意义。我撰写的另一篇题为《循道公会温州早期传教史（1878—1907）》的论文，曾在“宗教与地方社会与文化”学术研讨会会议宣读（香港中文大学：2008 年 6 月 19—20 日），受到与会专家的好评。该论文以循道公会温州早期传教史为研究对象，结合当年的中西文档案资料以及循道公会传教士苏慧廉等当年的西文著述，通过与内地会传教士在温州宣教实践的比较，来论述循道公会在温州的发展与社会进程之间的关系，探讨以苏慧廉为主体的循道会经验在当代中国教会建构以及地方文化建设中的积极意义。毋庸讳言，我研究苏慧廉最初的资料的收集，始于温州图书馆所藏的《温州文史资料》《鹿城文史资料》等系列出版物中诸多经历者整理的回忆文章或学者考证的资料，以及温州学人胡珠生先生的《温州近代史》、蔡克骄教授的《瓯越文化史》等学术著作。我撰写的《循道公会在华文字事工——以〈夏铎〉月刊为研究中心》一文，同样是基于温州图书馆所藏《夏铎》杂志全本。该文曾在“汉语文献与中国基督教研究”国际学术研讨会（上海大学，2013 年 6 月）上发表，后收入《宗教与历史》第七辑（上海大学出版社 2016 年版）。《夏铎》杂志是由中华循道公会温州、宁波两教区合办的月刊，时任温州教区区长英国传教士孙光德为社长，温州教区宗教教育干事吴廷扬任编辑主任。该月刊 1937 年 1 月创刊，至 1938 年 1 月停刊，前后共出版十期，温州图书馆藏有全部的《夏铎》月刊。据我研究，作为循道公会在华创办的少数中文期刊之一，《夏铎》月刊除刊载宗教教育论文、科普知识以及主日学材料外，还忠实地记录了循道公会温州教区、宁波教区的教会日常活动与宗教教育情况，以及循道公会温州、宁波两教区在宣教、文字事工等方面“处境化”的努力。温图所藏《夏铎》月刊在地方报刊发展史、循道公会在华发展史方面具有重要的文献意义。

正是得益于温州图书馆的馆藏资料，在高校教书育人的同时，我逐步走上了治学之路，且研究领域明确：传教士汉学与中国典籍翻译研究。我博士学位论文选题是《传教士笔下的中国佛教形象研究》，是以苏慧廉为重要研究对象；在博士论文的基础上，我以《“他者”形象与翻译策略——对明清时期西方传教士中国儒道释典籍翻译与诠释的研究》为题从事博士后研究，同样以苏慧廉为研究重心。过往研究课题也先后受到省哲社科、教育部人文社科、中国博士后、国家社科等基金项目的资助，多年的研究成果《明清时期西方传教士中国儒释道典籍之翻译与诠释》已由商务印书馆于2015年12月公开出版，并荣获浙江省第十九届哲学社会科学优秀成果奖二等奖（2017年11月）。

从读书到工作，再到过去持续数年的访学深造，我有机会走访了国内外多家图书馆和藏书机构。但我不会忘记：温州图书馆是我在温州学术研究起步的地方，是我认识温州历史文化与当代发展的绝佳去处。作为地方公共图书馆，她多元的馆藏资源，拓宽了我的学术视野、坚定了我跨学科研究的信心；她浓厚的人文氛围，更是加深了我对图书馆的独特情感。我在美国曾经访学与工作的林菲尔德学院，其图书馆与美国的数十家大学图书馆与公共图书馆有馆际互借的服务协议，我有幸成为那里的常客，通过馆际互借找到自己心仪已久的资源。2006年8月去加州大学河湾分校看望当时在那里读博士的弟弟时，因弟弟、弟媳每天在实验室工作很忙，我在那里逗留的十天时间里竟有九天泡在图书馆！2007年春假期间我所工作的林菲尔德学院组织国际学生与访问学者到加州旅行时，我们在旧金山有两天半的自由活动时间，为寻访三四百年前耶稣会士的汉学著作，我却在旧金山大学利玛窦中西文化历史研究所图书馆呆了整整两天！后来到纽约访友，我也不忘记到位于7号地铁总站附近的法拉盛图书馆查阅当地华人的历史资料。自2003年起每次访港，中文大学的多间图书馆更是我必到之处。在上海攻读博士学位以及做博士后研究期间，为了查阅传教士的汉学著作以及传教文献档案，我几乎是天天乘公交、转轻轨，再换乘地铁到徐家汇藏书楼或上海图书馆，虽很辛苦，但乐此不疲。2011年的英国之行，使我有机会到伦敦国王学院、亚非学院、剑桥大学、牛津大学等大学图书馆以及大英图书馆寻访资料，并收集到大量传教士汉学研究的一手文献资料，循道公会温州教区的档案资料以及西文温州地方文献资料。

温州图书馆迁到现址后，其硬件设施绝对是国内一流，图书馆藏、服务等软环境也更上一层楼。多年来温图所开展的读者服务大大方便了学人的阅读与学术研究；丰富多彩的讲座、常规性的展览更是让人眼界大开。在全国首创的城市书房系统，与各区分馆一起，更是让读书人享受到温图系统便捷的通借通还服务。就我个人而言，单2017年度，我就从温州图书馆系统借阅了250册图书！虽说自己已顺利走过事业的“青椒”期，并晋升为教授，但学外语出身的我越发感觉自己国学方面的不足。自去年初开始，我计划用十年的时间通读包括二十四史、

《资治通鉴》在内的中国史学著作。《史记》《汉书》《后汉书》《三国志》等史书的阅读我多是在温图及城市书房里完成的，而中华书局所出版的胡三省注《资治通鉴》30册，更是我一本本从鹿城区图书馆借来阅读的。

在温州图书馆，除根据个人研究兴趣与爱好借阅温州地方史料、中国史学、文学经典，以及西方汉学研究方面的图书外，因专业的关系我还特别关注外文图书馆藏。近几年温州图书馆可谓独具慧眼，引进了不少原版图书；虽然门类不多，但精品不少。以英语文学为例，在这里你可以找到英语最古老的诗歌，也可阅读到莎士比亚戏剧的单行本多种，以及当代英语国家的小说作品；你可以浏览牛津英美文学指南、文学术语词典等工具书，也可以读到反映英美文学发展脉络的当代文学理论著作。单就英国最古老的史诗作品《贝奥武夫》，温州图书馆就收有现代散文体与诗体的两个翻译版本。

温州图书馆很快就要迎来她的百年华诞，而我跟温图结缘也近二十个春秋。作为一名普通读者，我深知这里是我的梦想开始的地方；我希望能有更多的人来这里寻梦，远离尘嚣，寻找精神的家园。

2018年5月18日

（作者系温州大学人文学院教授）

温州图书馆与我的学术起步

徐佳贵

2010 年，我第一次来到温州图书馆。和多数来这里的读者可能不一样，身为历史专业的学生，我的主要目的地是图书馆七楼的古籍部。当时古籍阅览的功能还没有统一到地方文献室，近代及以前的古旧书刊基本上都是古籍部调出，并在古籍部提供给读者阅看。刚来没几天，我便意识到如果不出意外，我就该是电梯里唯一一个按下数字版上那个“7”的外来者。电梯通常每层都停，进进出出安静或喧闹的老中青少年，最后老中青少年都不见了，剩下我一人走出电梯门，站在七楼目的地与办公区的交界处。直到一次有个小学生模样的男孩发了好奇，问电梯一角的姐姐（目测是姐姐）七楼究竟有什么。姐弟俩光着眼睛互相看了一会，都不确定那里有什么奇景或是珍宝，最后在六楼电梯门槛上晃了几秒，总算捺不住好奇，回电梯里和我一同上到了最高层。

他们在七楼待了多久，我已没有印象了。光是记得去七楼的人是一年比一年多，尤其是到了地方文献室修缮一新并开放后，在文献室里待上好一阵的年轻人也越来越常见了。许多可能是身带任务的文史专业学生，也有不少只是途经此地的青年读者。至于我，在这里找资料的目的性越发明确，而我的年岁也渐渐脱离了这些满怀好奇的青少年的队伍。基于研究的需要，我几年来断断续续来温图，直至 2018 年初，2010 年我还是研究生二年级，2018 年我博士毕业都已两年了。这八年内我写成一部博士论文，博士论文又改成了一本书，书里非正式出版物中的大部分材料都是拜温图七楼所赐。可以说，这里见证了我最后的学生岁月，也帮着我在这段岁月的终点为整段的求学生涯交上了一份质量还算令人基本满意的答卷。

我的研究题目叫晚清温州的地方知识转型（略及一点民国地方史的内容），这个题目有些费解，简单说，就是以温州为主案例，考察近代中国西学东渐的“地方化”机制。而在进入这个题目前，我相关的知识积累基本是一张白纸。也

徐佳贵新著

许不碰这类题目，一个人都不会确切知道自己对于家乡的过往原来是这样无知。如今书出来了，我也不确定这份无知真的能够淡化几分。不过，至少阅读、了解的过程是愉快的，其间古籍部王妍、研究室潘猛补及《籀园》编辑部张永苏等老师在资料信息等方面给予了我莫大的帮助，一些思路和灵感经此提点，方得以拨云见日。

温图古籍部的库存之丰，现在已有越来越多的外界人士给予注意，尤其在近年，温图馆藏近代读书人的日记影印出版，进而排印刊行，引起了许多学界中人的重视。除却日记，还有各种馆藏未刊的文集、书函、报刊等等，我的博论虽然篇幅不算太小，但里面使用到的也只有冰山一角。这是需要多少代扎根乡里的读书人设法应对不同方面、不同烈度的困厄与干扰，才能积累下的财富规模。对我而言，无论印本、手稿，故纸散出的绵密味道凝结成一条时空隧道，虽然穿到隧道另一端时仍会遇上浓淡不一的雾，可总能从中分辨出曾经生活在与我翻书的地方大体同一地理空间内的故人音容。见有生动、会心或令人豁然开朗处，不免对卷独笑。纵如时贤所云“往昔非我”，可在承认沧海桑田之外，感知这些人的理想与渴望、理智与情感，进而尽力形成声气相通的“对话”，依然是一项格外引人入胜的任务。

那是一个充满苦难、悲情、纠结与希望的年代，对于天下与国家命运的关切，也通过当时刚刚开始“近代化”的知识信息传输渠道，为身处相对“边缘”之乡里的读书人所广泛分享。这座地方性的图书馆，显然也是这种“分享”的一个直观的产物。忘了是哪一年，我首次拜访了原先和图书馆建在一处的籀园（今为温州教育史馆），那是孙诒让、黄绍箕等近代地方文教改革先驱的一个年代悠久的纪念空间（主要是纪念孙）。在我的老家瑞安，孙诒让的画像与雕像也颇常见（黄绍箕的纪念物相对鲜见），但在我早年的印象中，孙诒让只是一位经学大儒、旧学耆宿，多数著作叫人“不明觉厉”，而与当代人的现实生活相距十分遥远。后来经过专业训练与几年的资料爬梳，我才意识到他同时是一位激进的改革者，这份激进与他正式投身改革时的年岁明显地不相称。“新”与“旧”一定程度上可以相辅相成，但在相成之外，也不免冲突与矛盾。今日面对已然一分为二的此馆与彼园，在有意“怀旧”之余，我们又该对当时人们锐意求新又不时反顾的精神历程给予何种基于“了解之同情”的评价呢?

以上是与专业相关的一点感想。最后，还应提一下温图的读者餐。我也是温图一楼餐厅的常客，2010 年到 2018 年，我看着读者餐的价位从 11 元渐渐涨到了 15 元，但一直两荤两素，饭量充足，相较外界的通胀幅度，算得是相当实惠。十一点半后我枵腹下楼，之后又可以能量满格地回去复工。总之，这可说是一段物质精神双丰收的岁月，虽然“乡史”研究业已告一段落，但在我学术生涯的预备与起步阶段，温州图书馆无疑是其中饷馈至多、在我心目中的地位也绝对无可取代的一站。

2018 年 5 月 2 日

（作者系上海社会科学院历史研究所助理研究员）

温州图书馆的方便之门

尧育飞

与温州图书馆发生关系，起先是因为该馆主办的报纸。有一天，在钟叔河先生家聊天，无意瞥见了《温州读书报》。随口问起之后，钟先生便说，这报纸办得不错。那一次，钟老还对温州另一种刊物《瓯风》赞不绝口。对我所在的长沙的刊物，钟老称许的不多，而温州却竟有两种。于是我的记忆里便有了这刊物印记——这是我第一次注意到目下的文化上的温州，时间在 2014 年。之前，自然我也知道温州，也晓得东瓯，幼时读报，还仿佛记得该地附近的温岭曾出过一个著名的贪官。其余的，我却只晓得温州话是很难懂的方言，难度系数在全国方言中据说可位列第一。这刻板印象则来自从前语言学课上。

那是 2014 年的秋天，我还在岳麓山下的左家垅念研究生，除了感慨温州地方文化刊物办得好，于长沙的有些怒其不争之外，并不曾想到自己还会与温州发生更多联系，更不会想到以后的研究中还会遇到温州图书馆，并且获得温图的帮助。人与机构的缘分，有时正如人与人的缘分一样，开初只是一点，后来遇着机会，却自然触发起来。万物生长大约也这样吧。尽管迄今我也未曾踏足温州图书馆，但因为两部书，我得了温州图书馆古籍部的帮助。由此，从心底上，我便对这间东南沿海地区的图书馆有了亲切之情。

去年硕士论文答辩，我曾在论文后记中深致谢意，但我的论文在万千毕业稿件中何其微茫。在别人更是未必会注意到的。谢意深埋心底，有时是不容易送出的，况且我这样一位偶尔写点文章的大时代小书生，又何谈什么报答呢。然而，在这图书馆虽然开放，而阅读古籍却并不一定那么方便的今天，我仍觉得我从温州图书馆古籍部所获得的帮助，并非一件不值得书写的事情。在我，是实在的获得了帮助。在他人，或许在看书遇到麻烦时，会多存一些希望，增添一点信心。在图书馆，或许，会有更多的图书馆如温图那样开放吧。——我的一点心愿和冀望未必真能实现，但真正发生的事情，我不能不忠实记录下来。

一、索求何文渊的《东园遗稿》

我在 2014 年的秋天很快确定研究的题目，对象是明朝弘治年间曾任刑部尚书的何乔新。何乔新有《椒丘文集》传世，这书在清朝更名为《何文肃公文集》行世。何乔新是江西广昌人，我的乡先辈。知人论世，我便慢慢了解他的父亲。原来何乔新的父亲何文渊在明景泰年间曾官至吏部尚书。《椒丘文集》收入《四库全书》，是较容易阅读到的，虽然直到后来我才发现这版本的复杂。但在当时，我却一门心思想要弄清楚何文渊的生平。查《千顷堂书目》，收有何文渊的《东园遗稿》，然而现存的《中国古籍总目》没有著录，各家图书馆，从国家图书馆至于上海图书馆，也都没有。于是遍地地找，在日本内阁文库的网站上寻觅到了。然而日本毕竟是遥远的，而且虽然负笈东瀛的人不少，我却并不认得，此事只好作罢。恰在这时，我在温州有所发现。

何文渊在温州是享有极高的历史名声的，在正史上，他是一位廉洁奉公、造福温州的知府；在民间传说中，却又是一位心术不正、做了许多坏事为害温州的人。我曾看过温州大学一位教授研究何温州民间传说的文章，发觉其中的许多传说和我的老家江西广昌所流传的并无二致。只不过何文渊这位“何尚书”在温州的传说中是负面形象，他总是干坏事，而温州本地人张璁却处处斗他。而在我的故乡，“何尚书”则是造福江西的大人物，俗语云何文渊任尚书之后，“带发了江西一省人”。温州地区的民间传说自然不可靠，因为张璁仕途显赫的时候，何文渊早已去世了。然而，凡走过必留下痕迹，在历史人物的资料搜集中，这一条更当特别注意。

很快，我便把搜寻的目光转向了温州。我在温州图书馆的检索系统中找到了《东园遗稿》。这真令我开心！但是，温州图书馆我毕竟不认得人。也便是在此时，因为查阅何乔新的佚文，在网上联系上一位温州的老先生，承他告知温州图书馆一位前辈的联系方式。可惜，前辈已经退休了。希望通过传统中国人的关系去接触这书的想法是不可行了。于是另找线索，找到一篇提及这部书的文章，方才知道温州图书馆之所以藏有这本书，是因为昔年编撰《温州通史》时，主持此事的一位复旦大学教授从日本内阁文库拍摄了一份回来。我便又找到复旦大学的官网上那位教授的联系方式，写了一封诚恳的邮件，然而石沉大海了。在教授而言，自然不屑于回应我这样千里之外的人的恳求。教授的工作本不包括回应外校无关人员的请求，何况是资料的提供。

我不能不寻求别的帮助，然而别的迂回的诸多路都走不通。于是，没有办法，我只能硬着头皮打电话给温州图书馆了。

二、《温州读书报》与求书的曙光

我向来羞于求人，何况并不熟悉的图书馆。在较为熟悉的湖南的一家图书馆，我是吃过闭门羹的。那图书馆的规定是善本书原则上不让看，倘若要看，是要找两位主任签字，然而我去了好几次，不是这位主任不在，就是那位主任不在，总之，是很难集齐两位主任的签名的。我于是知道，他们大约不想让我看那书。后来，我还寻找过一些书，然而他们回答在修复。我疑心修复的书很多，不免发出一些抱怨的声音。这时，我就从他们眼神中捕捉到不友好的意思。这种情况在上海，我也曾遇到过。我曾见一位七八十岁的老先生在闻名全国的古籍部，也被管理员像小学生一样训斥。故而，我不能不有些害怕图书馆员，怕他们万一不高兴，书就不给我看了，我岂不冤枉。

然而在温图，我毕竟略略有些心安，因为与该馆的《温州读书报》有一些接触。起初，在江西老家，我已经获得了何文渊家族的族谱——《平西何氏八修族谱》，一些资料关涉黄淮。黄淮是明代永嘉人，永乐时曾入阁，他与何文渊有些交往。而《平西何氏八修族谱》里，有几首诗歌是《黄淮集》所未收的。我便写了篇文章投给《温州读书报》。另一回，则是我一直注意民国批评家李长之先生，在搜集资料的过程中，发现李长之和温州学人夏鼐、徐贤修都有接触，且和徐贤修在清华大学读书时还是室友，就又写了文章给该报。因为投稿，于是和卢礼阳先生、章亦倩女士有一些网络的往来，从中能感觉到他们对文化事业的热忱。于此，对温图就不那么陌生了，不纯是忐忑了。

询问电话之后，便找到了古籍部的王妍主任。我将自己的研究情况和所需要的帮助告知以后，大大出乎我的意料，竟然得到授权，允许我使用《东园遗稿》。我在日记中这样写道："温州图书馆王主任告知，《东园遗稿》可以看，十分谢谢，这或是海内孤本……日本真了不起，而沿海图书馆也比内地图书馆服务等好太多。"几天之后，我获得了王妍女士传来的 PDF 版，声明供研究使用。真是意外之喜，这天的日记又写道："收温州图书馆王主任寄来《东园遗稿》，喜出望外，是书寰球似只存日本内阁文库，目前温图及台湾傅斯年图书馆有影印本而已。内中有何文渊诗两百多首，虽只有四卷，但联系何乔新仕履，与其父很是吻合。官二代做官，地方的选择外仍要看背后的原因。播州、山西等地，都是何文渊曾经历练的地方。是书大好。”那天是2015年11月4日，至今读来，仍颇感激动。毕竟，在今天大多数国内图书馆古籍仅允许复制前三分之一的情况下，这不啻于天上掉了一个馅饼。我自然知道，这是温图的善意。这种善意，我先前询问一位老先生就稍有所了解。那位老先生“整理了《黄淮文集》《环庵先生遗稿》等，据说后一部是从温州图书馆整理出，可见温州图书馆的服务非常不错。”先前我的日记中这样推断，可算不差。

有了材料，何文渊早年的事迹也便清晰起来了。他在温州任知府能获得极高的评价，是从他提倡文教、体恤百姓、实行仁政密不可分的。在天顺年间入阁预机务的温州乐清人章纶，便是此时为何文渊所赏识，而成为他的门生的。而《明史》中关于“何文渊自经”的公案，也通过《东园遗稿》能捕捉蛛丝马迹。于今，《东园遗稿》存世甚少，而我在整理《椒丘文集》之后，也一并将此书整理出来，虽然尚未有出版的机会，但陆续发表的一些文章已逐步把这书的价值揭示出来。明初永乐、宣德年间的高官，存世文集并不算多，这一种，也颇见珍贵。而其价值，将来定然能为更多人所认识。

三、《何文肃公文集》的几张书影

有时想想图书馆员的不友好态度，我也会反躬自省：读者如我，离开了图书馆，未来对图书馆和馆员有何感念吗？恐怕是看书之后，从此人海茫茫，再不相会，依然陌生人。倘若这样，图书馆员态度恶劣一些，似又可以理解。我在获得《东园遗稿》之后，忙于四处访书，搜集材料，自然也没有再去打扰温图。或者如鲁迅与闰土的关系，“竟至于有些隔膜了”。却就在这时候，我预备写论文，方才发觉《何文肃公文集》还有一种版本，我未见到。这版本虽然许多地方都有，但我已无暇访书了。但如果不对比这版本，有些论断可就没法下笔了。焦急之中，我便又想起了温图。然而，此时求援的话真不知从何说起。想到这里，我不免厌恶起自己的薄情来了。然而没有办法，还得硬着头皮来。

出乎我的意料，自然，我又获得了温图的帮助。这回传来的是盱源传经堂藏板的《何文肃公文集》，那是康熙三十三年刻本，虫蛀了不少，然而依旧古色古香。更为难能可贵的是，书中夹有一签条云：“丁亥夏借得一本，与此全同，惟此序题《重刊文肃公文集序》，引首单行直书，亦无‘椒邱’二字，并无‘罗圭峰先生原订’七字，末无‘盱源’二字，其刊印似较此微先。”不知这签条是谁所书，可能是温州籍的读书人吧。签条的作者看书很是仔细，已经注意到古籍的前印后印本。我当时虽然觉得康熙三十三年刊刻的《何文肃公文集》存在前印后印的问题，却未曾想仔细加以辨别。待到这个时候，方才仔细琢磨这个问题。原来温州图书馆所藏的是一个后印的康熙三十三年本，颇有价值。这为我的论文在考察何乔新文集的版本流传提供了一个新的例证，论文因而得以完善。

问题得以解决，我的论文也得以顺利完成，然而疑问却还有不少。只是我已不好意思麻烦温图古籍部多拍摄几张书影了。毕竟，这是有违规定的。那位写签条的前辈是否还曾在这书留下笔墨？他恐怕也是一位温州地方文献的工作者吧，不然何以注意到何乔新的文集呢。然而，当时的我无暇前往温州图书馆查阅此书，而现在的我，研究方向已有所转移，短时间内恐怕也不会去注意这本书了。研究者的兴趣转移之后，与图书馆的关系似乎淡薄了，于此似可见研究者的薄情。在中国的现在，古籍研究者和图书馆彼此似乎都颇有些怨言。然则研究者的兴趣会转移，而图书馆却始终还在那里。这样看来，图书馆似乎是更为寂寞，然而也是更有恒心的那一位。在获得温图的帮助之后，我曾亲聆过复旦大学图书馆古籍部吴格先生的谈话，吴先生始终以图书馆员自称，谨守图书馆工作本分，那份术业有专攻的职业态度，令人动容。在吴先生的言传身教的感染下，我对图书馆的工作有了更为深入的了解，也因此，对温图于我的帮助有了更多的感激与敬意。

可惜，温州，这片何乔新少年时代生活过的地方，何文渊一生政事最为辉煌的治所，我至今还未踏足。而温州图书馆，我也未亲自登门致谢，只能用这样的笔墨，写这样的文字，聊作慰藉。只是在重新翻阅硕士毕业论文时，我才不觉再叹口气：“唉！何时我能去温图看看这两部书呢！”

2018年5月26日

（作者系南京大学古典文献专业2017级博士生）

我与温图地方文献

王长明

到温州工作之初，我其实极少去图书馆，更多的时候是到书店或旧书摊买书，甚至在最初的几年中我连借书证都没有办。我与温州市图书馆最早的联系是因为工作。从 2011 年起，我所在单位温州新闻网与中共温州市委政研室联合举办“米利都讲坛”，温州市图书馆作为协办单位长期为讲坛免费提供场地。这个讲坛一般是在温图四楼的读者活动区举办，其间也有两场规模较大的安排在二楼的档案馆报告厅举办。由此，我认识了读者服务部的王聪聪、黄海彬、钟显明，社会活动部的严海帆，以及好几位相貌熟悉却至今叫不出名字的图书管理员。他们在举办讲坛的过程中给了我大力的帮助，从场地安排、对外宣传、现场布置、灯光音响，他们都细致周到地予以安排。2013 年元月，黄海彬得知我尚未办理温图的借书证，便送我一张借书证，我在温图的借阅便由此开始了。当时我还不是市政协委员，已经提前享受优待。查阅这五年多来的借阅记录，一共在温图借书 348 本，除去我自己大量的重复借阅与妻儿用我的借书证所借以外，我实际借阅的书恐怕不足百本，这与自己读书历来偏慢，且碰到心仪的书要反复研读的习惯有关。

虽然从温图借阅的书不算多，但是温图对我个人的成长与研究功不可没。近些年，我一直致力于研究温州的地方抗战历史，温图七楼的地方文献阅览室、四楼的信息阅览室、三楼的社科借阅室，成了我常去的地方，其中所藏图书、文献为我揭开历史迷雾提供了不可或缺的凭据。譬如我在做温州规模最大抗日战斗——1944 年莲花心战斗的研究时，对战场的主要地名即战斗详报中所称外莲花心第一至五峰、西山第一至第三峰和营盘山在今景山森林公园中的具体位置一直不能准确判定。三四年来虽然多次查阅资料、实地考察并访问村民，不但未能解决疑难，反而被纷纭众说弄得更加迷糊。作为小区域战史的研究，地点如不能精准确认，则意味着史实不能真正落地，很多文本叙史的内容也得不到必要的验证。2017 年夏天，我在温图地方文献阅览室查到《民国浙江地形图》一书中的《永嘉县城南部地形图》，可谓极大的惊喜。此图系 1922 年浙江陆军测量局测图、1928 年制版，在当时来说属于军事机密。经过反复的比对，确认战斗详报所附战斗经过要图就是以该图作为基本底图来绘制的，此后再结合其他各类地图和实地辨识，终于破解了这一重大疑难。

再如关于 1942 年的莲花心战斗，最初仅查到相关的战斗详报及当年的媒体报道和照片，而在地方文献阅览室所藏的《夏鼐日记・温州篇》中我惊喜地发现了夏鼐先生 1942 年 7 月 17 日、7 月 31 日、8 月 13 日至 14 日的日记中有多条相关记载，且与前述史料完全吻合，这使得我们对这段历史的还原更加细致丰满。可以说，我个人研究的开展，我能与周保罗先生合作完成《温州莲花心抗战史研究》（将于年内由社会科学文献出版社出版）在相当大的程度上是得益于温图有这样好的地方文献资源。

除了丰富的地方文献馆藏让我受益良多之外，温图研究馆员、知名文史学者卢礼阳先生更是给予了我非常大的帮助。他时常对我的研究给予鼓励与点拨，乃至直接提供重要线索或史料。譬如前文提到的《夏鼐日记・温州篇》，卢先生在其中发现 1946 年 10 月 27 日夏鼐到瓯海医院（在今温州医科大学附属第一医院公园路院区）与张景飞、周邦基及叶昌荫诸君，同赴西山寻觅西山窑址，“在西山之麓赴镇国寺（护国寺之误，本文作者注）之路左，立有植树纪念碑及三十二年抗战阵亡将士纪念碑之附近，地面上瓷片甚多。”（230 页）卢老师立即将此重要发现分享给我。在这之前只听一位年近八旬的韩永龙先生讲起此碑，到当地去寻访，亦无所获，没想到还是在温图的地方文献藏书中得到佐证，从而一举解决了莲花心一带有无抗战纪念碑的悬疑。

而我的一些小小的“成果”是在卢老师的不断鼓励甚至催促之下取得的。譬如刊载于《温州读书报》的《芷江洽降与南京受降》《让追认国军抗日烈士不再难》，刊载于《温州通史编纂通讯》的《松台山抗敌阵亡将士纪念碑》（我与周保罗先生合写）。前两篇之缘起只是我在微信朋友圈发了只言片语的杂感，卢老师看到便马上建议我写成文章，后来又不断催促。而《松台山抗敌阵亡将士纪念碑》这篇稿件，本来想等到关于此碑的基本史实全部弄清后再动笔，在卢老师的一再鼓励与催促下，总算是拿出了“阶段性成果”。温图地方文献让我大获裨益，还有卢礼阳老师对我的大力帮助，从某种意义上说正是温图致力于挖掘、传承优秀地方文化的良好氛围对我的滋养。这正像温图主办的《温州读书报》能不随流俗，不蹭热点，秉承人文理性、严谨求实的精神，坚守一方园地，颇为难能可贵。

在全国地市级图书馆中，温图的地方文献收藏与研究虽然不能说是独一无二，但绝对可以说是颇具特色与优势，全国地级市公共图书馆首家谱牒收藏研究中心，蔚为大观的六十册《温州市图书馆藏日记稿钞本丛刊》等等便是明证。我也期待温图的地方文献收藏与研究能再上一层楼。为此，我建议在现有温图地方文献部的基础上成立温州地方文献与民间记忆研究中心，并把地方文献概念的外延从文本记录拓展到声音图像，特别是要做好温州重大历史事件、风俗掌故、地名来历、谚语俚语等相关的口述、传说及照片、音视频的挖掘记录、积累与研究，既加强与专业研究机构的合作，又充分发挥民间志愿人士的积极性。在方志、期刊、名人乡贤撰述、谱牒以外，以民间记忆这一载体让地方历史记录更加完整、丰富和鲜活，并为全国地市级图书馆历史文献的整理研究开拓一片新天地，树立一种新范式。

2018 年 5 月 17 日

（作者系温州新闻网舆情部副总监）

有缘千里来相会

——我与温图的情缘

赵　丹

温州市图书馆即将迎来百岁生日，这是每一个温州人都应该铭记的日子。近百年来，温图肩负着文化（文献）保护和传承的使命，成为温州近代学术的摇篮和读书人的精神圣地。从20世纪30年代永嘉区征辑乡先哲遗著委员会抄缮400余种乡邦文献，到21世纪初整理出版40部48册2000万字的《温州文献丛书》，一代代温图人孜孜以求，为温州文化的传承作出了巨大贡献。有缘千里来相会，而我，一个荆楚游子，未曾想会负笈千里，与温图结下不解之缘，汲取温图的营养，沐浴知识的阳光。

因　缘

与图书馆结缘，也许是冥冥之中注定。我从小对书就有一种特殊的情结，爱收集各类图书，特别是历史、地理类的图书。每次见到喜欢的书，总会视若珍宝，小心翼翼地将书包裹起来，锁进自己的箱子里。记得上初中的时候，父亲从外面带回来一本书，翻开一看，里面是中国古代的地图，虽然看不太懂，却莫名地喜欢，直到后来才知道，这本地图是谭其骧先生的《中国历史地图集》。而此书，我一直珍藏到现在。别人是爱屋及乌，而我是“爱乌及屋”，爱书，也爱书的“安身”之所，对图书馆充满了憧憬。

上大学时，我与图书馆有了频繁的接触，多少浸染了些书香。报考研究生的时候，原本填报的志愿是文字学，因文字学专业人满为患，只好调剂到“冷门”专业——中国古典文献学。当时内心颇多忐忑，不了解文献专业学些什么，也不确定将来就业前景如何。然而，三年的专业学习，奠定了我今后的学术方向。文献专业，让我从焦虑不安到情有独钟，也让我离图书馆又近了一步。

研究生毕业后，我能进入图书馆工作，与温图结缘，亦是机缘巧合。毕业前夕，一个偶然的机会，我看到温州平阳县图书馆招聘中国古典文献学专业人员的信息，怀着年少时对图书馆的憧憬，便抱着真诚的态度去应聘。面试时，有两位考官来自温图，一位是仇杨坪副馆长，另一位是潘猛补先生，当然这是后来才知道的。记得当时潘先生问了我一个问题：谈谈你对孙诒让的认识？孙诒让是清代朴学的殿军，声名卓著，学习专业课时自然有所涉猎，但没有深入研究，印象最深的只有孙诒让《周礼正义》《墨子间诂》两本经典著作，其他了解无多。加之当时有些紧张，拉拉杂杂说了一通，总感觉没有说到关键点上。没想到后来竟侥幸通过了面试，得以进入平阳县图书馆。入职后，我专门找来孙诒让的资料，恶补了相关知识，以弥补面试时的缺憾。应该说，温图的两位考官是我进入图书馆的见证人，也开启了我与温图的情缘。

我从爱书到憧憬图书馆，再到后来选择文献专业，最后进入图书馆，仿佛冥冥之中自有安排，也印证了我与图书馆难以割舍的缘分。

人　缘

如今，我在平阳县图书馆工作已整整五年。五年来，我与温图的联系越来越紧密，也结识了温图许多师友，其中对我影响最大、帮助最多的莫过于卢礼阳先生了。卢先生是温州市政协委员，秉持知识分子的良知，常常仗义执言，令人钦佩。先生喜提携后进，乐于为年轻人提供学习的机会。平时有问题请教他，皆知无不言，言无不尽。在与卢先生交往的过程中，有两件事情让我记忆犹新。

第一件事是推动民国《平阳县志》的整理。民国《平阳县志》是平阳旧方志的集大成者，为“近代浙江方志之佳作”，借阅率颇高。然而原书为竖排繁体字，而且没有标点符号，给读者阅读带来了诸多不便。有鉴于此，卢先生积极奔走呼吁，希望业界早日整理出版此书。2014 年，在市政协十届三次会议上，卢先生提交了《建议及早落实民国〈平阳县志〉重版专项经费》的提案。先生热心公益性文化事业，对温州文献、历史掌故又颇为熟悉，他的提案是有相当分量的。然而，由于诸多原因，这份建议未能立案，作为来信转交平阳有关方面办理，未能得到热烈地回应。2015 年春节期间，我与平阳县志办陈盛奖先生谈及卢先生的提案及县志整理一事时，乘机提出由平阳县图书馆牵头整理的想法，得到了陈先生的支持。后来，在各方共同努力下，落实了专项经费，民国《平阳县志》得以启动整理。卢先生知道此事后，给予热情地鼓励。如今三年已经过去，此书已整理完毕，不日将与读者见面。从提交建议，到分享整理、出版经验，事无巨细，卢先生都给予了无私的帮助。可以说，没有卢先生首倡之功，就没有今日民国《平阳县志》的整理出版。

另一件事是促成周干先生口述史料整理。周干先生是平阳的方志专家，热心文化事业，曾参与《平阳县志》（1989 版）、《平阳县地名志》的编纂和《温州文献丛书》《温州文献丛刊》《平阳地方文献丛书》的整理，是平阳文化发展的亲历者。而周先生年过九秩，身体和记忆也渐渐不如以前，为了与时间赛跑，留存文化记忆，对周干先生做口述史整理就显得尤为紧迫和必要。卢先生没有嫌弃我的稚嫩，把口述整理重任交给了我。在卢先生的指导下，经过几个月的采访、录音、文字整理、审读等工作，我们顺利完成了口述史整理，并刊登在《瓯风》第十集上。今年三月，周干先生带着他的记忆驾鹤西去，不幸中的庆幸是我们三年前完成了周干先生口述史料整理，没有让遗憾延续。

当然，除了卢礼阳先生外，与温图王妍、黄丽任等同人的交往也让我受益良多。我经常去温图查阅文献资料，王妍老师总是不厌其烦地帮我从书库提书还书，还给我诸多专业指导。地方文献部黄丽任，在地方文献征集和业务工作上，给予我许多帮助和建议。她虽是一介女子，却有男儿豪气，常常不辞辛苦，为我们挑选图书，并寄送到馆。

书　缘

与温图的书缘，从我进入图书馆那一刻便开始了。

2014 年，我在从事平阳县图书馆古籍普查时，发现许多原本著录于平阳馆藏目录上的古籍现藏于温图，也有颇多原是温图的文献现藏于平阳馆。当时很困惑，为什么会出现这种情况呢？后来查阅资料才弄明白，20 世纪 50 年代“土改”之际，温州各县图书大量散佚，为了避免书厄现象的发生，梅冷生先生不辞劳苦，前往各县收集古籍。平阳馆先前的古籍文献就是在这个时候“安家”温图的。后来（20 世纪 50 年代末）形势逐渐稳定，温图又从各县收集来的古籍中挑选一些复本充实到各县图书馆，而其中的古籍善本则大多留在了温图。虽然返还给各县的古籍文献减少颇多，有的甚至全部留在温图，但这让古籍文献躲过了一场场浩劫，而且有了更好的保存条件。如今，摩挲着“安家”平阳的温图古籍，惦念着“扎根”温图的平阳古籍，心里唏嘘不已，希望天下能太平，文献能传承。

文献资料对整理研究者的重要性是不言而喻的，温图是温州地方文献的渊薮，是知识的宝库。在古籍地方文献整理研究中，温图给予我莫大的帮助。每次举笔四顾心茫然之时，我都会向温图寻求帮助。记得我在撰写《史伯璿〈四书管窥〉版本考述》时，就有赖于温图丰富的版本信息。《四书管窥》现存十个版本，其中有五个本子藏于温图。我发现这五个本子存在一定联系，属于同一个版本系统。更为重要的是，这个版本系统比其他版本更完善、更有价值。如果不借助温图的馆藏文献，就无法弄清此书的版本源流和文献价值。又如，拙文《民国温州乡邦文献汇抄三种述略》主要考述了民国时期温州敬乡楼、乡著会、王氏“我屋丛钞”等三种汇抄本，除王理孚的“我屋丛钞”外，其他两种汇抄本基本都藏于温图。倘若没有温图的文献资料作基础，就很难弄清这三种汇抄本的文献概貌和价值。

读书的过程其实就是与作者精神对话的过程，我在从事平阳乡邦文献整理研究的过程中，常常有感于地方先贤对文化的热忱、对乡邦文献的保护和传承。刘绍宽，籀园图书馆第三任馆长，曾是永嘉区征辑乡先哲遗著委员会的主要负责人，组织抄缮乡贤著作四百余种，后来这批文献悉数移交给籀园图书馆。黄群，省立温州师范学校的创始人，曾多方搜罗乡邦文献，独资印行《敬乡楼丛书》，后来家属将寄存在平阳郑楼的926种6447册藏书全部捐赠给籀园图书馆。如刘绍宽、黄群者，不一而足。作为后辈同行者，平阳先贤们在乡邦文献保护上的义举让我肃然起敬。也正是通过阅读先贤们留存下来的文献，让我与温图紧紧地联在一起。

读书阅世，我享受徜徉书海的时光，珍惜与书的缘分，感恩与温图的情缘。岁月绵长，时光未央，我与温图的情缘仍在继续……

2018年5月30日草就于横阳皇岙

（作者系平阳县图书馆馆员）

我对温州市图书馆的期待

方　耀

2010 年 8 月 15 日，我入职温州医学院，来到温州工作。一个半月之后，同年 9 月 29 日，我在温州市图书馆办了借书证。

我记得当时办的是最高权限的卡，押金 500 元，一次可以借 25 本。今年我把卡降级为最低权限，押金 100 元，但图书馆的网页显示，我的借阅权限是一次可以借 27 本。

我之所以减少押金，一方面是因为借书权限不断放宽；一方面是因为借书次数寥寥可数。

2014 年成为图书馆理事会理事之后，才知道借阅数是图书馆工作的考核指标，在持卡人数增长有限的前提下，放开借阅数量权限对图书馆来说是一个理性的选择。100 块的押金自然不足赔偿 27 本书的损失，但根据历年统计数据，借书不还的情况是极少的。

从 2010 年到 2017 年，我在温州市图书馆总共借过 45 本书。2011 年、2013 年和 2016 年全年都没有借过一本书。作为一个年均借阅量不到六本的读者，不知道自己是不是拖了温州人的后腿。

很少从图书馆借书的主要原因是我已经习惯买书而非借书。我读书喜欢在书上写写划划，图书馆借的书，不好意思这样做，自己买的书就无所谓了。

图书馆的书是不是就一定不能让读者写写划划呢？“新世相”微信公众号做过一次图书漂流活动，随书提供便利贴，供读者写下自己的感想，夹在书里，传递给下一位。我真的希望温州市图书馆也能推出这种方便读者“笔谈”的服务。

很少从图书馆借书的另一个原因是书难找。有一回想借日本学者石川祯浩的《中国共产党成立史》，通过微信公众号“温州市图书馆”查询得知该书在三楼社科，但是我在图书馆三楼书架上怎么找也找不到。好在现在网络资源丰富，图书馆里找不到的书，在微信群里吼一声，很快有人分享了一个 PDF 版。读研时有位北大毕业的老师吐槽说，复旦大学有两个图书馆，一个是网络上的图书馆，一个是书架上的图书馆——上网查询，什么书都有；真的去找，常常找不到。我感觉温州图书馆也存在类似的问题。

对我这样的读者来说，图书馆的借阅功能已经不是那么重要了。我更在乎的，是一个静心读书的空间，一个读书人交流的平台。温州市图书馆的“城市书房”就是这样一个空间，忝为理事，我知道它不仅受到媒体的关注，更受到市民的真诚欢迎，很多社区主动联系，一些新开发的楼盘也想借此提升档次。我一直耿耿的是，自己住的小区太 low，没想过要与图书馆共建一所城市书房，我家旁边的体育中心有那么多商铺出租，管理者却没有想过拿出一个门面做城市书房。

读书是很私人的，买书是很方便的。有位杭州的朋友说，图书馆已经过时了。我毫不客气地回复他：你不懂，图书馆也在与时俱进，公共空间功能方兴未艾。如果把图书馆仅仅理解为借书还书的地方，那它真的快过时了。但如果把图书馆作为举办文化活动和读书人交流的地方，那它大有可为。

我在温州市图书馆听过沈迦先生的父亲沈克成老先生的讲座，我在温州市图书馆参加过浙江省首届阅读马拉松的活动。买书，我可以在手机上一键下单，但这些活动，都是我不得不把自己肉身传送到图书馆的理由。很多讲座，手机上也可以听也可以互动，但现场感是无可取代的，就好像你明明可以用手机听音乐，还是会买票去演唱会现场感受气氛。

温州市图书馆正在打造读书会联盟，我希望图书馆能够在读者同意的前提下（同意则无泄漏隐私之嫌），让我知道某一本书，在温州有哪些人跟我一样读过，他们有什么感想。在电子化时代之前，每本书的后面都有借阅名单，让人知道在自己之前，有哪些人借过这本书。现在一切电子化了，反而很难找到跟自己读同一本书的人了。

现代人读书，不限于同城，不限于线下，各种网络读书会层出不穷，线上线下的读书群，我都被拉过，也被邀请分享过。但我认为，线下交流仍然是无可替代的，能够做到只吃鸡蛋不看母鸡的人甚为稀有，温州民间自发筹建的“半书房”就是这样一个线下交流平台。但仅靠民间的力量是不足以满足广大市民需求的，“城市书房”不仅仅是读书的地方，更应该是举办讲座沙龙讨论会的地方。

前不久跟宁波的朋友在微信群中聊天一阁，他们作为本地人觉得天一阁没啥好逛的。我想起余秋雨在《文化苦旅》中提过天一阁为黄宗羲开放的掌故，提出天一阁本来是藏书的地方，现在仅仅展示与开放一小部分的藏书，沦为一个旅游景点，缺乏文化气息和功能。我建议把天一阁建成城市书房，变成举办文化讲座和沙龙的地方，让它重新活过来。此言一出，群里的朋友纷纷赞赏。

可惜，宁波没有城市书房。温州有城市书房，宁波做不到的，温州可以先做。

温州市图书馆有一份《温州读书报》，档次较高，品位不俗。相对而言，“温州市图书馆”微信公众号受众较多，为它撰稿的以前多是图书馆的工作人员，如今常转载一些网络热文。我期待这个公众号成为一个读者交流的平台，应当鼓励读者投稿，减少转载网络热文，从而进一步增强其影响力。网络时代，投稿不一定要支付稿费，转载就是一种激励。为图书馆微信公众号采纳的读后感，可以链接到图书馆的书目检索查询之下。

2018 年世界读书日那天，有个温州本地书店的微信公众号发了篇文章《我就不信了，温州没有一万个读书人！》。温州有没有一万个读书人我不知道——这篇帖子的阅读量才 4800。温州市图书馆应当通过自己的微信公众号把温州读书人连接起来。希望在不久的将来，温州，甚至全国和全世界读书人的微信公众号都把“温州市图书馆”列入白名单。

2018 年 5 月 4 日

（作者系温州图书馆理事会理事）

百年守望　人文绵延

杨　桦

阅读是我人生的选择，是我成长的源泉。我一直把读书视为自己生命历程中神圣的事情之一。走进书香的世界，宛若走进人类心灵的家园，展书而读，生活就多了一种滋味，多了一抹亮丽，人生也就因此而充实和生动起来。

我自幼由于众所周知的历史原因失学，打小便与书籍、单位图书室，最后是市图书馆结下了深厚的缘分，可谓机缘匪浅！甫入小学，便遭逢十年“文革”。因受父辈所谓历史问题的影响，过上了颠沛流离到处插班的读书生活；在一个地方待不了几天，便又随发配改造的父亲“转学”了。在我的童年记忆中，在一个地方从未有过待过三年以上的历史片断。我从小便少与人交际，辍学、放假除了替患病的父亲放牛“改造”，为了生计打柴、种菜外，闭门在家自感最惬意的事，莫过偷偷阅读父亲虽屡遭严酷批斗、但冒险保存下来的几箱书籍，以及借帮助下放农村的知识分子晾晒书籍，作为交换条件得以尽阅私藏的“禁书”。“我的读书兴趣的培养，可追溯到父母在‘十年动乱’中冒着风险保存下来的几箱书籍。那箱里一本本书籍犹如四通八达的河流，引我乐山乐水；一册好书在手，便是我最愉快的时光。”——读书的种子也许就是从那个时期开始悄然萌生、发芽、壮大的。

参加工作后，因读书喜好，顺理成章便成了单位图书室的常客。由于借阅图书在当时的“政治气候”影响下，属于社会风尚之外的另类行为，一来二往，竟打动了遭遇惩罚性工作安排——图书室兼职管理员“臭老九”（杭大毕业的高材生）孤寂的心，在一周仅开放半天的优渥条件下，每次均被“特殊照顾”，允许一次同时借阅四五本书籍。自己就好像一个饥渴过度的饿汉，贪婪地吞食着良莠不分的各种精神食粮。

改革开放不久，从远郊调到市区单位工作。刚进市区没安耽几天，就骑着单位的自行车，到位于县前头的温州市图书馆办理了图书借阅证，不久便又成了图书馆管理员特别关照的“图书馆大学生”中的一员。尤其是在我参加编撰全市金融志的过程中，得到了柳树椿、张永苏诸位老师的大力帮助，如到内部珍藏室查阅资料，到位于仓后巷库房翻阅、摘录“文革”查抄材料……一件件，一桩桩，历历在目，仿佛就在眼前。当时面对各位老师的无私支持，暗自思忖：一定要好好努力，决不能辜负了老师们的一片拳拳之心，有机会一定要好好报答、回馈给图书馆！踏踏实实，像一代代温图人那样贡献出自己的毕生心智，谱写出与自己事业相连的“命运交响曲”，那才是一件最有意义、最有价值的事情。久而久之，春风化雨，我便从这些默默无私帮助自己的图书馆各位老师处获得了人生助益——各项事业开始真正起步。

作家梁衡先生曾说：才能和思想是一个人的立身之本。由于工作性质决定和改革需要，自 1982 年以来，我结合工作实践，致力于研究现实经济、金融及投资等问题，在全国各级刊物上发表了一百多篇研究文章，论文曾被收入 17 部学术专集；主编和合撰了 9 部专著；独立和合作完成省、市级科研课题 8 个；先后 19 次获省、市科研成果奖等。此外，还“跨界”发表评论、随笔三十多篇。这些成绩的取得，我都把它看作是对温图的最好回报。也只有把个人的理想和祖国事业的需要结合起来，才能获得不竭的前进动力。我尝言：没有温图，就没有我的事业，就没有我的今天。

虽然我仅对滋养了自己的社会尽了一点义务，但图书馆却给予我莫大的鼓励和支持。1996 年我被评为温州市首届“当代十佳藏书家庭”（第二名）；1997 年又被评为温州市首届“十大杰出读书青年”（第一名）；2014 年 6 月，经过遴选，被聘为温州市图书馆首届理事会理事；2015 年 10 月 29 日又被推荐担任了温州图书馆发展基金会秘书长……

说来也巧，当时我受单位委派协助筹建温州金融资产交易中心，恰巧分工我负责“文化基金”的试点工作；为此在举行的第一次理事会上，我首先提出了建立温州市图书馆发展基金的建议，得到了与会全体理事的积极响应。尔后，提出并完善了“温州市图书馆发展基金”的方案以及所有管理制度，现已进入实际操作阶段。此举在全国文化部法人治理结构十个试点单位中具有领先意义和示范作用。温州图书馆的改革实践，被文化部列为文化系统重大改革内容，已成为全国十个法人治理结构试点单位中最具典型意义的亮点，被全国各级媒体争相报道，入选十集政论专题片《将改革进行到底》第五集《延续中华文脉》。同时，温州经验进入中央深改决策层的视野，并入选北京“砥砺奋进的五年”大型成就展。

此外，首倡并实施了在银行网点的ATM自助存取款机旁设立24小时自助阅读机（阅读文化24小时自助书站），此举在全球范围亦属首创。同时，草拟并完善了图书馆与金融机构合作协议，这在全国尚属首创（见省文化厅《宣传半月刊》2015年6月30日）。其间倡导并推动了温州市图书馆护国寺分馆的设立；等等。我的事迹也被《人民日报》等各级媒体纷纷报道。

可以说，父母给了我生命，让我看到了多彩的世界；而图书馆却赋予了我魂魄，使我树立起一生不变的信念。在浙南，一个虽无利可图，但有着坚定历史文化价值追求的图书机构，有一百年的生命力。一百年来，世界上的“新知”——领取风骚的哲学思潮、文学思潮、艺术思潮、人文思潮等，温图皆迅速予以接纳、介绍。尤其难得的是，它给一方的求知者提供了一个开放性的学习自由的园地。百年来，温图在保存和发扬我国的民族文化遗产、传播弘扬人类优秀文化、增进区域文化交流等方面作出了不可磨灭的贡献，其创新的“城市书房”模式，享有“点一盏灯，暖一座城”的盛誉。

历史洗磨出了一个百龄温图，一个经历了由民国初年至中华人民共和国，其间又经历了“文革”和改革开放的中国图书馆的典型形象。现在我翻着温图编撰的出版物，回忆着与它无数次的交集，温图确是一个面镜子、一面百年的明镜。在这面镜子里可以照出百年来国家民族的命运，也可以照见我们自己的人生。面对一百年的温图，我不禁心生感慨：文化、文化、文化，原来就是这样一代一代传播弘扬下来，原来就是这样一本一本、一篇一篇、一页一页地建构起来的。我们真应该感谢在文化传承和建设中投进自己的青春、生命与才华的所有温图人！美丽的温图，忙碌的温图，活力四射的温图；因忙碌而生动，而美丽，而前程远大！

值此庆祝温州市图书馆百年华诞之机，回望历史，追往抚今，莫不感叹人生短暂，百年易过，创业不易，事业艰难。惟有继承先哲遗愿，励精奋发，凝心聚力，再创宏图。

2018年5月22日

（作者系温州图书馆理事会理事）

期颐日里朵颐人

南　航

图名图利，图财图权，都不如图书。

从小对图书就有天生的好感。小学初中时家在乐清，寒暑假期，往往被父母寄养到温州市区的伯伯姑妈那里。大伯住瓦市殿巷，二姑墨池坊，小姑五马街，离当时县前头的温州图书馆都不太远。

漫长炎热的夏日，午睡醒来的我了无一事，常常独自走过挤满蝉声的巷弄，到温图借书消磨时光。记得当年还没有开架借阅，要拉开一个个小巧的书目抽屉，手指不停爬过密密麻麻的发黄卡片，用白纸条抄下选中的书名、检索号，递给馆员，再让他们潜水入身后库房的书海深处，打捞沉宝般找出来。

也有简便方法，借阅处玻璃窗口后面，紧挨竖立着几层书脊朝外的热门书，上下两排玻璃间留空出两三厘米高的横缝，读者可以直接“指”定其中某本。我来回扫荡那些书脊，仅凭上面几个字的书名，默运第六感瞎猜哪本好看，犹豫着伸出手，戳进玻璃横缝，把该书使劲后推出一斜角，馆员阿姨巡视而来，目光延长如鱼线，两指轻弯似鱼钩，把它“钓”到眼皮下。

度过懵懂的青少年阅读岁月，我成年工作，爱书不改。温图搬到葱郁的积谷山畔以后，我也调到新单位，办公大楼与其直线距离仅两百多米，站在窗口深吸一口气，都能闻到几缕串门的书香，来而不往非礼也，就屡屡去拜访乔迁新居的它。

闲忆那些日子，我安静地坐在阅览室里，沉醉于精美的古诗词，阳光把桌椅晒得暖洋洋，窗外微波荡漾，是谢灵运写出千古名句“池塘生春草，园柳变鸣禽”的春草池，每当从书堆间悠然回神，抬眼隔壁的公园，轻风柔柔梳着翠绿的柳枝辫儿，总有几声来自南北朝的鸟鸣远远地适时响起。

身为文青，文学类是我的重点读物，所以2004年《温州瞭望》杂志约写乐清南氏家族文化史，我才开始好奇自己姓氏的来历，第一次正式踏进温图古籍部，皱眉翻开繁体直排无标点的《世本》《姓源韵谱》等姓氏学专著，兴致地写成《南氏指南》。似乎也在当年，为写温州名人故居的长文，第一次涉足了最具特色的地方文献部。渐渐地，初心文学的我喜欢起朝拜学问的博大精深，扫盲着家乡的人文历史。游走于各借阅部门，图书馆成了家与单位之外，我呆得最多的地方。

2005年冬，八十六岁的籀园又搬到新城，长高长大，外表更加靓丽，我积文成书，凑巧同时出版了两种，第一时间赠送图书馆，除了其中的人文内容离不开馆藏文献的帮助，我其实要把一个精神上的我内存于此，它也许只是一个删节版，一个副本，但却比原版正本更真实更价值。

从读者变为作者，借书者变为被借书者，每个人都可以输出心血，化做图书馆久葆青春的新血。人与书的这种奇妙对应，惊醒我的灵感，写下散文《每个人都是一本书》与"姊妹"篇《女人如书》，蒙礼阳兄不嫌投错胎，露面在馆内他主编的《温州读书报》上。

定位为文学文史并重，新诗古诗兼爱，为查证史实，解疑释惑，新馆最高的七楼古籍部暨地方文献部对我的磁性越来越大。屏息端坐，戴好白手套，揭开樟木衬板，请出明清原版的线装古籍，轻轻拈起几百年前的旧纸页，当翻检完资料，终于勾销掉一个问题，弄明白对错，冰释谜团中舒心步出寂寂的阅览室，我未尝不冒出王安石的名句"不畏浮云遮望眼，自缘身在最高层"。

然而治学也是繁琐枯燥的，一个字的正误，头疼要专程跑去校对最原始版本，道家说"不出户，知天下"，为偷懒而勤劳，我做起搬运工，上网下载了历代经籍的影印版电子书，四库全书、四部丛刊、丛书集成，唐钞宋槧元刻，久之，纸质藏书只三千册，电子书却膨胀到上万册。2010年，温图承办评选"温州市百佳书香家庭"，我难挡诱惑去参赛，如愿抱回一尊水晶奖杯，小心安放书架高处，朝夕享受我眼神的香火。

自认口才比笔才差，普通话又太普通，我满意的人生状态是不愁温饱中，安静地看书写字。2011年开始，我发现"跑偏"到了一条开讲之路上。

当年8月，温图推出首期籀园品书会，主题是苏慧廉著，张永苏、李新德译注的《晚清温州纪事》。因写过《温州女学简史》，顺带走向近现代来温传教士，发言时我就借用"洋枪洋炮"炮轰了一通官方传统史观的偏颇，讲罢归家，意犹未尽，低头在部分发言基础上写成《甲申教案，需要翻案》的考证文。

此后就刹不住车，参加过十来场文友的品书会，配合着主角评点解说谈论，讲着讲着，从配讲换为主讲，做过“漫话温州历代山水诗歌”“中外象形诗鉴赏”的专题，又从籀园品书会挪到籀园讲坛，做过“盛唐诗人的传奇与传说”的讲座。面对四周的眼睛，整幢的书籍，口干舌燥时，我心里不无发虚，然而实在是心头好，只想竭力让大家感受诗文之美，遂硬起头皮接下去。

2017 年是我与温图打得最火热的“蜜年”，继两届温州诗词大会后，再为其第三届担任评委；继水彩画展配新诗《骑行有我》后，再为其摄影展配新诗《老屋·旧宅·故居》，为其创意图片展配新诗《腒迷宫》；与其麾下阅秀汇合作，举行“泛黄的独白”南航诗歌朗诵会；在其读书会联盟沙龙里，谈鲁迅与朱安的婚姻、谢灵运与白居易的《长恨歌》……大小活动达到八九场。

中秋之前，我突然收到一盒同城快递，好奇拆封，居然是温图社会活动部寄来，计白色贺卡，黑色钢笔，红色手账本，黄色竹书签，淡青色保温杯，最精心的是特制的四枚雕花小圆月饼，饼面上阳文凸印着“籀园讲坛”四字。这份五颜六色的节日礼物感动了我的五脏六腑，饕餮着温图的精神食粮，不料还能获赠实体食粮，穷书生一介的我，发朋友圈戏言四天的早餐有了着落。

少年的阅读，青年的写作，中年的开讲，都离不开图书馆的强大后盾，以至于我一直怀着调到它里面工作的念头。如今，很多机构、部门、职业都因人具有善恶两重性，每每遭负面现象的抹黑而污名化，但主打免费公益的图书馆，还仍是我最初印象中的文化净土。

“生年不满百，常怀千岁忧”，我庆幸能与百岁籀园结为忘年交，精神世界得到它的喂养而丰富，心灵空间受到它的探照而深远。回首那年夏天午后，穿越小城去借书的江南少年，在它的期颐日里，我，依然是一个不倦的朵颐人。

2018 年 4 月 7 日脱稿，7 月 16 日修改

（作者系温州日报风土版主编）

温州图书馆：新书发布交流的场所

胡念望

对一个地方、对一个场馆、对一个单位的认识与解读，往往会因为某个人、某件事、某本书，而解读一座城市、了解一个地方，图书馆无疑是最佳的切入点。

温州图书馆的地理距离很近，从市政府大院去温州图书馆不过十分钟的步距；而温州图书馆的心里距离更近，特别是地方文献部，想到了就联系，只是一条电话线的距离。图书馆，在一般人心目中，就是藏书、借书的地方，是一个人人可以随时借助、充实自己、提升自己的平台。多年前，温州图书馆为我办理了一张特殊读者借阅证，告知说一次可以借阅多部书。由于单位工作事务繁琐，而我读书的速度又慢，因此一年时间没有多少书可以泛读或精读，加之家里有不少藏书几十年了，甚至都没有翻过，所以这特殊读者的借书证也就基本上束之高阁。然而，我主编的“温州旅游文化丛书”与独著《我思我游：从楠溪江到温州》出版之后，温州图书馆两次专门为我举办新书发布会。因此，从某种意义上说，温州图书馆，更多的是新书发布与学习交流的场所。

2006 年 12 月，笔者主编的温州旅游文化丛书，由上海书画出版社出版之后，温州图书馆辅导部便策划了一起作者、编者、读者座谈会暨新书发布会，具体工作是资深馆员张永苏与副馆长张启林两位在默默地操劳着，对此我一直铭记心底。我以八小时外的工作为题，简单介绍了该丛书资料搜集、整理编撰、出版发行等情况，内中的甘苦酸甜只有自己在慢慢咀嚼品味。

往事历历在目。2003 年 2 月因工作需要，调往温州市旅游局工作。在县里工作八年之后，到市旅游局一切从零开始，从最基层的事情做起，工作繁琐，压力倍增，拿局里一同事的话，“与人交往，名片也拿不出手”。即便在这样的情况下，如我在《温州导游词》一书的后记中写到的，“我一直深爱着我的岗位，深爱着我的工作，一直满怀激情、带着感恩的心情孜孜不倦、有滋有味地学着、干着、累着。总想趁着年轻，衰败的日子尚未来临之前，在自己的工作岗位上能够尽自己所能为单位做点儿什么，为一个地方的经济社会发展做点什么，为后来的人留点什么。”我见缝插针，有意识地积累了温州旅游方面的大量资料。2005年3月开始，利用业余时间，策划温州旅游丛书，一套5本：《温州揽胜》《温州山水诗选》《温州名胜游记》《温州导游词》《温州民间联语》，其中《温州山水诗选》邀请市图书馆的卢礼阳先生承担，自己负责编撰其中的《温州揽胜》与《温州导游词》两书。经过近两年时间的艰苦“跋涉”，在杭州、上海出版界朋友的鼎力帮助之下，这套丛书于2006年11月由上海书画出版社出版。但是由于某些原因，丛书在排版过程中出现了差错，后来出版社意识到问题的严重性，专门安排总编室主任薛锦清，审读室主任、资深编审茅子良先生，原上海辞书出版社副编审朱莘莘女士，技术科长钱勤毅与朱孔芬、郭晓霞、朱倩芸等人赶赴杭州与富阳，负责后期编辑与审校工作。在富阳排版室，我曾与茅子良、朱莘莘两位老师一起，从下午三点钟开始一直坐在电脑旁边审校到第二天中午，当时茅先生给我们下达的决心是“不完工绝不吃饭喝水”。至今想来，仍然对当时七十多高龄的茅先生肃然起敬。后来才知道，茅子良先生是上海知名学者，西泠印社社员、中国书协会员，在历史文化研究方面颇有造诣。作为丛书责任编辑，茅子良先生与朱莘莘女士均应邀来温参加座谈会。作为西泠印社社友，张索先生放下手头工作，专程陪同茅先生一行参观了方介堪艺术馆、温州博物馆等，而市政协文史委副主任张声和先生（《温州名胜游记》的编者）作为合作者专程陪同茅先生等人游览慕名已久的雁荡山。会上我得以认识温州文化界的诸多专家学者，其中著名书法家温奕辉先生邀请我到他家小坐，拿出一件书法作品相赠。《温州导游词》一书填补了之前温州没有正式导游词出版书籍的空白（除了笔者主编的2002年1月由中国旅游出版社出版的《楠溪江导游词》），后来，《温州导游词》《温州揽胜》一直作为温州导游上岗培训教材使用。

相隔十年之后，2016年夏天，凝聚笔者二十多年工作成果的《我心我游：从楠溪江到温州》由中国财富出版社出版，北京大学博士生导师、旅游规划专家吴必虎先生，浙江工商大学旅游学院教授、副院长卞显红先生欣然作序。一直以来，我习惯于用陌生的眼光来看熟悉的风景、坚持用外人的视角来看待自己的工作，常觉得身边的景观常看常新，力求比较清醒地认识区域旅游所处的发展阶段、目标定位、空间架构、特色挖掘、优势整合、品牌塑造、需求把握、市场研究、渠道嫁接、人才支撑等，在妥善处理“苦旅”与“乐游”的关系中明确自己的角色定位。自从在楠溪江风景名胜区工作以来，从事旅游及相关业务二十多年，我一直在体验、思考、感悟、记录，一边工作一边思考一边写作。我认同旅游业是经济性很强的文化产业与文化性很强的经济产业的表述，但是我不赞成旅游业是第三产业与新兴产业的说法，我主张“旅游业是一门心理学产业，是联动一二三产业整合发展的动力产业”。我的血液中流淌着崇尚自然的因子，深爱着楠溪江与温州的山山水水，感觉到只要坐对山水或走进风景，便走进了自己的心灵，自己的心灵与自然的精灵便展开了一次次默契的交融与平和的对话，加工的文字基本上可以称之为“野外的写作”，也许观点不一定成熟、文字不一定精炼，甚至还带着泥巴的气息，但这是八小时之外对我深爱的自然景观与岗位工作最真实的感悟与最素朴的表述。

5 月 28 日，温州图书馆同仁专门为笔者举行了一场籀园品书会，地点选在温州图书馆七楼地方文献阅览室，据说这是一个不轻易举办活动的场所，担心影响来此阅览的读者，温州图书馆至今只举办过两场，其中就有我的这次品书会。孙金辉、潘一钢、陈东升、李娅媚、何哲宇、陈锋、苏哲、金世来、许克达等读者出席，老领导李文照、赵章培先生也光临会场，对拙作予以中肯的评价，取得了意想不到的效果。其中法制日报浙江记者站站长陈东升先生从朋友圈获悉品书会消息，主动赶来参加。不少读者朋友在一楼看到品书会的海报，纷纷上楼前来旁听，同时在品书会结束后，热情要求我签名留念。温图研究馆员卢礼阳先生主持时小结：“有热爱，才会有激情。有追求，才会有思考。有坚持，才会有力量。”热情给予鼓励。一件件小事、一点点细节、一幕幕场景，无不令我感动。美中不足的是，当时没有准备录音笔，与会者的发言没有及时记录……

在与图书馆打交道中间，我非常羡慕在图书馆工作的师友，如柳树椿、潘猛补、张永苏、卢礼阳先生等，日常工作既是工作，也是做学问，在完成任务中增长学问，且可以近水楼台查阅古籍善本等，真正的两不误、两促进，日积月累、厚积薄发。不像我，在繁忙的工作之余，如果见缝插针看点儿书、写点儿文字、发几篇文章，弄不好就要背负“不务正业”的指责，而且到头来，专不下心来做学问则摸不着门路、登不了堂奥，而追求仕途却又因在一般的业务部门工作早已偏离了正路，即便工作再辛劳、再用心、再打拼，也难以修成正果。曾参加过温州图书馆举办的英语角或沙龙，由于参加者英语水平参差不齐，发现少有可以用口语直接交流的读者，便非常遗憾地退出了。记得 1995 年胡珠生先生曾经建议我翻译图书馆馆藏的英国传教士的著作《一个布道团在中国》，以后听说该书早已出借了。后来我才知道，原来温州图书馆的张永苏先生英语也是顶呱呱的，该书由他与温州大学的一位老师合作翻译出版了，尽管文字有删改，但是也是一桩值得庆贺的喜事。

“不以物喜，不以己悲。”想到了年日的易逝、韶华的短暂，不妨去去温州图书馆，借几本书，消磨八小时以外的时光，借以充实思维的营养、拓宽生命的厚度，争取在有生之年，做一位有文化的读书人。

2018 年 5 月 4 日

（作者系温州市旅游局规划发展处处长）

我与图书馆话剧社

金渊博

我家离温州市图书馆很远，馆舍原先在县前头，后来搬去市府路就更远了，但是距离却没有成为我跟图书馆的阻隔，读书考试的时候，总会约上一两个好友，带上一天的干粮和白开水，在图书馆待上一天，或看看书，或复习功课，或徜徉在图书馆特有的书香中，即便什么都不做，在图书馆里看着外面的阳光，也别有趣味。

后来，离开了温州，去外地工作读书，再回来，工作的单位同样有一个很大的图书馆，去温州市图书馆的机会方才少了，但是这段时间却没有多久就因为一件事情打破了。

我不喜欢撕开自己的伤口去回忆什么事情，但是2015年对我来说真的是一个特别失意的年份，诸事不顺，生活没有目标，整个人都没有精神，整日里怏怏的。单位外地同事央求我陪他去市图书馆话剧社面试，理由是反正你也没事，路我不会走，你陪我壮壮胆。第一天我答应了，第二天我又反悔了，实在是留恋冬日的暖和被窝，同事不舍不弃一直电话到快十点，我才胡乱抹了一把脸跑过去陪他去图书馆面试当年图书馆话剧社的新社员招募，就这一次招募面试，也改变了我的生活。

我记得那时候朋友在准备面试，我坐在旁边看面试官面试其他人，面试的题目是两个人如何跟房东谈房租，要求房东不要增加房租。我清楚地记得那天的考官是朱小杰老师、沈悦老师和海帆姐，参加面试的是谁倒是忘记了，只知道旁边有个叫飞鸟的人特别热情地给他们配戏，只是故事的情节总也编得不真实，看得一旁的我着急得很。同事怂恿我说，你也去面试呗，试试啊。在所有人面试结束后，我思量再三，还是在没有报名的情况下上去自我推荐了一下愿意面试编剧，也许是当时的话剧社比较缺少编剧，我就这样阴差阳错地进了温州市图书馆话剧社，然后，回到家，我就把这个事情忘记了。

温图话剧社有着不一样的凝聚力与热情，能感动人。在我渐渐忘记了那一天面试的时候，也是刚刚加入社团的飞鸟给我来了一个电话，邀请我给他们排两个小品，也许是她的热情，也许是话剧社年轻人的热情，让我在犹豫了片刻之后答应了为他们排练小品参加温州市戏剧小品比赛。

我很享受跟话剧社的小伙伴一起排练的时光，虽然大家都不是专业学表演的，但是那种锲而不舍的精神和对表演的热情能让你不由自主地沉浸其中，想跟大家一起进步。每当夜幕降临，演员们从温州的最东最西最南最北聚集到温州市图书馆三楼或者四楼的排练室，一句一句地对台词，一个动作一个动作地细抠，一个走台一个走台地调整，忘记了时间，忘记了辛苦，忘记了疲惫，每每有新的巧妙表演，大家都乐成一团，感觉今天太有收获了，如果没有进步，也不气馁，乐呵呵一笑，自嘲一番，说着明天继续，接着回去背台词了。那段重新走进图书馆的时光，虽然不是为了蹭自修室，不是为了借书，但是却用表演的方式重读经典，也是特别的经历，尤其是跟一群志同道合的社员一起读书，一起表演，一起笑一起闹，或许对于他们来说这就是一程排练，但是对于当时的我来说，让我的心情渐渐走出了漫无目标的阴霾，于是开始更多地参与到话剧的创作中来了。

重读经典、演绎经典，是话剧社这几年一直在做的事情，很享受在图书馆话剧社参加活动的日子，因为喜欢，也因为图书馆把温州各个行业喜欢读书喜欢表演的人聚集在了一起，而图书馆给予的肯定和帮助是这几年一直参与活动的动力。短短几年，我们重新演绎了经典《妻妾成群》，从书中汲取营养，原创了《金杏》《黄玫瑰的秘密》《没有凶手的杀人夜》等等话剧，其中特别感慨的是《金杏》的巡演。

《金杏》是我第一次尝试用温州非遗来创作，当时有这个想法的时候我人还在非洲，等我游历完非洲回到温州时，距离当年的话剧节只有短短十天的时间了，几乎是在边写剧本边排练中把全剧创作出来的，话剧社的小伙伴们有着非常给力的热情，一些人排练，一些人负责服装，一些人同时寻找道具，一些人负责舞台设计和灯光设计，短短十天，热情的小伙伴们就把整个剧本立了起来，而图书馆给予的后续的帮助更加让我们难忘——《金杏》巡演了，这是第一次有温州原创剧本巡演。特别的感慨，话剧社的负责人赵晶晶出马，帮我们协调各种我们所不曾面对过的演出困难，即便是舞台的灯光、侧幕条等等，小到饭盒预定都帮我们考虑到了；海帆姐也是一次又一次加班，帮我们监督舞台，监控流程，而话剧社社员们有空的都一起上阵，集全体之力促成了该剧的顺利演出，得到了媒体的高度评价。

《金杏》是我在话剧社感触最为深刻的一部剧，它让我感受到了话剧社的众人合作的力量，也感受到了话剧社的凝聚力，和大家对话剧的热爱，那种只为热爱而付出的真诚，至今让我感慨，也让我对话剧社产生愈发强烈的认同感和归属感。图书馆话剧社陪伴我度过了我的低潮期，社员们的热情影响我更加坚定地去做话剧，去推广话剧和读书，在这里我收获了众多的友谊，也重新认识了自己，这是我最为铭记的。

时光荏苒，几年的时间过去了，话剧社也已经发展成为如今的温州话剧艺术表演协会，我们欣喜地发现越来越多的人加入进来，越来越多的人投入更多的热情，越来越多的经典剧目搬上舞台，图书馆把经典阅读经典演书推广到了一个新的高度，因为读书、因为话剧，年轻人越来越多地聚集在一起，走进图书馆，走进经典，这是我们最乐于见到的，热情永远是最好的动力，走进图书馆的动力。

俗世烦嚣中，现代人节奏越来越快，手机成为每日的必需品，人会在纷繁复杂的大数据前变得浮躁，而图书馆话剧社却一如既往，以它独特的魅力吸引着年轻人放下手机，投入热情，阅读经典，演绎书本，让人静得下心来去阅读，去体会，去演绎，可谓是快消费时代迷茫人眼中的一束清流。

我只是温州图书馆一名普通的读者，从年少时走进图书馆翻找我喜欢的书，到年长时在图书馆为人演绎经典作品，生活在变，工作在变，或许，在这里，你会发现热情不减、读书不变，在图书馆读书，始终是我们感到幸福的一件事。

无论生活如何欺骗了你，走进图书馆，读一本好书，演一段经典，平复一段心情，寻找一个心灵港湾，坚定一个目标，每一个读者，在这里你永远是自己的主角。

（作者系温州義和戏剧工作室编剧）

打造“孩子们最喜欢的文学阅读课”

——温图公益阅读推广品牌“籀园学堂·香樟课堂”侧记

潘　旸

The lamp lighter（点灯的人）
每天太阳落下后，
就扛着梯子走来，
把街灯点亮的李利。
于是，
那些坐着喝茶的大人和孩子们，
就又看见了窗外柔和的光，
朦朦胧胧间，
使一天的生活有了完美的心情。

很喜欢英国作家斯蒂文森的这首《点灯的人》，尤其沉醉书屋飘窗上那一份阅读的惬意与舒适。我与阅读推广的故事就源于这份温暖。

从来没想过，我会在阅读推广的志愿者路上走了那么久，从2005年的那个周末主动请缨去图书馆上阅读课，成为教师义工第一人到今天；从一个人到一群人、跨区域；从“广小教师讲故事”、“喜阅读书会”到“籀园学堂·香樟课堂”，回首做阅读的那些事儿，最美的便是带着一群“犟龟”，一起坚持行走，抛却功利，抛却距离，与梦对话，种下“志愿”服务的种子，让生活变得更温暖一些，让远方变得更近一些……

一

去图书馆看什么书？英语、数学、科学怎样阅读？音乐、美术、体育如何阅读呢？家长困惑，孩子无助，于是我们玩起了“全科阅读”，2013年开始与图书馆、电台合作，开设“籀园学堂之香樟课堂”，让更多学科的老师走上公益阅读推广讲坛，孩子和家长一起参加，先给孩子上课，再和家长聊各学科阅读的无穷奥妙，如此全科联动，推动“无边界阅读”，开发各类优质、美好的阅读内容，让阅读选择有了更多的视域路径，让公共图书馆的书籍都在借阅处舞动起来。

记得那年动员体育老师也去试试推广阅读，能言善辩的体育郑组长却发怵了，怎么办？在一次次团队协助的备课磨课后，郑老师终于很自信地上了一堂“孩子锻炼的动与不动”，那不仅对老师而言是历练，对小读者来说更是新奇，接地气的，吸引了大批粉丝。还有“家长是孩子最好的音乐老师”、“魔法数学”、“让科学启蒙教育不再断层”、“非连续文本全科阅读”等都开启了图书馆的另一种阅读可能，让“图书馆真的成为一个充满无限可能的神奇地方，它的大门始终敞开，欢迎所有的人光临”（米歇尔·努森）。

记得那时为了吸引读者，总要指导阅读志愿者老师学会写海报内容，经常线上线下联动交流琢磨阅读活动的预告文字，一次次冥思苦想，一遍遍修改，只希望更多的大小读者能来阅读课堂“幸福敲门”。“现实中的鲁迅究竟是怎样的？他的作品经久不衰奥妙何在？他与美食有哪些不解之缘？他究竟是严肃、冷峻，抑或可爱、幽默？我们将给你带来一个不一样的双面鲁迅。”“什么？还在刀光剑影里一根筋地读武侠小说？！什么？马云、《左传》、唐诗宋词、明清笔记、美食文化、历史知识和金庸武侠风马牛不相及？！你 out 啦！快来和周欣霖老师一起，把各种有趣有料的信息和脑洞大开的联想变成知识的网络，随着金庸武侠中的美食担当，打通阅读的任督二脉吧！”

温州市图书馆籀园学堂之香樟课堂的海报成了志愿者老师们文字串烧版的创意，成为温图电梯海报的一道小风景。

二

2015 年，当看到上图书馆的人越来越多，可是很多家长都苦于品味经典的枯燥与不得法，孩子们也茫然，爱折腾的我又与温图商量，针对当下过多碎片化阅读带来的浮躁，针对“选书难、杂读难、精读难”的现状，带领团队创新策划与组织“全科阅读”和“深度阅读”课程开发。结合馆藏阅读书籍分类选择一些难读的经典、热门的话题、传统文化的撷取运用联结策略引导孩子静心阅读，打造“孩子们最喜欢的文学阅读课”，种下文学的种子，寻找打开自我的能量与良好方式，提升读者（尤其是儿童）的阅读品位。2015 年 3 月 8 日到 2016 年 1 月 31 日开展了“二十四节气”主题系列课程的原创开发和展示，随后 2016 年 2 月 28 日到 12 月 18 日开发展示了“名家经典与美食”主题系列阅读课程，2017 年 4 月 30 日到 2018 年末“文学世界里的十二味童年”名家经典文学赏析阅读主题系列课程又是现在进行时。

于是我们就循着翠翠的歌声，走进沈从文，亲历他阅读社会的“大书”时，感受湘西文化的原始神秘；走进“三十年代的文学洛神”萧红的呼兰河，感受平实语言中的震撼；一起读杨绛和钱钟书，再叙才子伉俪情深之余，《我们仨》的温暖满溢一屋；我们还共读鲁迅，谈论巴金，畅聊冰心，品赏丰子恺，调侃蔡澜；享受“舌尖上的金庸”美食，探秘张天翼那“葫芦里的秘密”，尝遍“汪曾祺的人间美味”；当然还忘不了朱自清温州旧居对门的“猪油糕”，“《西游记》中的仙品佳肴”……

品文学，尝美食，一篇一篇地阅读，一本一本地翻查，语言敏感性及对美的追求就在不经意间形成，正如惠特曼所说的，美的东西也将成为孩子的一部分，有了感动的力量。记得吴川老师由于上课需要，要向学生介绍朱自清先生笔下的“猪油糕”，在网络上找不到满意的视频资料，就决定自己录制，一探猪油糕美味的奥秘。多次找寻，找到永宁巷传了三代的老牌猪油糕林定寿老人的女儿，几番恳求，终于获得拍摄机会，磨粉—炊熟—压糕，一道道工序，不仅拍下来，吴川老师还回家煎制。体验失败，又去请教师傅，老板被彻底感动了，把祖传秘方和盘托出，只是一再提醒制作视频只可用作教学，不能公布在网上。吴川老师还模仿《舌尖上的中国》配音配乐……

就这样，一路走来，无数次利用双休日、假期上公益阅读课，哪里有需要就往哪里赶，送教、送书、送精神。从一个学科到所有学科，从一个团队到多个团队，一起走上公益舞台：不会上我先上示范课；没有动力用给自家孩子做榜样为“诱惑”；没感觉陪着一起备课，一次次磨课；没找到教具，我帮你找，你帮我做；有新想法大家一起探讨付诸实践；还有大着肚子坚持上课的年轻妈妈，受伤了拄着拐杖上课的自己……多么美好的遇见，用阅读的力量软化心灵，老师们渐渐爱上公益，以志愿者行动为豪，成为图书馆幸福的阅读推广人。

三

当我们脚踏实地地去印证“牧羊少年”追逐梦想的初心时，才发现公益阅读推广的使命感已经足够力量地迸发出追求卓越的创新与温暖。我们摸索出了公益阅读推广规范建设范式，形成图书馆公益阅读推广“一年一主题、一旬一展课、一书一课程、一师一课程群”操作路径，惠及数万读者。从“籀园学堂·香樟课堂”，到“香樟园书屋”“香樟园影院”“亲子阅读”等公益品牌，都活跃着这批团队的老师们百花齐放，各树一支，延伸开来……让阅读行动真正意义上从“云端”落到“大地”，走得越来越远。

在阅读推广路上，我们继续尝试创新打造阅读童子军志愿者队伍，选择推荐有阅读深度的中小学生上籀园学堂上课，师带生，生带生，家长带孩子引领阅读，开辟了爱阅读领读者的新领域。记得“籀园学堂·香樟课堂”推出一期《邂逅迪思尼电影中的童年——当仙蒂瑞拉遇上贝尔》，小学语文老师与中学生同课异构，引起了强烈的反响后，有一位高中男生听完课后，主动到图书馆报名，要讲《还原真正的科学》，做好 PPT 试讲了好几次，内容是阅读中的冷门话题，讲述牛顿、伽利略等大咖与科学和宗教的矛盾关系，表达自己“追求科学方法，要有科学精神，拒绝科学主义”，不禁让人感叹孩子阅读的深入与成为公益阅读志愿者的决心，他们想要普及科学阅读的赤诚之心让我们看到了“1+1”公益阅读推广志愿者 2.0 版时代的春天真的要来到了！全民爱阅读，全民会阅读，全民要阅读。

四

“籀园学堂·香樟课堂”名家经典赏析系列课程整整 69 期了，我们利用专业所长从地理空间的阅读传播到精神层面上的阅读接力，努力做成一种阅读推广范式，做出一支优秀推广团队，做美一种经典阅读姿态，希望每一位来图书馆的读者都能静下心来阅读，在阅读活动中“活心”，成为一个有教养、有素养、有智慧、有情趣的社会人。回首——

忘不了那个拼命把妈妈的手举高想让她回答问题的小女孩，“小手拉大手”，感动着稚嫩的雀跃；

忘不了那个每场必到的奶奶，孙子有时间，总让他第一个来，坐最好的座位；孙子不能来，她戴上老花镜认真做笔记，感动着细腻的沉醉；

忘不了头发花白的爷爷，每一场都举着摄像机过来听课，感动着淳朴的坚守……

忘不了近十二点了，家长们还围着老师聊阅读，小粉丝们总是要求合影，感动着真诚的崇拜；

忘不了来自农村的教师志愿者们，周末驱车一个多小时从藤桥赶到温图，还自掏腰包买奖品给爱阅读的孩子们，感动着温馨的奉献；

忘不了温图的馆员们，一次次不厌其烦默默无闻地协助完成不同的阅读推广需求，从协议的签订，各个环节的沟通、宣传，到相关配套物料（海报、门票、导示牌、桁架、背景等）的准备，从网站宣传发布、微信预告到媒体沟通、短信通知、摄像通知……

太多感人的镜头一一闪现。与一群人，带着 idea 一起行走，成为我生命中最幸福的历程，也让我拥有强大的坚守力量，像米切尔·恩德的犟龟一样：只要上了路，就要天天走，总有一天会遇到隆重的庆典的。这庆典是由我与我的草根教师团队的责任、激情与使命共同奏响的，只为了阅读，虔诚地播撒……

“李利呵，我愿意跟你去巡夜，把一盏盏街灯点燃！”推动，我们需要斯蒂文森笔下李利那样的不放弃：每天快要天黑的时候，就拿着提灯和梯子走过来，在每一家的门口，把街灯点亮，让城市中所有的人在光亮中可以看见，看见那一本本神奇的书，日思夜想，枕着书香，梦见诗与远方……我愿意，我们很愿意做斯蒂文森笔下的李利，成为永远的阅读点灯人，让更多的人加入阅读推广的“微志愿行动”。因为我们的职业，我们的特长能让书香的种子柔情地播撒，一个又一个，一家又一家，一所又一所；因为每个孩子都有一棵属于自己的灵魂树，很多人不知道怎么帮助他成长，并在自己的树下诉说、吟唱，在吟唱中重归心灵的宁静。

于是，一只，一群，犟龟们，一直行走在阅读推广路上……

（作者系温州市鹿城区教育研究院副院长）

纪念温州市图书馆开馆七十周年

——并追怀梅冷生馆长

林炜然

温州市图书馆的前身——籀园图书馆开馆七十周年了！该馆是温州第一座向整个社会开放，供全市人民利用的文化机构。溯自籀园筹建附设藏书楼以来，规模逐步扩大，庋藏日益宏富，为提高文化水准，扶助学术研究，以至对政治改革、经济建设，直接间接地都起了没法估量的作用。这不能不归功于乡先辈的倡导赞助，和历任馆长的惨淡经营，以及多数馆员的敬业服务。

就我接触较多的古籍方面来说，如刘次饶前辈的全面整理黄氏蔘绥阁赠书，征集刘氏嘉业堂等的大量佳槧；孙孟晋丈的移录玉海楼所有乡先哲遗著，并择要校刊流布，都对乡邦文化留下重要业迹。尤其令人追怀不已则是故友梅冷生同志。

回忆梅君继任馆长，正当抗日中期极其艰危之际，不数月，温州便遭第一次沦陷。一时骚乱流离，不堪言状。他不暇顾及身家性命，于情势万分荒乱中邀约相知有素的同事，将馆藏善本抢移幽僻处所，加以伪装，才免被发现。敌军撤退，复鉴于日本军国主义者的贪欲成性，虽当戎马倥偬，也不忽略文化掠夺；即在不及掠夺时，还出于忌刻心理，必尽量予以摧毁。而温州濒海，当时防守空虚，随时有被占领的危险。故即多次相度僻远山区，筹划转移。终于择定瑞安龙川（今属文成）独处村外的文昌阁。即督率装箱，亲自押运、庋藏。并由潘国存同志自炊独食，长期株守。以故温州虽续经数次沦陷，但迄于胜利复员，该馆图书终得完好如旧，无稍缺失。

又，当解放后土改之际，各处图书大量流散。梅君不辞劳瘁，以市馆馆长身份，前往各县尽力收集。除以各类图书充实市馆外，并将所遇文物以及其他文献遗存分送市文物、档案两馆保存。其在瑞安，所得尤夥。一时橱柜叠满申明里胡氏大厦楼上。梅君顾念该县文风一直较盛，而玉海、蔘绥两处图书又已尽数捐献省、市。故凡遇市馆已有的版本，包括善本，和未刊抄本，都留交该县文物馆。复徇瑞中校长王从廉同志之请，以其余复本充实该校图书馆。人们只知：瑞安文物馆已无玉海楼原物；而不知该馆实际集中了该县其余故家的大部精华，并经李孟楚教授和版本学家张宋庼先生编目庋藏。而瑞中图书馆，就重点完全中学设备标准言，古籍实已达到应有尽有的程度。王君退休后也曾予分类编目。所望两处负责同志善加爱护，并适度开放利用，以副梅氏厚意！

另外，还得提明两事："文革"前，梅君与谈编辑各专类书目时，触及彼此年龄。我即建议：宁早物色继任人员，梅深韪其言。及梅病痹，幸得张宪文同志权理馆事；梅卒，因继其任。此固驾轻就熟，才得胜任愉快。"文革"后，又与张君提及：市馆腾出依绿园原址，当时情势原非得已，但沧河巷决非藏书善地。实则张君久已忧心忡忡，而为此奔走呼吁。拨乱反正，终得市领导特别重视，决定于东郊文化区专建古籍部新楼。

前岁古籍部落成，所有图书都已移进，分别部居，更新架阁。并于高层特辟工场，将残蛀破弊本子分批修补，以利保存。今当开馆七十周年纪念前夕，故不揣九秩耄龄荒疏衰疲，勉缀此文，聊申庆祝微忱！

（原载《七十春秋录——温州市图书馆馆庆纪念集》，1989 年 10 月印行，作者原系瑞安中学教师）

籀园，我心中美好的怀念

赵瑞蕻

一想到籀园，在我心中立刻就浮现出往日籀园图书馆所在地，落霞潭那一带宁静、优美的风光和我记忆里与籀园有关的不少旧事来。从我童年起直到1935年我从温州中学毕业，离开故乡到外地求学为止，我到窦妇桥、落霞潭、九山河畔、松台山上玩耍、散步或消度假日，或和相知的同学谈心放歌等等，不知有多少次了。无论到那一带什么地点，我总会走过籀园图书馆大门前，或者从松台山顶上望见它的。长期以来，在我心目中，籀园图书馆是我们故乡一座传播知识，普及文化，推动教育发展的灯塔，恬静地放射着光辉。

我在中学读书时，首先由于喜欢看书，求知心切，也因我从小爱好文学，尤其是诗歌，而且那里离我的老家（接岚下潭，又名挂彩里）不远，所以我时常上籀园图书馆借书看，甚至带本心爱的书到那里静静地阅读。我记得跨过石桥，走进大门，便是一条走廊，一堵花墙，墙外的小河流淌着。墙边青草地上栽着花木，如紫藤、红白色蔷薇之类。走廊的右侧就是阅览室，有三、四间，内陈报纸杂志，任人自在地披览。再往里走，就是图书馆主楼，借书处。我记得像赵元任译的《阿丽思漫游奇境记》、伍光建译的《侠隐记》、奚若译的《天方夜谭》等外国文学作品，以及当时流行的创造社和新月社印行的几种诗集，比如郭沫若、徐志摩的作品，都是从馆里借出，贪婪地阅读的。当然，我也从温中图书馆借来许多书看。我一生对中外文学浓烈的兴趣，以及后

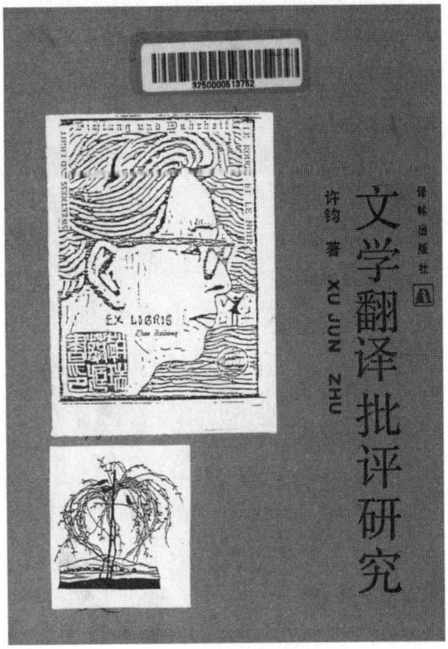

赵瑞蕻藏书票

来的专门学习和研究，除了在校中得到老师们热心的教导和亲切的启发外，课外自由地愉快地大量阅读书刊，是十分重要的一个方面，也许可算是部发动机。对于我，籀园图书馆更是富于吸引力，在我青少年时期的心灵中留下迄今仍然新鲜、美好记忆的印痕。这不仅是借书看书，而且还跟我那时生活中某些情节联系着。我喜欢那儿的清幽，四围的山光水色，园里的花枝，还有几位图书管理员先生的态度和蔼可亲。他们总是很有耐心地帮助我找到我要看的书籍，有时还给予一些指点。可惜我现在记不起他们的名字了。他们也许早已离开人世了。

1937 年，抗日战争爆发，我从青岛山东大学（那时我读完外文系二年级）回到温州，与许多同学朋友发起组织了永嘉战时青年服务团，热烈地参加抗日救亡运动。我记得曾和十几个骨干同志在籀园里开会，商量宣传等工作。对于我，特别值得记忆的，是同年 10 月 19 日，我们举行鲁迅逝世一周年纪念大会。同志们叫我作报告。我那篇讲稿就是躲在籀园阅览室里写成的，因为那边清静，不受干扰。10 月底，我离开故乡，到长沙入国立长沙临时大学（即清华、北大、南开三大学战时联合组织，西南联大前身）继续上学。临大文学院设在南岳山中租来的“圣经学院”内。就在那里，我第一次认识了国文系教授和系主任朱自清先生。我初次与他见面谈话时，朱自清知道我是温州来的学生，曾问起温州情况，提到仙岩和籀园，说：“籀园图书馆还在那里吧？那是个很好的看书地方。”关于这点，我在 1983 年出版的诗集《梅雨潭的新绿》的《自序》里已谈及了。1938 年冬，因日寇攻陷南京，沿江西侵，威迫武汉，临大便西迁入滇，在昆明继续开学。文学院暂设在蒙自，四月重新上课了。那时，我和十几个同学组织了一个“南湖诗社”，邀请朱自清、闻一多等教授任导师，得到更多的教导。我们常把诗稿交给他们评阅。有一次，我写了一首较长的诗，大约有二百行，题目是《永嘉籀园之梦》。在一次诗歌讨论会上，朱自清先生把看过的稿子发还给我们。他拿起我这篇东西时，对大家说：“这篇写得不错，是力作。”我的心强烈地跳着，十分激动，只说：“谢谢朱先生！”这首诗是我最早以诗歌形式描绘家乡落霞潭一带风物，结合着对籀园的缅怀，同时表达了对日本侵略、蹂躏家乡的痛恨，以及对亲人们思念的作品。今年恰逢朱自清先生逝世四十周年，我在此提及此事，也可作为一点纪念。我们温州同乡对朱先生是熟悉的，也很感谢他。他在温州任教时撰写的《十中校歌》里就有“怀籀亭边勤讲诵，中山精舍坐春风”的句子。“怀籀亭”就在现在温州第八中学，原温州中学高中部旧址内，是为纪念晚清卓越的学者、为家乡教育事业作出光辉贡献的孙诒让先生而建立的。所以，在本文中，我想到朱自清先生来，是十分自然的事情。

从 1937 年秋我再次离开温州，直到 1962 年春，我重回故乡时，正好二十五年。那年春节，我在温州时，曾两次去拜访籀园，它已归入温州师范学院校园里了。籀园年久失修，门墙剥落，颇觉荒凉，使我十分感慨。图书馆也已搬到沧河巷，改名为温州市图书馆了。不过，在师范学院里，却是一片新的天地。从前那里一大片荒芜的田野，乱草丛生的土堆瓦砾不见了，竖起几座新楼房。虽说落霞潭畔，籀园旧址附近仍遗留着某些陈迹，但新中国成立后开拓出来的新的场面、新的景象，特别是温州师范学院的兴建，使我感到无限欣慰。那年我回到南京后，就写了一首诗，发表在《雨花》杂志上。现抄录其中几段，作为我二十五年后重返故里时一些感受的记录：

如今我重到落霞潭，
生活为我唱支新的歌；
我见周围的风物多激动，
年轻时的情景跃入了心窝！

破烂的城墙早已消失了，
宽阔的马路直伸向郊外；
那里竖起丝厂、陶瓷厂……
给雪山寺以新奇的风采。

潭中的风光啊，多么清幽，
看群鱼跃动，听野禽轻唱；
朵朵彩霞落入潭中，
幻成美梦，种种遐想。

潭上的风光啊，多么明丽，
一幢幢红楼映入了波心；

阵阵读书声飘过石榴树，
夹竹桃，石桥，长长的花径。

这里是一片新的园地，
火的艳色，蓬勃的青春；
挺胸面对满天朝霞——
欢唱吧，年轻人，举旗前进！

那时，当我知道图书馆已迁走了，我急于去参观，便约我二哥赵瑞雯作伴一起去，并且特地去拜访馆长梅冷生先生。承梅先生热情接待，领我们楼上楼下看了阅览室、书库等；详细地介绍了新的图书馆现状和以后发展的规划，还提到那地方很不够用，将来必须搬到另外的新址。梅先生还问起我国外图书馆一些情况，我把我稍微了解的苏联列宁图书馆，德国、波兰、捷克等国的图书馆告诉他了。梅先生是家乡前辈，一生为文化教育事业作出了很大贡献；他豪爽真诚，使我留下了深刻的印象。现在梅先生已逝世了，我十分怀念他。

1978 年晚春，我承温州师范学院的邀请，曾和另外两位南京大学教师吴新雷和汪文漪同志一起去讲学。其间，又承温州市图书馆——那时，图书馆已迁往县前头，呈现出前所未有的新鲜面貌；规模很不同了——之约，特别是郁宗鉴同志的殷勤邀请，要我在馆里作两次学术报告。我记得一次是讲“和平，人民友谊和国际文化交际”；一次是讲《茶花女》和《红与黑》。他们印了听讲券，发了消息。当时是“四人帮”被打倒，“文革”结束后第二年，有关思想意识、文化教育、文学艺术等方面的许多问题正有待于重新认识、分析和研究；对“四人帮”所推行的极“左”思潮，封建法西斯和愚民政策必须深入批判，而这些工作或多或少地才开始的时候，所以来听的人极多，挤满了楼上一间会议厅。我当时感到有些紧张，不容易讲；有些话当时不好公开讲。当然，我做了准备，针对“四人帮”的流毒，提出自己的见解。我着重讲第二个题目。通过自己学习的心得和体会，结合当时徐州市有个工人因看《茶花女》竟受到某个领导的责备，叫他检查的事，以及我自己因最早介绍、翻译《红与黑》，在“文革”中吃了不少苦头的情况，我还是坦爽地讲了我应该讲的；批判了“四人帮”在推行极“左”思潮，污蔑外国优秀文学遗产方面的种种罪行；并且也顺便指出我那时在温州所看到的封建迷信，文化素质低落某些现象，加以适当的批评。听众的反响是较强烈的，是很感兴趣的。会散了，不少人围上来问这问那，也有递纸条的。后来我走出图书馆大门外，还有七八个年轻人要我回答一些事情。第二天晚上，有两个青年店员到华侨饭店来找我，谈谈他自己的感想，说得很激动愤慨。这一切真使我感动，我非常感谢这许多年轻的老乡！我首先应该感谢温州市图书馆和郁宗鉴先生！

以上所记叙的都可说明我和籀园图书馆、温州市图书馆的亲切的关系。我长期从这所图书馆所得到的好处——从知识的接受到文化教育的培养——确是一时写不完的。正如在本文开头所说的，籀园，我心中美好的怀念；在我偏僻的故乡，图书馆是一座传播知识，普及文化的灯塔，恬静地，或者说潜移默化地，放射着不灭的光辉。在这里，我还必须提及一件事。1980 年，我曾拜托我一位亲戚儿童文学家金江同志到温州图书馆搜集我过去在《十中学生》《明天》《前路》《浙瓯日报》等报刊上发表过的诗歌和文章以及翻译的东西。金江同志得到图书馆负责同志的大力帮助，在一大堆旧书刊中，终于找到了一些拙作，主要是诗，他又请我二哥瑞雯抄好寄来。这就是《梅雨潭的新绿》第一辑“遗忘了的歌曲”里所收入的一部分旧作。只是解放前的《浙瓯日报》统统不见了，未免遗憾。在此，我也要感谢金江兄和温州市图书馆的。

今年四月，我和我女儿、三个研究生一起应邀到温州大学讲点课，曾到温州中学参观，看到籀园里的建筑焕然一新了，感到异常高兴。我们和温中校长、书记、校史馆负责同志，还有温师院院长谷亨杰先生，在新修的照壁前拍照留念。由于时间匆促，这次未去市图书馆，只好留待下次再回故乡时，到那儿访问，看书学习了。

图书馆的重要性是众所周知的。它跟一个国家，一个城市里广大人民的文化教育的普及和提高紧密地联系着。我们不是常听说，看一个国家的文化水平，只要看一看它有多少个图书馆，多少座博物馆就可以了吗？这话很对。尤其在我国今天大兴对内改革对外开放之时，图书馆的重大意义，所起的作用，更应该为大家所理解；它所担负着的任务更加伟大了。

在纪念温州市图书馆建馆七十周年的前夕，我特地写了这篇回忆散文，表达我最诚挚的祝贺！同时，藉此抒写我缅怀和感谢的深情。

热热地期望着温州市图书馆日益发展，日益兴旺，为培育我们故乡各方面人才，下一代优秀的子孙们，作出更多更好的贡献！

1988年12月25日，草毕于南京大学中文系

（原载《七十春秋录——温州市图书馆馆庆纪念集》，作者原系南京大学教授）

落霞潭水深千尺

——籀园旧风情

汪远涵

“落霞与孤鹜齐飞，秋水共长天一色。”王勃的名句在旧日籀园门外可以得到形象的印证。当六十多年前我从小学进入初中阶段，我家已住进了马公愚先生所书门楣的“气象万千”的大士门新居。这里距籀园仅咫尺之遥，所以每天放下书包都到落霞潭畔徜徉。虽然我并无思古之幽情，但一坐在籀园门前大树下，面临着松台残照，落霞清波，给予我一些说不出来的情趣。与元亮先生“悠然见南山”的心情大概多少有些相似。

我对于籀园里面的人，几乎每一忆及，至今他们好像都活生生地出现在我的面前。我所接近过的几位老馆长，他们的道德文章都是我所钦佩的。如严老琴隐、刘老次饶、王老羲逸、孙老孟晋、梅老冷生，无一不是我们永嘉古郡的诗文祭酒，不过今天健在的只有年逾九旬的两位耆宿严老和王老。他们虽然年迈体衰，但仍表现出坚强的生的意志和崇高的善的追求。他们都被聘为浙江省文史馆馆员。

这里还应该提到的是一位唯一的女馆长姚平子先生。她是建国后温州首任市长胡景瑊同志的萱堂。在她的任内还聘用了女馆员，这在20年代的温州是罕见的事。此外给我留下不灭印象的是一位老馆员孔老先生。他是当时律师孔梦韬的父亲，是一位地地道道的老夫子。他经常穿着干净的长袍，有时还加上马褂来馆上班。当楼上女馆员到来之后，他总是移身到楼下小室，正襟危坐，默默地观书，浏览的多是线装书。老夫子整天笑嘻嘻地对着来人。我是老主顾，记得第一部借来的书是李涵秋著的章回小说《广陵潮》，没有向我要保证人或交保证金。有的书我啃不下去，当天就送还；有的看得津津有味，就开夜车。这位孔老夫子对我特别照顾，记得后来我结婚时，为了充实书橱，竟慨允借给大批洋装厚面的书装装我的门面。

籀园图书馆那时有一位老门房，他守在黑洞洞的门房内，经常提着一条竹烟管，吮得滋滋作响。他有时不在家，但当矮个子邮差老李吃力地背着沉甸甸的邮袋送报刊来的时候，他却从不旷职的。他对出入的人们是注意的，好在当时来馆的读者有限，所以当一位青年经常上楼帮女馆员的忙时，他就觉察到了神秘之处。不久当这位女馆员跟着这位情人出走时，他就笑呵呵地及时把这个秘密消息告诉了我。直到今天，我还似乎发现他当年叙述经过时那副滑稽面孔。

30 年代初，高中毕业后我就赴沪升学了。除了暑假返里时还不断流连于落霞潭畔之外，没有更多时日再瞻望着张謇状元公所书的“籀园”二字而低徊了。不过我和温州图书馆有着不解之缘。当梅冷翁缠绵病榻时，他毫不歧视我当时属于某类分子，多方设法为我借到了所喜爱的书。我家搬到了县前头，图书馆也跟着来到新建的四层大厦“开光”了，使我沾光不少。从落霞潭经过沧河巷到了县前头，前年又建成了上村贮藏古籍的新馆舍。由图书馆七十年来的发展，使我们看到了馆藏的开拓，也体味到了老一辈的心血的倾注和今日工作人员的苦心孤诣的劳动之辛勤。

（原载《七十春秋录——温州市图书馆馆庆纪念集》，作者原系《东南日报》总编辑）

英雄和石子

——记温州市图书馆的贡献

周梦江

少时读过一个英雄石像的童话，有名的英雄石像是由无数的无名英雄——石子作为基础竖起来的。图书馆里绝大多数的人员就是无名英雄，他们辛勤的培育各种人才，无私地对文化事业作出贡献。温州市图书馆人员亦巍然站在这行列之中。

这里，我想简单记述一些不大为人所知的温州市图书馆对文化事业所作的贡献。

一是对中华书局编辑《叶适集》的帮助。

1960 年间，上海中华书局拟将叶适的《水心文集》和《水心别集》整理合编为《叶适集》出版。叶适（1150—1223）是南宋时期的温州人，是主张事功思

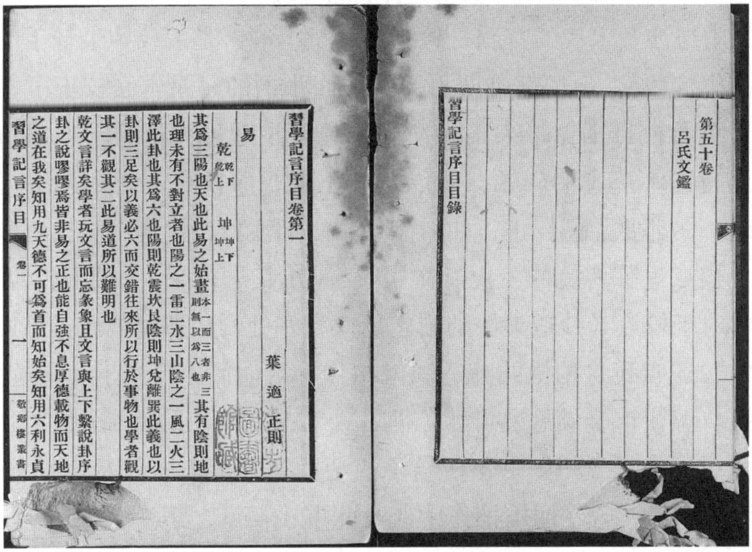
第五十卷
呂氏文鑑
習學記言序目目錄
習學記言序目卷第一
葉適正則
易
乾（乾下乾上） 坤（坤下坤上）
其爲三陽也天也此易之始畫（本一而三者非三則無以爲八也）其有陰則地也理未有不對立者也陽之一雷二水三山陰之一風二火三澤此卦也其爲六也陽則乾震坎艮陰則坤兌離巽此義也以卦則三足矣以義必六而交錯往來所以行於事物也學者觀其一不觀其二此易道所以難明也
乾文言詳矣學者玩文言而忘象象且文言與上下繫說卦序卦之說嘐嘐焉皆非易之正也能自強不息厚德載物而天地之道在我矣知用九天德不可爲首而知始矣知用六利永貞
習學記言序目 卷一 一 敬鄉樓叢書

《习学记言序目》

想的著名唯物主义思想家。中外各种有关中国古代思想史或哲学史的著述，都有专章介绍。编辑他的文集出版，无疑是学术界一件好事。可是，由于叶适及其永嘉学派一向主张事功，要求务实，因此就为元、明、清的空谈义理的道学先生所不喜。于是加以打击，斥为“功利之徒”，到了明代初年，“其学遂废而不讲”，就是说没有人研究了。于是叶适的著作也大量散失，明代正统年间，在处州府（今丽水市）任推官的黎谅要搜集他的著作就很不容易。幸亏这位江西人黎谅，经过他的努力，搜集了八百多篇文章，编成《水心先生文集》刊行，使叶适著作终于留传下来，而这也是《水心集》的最早本子。

以后，从清初到建国前，《水心文集》共有四个本子，其中最好的本子是光绪八年瑞安孙衣言、孙诒让父子所编的，计文集二十九卷，补遗一卷。孙衣言还依据百多种有关书籍写成《水心文集校注》六卷，本拟附在文集后刊行，以后未刊，只有抄本留藏于温州市图书馆，但“文革”中也残缺了。

中华书局整理《叶适集》的同志知道温州是叶适故乡，可能有些资料，于是通过上海图书馆和温州图书馆联系。温州图书馆当即寄去馆藏的《水心文集》几种本子和一些选本，如《水心文集》的明末清初大字本，方婺如的《水心文钞》，还寄去温州学者张㭎过录的孙衣言《水心集》校正本，以及孙衣言的《水心文集校注》钞本六卷。其中《水心文集校注》是全国唯一的钞本，对整理《叶适集》大有好处。因为《水心文集》《别集》中的宋代俚语和官牒用语，今天已不通行了，而且书中还涉及宋代的官制、兵制、食货等等，是编校中最棘手的问题。有了《水心文集校注》，一切都可迎刃而解。而张㭎的过录本又校正了文集中许多误刊的字，更给校点工作带来不少便利。凡是整理过古籍的同志都知道，写文章时，如遇自己不热悉的问题，可以避开不谈，而校点古籍则无法逃避。一个字，一个词，你都要弄懂校正，如需注释，则加注释，丝毫不能投机取巧。我自己前几年也校点过陈傅良的《止斋文集》，深知其中苦楚。所以说，温州图书馆的这些资料对于校点《叶适集》的同志是大有好处的。那时，我正借用于温州图书馆，梅馆长还叫我将拍摄的叶适塑像相片寄给他们（现刊于《叶适集》扉页，下仅注“摄自温州市金锁匙巷叶水心祠”）。以后，《叶适集》出版了，近年又再版，而编校后记中对温州图书馆所给予的帮助竟只字未提，因此不为外人所知。对此，我深有感触，曾在两篇拙作中谈及此事，一见之于《丽水师专学报》1986年第四期；一见之于《中国历史文献研究》1988年第二期。

二是对《汉语大词典》所作的贡献。

《汉语大词典》第一卷已于1986年出版了。全书分十卷（另有附录及索引一卷），约五千万字，共收词目三十五万条，是我国古代至目前的一部最大的词典。它按历史原则编纂，内容全面，古今兼收，源流并重，集古汉语和现代汉语词汇的大成。从它规模、内容看，它与国内目前一些词典相比，确有“大、全、新、高”的特色，与世界上最著名的《牛津英语词典》《日本国语大词典》相比，亦并无逊色。因此受到高度评价。胡乔木同志认为，此书“是古今字词兼收的大型著作（以前我国只有大型的字书和中型的词典），无论在我国历史上或在世界出版界，都是史无前例的，在各国掀起汉语热的今天，其价值自必受到更大的重视”。

这部词典是山东、江苏、安徽、浙江、福建和上海五省一市的学术界、教育界、出版界一千多位专家和文史工作者历时十个春秋的劳动成果。它的编纂过程是，先从三千多种图书中收词制卡，我国自先秦至现代的主要典籍均在其内。除经、史、子、集四部书外，还广泛收录各种古代字书、政书，并注意从佛教、道教、科技、地理等类书籍和早期白话著作、现代名著，以及出土简帛书中补充新资料。从浩如烟海的书丛中挖掘有价值的资料，吸收前人和近人的学术研究成果，先后制作了资料卡七百多万张。

就浙江省来说，收词制卡工作阶段，是全省各地区由该区大专院校组织力量进行的。以后到了编写阶段，由于各种原因（其中原因之一是该地区藏书情况），全省只剩下五个单位，即省出版局、杭州大学、浙江师大、杭州师院和温州师专来完成编写任务。

温州地区以温师专为主成立词典编写组，直接由地委宣传部领导（以后由温师专党委领导），抽调大中学教师及其他同志十多人来收词制卡，编写词目。

词典的质量主要是文字简洁得当，引文翔实可信。因此，每一条词目的写成，我们必须查对由其他各省、各校寄来的资料卡。资料卡的质量有好有坏，有的错误较多，我们必须每句每字都加核对，不能出半点差错。《康熙字典》是我国有名的大型字书，它是由当时一些著名学者、翰林学士来编写的。他们都是熟读诗书的饱学之士，可是由于未能很好地查对资料，因此亦发生错误，以后王念孙父子就指出它的失错多处。为了防止重蹈前人覆辙，我们在编写过程中查对原文资料就花了很多时间。

《汉语大词典》温州编写组设立的原因之一，是因温州市图书馆藏书比较丰富。尤其难得的，是图书馆全体工作人员大力支持我们的工作。记得当时除了图书馆休息日外，不管这日是对外开放或内部整理，我们去时，馆中人员一律接待，替我们找出所需要的书。有时，我们所查的词目条数较多，忙不过来，他们就主动地帮助我们查对，使我们省力不少。所以，编写组同志都说，到市图书馆查书比在校内查书还便些。这里，我们可以说，温州市图书馆为《汉语大词典》的编写，是花了不少心血和精力的。

今天，《汉语大词典》第一卷已经出版，可是有谁知道温州图书馆及华东五省一市的图书馆为它所作的贡献呢?

正如上面所讲的童话一样，人们膜拜敬仰英雄石像，而没有想到如果没有无名的英雄——石子作为石像的基础，这个英雄是竖不起来的。可是，今天崇拜英雄石像，漠视石子的现象仍相当严重，图书馆工作人员社会地位不高，图书经费奇缺……

那篇童话的结尾记得是：英雄石像骄傲起来，瞧不起石子，惹得石子生气，大家不干，于是英雄石像终于倒塌。这虽是童话，但作家的用意是非常明显的，值得大家深思。

（原载《七十春秋录——温州市图书馆馆庆纪念集》，作者原系温州师范学院教师）

呈献上一瓣心香

——纪念温州市图书馆建馆七十周年

金　江

温州市图书馆是我的良师和益友。今年是它建馆七十周年，我怀着无限感激的心情，谨向它呈献上一瓣心香，以表示我对它的衷心的谢意！

当我少年时，因为家贫，买不起书。坐落在九山湖畔的籀园图书馆（即温州市图书馆的前身），就成了我经常驻足的地方。籀园图书馆藏书丰富，少年求知欲强，我在那儿可以得到很多满足。我从它那里获得许多知识，汲取许多智慧。它使我开阔了生活视野和思想境界，使我充实了进取的力量和攀登的勇气。

九山湖是个风景优美的地方，我除了到籀园图书馆读书借书外，我爱在九山湖畔漫步停留。在清晨我爱看九山湖碧水和天上的红霞相映，渐渐烘托出一轮灿烂的朝阳；在黄昏我爱看九山湖在暮霭苍茫中朦胧缥缈的美姿。每每使我流连忘返。现在回忆起来，当时从籀园图书馆借到一本久所渴望的书，坐在九山湖畔阅读，真是一种无上的享受。

《七十春秋录》封面

我成年以后在外地工作，时常想起我的故乡，想起故乡就想起九山湖，想起九山湖就想起籀园图书馆。因为它是一座知识宝库，建馆以来，曾经直接间接地培养了许多人才。温州许多在事业上有所成就的著名学者和专家，哪个没受过籀园图书馆的熏陶和教益？哪个不对籀园图书馆怀有亲切的感情？我是从著名学者孙诒让先生创办的温州中学毕业的，因之对为纪念孙先生而创办的籀园图书馆更有深厚的感情。

1947年我的第一本作品《生命的画册》（诗集）出版，我首先寄给籀园图书馆。这本诗集至今还保存在馆里。我不会忘记，我从事文学事业，走上文学创作的道路，首先给我丰富的文学营养的，是籀园图书馆。

新中国成立以后，籀园图书馆改名为温州市图书馆，迁到沧河巷，后来又迁到县前头新建的馆舍。我一直与它保持联系，是它的一名老读者。我经常到温州市图书馆查阅资料，或寻找参考书籍。馆内自馆长到管理员，无不热情地向我提供帮助，并给予方便。我的创作与编选的三部书：《中国古代寓言精选》《中国现代寓言集锦》和《外国寓言选》，以及我在全国获奖的论文《哲理的诗》，许多资料都是依靠温州市图书馆提供的。我非常感谢他们。温州市图书馆不仅藏书丰富，而且保存了大量的温州地方文献。1982年我从浙江人民出版社调回温州，正值母校温州中学八十周年校庆，要我和黄立中老师负责编一本校庆特刊，许多资料温州中学没有保存，而在温州市图书馆却能找到。

我曾向温州市图书馆副馆长朱韦辛同志建议：收集温州籍学者、作家和温州文学团体所有出版的著作、翻译与杂志会刊等等，使全国甚至世界要想找温州文人学者的著作和资料，在温州市图书馆都可找到。这应当成为温州市图书馆一个特色，馆长欣然同意并接受我的建议。我将自己已出版的全部著作（其中因“文化大革命”损失了几本），以及我主编的《小花朵》和《寓言》杂志，都捐赠给温州市图书馆。馆长说将它们列入特种书库，永久保存。我希望在本地和外地的温州籍作家学者，还有在温州生活过的外地的作家学者，都能把自己的著作和资料捐献给温州市图书馆，以丰富它的藏书和价值。

温州市图书馆还经常举办学术讲座，记得1956年我就在馆内讲过“关于儿童文学”。特别是请从外地来的著名作家和学者作讲座，以丰富与活跃温州的文化活动，提高温州人民的文化水平。这种做法很好，也很必要，应该继续经常举办。

温州市图书馆是我的良师，是我的益友。假如说我在学问上有点收获，在事业上有点成就，是和温州市图书馆对我的支持和帮助分不开的。我永远感激它！请接受我呈献上的一瓣心香，愿温州市图书馆生命常青，随着时代的进展，越来越显示出它的存在价值与巨大贡献！

1989年1月10日写于温州水心新村

（原载《七十春秋录——温州市图书馆馆庆纪念集》，作者原系中国寓言文学研究会名誉会长）

附：关于温州市读书之友协会筹备情况的报告

金　江

各位会员，顾问，来宾和各部门领导同志：

温州市读书之友协会经过近一年时间酝酿筹备终将成立，我受筹备小组的委托，向大会报告有关情况。

1990年下半年，温州百家著作展之后，我们曾邀请部分热心读者座谈如何发扬温州的读书风气，繁荣温州学术文化的问题，许多读者指出当今科学技术发展迅速，信息量成几何级数激增，单凭个人关门闭户研究问题已不符合时代精神，必须有一个个自由组合的学术群体，彼此交流商讨，方能达到读书求知，促使社会进步之目的。联合国教科文组织曾提出“教育要扩展到每个人一生，唯有全面的终身教育，才能培养出完善的人。”党中央一再强调，科学技术是第一生产力，而文化教育是提高生产力的基础，社会教育是整个教育系统中一个重要方面。

在这样的形势下，我们决定成立“读书之友协会”。今年5月19日，筹备工作正式展开。首先向市社科联提交申请报告。我们的报告是5月20日送达的，5月27日，社科联就发了批文，并同意由金江、张乘健、胡今虚、金陵、宋乐稣、洪振宁、吴伯正、卢礼阳、程靓媚等九位间志组成筹备小组，金江为组长，金陵、宋乐稣、洪振宁为副组长。第二，制订读书之友协会章程。今天印发的是第三次修改稿，共六条，文字也较简明，现提请大会审议通过。第三，聘请了一批热心文化教育事业的学者、前辈、领导担任本会顾问，指导本会工作。他们是马骅、马允伦、唐湜、胡今虚、胡珠生、符丕盛、郁宗鉴、潘忠乐、马锡鉴、管希雄、朱韦辛等同志。除以上三件事之外，我们还先后协助市图书馆举办了“书刊交换”（先后三次）、“党的光辉演讲会”、“书友茶座”等活动，得到了许多领导、学界前辈特别是广大读者的热情支持，产生了良好的社会影响。一些读者还慷慨解囊，帮助我们解决专题活动经费，令人深为感动。

从今年6月开始接受读者报名以来，要求加入读书之友协会的人数已达60名，会员大部分在市区，从事教育、科研、技术及文学艺术等各种职业，青年学生占一定比例。协会成立以后，我们将通过各种方式，继承和发扬我国民族文化的优秀成果，积极介绍健康有益的外国文化，增强自尊、自信、自强的民族精神，发展人民内部平等、团结、友爱、互助的新型关系，使社会主义的思想道德蔚然成风。

温州是个有历史传统的文化之邦。远的不说，近代就有孙诒让、陈虬、宋平子、陈黻宸一类维新人物。三四十年代，也涌现过一批有影响的文化名人，如夏鼐、夏承焘、苏步青、郑振铎、苏渊雷等等，此外在一批著名的实业家中，也不乏读过书，有高度文化修养的知识分子，他们如群星璀璨，照耀着温州的过去与未来。我们相信在上级单位及兄弟协会的关心支持下，通过读书之友协会各类自我教育、自我完善的活动形式，在我们的读者群体中也同样能产生富有不同学术个性的文化名家，这是我们协会今后的努力方向和追求目标，也将是90年代乃至21世纪赋予我们温州人的光荣历史使命。愿有更多的读者来参加读书之友协会，愿读书之友协会再为社会主义两个文明建设中多做贡献。

温州市读书之友协会章程

1991年5月草稿

1991年6月修改稿

（1991年9月　日成立大会通过）

一、宗旨

读书之友协会是一个读者群众的联谊组织，它以倡导读书风气，发挥书的使用价值，促进温州图书馆事业的发展为目的。

二、入会条件

会员应是热心本会活动及关心图书馆事业的有关人士。入会者由本人填表申请，理事会批准方可成为正式会员。会员需缴纳会费，每年缴纳一次，每次两元。

三、组织

本协会在会员中推选若干理事（约占会员人数的十分之一）组成理事会，并从中荐任会长、副会长、常务理事、秘书长。聘顾问若干名（人数不限）。协会每届任期两年。理事会一般每两个月开一次会，临时重要会议由秘书长通知。办公地点设图书馆。

四、权利与义务

会员有参加市图书馆及读书之友协会举办的各种活动的权利；会员可优先借阅馆藏图书，与本会沟通图书和读书信息，办好会刊。

五、经费来源

1. 会费；

2. 争取财政拨款；

3. 关心图书馆事业有关人士或企业的捐赠或赞助。必要时设立图书馆发展基金会。

六、活动范围

1. 指导读书，交流读书经验；

2. 介绍本土文化，研究乡土历史；

3. 举办图书展览、交换、评论、讲座等活动；

4. 协助市图书馆办好《读者园地》。

良师益友　学术源泉

——我和温州市图书馆的几度因缘

胡珠生

从解放前在温高读书到解放后在温州工作，我和市图书馆始终结着不解之缘。馆址从西隅一次次东迁，藏书不断地增长，管理人员从寥寥数人发展到一大群，当年青春焕发的姑娘现在都成为满头华发的老妇，有谁知道：正是这些不知名的管理人员把知识宝藏交给如饥如渴的求学青年，带来温州文化兴隆的今天！我是市馆藏书的千万受益者之一，也是市馆发展历程的千万见证者之一，现在谈谈我和市馆的几度因缘。

解放前的籀园幽静地处于九山湖畔，留给我的印象，一是籀公祠内举办学术讲座，馆长梅冷生致开场白，那木讷的言辞和诚恳的神态使我久久不能忘怀，开始对学术殿堂的无限向往。二是借读章士钊的《逻辑旨要》，书中列举先秦诸子的逻辑思想，简要生动，使我产生很大兴趣，从此重视逻辑学，对我后日在学术上的突破起显著的推动作用。

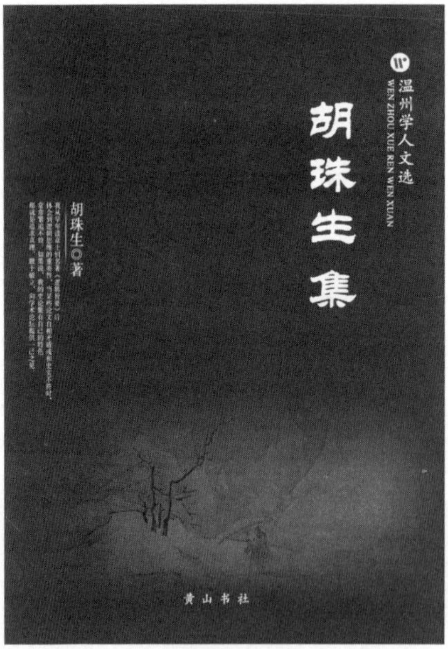

《胡珠生集》

解放后的籀园和先后迁入石坦巷、沧河巷的市图书馆，断断续续地留给我五件难忘的记忆：一是在这里碰到陈演澄先生（现为社科院文学所研究员），受到启发和教益。但我出的学俄语有退身的主意，竟然改变了他的治学方向——从史学转攻文学。二是梅老从造纸厂抢救来的古籍——《存斋偶编》，竟然成为我发表首篇史学文章的契机。三是梅老允许我进入石坦巷书库开架阅书，成捆借阅古籍，我才能遍阅秦汉史籍。结果王思治（现为名教授）《再论汉代是奴隶社会》一发表，我就能著文批驳，一昼夜写二万字，以《汉代奴隶制说的根本缺陷在哪里?》为题，一个月后就发表于《历史研究》(1957年第7期)，从此步入当代史家之列。四是敬爱的梅老在反右运动开头陷入困境，被迫找我商量。为了拯救市图书馆最忠实的公仆，在他方寸已乱的情况下，我来不及使用刚汇到的259元稿费，便义不容辞地按他交来的材料代他写检查，不久，梅老欣然来告："副市长拍拍我的肩膀说，检查很深刻，问题不大。"此后，因种种原因，梅老幸未戴上右派帽子。中秋晚上，江月如画，梅老偕同女儿来孤屿看我，送我一盒月饼，以志庆贺。五是沧河巷图书馆厢楼设立特种阅览室，陈列马列主义经典和各种重要参考书，我那时替中华书局上海编辑所辑注《宋恕选集》，几乎天天要来一趟。正是依靠这一条件，才能解决大部分疑难问题。管理员黄东君同志是如此的耐心，使我肃然起敬!

十年动乱中，我在市冲剪机床厂任造型工。抄家后，仅存《毛选》一部。便潜心钻研铸造生产原理，编写《快速造型法》，翻译英文本《Castings》，特别是编辑《铸工资料辑要》，须查阅大量科技书籍，一段时间内，我又成为市图书馆科技阅览室常来的读者。我在《铸工》杂志上发表的《壁厚悬殊的6×2500剪板机大齿轮铸造工艺》，其理论基础正是得力于馆藏图书——陈农《铸件的凝固》、AA雷日可夫《铸造工艺的理论基础》和铁木欣柯《材料力学》等。我发现陈书的大齿轮热应力计算例题抄自雷书，而雷书又抄自铁书，雷氏脱漏分母式中的b，以致因次不符。我在文末注中指出这一疏误，可惜被编辑部删去了。

该文八千字，只寄来16元稿费，看来搞铸造科学没有奔头，便借十一届三中全会的东风，重整旧业。不到一年，《历史学》季刊连续发表了中国会党史方面我的两篇重要论文——《青帮史初探》和《天地会起源初探》，为此引起社科院历史所的重视，台湾近代史专家王尔敏甚至著文评为大陆会党史专家之首。1980年秋，我在北京副研答辩会上得知，人们对温州市图书馆能提供这些论文的必要资料深感惊异。特别是所引《成案所见集》一书，北京各大图书馆遍找不到。我据该集列出《天地会自提喜以下流传系统表》。早已指明卢茂、李少敏是提喜首传门徒，并据该集阐明提喜俗家姓郑，原名郑开。而北京的学者直到此文发表后六七年之久才公布原始的档案。

随着古籍部从沧河巷搬到灰桥，我又成为新址的读者。1984年，我在《历史研究》第六期上发表了《正气会及其会序》，意犹未尽，又于1988年第五期该刊发表了《自立会历史新探》这篇大翻案文章。主要论据之一——梁启超《自立会序》是从市馆特藏书——《清议报》中查出的。全份的《清议报》全国不多，上海的学者只能使用《清议报汇编》，以致多有脱漏；主要论据之二——《汪康年先生传记》所引汪氏《致日本近卫笃麿、大隈重信和犬养毅三君》函中提到"某等近亦熟思互商，立一学会，名曰正气"。《历史研究》责编张亦工特地来函询问版本和藏馆，也正是灰桥古籍部的藏书。

同年，我被推举担任《温州探索》历史学的编委。为了撰写《初揭东瓯开国史的帷幕》《温州是怎样开为商埠的？》《孙诒让的学术成就和社会影响》《温州是怎样经历辛亥革命的？》《温州历史上的鬼神迷信》和《温州是怎样响应五四运动的？》等温州地方史的论文，也不能不常去灰桥，把市馆古籍部看做重要的资料源泉。

几十年来，我坐过国会街和沙滩的北京大学图书馆，文津街北京图书馆，逛过上海图书馆、杭州文澜阁图书馆，借过人民大学和杭州大学图书馆的书，复印过第一历史档案馆的资料，但是全面地提供我主要资料的则是温州市图书馆。因此，我的学术道路主要是依靠温图的藏书走过来的。

总之，在和温图的长期交往中，我结识了良师益友，获得了学术生命。早些年，人们笑着说"古书吃凉"；现在呢？欣逢盛世，我们要把温州市图书馆中大量藏书所保存的祖国文化遗产发扬光大，为振兴中华的伟大事业作出贡献！我深深地怀念戴着深度近视眼镜、常常手执鸡毛帚掸去古籍上灰尘的梅冷生馆长！我无限地崇敬继承梅氏优良传统的图书馆工作人员！温州市图书馆曾经培育过许多自学成才的出类拔萃的专家学者，必将在更大规模上造就建设祖国的各方面英才！

（原载《七十春秋录——温州市图书馆馆庆纪念集》，作者原系温州市文物处副研究员）

田野加书海　探俗路正遥

——谈和市图书馆的不解之缘

叶大兵

书，是我的第二生命。我的生命离不开书。因为书曾经不断地无偿地赐给我极其宝贵的知识财富。它使我深刻地认识社会，了解世界，剖析人生，帮助我迈上应走的道路。从不知到知，从知其然到知其所以然，在书的海洋中，我获得了无数用金钱买不到的学问。在我的一生中，书给我的东西最多最多。我爱读书，它已成为我生活中最大的嗜好。从前如此，现在如此，无疑地会延续到我的生命终结。

从不惑之年开始，我着手写点书，一则从探索世界奥秘中，发现真理，研究规律，用自己的一孔之见，给后人多少留点有用东西，也为自己的一生留点印迹；二则感到这是自己对国家、民族、社会应尽的义务。我把著书立说看成是自己晚年的最佳归宿，生活中的最大快乐。要写书，就离不开积累，离不开广征博引，就必须向前人求教，向书籍求教。

可以这样说，我从青年时代起，就和温州市图书馆结下了不解之缘。我是道道地地的温州人。建国前，籀园图书馆曾是我求知的场所，为我学习古文打下了基础。在九山河畔，那临河的行廊，一泓绿水，曲径古亭，至今犹历历在目；当时的几位老馆员淳朴、诚恳的服务精神，至今仍然活在我的记忆之中。前馆长梅冷生先生的渊博学识，对我有过重要的帮助。这些，我都将永铭不忘。建国后，籀园图书馆发展为温州市图书馆，有了三层新馆，图书翻六番（1988年止），又专门成立了古籍部，有了新的藏书楼。从1954年起，我幸运地被分配到温州市文化部门工作，三十多年来，对市图书馆既是工作关系，同时由于学术研究需要，接触频繁，又成了它的一名热心的普通读者，一直到现在。

建国近四十年来，温州市图书馆在发挥图书作用，为读者服务，为国家建设服务，做了大量的工作，获得丰硕的成果。它给我最深刻的印象是“主动、热情、无私”。

我起初从事音乐、歌谣、戏曲、民间文学等有关理论研究，从 1987 年起，才逐步把重点移到民俗学这门人文学科上来。因此，我一直把市图书馆作为自己一个学习和开展研究的基本阵地。在我出版的八部专著近一百万字的成果中，如《温州史话》《中国百戏史话》《世界婚俗集》《中国少数民族婚俗》(英译本)等，无一不包含着市馆同志们的辛勤劳动。我是搞历史科学研究的，尤其是民俗学，更需要从浩瀚的古籍中，进行究根溯源的探索。因为民俗学在我国，尚属一门年轻的社会学科。除在民间拥有丰富的民俗蕴藏外，它的大部分资料都散见于各地地方志和历代文人笔记之中。我与乌丙安主编的《中国风俗辞典》(上海辞书出版社 1990 年 1 月版)，历时七载，三易其稿，在编写和审稿过程中，需要大量的资料作为依据。书海无边，找寻起来确实有很大的困难。但是，在市馆同志的热情帮助下，我研究中的不少难点，一个个被克服了。他们善于根据我的研究规划，主动为我提供资料，本馆没有收藏的，还主动到外单位图书馆去想办法。有时为了保证我的交稿时间，还适当地延长借书时间，给予临时特殊照顾。总之，他们把读者的需要，视作为自己的需要，为了多出精神产品，他们和作者已经达到融为一体的地步。对这点，其他有些读者亦有同感。

我觉得，要检验一个国家公共图书馆，除了保管好图书外，更重要的看是否能够充分发挥藏书的作用。无私的劳动和主动热情为读者服务的精神，是全体图书馆馆员的本色和义务。正因为他们这种难能可贵的精神，有力地促进了我的学术研究，使我在民俗学园地耕耘中，增添了力量。“白发上鬓角，私心尚未了；田野加书海，探俗路正遥。”值此温州市图书馆七十大庆之际，书此以自勉，并表示对图书馆同志们的衷心感谢。希望全馆同志继承籀园图书馆的优良传统，为所有来馆求知的读者，为所有有志于发掘祖国文化宝藏的人们，进一步发扬主动、热情、无私的服务精神，使馆藏的几十万图书为振兴中华，释放出更大的光和热。

1989 年春节于探俗斋

（原载《七十春秋录——温州市图书馆馆庆纪念集》，作者系温州市文联顾问）

这里的书好人更好

洪震寰

温州市图书馆建馆七十周年了。作为一个老读者，其心情的喜悦，是难以言表的。在此，我对图书馆的领导与全体同志的辛勤劳动，表示衷心的感谢与敬意。

三十年来，我为了进行一些业余研究，与图书馆特别是古籍部有较多接触，我对市图书馆有这么几点印象：

一、市馆古籍收藏丰富，其中有一批珍贵的地方文献（包括已刊和未刊的），可称是“独家资料”，比如《岐海琐谈》一书，就有一条明代黄子复研制机器人的记载，这是一条很有特色的科技史料。我同中国科技大学的李志超教授说起，他告诉我一个重要的信息，说自己在日本看到电视上播放一个机器人，其功能与《琐谈》所载的机器人一模一样，而且年代相同。这使我们想起在明代的一段时间，中日之间有过正常与不正常的交流，也许在这个机器人上存在着中日之间的交流，这对于目前温州对日友好交往也许是一椿值得提起的事！市馆收藏的材料中，与此类似的情况比比皆是。还有不少抄件，比如地方经济史料，对于目前的经济建设也有所启发，可以说这里是一座可供研究者开发的宝山。

二、从籀园图书馆建馆以来，温州市图书馆有不少同志具有广博的古文献知识。他们不但是古籍的保管者，而且是精通古籍的研究者。我个人是“学理不成想学文，学文又不成”的人，对古籍知识是非常浅薄的。在运用古籍时，经常遇到问题与障碍，我向他们请教，往往都能得到满意的解决。他们是我的指导者，是我的老师。要管好古籍，需要有一批爱护古籍，精通古籍的热心人。温州市图书馆就是有这样一批同志。馆藏古籍之所以有今天这样的规模，是和他们的广博的知识与孜孜不倦的劳动分不开的。

三、图书馆的工作同志都有很好的服务态度。我们查阅资料的人往往是非常噜嗦的，有时为了一个字要查很多书，这对我们研究者来说，严谨的态度是理所当然的。但却给图书馆的同志造成很多的麻烦，增加了他们的工作量，有时候我们自己也不好意思了，而他们仍然能不厌其烦，“百拿不厌”。我有好多次要查阅善本书，都要劳烦他们在沉重的“战备箱”中取出，并陪着我把书看完。有时候还要劳烦他们运用“馆际互借”的关系，向其他图书馆代办借阅，他们都一一满足了我的需要。所以我的内心是十分感谢的！

我对温州市图书馆的印象可以归纳为一句话：这里的“书好，人更好”。我们之所以还能做一点研究工作，写出一点东西，是和他们的支持、帮助与劳累分不开的。过去如此，今后也将如此。我相信市图书馆在全市两个文明建设中，一定能作出比以往更大的贡献！

（原载《七十春秋录——温州市图书馆馆庆纪念集》，作者原系温州大学副校长）

市中心阅览室创办亲历记

冯　坚

图书馆是我的精神餐馆，早在学生时代，我就与它结下了不解之缘。记得1946年7月，我从浙江大学放暑假返里，向温州大学生联谊会（简称“大联”）提出建议：在市中心开办一个报刊阅览室，以便民众在市中心有个阅览报刊的地方。经费可向地方富商殷户募集，办法可与籀园图书馆或民众教育馆联合举办。这个建议被“大联”采纳了，同时推我负责筹办这件事。我对图书工作也饶有兴趣，便欣然同意。

首先要在市中心选择一个地址，先是到鼓楼民众教育馆去看了一下，那里的阅览室被隔得很小，又没桌椅，于是转到五马街国货公司，看到这公司的二楼全是空着，我想，要是这个地方肯借给我们办市中心阅览室，那是多么理想。那天下午，我就以“大联”的名义去找该公司的经理翁来科。那时候，由于“大联”在永嘉学生维护航权，反对英商太古轮船公司南昌轮驶温事件中的表现，声誉鹊起，或许是这个原因，翁经理没有拒绝借房，只是说你们为公益事业，应当支持。接着，我们又请籀园图书馆馆长梅冷生先生出面再说一说，最后落实了免费借用。为了筹集经费，8月6日下午，我们邀请本城钱庄、工商界头面人物在五马街味雅菜馆二楼召开座谈会，说明我们举办市中心阅览室的宗旨，要求大家大力支持，慷慨解囊。会上叶志超、杨雨农、叶如舟、吴百亨、王纯侯、邱百川等十余人都在募捐簿上写下了捐款数目，会后依名单一一登门取款，并将该款交与籀园图书馆办理阅览室开张事宜。

8月20日，“大联”“籀园”合办的市中心阅览室开幕了。这天没有放鞭炮，也没有剪彩仪式，只是在门口贴了一张海报，而民众来参加的却非常踊跃，阅览室里挤满了人，橱架上陈列了《文萃》《民主》《世界知识》《时代》《时与文》《文艺生活》及苏联驻华大使馆赠送的进步刊物，计五十多种。读者抢着阅览，情绪十分热烈。

我们没有发任何阅览证，让读者自由出入，但阅览室里秩序井然，并没有发生喧哗和吵闹的现象，每日陈列的报刊都没有缺少，可见读者很自觉，表现了他们对这个阅览室，也是对我们工作的最大支持。

管理员徐笑中，是籀园图书馆派来的，她工作很负责，每天早出晚归，在酷热的暑天里，在热气腾腾的阅览室内，她独自一人既要看管那么多的报纸杂志，又要照顾好众多的读者，真够她辛苦的。然而，这里没有任何额外的补贴，尽管她汗流浃背，连一根冰条也没有，全是义务劳动，为市民服务。读者每日纷至沓来，络绎不绝，就是给我们最大的安慰。

9月初，我们大联学生都要回校上课，市中心阅览室的一切工作，全部由籀园图书馆负责管理。9月底，国货公司二楼要收回自用，阅览室便搬迁到鼓楼街民众教育馆楼上继续开放。到1948年年底，由于形势的变化而被迫停办。

市中心阅览室的出现，只不过是温州历史上的一朵小花，微不足道，但反映了40年代温州社会精神面貌的一个方面。

（原载《温州市图书馆建馆八十周年纪念集》，1999年11月印行，作者原系温州市教委教研室历史教研员）

嘉惠来学　沾溉士林

——市图书馆藏书谭片

黄世中

温州市图书馆前身即籀园图书馆。笔者于1958年8月来温州，最感欣慰的即是藏书逾四十万册的温州市图书馆。向人打听，知馆长为温州著名诗人、藏书家梅雨清冷生先生。吾生亦晚，时年未二旬，不敢贸然往谒。第二年春天，为借读陆放翁史料，始初识荆。在梅先生的支持、帮助下，自1959年至1961年7月，读完并抄辑了馆藏几乎全部关于陆游的生平及诗歌评论资料，至今仍保存有清人赵翼、钱大昕两家《陆放翁年谱》及吴梅《霜厓三剧》中的《陆务观寄怨钗凤词》等手抄稿。从此，我与温州市图书馆结下不解之缘。60年代借读唐宋文史图籍，70年代抄辑李商隐诗的评笺文字，都得力于市馆的热情帮助。特别应着重一提的是，凡我开出市馆未藏的书目，古籍部和采编组总是不惮其烦地为我向北京、上海、杭州等地图书馆邮借抄录、复印。记得东涧老人牧斋写校宋本《李商隐诗集》，即借自北京馆，纪晓岚《玉溪生诗说》乾隆刊本，即借自省馆，而郑振铎藏雍正本陆昆曾《李义山诗解》，也是通过采编组向北京馆复印的。我的《李商隐无题诗校注笺评》《古代诗人情感心态研究》《李商隐研究资料汇编》（合撰）三书的出版，《李商隐〈锦瑟〉笺释述评及悼亡说新笺》论文为日本《东方学年鉴》转载并输入电脑，以及中篇历史小说《沈园泪》的发表等，都是同市图书馆的支持帮助分不开的。我想，同我一样得到市图书馆帮助的同志一定还有很多。远的不说，即在去年6月，南京师大郁贤皓教授就曾专函嘱托向市馆复印清代释氏诗文集多种。市图书馆之"嘉惠来学，沾溉士林"亦谓多矣！今天，每当走过石坦巷、沧河巷原古籍部门前，便油然而生敬意，并有一种莫名的沧桑之感。

今天，温州市图书馆藏书已增至50万册左右。列全国大中城市图书馆之第35位。近二十万古籍中，善本书即在500种以上。其中在版本史上有一定地位的古籍如明抄本《嘉靖实录》、孙诒让手稿本《周礼正义》、明正德本《通鉴纪事本末》、明嘉靖本《黄帝内经素问》、明隆庆本《文苑英华》、明万历刊本《温州府志》、《严州府志》、《墨子》、《世说新语》等，均十分宝贵。其中万历本《温州府志》海内外仅存三部：一在台湾，一流日本，一部即藏市图书馆。此外，馆藏尚有许多大部头丛书，如《古今图书集成》《武英殿聚珍版丛书》，影印《四部丛刊》初、二、续编，及平装本百部《丛书集成》等。至于清代文集、地方史志和温州的乡邦文献，则尤为京、杭、宁、沪学者所瞩目。

记得 1960 年前后，梅冷生馆长曾依据省馆 1954 年制订的图书分类表，编辑《馆藏古书目录》十大册，登录古籍凡 15000 多种，计 40 万卷、15 万册。其未编书目又当在 3 至 5 万册之间。这十册书目，全国各大图书馆均有收藏，学者通过目录检索，需要何种古籍，便可通过“馆际借书法”向市图书馆借阅或抄录、复印。

梅先生任温州市图书馆馆长数十年，不仅多方征书以增库藏，而且将自家藏书也悉数捐赠。1942 年 7 月 11 日，温州沦陷，为保护珍贵古籍，梅先生亲将馆藏善本图书转移至瑞安山区。先生之搜罗、购藏、保护历史文献，厥功伟哉！今日及后世学者受其沾渥者，当思“源头活水”之所从来。先生晚年患风痹，偃卧十年。1976 年 4 月，曾至石坦巷先生住处探望，病榻中犹殷勤致问近读何书、是否愿意调职市馆。我因特爱教书匠职业，未曾答应。今日思之，心中甚感过意不去。其关怀后学、情牵馆务，令人感动。大约七月间，先生即与世长辞，享年八十有一。今夜草作《谭片》，说市馆藏书兼怀先生，心意惘惘，无尽沧桑。

乙亥正月初一夜二十三时。

（选自《温州市图书馆建馆八十周年纪念集》，作者系温州师范学院教授，现旅居美国）

【附言】笔者于 2008 年移居美国，因缺少中文图书，无法继续学术研究。每思及与温州市图书馆的半生结缘，得到前后几任馆长和采编部同仁的帮助，心中常存感念。自 1959 年春天，踏进沧河巷图书馆的大门起，于今近六十春秋，余亦自十九龄至年近八十。谨以此附言，遥祝市图书馆事业蒸蒸日上，万古长存！黄世中 2018 年 6 月 10 日。

天遣的文化使者

——记梅冷生先生

冯增荣

梅冷生先生辞世已三十二年了。温州市图书馆的同志让我写一篇有关梅先生的文章，自然是我无可推却也是不应推却的。

在梅先生去世十周年纪念之时，我写过一首诗："十年悲怆籀园情，辞世犹留愤世声。海上惊涛师石激，学中遗老楷模兴。梅生寒岁梅偏发，人醉书香人亦馨。信是生命须臾物，敢凭铁砚四时青。"

诗很粗糙，也不记得有否公开发表过，但感情是真的。从诗中不难看出，出于对梅先生的敬重，我对文化专制主义有自己的理解、愤慨和反思。现在，我们国家强调民主法治，文化专制主义应当成为陈迹，被国人彻底抛弃了吧。可是梅先生已经看不见了。

梅先生是饱学之士，他对我们民族传统文化有至爱，并有很深的造诣。我不知道那祸国殃民的文化专制主义对他有没有直接的侵扰和加害：但可断言，他精神上的压抑、困惑和痛苦一定是十分深重的。

《儒志编》扉页

记得有人说过，人的境况，追根溯源是精神的境况；而人的价值首先在于思想。"文革"期间，文化专制已造其极，时属梅先生晚年，沉疴卧床，据说，他竟然直面所谓"红色恐怖"，破例吟唱不辍，出现其旧体诗词创作的高潮。这是多么令人惊诧和赞赏的举动啊。为了建构自己需要的精神境况和生存状态，以诗词为滋养枯涸心灵的甘露，那是良知未泯的老一代知识分子生命的需要，同时，恐怕更是梅老对多年思想高压的反抗吧。我想，一向大度的梅先生是被激怒了，他以最后一点生命的能量，拼力向文化专制主义掷出有生以来的第一枚投枪。这是梅先生和像他这样的中国知识分子的可贵之处。他们这种磅礴的永不衰败的精神，不正是我们伟大的中华民族之魂吗？

梅先生生于1895年，无愧是功在桑梓的乡贤前辈，自1941年以来，担任温州市图书馆（解放前称籀园图书馆）馆长达三十五年之久，尽心竭力，乐此不疲，贡献之钜，无可估量。他呀，似乎是天遣的文化使者呢。与其说图书馆工作是他自愿献身的事业，毋宁说是他生命的因子和生存的方式，图书馆离不开他，他也离不开图书馆了。图书馆本来就是一个城市的文化的标志。那时，社会文化机构不多，图书馆自然居于重要的地方文化中心，传播文化，启迪民众，造就学人，厥功甚伟。我想，无可置疑，梅先生这位天遣的文化使者默默的奉献，泽被乡里，实为温州学人之幸，温州之幸！

我年轻时候，在温州中学就读，随后在城区从事党的地下工作，其时正值梅先生接任图书馆长不久。我最爱去的地方就是籀园，我常到那里借阅革命理论书籍，也就是红色书籍，我还带动别的进步同学也去借这一类书。这是因为民族危亡的严峻形势，促使我们关心国事，探究救亡之道和革命的前途。我们知道唯有知识才能解惑和给我们力量，我们人虽小，而志向却很大。我们惊喜地发现，馆内此类图书存量颇巨，我们如获宝藏。据此足可证明梅先生思想的开明，学术眼光的弘博，以及办馆方针的正确了。先生年近半百，体态魁伟，宽衣博带，笑容可掬，曾几次亲自为我这个小读者取书，笑问：看得懂吗？在他的微笑里，隐隐地含着关切和赞赏。他那真情而慈善的笑容，令我毕生难忘。

建国初，我曾在温州当了三年文教局长，说来惭愧，我大半时日均耗于各种纷至沓来的政治运动，先与市委宣传部长高光一块搞宗教改革和取缔圣母军，接着是“镇反”和“三反”等等，其间为搞中学教师思想改造和教学改革试点，又在温州市中（即现温二中）待了一年。当我再次见到老馆长时，他已是年近六旬的老人了，但风度依旧，笑貌依旧，优雅豁达以至幽默也依旧，而操办图书文化事业的热诚则有增无减。当他得知我是他十年前的小读者时，更是喜不自胜，笑语盈室，倍感亲切。其时，国家拮据，用于文化建设的钱更是少得可怜。梅先生本人为图书馆捐书至为慷慨，扩展图书馆之心也一向很热切，但总是撙节使用那点有限的经费，精心调制他的“少米之炊”。记得有一次为了要购置一批新书，实在缺钱，不得已才跑来找我，我问他需要多少，他没多要，只要了四百多元，而且高高兴兴地走了。多年之后，我每忆及此事，仍然自责不已，虽然照批，但给的钱实在太少了。

在我的记忆中，老馆长有一点让人感到特别可爱的地方，那是不少人很难企及的。这就是心中无私，有长者之风和蓬勃向上之心，而决无倚老卖老因循守旧之意；事必躬亲，但又大胆放手，从善如流。当年，随着图书馆业务的不断扩展，先后调派进了一些有图书馆学专业知识的干部。梅先生真情欢迎他们，认真听取他们的合理建议，充分发挥他们的专长并大力支持他们工作。于是，在他善为主持和新老骨干同心协力下，馆内各项改革工作进行得很顺利，图书的管理和流通更加科学合理，旧馆换新貌，图书馆的作用得到了更好的发挥。

温州文化积淀深厚，自古多文人名士，可说是群星璀璨，光照千秋。当时温州，有梅先生，还有刘景晨先生、方介堪先生等等耆宿，对于他们，我是很敬重的。但是，回想起来，那时的敬重似只停留在统战的层面上，因为那时我所热衷的是苏联的一切，读的也是苏联的书，学习苏联压倒一切。对于传统文化往往轻视甚至忽视，现在检讨起来，实质上是一种民族虚无主义的态度。其实，这也是当年革命青年的通病。如溯其源，不知是否五四运动时期打倒孔家店的后遗症？非常遗憾，由于自己的幼稚和时代影响，我终于错失了向梅老等乡贤求教的机会。我人生的憾事不可计数，常教我仰天长叹，追悔莫及，此其一也。写到这里，不由我不由衷地想到了我的同学潘国存兄。为了抗日救亡，我们曾一同参加中华民族解放先锋队，他后去图书馆工作，追随梅先生多年，崇尚学术，钻研业务，学有所成，学术滋润和改写了他的人生，始终令我羡慕和赞叹不绝。由此，我们也就不难看出梅先生无可替代的作用和不能低估的价值了。

梅先生这位天遣的文化使者已经远去了，但他珍视知识，以知识养育人才的精神和理想应该永存！

2008 年 4 月 4 日清明于杭州

（原载《温州读书报》2008 年第 4 期，收入《温州市图书馆九十周年纪念集》，2009 年 5 月印行，作者系中国作协会员）

少年良师　老年益友

金为民

九岁那年，我到外婆家拜年，从楼角里捡到一本破旧的《西游记》，书上的字我连估带猜也只能认识大半，可我还是生吞活剥地读完了。书中的孙悟空大闹天宫、偷吃王母娘娘的蟠桃；挥起金箍棒，什么天兵天将全都不在话下的故事情节，给我单调寂寞的童年，增添了奇丽多彩的幻想、无穷的乐趣。从此我就迷上了神怪、武侠小说、小人书。

高小毕业后，家乡遭日本飞机不断轰炸，我的老家被炸成一片废墟。四天之后，父亲忧急而死。母亲无力抚养六个子女，只得把我送到温州一家酱园当学徒。我天天在木桶里洗涮几百只酱油瓶，两只手在水里泡破了皮。然后又在几十口大酱缸里捉蛆虫、打苍蝇，身上流了汗也不知换洗衣服，长了许多虱子……我觉得怕是要一辈子这么过了，常在夜里自怨命苦，以泪洗面。

有一天下午，我出来送货。我脚登露出脚拇指的破鞋，身穿长虱子的短袄，偶然走进温州九山湖畔的籀园图书馆院子里，看见有人从那里借书，诱发了我早先的书瘾，想借本武侠小说看看。刚巧有人把一本《草原的故事》归还。我问他："这本书好看吗?"他点点头。我接过来一看是高尔基著、巴金译的，就说："我就借姓高的这本书吧。"掏出口袋里原先买鞋子的钱，办了个借书证。

这是六十多年前我第一次走进籀园图书馆，借的第一本书。从此我就和图书馆结下不解之缘。半个多世纪后，我在《往事沉思录》里写道："回想起六十多年前，籀园图书馆借给那个破衣烂衫，愁容满面的小徒工那本高尔基的《草原的故事》所唤起的精神觉醒，我不能不怀着深深的感激之情。说高尔基的书，把我从爬满蛆虫的酱缸解救出来，引向广阔多姿的世界，从而改变了我的人生道路，那是毫不夸张的。"

《草原的故事》中有一篇《因为烦闷和无聊的原故》，写的是大草原中一个小火车站上一群铁路员工，终年过着单调无聊的生活，为了寻开心，制造出一场闹剧。结果善良丑陋的厨娘阿林娜，成为这群男人（其中一个男人因为烦闷、无聊而成了她的情人）寻开心、肆意羞辱的对象。使这个孤苦无助的厨娘感到“这个世界只有她一个人是孤零零的，永远不会有任何人来分担她所承受的孤苦——没有任何人，永远没有……”可怜的阿林娜终于在绝望中走上车站阁楼上，吊死了。高尔基把单调无聊的生活写得那样真切生动，把那个被侮辱的厨娘悲苦无助的命运，写得那样动人心魄。我读着读着不觉泪流满面，我情不自禁地想起了自己的生活命运，也有点像阿林娜似的孤零零，没有人来分担我的孤苦不幸。但又觉得不能像阿林娜那样把绳子套在自己脖子上，不能！不知不觉间，我从自怨命苦、以泪洗面中抬起头来。

从此后，我不再看什么《七剑十三侠》《峨嵋剑仙传》之类了，而迷上了高尔基的书。从籀园又借来了他的《童年》《在人间》《我的大学》和邹韬奋的《高尔基传》。少年高尔基与我相似的经历，使我深深共鸣。高尔基只读过两年小学，是个无依无靠的流浪汉，只是贪婪地读书，从书籍中吸取智慧和精神力量，后来竟然成为世界文豪。他的传奇式的经历，对于当时正处于少年高尔基同样困苦境地而陷于绝望的我，启迪和鼓舞真是难以形容。我在六十年后的回忆录中写道：“如果不是六十年前籀园图书馆借给我那本高尔基著、巴金译的《草原的故事》，改变了我沉迷武侠小说的兴趣，从此引导我去借阅高尔基和俄罗斯 19 世纪群星灿烂的文学巨匠们的书，在我人生起步的十字路口，这些书成为我启蒙良师、进步阶梯。如果不是这样，那么我早就会淹死在黎明前黑暗年代那一大片腐臭的泥潭里了。最好的命运无非是成了一个听天由命、随波逐流的阿 Q，或者做黄金梦的小市民罢了。”

此后不久，我也学少年高尔基那样，毅然告别了爬满蛆虫的酱缸，去闯荡世界了。尽管此后我还是经历了坎坷险阻的命运，但只要有公共图书馆，只要能借到俄罗斯 19 世纪文学巨匠们的书，诸如普希金、果戈理、屠格涅夫、托尔斯泰、陀思妥耶夫斯基、赫尔岑、契诃夫、高尔基，以及鲁迅的小说，这些书真实、深刻、动人地描写被侮辱与被损害的普通人善良的灵魂，他们的痛苦和不幸，读了它们就会激起我强烈共鸣与深切同情。同时自然也会憎恨欺压贫弱百姓的邪恶势力，不甘屈从于不公平、不合理的现实社会及其专制腐败的统治者，也会激励我追求真理和正义。在这些书中，真理和正义总是和被侮辱与被损害的普通人的命运紧密相连的。当然也就激发我为改变自己的悲苦命运而抗争。这就引导我走上反抗专制腐败蒋家王朝的道路，而不会向现实命运屈服。此后不论遭遇什么苦难，我也不会自怨命苦、自暴自弃了。不论何时何地，我离开图书馆，离开书籍就不能充实而乐观地生活。

即使在严酷的朝鲜战场，野马式飞机日夜在头顶狂啸，炸弹不断震撼地皮，随时有可能牺牲的三八线上，我的行军背包里也总是带着几本心爱的书，其中就有高尔基、普希金、契诃夫的书。

正是这些俄罗斯伟大作家的不朽作品，在我青少年时期，将人道主义情感、民主主义理想，对真理与正义的追求植入我心中，正是这些真实、深刻、动人地描写普通人心灵世界及其命运的作品给予了我信念与勇气，才会在 20 世纪“左”潮泛滥的 60 年代，当姚文元一伙挥舞那无人敢挡的“金棍子”一路杀来，有识之士敢怒而不敢言，中国文艺界万马齐喑，从惊弓之鸟般的文艺队伍中，唯独跳出来我这个不怕虎的“初生之犊”，全然不管“文革”前夕已是“山雨欲来风满楼”凶险形势，居然胆敢向姚文元为代表的极“左”文艺思潮公开挑战，在《光明日报》《人民日报》《文汇报》接连发表三篇三万多字文艺评论，批评、质疑当时的极“左”文艺思潮。这一方面是由于前几年大刮“共产风”，广大农村造成普遍饥饿，甚至大量饿死人的严峻现实，我对照当时的文艺作品、戏剧舞台，却是一派莺歌燕舞形势大好，痛感当时文艺的虚假、苍白、贫乏、肤浅和雷同化。另一方面，姚文元为代表的极“左”文艺评论界却又在不遗余力地吹捧这种倾向，对富于真实性、人情味，有创作个性的作家、作品大打棍子，那种咄咄逼人的“棍子”文风，“左而空”的高调，我早就深感厌恶。更何况青少年时期铭刻于心的俄罗斯优秀现实主义文学的人道主义精神，使我面对这种文艺现状，忍不住发出不合时宜的呐喊。这三篇评论文章，集中而强烈地表达出我对当时极“左”政治支配下的文艺现状的批评意见。

尽管当年那场文艺论战给我和我的妻儿老小带来十六年磨难，然而我从不为此感到悔恨。我的同代人中不是已有许多人士为民请命、舍身求法，为坚持真理说真话，而付出了自由、青春和生命代价吗?！只是我不免为虚抛十六年大好年华感到遗憾吧。

20 世纪 80 年代，春回大地，神州解冻。我破土而出，回到充满生机活力的温州家乡。然而，十六年磨难给我留下的“精神奴役创伤”，仍然不免使我彷徨观望、心有余悸。六十年前，我从籀园图书馆借到高尔基的书，在人生的十字路口迈出闯荡世界的第一步；六十年后，我还是从温州图书馆借来了巴金的《随想录》《真话集》，叶永烈的《沉重的1957年》《反右派始末》，师东兵等著《千秋功罪》，李辉的《文坛悲歌》，姚杉尔的《中国百名大右派》，牧惠的《造神运动的终结》，韦君宜的《思痛录》等书，靠着老花眼镜一本接一本耽读，常不禁掩卷深思，泪眼迷濛；有时甚至不忍卒读，痛心疾首。这些书有如醍醐灌顶，使我顿悟"天下兴亡、匹夫有责"，决意抛开个人荣辱得失，反思个人、民族、国家世纪苦难及其根由，化苦难为财富，求索和平改革、长治久安、共同富裕、全民福利的民主社会主义道路，发表了一百多篇六十多万字反思极"左"历史教训、批判极"左"文艺思潮的评论、理论文章及杂文，出版了《求索与反思》专集。近十多年尤为关注中国民主改革问题，发表了《评苏共亡党十年祭》《前事不忘　后事之师》《新闻监督的反腐威力》《没有民主哪有社会主义》《千古奇冤说胡风》《铁骨铮铮马寅初》《位卑未敢忘忧国》《不该冷落公共图书馆》等文章共三十多万字。其中十六篇发表在《温州读书报》上。去年我重病住院动大手术，动手术之前，我仿陆游《示儿》诗自拟墓志铭曰："百年民主圆梦日，家祭毋忘告乃翁。"这也是我六十年的良师益友——温图长期灌注给我的人类普世价值、人文精神和坚定信念。

2008年10月18日

（原载《温州市图书馆九十周年纪念集》，作者系江苏文艺评论家）

我的精神家园

刘水云

由于个人生存环境的日趋恶化，我于2008年11月辞去了温州大学的教职，去到杭州谋生。中年哀乐，难胜离情。然而，在我温州的种种情愫和缘契中，最令我难以割舍的是对温州市图书馆一往情深。

2001年夏天，我从南京大学戏剧戏曲学专业博士毕业后分配到温州师范学院（院校合并后改名为温州大学）中文系任教。来到温州后，我最大的忧虑是我的学术研究能否继续进行。由于当时温州师院图书馆古籍图书极为匮乏，甚至连一部《四库全书》也没有，这令我十分灰心。后来我去了位于园西巷的温州市图书馆，惊奇地发现市图馆藏古籍远较师院图书馆丰富，而且市图古籍部工作人员的服务态度和业务水平也远高于我去过的其他国内图书馆，于是心情大好，从此开始了我的温图读书生涯。为了满足像我这类层次较高的读者的阅读需求，在温图古籍部老师的提议和领导的支持下，温图古籍部陆续购入了包括《四库全书存目丛书》《四库禁毁书丛刊》《续修四库全书》《四库未收书丛刊》《中国地方志集成》《丛书集成续编》等在内的一系列大型古籍丛书，上述书籍给我的学术研究提供了重要的支持。此外，我还得了温图领导和老师们无微不至的关怀和照顾。譬如郑笑笑馆长见到我时，常询问我在温图的读书感受，不时叮嘱古籍部的老师尽量关照我，她是我平生见过的最具工作热情、最富责任感的馆长，而古籍部的潘猛补、陈瑞赞、卢礼阳等老师的专业素养也令我由衷钦佩。每当我以古籍中的疑难问题就教于他们时，总能得到满意的解答。随着我们情缘的由浅入深，彼此间的交流也由古籍阅读延展到学术人生，他们因此也成了我的“直友”和“谅友”。有感于此，我曾在拙著《明清家乐研究》(上海古籍出版社2005年版）的《后记》中称：“我还要感谢温州市图书馆对我的研究提供的巨大支持。在我离开南京后，温图成了我最重要的读书场所，而古籍部的潘猛补、陈瑞赞、柳树椿、卢礼阳等先生，则是我不可多得的良师益友。”然而，格于义例，我并未在《后记》中提及郑笑笑、张启林等温图负责人对我的悉心关照，其实他们对我的种种好处，我无不朝夕在念。

作为温图的长期读者，我受到馆领导和老师们的特别关照，在温图古籍部放置了我午休的躺椅，古籍阅览室的沙发也常充当我午休的卧床。在每周星期五上午图书馆的例行休馆学习时间，我常要求古籍部的老师将我锁在阅览室里看书。由于享有温图所提供的一流读书环境，我的学术取得了长足的进步，我职称也由最初的讲师破格晋升为教授。可以说，我的所有成绩的获得都离不开温图的哺育。不少前辈学者对地处偏僻温州的我竟能取得颇为不俗的成绩甚感惊诧，当我告知我在温图所享受的特殊待遇时，往往令他们感慨不已，如我南大的一位老师张宏生先生曾来信称："小地方对人才的重视实在令人感动，看来做学问的关键在于找到适合自己的生活环境。"

如今我已调往杭州工作，任职于浙江传媒学院，虽然杭州有浙江省图书馆，而且浙图的藏书也较温州丰富，但浙图给读者阅读所设置的种种限制，令我望而生畏且难以适应，我依然留恋于温图读书的那种温馨感觉，觉得温图才是我的精神家园。然而，由于谋生的无奈，我必须留在杭州工作，必须忍受读书不便的痛苦。为了弥补这一缺憾，我打算明年暑假在温图的附近租一间小屋，继续重温我的温图读书生活。

匆草于2008年12月14日凌晨

（原载《温州市图书馆九十周年纪念集》，作者现为上海戏剧学院教授）

书的后面是人

——《籀园受赠书目汇编》读后

张学义

因在成都参加过一次民间读书会，结识礼阳兄，也就顺理成章地能经常拜读《温州读书报》。这精致的小报，除了文章的魅力，吸引我的还有报纸中缝密密麻麻的赠书书目。温州图书馆真是把功夫下到家了！她首先是图书馆，也是读书馆；她不仅入藏了许多珍贵的赠书，也安妥了众多赠者的心。读罢章亦倩君编的《籀园受赠书目汇编》(以下称《书目汇编》)，更让人感到温州的温暖。

温州图书馆有一个深邃而具有文化质感的雅号——籀园。籀园之“籀”，来自“籀庼”之“籀”，所说“籀庼”，正是孙诒让的号。所谓“籀园”，正是温州文教界人士在民国初年为纪念孙诒让购得依绿园旧址而建立的籀公祠。今天的温州图书馆就肇始于1919年在此创立旧温属六县联立籀园图书馆。这样说来，温州图书馆一开始就坐落在一个坚实、巨大的文化基石上。图书馆是藏书（保管）的，图书馆人是管这些藏书的，他们管的方式一方面是小心谨慎地保护着，另一方面是兢兢业业为读者的借阅服务。图书馆里的藏书是从哪里来的？一是经费拨款购入，另一就是接受社会捐赠。天下图书馆多了，怎么能保证那些大学者愿意把自己的私藏心甘情愿地捐给某个图书馆呢？这得看缘分，这其中最重要的就是图书馆中人是不是爱书、爱读者、爱书的作者、爱爱书的人。

《书目汇编》的隆重推出，把温州图书馆所包含着的“爱”集中浓缩在对捐赠者的纪念、感谢与尊重中。虽然，章编的主干内容就是些书籍目录，但其中包含着温州图书馆几代人接力般的呵护和工作。《书目汇编》在上编中收入1955年之前受赠的图书，多是线装古籍和一些铅印本。能看出来的是，当初温州图书馆接受捐赠的时候，当时的馆中主事者（或者工作人员）就已经恭敬而专业地造册、登记、备案，才使若干年后的后人章亦倩能缘此觅到当初捐赠的来龙去脉。

我们一面感佩温州图书馆人一代一代锲而不舍的珍本追寻，更唏嘘捐赠者与自己心爱之书的难舍与分别。我们看到，《蓼绥阁书目》收蓼绥阁主人黄绍箕善本之外的其余书籍之目录，共1148部；《浙江省旧温属联立籀园图书馆三十二年度捐赠图书目录》，以“捐赠者”、“书名”、“著者”、“册数”、“出版社”各项分类统计，涉及28位捐赠者（含单位），共计177册书籍。《永嘉敬乡楼黄氏寄存书目》，收黄溯初夫人沙氏1945年11月1日将敬乡楼余烬藏书38箱6446册并散佚四部寄存籀园图书馆，双方订立合同。馆方为此编缮书目。1947年，黄达权委托父执将寄存图书全部捐赠。《永嘉潘氏养心寄庐捐赠书籍目录》，收5637册，另有字画150幅（套）；《永嘉梅氏劲风阁捐赠书籍目录》，收补充性捐入共2129册；《永嘉吕氏于园捐赠图书目录》，收275部5240册；《温州项淑贞先生赠书目录》，收书刊332册、图表33张；《项新先生捐赠书刊目录》，收241册；《王理孚捐赠温州市立图书馆书目》，收72种125册；《籀园图书馆特藏目录》，收137种；《收存玉海楼书目》，收玉海楼藏书共约22000册；《秋桐馆徐氏捐赠书目》，收121部1040册；《吴性慧赠书》，收1688册；另有《续编所收丛书一览》《接收保管朱铎民家藏文物清册》《一九五四年、一九五五年捐赠书目》各收若干册。

人总是会死的，文化又不能不传承，书的主人就只好抱着出嫁女儿的珍惜心态，给自己曾经的“爱物”寻一个好去处。捐赠者爱不释手，受赠者就加倍珍视。正如章亦倩在“后记”中所说的，下编收入1990年后温籍知名学者（家属）捐赠的书刊。而这一部分编目的完成编著者费了工夫，从数据整理的专业要求出发，再加分类、列序，最终清点、汇编。

文化的要义在于“化”。在这个作为人类文化活动抽象命义的“化”里，包含着太丰富的内涵，而“化”的最基本的需要就是“传承”，也预示着需要持续不断地投入大量的文化劳动。《书目汇编》中的一本本书籍，从书之作者的写作、刊刻、出版，再到买书人的购藏、展读，再到本人或者后人捐赠，这需要经过多少手续，需要熬过多长时间，需要多少人费多少心思。当这些捐赠的书籍列架于图书馆的时候，才再一次辗转在读者手里。当把这些捐赠的书一一编目、汇编且出版面世的时候，有心人首先能感到一种曾经珍藏的心血和不得不分别的无奈，也能体味到被万幸收藏于图书馆再流转到下一代读者手里的欣喜。书的后面是人——写书的、买书的、读书的、藏书的、捐书的、接受捐书的、造册编目的，等等。章亦倩君的“汇编”行为，牵扯着这么多的与书相关的人和事。她的“汇编”行为，激活了先前多少爱书人的“爱”，又有益于多少后来者的“读”！她更大的无私与奉献在于，这本近50万字的《书目汇编》，几乎隐没了她的辛苦与劳动，她只写了一篇几百字的《后记》，其他的好像都是别人的。

2018年2月9日

（原载《文汇读书周报》2018年3月12日，作者系陕西渭南职业技术学院教授）

馆友编

旧温属图书馆碑记（外呈文一道）

王毓英

吾瓯中学、师范之兴，为六邑诸学之关键。十余年来，两校之规模宏敞，经费充牣，而学风丕振者，繄维瑞安孙籀庼先生之力。先生以名孝廉隐于乡，湛深经术。又复阐明《周礼政要》，以旁通西学源流，海内学界奉为泰斗，非唯吾瓯人士深其景仰已也。

夫吾瓯，在赵宋时称小邹鲁，人文蔚起，度越前代，然非九先生提倡于元丰间，何以得有乾淳之盛？昔之谈理学者，必归功于周、许诸儒，犹今之谈新学者，必原始于孙先生也。昔吾乡尝创设永嘉图书新社，先生同吕君文起各捐巨册助之，一时东山之壁，恍闻丝竹之声。今虽邺架尘封，而东洛之钟，有响必应，安知他日不顿复旧观乎？此吾温属图书馆之设，中必附以籀园者，岂无意哉！

民国三年秋，郭君凤诰集六邑士绅，择地于曾氏依绿园旧址，其地袤长二十九丈，东西横阔前六丈、后八丈，辟为藏书室。拨中、师两校旧款一千八百圆以资建筑；又拨旧府学涂租一项，除岁供两圣庙修理八十圆外，约余一百数十圆，作为藏书室常费。前知事刘强夫为呈省立案，省令藏书室改名温属图书馆。明年工竣，费银二千一百五十圆，不敷三百五十圆，由郭君募建籀祠外以足之；而其中厅室书籍、器具尚阙如也，吕君文起复与温属诸绅禀省请费，仍饬由中、师旧款岁拨戏捐一项千圆，充为斯馆常年经费。

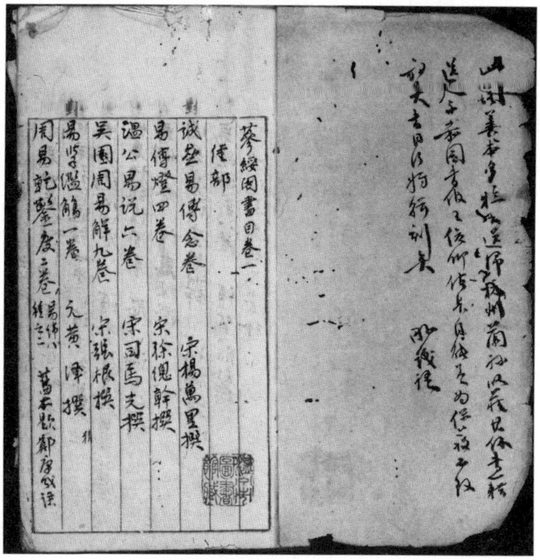
《蓼绥阁书目》

至戊午秋而馆事落成矣。

是馆也，南面落霞潭，西枕曾祠，东北接放生池，四面波光，潆洄环绕，加以松台岚影，普觉钟声，耳目之间，会心不远，则为之欣赏无已者有矣。然旧时游宴之场，作今日弦歌之地，俯仰上下，时局变迁，生其后者，得毋有触目惊心，而维持恐后者乎？当日经理其事者，郭君往矣，以外六人，如叶寿桐、张侯佐、洪炳锵、王宗尧、林宗强、陈保厘诸君，皆能相与有成。统计先后建筑、书籍、器具，共费银三千一百五十圆有奇，外余一千一百余圆，储为后起接办之资。

叶君深恐年湮书佚，殷殷以勒石久远为嘱。余思斯馆之成，都系中、师两校之款，而两校之款，皆由孙先生筹画而来。余昔与郭君襄办温处学务，亲随先生左右，颇得其详。揆诸饮水思源之义，则斯馆之建，所以志吾郡人文之盛，并以永先生俎豆之馨。事当记，记图书馆，即以记籀祠也，而籀祠亦得斯馆以不朽已！

永嘉后学王毓英谨记，青田后学杜师预敬书。

中华民国八年岁次己未夏历八月上瀚谷旦，温属图书馆公立。

（《王毓英集》，卢礼阳编校，中国文史出版社 2011 年 10 月版，139 至 140 页）

为黄吕二家捐助图书拟照章酬报呈瓯海道尹文

呈为助书至多，照章酬报，祈恩准立案，一面核转省、部援例褒扬，以资鼓励而开风气事。

窃温州六邑图书馆创自民国三年，附在孙徵君籀祠内，开阅于八年四月间，伊时备书仅二百另五种，统计常年经费，但有省拨温属戏捐一千元，又旧府学涂租，每值丰年收谷约一百数十元，除正馆、分馆薪役另用，格外撙节，约费墨银六百余圆外，仅剩有五百圆内外，以作常年购书、办报、修理及一切置器具、备茶油纸笔，零用各费微少已极，须赖六邑绅富急公捐助，积成卷轴，以供众览。然非有以褒扬而鼓励之，恐功败垂成，风气不开，识见不广，长此蔽塞，仍非各邑之福。

迩瑞安前翰林院编修钦加侍讲黄绍箕太史，旧助书大小一千另九十部，计一万三千数十本，估值英洋四千元上下。前福建即用道吕公渭英助书大小二百七十部，共计五千二百四十本，约值英洋六百数十元；又助建河厅四百五十元，助购《藏经》五十圆；又前提请省款戏捐每年一千元，以作常费。温州六邑图书专赖黄、吕二家大力提倡，以开风气。今馆内所有经史子集并近时新籍，共仅二千数百种，只缘经费有限，无力扩充。惟赖省、部褒扬，以资鼓励，庶遐迩同风，咸乐输助。瓯虽僻处，亦可渐启文明，即各邑通俗图书，定当观感兴办。

查属馆第七条细则，前由教育厅核准，并给付印。“其助书多者，当呈道核转请奖；至多者当依众议附祀籀祠，以资鼓励”等情，《章程》《细则》合四付俱附。黄、吕二家助书在至多之例，黄公学问道德、科第官阶，实与孙徵君仲颂先生相伯仲，议立神主附祀，洵可配也；吕公当立长生禄位以为之酬。众议如此，是否有当，祈钧尹核转裁决酬报，一面或援公益捐助及办学捐例，酌议褒扬，以资鼓励而开风气。

谨呈

瓯海道道尹沈

永嘉代表　郭钟崧　江步瀛
乐清代表　张侯佐　闻　起
瑞安代表　张　㭎　王克生
平阳代表　苏宗韩　陈挟超
泰顺代表　刘项萱　潘家骥
玉环代表　陈保厘　刘绍基
王毓英

中华民国十二年十二月二十日

（《吕渭英集》，潘猛补编，天马图书有限公司 2001 年 10 月版，235 至 236 页）

籀园笔记

刘绍宽

余岁乙丑应张冷僧道尹之招，来主温属图书馆。丙寅长夏，于编辑书目之暇，泚笔漫书所见，以供报纸之塞白。积稿寸余，旋因去职，弃置箧中。今重检阅，尚有可存者，摭录如左。

旧温属图书馆创建于民国二年。其时瑞安郭君小梅为永嘉教育科长，购得曾氏依绿园故址，为孙籀庼先生建纪念祠，而苦乏创造及常年维持经费。适因六属人士佥议温属公产之处置，有公立图书馆之成议，乃于祠旁别筑六县公共藏书室数楹，以分拨斯款。迨余来继郭君为教育科长，时值温州师范学校奉改省立，当为处分旧有学款，除酌助建筑经费外，特划戏捐千金及府学田租为公共藏书室之常年经费。是时尚以籀祠为主体，以公共图书室为附属品也。故郭君《募建孙籀庼纪念祠》启云：

刘绍宽

瑞安孙籀庼先生殁后之翌年，吾瓯学界人士追念先生曩时提倡全郡教育之力，议筑祠堂崇祀，以报先生。奄忽六载，始于永嘉生姜门内觅地一区，暂由风诰发起，筹钱一千四百缗，购为基兆，即曾氏依绿园故址也。其地南挹松台，东拱积谷，西北可以眺翠微之顶，而又有落霞潭水夹绕其左右，风景天然，清丽卓绝。建祠以外，同人拟别筑六县公共藏书室数楹，并附缀亭沼台榭，以为文人游览宴序之所。会是岁师校改归省立，遂先就原有学款内酌提银二千数百圆，以为之倡，至预计土木之经营，丹漆之涂雘，与夫图书陈列之品，所需约逾万金，海内伟人，乡邦哲士，有景慕先生之德而乐赞斯举者，尚希进营经始，俾早观成云云。

当建筑籀祠时，郭君供职省垣，遥领其事。监督工程，永嘉叶君子贞之力为多。郭君旋病回里，所有经收捐款及善后诸事，概委林君智民。迨祠成，奉籀庼先生栗主人祠，则郭君已殁矣。同人以主持祠、馆诸事不可无人，顾皆彼此推让，不肯相就，乃决议举王君隽顾主持之。王君以祠、馆虽为公建，而孤悬无薄，恐难持久保存也，乃以旧温属图书馆名义，正其名为馆长，呈请永嘉县署存案。其戏捐千金，亦请由永嘉县署经收支发。迨瓯海道尹复设，乃复以旧温属名义，上隶于道署。而常年经费之支领，则仍由县署焉。盖自王君正任馆长后，复于张通州所书“籀园”石刻之上横加“旧温属公立图书馆”八字。于是图书馆为主体，而籀祠若为附属品矣。王君复于馆中建立碑文，其辞略云：

> 昔吾瓯创有永嘉图书新社，先生同吕君文起各捐巨册助之。一时东山之壁，恍闻丝竹之声。今虽邺架尘封，而东洛之钟，有响必应，安知他日不顿复旧观乎？此吾温属图书馆之设，中必附以籀园者也。民国三年秋，郭君风诰集六邑士绅，择地于曾氏依绿园故址，辟为藏书室，拨中、师两校旧款一千八百圆以资建筑；又拨旧府学涂租一项，作为藏书室常费。明年工竣，费银二千一百五十圆，不敷三百五十圆，由郭君募建籀祠外以足之。吕君文起复与温属诸绅禀省请费，仍饬由中、师旧款拨戏捐一项千圆，充为斯馆常年经费，至戊午秋而馆事成矣。

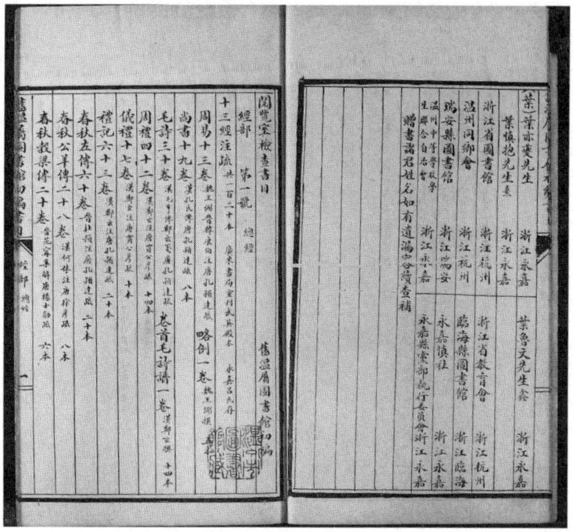
葉亦変先生 浙江永嘉 葉魯文先生 浙江永嘉
葉慎抱先生 浙江永嘉
浙江省圖書館 浙江杭州 浙江省教育會 浙江杭州
溫州同鄉會 浙江杭州 臨海縣圖書館 浙江臨海
瑞安縣圖書館 浙江瑞安 永嘉慎社 浙江永嘉
溫州中等學校學生聯合自治會 浙江永嘉 永嘉縣黨部執行委員會 浙江永嘉
贈書諸君姓名如有遺漏當俟續查補

閲覽室檢查書目 舊溫屬圖書館初編
經部 第一號 總經
十三經注疏 共一百二十本 廣東書局重刊武英殿本 永嘉呂氏存
周易十三卷 魏王弼晉韓康伯注唐孔穎達疏 略例一卷 魏王弼撰
尚書十九卷 漢孔氏傳唐孔穎達疏 八本
毛詩三十卷 漢毛亨傳鄭玄箋唐孔穎達疏 卷首毛詩譜一卷 漢鄭玄撰 十四本
周禮四十二卷 漢鄭玄注唐賈公彥疏 十四本
儀禮十七卷 漢鄭玄注唐賈公彥疏 十本
禮記六十三卷 漢鄭玄注唐孔穎達疏 二十本
春秋左傳六十卷 晉杜預注唐孔穎達疏 二十本
春秋公羊傳二十八卷 漢何休注唐徐彥疏 八本
春秋穀梁傳二十卷 晉范甯集解唐楊士勛疏 六本
舊溫屬圖書館初編書目 經部 總經

旧温属图书馆《阅览室检查书目》

按王君此碑文，与郭君《募

建籀祠启》所言，差殊之点甚多。郭君谓“建祠以外，别筑六县公共藏书室数楹”，王君谓“温属图书馆之设中附以籀园”，主宾互易，其差一矣。孙籀庼殁于光绪三十四年，郭君谓奄忽六载，始觅地购基，实为民国二年，王君谓三年秋始购地辟建，其差二矣。郭《启》谓拨学款二千数百元为建筑倡，而王君谓拨师、中两校款一千八百元，其差三矣。郭称觅地生姜门内，发起筹钱一千四百缗，购为基兆，此钱实出自瑞安孙氏，连图书馆所建基地在内，即其建筑祠、馆诸费，皆以籀祠名义招募于人，而王君则谓费银二千一百五十圆外，不敷三百五十圆，由郭君拨籀祠馀款以足之，此尤大反事实，其差四矣。至于戏捐之指拨，乃余在永嘉教育科时与府学田租同时拨定，永嘉县署中有案可稽。盖旧温属学款，除此两宗外，馀皆为商业蚕桑及永嘉第一高小同时分拨而去，岂尚有馀款待省令指拨者乎？其差五矣。总之，王君于祠、馆初设之事，本不甚与闻，迨举为馆长后，悬溯前事，诸多失实。且其时永嘉老辈，惟吕文起丈岿然独存，吕丈为王君挚友，多资其臂助之处。如另碑所纪，籀园旧有临水湖楼，民国十一年秋为飓风所覆，王君改建为平屋，吕丈助以银圆四百五十，此自系事实。乃必欲以图书馆之成归功吕丈，如此碑文首述东山书院之图书新社事，以纽合孙、吕二先生，末复叙吕丈请省拨款一节，以见图书馆之成立，全是吕丈始终其事，是皆有心立异，以脱离于籀园之处。是碑初立时，见者即訾谓失实。余来馆时，有献议谓毁碑更正者。余敬谢未遑，诚以世界沧桑，易一人即易一局，国事如斯，何论区区祠、馆？姑为记此，以见其事之源流始末云尔。

图书馆初创时，郭君小梅请于省吏，准将浙江图书馆所有出板之书赠送一部，此外则征集各县志书，所得无多。自王君长馆政后，始稍稍购求故家藏书，并以吕文起丈家藏书寄存其中，规模略具。迨瑞安黄氏蔘绥阁书并入，渐觉丰富。然馆中常年经费自学款分拨后，并无增加，戏捐千金，改由县署收发，更见短少。而王君乃能撙节赢馀，岁置书报数百金，其清操亦非易得。

吾乡藏书家自孙氏玉海楼外，黄氏蔘绥阁为最多。上年黄君厚卿因书籍散佚，无人经理，特寄存图书馆为之保存。王君乃商之黄君，请将是书捐助馆内，并拟为孙、黄合祀，以报其德。未几，王君病卒，合祀事未举行。余去年来承斯乏，林君同庄函来重提此事，窃谓吾乡新学之开先，人皆知由籀庼先生，而不知鲜庵先生之隐为主持，厥力甚巨。方光绪季年，籀庼先生主办温处学务总汇处时，地方有司颇感不利，赖有鲜庵先生视学鄂中，南皮、浭阳皆甚倾向，知府锡纶为洹阳姻戚，洹阳闻其与籀师颇龃龉，特书一箑，持赠以规之。锡守于是颇有戒惎。籀师凡有所为，鲜庵先生为助力者甚多，二公之应并祀。若仅以捐书一节论，浅之乎视鲜庵先生矣。惟孙、黄合祀，则籀园之名似有变动。且籀师入祠时，郭君小梅已物故，有议以郭君附祀者。瑞安洪君岷初极起反对，余亦韪岷初之说。今黄公合祀之例一开，则籀师专祠例破，以后更易纠纷，正从此起。余今特为黄公设龛，祀诸图书馆中，而不以厕入籀祠者，正留待后人榷定也。

郭君之初建临水湖楼，架岩蹑梯而上，颇具胜致。郭尝撰一联云："吾乡文物，以南宋为最隆，迄今日横塘烟锁，潜室尘封，世历几沧桑，欲访八百年前哲故居，仅留浮沚林泉，去斯不远；别墅经营，承先生之素志，况是间潭绕落霞，峰临积谷，天然好山水，偶供三五辈游人闲眺，试问颐园风月，比此何如？"斯专为湖楼作也。籀师尝拟筑别墅于积谷山下而未果，颐园则其家园，故次联及之。迨楼为风圮，王君改为平屋，其碑文云："河厅楼三间，凌空倚水。高而当风，人皆危之。延至壬戌七月二十夜，被飓风拔倒，天殆欲改良以善后欤？"似不以湖楼之建为然者。盖郭君之宗旨在籀园，建楼以供眺览之胜。王君之旨在图书馆，建室以供阅书之用，故所见不同也。至将郭君所撰长联移置籀祠内，可谓一字不切。

郭君《募建籀祠启》原有"附缀亭沼台榭，以为文人游览宴叙之所"一语，故籀园初成，颇有游人于此宴集者。王君恶其喧哗，以为书馆重地，禁人宴会，自后无人知其初议矣。去岁余承乏来此，曹明父先生携酒来访，相从雅集者无一俗宾，此所谓文字饮也。次日某报肆骂，谓"以弦诵之地，为结纳之场"，数典忘祖，无怪其然也。然至今日，园内台榭已无，花木零落，数年之后固无人再披蒿莱，造蒋径而谈宴矣。

图书馆之书目始由王君创编，寄至平阳，属为审定。余以未见原书，所商未尽妥协，请其聘人驻馆编之，后以款绌不果。至严君琴隐继任，始略为编定。迨余来，就其原稿再加编审，始悉藏书编目与校雠家之编目有异。校雠家审其书之性质属于何家，分析编之，不厌其精详，此其抽象者也。若藏书家则须就书为类，如经则有总经之刻，如五经、九经、十三经之类；子则有总子之刻，如十子、廿二子、百子之类；史、集皆然。至于丛书，则更有一部而涵有经史子集俱在内者，即一人著述，或解经，或注史，或须入子、入集者，若皆离析之，则一书而破碎不完，其板或大小长短不一，庋之橱内，转觉杂乱无章，不若综合全部，庋之一柜，较见整饬而易检查。书目按橱编次，即不能用校雠家之法分析编次矣。故有同一书籍，而单行则置此橱，丛刻则置彼橱，而书目至于两三见者，此实无法之法，自不得以校雠之学来相稽也。至于新出近书，如哲学、教育学、政治学诸类，虽可以编入旧四部法之子部，其书往往洋装，杂之线装诸书，不伦不类，毋宁另置一橱，另编一目。此皆为藏庋检查便利起见，故名所编书目曰《阅览室检查书目》，以别于校雠家目录之学也。

林君同庄捐赠本馆有《古文旧书考》一书，乃日本人岛田翰所著，其书分旧钞本考、宋椠本考、旧刊本考、元明清韩刊本考。书以皇国旧钞本为最善，以其多出于隋唐遗卷也。刊版之古，莫出于宋本之上，故宋椠本次之。皇国旧刊本，大抵脱胎于宋元善本，无一校改妄增，故又次之。元本多俗，明清之书翻雕则可，馀则否，高丽朝鲜亦然，故又次之。岛田少承家学，年甫二十，以其师井上竹添之荐，得窥中秘，故所见书极夥。每得一书，纪其每叶几行，每行几字，及其篇幅之广狭，而参考其异同得失，以成此书。德清俞樾称为自来校勘家所莫能及，书"真读书人"四字以赠之。考是书之成，在明治三十六年。其时日本维新已久，岛田年又英少，而笃志于旧学如此，诚异乎中国不学少年随风而靡者矣。余谓文学昌明时代，人人各专其学，不相附和，不相訾謷，而后各种学业始能发达。今之学者，皆随波逐流，中无所得。一有不与同流者，即从而訾之。究其所倚以訾人者，实一无所有。此之谓徇人而丧己，徒使人同趋于不学而后已，可叹也。

湖北杨守敬尝随驻日钦使黎庶昌至东京，值维新伊始，其国人唾弃旧学，书遂以贱价得之，连船满载而归。日人悟，引为恨事。厥后日人岛田彦桢以十万元购归安陆氏皕宋楼藏书，价值数十万金，作《皕宋楼藏书源流考》，犹述其往事，以为此举聊足报复。见《新语林》三。观此，则日人之于中国旧学未尝废弃，而吾国人渐染新学以来，一若中国旧书直是一古董货，去之惟恐不速，抑何所见之殊耶？

清光绪季年，敦煌有石室，发见古书数万卷。吾国人士初未之知，后为法人所闻，捆载而去。英人、日人相继来取。上虞罗振玉叔蕴闻诸法人伯希和，乃始就观目录，并见其行笈所携，亟求影写，遽承许诺，三载写成，名为《鸣沙石室佚书》。闻是书入欧洲者不下二万轴。日人狩野君山自欧归，告振玉云：诸国典守森严，不殊秘阁。苟非其人，不得纵览。并谓法儒沙畹已为考释编目，行将刊布。伯氏又告言：石室卷轴，取携之馀，尚有存者。振玉乃亟言于学部。比既运京，复经盗窃，然其所存尚有六七千卷，振玉皆取校而跋之。复从日人橘瑞起氏抄得藏经目录，凡四百馀轴，详见所著《雪堂校刊群书序录》内。呜呼！此等古书，欧人、日人视之何等宝贵，而在吾中国反视为不足重轻之物。藉非罗君之勤勤焉考校之，几无复有过问之者矣，噫！

余前修《平阳县志》，得明初孔克表某寺碑文，有“苏邻国教”之语。既读元季陈子上集，亦云：明教之始，相传以为自苏邻国流入中土，瓯闽人多奉之，直不知此教为何教，遍翻诸史夷裔诸传，皆无苏邻国名，蓄疑不解，及读罗振玉《雪堂校刊群书序录·敦煌本摩尼教经残卷跋》引《老子化胡经》云：我乘自然光明道气，从真寂境至苏邻国中，诞降王室为太子，号末摩尼。始知明教为摩尼教。其云明教者，即取光明道气之义也。陆务观《老学庵笔记》谓明教始自闽中，有明教经甚多，妄取《道藏》中校定官名衔赘其后，烧必乳香，食必红蕈，男女不亲授，遇妇人所作食，则不食。陈子上《竹西楼记》亦谓其徒斋戒持律颇严谨。予观吾乡现传有二祖、三祖、四祖、五祖诸教。四祖一名檀香教。三祖戒律最谨严，非其教徒不能食其斋供诸物，所诵有《五祖龙经》，非道非释，盖亦明教经之遗。罗叔蕴谓此教宋以后遂无闻焉，不知闽浙间自元明至今尚有之也。青田刘蔫《盘谷集》亦有咏苏邻教诗。若非探讨古书，恶从得之？

藏书无论新旧，只以有用为贵。物质之学，日新月盛。而旧者即为新者之所迭嬗而出，其迭嬗之迹即为历史之关系。故如讲电学者，即原电学之所自始，以及递衍递进，而有电话、电报、电灯、电车诸发明。讲汽学者，即溯汽学之所由来，以及汽船、汽车等之应用。如原质之由简而繁，数学之由迂而径，皆有其经过之程序。学校教科书固取其新而舍其旧，而图书馆之藏书，则不妨取新旧而并藏之，以可考见其迭嬗之迹，此讲历史者不废也。故制造局翻译诸书，于今已陈，而图书馆不能屏之。若夫图书之所应摈者，则空言而无实也，抄袭以成书也，悖理衍义有害于人心世道也，迷惑祸福而无益于世教劝惩也。若此者，无论新旧，皆宜屏弃。自严又陵五种译书出，于是西洋政学诸书译者竞起，而尠有与严抗衡者。自林琴南小说译书出，风行一时，于是小说新译之书汗牛充栋。有即冒充林译者，亦有确可与林抗衡者，是可见译政学之书难，译小说之书易。近人喜为其易者，即阅书亦喜购求其易者，此即学风趋下之一征。坊间趋赶风气者，甚至取中国旧小说如《水浒》《三国演义》等抄撮其一二节，推演之为小薄本，以为儿童小说。致一般儿童贸贸然竞购阅之，其中诲淫诲盗，长其迷信之习，开其纵诞之风，坏其谨厚之心术，种种而有。此有教育之责者所应出为干涉，而何以瞠目无睹者，任其风行耶？本馆通俗部旧藏有此等小说若干种，每星期日辄有儿童一班来阅，致签名簿上“火焰山”、“无底洞”等名填写满纸，甚可哂也。兹已将此等书一概撤之。

馆内自瑞安黄氏藏书外，吕文起丈寄存书亦不少。有善本，有通行本，其术数堪舆家书亦有多种。此等书自是中国古时之一种学说，吾国通人有信之者，有斥之者，紫阳朱氏颇通其学，而术家遂挟以为重，可见学术之嗜不可不慎也。兹亦照《四库书目》编入子部。惟高头讲章等，则置之备橱，不列目矣。

往岁梅君冷生倡议征书于各省县。夏君瞿禅来访，因请瞿禅君为作征书启，文甚典雅。张冷僧道尹为征诸知好，得吴兴刘翰怡、张石衡、周湘舲，嘉兴陶拙存、徐仲可诸先生赠书，计数百十种，中多善本。此外所征，略有数种。余又欲征乡先哲遗著，有刻本者，存其刻本；无刻本者，则借原书抄之。昔孙籀师曾有《征乡哲遗著启》，文极渊雅。今拟别作散文，意未能就，惟刻成乡哲遗著钞藏版式，拟择上等松笺印之，令所抄之书，皆同一式，以便庋藏齐整。惟馆中经费无多，此抄书之费，拟由乡哲子孙计字出钱雇人抄之。其出资之人，即列校缮姓名于书后，将来此书付刊，出资之人即可附名以传，是亦报酬之一法也。如无亲子孙者，他人为出资雇缮，同一办法。

吾乡宋元以来先哲遗著，其单行刊本及杂见于《通志堂经解》与各丛书中者，本馆已多有。至于永嘉徐自明之《宰辅编年录》、平阳朱黼之《三国六朝五代纪年总辨》两书，皆为史学中极有用之书，钞本具存，亟应钞录。朱书原名《纪年备遗》，一百卷。朱为陈止斋先生高弟，水心先生序其书，谓能传陈公之业，后有欲知陈公者，于此书求之可也，推许甚至。乃其书仅存偏安时代二十八卷，为南宋时书贾射利，采取以供程试答策之用，转藉是得以不没，亦云幸矣。吴祁甫师承志称此书，谓可与胡三省《通鉴注》、袁机仲《通鉴纪事本末》鼎足而三，而惜其不全，洵确论也。按徐《录》现已刊入黄氏《敬乡楼丛书》中。

明王朝佐《东嘉先哲录》二十卷，《四库提要》列入存目。孙氏玉海楼从翰林院所储明刊本影写，阙叶甚夥。《明史·艺文志》曾收其书，误其名为王佐。阮芸台《广东通志》竟以为黄佐作，尤误。孙氏《温州经籍志》称其所采载籍，胪列旧文，不加羼改，且一一详其出处，其体裁渊雅，明人书中颇不易觏。今按，孙琴西太仆所著《瓯海轶闻》，其体例实源于此。

修志最忌轻改旧文。阮氏《广东通志》改王佐为黄佐，固误矣。平阳宋时有缪梦达、梦远者，兄弟，皆官广东。梦达知庆德府，著《晋康杂著》三卷，时晋德府为晋康郡军事也。梦远知英德府，尝修南山寒翠亭，自为之记，《广东通志·金石录》收采之。乃修志者不知梦达、梦远本有二人，而梦远之名勒石有据，遂改知庆德府之梦达亦为梦远。《温州经籍志》于缪梦达《晋康杂著》下甚为致疑，盖犹未悟其臆改之所由来耳。

吾温自宋元以来，各县人士每自署乡里为“永嘉”，以永嘉古郡名也。修永嘉志者往往误收他县人，失于不审。余读钱竹汀《十驾斋养身录》，谓宋陈均有两人，一字子公，永嘉人，知平江府。按子公为平阳陈均字，而《平阳县志》于其知平江府竟未之及。正以为疑，适冒鹤亭、陈善馀两先生游鹤林寺，见嵌壁有石刻永嘉陈均诗，拓以见赠，因急询冒先生，请检镇江诸志，果得其仕迹，盖尝知镇江，改知平江也。又尝委淮海书院山长黄国用与遂安方逢辰同修镇江志。黄亦平阳人，因据以修补入传。乃《永嘉县志》亦据鹤林寺嵌壁诗，收入“艺文”，并据所题官阶劝农使收入“杂仕”。不知此即平阳陈均，其劝农使乃知府兼官，非杂职也。其尤奇者，平阳明时有陈宣，成化十七年进士，历官河南、云南布政使，始居江南，后居坡南，自号四南居士。而河南《府志》则称为陕西永寿人。大清《一统志》亦沿其误，续修《陕西通志》转据河南《府志》补列其传。惟河南《府志》有成宏间进士一语，《陕志》不得其科分，不能补入，尚留一罅。余细思河南《府志》何以致误之由，始悟陈宣自署乡里必称永嘉，“嘉”字草书与“寿”字极相似。自河南《志》讹“嘉”为“寿”，遂冠以“陕西”二字，由是《一统志》《陕西志》遂无一不误。此亦署乡里者好用古地名之一失也。

平阳元季明初间人，每自署曰“昆阳”，意当时县名，或暂改后仍废不用欤。《林霁山集》为乡人章祖程注，署昆阳为崑阳，《四库提要》遂误为“崑山”。《佩文斋书画谱》于郑东、金与贤皆为昆阳人，直不复知为平阳人矣。邑里不署今名，徒滋后人疑误耳。

丹徒陈善馀先生庆年读《名山藏·杨文襄传》，有与温州弈者鲍一中善，呼为小友语，不详鲍之事实，托冒鹤亭先生来询。余乃录《永嘉县志》《汲古堂集》《粲花楼笔记》数则与之。陈先生既以鹤林寺陈均拓诗见赠，余因以平阳光绪间出土晋朱曼妻地券拓本报之。以朱曼亦丹徒人，正与陈拓交换也。先生得之喜甚，函来索孙籀师所著书。余以《古籀拾遗》寄与之，旋见赠以新刻嘉定《镇江志》，此书为阮芸台相国前属盐商某任刊者，先生重为刊行，诚可宝贵之善本也。

平阳清嘉庆间有刘眉锡，著有《南雁山全志》十二卷，为刘步衢所续增，今存有钞本。先是有明陈玭、陈文源《南雁荡山志》五卷，郑思恭《南雁山志》五卷。郑《志》尚存，陈《志》本地久无其书，日本东京图书馆存有刊本，余修《平阳县志》时，特托人钞得其书，虽不甚佳，而以流传外国，得存亦足宝也。近人周喟重加编辑，胜于前志多矣。

乐清《雁山志》，现存有永嘉曾唯所著刊本，近人蒋叔南重修，凡旧志山川方向之谬误者，悉为改正，搜辑诗文亦甚富。世人颇以南北两雁同名相袭为疑。不知雁荡之名，出于西域梵经“诺巨罗尊者居震旦之雁荡山中，东南际海”等语，于是五代时僧愿齐至平阳登明王峰顶，以为此即雁荡。北宋时，僧全了至乐清芙蓉村，以为雁荡在是。由是两山皆被以雁荡名，而北实胜于南。使北雁之探得能早于南雁，则南雁必不被以雁荡之名；使北雁之探得无以胜于南雁，则亦不能与南雁并峙而同被以雁荡之名。惟其一得名在先，一竞胜在后，遂使南北并峙而不废。至于诸峰之名，彼此相袭，则皆后人妆点为之，山之真胜究不在是也。

南北雁山显名后，后人伪托古人留题以增重者，不一而足。北雁始显于宋，沈括《梦溪笔谈》、朱相《涌幢小品》皆言之，而后人伪造唐释贯休咏雁山十八寺诗云：“本觉凌云到宝冠，能仁古塔上飞泉。普门罗汉石门里，瑞雁华严天柱边。古洞灵峰真际并，灵岩霞嶂净名连。石梁不与双峰远，十八精蓝绕雁巅。”其词鄙俚，直似方书之《汤头歌括》，殊为可笑。按贯休为诺巨罗赞，有句云：“雁荡经行云漠漠，龙湫宴坐雨濛濛”，此自用梵书语。后乐清雁山有经行台、宴坐峰，是用贯休诗语典故，非贯休用雁山典故也。后人因此遂并造贯休十八寺诗。试检贯休集中，有此等钉铰打油诗乎？此与《南雁志》伪造唐李皋、路应等诗同一纰缪。

两雁皆有湖荡，在山最高处。湖已积葑成田，惟中有水源，故终年泥湿不干，人履其上，若欲陷然。然此等湖，高山中往往有之，不独两雁然也。吾乡有荪湖山，新旧县志皆指其山下之水名荪湖。近山中有侯、郑两姓争地，来请决平。余询其所居，在山最高处，名曰滃田湖。所言情形与雁荡正同，始悟山名荪湖，盖以此欤。然陈子上集有《葡萄泉》诗云：“薄游荪草湖，载观葡萄泉”，今山下溪涧之水，雨后激湍，连连发泡，有似葡萄，则是子上时已以山下之水为荪湖矣。

余尝谓后人伪撰雁山诗，以为玷辱山灵。夏君癯禅以为雁山之辱，莫如秦桧“了堂”之甚。桧尝至北雁罗汉洞，自谓曾梦抵石室，群僧环坐，曰：尚忆此否？吾瞿然悟身为诺巨罗也。僧谓吾世缘未了，始去。今睹此，始知所梦，因筑“了堂”，为诗以纪，有“欲了世缘那日了”之句，见《雁山志》引《东瓯遗事》。按，《志》谓梅溪有诗云“名山误见污”，又有“愿借龙湫水，一洗了堂碑”之句，则前人已为山灵洗此奇辱矣。

朱胜非《秀水闲居录》言秦桧寓温时，引用州人以为党助。林待聘与吴表臣势焰薰灼，名为显宦，实操国柄。凡乡士具耳目口鼻者，皆登要道，更相攀援，日迁月擢，无复程度。然林待聘荐永嘉张阐首抗和议，卒为名臣。胜非所言，毋亦过甚其词。若如平阳陈彦才者，虽与近邻，独不往谒。及桧再相，有荐之者止就部注邑连江，戏作小诗云：“命贱安能比巨公，偶然年月与时同。只因日上添些子，笑向连江作醉翁。”盖所生年月与时适与桧同，惟日差异耳。事见《竹坡诗话》。此则免于胜非之讥矣。

今吾乡俗语乞人相助者，动曰“张阁老牵引人做官”，看来明张文忠当国时，吾瓯人为汲引者必多。然议大礼时，乐清侯廷训至予廷杖，固与极端反对者。平阳蔡运副芳，故与文忠乡榜同年，甚密，及文忠以议礼骤贵，即不与通谒。后以秩满诣阙，与文忠舟遇漕河，文忠要相见，且示意。芳谢以诗曰：“一官到底终须去，百岁无多可念吾”，遂得致政归田。陈选贡洽为文忠作承制甘露百律，文忠称赏，欲授以官。洽曰：“依人取荣，如平生志节何？”不辞而去。此可谓铁中铮铮者矣。

余往年征求书籍，有自广州寄来者，为黄君任恒，字秩南。先后见赠十四种，其自著《述窝杂纂八种》，曰《辽代年表》，曰《补辽史艺文志》，曰《辽代文学考》，曰《辽代金石录》，日《辽文补录》。其自序云：“右书五种，除《年表》外，皆辽文之属也。辽文平平无奇，未足与历朝比数，而一代学术，咸萃于斯。考献征文，或不见摈于大雅，况春秋大义，夷而进于中国，则中国之辽，虽无雄特之文，而其向圣化渐华风，则固可为后世劝也。惟此五种徒存其文于政绩之外，而于辽之国计民生，治乱得失，俱无所发明，是亦鱼忘筌、珠去椟耳，总其名曰《辽痕》。阅者谓为国粹也可，谓为鸡肋也无不可。”曰《古孝汇传》，则辑汉唐以来刘向等九家孝子传逸文而为之。曰《古谱纂例》，搜辑古时谱学散见子史者而为之。曰《桂考续》，则续彬州张光裕之《桂考》一书也。黄君今年六十有一。以其小像题词推得之。其人大抵博览覃思，莹钞雪纂，成此多种。其大者皆关文献，裨益世道；其小者亦足资博物之助。《古谱纂例》一书，非惟有裨谱学，且可与《志铭广例》诸书互相参证。其序《古孝汇传》略云："今世之昏乱极矣，上下公私，趋利若骛，五伦毁灭，禽兽不如。而阶厉士夫，复以平权仇孝之言竭力鼓簧，若恐人心不速死。夫人之邪欲无尽，惟持礼义刑法以为之防。刑法有时或穷，未尝不可举礼义以相感悔。若夫孝既仇矣，试问何以保其家？家不能保矣，试问何以治其国？家不家，国不国，吾不知操政柄者何以善其后也。古来不孝于家者，必不能忠于国；忠于国者，未有不孝于家。孝固无负于人，人何必偏仇乎孝？今乃嚣嚣然反其说而号于众，吾又不知好鼓祸者之居心何等也？谁无父母？谁无子孙？今日己以父母为仇，他日子孙亦以己为仇，势如循环，出尔反尔，吾又不知身受其祸者，斯时何以为情也？一言以为不智，一言可以丧邦。呜呼！读孝子传者，可不知所惧哉？"按此可知其辑传之意矣。

黄君又辑有《辽文最》四卷，序云："一代之文章必有一代之精神。持今以拟古，不类也。改华以夷，尤不类也。强不类以为类，吾不解今世士大夫之用心也。今世士大夫震于泰东西之强盛，凡政教艺术不能深求实益，徒拾外见之皮相，窃其似者以愚己而愚人，遂欲鼓弄诐辞，变乱天下。而言中无物，不足以动天下之听。于是拾外国恒语为新名词，如扬雄之艰深文浅陋，以冀好异者远应之。岂知中国数千年递变之精神，自有不可磨灭者在。彼倡乱之士，坏我文体，亦如郑声乱雅，徒见恶于圣人而已耳。辽者，夷狄国也，政治不同，学术亦异，而能改其风俗以就圣人之教，即文章小道，亦未尝以彼国恒语稍羼乱于其间。夷用夏礼，《春秋》所褒，则文章之工拙勿论何如，即此一代精神，已足与《唐粹》《宋鉴》争烈。今世士大夫望之，能无愧死。"此一段文亦极诋諆时髦，斯可谓硁硁果确之老儒。

吾乡元史文玑先生伯璇著《管窥外编》，其论日月食云："月掩日而日食之说易晓，月亢日而月食之说难晓。惟张衡谓对日之冲，其大如日，日光不照，谓之暗虚。暗虚逢月，则月食，值星而星微。说无以易矣。但不知对日之冲何故有暗虚在彼？愚窃以私意揣度，恐暗虚是大地之影，非有物也。盖地在天之中，日丽天而行。惟天大地小，地遮日之光不尽，日光散出遍于四外，而月常得受之以为明。然凡物有形者莫不有影，地虽小于天，而不得为无影。既曰有影，则影之所在，不得不在对日之冲矣。盖地正在天之中，日则附天体而行，故日在东，则地之影必在西，在下则地之影必在上。月既受日之光以为光，若行值地影，则无日光可受，而月亦无以为光矣，安有不食者乎？如此则暗虚只是地影可见矣。”按，此一段文与今泰西天学家论月食为地影之说正合。泰西之说流入中国，在明万历以后。而史公生元时，前无所受。顾已能凭虚探索而得之，可不谓精思造极乎？可见中国学问思力不逊欧人。唯叩虚而得者，不能征诸实验，且又无人继其说而发挥光大之。如此月食之说，当时只作一篇空谈，存之故纸堆中。迨夫欧说西来，全球风靡，新学之士，且援据以驳中国五行家之迷信，而孰知其已为吾国儒生之所发明者乎？学者幸毋轻自菲薄，而蔑弃其国学，可矣。

馆中所储经史诸书，以考据家为多。其书捐自瑞安黄氏。盖通政乔梓迭掌文衡，时新学虽已萌芽，而汉学之风尚盛。幕中罗致多材，大抵皆海内经儒诸大弟子，其所倡导多士者既在于是，则其所自收储者，亦多是种书籍，固必然也。然清自道咸以来，魏源、何秋涛辈颇讲经世之学，至郭嵩焘而倡西法，至冯桂芬而改中法，遂为康梁学派之先声。今日之讲西政者与西艺并重矣。而根柢中学，以求革易时弊，则于中国政治掌故，不可不一讲求也。今吾乡后起之士，治经治史颇能绍述孙、黄两先生之遗绪，若能盱衡时事，讲求事功，吾知永嘉经制学派必有远绍其绪者矣。

永康胡月樵刻《金华丛书》，瑞安孙太仆实劝为之。厥后胡氏所刻较之孙刻之《永嘉丛书》几逾一倍，而校勘殊欠精审。如《苏平仲集》，甚有遗脱全行者。余尝取苏集他刊本校之，互有讹误，盖实无善本。以是知孙刻《永嘉丛书》虽少而实精。今胡氏后人有《续金华丛书》之刻，馆内亦已购得，粗阅一过，似校勘较前刻为精。其前刻板本多散佚，闻今亦校补之矣。

孙太仆之为学，最喜汲引后进。其予告归里时，特辟诒善祠为书塾，立为课约，招郡邑高材，讲学其中。金稚莲师及林祁生、池云珊，平阳之杨愚楼，泰顺之周晓芙诸先生，皆其选也。太仆尝为《张介轩文集》序云：“盖乡曲之士，习于所见，骤语之以韩、欧阳、李、杜氏，未免畏其难也；引之以水心、止斋之为学，将有欣然从之者矣。骤语之以水心、止斋，犹未免畏其难也；引之以近时作者，如先生之为文，则必有奋起追之者矣。”当时后生见此文颇怒形于色，以为太仆浅视乡人，不知正太仆之切望乡人处，故不觉心长语重而出之。吾乡自太仆后，科甲蝉联而起，文风远胜于前，不可谓非其倡导之功。至今新学盛行，而后进蔚起，尚能承其遗绪者，惟瑞安为最。则饮水思源，功何可没也？

余友宋墨庵《寥天庐笔记》载有左文襄与子孝威书，略谓平时治匪，果有好地方官清查保甲，自然无事。若以昏懦之官，带无纪律之兵下乡查访，所到之地，鸡犬一空。甚或妄拿良民，激为匪祸。比因平阳剿匪一案感而书之，以为文襄不满于平阳剿匪。孙太仆《钱匪纪略》与此大相反对，他日修邑乘者审慎采访焉。余按，文襄为平阳钱匪事，与太仆兄弟龃龉，自有一段历史在，宋君盖未之知也。方发匪陷浙时，孙蕖田学士在乡奉旨办团，时平阳金钱会匪赵启等亦受官抚为团民。而学士于各乡团民受其节制者，皆给以圆形白布，内书“奉旨团练”四字，令缝贴于军衣胸背，以为标帜。钱匪则于入会者每家给以大钱一枚，文曰“金钱义记”，以为凭证。于是温州有白布党、金钱党之谣。初不分别孰为民孰为匪也。迨后钱匪与白布党为仇，林垟陈氏、雷渎温氏皆遥受孙氏节制，而钱匪特扼虐之，温、陈以告孙氏，孙为请于道、府，令饬平阳县协禁制钱匪，而皆格于县协受抚之言，未之惩禁。其实钱匪已暗递消息于发匪，待其大股窜温后举为内应也。无何，匪与温、陈两姓构乱，两地屋皆被毁，温氏出抗，死伤甚多。兵衅既开，其叛迹已不可掩，遂先期举事。孙氏初居潘岱，屋亦被毁。钱匪遂攻瑞安，破永嘉，南侵福鼎矣。反事既闻，秦镇军如虎自闽来浙，援剿钱匪。乌合之众，一击即溃。于是上峰始悉为潢池盗弄，不足以烦大兵。而孙氏激变之说，亦时不免于众口矣。然钱匪平未逾月，而发匪窜温，秦镇军先期得谍报，自平拔队赴永，城守已固，贼扑温不能入，遂以挫败。时平阳北港有白老三者，实在贼中为引线。倘钱匪此时未灭，彼此构合，患实未易平也，然则温、陈之与匪仇，趣使早反，曷尝非地方之福耶？方钱匪倡乱时，温州道、府及平阳知县皆逃，左文襄委其所信任之周开锡为温州知府，旋即擢道。而平阳新令苏金策，又周道之私人也。钱匪既败，平阳乡绅有殷某者，办善后事，与苏令时有冲突，周道颇右苏令。孙学士时起为广西学政，以钱匪颠末入奏，末及殷、苏等事，且涉周开锡。朝旨命文襄查覆，文襄即札委周道查之。周一一为之洗刷，文襄据以覆奏。得旨谓孙锵鸣陈奏不实，落职。孙太仆集中每言“予弟为佥人所中”，即指周开锡也。文襄之言，与当日情事全然不合，盖有入于周开锡等之谗。若修志者引此为据，真入五里雾中矣。瑞安刘祝封另有《钱匪纪略》一书，与孙记颇多详略异同，余修《平阳县志》时，尝抄得之。黄漱兰通政亦著有《钱虏爰书》，将来修瑞安志，是二书必当蒐讨及之。

平阳清初有闽寇陈仓之乱，联络永、乐、瑞寇何绍龙、《乐清志》作兆龙。石旗牌等，蹂躏各县。诸县志“寇警”皆纪及之，不知其响应鲁王，在当时实为义民也。余修志时检阅蒲门朱谱所载，证以《三蕃纪事本末》“刘中藻恢福宁州，温、台响应”等语，始得其实，而他书未之见也。今阅刘翰怡所刊《鲁春秋》一书，颇详陈仓事，始证所见不谬。惟此书错字极多，盖录从私家钞本，无他本以校正之，为可惜耳。今瓯谚常云：“三山出天子，东瓯作战场。”正指是时事，以福州境有三山，“天子”谓鲁王也。按，孙徵君《顾亭林诗校正》“谒帝三山”，校云福州，其意正 同。

偶阅刘吉庵之屏《盗天庐集》，有挽陈耐辛联，述及新山歌事，此亦吾乡清季一大公案。不详述之，将无有知之者矣。耐辛名梦熊，乐清虹桥人。吾乡清季奔走革命者，惟耐辛最早，尝出《新山歌》一书为乡人讲解之。“新山歌”者，革党中宣传之白文浅语也。耐辛有友曰胡倬章，以事与耐辛争于某会场，耐辛直批其额，众劝解之使去。倬章愤无所泄，乃向县署告耐辛运动革命，呈《新山歌》书为证。知县何士循，强干吏也，极恶革命党，得书欲兴大狱，遽通详各大宪，饬役逮捕耐辛。幸有预知其事者，泄告耐辛，耐辛夜逸，过温州中学，捶石聘南卧房之门，使起而语以故。聘南促其速行，次日以告孙籀庼先生。是年，耐辛设女学于虹桥，聘女教员玉环戴礼。礼，故一宿儒女，颇长于文，不喜新学，与耐辛龃龉。籀庼先生颇右耐辛，至是遂为呈请浙抚张曾敭，极意申雪之。时知府锡纶得何知县详文，已为转详各大宪，加入案语甚重。浙抚得此大疑，特派委员沈维城专查其事。沈初奉委时，即有人为言：此事须慎重与温处学务总汇处孙某商妥行之。沈到瓯即晤籀庼先生，先生力为剖析。沈入见锡守，锡守谓事有确据，非严惩不可。沈复以告籀庼先生，似有不信之意。先生争之，疾急曰：“如是，则尔我各行其是而已。”旁有人谓沈云：“此事官绅既水火，子处其间，须不偏不倚，幸勿操切。”沈是其言，亲往乐清传见胡倬章。倬章言之凿凿，演说于某处，闻者有某某若干人。沈令悉疏其名，胡乃以名单上，皆其亲故也。沈询此诸人均在本地否，胡答云半在本地，半在他处。沈属在本地者悉招之来，乃会集于东乡小学之教室，令诸人各距离坐，面一几，如受课状，不许交头接耳。每人授以一纸一笔，自于黑板上书，问耐辛讲《新山歌》在于何处何时，旁听有若干人，讲时情形如何，开列十馀条，各令一一条对。对毕，收视其纸，言人人殊。沈谓若是则其事果诬矣，吾将持此数十纸具覆足矣。回省覆销，浙抚颇怒，欲办坐诬而未遽行也。耐辛在外闻信，乃径赴杭，向抚署投案，力请辨诬。浙抚将许之。时藩司宝棻闻之大恚，谓张抚如此昏聩，人告革命不能办，反为之办辩诬，吾将列参矣。张抚闻之，惧，乃以全案移归藩司请办。宝棻得其全案，将另作派委彻查矣。张抚恐事累己，密电求救于张香帅。籀庼先生亦有电与黄仲弢先生，以转达香帅。时香帅适入军机，移宝棻为山西布政，其事始寝。当此案重翻时，学务处诸同事人人自危。乃釜底抽薪，其沸遽止。余谓籀师在乡办学时，仲弢先生隐为援助者，此亦其一也。

蔘绥阁书捐入图书馆者，颇有残缺，王益吾所编《续皇清经解》中缺十七种，闻原板藏在江阴南菁书院。适永嘉董君伯豪自江阴来，始知书院改为南菁中学，董任校长已历三年。因问《经解》等书板尚完否，能否补印，董君以为可得。遂开所缺书，托为补印。董君乃来阅原书纸样及书本大小，以便照补。不数月书即寄来，遂成完璧。伯豪又附致《杨文定全集》《四语汇编》《南菁札记》《南菁文钞》（一、二、三集）诸种。江阴为人文荟萃之地，南菁尤为英材渊薮，而伯豪长其中学多年，能使翕然心服，是其人有足多者矣。

《四语汇编》者，彭南畇之《儒门法语》也，张敦复之《聪训斋语》也，潘四农之《示儿长语》也，谢退谷之《教谕语》也。此四语切实而不凡猥，高明而不矫亢，循之不失为善人，进之可企于贤圣，视世俗之以祸福因果相劝戒者霄壤矣，课子弟者不可不置一编。

《四库全书目录》子部虽收有释、道两家书，而释、道二藏之经概不著录。以彼自有经藏，不相杂厕也，若图书馆之藏书则异是。今馆内藏有日本《续藏经》七千馀卷，系上海商务印书馆出版，吴君璧华发起捐购，以助置馆中者，现已寄到两期，其三期以后须馆内备款续购。兹本馆亦已汇款向领矣。惟查《书目》，此书搜罗虽富，然亦有不应收而收者。如俞荫甫之《金刚经解》，乃以治儒书之馀暇而及之，于此《经》分别孰为原文，孰为译者所增羼，未免逞臆妄谈，编书者自应分别抉择，不能概以入藏。况编内近人著作甚多，是否为日人原本，抑或中国人代为搜罗，均未可知。杨仁山设金陵刻经处，自谓于诸经之注，稍有背戾经旨者辄屏弗刻。凡编辑藏经者理应如此，何可滥收也！

《法苑珠林》讥道家依傍释典，讹撰道书，诋諆不遗余力。今阅道家诸书，诚有如释道世所云者。余谓中国道教宗奉老子，其诬辱老子特甚。今世所传《关尹》《文子》诸书，是否伪撰，固不可知，然尚不悖于老氏，若如丹鼎、符箓、服食诸说，固《老》书所未尝言。伯阳《参同契》取喻炉火，引证《老》书尚有可相比附之处，而符箓以下相去远矣。近世所行，如《感应篇》《文昌化书》等，亦皆依托道家。编书目者取《老》《庄》《列》《文》《关尹》诸书，下至与《文昌化书》等别为一类，颇觉拟于不伦。况今日为道家言者，取儒书之《大学》、释典之《心经》，皆以丹鼎之说穿凿而附会之，恶劣乃至于此。馆中亦有以此等书见赠者，概从屏斥，不入录矣。

世俗所传《西游记》，事虽荒唐，而所记地名多采之《大唐西域记》，夫人尽知之。评骘《西游》者举为邱长春真人所为。余初亦信之，见其附会《丹经》，如心猿意马之类，不一而足。又推尊释教，似在老子之上。窃疑唐吕纯阳之学仙，他书言其初曾学佛，又俗书《性命圭旨》等书往往涉入佛学。因谓唐宋以后仙家混合于佛，犹儒家之理学皆于佛学消息潜通者也。及读李志常所著《邱真人西游记》，如知真人《西游》另有其书，乃应元成吉思汗之招，西至蒙古，纪其三年往返之事，与玄奘之往印度，途径颇别。其以俗传《西游记》当邱真人所为者，盖耳食之误也。然观真人记中所载诗偈终有与佛学消息潜通之处，非复如《黄庭经》《参同契》等纯是道家本色，则是唐宋后之仙家不能谓非混合于佛学也。今录其数作如左，其二偈《示众》云："杂乱朝还暮，轻狂古到今。空华空寂念，若有若无心。""触情常决烈，非道莫参差。忍辱调猿马，安闲度岁时。"又《凤栖梧》词云："一点灵明潜启悟，天上人间，不见行藏处。四海八荒惟独步，不空不有谁能睹。瞬目扬眉全体露，混混茫茫，法界超然去。万劫轮回遭一遇，九元齐上三清路。"又有《四颂》云："世情无断灭，法界有消磨。好恶萦心曲，湮沦奈尔何。""有物先天贵，无名不自生。人心常隐伏，法界任纵横。""御物双眸眩，劳生四大穷。世间浑是假，心上不知空。""昨日念无踪，今朝事亦同。不如齐放下，度日且空空。"《归真留颂》云："生死朝昏事一般，幻泡出没水长闲。微光见处跳乌兔，立量开时纳海山。挥斥八纮如咫尺，吹嘘万有似机关。狂辞落笔成尘垢，寄在时人妄听间。"此数诗可以觇所诣。

近世耶稣教民最喜著书，主张基督教，而力辟中国祭先祀神之非，不知其书之出，徒张无神论者之焰，而于耶教了无益处。盖耶教之宗奉一神，终未脱离事神之道也。今馆中于耶教之攻击儒家诸书，概置勿录。

明清以制艺取士，文格至卑。自八股废后，藏书家皆屏斥弗录。余谓此体文字行之五六百年，中间学人竭一生之精力，专攻此道，成名大家者何止百数，究不能一笔抹杀。况唐人应试诗赋至今尚存其体，宋人经义开八股之先声，亦往往存之集中，则八股亦应择尤。如俞长城所选百二十家时文，方苞所选明清两朝四书文等，可择存数十种，以备一体。即如孙太仆所刊孙敬轩希旦、谷艾园诚两家时文，亦可存也。

余于民国初年因友人徐寄庼主办《时事新报》，寄所作《厚庄闲话》登诸报端，随作随寄，初无存稿。后见坊刻清朝稗官小说，载有“秘密邪教”一节，即全录《闲话》原文。此书本采辑他书为之，不能讥为剿袭，惟所引之书不注明来历，致后人无从考其出处，是其一失。乃后见宁波柴某《梵天庐笔记》内有“点蜡”一则，竟亦袭取《闲话》，删节之以为己有。余初见此《笔记》，喜其材料丰富，于馆中备置一部。后阅得此节，始知其书皆从抄撮而得。或谓近人著书，一刀一剪，便可奏功，盖非谰语也。

（原载《瓯风杂志》第五期至十二期，民国二十三年五月二十日至十二月二十日刊行）

二十年来之籀园图书馆

孙孟晋

清宣统元年，先籀庼徵君之殁，既届周星，温州学界人士，多追思其提倡全郡教育之遗绩，议立专祠，以为尸祝。民国二年，永嘉县教育科长瑞安郭先生凤诰，觅得永嘉生姜门内曾氏依绿园故址，为祠宇之基兆；发起募捐，购地兴筑；且拟于其旁辟地建藏书楼，而款尚无着。会温州师范、中学两校①案改省立，六县人士佥议以原有经费，作为办理地方教育及建设六县公共图书馆之需。于是郭先生与各方商洽，提拨若干，经营藏书楼，即以作六县公共蓄书之所。民国三年，平阳刘先生绍宽，续为永嘉县教育科长，分配师、中两校旧款，乃指定戏捐一项，为藏书楼常年经费，府学涂租一项，供祠与楼临时修理之用。郭先生复以所募籀公祠捐款之余剩，别筑临水湖楼三楹；更点缀亭沼花木于其间，以为文士雅集之地；而总题大门曰籀园。②

孙孟晋

当筹备籀园藏书楼之初，六县各举士绅一人为经理员：永嘉叶寿桐，乐清张侯佐，平阳王宗尧，泰顺林宗强，玉环陈保厘诸先生皆被举，瑞安则郭先生也。迨楼垂成，而郭先生下世；续举洪先生炳锵，接充瑞属经理员。于是开会议定名称，曰旧温属公立图书馆，而推永嘉王先生毓英为馆长。具牍永嘉县，详省转部立案，于民国八年五月九日，正式开办。

---

① 温州师范学堂系先徵君手创乡校，现为温中高中部。

② 临水湖楼今为平厅，盖民国十一年秋楼为飓风所覆，而王故馆长毓英募捐改建者。

郭先生在永嘉教育科时，曾请省吏转饬浙江图书馆，赠送出版书；并向各县征集方志，将以储于藏书楼。民国五年间，领到前浙江官书局刊本《十三经古注》等书，凡二千余册。此即本馆之基本图籍。王先生长馆后，以常年经费撙节赢余，岁置书报，必数百金①；益访求郡邑故家私藏。于是永嘉吕先生渭英，首先出其旧弆二百七十部、五千二百四十册，寄存馆中。继则瑞安黄氏蔘绥阁后人厚卿君，慨然捐赠，有一万三千零数十册之巨②，自是本馆之规模，灿然大备。今馆中为蔘绥阁创建者学士绍箕特设神龛，示不忘也。

民国十三年二月，王先生卒于任，瓯海道尹沈公志坚，令六县各推代表，协商继任馆长之人选问题。于是永嘉严君文黼，实与厥选。严君自是年三月就职，至十四年夏解任。其间编制书目，钩稽涂租等等③，颇费心力。馆员瑞安张君扬，亦多臂助。

严馆长去后，刘先生于民国十四年五月，以张道尹宗祥及六县教育局长之交推，出而继任。到馆之初，辄建议积极扩充，计画宏远，惜政府不能用也。然条理内部，犹不遗余力。尝就严编书目，加以审订，写定影石，曰《阅览室检查书目》。其平装书，别为一目，曰《阅览室近著检查书目》。一面刊发通启，广征图籍于各省、县，以裨购买力所不足。一时应征者，如吴兴刘翰怡、张石铭、周湘舲，嘉兴陶拙存、徐仲可，南海黄秩南，诸氏赠书，凡百数十种，中多精本。复自著《籀园笔记》，首述籀公祠及本馆设立之始事，郅为详审。其他大氐治事观书之所得，随手杂缀，稿盈数寸④，盖孳孳矻矻，惟日不足，勤职劬学，可谓至矣。

刘编二目中，所列线装书，都二万四千八百二十八册，平装书都一千三百六十四册，两共二万六千一百九十二册。其线装书，大致包含左列之各部分：

基本书籍	二四二二⑤
王严刘历任陆续添购	六七四五
历任向各省县征求所得	八〇二

① 据民国九年八月间呈报瓯海道尹文，计购书共五百七十五部、六千五百十八册。

② 此据民国十二年十二月二十日王故馆长会同六县士绅张先生棡等向瓯海道尹请转恳褒扬黄吕二氏之呈文，但刘编《蔘绥阁捐书目》及《阅览室检查书目》所列两家捐寄书册总数并无如是之多。

③ 王故馆长任内涂租收入岁仅二百元，自经严君清厘，实收实报始得四百元以上。

④《籀园笔记》初稿当时报章刊载，传诵甚盛，今先生自录存其尤精要者四十余条，刊入《瓯风杂志》。

⑤ 此项书籍照浙江图书馆所定优待价目承领，计洋二百零五元余。

文庙典守处移存	九二八
永嘉吴氏捐购日本续藏经	四五〇[①]
瑞安黄氏捐赠	九一九五
永嘉吕氏寄存	三二八九
永嘉黄氏捐赠	二三七
永嘉沙氏寄存	二六〇
其他诸家捐赠或寄存	五〇〇
合计	二四八二八

刘先生以蓼绥阁之巨额赠书，最为难能可贵，特编专目，钞寄厚卿及林君同庄；盖黄、林同里至戚，阁书之捐赠，初属林君商诸黄氏也。林君比闻延钊受任之讯，辄承自杭驰书，见示原目，且谆谆以逐部点收为督，则其爱护馆藏之盛心，与刘先生谨慎典守之初意，并足令人敬佩也。

民国十六年之夏，刘先生以所愿积不得遂，愸然有退意[②]。时值政局变迁，道制裁撤，而杭县马先生叙伦，方为浙江教育厅长（此说有误，马叙伦时任省政府委员兼民政厅长——本书编者按），乃径向厅辞职。七八月间，浙江大学令各县教育局长会议，改定馆名曰旧温属联合县立图书馆，并推永嘉姚平子女士为馆长。自是馆务仍商承永嘉县政府行之。其明年，始制卡片目录。任内曾报告藏书总数一次，共列三千六百十五部、二万六千五百八十册。十九年一月，姚女士去，永嘉王君学羲来为馆长，至今年五月卸任。六载之间，馆名又经两易：（一）二十年二月，厅令比照数县共同设立之学校称共立之例，更名旧温属共立图书馆；（二）二十一年五月，厅令“共立”改为“联立”。其他馆务之可纪者，如收受泰顺刘渠川大令之后人锡荣君之赠书[③]及修补《永嘉诗人祠堂丛刻》缺版三十叶；任剞劂之资者，邑人黄溯初氏也。

永嘉新街鼓楼，旧为本馆之分馆，专储新出版之书籍杂志，派员专司出纳[④]，其地点较籀园总馆为适中，当时阅书者，得就近观览，颇感便利。至民国

① 全书七百五十册，商务印书馆排印分期出版，此其一二两期也。三期以后则本馆自购。

② 民国十六年三月间，国民党瓯海区各县联席会议议决更选陈君经为馆长，陈君不就。

③ 刘氏赠书惜多残破，又有汪某者寄存劣本二百余册，似不足存。

④ 民国十五年间，吕文起先生以瑞安王先生威年老无事，商之刘前馆长，设分馆以处之，其月薪除本馆酌给外，由吕先生自行补助。

十八年一月，永嘉筹办民众教育馆，指定以鼓楼为馆址，于是本馆之分馆，遂因迁让而停废矣。

本馆在过去时间，曾经二十二载，盖其诞生，虽在民八，而民三之籀园藏书楼，实其胚胎。今岁三月一日理事会成立，第一次开会，提出馆名，再三讨论，结果于联立下添籀园二字，盖欲示后人以数典不昧也。最近藏书总数，兹检点一过，凡得三万五千九百二十八册；分析之，大致如左列：

刘目原列线装书之现存者	二四一六七册
泰顺刘氏赠书	二二四四册
续购续藏经	三〇〇册
未编目之书	一二二八册
卡片目录所列之平装书	二八八八册[①]
历任所购杂志	四七五六册
儿童书籍	三四五册
合计	三五九二八册

本馆旧藏书版，据民国九年五月间，王故馆长最初呈报原案，有《永嘉诗人祠堂丛刻》版三百三十五块，《温州府志》版七百四十七块，《永嘉县志》版一千零八块，《景忠录》版十八块，《水心文集》残版三百六十五块。[②]今重检一过，自《永嘉诗人祠堂丛刻》全帙外，仅存《温州府志》版三百十二片，《永嘉县志》版八百十五片又半叶十片而已。盖十余年来，寖以缺佚。别有曾唯《广雁荡山志》残版一百三十片，则历任报告均未及，此次接收见之。《永嘉诗人祠堂丛刻》，当民国二十年二月补刊时，黄君溯初寄其所辑《二黄先生集补遗》一卷，属王前馆长附刻于后，因增多版片十二叶；又增册首短序一叶，则邑人刘贞晦氏，略述补版经过之所作也。《永嘉县志》缺版，今甫由溯初及同里潘鉴宗、徐寄庼、周守良、陈守庸、杨雨农诸氏，合资捐刻；梅君雨清，为任校勘云。

馆中所藏唐至清代碑刻文字拓本，自《滑州明福寺新修浮图记》以下，无虑数十种，皆得自瑞安杨氏宗鄦楼；而杨氏则从本州各县搜访获之者也。惜日久束

① 此栏所列册数系并刘目原有之平装书在内。

② 此乾隆乙亥学使雷鋐得明黎谅刻残本于叶氏后人，以属王教授执玉为之重校梓行者，其版旧存叶氏，余家玉海楼藏印本三部并经先祖太仆公批校，盖公既收获黎刻完帙，据以刊入《永嘉丛书》，因旁剌此册，讨核异同耳。

阁，暇当一振积尘，展读明窗之下，以成馆藏碑录。□缘骈萃，乡献足征，讵可等闲视之？

康有为赠孙孟晋联

案省立图书馆所调查编纂之《民国二十二年度全省图书馆概览》，内载：图书馆三百零三处，其成立年月，自省立图书馆外，无出本馆之右者。藏书数量，达三万册以上仅止八处，本馆亦居其一。然则本馆历史之久远，与其在全省图书馆界所占地位之重要，可概见矣。第就经费而言，向所拨用之戏捐、涂租两项，额定仅止一千五百元；迄今将及两纪，非但无别款增益，而原额实收数目，且日渐短绌[①]；所以历任对于进行诸端，往往抱力难从心之憾。比者第三特区行政督察专员许公蟠云，有鉴于此，因于廨中设立本馆理事会；按其章程，以专员及各县教育局长为当然理事，加聘热心地方教育事业之士绅二人为聘任理事[②]；并由专员兼任常务理事，由常务理事召集理事会，推选馆长，呈请省委。而理事每年开常会二次，并于必要时，开临时会议，以讨论本馆之兴革，及款产之整理筹画各事宜。本馆之预算，须提交理事会审议，呈厅长核准；其决算，须提交理事会审议后，呈报第三特区行政督察专员核销。盖自本馆成立以来，六县官绅，仅于馆长更递之际，偶一参预，即本馆所在地之瓯海道署、永嘉县署，虽奉指定为管辖机关，亦不过承转公文而已。平时对于馆务，并未尝实施其监督与辅导，至今日，始有此健全组织，不可谓非开本馆之一新纪元也。延钊窃维导扬世界学术，辅助成人教育，为现代图书馆之重大使命；最近中国文化建设协会，为谋民族复兴，而提倡之读书运动，行将风行于全国，则图书馆尤当以介绍国内外出版界之良好读物，为刻不容缓之图。吾温文物旧邦，诵弦称盛，今后读书运动之效率奚若，能否继往开来，胥视各县图书馆克尽介绍努力推广与否以为断。而本馆忝为六县合办之公共书库，月前省立图书馆，创办通讯借书，复委托本馆为第十学区通讯借书之一代理机关；今适延钊谬荷诿諈，来主馆事，觉职责之繁重，非梼昧所能

① 历年涂租收入细数，馆中旧无清册可稽，惟历任文卷中均有收入不能足额之语。

② 聘任理事系刘先生绍宽及梅君雨清。

胜；第念桑梓义务所系，重以许公暨理事诸君子期待之殷，不得不勉竭驽骀，试效驱策。然在原来经济状况之下，以言设备如何充实，与事业如何恢张，前贤其犹病诸，不佞更何敢望？

目前工作，只得就可能之范围内，先举初步；拟：

（一）商承理事会，整顿原有收入；

（二）确定购书费与全部经费之比率；

（三）修订章则；

（四）理董庋藏①；

（五）增订书本目录②；

（六）重制卡片目录③；

（七）向省立图书馆，购备图书馆学专家审定之各种标准用品；

（八）酌量添购中日文西文之参考工具书；

（九）购置适应现代之挂图，以新陈列；

（十）征求六县最新地图，及关于各县地理、物产、政治、经济、交通、实业等各项统计图表之印本，陈列阅览室中，以资观察。

至于代办通讯借书，尤当亟与永嘉民众教育馆④，协谋推行，以期共副省馆之付托。一面拟与各县单设图书馆，民众教育馆，及学校图书馆，互相联络，冀于最近之将来，合组图书征购委员会⑤及第十学区图书馆协会⑥；庶几仰赖群贤，匡余不逮。更祈乡里父老昆弟，与夫四方硕彦，时予扶掖，进而教之；俾获稍有成就。斯固吾温文化前途之幸，微特延钊之私感也已。

（原载《浙江省立图书馆馆刊》第四卷第三期，署名孙延钊，注释系原刊所加，一九三五年六月三十日刊行）

---

① 办法续布。

② 编例续布。

③ 编例续布。

④ 省立图书馆通讯借书各县代理机关名称单列第十学区温属联立图书馆、永嘉县立民众教育馆二处。

⑤ 办法续布。

⑥ 本省十一学区中惟第二学区（旧嘉属）于十九年六月首先组织图书馆协会，第一学区（旧杭属）续之于二十一年五月成立，馀未之闻。第一第二学区图书馆协会并曾出过会刊。

我与籀园图书馆

梅冷生

在成立有二十余年的籀园图书馆，以前经过几位主持者惨淡经营，现在挨到驽钝无能的我，只怕不能够负得起责任罢！可是区区的愿望，一向从历史的眼光，看我们温州是文化发扬区域，乡哲的遗留种子，连续散播在学术园地上，要尽量使它生长，同时引入□□□□灌溉着，使它勾萌畅达；虽然偶时间有暴风雨袭击，一片生机，仍是不能压折的。因此，一个文化区域里，充实图书馆，便是园地里工具供应所，应随着大时代而进转扩展，换句话说，便是应求知者之需要，而不断供给的。

这二十多年，我是常来本馆的一个主顾，历届当事，除姚平子女士不大认识外，其余俱是常领教的前辈或朋友，顺便寄予热烈的同情。记得本馆未正式成立以前，事在民国六年间，瓯海关监督冒广生先生刻了一部《永嘉诗人祠堂丛刻》，临走时把全部版片放在关署西偏祠堂里。后来祠堂驻兵，快要拿去替柴烧火，我的朋友瑞安薛储石先生在里面当幕友，看见了跑来告诉我，大家设法和军队交涉，夤夜把他搬来本馆，交付门役收藏。当时未有馆长，他们看见也莫名其妙。这一段事实还记在亡友的笔记——《寄瓯寄笔》里。前尘如梦，过去的回忆同现在的努力仍是一个人，在佛家或说是因缘罢！

梅冷生

后来永嘉王俊卿（毓英）先生、严琴隐（文黼）先生、平阳刘次饶（绍宽）先生、永嘉王希逸（学羲）先生、瑞安孙孟晋（延钊）先生，历充馆长，逐渐推进，从筚路蓝缕而至于发扬蹈厉，中间许多年份，经过不少功绩，我亦时参末议。迄今还有浮在脑海里几件事：一件是王俊卿先生任内接受瑞安黄氏蔘绥阁书籍，是我极力怂恿王先生去商洽的，这是黄仲弢先生藏书，共有九千余册，虽然没有宋元旧椠在内，可是清代精刻实在不少。当时馆藏仅有浙江、广东官书局刻本几十种，再备点报纸杂志，此外就算缺乏，骤增这许多书籍，可称贫子暴富了。这宗书籍以前还是寄存性质，到了严琴隐先生任里才由黄氏后人正式捐赠，可惜当时尚有瑞安项氏、乐清徐氏、永嘉曾氏诸家藏书散出，地方上没有人注意，都入书贩手里，化整为零，散售出去，本馆困于经费，没有给价搜集，确实是大大憾事。一件是刘次饶先生任内征集吴兴刘翰怡、张石铭、周梦坡，海盐张菊生，杭县徐仲可诸先生的家刻，亦是由我发起，来一次征书运动。夏瞿禅先生做好一篇征书通启，而请海宁张冷僧道尹去介绍的，难得他们惠然慨允，把大批书籍凑集送来；梦坡先生还在上海代为催促装运；而翰怡先生嘉业楼历年辑刻群书，送给本馆较别处尤为完备；后来次老编录《阅览室检查书目》，旧书部分居然有六大本，分别部类，灿然具备。现在吴兴沦为敌手，嘉业楼板片能否存在，已不可料，这宗书籍亦视等珍秘了。一件是孙孟晋先生任内，本馆特藏乡先哲遗书四百余种。这发动原始是许蟠云专员同刘贞晦先生，我被约去参加的。费了两年时间，把许多没有刻本的前人著作，抄集在一起，加以校订，送到本馆保藏。现在这一类书籍，很多著者后人来馆转抄。那时我真无间寒暑的去管理抄校，同孙先生交情就在这个时间最为浓挚。因所集的原本以他本家玉海楼旧藏为多，他快活拿出，我欣然接受，两个人精神都注意在地方文献上。那时他正接手本馆，努力改善，一方面充实新书，一方面推广借阅；近几年来，本馆的阅借人数大量激增，渐渐脱离静止状态，向前进展，多是他的功劳呢！

这几件事实，不过我个人对于本馆有无限愿望，要它并蓄兼收，放开肚皮大量吃进，成为一个最完善的图书馆，并不算什么帮助，又不是来一出丑表功。但是图书馆的功用，善藏还要多读；图书馆的概括，守旧还要谋新。这几年全面抗战，我们心里坚强，持久不懈，就后方说，任何轰炸威胁不能摇动丝毫，这条防御线就是靠着文化堡垒。现在许多新兴文艺作家，随着抗战的洪流来自社会各阶层，写出来东西，都是热血喷溢着，表现出大时代精神，绝不是彷徨沉郁或颓废的一类软性文字。就量的方面说，在前方战地，后方乡村，以及各游击区里，到处布满了伟大的抗战文艺网；那些小精短悍的作品，都是大众的精神食粮。我们自命为食粮仓库的图书馆，应如何采运贮备，源源贡给？同时，日新月异的各种科学书籍常有译著出来，供应多方面研究探讨；还有各地方抗战史料以及建设进行的整编零本，亟应及时搜集，储为文献。似乎这几宗出版品，比较那些高文典册尤其需要。从一个月在馆经验，阅众常有需要某书，指名相索，我们回答他未备，而发生了暗愧的。这在物质膨胀、书价昂贵之下，虽然不能汗牛充栋，普偿众愿，但是尽可能的范围以内，应当图其所急。所以本年编制预算，对于购买书籍、杂志、报纸等费，特别增加，以期充实；同时驰函行都和桂林、昆明、金华各出版地方，请赐赠阅，节下一些购费，再及其他。这是我二十年来希望本馆增书的唯一意旨，不过稍有新旧缓急之分。

至关于读的方面，我们前经奉到省厅转发二十八年教育部颁布《图书馆工作大纲》里，明白规定推广工作："举办图书顾问""指导民众进修"及"辅导民众写作"等项，那是使民众必须充实自己，丰富自己，吸收人类伟大的精神遗产，以及时代的新知识，图书馆要向民众负了成人教育的责任。我们看来虽然任重道远，但最低限度要使一般有心与图书馆接近的民众，个个都带点书本里的精神和知识回去。在前任已经举办青年读书会，可算是温州读书团体的一个单位，满播着真正读书种子，春天了，不久这园地上满开着灿烂之花。我们更不要以为推广工作在社会影响甚微，但是这项工作，如不占住社会一部分，那别的环境自然会把你所有原地位占领了去；所以流动书库、巡回阅览等等施教办法，本年也须认真举行。温州俗语"埠头撑去就航船"，明知是笨重的工作，我们惟有依照曾文正所说："莫问收获，但问耕耘。"

过去一般人以为图书馆即是藏书楼，能够找一个有闲阶级的人管理几本旧书，不要使它散失，此外就是蛀坏了也不关你事。现在我来本馆服务，还有人对我说："这事尽够你消闲。"这句话完全反映出温州社会被物质势力笼罩，文化事业尚未至于十二分抬头。同时则有一班朋友站在自己本位上，很热烈企望我们能替他解决精神食粮饥荒，他们还把这问题重于没有米吃。两方面均显出矛盾的现象。我们要使漠不关心的人引起直觉，面对殷勤渴望的人给予安慰，仍须不少的努力，不断的进展。所以我不敢侈陈学理，高谈计划，只愿在服务的一天，步步蹈实的，把已做的继续做去，未做的分别缓急，逐渐来做，到了相当时候，让给别人来接手，也还算我是过程中一个肩挑手帮的人。这一点还要勖勉自己和馆里同人罢！

三〇.三.二一写于籀园

（原载《籀园月报》第二卷第二、三期合刊，署名梅雨清，收入《温州文史资料》第三辑，浙江人民出版社1987年10月版）

忆籀园　怀梅翁

潘国存

我爱籀园，爱它槐花如雪的三月，爱它洞天月色的仲夏之夜，然而我更敬爱馆长梅老先生，我跟从梅老先生从苦难的旧年代，跨入了新世界，一起在籀园度过十几个春秋，谛听过准提寺僧敲响的不计其数的晨钟暮鼓。籀园往事，真是如烟，常常梦绕我的周围；而最使我难忘的是梅老先生爱书如命，为图书馆事业不知疲倦的精神。

年年夏秋之交，每当晚霞染红落霞潭水，籀园楼上不时传出拍撣古书的声音，和低低的吟诗声，这时我便上楼了，只见梅先生满头大汗，聚精会神端详着一叠一叠的古书，一边把书放进了书橱，一边回头与我谈起书的遗闻轶事。这时我便挨近前去，听他满腹的知识，要听个足够。他常常谈论图书馆藏书，应该“兼收并容”，不能“以人废言”，即使如郑孝胥、汪兆铭之流的作品，也应收藏，留给后人再作表里剖析、深入研究。至今我认为这不是陈腐之说，而是饱学多思的梅先生藏书建设的卓见。他使我懂得：一所公共图书馆收藏图书，应该具有历史眼光，既要满足当代社会的需求，又要为后世百代搜罗史料；并要全力保存中华民族文化的精英。

抗日战争胜利后，籀园经费仍是处于异常艰难的困境。经过八年离乱，梅老先生感到馆藏图书不足，于是亲去上海，购回《明实录》《玄览堂丛书》《合众图书馆丛书》《王静安先生遗书》《吉石盦丛书》以及《国粹学报类编》等等巨部图书。当书到之日，他抱起带书香的书卷，东抚西看，那种喜悦之情，至今常在我的脑海里浮起。温州地处祖国东南海角，交通不便，文化信息闭塞。那时籀园购到这批学术图书，无疑给温州士人带来了福音。在旧年代，温州仅是山货、洋货集散的城市，化学工业素称落后；当时不少读者来馆寻找化学工艺之书，企图打开化工之路。有人反映吴某先生藏有日本专家编著的《化工大全丛书》，要求梅馆长设法借出；可是经过一番商量，吴先生不肯割爱。梅先生立即托人从上海商务印书馆购回《化工大全丛书》二十四册，满足读者要求。我知道梅老先生与一些有识之士一样，胸怀实业救国之心，他亲手将商务出版的自然科学、应用技术一类大学用书，一本一本配齐。我记得这红皮精装的大学用书，快放满半个书架。他对我说过，图书馆购书，既要购雅俗共赏的书，又要购学术湛深的书，要多为读者着想，他们能力买不起的参考书，我们要千方百计为他们购到，这样才算一个图书馆。他主张图书馆要给人以益处，反对把图书馆作为消遣之所。因此对荒诞不经、庸俗下流的小书，一律不收。在今日要从老籀园藏的平装书里，即使如《薛仁贵征东征西》《乾隆爷下江南》《十三妹》《绿牡丹》这些章回小说，也是找不到一本。

解放战争开始之前，籀园的书报阅览室是办得活跃的。《周报》《群众》《文萃》《民主》《新华日报》《华商日报》《时代日报》等进步报刊与《扫荡日报》《中央日报》一起公开陈列，这与梅老先生支持分不开的。

正如我的朋友吴闻说，梅老是一位不可多得的馆长，是一位开明的老先生。我常常被他爱书如命的精神所感动。十年浩劫，梅老先生也受尽磨难，躺在病榻上，居在不见阳光的屋角里，还常与我谈起图书馆的古书，他很希望《四部丛刊》《玄览堂丛书》等未齐的丛书，能够把它配够齐全。当白仲英医师逝世之日，他说自己不能及时劝说仲英先生将家藏医书捐献归公，是平生一大憾事；他说白医师的医书，经过其祖辈批校，录有祖传秘方，公之于世，对医学是大有用的。新中国成立后，国内闻名的藏书家的藏书，大多归公，因而过去在温州从未见面的乡先哲著述，有的已陆续在北京、上海等地图书馆发现。他说，市馆财力许可的时候，应将它抄录入库，这决不是无足轻重的小事，而是为祖国为温州招魂。

今日温州的人们都击节称赞梅老先生保护地方文献的功绩。我想即使从他的细微处，也可见其爱乡爱国的精神。人所共知，讣闻、哀启、挽联录、寿言赠序，向为藏书家所忽视，而梅老先生却把温州人这种书刊都整理入库，为今日编写地方史者带来了方便。他又将平日读书时见到的温州史实抄录下来，夹入乡先哲遗著中，今日我借过几种乡贤作品中，都见到梅老这种手迹。虽只寥寥数语，也颇为实用。经他鉴定入藏的古书，也显示出温州地方特色，我见到一部四部丛刊本《王梅溪先生集》，从版本来看，是通行影印本，可是它原为乐清雁荡蒋季哲家故物，是经过吴天五先生批校，眉头行间的批语，也很精到；又如收藏清末朴学大师孙诒让《周礼政要》一书，其中收有温佚名者的批校本一种，其书眉批语，大可补孙先生研究西方政治制度之不足。市馆藏有这批古书，不能不说是梅老先生之功。

梅老的藏书楼叫“劲风阁”。他平生很爱收藏清人诗文别集与词曲，多达四百余种。在旧年代里，他在籀园后面购得菜园两亩，计划扩建籀园图书馆，名曰“清集楼”，将劲风阁收藏的清人集藏入楼中，他说，这样清集楼别有深意。当时工人已将粗石和石条运入籀园岸边，准备破土动工，只因那时物价飞涨，民不聊生，清集楼也化为泡影。新中国成立后不久，梅老先生带头响应党的号召，便将劲风阁藏书数千册捐献归公，又把珍藏的一对橄榄树轿杠、两只精致的花鼓桶等历史文物献给国家。趁晚晴时候，他为图书馆千秋大业，更是兼程向前。

梅老先生是一个有才华的词人，早年便以词名闻江南。他异常心爱亲手购到的清人诗文与词曲，在今日入藏的清人别集中，你可以见到他得书忻喜的题记；他搜集的名家诗词，有其独到之处，它为南京大学程千帆教授主编《全清词》提供了不少资料。今天，在纪念市馆创立七十周年的节日里，不禁想起了美丽如画的籀园，想起了令人起敬的梅冷生老馆长。

1989 年 7 月 20 日

（原载《七十春秋录》，作者系温州第五中学退休教师）

籀园琐忆

樊祖鼎

籀园在温州大士门底宴妇桥，原是纪念孙籀庼先生的花园。园内坐西向东是孙仲容先生纪念堂。堂内正中是遗像，明橱、长案、对联、四周花窗，座椅。游人入内，不觉肃然起敬。

园外右手边临湖，是一株大榕树，小石桥，居士林，文起祠；再往西是一个有三间住房的路亭，再往前不远，就是已经破损的城墙和城墙上残存的雉堞。有时中午休息，我独自一个儿上城墙，在雉堞旁边小憩，遥望西城外的人烟风景。左手边是一个小小寺院，楣上书“准提寺”三个字。僧人课诵，不时传出鱼磬声。

籀园地方不算大，却甚幽雅。它的前身据说叫依绿园。园内小小斗花卵石路，有阁舍亭台，方柱，柱上有联板。花木草树，非常丰茂。花墙隔不断，小门可通幽。圆洞门外石栏石阶，九山湖的横塘从此通过。我少时暑天常到这里游泳。

此园1919年正式辟为永嘉、乐清、瑞安、平阳、泰顺、玉环旧温属六县联立图书馆。地方幽静，行人稀少，是个文化区、风景区。

大概是在1932年，我第一次去籀园借书，是承彦侄和我一起去的，他比我大四岁。我们进大门，越过花墙小院，经过花园回廊，到了一带临河的轩房，河边用高高的砖砌栏起，上镶木条。栏杆较高，那我要踮起双脚，伸长脖子才能看到栏杆外边的涟漪小河。轩房中有一间是阅报室，另一间是目录室，还有一间大概是会客室吧！我们在目录中找到书名，填写了一张借书单。我们那次选借的书是《火牛阵》。然后沿着那卵石铺成的小路，经过孙仲容先生纪念堂前，由南向北走，看见了阅览室——淡灰色的外墙，紫红色的窗框。

进入阅览室之后，先拉一下绳子，牵动了一个铜铃叮当作响。不一会，听见了楼上脚步声，有人用绳子从四围是木栏杆的天井中间，放下一个藤栳儿。我们把借书单放了进去，绳就牵动，把那藤栳儿吊了上去。又一会儿，铃声响时，藤栳儿里放着的就是那一本我们要借的《火牛阵》。但它和我们原先所想象的书不一样，它是一本画册，有中文说明。因有图画，一望便知其意。我们一页接着一页翻了过去，没有多久，书看完了，把它放回到藤栳儿里，拉绳铃响，栳儿慢慢地升了回去。

借书看书已经结束，我们一溜烟似地跑回家去了。这时才感到松了一口气，连刚才在籀园阅览室，那么好几张大桌子上有多少人在看书都不知道，只觉心怦怦地跳，没有一丝儿别的声音，真是静不可耐。虽然后来我也去过，但这次印象最深。

正因为对籀园留着一个清幽、静僻可以读书的印象，我在一九四二年三月经同学叶正泺的介绍，真的到籀园工作了。这跟以前来借一本小书看看比较起来，是升堂入室了。当时馆长是梅冷生先生，工作人员有叶杲、张玉桑、李多多、叶玉壶和我等五六人、还有一位老工人王永福。老王花白着胡子，穿的一件青中带黄的长袍，没有妻室儿女，奉养着一位高年的母亲，就住在纪念堂右后侧的一间平屋里。中午回家用餐来回费时，就在老王家搭饭。一张小几，青菜素饭，颇有清香，是老王和他高寿的母亲做的。我饭后总是在周围散散步，进纪念堂坐坐，看看那些对联和堂内简朴而整齐的陈设。孙仲容先生遗像两边那对白底黑字的楹联，写的是：

博学于文，约之以礼；

多闻阙疑，慎言其余。

是蔡元培的手书。

梅先生给我分配的工作是整理和登记那一堆堆摆满地板的线装书，指定的办公地点是楼上。于是，每天我坐在楼上东南角斜放着的那张淡黄色公事桌旁边，往来于书堆行间，清点、翻阅、标志那些书册，把它们整理好，摆到书橱里面去。

偶尔梅先生也上楼来检查一下我所做的整理工作，有弄错的地方加以指正；看看我在读些什么书。有时就在我坐的那张圆藤椅上坐下来（这是楼上唯有的一把交椅），我就站立在南窗边，听他讲话。他的话匣子打开，就谈起学术上的事：学术新闻，学人事迹，学习方法，他自己在学习中所体会的甘苦，和处世为人之道。在谈论之中，梅先生的谆谆教导，对我很有启发、教育和鼓励作用。

梅冷生先生高个子，短白发，长脸型，高度近视，对人和蔼，不多说话，生活简朴，边幅不修。他是学者和诗人的气质，吾行吾素，鞠躬尽瘁。有时见到中意的诗，也高声朗诵。

这是他给我留下的印象。

因为整理旧籍，我见到不少的书，浏览不少的书，大部分是清代木版印刷。可能这些书就是孙诒让先生玉海楼藏书的捐赠部分，迄未整理过的。也有很少数明版书。这些都算是善本了。

时过境迁，印象已经淡忘，尚能记得起的，当然首先是经书，有各种不同的版本；其次是史、汉，似乎都不止一部，书函都甚完整，有些是樟木板夹的，大多数是蓝布包硬纸板做的；再其次是各种韵书和字书；各种诗文别集。专类的传记也不少，如《高僧传》《历代名贤传》《贰臣传》《历代名人像赞》等，给我留下了深刻印象。更有意思的是四库缩印本中的那部多卷本的《西清砚谱》，这使我开启对于砚的总认识。

当时我最感兴趣、而且也为之惊异的是一部在日本印刷出版的八开大字本，铁灰色纸面，白丝线装订的分册诸子。我检出一本《荀子》放在案头，风雨晨昏高声地朗读。洁白而细腻的纸质，和大字笔划的秀美，给我一种读书中的舒适优美之感。我始终存在于脑际的问题是，为什么在日本印得出这样讲究的本子，而在我国反而不曾印得出呢？除了印刷工业的发达之外，也还有其他原因。

这些书给我以刺激和策励。我要读它，首先得在文字语言上下功夫。我对文字语言较有兴趣。那时二十几岁，本国语文之外，天天读英文。

物以类聚，人有同好。也就是因为这样的缘故，我在籀园时期交结了一位新的朋友，他的名字叫李文澜，广东新会人，是盐务局的职员，年龄比我大一两岁。这个人非常勤奋好学。他组织了一个英文促进会，带来两三个人持介绍信找我去给他们讲讲英语。那时是在抗日战争期间，可能是由于战局吃紧，机关搬迁，他们的英文促进会没有促成。而李文澜却常来籀园，我们两人或散步、或坐在月洞门外小河旁边的石栏杆上，用英语谈自己所喜欢谈、自己所能表达的事情和想法。这样的来往坚持了很久的时间。我和李文澜在温州分手是在 1942 年深秋时节。他家有老母，境况清寒。抗日战争胜利后他转杭州工作。然后是四十多年杳无音讯。原来他自学拉丁文很有成绩，编辑出版拉丁文词典，在上海军医大学任教英语和拉丁语。

籀园原是为纪念孙仲容先生而建的。孙先生自号籀膏（庼），是因为他专心致志研究籀文，因而建园时即以“籀”名园。孙仲容先生的贤嗣孙延钊孟晋先生，是梅先生的前任馆长。我到籀园工作时，孟晋先生已去主持《浙江通志》的纂修工作。籀园楼上东南窗下那张淡黄色的办公桌原是他坐的。他走后，留下满满一抽屉来访者的名卡，我看看很有意思。另外有一些他自己专用的、木板拓印的海蓝格子毛边纸稿笺，也很别致。1983 年我曾到他杭州寓所去看他，转达关于他的著作在文献出版社出版的事。那时他已双目失明，但他的精神尚健旺，态度依然和蔼可亲。但这是我和孟晋先生最后一次见面。

这些琐事都因籀园而起。七十年来籀园的秀美和幽静令人难忘。它是温州的一块璀璨宝玉，是浙南的学术摇篮。

1988 年 7 月 14 日写于温州

（原载《七十春秋录》，作者原系兰州大学教授）

母亲琐忆

邱笑春

母亲黄东君是新中国成立后温州图书馆最早的一批馆员，从 1952 年直至 1972 年离休，她在温州图书馆的平凡岗位上工作了二十年。

从籀园到沧河巷，随着图书馆馆舍的变迁，当时我们家也从籀园搬到沧河巷图书馆右边只有一墙之隔的一幢房子内租住。据说这幢房子原先与沧河巷图书馆同属一个房东金氏，这幢房子的后院有一扇两排门，如打开可直通图书馆内右面的小院。因为与图书馆住得如此之近，我们三姐妹，每天如果不在家里，就在隔壁的图书馆里。回忆当时母亲在图书馆的点点滴滴，可谓历历在目。

新中国成立初期，百废待兴，经费不足，人手不够，条件艰苦。全馆七个部门，连正副馆长只有八位工作人员，每人不是要独当一面而是要独当多面。至今印象深刻的，有戴着黑框眼镜、高大儒雅而慈祥的梅老馆长；从部队转业过来，总是穿着一身军装具有军人作风的何浩副馆长；有一楼借书处穿着朴素、总是两臂套着袖套忙碌着的、亲切的徐笑中阿姨；农村部有红扑扑脸蛋，笑声爽朗、工作起来不知疲倦的倪新祯阿姨；采编部有白净文气高挑的若华阿姨；会计室兼传达室有不苟言笑、工作严谨的黄舜卿叔叔。这是一个敬业奉献的集体，又是协作的大家庭。母亲当时负责二楼阅览室工作，同时还兼管基本书库及“九间书库”。当时的工作，忙碌、琐碎又繁重。每天早上需早到一个钟头，先到一楼的老水井里打水上楼把阅览室的每张桌面擦干净，把昨天的报纸下架整理好，再把当天的各种报纸一一上架。这是每天必做的开馆准备。读者多，工作量大，每天要应付众多的借书还书工作。每当闭馆铃声响起，更是忙得不可开交，读者争先恐后地来还书，一阵紧张的忙碌后人去楼空，母亲把还来的图书报刊一一按要求归位。最后还要做勤杂工，洒水扫地、整理桌椅，每天晚上回到家都要十来点钟了。

阅览室除出借文艺图书和科技图书外，还出借几十种报纸杂志及历年的合订本。杂志要按年装订，报纸则按月装订。这是一个既要耐心又花力气的活，那期间一叠叠整齐的报纸和杂志的合订本都是母亲手工制作而成。母亲经常像工匠似地系着围裙，手拿锤子、锥子敲敲打打，穿针引线装订报纸杂志。记得当年她还备有一块装订专用的、硕大的雕着龙头的镇纸石。只要稍有空闲，就坐下来装订。后来我们也经常帮妈妈做，如果说订杂志合订本时钻洞有些吃力，那装订报纸才是我们小孩子最怵的，因为一个月 30 张报纸，要一张一张平平整整放整齐，稍不当心就要重新整理过。订歪了，母亲会要求返工。当然，为了做母亲的小助手，后来我们都成为了熟练工。

图书馆人手紧，一个萝卜一个坑，母亲吃饭时间要等其他科室同事吃好来替换。我们姐妹一有空也经常充当义务管理员给母亲代班。当我们稍大些，晚上闭馆时就经常帮妈妈把还书归位、打扫卫生。另外最喜欢做的事情还有帮助妈妈数黄豆，当时进阅览室的读者都要在门口的一个小柜子里投一颗黄豆，小柜子设有五个小洞用来分别统计工、农、商、学、兵读者人数。后来不用数黄豆了。因为小柜子改进成翻小纸牌了，读者进来根据自己的身份翻一张数字渐进的小纸牌，看最后一张小纸牌数字，就知道人数了。

那时图书馆还有送书上门服务，母亲和同事们每人都备有一个墨绿色的大书包。定期送书到工厂、到山区、到海岛。那时候没有公交车，自行车更是奢侈品，每人肩背一大包的书，来回路程都要靠步行，辛苦程度可想而知。

图书馆还会经常在一楼举行猜字谜游艺会。不大的房间挂着一个个圆圈，每个圆圈边上都挂着密密麻麻的字谜长纸条。记得每次字谜会，人们热情高涨，房间被挤得水泄不通。如认为自己猜中的，可撕下字谜纸条去兑奖，奖品往往是当时算是高级的一种透明彩色书签。

在二楼的阅览室，会由我妈妈负责，不定期举办讲座。请的演讲者中我们印象最深的是温一中的张延彪老师和温师院的陈炳源老师。记得当时他们演讲的长篇小说分别有：《苦斗》《火种》《多浪河边》《桐柏英雄》《欧阳海之歌》等等。每次讲座，听众济济一堂，鸦雀无声。有时椅子不够，后面很多人就是站着也会把讲座听完。可见受欢迎的程度有多高啊！

母亲为人正直热情，与不少读者结成了挚友和忘年交。当时在阅览室还有好多坚持自学的青年读者，在那个讲阶级斗争的年代，有因所谓家庭出身不好而不能考大学的，有因家境困难辍学的，还有的是具一定技能暂时找不到出路的。那时的图书馆成了他们固定的学习场所。母亲总是力所能及地关心和支持他们。鼓励他们用知识改变命运。她总是说："爱学习爱读书的孩子不会错。"在图书馆祥和宁静的环境中，他们发愤学习，把磨难变成财富。在那物资匮乏的年代，正是图书馆给了他们源源不断的精神滋养。"文化大革命"结束后，他们中有的人当了大学老师、报社总编，有的成为出色的专家。如郑张尚芳，现是中国社科院语言学研究员。他自称是"温州图书馆大学"毕业。当年家境不好，又因国家困难时期，被精简而无固定工作。他对语言学有特别爱好，母亲慧眼识人才，为他看书学习查阅资料提供最大方便，还介绍他在图书馆兼职。郑张尚芳成名之后回忆当年在图书馆学习、工作的往事时，总不忘提及温州图书馆和母亲当年给他的支持与帮助。他说："回忆在温州图书馆的日子，她给我多么热情的帮助与关怀。想到东君同志的深情帮助，想到她对其他读者也是这样的热情，令人无限怀念。她对读者的爱将永远留存在温州图书馆读者心中。"浙江图书馆前副馆长李性忠在中学时也是温州图书馆阅览室的读者，他说自己就是从这里走向北大图书馆系的。他不知我母亲的姓名，在《怀念沧河巷图书馆》一文中写到我母亲说："我每到阅览室，总能看见她默默地在为读者服务，五十多年后的今天，望着照片中的她，依然倍感亲切"，"虽说往事如烟，但总有些人与事永远铭刻在心，挥不去，抹不掉，《籀园旧影》中二排左边的那位女士之于我也是如此。"他指的女士就是我的母亲。五十多年了，一位读者对我母亲有如此深刻的记忆确让我们感动。还有优秀科技人才兼诗人余文法也是当年的读者，像他一样，当年一些老读者及业余管理员至今还与我们保持着联系。阿根廷作家博尔赫斯说过："世上如果有天堂，就应该是图书馆的模样。"当年在爱读书、爱学习的年轻人心里，沧河巷图书馆应该就是他们心中的天堂。母亲和她的同事们就是甘愿搭建天梯的人吧！

母亲给我们讲过抗战时期，温州三次沦陷，梅冷生老馆长和潘国存先生历尽艰难保护籀园古籍的感人故事。在"文化大革命"破四旧、打砸抢的动乱年月中，图书馆员工像他们的老馆长那样，甘冒政治风险，到全市各个"四旧"集中点，用三轮车把近万册等着被焚烧、做纸浆的宝贵图书资料等，一车车抢运到图书馆。在此行动中，母亲说的一句话，让我们至今记忆犹新。红卫兵问：这些都是大毒草，你们怎么能运走啊！母亲不容置疑地说："图书馆是一个特殊的地方，它像一个中药铺，药铺里既有补药也有毒药，既要有人参，也要有砒霜。"

我想：在"文革"动乱时期，母亲与她同事们的这个惊人之举需要多大的勇气与智慧啊！这批书中有一小部分是私人藏书，后来也物归原主，书主非常感激！

母亲一生辛劳坎坷，但她总是从容面对。新中国成立前她在舅舅黄先河的影响下参加革命，1938 年就加入中国共产党，积极投身抗日救亡运动。新中国成立后，我父亲长期在外省工作，并在反右运动中被错划成右派。母亲不但出色地应对繁忙的工作，还独自一人承担抚养三个女儿的重任。虽然生活艰苦，住房异常简陋，但在我们的记忆里，妈妈总是那样的坚强、乐观和热情，对人总是那样的和善。我们想，正是妈妈早年参加革命的经历，铸就了她的坚强意志，使她能从容应对一切。如今我们在工作或生活中遇到艰难挫折，也总以妈妈为榜样坚强面对！

母亲于 2013 年 11 月 5 日走完了百年人生，在杭州与世长辞，永远地离开了我们。应一些老同志的建议，我们在她战斗、工作、生活过的温州老家举办了追思会。中共温州市委组织部、中共温州市委老干部局、温州市文化广电新闻出版局、温州市图书馆等部门分别送来花圈。在温的老前辈、老同志、老同事及亲朋挚友们一百多人不顾辛劳前来为我妈诚挚送行，其中还有一些当年老读者的身影，场面感人。大家都说：从照片从文字还原了我母亲最真实的形象：一位正直敬业、热情善良的图书馆管理员。

（原载《籀园》2014 年第 1 期）

经风历雨三十五春

——我对温州市图书馆的历史回眸

倪新祯

我自20世纪50年代初跨入图书馆，及至从岗位上退下来，足足经历了三十五个春秋。在这漫长的日子里，基本上都在温州市图书馆度过，公共图书馆的各个职能部门，除了古籍之外，其余如采编、阅览、外借和推广等，都一一经历了。我为事业贡献了自己热情的青春，焕发的盛年和两鬓染霜的老年，图书馆早已成了我终老的、永留记忆的家园。在此，我所作的历史回眸，是以时间为序，循着如下五个阶段来进行的。这五个阶段是：一、入伍与进温州市图书馆前的简要经历；二、新中国成立后的十七年；三、“文革”期间；四、“文革”后的新时期；五、改革开放深化期。所回顾事件，基本上是自己亲为的经历，也有亲闻亲见的资料；在各个时期的回顾中，所占用的篇幅，亲为多的则多讲，少的则少说，不强求各部分的平衡。

一

1950年10月，我在瓯中读高中时，响应党的号召：“积极参加抗美援朝，加快土地改革。”经上级批准，正式参加了温州地委土改工作队。土改完成后，先后到华东革大浙江分校学习和乐清文化馆、省文化局工作组等单位工作。1953年6月，由省文化局将我调往浙江省图书馆主办的图书馆业务培训班学习，历时四个多月。这虽然是一个短训班，内容却很丰富：有图书馆学、目录学的理论基础知识，又有分类编目、阅览、出借、图书辅导和咨询等具体业务课程。教师都是省图书馆各部门主任、图书馆学专家。他们既有实际经验，又有渊博知识。学完一个单元，就到有关部门实习，因此，理论紧密联系实际，又有老师的认真负责传授，使我们很快地掌握了各门业务知识。在结业前，它又带我们到浙江最大的麻纺厂图书馆去实习了一周多。这是一个图书馆工作全过程的实习，既是对学习的有效检验，又巩固与拓展了学习成果，对我后来的工作帮助很大，为我毫不动摇地守望图书馆事业三十余年奠定了很好的基石，因而得到了国家主管部门的表彰。1989 年 5 月，文化部向全国从事这项工作达三十年以上的图书馆工作者，颁发了《荣誉证书》，我得到了极大鼓励。

二

省图书馆业务培训班结业后，1953 年 10 月，由浙江省文化局分配我到温州市图书馆工作。当时同行的还有潘政、李克勤两人。后来，他们先后调出去了。到馆后，老工作人员深感荣幸地告诉我们：这座房子是用一千多元从姓金的资本家手里买来的，是一幢二层两进的楼房。它的南向两侧又有轩间，中间和北面各有天井一个，东侧还有一间平房，总面积达 1233 平方。的确，这比起全为单层平房的籀园老馆来，现有馆舍是颇具规模的，气象洋洋，我们新来的人见了也很高兴。不过，在当时的条件下，没有自来水装置，更无食堂，仅在院中东北角有口水井可用。于是，膳食就成了当务之急，解决办法是到附近有食堂的单位去搭伙。这也是当时的一个比较普遍的现象。

全馆有七个部门，即：采编组、推广组、外借组、阅览组、古籍组，还有总务组和馆长室。编制人员包括正副馆长在内，却只有八名，一个窟一枚钉，各人均独当一面，工作异常紧张。馆门一开，处于第一线的部门，一天要接待读者几百人次，工作量很大，忙得不可开交。比如：

楼上阅览室。它是一个综合性阅览的地方，有多种报纸、杂志、画报和工具书，还有其他方面的重要书籍。其中有的是半开架陈列，也有封闭式的藏书，凭索书号去书库里现取的，每天来阅览室看报、读书或查资料的读者很多很多。负责人黄东君，她不怕麻烦，热情接待，对那些认真读书或从事研究工作的读者，常常打破常规，不受制度限制，从优给予服务。当他们学有成就时，这些人就会来信报喜，表示感谢。由于馆内人员少，她往往是“独当多面”，工作实在忙不过来时，即让女儿邱陶陶来协助。一位普通的女同志，何能如此敬业，如此公而忘私，后来得知，她原是一位“三八式”的老革命。

楼下，是一个对外借书的部门，同样也很忙碌。一开馆门，外面排队的读者，就像潮水般涌了进来，有的冲向楼上，有的紧占借书窗口，连叫借书借书，也有喊还书的，又借又还混在一起。多年一直坚守这个岗位的女同志徐笑中，反应很快，业务熟练，忙中不乱，沉着应对。当时一个书库，藏书几万册，书架几十个，整个工作日，她就是这样忙着借书还书：有时向上找或取，有时向下找，有时走东，有时跑西，巡回不断地奔波在书架间，计算起来一天要走好多里路呢。但她总是耐心热情地为读者服务，读者也因此很关心图书馆。有的时候，借书处发生“索书纸条”有困难时，一个新华印刷厂的读者，就把自己厂里在印刷中裁下来的废纸条不断送来，很及时地帮助她解决了这个难题。又有的时候，忙得连吃饭时间也不给留下，于是，她就以最省时的办法来解决问题，即去附近面店吃碗面条或者馄饨就算了。其实，她后来经常如此。

人们下班后，阅览室和借书处，她俩还有若干事情要干：整理好归还的书上架，统计每天阅览、借书人数和打扫场地等卫生工作。这个时期的温州市图书馆虽然人少事多，由于大家富有互助精神，一方忙不过来，另一方就自觉来帮忙，大家共同积极地面对每一天。再说：这两位忙碌的管理员，又兼做着多子女的家庭好主妇。她俩从不因私事而请假，一干就是二十来年。大家都认为她们是“真正称职的图书专管员”，令人可钦可佩！

再说图书推广（辅导）组。当年的办馆方针，特别强调“为工农兵服务”。除认真做好“阵地开放”之外，更重要的是步出图书馆，下到基层直接为工农兵服务。

我进温州市图书馆，最初就是分配到“图书推广（辅导）组”的，下基层为工农兵服务，即是本组的主要任务。当时温州市区有八个行政区、四十多个公社（乡镇）、五百多个农（渔）业生产大队，还有大小工厂几十个。但交通情况是一穷二白，市内无公共汽车，馆内也无一辆自行车，出门全靠自己步行。面对这样的现实，我们定了个原则，即下基层先近后远，先易后难，摸底了解，逐步开展图书推广工作。这就是说，先将市内或近郊生产正常、有一定场地的工厂，通过宣传建立图书室的重要性和好处，争取领导重视，采取单位出钱购书与向市馆借书相结合办法，解决成立图书室的书源问题。这样，工人生产比较集中，又有一定场地，一个工厂的图书室就可很快地建立起来。例如，西山面砖厂、温州铁工厂、温州针织厂和造船厂等单位，就在很短时间内都先后建立了图书室，活动也很正常。同时，我们还对兄弟单位温州市文化宫图书馆进行了全程的辅导：从培训管理员，到具体分类编目，再建立各种规章制度等等。这个建馆全程，共花上了一个多月。

在广大的分散的农村，开展图书推广工作，遇到的难题就多了。比如：村庄面广，居住分散，群众文化水平较低，平时除了农业生产外，也很少有正当的文化活动。但是，封建迷信和赌博害人之事却层出不穷。可见，下基层宣传图书作用，帮助农民建立图书室，去占领社会主义思想阵地，显得非常重要，确是一件刻不容缓的大事。

现在回忆起来，当年推广组对此的具体做法，是抓如下五条：

第一，蹲点试验。这是开展基层图书工作之启始，必须做好四到：一是脚到，深入到点；二是嘴到，宣传到人；三要眼到，直接同管理人员见面；四是手到，把图书亲自交给他们。

第二，组织现场观摩。为了搞好这件事，事前，先摸清底子，确立观摩对象；观摩中，强调既学具体办法，又要注意人家的积极方面与创新精神；观摩后，回本地组织管理员座谈交流。

第三，巡回辅导。了解与解决群众对图书流通中的意见与要求，以及管理中的一些问题，并及时地加以改进，使它活动正常化。农村图书室的发展过程，是一个由普及到提高，由单一、不定期借书还书到经常性、多样性活动，以及从辅助建立到自力更生的不断成长的过程。状元公社元一大队图书室就是这样。它坚持了十三年，办得很出色。具体做法：一是，在党支部统一领导下，组织毛主席著作学习小组，搞好毛著的辅导活动。二是，推广革命红书，举办革命故事会和举行读书心得座谈会。他们利用各种方式，扩大“红书”的流通面，抵制与缩小资产阶级与封建主义的一切坏书的流通面。这个图书室拥有基本读者 246 人，除了自备图书以及其他单位赠送的之外，还向市图书馆轮调借去图书 1512 册次。这些书中，有思想政治图书 452 册，农业科技图书 290 册，破除迷信 52 册，文艺读物 22 册，全年图书流量达到 9430 余册次。三是，推广农业技术图书，使图书直接为农业服务。

经过上述一系列活动后，城乡基层图书室与借书小组，有如雨后春笋，很快地发展起来了。

第四，建立图书流通中心站，加强边远山区（包括革命老区）的流通工作。当时农村的具体矛盾是：山区和边远山区，因回乡和插队知识青年的到来，以及扫盲运动的开展，农民识字的人多起来了，急需精神粮食的供给，但是山高路远，交通不便，加上生活困难，“靠劳力换伙食”，经济收入较低。农民说：“城里过一过，丢掉一条裤”，比现在出国还要难。因此，我们就在海岛灵昆和山区的泽雅、古双、林垟等地，按照不同情况，以公社或中心小学为据点，挑选适当的老师为负责人，协助做组织与指导工作，把图书和业务培训一并送上门。它的特点是：规模小、时间短、易于召集、便于辅导。建立后，不定期送书到站，由总负责人通知各大队管理员来调换。

在此，举一个实例加以说明。

20 世纪 60 年代，有一次在西岸区泽雅公社，举办一次图书管理员培训班，参加大队十七个，图书箱各一只，有关图书和借书登记簿都一一准备好。其中主要书籍是毛著和其他通俗读物，共计 670 册，大受群众欢迎。大平头大队管理员麻炳仁说：“这只箱，就是社会主义阵地，有了这个阵地，坏书就短命了。”岑雪大队陈国清也说：“这些事情只有共产党才能办到，回去后同党支部商量，尽快地将书借给大家看。”后来，他们都活动得很好。这样，既扩大了社会主义思想阵地，又丰富了山区农民的文化生活。石桥大队过去春节期间打扑克多，讲下流话多，还搞封建迷信，自从有了图书流通站后，学习毛著多，看革命文艺书多，农民交流读书心得也多了，读者从原有十来人增加到七十多人。至 1966 年“文化大革命”前，已有三百多个大队建立了图书室与借书小组。当时最偏远的同青田县交界的林垟公社，以及地处高山的藤桥岙底公社百脚坳生产队，也都克服了困难，建立了图书流通站和借书小组。

但是，“送书进山”确实是一件艰苦工作。有一次，我和宗鉴同志一起去林垟公社，早上从泽雅开始登山，经过古双公社，翻过山岭后，又上了一个山，翻山越岭，辛苦地走了一天，站着双脚也发抖，到达目的地，已是吃晚饭的时候了。若是寒冬进山，自己还要带棉被，因那些地方没有旅馆，也无招待所，公社里能安排有个睡觉的地方就算不差了。不过，进山时，一般都有两至三人同行，若馆内抽不出人来，就只有两个人了，其中一个还是临时工，来帮助挑书的。曾经与我同行者中，现在还记得的有阮延龄、项鹤鸣等人。何浩馆长也去过灵昆岛。

第五，举办讲座，组织图片巡回展出。在馆内办主要是配合新书、好书的宣传，以及丰富重要的节日活动。同时，也有下农村、下工厂去办的。

在农村办讲座，主要是宣传科学种田。一般都是请科普协会或者农业试验站的干部来，主讲有关科学种田、农业生产技术方面的知识。当时农民思想比较保守，不重视播种前的晒种工作，存在“早浸种怕烂秧”的顾虑，听了讲座后，懂得晒种和早播种的好处，也掌握了防止烂秧的办法。明白了这些之后，在乡政府的领导下，他们很快地行动起来了。

为了支援农村实现“全国农业纲要四十条”，我们编制了两套有关“四十条”的彩色图片，内容丰富具体，形象生动，即使不识字的人，也能从图示中了解“四十条”的精神；对于识字的人，看了则会加深领会内容与精神，这是一套深入浅出、生动明了的好图片。馆内备了两套图片，一套在馆内展览，一套在农村巡回展出。与此同时，我们还组织了农村业余图书管理员和积极分子，组成宣传“四十条纲要”的队伍，大力开展图书配合工作。本馆除了原有配合“四十条”宣传的通俗图片外，又增加了大批有关的农业图书和连环画等读物，计八百多册，当时温州市郊区有五个农业社向市图书馆借去有关图书400多册，使基层图书室发挥很好的作用。

下工厂办讲座，要注意选择讲座内容上，务必密切结合厂的中心任务。比如1959年工厂开展“爱厂如家”的宣传教育时，我们就在温州针织厂、温州板箱厂举办“我的一家”的讲座。当工厂开展“三查两爱”运动时，我们又在温州通用机械厂举办“学习向秀丽”的讲座。由于选择内容及时地紧密结合厂的政治学习，特别受到各厂的干部和广大职工的欢迎。在针织厂一连进行了两次“我的一家”讲座，听众1200人，党委还把这件事当做一个政治任务，要求党、政、工、团干部及全体职工都来听讲座。许多工人都被这个故事所感动，有的暗地流下眼泪。第二天，该厂的出勤率大大增加了。厂中的一个红旗小组，全体表了态，要认真工作，搞好团结，不要忘记今天的幸福，都要如陶承那家人一样做人干事。有些工人还说：“讲座比电影还感动人，希望今后多办几次。”

办讲座这种形式，对图书宣传和推广，确实很有好处，所以在我的工作中，一直坚持下去。不完全统计，自1954年至1962年举办了各种讲座五十多次，其中文艺讲座二十多次，科普讲座十多次，还有史地讲座和时事讲座各五次。这时期，我们在城乡还举办了相应的“爱护图书”的图片展览，也有四五十次之多。

1957年时，由于搞儿童图书小组的负责人调去学习，于是我又兼管了这份工作。

后来，我又做起了采编工作。1958年至1959年期间，因人事变动，工作需要，我被调到采编组工作。在这里，我觉得有几件事值得回忆与记述。

第一，在图书分类上改用新的分类法。这是由于原有的分类是采用“图书十进分类法”的，它已不适应当前图书发展的需要。领导同意我的建议，立即改用中小型图书分类法。在一年多的采编工作中，共分类和改编了图书一万多册，基本上达到了辨类正确、归类恰当。

第二，在编目上增设书名目录。在改编同时，为了解决只有分类目录，而无书名目录所带来的问题，我和另一位同志一起研究，增设了“书名目录”，而且一直沿用下来。这项工作对于采编工作查重和解答读者咨询等问题，都提供了有利条件。

第三，在编制分类目录时，重视分类附加款目的著录与助记符号的使用。虽然由于当时人力能力的限制，未能给读者提供多种类的目录来检索图书，但做好这项“分类附加款目”工作和助记符号的使用，也能使目录的排列与图书排架的有序进行，既便利读者检索，也有助于提高馆员服务质量。

此外，还编写一些配合中心工作的资料。为了配合政治运动和专业会议，图书馆每每要编写一些有关专题图书资料索引。例如《农业科技图书资料索引》《阶级教育图书资料索引》等四五种，印发给有关单位，便于他们借阅自己所需要的图书，也使图书发挥更多更好的作用。

其间，我们还干了一项很有意义的“送书上门”活动。新中国成立后头十年，即五十年代的政治运动特多，“三反”、“五反”、“肃反”、“反右”，以及生产大跃进等等，一个接着一个，似乎永无休止。于是，我们闭馆听报告的机会也多了。这时，往往会让远处来馆借阅图书，或者查阅急需资料的人吃了“闭门羹”，白跑一次。为了避免和减少这种情况，我们就利用休假日（即星期一），集中力量打“歼灭战”，组织全馆人员（从馆长到馆员分成四组），以工业系统为重点，分头深入到车间或工地，开展“送书上门”活动。要搞好这个活动，要特别注意以下两点：

一是送书前做好调查工作。即把调查的主要问题，放在配书前夕来讨论，各组交换情况，找出配书的根据。我们为科研所送去图书资料时，就先了解了他们革新方案，于是就根据该所的意见，在一个月前向北京图书馆借来了《铁时代》《金属进展》和《金属杂志》三本书刊，以备借阅。如果有些书一时买不到也借不到，我们就设法送去同类型的参考书。比如，我们为建筑二公司提供了《耐混凝土施工》等书，从而解决钢筋混凝土在横梁上施工最关键的问题，使工程的进展加快，提前完成了任务。又一次，为市郊三溪公社送去了《怎样制造农村简易发电》一书，也很好地解决了他们修理直流电机的疑难问题。

二是传布先进，推广先进。为了配合全市性技术革新运动，本馆藏书资料有限，不能满足他们需求，我们就从《图书馆工作通讯》的一则报导，结合本馆的情况，对先进经验进行一次汇总。即将报刊上的那些先进经验摘录下来，印成小传单，送给有关工厂和公社参考。这样做，既迅速及时，又重点突出，配合中心也紧，深受人们的欢迎。玻璃纤维厂工会负责人看了后就马上把土法制润滑油传单送去化验室，他说："我们正在试验这种产品，你们送得真适时。"工人们的热烈欢迎，使我们对这个活动的信心也更足了。这一季度中为 53 个生产单位，送去了 15 种"经验"、150 份传单。其中特别是土法练润滑油的一些经验，曾轰动一时，很多工人见到传单就抢之一空。当然，在进行这项活动中，自然会消耗不少劳力和精力，每天翻阅馆藏三十多份报纸、一百多份杂志，日以继夜地搜索、整理、誊写和印刷，确是很辛苦的。但当时大家都认为，"为生产大跃进出把力"是应该的，无怨无悔。

三

1966 年下半年，"文化大革命"开始后，图书馆停止开放，除了参加大会和小组讨论外，我们的新任务是：搜集、整理和保管藏书。具体做了如下几项至今仍不失价值的工作：一是，我和全体同志一起到公社、学校以及居民区去搜集所谓"四旧"的图书、字画。这一行动，为图书馆增加了一万多册图书，并造册登记。现在看来这个工作很有意义：首先，抢救和保护了一大批有用的、有些还是很珍贵的图书。同时，为后来落实党的知识分子政策"物归原主"起了很大的作用。对于那些无主可归的，即归市图书馆所有，编入基本书库，加以保存。这样既丰富了市图书馆的藏书，又保护了社会财富。二是，装订和登记编号本馆解放前的古旧杂志。这一项有一万多册，经过整理，便于读者利用。三是，妥善保管所有的馆藏图书。对此，全馆员工都尽职尽责，巧妙地防止了因红卫兵"破四旧"而造成藏书的损失。在十年"文革"大破坏中，温州市图书馆的馆藏书籍，不但有效地避免了图书浩劫，而且由于同志们的努力，反使藏书增加了一大批。

到了七十年代，图书馆恢复开放，我参加了开放前的各项准备工作。为了发好借书证，调查了各系统、各单位的人数和有关情况，使发证工作得以顺利进行。在这期间，我还参加了由地区文化局组织的参观团，到宁波、上海、杭州、金华等地参观取经。回来后，就在藤桥区南雅公社雅漾大队蹲点。经过一个多月的艰苦工作，本着“勤俭节约，因陋就简”的精神，大队图书室终于建立了起来。我们还按户发给“两用”借书证（借书、阅览都可用）并规定每月一、五、十开放，很受群众欢迎。图书室的活动，推动了其他工作。这个大队自图书室建立以来，农村气象一新，小孩打群架的少了，开大会听讲的人多了，妇女上夜校的也多了。因此，公社其他大队的图书室纷纷仿照雅样，也很快地建立起来。

四

1973 年春季，老图书馆迁移至县前头新建馆舍（在原解放电影院废址上新建），因阵地布局和人员安排的变动，结果把农村集体借书并入社科阅览室。我的工作，也因此变成以阅览室为主，兼管集体借书了。

在阅览室工作期间，我同姜丽华、李美娟和金普华等人，除了经常性阅览之外，还要进行这样几件事：一是常为报纸补缺奔忙。在每月装订时，把漏缺报纸名单列出，然后向有关部门搜集缺失的报，补齐各种报纸。二是认真做好阅览室的管理工作。在阅览中，不时有少数不守规矩的读者撕窃报纸、杂志及图书中的插图、数据，以及自己所爱好的诗、词、名句等等。为防止这些行为的再发生，采取“现场破案，就地宣传”的办法，杜绝后患。经过深思，我用了一个巧妙的方法，很快地水落石出破案了。具体做法是：将前一月的报纸装订好、检查好，不放原处，由专人负责另放一处，并负责借还工作。当装订好的报纸第一次借还后，阅览证先留着，一面迅速仔细地检查每一张每一页，若有剪窃迹象，立即取报对质，因其做贼心虚，一问就惊呆了。这时，我们开导说：“若不坦白，要把你的证件及照相加以放大，同被破坏的公物挂到街上示众。”于是他害怕了，就乖乖地承认，当场又令他送回全部被窃去的东西，并表态今后不敢再犯。经校对，计有七十多张，其中有些是从别处窃来的。还有一个事例：有些青年是有组织、有目的来偷画报的。这些人不是真正阅览刊物，而是故意围在一起，频繁交换意见和调换画刊，当服务台最忙时，乘机偷去溜走。下班时，发现少了一本画册，幸好留着一个证件，正是这批人中之一。后来得知这班人中另一个人的住处，当天赶到他家里查问，他回话是他的朋友拿走的，我立刻要他去警告他的朋友，赶快将画册归还图书馆，否则他要倒大霉的。果然有效，第二天就送回来了。

我又从阅览室转到外借处，这是 1979 年夏天的事。馆组织宣布：我调入外借组兼管基本书库工作，并任组长。组内共有八人，记得有陈欣欣、仇杨坪、李宁宁、张玲玲和关切等同志。到 1988 年 8 月为止，我干了九年。在这期间，我们做了如下几件事：

第一，扩大借书阵地，增设半开架橱窗。首先充实管理力量（由四人增加到八人），增加借书窗口，延长开放时间，同时增发借书证，由原有七千来个增至九千来个。这样一来，增加了借书人次，图书出借的数量也大大增加了。据统计，1980 年的一年中，读者借书人次达到十万以上，打破了历史最高纪录。

第二，加强图书流通中的保护工作。我们根据外借工作的特点，从思想到行动，以至方法，全面加强了图书在流通中的保护工作。我们采取的措施：一是防患于未然。即在事前进行图书的加固工作，凡新入库的图书，重点是属于借阅频繁的热门书和制作质量差的厚本书，在出借前均进行了加固工作。二是检查于当时。出借时由读者签名检查，还书时由管理员验收检查。其中重点书（如画册）等，即逐页检查，发现问题，按情节轻重给予不同处理。三是补救于事后。对于破损的图书，我们都及时整修。措施实现后，图书的破损率大大下降了，从而提高了图书的寿命和使用率。

对此，还有一个情况值得注意，即：外地人来馆查阅资料，一定要凭单位介绍信和本人工作证才可接待。一次，一个外地工厂的供销员来馆查阅《纤维造纸》一书（上下册），他竟擅自带回家去阅看。当我接班时，发现了这个情况，感到此事有点麻烦了，此书馆内无复本，且又常有人查阅，是本热门书。因此，非立即找回不可。于是，我就沿着介绍信提供的线索，马上赶到龙泉驻温工作组，他们介绍了一些情况，经过多方面的查询，才知道他的住家，可是不巧，又出差去上海了。那时交通不便，何时回家也没把握，只好留话给其家属，待他自沪返温时还书。当我从港务局轮船公司得知轮船返温的日期，再去他家时，他已交书给家人还图书馆。此事历时一周左右，才解决了当时的燃眉之急。

第三，试行了“多部头小说连续快速借阅法”。为了改变长期以来多部头小说阅读脱节和周转缓慢的状况，我们改进了方法，即对多部头小说不作整部陈列，在半开架栏上陈列第一部，在按期（可早不可迟）还书的前提下，保证下一册的借阅，直到最后一册，并言明：逾期者不予供书保证。这样一来，读者阅读的积极性就高了，图书的周转也快了，有效地改进了过去那种“看了上册，借不到下册，或者从下到上，从中到下乱读书，或者看了一本，隔了几个月才看另一本”的怪现象。经过这样改进后，有的多部头书，比单部头的书周转还要快。如《基度山伯爵》全书共四册，很多读者不到一星期就阅读完了，逾期的不多。对此，市民很满意。

此外，我们对基本书库的防尘，也采取了改进措施。这项措施的名称叫“简易防尘法”。这是在借书间隙时，忙中偷闲，以大量印刷废纸来进行的。其做法很简单，就是把大于书的废纸，剪成比书的宽度多两寸，每边折回一寸，然后盖在每排书架上的书上，使每本书的书名露在外面，索书号不被遮盖。如果少数书的开本过大，可抽出放在最后专门的架上，在原位置上插进代书卡，说明它移动的位置。基本书库这些不是外借书，流动不多，容易积尘，采用此法除尘，不必把书搬上搬下，既省时又省力。在进行中，还结合清除了多年积尘严重的图书达四万多册。

在此，补述图书馆学会与学术研究情况：

正当各种学会、研究会在神州大地风起云涌之际，温州市图书馆学会也于1984年11月在全省率先宣布成立，并由朱韦辛、胡文连、邱国鹰、陈来香、蒋肖浮和叶常青等人组成理事会（我为理事之一），推选朱韦辛同志为首届学会会长。

翌年11月间，召开温州市图书馆学会第一次年会。会上除由会长作年度总结报告之外，还有多人作了大会发言，宣读论文。我的文章题目是《谈图书分类排架》。

在市学会成立前后，我参加了省级与全国学会。1982年2月15日加入了浙江省图书馆学会，又于1986年1月17日参加中国图书馆学会。

二十世纪八九十年代，各界学术研究气氛十分浓烈，图书馆界也不示弱。学会活动也甚频繁。我记得浙江、上海、天津、吉林和辽宁等地，各省市都创办了自己的业务刊物，一片繁荣气象。我的若干探讨文章和业务总结，就在这种形势下写出来的。

五

现在，我退休已二十多年了，图书馆事业的发展真有翻天覆地的变化。不禁使我回想起梅冷生馆长的那种勤俭办馆、不遗余力的敬业精神，实在令人钦佩之至。当时馆内的经费预算，只供购置现代各种书籍和订购报章杂志等的开销，还扣得很紧，古籍是没有预算的。但是馆藏古籍数量的增加，却比用钱买书还要快，在20世纪60年代已有二十万册了，而且有些古籍有钱也买不到。其功劳属谁？大家会说，应该归功于长期艰苦努力的梅馆长。他以高度的事业心与广博的真才实学，自觉主动，不失时机地深入各地抢救和征集古籍。他的身影随处可见，上至名人藏书楼阁，下至造纸厂废料库，以及流动摊儿担上的旧书堆里，只要他涉足之处，都有收获。在漫长的岁月里，特别是在抗日战争年代，温州三次沦陷，梅馆长总是千方百计，及时地将几十箱古籍善本和珍本，几度转移到比较安全的偏僻地方，终于免遭日寇糟蹋与掠夺。在和平时期，当社会大变革的日子里，温州图书馆古籍不仅没受损失，反而骤然增加了很多。这本是件喜事，可也增大了压力：场地短缺，古书没处放；又缺少专业人才来整理；再说经济拮据，开展整理保护工作，困难重重。但梅老总是多方呼吁奔走，积极筹款设法解决。

梅老对温州文化事业和古籍方面的贡献业绩，确实很感人。而在图书馆日常工作上，梅老也是勤勤恳恳，从不懈怠，处处表现了一种“爱馆如家，爱书如命”的大爱精神。他的不宽绰的办公室，却是“一室三用”，既是馆长办公室，又是来宾接待室。20世纪60年代，就在这里接待了郭沫若先生。它还是古籍藏书室。场地很小，几十只木箱放不下，他就将它们码成几叠，整齐地放着。若是读者咨询或借阅其书却在下面的箱子时，他竟然花九牛二虎之力，上上下下地搬动，为读者服务。这对上了年纪的人来说，真够劳累了。面对这种困境，梅老总是默默地、积极地工作着，终于使温州市图书馆古籍典藏数量成为浙江省第二。梅老一生恪守“莫问收获，只顾耕耘”的那种对公共事业的忠诚，对祖国乡邦的爱护情怀和鞠躬尽瘁的精神，将永远留在人们的心中。

在追怀中，还有一件令我难忘的事，就是郁宗鉴副馆长公而忘私的敬业精神。

记得1973年，老馆从沧河巷迁移至县前头新馆舍后，各部门的工作环境有了很大的改观，馆内的购书经费、管理人员和借书证的发放，都有很大的增加。面对这种状况，只有工作的热情，而缺乏应有的文化水平与业务基础是很不够的。副馆长郁宗鉴决意好好解决这个迫切问题。他是一位博学而热心于图书馆事业的人，原来在文化系统领导部门任过职，对文化系统人员调配也有所了解。这次图书馆人员的增加，大部分来自剧团，由于客观原因，他们的文化水平与业务知识，都同需求有一段距离，急需提高。局外人认为图书馆工作，主要是“借借还还，应付不难”。其实，各行都有一本难念的经，要服务得好并不容易。你看，面对每天几百名流动读者，进进出出在几万册的书库中，如果缺乏应有的文化和业务知识，就很容易出错，将大大影响服务质量。宗鉴同志深深认识到这一点，因此，他总是经常地深入到各部门了解情况，掌握读者需求和藏书现状，以及服务中所遇到的一些难题，并果断地采取措施加以解决。1979 年夏天开始，他大抓员工们的文化与业务学习。当时的具体安排是：全馆坚持每周半天学习中国语文、中国通史和业务知识。在学习过程中，还经常举行测验，或业务竞赛。为了因人施教，他把全馆人员分成中级班与初级班，分别确定不同学习内容与要求。为了更好学习，还编印自学资料和学习提纲，进行必要的辅导。这样一来，大家积极性很高，形成学习热潮，大大推动了全馆工作。经过两年的努力，获得了明显成绩，引起了媒体的关注。《浙江日报》于 1981 年 2 月 14 日，在“周末特写”专栏中，发表了一篇由记者沈利民采写、题为《为了千万个读者——记温州市图书馆》的专题报导。

“经风历雨三十五春”的回忆文章，不经意间竟拉杂了一大篇，现在即将搁笔之际，特将一位高寿读者在市图书馆建馆八十周年时，撰写了一组贺诗《温州市图书馆十赞》，录下其中四赞，以作本文的结束。其诗曰：

一赞信息仓库：

依山积谷贮情报，商贾儒林竞探瞻；社会文明财富库，取之不竭尽人沾。

二赞无边大学：

学无止境校无边，学费不支不计年；赤果盈筐收获乐，兴邦兴业赶前贤。

三赞成长摇篮：

冲霄馆舍挟清池，送宝传经长识知；先圣后贤频辈出，有谁不拜您恩师！

四赞文化源泉：

充栋图书文化种，金匮光束耀馆园；释儒道马分流出，国魄民魂共一源。

（原载《籀园》2012 第 3 期、第 4 期）

开卷有益

——忆在市馆工作时的二三事

潘　政

我从1953年10月至1955年5月在温州市图书馆工作，为时三十个月。两年半时间对一个已经年过半百的人来说，真可谓弹指一瞬间，但那算得短暂的岁月却给我留下了许多难以忘怀的印象，其间的一些经历，对我的前半生产生了重大的影响，可以预期，在我的有生之年，还能看到那时的影子。我直到今天还保持着被人称之为最大优点的读书、爱书习惯，正是在温州市图书馆养成的。

我是从省文化局调到温州市图书馆工作的，那时，我还是个不足二十岁的毛头小伙子，好动、贪玩，带着明显的孩子气。记得报到后不久，梅雨清馆长召开馆务会议，讨论市馆的工作计划，重点是讨论如何处理解放时封存的数万册旧书。会上通过了朱韦辛副馆长提出的由我负责分类编目的建议。我当时感到很吃惊，但一阵欣喜同时涌上心头。使我惊诧的是，如此重要而艰巨的任务怎么交给我这么个只在省馆里匆匆实习了几个月的"嘴上无毛"的年轻人；喜的是我初来乍到，就得到市馆领导的如此器重。当下，我一如初生之犊，接受了整理那占着大半个旧书库的精华与糟粕并存的书籍的任务。

我差点儿一开头就砸了锅。知识明显的不足，对许多古旧版本缺乏鉴别能力，还有好些分类编目方面的技术问题无法解决。我很苦恼，但没立即说出来，怕丢脸。然而工作进展缓慢，迟迟打不开局面，却是有目共睹的。正在进退维谷的当儿，梅馆长把我叫到他的办公室里。我觉得很难为情，估计这位工作辛勤、治学严谨的老学者一定会对我说些表示失望的话，没有想到，我从这位戴着高度近视眼镜的长者口里听到的却是鼓励和信任。他说话时微厚的嘴唇有点颤动，带着浓重方言味的普通话听起来比较吃力，但意思是很容易懂的。他要我多读书，认真地读，有的书可以反复读，要掌握使用各种工具书的方法。有句话我听得很清楚：一个中国知识分子，必须了解自己的老祖宗，不读廿四史，就称不上真正的中国知识分子。他要我下决心花一二年时间，好好地读些书（这时他指着办公桌上及身旁书架上的线装书），他说愿意在这方面给我点指导，又谦逊地说自己的现代知识不如年轻人，所以他每天要花好几个钟头读书。

这是一席发人深思的谈话，我反复咀嚼，得出了书要多读，但要学以致用的结论。

大约在这次谈话以后一星期左右的一个晚上，朱韦辛副馆长介绍我跟他的几位好友认识，大家随意聊天，从日常生活到哲学、历史、艺术、语言以及各自的工作，谈得十分愉快。过后他风趣地对我说，我们这几个是温州文化界的“托辣斯”。我对这位长着学者型脸庞的年轻副馆长的最初印象是老气横秋，没料想到他会如此富于幽默感。不错，他们几位都已走上市里文化单位的领导岗位，且都很年轻，比我大不了几岁，可是在工作上都表现了自己的才干，卓有成效。我想，这或许是一种暗示，在启发我要努力工作，在事业上有所建树，出人头地又何妨。

我逐渐发现，妨碍我工作的主要原因是畏难情绪。知识的积累原本需要时间，若持之以恒，无愁不成器，边学边干对我来说不失为一种行之有效的方法。我终于一头钻进书堆，专心致志地工作起来，同时经常向省馆的老前辈书面请教，与宁波市馆、嘉兴市馆的同行信函切磋。这期间，我真正开始懂得，那些反映人类智慧的书籍，正是展示历史进步的阶梯，也是社会的巨大财富。于是局面终于打开了，整理工作有了眉目，进度也比预定的要快，那些沉睡了多年的出版物——19 世纪末叶和 20 世纪初出版的介绍西方文化的译著，二三十年代出版的那些当代文化精华，还有那些有益的、无害的书刊，随同每月购进的新书，经过分类编目，上了书架，及时送到读者手中，发挥它们对人、对社会应起的作用。

在整理过程中，我清楚地记得还受益于一位知识青年，他叫郑张尚芳，高中毕业后在图书馆义务劳动，协助我工作。那时他好像只有 17 岁左右，但读书很多，知识面很广，很有一股子钻劲，做事也特别认真。我在工作中遇到的好几个疑难问题是在他的帮助下解决的。他为人坦诚，直言不讳，曾对我提出了一些改进工作方法的建议，这些建议对提前完成旧书整理任务发挥了很大作用，我也因此多了一位挚友。

在那将近一千个日日夜夜里，我几乎一直在跟书籍打交道，一天不接触书，不静下来读上几次，就有点神志恍惚。可以这么说，我的读书习惯是图书馆这个具体环境促成的，而要求自己认真读，则得益于师长的教诲和益友的感染。如果在此后的漫长岁月里我曾较为顺利地度过困境，我深知，那是因为在那三十个月里确实读了点书因而懂得了一些道理的缘故。时至今日，我还是确认，那短暂两年半时间是我人生道路上充满阳光的时期，也是我终生难忘的时期。

（原载《七十春秋录——温州市图书馆七十周年纪念集》）

回忆我和图书馆

郑张尚芳

我没有机会上大学，有人问起我的学历，我爱说我是“图书馆大学”毕业的。这个图书馆就是温州市图书馆。

我和温州市图书馆关系深远。早在我考取永嘉县中（即温州市中、今温二中的前身）以后，就成为温州市图书馆前身籀园图书馆的一名小读者了。我永远记得在九山湖畔，幽静的籀园里，拿着一本刚借到的好书，坐到月洞门外小河的埠级上，在树荫遮蔽下，伴蝉声读书的甜美印象。就在那时候，图书馆这知识宝库的大门已向我诱人地打开了。在五年半的中学生活里，我和图书馆结成不解之缘，年纪虽小，却已成为馆里人人熟识的“老”读者了。当时馆内潘国存、徐笑中两位可能还未缔姻呢，他俩对肯认真学习的读者都很照顾，我也是很受他们照应的一个。馆中柳青大姐姐则介绍我认识她弟弟文榜，他以后成为我搞检字法的好帮手，是我永远怀念的亡友。

在初中时，一位语文老师鼓励同学搜集谚语丰富词汇。我对搜集故乡的方言谚语最感兴趣，带头组织了一个谚语小组，兴趣一直持续不衰，图书馆梅冷生老馆长对此也很支持，最早向我介绍过一些乡土文献的资料。当时我又是一个热心的拉丁化新文字爱好者，1949 年成立的“温州新文字研究小组”，就是几个在温州市图书馆中相识的同好者组成的。研究小组推一位上海新文字工作者协会会员老赵同志为首。老赵即是我在市图书馆里结识的大朋友之一。他要设计温州方言新文字，但他是贵州人，对温州话不了解，拼出来的音不对，清浊都分不清楚。我为设计温州话新文字，就更加努力学习语音学，并通过馆藏的语言学大师赵元任的《现代吴语的研究》掌握了科学记录方言所必需的工具——国际音标。从而除了编成《温州话新文字讲座》油印本外，对温州方言的记录探索也更其有兴趣了。

1952 年我在温州市中提前毕业后，因身体不好，在家休养了一段时间。这时我为了更好地在图书馆进修，就请求进温州市图书馆当上一名义务编目员，向编目员潘政边学边干。于是我能接触和使用温州市图书馆中很多待编书及旧藏，一直干到1954年下半年身体好转，考到物探队北上为止。在这段时间里我获益非小。当时馆址已迁到沧河巷，房子比籀园大些，副馆长朱韦辛那时正以一股青年人的朝气，搞一些新的试验，如在楼下借书处搞明见式目录，在小楼开辟两个研究阅览室等。其中以供文史专业研究者阅读的文史室对我教益最大，像《史语集刊》《燕京学报》等荟萃语言学名家论著的刊物都全份展出了，使我大开眼界。我沉醉其中、手摘笔录，语言学水平有了较大的提高。

馆里对我自学也非常支持和关怀，都尽量满足我的要求。直到我北上工作后，有一次要用到《燕京学报》的一期，我给馆里写信求借，梅馆长还亲自把书封寄，给我借用。因此我就是在物探队里还能利用馆藏作些语言文字的探索。在勘探之暇写作，并在《语文知识》《拼音》等杂志上发表了一些文章。

1958年后，我回到家乡在五马中学任教。这时开始为编写《温州方言》搜集材料，许多参考书要从图书馆去找，我又成了温州市图书馆的常客。1961年国家经济困难期间，我被精简出校，由于馆内老同志黄东君介绍推荐，我干脆进温州市图书馆去当合同工了。经市文化局批准，每月工资十八元（以后提高到二十元），工资虽少，但我为二进图书馆这所大学，自感很满意。这期间除先后跟李克勤、宋若华同志搞编目外，还帮助梅馆长整理过古籍，曾先后帮黄东君、阮延陵同志整理旧杂志，编出目录。图书馆工作使我每天接触到各种以前未读过的书籍，工作上要求我“博览群书”，这对我学识的增长自是大有益处的。每天工作完毕后，抱着选借来的书，美滋滋地回家读到深夜，这又是在图书馆工作时的最大乐趣。就在这段时间内，我一边自学，一边向前辈学者求救，完成了《温州方言记章节提纲》。在中国科学院语言研究所吕叔湘先生等大力支持鼓励下，又完成了《温州方言记》的前二章《温州音学》《温州方言的连续变调》，先后在《中国语文》1964年第一期、第二期发表。并在1964年下半年推荐我参加了浙江省方言调查组，这时我才又一次离开温州市图书馆。

前后算来，我两进温州市图书馆，一共干了五年，也可称得上老馆友了。因此馆里同志都不把我当外人看，从各个方面对我大力支持。

在我自学语言和作温州方言研究时，需要用到好多资料，除了有的书向馆里借之外，还要多方面搜集，梅冷生老馆长曾几次把自己的书慨然相赠，或介绍他熟识的温州藏书家让我去借。馆里没有的材料，馆里同志也尽力帮助搜集和外借。有一次，朱韦辛同志在旧书店发现一本罕见的温州话罗马字的《Sang Iah Sing Shi》（新约圣书），赶紧跑来告诉我去买到手。在我写文章需要参考教会罗马字时，他还把自己苦心手录的教会罗马字《瓯音字汇》一厚册长期借我使用。阮延陵同志除了帮我找古书外，还去请人复制了我所需要的材料。有一次要用的一本书本地没有，后来郁宗鉴同志向北京图书馆通过馆际借书借到了给我。一件件，说不遍，为了让我这个图书馆大学的学生上好学，馆里各个同志都是热心地以各种方法支持我学习的。

十年动乱之初，我家不幸被五马搬运站和卫生学校两支红卫兵抄了家，我缩衣节食买来的藏书被用板车拉去一千多册，堆在卫校。很久很久以后，一位同情我的卫生学校学生偷偷地来告诉我，这些书同别人的书一起已被卖到纸厂去换取武斗经费了。啊！这中间不说别的，单是我所搜集的温州乡土语言资料三四十种，都是非常珍贵罕见的，为搜集这些东西花了我多年精力心血与包括多少同志的热心支持与帮助啊，这损失真是无法弥补，使人心痛难已！但不幸中还有一幸

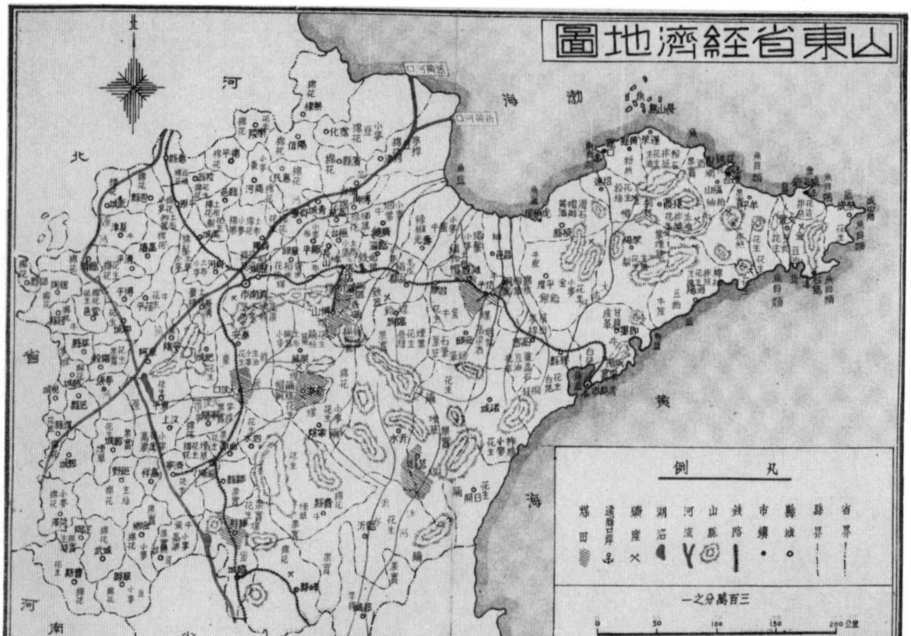

郑张尚芳送给图书馆的地图

的是，市图书馆郁宗鉴等同志曾冒着危险在当时各校所存抄家图书中抢救回来一部分图书，后来在整理中陆续发现了有我的一些笔记和图书。倪新祯、黄东君、阮延陵等同志都很熟悉我的笔迹，他们看到了就检出来为我保存，这样我后来还能陆续收回七十来册图书杂志及若干语言方面的笔记。虽为劫后余灰，却件件闪烁着馆内同志对我的难忘的亲情。如无他们在那样艰难的岁月中冒险抢救，它们早已泯灭无存了，哪能物归原主呢？

每当我回忆在温州市图书馆学习、工作的过程的时候，我总是非常感动地想起这一切，忘不了馆里对我的培育、关怀和各个同志的深情。我觉得图书馆确是一所大学校，是非常重要的培育人才的场所。我希望今后图书馆越办越好，路子越走越宽，吸收更多的青年人来求学，为祖国四化事业培育更多的人才。

（原载《七十春秋录——温州市图书馆七十周年纪念集》，作者原系中国社会科学院语言研究所研究员）

回首十年浩劫中的市图书馆

郁宗鉴

温州市图书馆建于1919年，是本省几所历史最久、藏书最宏富的公共图书馆之一，也是温州值得自豪的一座重要的文化设施。可是，这座精神文明宝库，在“文化大革命”期间几乎濒临毁灭的边缘。如果当时没有全体员工奋起保护，就不复有今天规模的市图书馆；即使重建，再费百倍努力去充实馆藏，但不复有如此众多的古籍与地方文献。

如今时过三十年，回首往事，仍觉心悸。

我是1963年调进市图书馆任采编的。那时“左”的思潮已经泛滥成灾，好些学术著作和文学、戏剧作品遭受到无端的批判。批判一本书、一个人，往往株连到许多书、许多人。报刊登所谓批判文章，图书馆相应提存有关的书。我们不能也不敢同报刊对着干：你批《海瑞罢官》，我们照常出借这本书。

那时，新版图书品种已经很少。“文革”前几年，全国出版新书总共不过五六千种，而且还包括大专教科书和连环画、图片在内。学术著作寥若晨星。好些学科，如法律、社会学、经济学、文学论著等，几乎是空白。中外古典文学作品，也极稀少。新书既缺，原藏有的又不断被禁锢，人文科学方面图书可以流通的便屈指可数了。但我们依然每年发借书证，每天照常开放。

1966年夏，“文化大革命”宣告开始，市里派了工作组进驻市馆“闹革命”，遂而开放时间由全天改为半天。

这年秋，各学校成立红卫兵组织。红卫兵成立第一桩事是破“四旧”。当时什么叫做“四旧”？谁也说不清。反正一切古籍图书、历史文物、描龙绘凤的瓷器、镶嵌宝石的首饰、式样古式的服装，以及“小将”们所未曾见的某些器物，都视为“四旧”，概行查抄。

按照这一概念。图书馆则是“四旧”的大本营，与社会上一般居民收藏的“四旧”比，他们是“小巫”，我们这里则是“大巫”了。

那时，市馆藏书约四十万册。其中古籍图书、旧平装书与旧期刊约占一半。而古籍图书中，善本书又达一万册。如万历《温州府志》、正德《兴宁志》等，还属海内孤本。另有一大批温州乡哲留下来的稿本、抄本、名家批校本。就如馆藏晚清时期的报纸、刊物，也珍贵异常，国内各图书馆难得有几家藏有。这些文化瑰宝，是经过几代人悉心搜集才汇聚到市馆的。可以这么说，浙南地区的历史文献都藏在这里了。保护好这些图书文献，是我们全馆工作人员义不容辞的神圣使命。

是年八、九月某一天，市馆被迫闭馆。馆内八位老弱“大将”，绷紧神经去应付“小将”们来抄我们的家。首先，我们将各个书库贴上封条，另找一些准备报废的破损图书，上写“封资修图书待处理”字样，来表白自己已经响应号召，自觉在破“四旧”了。“小将”们来，我们就让他们参观。他们不解我们的“苦肉计”，看了几眼相继离去，而未进入书库。

但事情并不这么简单。过了几天，突然有一批红卫兵到石坦巷古籍书库查抄书。我当即与另一位同志赶去。到了那里，红卫兵正在捣毁梅冷生馆长睡的楠木床。床上镂空雕刻的屏风已经砸毁了。这些娃娃浑然不知楠木床的价值。我们看屏风已成楠木碎块，说它值八千一万也为时已晚，只是暗暗惋惜而已。接着他们一定要入书库搬走书，于是只得费尽口舌，向他们宣传书的作用，并向他们施行第二计——缓兵之计，便说：“这些书也要待运动后期再处理。凡是毒草，我们决不予以保留。”左说右说，终于把他们打发走。

红卫兵查抄图书固然可怕，它将使图书流失，以后追回来便难了；但更可怕的是当时刮起的焚书风。许多红卫兵在校里烧书似乎还觉不具“声势”，便敲锣打鼓把书运到人民广场集中烧毁。一时纸灰飞扬，许多有价值的图书尽成灰烬。优秀图书，它给人是一种智慧和力量，但它自身却怕水、怕虫、怕火，比别的什么物品都脆弱。一部古籍，从写作到镂版、印刷、装订往往要费好几年功夫，而烧毁只需几分钟便够。

烧书正热闹的时候，驻馆工作组不知是怕人家说他“按兵不动”还是想赶上“形势”，向我们提出把几堆废书也送人民广场烧毁，以表示“旗帜鲜明”“立场坚定”。当然这几堆废书烧毁不足惜，我们打锣去也不过装个样子。开初，馆里同志也同意。后来细细一想，我们烧的虽是废书，人家会认为图书馆也在烧书。这个态一表，遂使烧书合理化、合法化，且导致烧书风愈刮愈烈，不可遏止。于是我们便向工作组陈明利害，表示不参与。我们不去，连打锣的人也没有了，此事遂罢。

接着，为抢救查抄图书，我们向工作组提出建议，举行市区红卫兵头头座谈会，要求他们将查抄图书先让我们鉴定，然后再确定如何处理，避免玉石俱焚。会议开起来了，各校红卫兵的头头都到会。他们听了我们所提意见，普遍表示赞成。讵不料驻馆工作组同志却在会议最后表态说，“我们尊重小将们革命首创精神，你们怎样处理就怎样处理。”几句话又把我们意见否定了。

但是，我们仍不忍见大批图书被烧毁，于是就分别到各学校调查，直接鉴定那里查抄来的图书以及文物。半个月时间里，我们先后去了四中、温师、六中、建华、卫校、一中等诸所学校与一些街道。红卫兵们见我们去，都表示欢迎与支持，一一打开仓库（实是一个个教室）让我们进去看。这时虽已烧了一些书，但留下未烧的尚很多，除了各种书以外，还有大批书画、古玩、旧式衣服器物等。其中好一些书，就拿当时极“左”标准来看，也不属于所谓“四旧”。

看了图书文物之后，我们当即与各校的红卫兵头头商量：让我们挑选一部分值得保存的图书文物带回去细细鉴定。他们都爽快表示同意。就这么，我们就从各校运回相当数量的图书文物。教人难忘的是两个地方：温六中与五马街道办事处。六中正在烧书，一叠一叠书从一所楼上搬到某墙角焚纸炉里烧。我们在十分焦灼的心情下，忙把劫余图书运走，数量四五千册。五马街道的书都堆放在大厅里，高如山积，因为书多又堆放散乱，我们只得匆忙挑选了一板车书运回。途中我们非常担心有人把我们拦住，指责我们保存“四旧”，企图“复辟”。

也有些单位是主动打电话给我们，把查抄图书文物让我们保管或处理。卫校与中医院就是如此。

卫生学校里查抄图书整整堆满一个教室，大多是从吴百亨先生家里查抄来的。其中又有十多箱是英籍医师施德福离温时留下的图书，数量约两千册，大都是英文医药书和少量他从温州搜集起来的民俗资料。百亨先生自己收藏的有两套百科全书和精印的法帖，在当时说比较珍贵。另外，还发现一本某医师藏的明版医药图书。中医院所查抄的图书尽是白仲英医师家抄来的，大概是因为发还无政策依据，保存又需场地，要求我们来保管。那天去运时，适值大雨倾盆，我们运了好几车才运完。

一大批一大批书运至市馆后，我们及时再挑选。完全无用的报废，有用的登记入册。总计这阶段我们运回保管的查抄图书总数约两万册，都有保存价值。

紧接着，我们又接收市古旧书店藏书。这时古旧书店已经停业多时了。他们急于将所藏图书及用具脱手以换钱发放职工工资。当时经市文化处批准，他们这批书作价六千元售给市馆。经过清点，计有古籍六千册，新旧平装书一二千册，期刊五万册。另有一批文房四宝、书画及书柜。图书中有他们经收藏多年的《共产党宣言》最早译本和早期《中国青年》等珍贵的革命文献。

这期间，我们还好几次去废品仓库和一些造纸厂搜集有价值的图书。这时各造纸厂收购来作原料用的书籍多极了。单五马造纸厂露天堆放的书就像一座小山。里头究竟有哪些书，我们无法上去拆包看；即使搬下看了，也无力把它堆回原处（我们只两三个人，而且打包的书却有百吨之多）。最后只在仓库里挑了几百本书，但厂里没让我们运回来。废品仓库也有许多“废书”。我们粗略瞄一下，有两箩筐是《四部丛刊》。这套馆里已有收藏，故而未予购来。但别的缺藏书刊，仍购了几百册。

那时馆里收集来的书堆满了各个库里，不用说不能上架，就是在地上堆放也没场地。同时我们去收集这批查抄的书，没有得到上头的许可，随时有挨批的危险，所以我们所收集的书仅占全部查抄书的极小部分。

1968 年春，中共中央发文件要清理“文革”期间的查抄图书文物，这时市军管会即时相应成立清理小组，文化系统军代表牵头，市馆黄东君同志任副组长。我因头上有“摘帽右派”的帽子、只参与具体的调查、鉴定以及搬运等工作。

这时，各单位查抄图书文物剩下不多了，有的单位甚至荡然无存。如建华中学，我们原先挑好的书，因校方要“研究”还搁在那里。这回再去，查抄书全没了。

最令人惋惜的是温州一中几幅查抄书画。破“四旧”去时，文管会同志鉴定属明代名画。也因为是名画，当时未敢拿来；只是再三叮咛他们要把这几幅画妥善保管好。这回去，画不见踪影。后来又多番调查，也毫无结果。

名画不见了这件事，不禁想起民国初年故宫档案散失的事。那时鲁迅曾说过，这批档案内行人窃据己有，外行人将它当作废纸予以弃毁。但情况又有些不同。“文革”期间的图书、文物，藏主惧罹祸主动把它毁了；不知事的红卫兵随意抄人家的家，抄来后也不知如何保管而糟蹋了；还有一些没多大文化的贪便宜者，乘机而窃之。社会秩序是这么混乱，有谁去追究盗窃图书文物的人？即使查到了，因他没有文化，偷这些东西也不过像“窃钩”一样的小事，上不了纲，上不了线。如那时查到近郊农民将一口古钟砸碎当废铜，查到了只是退赔一点点钱就了事。

当然这一次我们奉命去清理查抄图书文物，腰板是硬的。我们去各单位，各单位把所有保存下来的图书文物都交给了我们，没有阻挡，没有风险。因此我们还收集来不少残存的东西。当中一件还是国家一级文物。

这件文物是温七中红卫兵从某家抄来的。那里原查抄图书文物很多，后被毁被窃，只剩下一架书和寥寥几件古玩。我们进了仓库，看到那里尽是尘网，似乎没有什么东西值得运回清理。但拂去尘埃，我们竟发现一只瓶子，古色古香，玲珑剔透，随即与其他物品运了回来。适时方介堪先生在馆里，我请他鉴定。他一看即“哇”了一声，“这件是宋瓷，值一万元”。这“一万元”并不是说实值一万元，而是说它价值连城。

过了两年，这件文物被中央某部门调走，以做国家珍贵文物收藏。十年动乱中能保留下来这一件传世之宝，倒也聊可自慰。

中共十一届三中全会以后，我们依据党的政策，凡属有主的图书文物，都陆续物归原主。有不少原主到发还时，才知道原物还在，其喜悦心情是可以想见的。“文革”带给市图书馆的灾难还不只这些。

查抄图书的收集清理告一段落，接踵而来的问题是如何保管好这批书。市馆的库房就很小，几百平方米的民房，哪容得几十万册书？加上雨漏、白蚁多，稍不留神，书就被虫蛀水浸。尤其教人担忧的是馆舍属木结构，周围尽是居民住房，一旦失火，将尽成焦土。

除此之外，常发生图书被窃事件。那时社会上出现书荒，读者爱读的文学作品几乎绝迹。因图书的饥饿，诱发他们去窃图书馆里的藏书。一次，有窃书的破窗进入书库，盗走相当数量的查抄书。平日在馆做土木工的，乘人不在也偷去好些文艺书。还有一次，我们将沧河巷馆舍一车书运往县前头图书馆，途中竟遇到一批青少年拦车抢劫。大街之上，光天化日之下，公然抢劫图书，恐怕也是“史无前例”的。

十年中，我们还遇到两次大规模武斗。第一次因馆舍远离“战区”，没有任何损失。第二次便不同了。一派群众组织占据沧河巷馆舍，拿古籍图书做掩体与另一派对峙，一时双方就在图书馆门前激烈枪战。

枪战的夜里，我与梅冷生馆长同住石坦巷馆舍，耳闻沧河巷那边传来的枪声，各各焦虑不安。我不禁浩然而叹："这一回图书馆在劫难逃了。"

也算侥幸，武斗很快平息了。如果武斗时有一颗子弹钻进古籍堆里，市馆命运将同第一次武斗中市新华书店一模一样。

我们就这么度过十年"文化大革命"。如果说我们在保护图书方面做出一点成绩，这不是我们有很高的胆识，有很大的能耐，我们都只是普普通通的图书馆工作人员。所以这样去做，完全出于对图书馆事业的热爱，忠于职守，恪守职业道德而已。

在患忧岁月里，梅冷生馆长因中风躺在床上，他仍时时关心着图书馆的安危，常给我们以鼓励。还有当时靠边站的宣传部长刘展如同志，查抄图书时节我馆黄东君同志去请示他图书馆该怎么办。他说："图书馆以后还要办的，图书馆要保管好。如果有人给你们戴右派帽子，我替你摘。""岁寒，然后知松柏之后凋也。"他说这样的话实在难得。它给了我们精神上的极大支持。现在他虽已作古，我们仍缅怀他。

（原载《温州文史资料》第十一辑，温州市政协文史资料委员会编，1997年3月印行）

我所知道的温州市图书馆

陈锡仁

温图出馆刊，名取籀园，是追思乡贤、传承文脉，也是重树驰名文化品牌、利用优质文化资源，与时俱进，赞它一个好。我对籀园可算熟悉，1948 年常去借书看报，顺便饱览那儿的庙宇、古迹、水色与旷野。时年 14 岁，失学在家。

籀园地处落霞潭畔，九山河中。大门外，东向临河，河上架着一条叫窭妇的小石桥，凄美的故事从八百年前相传至今。桥下的准提寺黄墙黛瓦，准提菩萨法相庄严。离寺不远处，一条巷弄名妆楼下，明代首辅张阁老妻妾浓妆淡抹地方。巷弄有家手工造纸作坊，与现在泽雅旅游景点的手工造纸作坊足以媲美。南向的河面广阔如湖，不时有水鸟掠过，河岸边，捕鱼者神情专注目盯扳罾，悄悄地等候鱼虾游来。西向几十米外，也是河，一座简易木头便桥晃悠悠，连接白鹿古城墙。城墙废址上，满地黄绿色狗尾草迎风摇曳。护城墙外，翠绿的橘树成片。几十年过去，木桥改建，冠名“胜昔”，但非籀园时代旧物了。

籀园大门内，左侧一间狭窄局促的阅览室，开放式管理，不见管理者，只有几张报纸几个读者在。由阅览室北行几十步，靠西一间（也许几间）房子似庙堂，里头供奉有点像神佛的塑像一座。我不识“籀”和“诒”，不知籀公祠、孙诒让。再北行几十步，一幢两层楼房，楼下是借书处。这里倒还宽敞，周围静静的、轻轻的，给人温馨的感觉。一个失学的少年，在此地找到了精神的慰藉。我借过多少书、什么书几乎忘光，依稀记起郭沫若写北伐写抗战的书，从一位剪短头发、面含笑意的女士手中拿过。十几年后，我成了温图的一员，原来那位女士大号徐笑中。

1965 年初，我从外地调入温图古籍部。此时温图已迁至沧河巷新址，规模扩大了，领导加强了，配正、副馆长，有六名员工，设七个部门。

第一位负责人何浩，副馆长，中共党支部书记，总揽行政、业务、思想工作的大权，坐镇办公室。1958 年，何从中国人民解放军转业，正值毛泽东在知识分子中掺沙子。另位负责人梅冷生，馆长，虽年事已高，仍主管古籍。有时也去报刊阅览室帮忙。

六名员工中，数黄舜卿年纪最大，做事最多，被同事们称为价廉物美的老黄牛。黄的职务五、六个，集会计、出纳、总务、传达、值夜于一身，以及其他的杂七杂八，都是一人包揽。在当今行政事业单位中，像黄这样以馆为家日夜操劳的人，恐怕难觅踪影。采编组组长兼组员是郁宗鉴，除完成图书采购与编目任务外，还额外干些馆内文字工作。图书是重物，郁去一批批买来，自己一次次双手提着，安步代车，欣然无怨。文革前，上头强调文艺为工农大众服务，设农村借书处理所当然，专司送书下乡。倪新祯为人妻为人母，担此重任，艰难困苦。1965 年 10 月，倪去藤桥岙底，先乘公共汽车到藤桥，后背负图书翻山越岭几小时，岙底方在脚下。

市图书馆每日大门一开，主要对外服务窗口两个，二楼的报刊阅览室与一楼的借书还书处。这两个部门傍晚前后，门庭若市，读者云集。但管理员前者仅黄东君，后者仅徐笑中，各自一人唱独脚戏，实在忙不过来。以借书、还书处为例，徐一会儿在借书处，把读者要借的书去书库检出来，一会儿在还书处，把读者送还的书收回，两头来回跑，累得团团转。而读者们，这边喊借书，那边喊还书，问人到哪里去，怎么没有人。每每当此情景，不怕事多的“老黄牛”与甘当义工的老读者，就会主动前去帮徐的忙。据说以前曾经雇过临时工，终因经费拮据而辞退。

温图古书多，引同行羡慕，置古籍部顺理成章。管理人员有梅馆长、阮延陵（美学研究者），还有一个后来的我。报刊阅览室、借书还书处人手严重不足，古籍部却三个萝卜栽一个坑。其实阮不少时间在农村借书处，随同倪新祯下乡送书，服务农民。古籍部的冷板凳不好坐呢。过了不久，我奉命离开古籍部到借书还书处，投徐笑中门下。又过了不久，我又奉命离开市图书馆到市文管会，搞文物考古去。然而与温图始于 1948 年的缘分未尽，因为自 1966 年 4 月起，市文管会与市图合二为一，投入了四个月的“四清”、十年的“文革”与一年多的“揭、批、查”三大政治运动。其中 1966 年、1968 年、1969 年期间，温图形势云诡波谲，梅馆长、郁宗鉴、黄舜卿三位经历了惊涛骇浪。

“文革”前夕，梅馆长中风瘫痪，卧床不起，照理能够平安无事。不料 1968 年 5 月后，新军管会文艺组黄信川领导文化系统清理阶级队伍，煽动极左思潮，迫害干部群众。市文化处肖某说：梅冷生尚未触及！黄信川斥市图书馆按兵不动，死水一潭，遂于1968年底，派出班长韩万生作为军代表进驻温图。韩鸣鞭为业，动员群众斗梅。第一次，要把梅抬到馆里，遭群众反对；第二次，改为去梅的床头，又遭到群众拒绝；第三次，韩给自己下台阶，逼迫梅的女儿代梅来馆听取批判，结果无人发言，草草收场。过了一段时间，全市刮所谓红色台风，韩率文化系统积极分子，深夜闯入梅家翻箱倒笼，抄走一批物件。内有1963年8月梅和好友香港王国桐往来信函，梅致王："……令兄希逸强健登山，每晨均有晤面"；王复梅："……家兄希逸强健登山，清晨散步，承告谢谢"。韩在积极分子会上对比解读："登山"者，敌特双方联络暗语也。嗣后，勒令梅从南向二楼搬到一楼北向小屋子，每日与邻居的煤球炉烟火为伴。

郁宗鉴原市文化处副处长，1957年冤为右派，尽管已经"脱冕"，仍归"五类"之列。1966年9月，北京治安红卫兵来温，狂呼"红色恐怖万岁"，大举讨伐"黑七类狗崽子"，温州市区到处批斗"地、富、反、坏、右"。某领导引诱群众：别的单位都斗右派了，图书馆怎不斗呀，矛头直指郁宗鉴，欲树郁为靶子。市图书馆群众不为所惑。1968年5月，市曲艺团某派强令郁的妻子以右派之罪站立道府桥示众，还要拉郁去一道受辱蒙羞。温图群众不予理睬。十年"文革"，郁受庇佑，始终未遭任何冲击，未遭任何伤害，这在全市罕见。这个中缘由鲜为外人知，故而1989年，有位老读者李先生，在市图编辑的书刊上发表纪念文章，说郁在"文革"中，"受到了委屈，多了条罪状"，是道听途说之辞，特此予以澄清。

黄舜卿，"文革"中不分这派那派，不管谁对谁错，可还是祸从天降。1969年5、6月间的第一天，韩军代表召开紧急会议，宣布黄已隔离审查，决定全体群众不分男女参加二十四小时严密看守，告诫大家提高阶级觉悟，不出丝毫疏忽，警惕外面敌特进来杀人灭口。而案情坚不披露，某专案人员漏出唯一一句话：黄案是文化系统"清队"第一号案件，很快地要上升为温州市"清队"第一号案件。几天后，黄被秘密转移别处。数月审查，查明事实，所谓案件，与黄无关。黄无端受到打击陷害，心身交瘁，病倒在隔离室，成为文化系统"清队"中死了四个半人的半个。在"揭批查"运动中，这个何等重大的死人事件，居然未揭、未批、未查！

往事如烟，往事并不如烟。温图的籀园时代值得记忆，沧河巷时代更值得记忆。他们为图书馆工作做出的业绩和贡献，应当付之馆史，让后人永远怀念。

（原载《籀园》2011年第2期）

我们不会忘记

——写在温图建馆八十周年之际

潘旭龙

温州市图书馆创建于1919年，在这五分之四世纪的历程上，它与时代同脉搏，和国运共衰兴，几度风雨，几经沧桑。五四新文化运动的沃土培植了“籀园”的知识之树；新中国的成立不仅为其换上了新名称（温州市图书馆），更给了它新的生命；“文革”的灾难险些使之“枝枯叶落”；改革开放令其一改小而陋的境况，“三级馆”跃上“一级馆”，跻身于省内同级馆的前列。目前我馆无论从馆舍规模、藏书数量、质量方面，抑或服务功能，自动化程度以及社会效益方面，均上了新的台阶，为图书馆的现代化打下了良好的基础。

在纪念馆庆80周年的日子里，抚今追昔，我深切感悟到，图书馆的发展既是社会的文明与进步的产物，又是献身于图书馆事业、创造图书馆效益、关怀图书馆建设的众多人们的心血的结晶。

我们不会忘记，我馆创建之初，人员仅两名，书不过三千，以涂租、戏捐为主要经费来源，维持生计。前辈孙孟晋、梅冷生诸公呕心沥血，不遗余力地扩充馆藏，发展事业，其恭敬桑梓、筚路蓝缕之功，堪为后人之楷模；在“破四旧”焚书风狂起之时，老馆员们顶风冒险，巧妙周旋，使本馆珍贵的文献免受损失，没有他们的护书壮举，就不会有今日丰富的藏书。

我们不会忘记，曾给予图书馆人以精神鼓舞与工作动力的广大读者。几十年来，一代代、一批批曾与图书馆结下不解之缘的知名或不知名的读者，他们爱读书，活读书，每当他们通过勤奋学习、创造性劳动获得成果的时候，总是念念不忘图书馆的“滴水之恩”，或来函喜报“丰收”，或撰文以叙谢忱。不少成就卓著者，或把图书馆比作“度过童年的哺乳室”；或赞许“图书馆引我走上成才之路”；或谦称“我是图书馆大学毕业的，这个大学就是温州市图书馆”。众所周知，图书馆存在的意义在于读者利用图书馆所产生的效益。馆员们从读者的认可上找到了自身工作的价值，从读者的嘉勉中得到鼓舞与鞭策。

我们不会忘记，曾为我馆的发展作出贡献的社会各界有识之士。建馆以来，关心支持图书馆建设的人们数不胜数，他们各尽所能，或殚精竭虑，奔走呼吁，助在道义；或慷慨解囊不拘巨细，捐以钱物，在图书馆建设的功德簿上，留下了不可磨灭的记录。特别值得一提的是，中国物理史学者洪震寰先生生前一直惦记着图书馆建设，临终前还请求市长批款购置《续修四库全书》，可谓为图书馆事业耗尽心血。诗人、作家马骅、金江先生等人有感于温州经济勃发后图书馆的严重不适应状况，多次向人大、政协提案，一再吁请有关部门加强对图书馆的投入。历史学家胡珠生先生等二十多位“读书人”，于1992年发起“百元建馆”倡议，并带头捐资，尽管金额有限，但在一定意义上说，他们是新馆建设的第一批奠基者。1995年台胞张姚宏影女士感念市政府建设新图书馆的决心，怀着振兴温州文化、造福家乡人民的爱心，慨然捐资一百万美元，为新馆建设作出巨大贡献。

怀故念往，意在开来。当今时代是知识创新、科技进步的时代，也是要求人们终身学习的时代。图书馆作为“知识工程”的主体，担负着“倡导全民读书，建设阅读社会”、提高全民科学文化素质的任务。为此，我们要充分发挥自身优势，采取有力措施，不断改进工作，千方百计为市民读书、求知提供方便；要积极组织开展各种类型的读书活动，弘扬科学精神，普及科技知识，营造科学文明氛围，吸引更多的人来到图书馆、利用图书馆。我们要努力提高服务水平和办馆效益，在为建设有中国特色的社会主义现代化国家和提前实现现代化新温州的宏伟目标的服务中，创造新的业绩，以此回报社会，答谢热心于图书馆事业的人们。

（原载《温州日报》1999年11月19日）

我所认识的张宪文先生

陈瑞赞

绍述前徽愧此身，十年犹幸得耕耘。
花从烂漫丛中发，事向依稀梦里亲。
牛走有心伤失足，鸦栖无恙感离群。
书山径曲南村远，坐觉鸡声又报晨。

这是张宪文先生为温州市图书馆建馆七十周年题写的一首诗，由陈铁生先生作书，装裱成轴，挂在地方文献部的书库里。我到图书馆的时候，张先生已退休十年了。因而我认识张先生，就是从这首诗开始的。诗虽然不无病废的凄凉，但神情洒脱，进退格的韵式也让诗意显得婉转多致。由此我知道了古籍部有一位能诗的老馆员、老主任。

大概入馆一年多之后，我才有机会去拜访张先生。先生住在水心，房间很小，但由于没摆什么家具，仍然显得空旷。先生身材高大，在房间里走动时极为迟缓，腿脚明显不那么灵便。但精神尚好，腰背始终挺拔，讲话的声音亦洪亮。先生详细地询问了我工作和生活上的事，但对自己的经历却讲得不多。他说自己在古籍部任上仅有二事值得一提，一是利用自己作为市政协委员的便利，奔走呼吁，筹建了上村路的古籍分馆，使馆藏的十余万册古籍在当时的条件下得到了妥善的保护；二是在任职的十年之中，将古籍部的藏书大致摸过一遍。当他听说古籍书目现在都已采用电脑管理，可以很方便地检索时，显得十分高兴，连称自己老朽过时，不懂新科技，只能用笨功夫。当然，这只是先生的谦虚之词，电脑检索其实并不能代替阅读，十年博览使先生将浙南文献尽罗胸中，为他的学术研究打下了坚实的基础。先生所写的论文立论严谨、思路明晰，与其扎实的材料功夫相得益彰；而先生所著《温州历代书藏》一书，更充分体现了先生对地方文献的熟悉程度。

大概又过了一年多，我在医院的病房里第二次见到先生。先生患了癌症，只是自己并不知道。我上前跟先生握手，笑着问他是否还记得我。我本以为先生对我已经没有什么印象了，但先生只是迟疑了一下，便报出了我的名字。这让我真地感到有点吃惊：一个年逾八旬的老人，居然能记得只有一面之缘，且相别年余的后生晚辈的名字！这也足见先生记性之佳、天资之高。但老人躺在病床之上，被病痛折磨着，其衰朽之状又使人不禁为之叹息。

2001 年，温州市政府启动了《温州文献丛书》的整理出版计划，由胡珠生先生担任主编。而先生作为编委会成员，毅然承担了首批丛书的整理任务，负责校注《张璁集》。张璁是先生的远祖，在此之前，先生已撰成《张璁年谱》一书，对这位明代嘉靖朝首辅大臣的生平事业做了详细的论述。张璁在明代中后期的政治改革运动中是一个关键性的人物，但身后是非纷纭，始终没有定评。清代纂修《四库全书》，张璁的文集也被四库馆臣剔出，仅存其目。《张璁集》的整理出版，对于明史研究的意义显然可见。去年我在北京参加一个历史学的研讨班，几个国内外大学的教授闻知《张璁集》的出版消息，都极感兴趣，纷纷要求寄赠。先生在整理《张璁集》的过程中，病情不断恶化，几度进出医院。其间数次托人带便笺来馆，嘱我代查相关的资料。先生的便笺用的都是零零碎碎的小纸头，但字迹工整娟秀，一丝不苟，问题也交代得极为明白。

张宪文著作

先生出身旧式家庭，所受家教甚严。待人接物，古道可亲，可能也是自幼养成的一种习惯。遇有客人造访，先生必亲自迎送。我虽然只是偶尔为先生代查一点资料，但事后先生也必定要电话致谢。先生早年曾受教于我国著名的语言文字学家蒋礼鸿教授，对蒋师的教导之恩至老不忘。蒋师字云从，先生把自己的居所题为“仰云楼”，后来又把自己的诗、文集题为《仰云楼诗词稿》和《仰云楼文录》，都是为了纪念蒋师。

“文革”后，先生主动要求调入图书馆，其时已近耳顺之年。但凭借过人的天资和扎实的功底，在供职古籍部的十年中，撰写、发表了一系列高质量的文史论文，完成了多部著述，为温州地方史研究和地方文化事业都做出了重要贡献。我在图书馆认识了不少老先生，他们虽然经历、学养各不相同，但在性格上都有共同之处：倔强、勤奋。在故纸堆中摸索了一生的他们，至今仍孜孜不倦地辛勤耕耘。看着他们，你似乎也就明白了古人所谓的“发愤忘食，乐以忘忧，不知老之将至”是一种什么样的精神境界！

2004 年 12 月 15 日

（原载《温州日报》2004 年 12 月 19 日，作者现为温州大学浙江传统戏曲研究与传承中心研究员）

东南书店创办始末

陈寿楠

1982年春，蒙温州市图书馆原任馆长郁宗鉴先生的厚爱和信任，我怀着感恩的心态欢悦地由市新华书店调入市图书馆采编室（部）工作。这已是我工作以来的第四次调动，时已年过半百。无论是就年龄或能力，都不能跟同行同事相比，显然，存在一定的差距。但从另方面上看，却也有自己潜在的优势：一介书生好买书、爱藏书；加上先前的书店工作十年及其和业界的交道等等。应该说，这份图书采购工作对于我是十分合适，深感责任重大，务必努力做好。

在过了几年之后，又被变换了一次工作，领导委派我到即将开办的书店工作——重操旧业，并受命出任经理。

光阴荏苒，转瞬这已是二十六年前的事了。

蓦然回首，往事并不如烟，一段书店情缘依旧在。现就记忆所及把亲历的情况，略述于下。

始创缘起

1985年4、5月，市新华书店的退休老经理沈萍同志受省出版总社之托，为其下属原东南图书公司（以下简称总公司）物色个合作伙伴，拟在温州开个分公司作为它的宣传窗口，并聘请老沈为其驻温的代理人。沈欣然应允，不假思索选定了市图书馆的原因有二：一、图书馆是国家公共文化事业单位，拥有读者群体，能推动书店的销售；二、图书馆的人员中有几位都是从市店出来的，懂行。经努力取得共识，达成协议：图书馆出场地和人员；总公司出书——提供货源。

当时，正是上面号召文化事业单位以文养文的背景下，图书馆筹措自办书店适逢其时，应运而生。

东南图书公司温州分公司（以下简称书店）成立于1985年7月22日（指正式开业的时间）。是一家跨地区联营的国营书店，也是温州市第一家特色书店。

书店坐落在市区县前头原市图书馆（今市馆鹿城分馆）大门东侧。由原阅报围墙经拆除而成，呈长廊式的临街门市，外观宽敞，简洁淡雅；门面居中立柱上端挂着一块方形金灿灿的铜制店招。书店里外书架、书柜，量身定制，由擅长美工的馆长潘旭龙先生精心设计。尤以书架采用当时最新上市的时尚装潢材料（铝塑）制作，正面配置镜面，独具创意，突破书业传统格式，新颖别致。

万事起头难。这里得必须说说在临近开业之前我们所遭遇的尴尬局面：原以为跟省级书业部门——“总公司”合作，借水行舟，会给我们带来诸多方便和好处：进书快、新书多等等，可万万没想到一批接一批发过来的净是他们库存积压的图书，真是令人大失所望。为解决燃眉之急，我们当机立断，自谋出路。在馆领导的同意和大力支持下，我和沈萍同志赶赴上海，自行精选进书，一批常销、畅销的新书源源而来，赢得了时间，如期开业。

这里顺便插话几句富有历史性意味的一则轶事。那年岁末，书店来了一位娇小可人的中学女生，她是利用寒假期间志愿来实习和体验一下售书生活。当年，她也许是怀揣着这样一个梦想：从这里起步，一直追逐着日后的圆梦——图书馆。她就是时隔二十年之后的现任市馆副馆长吴谷。不谓今又重逢，作者多添了一份温馨和亲切而高兴。

异军突起

图书馆办书店固然有其得天独厚的地理优势（位于市区中心），有读者的群体，但它毕竟规模很小，毕竟没有国营书业的覆盖全国的主渠道的营销优势。

我们的进货渠道主要来源于沪上一带出版社，由于进货量少，出版社给出的进货折扣很少，一般为七点五折，甚至有八折。

我们从温州市的实际情况出发，有感于当地知识界、美术界读者为购买高层次学术著作和美术书籍的困难，我们分析了市新华书店的进书情况，决定担点“风险”，办一家有自己特色的书店。因此，我采取了“人无我有，人有我齐”为宗旨的经营思想来指导日常的业务工作，以弥补主渠道的不足，做点拾遗补阙的服务项目，主要经销艺术方面的图书，尤以美术领域（绘画、书法、篆刻、雕塑、摄影等类）图书，和有价值、有影响的文、史、哲学术著作及部分相关的工具书为主。

通过一年来的摸索、实践，已经逐渐形成了自己专业型的经营特色，出售了不少有影响、学术价值较高的图书，如国外美学译著丛书方面有《艺术心理学》

《艺术与视幻觉》《美感》《情爱论》《爱情心理学》《弗洛伊德后期著作选》《人论》等等。当时省级的“现代社会学比较研究丛书”，第一辑六种，一上柜就销售一空。当年，销售金额近二十万元。

新华书店是具有光荣传统的老店，几十年来，读者买书爱往新华书店跑，从这点看，有权威性。而今在图书发行体制改革的新形势下，集体、个体一起上，我们的开业，对市店（新华书店）可能是一个不小的冲击。为了在激烈的竞争中立于不败之地，我们首先坚持以社会效益为最高准则。在突出经营特色的各类图书的同时，注重配合当前政治学习中市新华书店暂时告缺的书籍的进货，如在配合整党、普及法律教育学习中，我们千方百计地在上海沪版图书贸易中心组织了有关书源如《中国共产党章程》《公民法律常识读本》的进货，这些书一上柜很快销售一空。

说老实话，我对当时一些出版部门大量印行新武侠小说之风，是有看法的，我的态度是：在无损于既定的经营品种特色的前提下，可以不显眼的方法、方式出售，凡是公开发行的正式出版物则进货；凡属规定为内部发行的（当时有此规定），如《书剑恩仇录》上下册（花城版）、《济公全传》上下册（花城版），则采取发通知供应基层图书馆（室）和个别已预订登记的读者购买等办法，宁可自己麻烦一些，不可不注重自身的声誉与社会影响。

随着对外开放的深入，读者视野的开阔，信息传递的加快，我们坚持按月或半月到外地认真组织货源，从茫茫书海中，精挑细选高质量的图书以满足读者的需求。

我们的这些做法，取得了较好的社会效益和经济效益，并赢得了众多读者的赞誉。

在保持与突出品种特色方面，我们的做法是：

1. 注重省级重点图书和适应不同层次读者需求的书，如《中国民俗学与民俗史》《百子全书》《唐宋词通论》《两浙著述考》《郁达夫新论》《莎士比亚研究》《中国比较文学》《金圣叹选批唐诗》《明清中篇小说选》等等。此外，新近出版的《生活启示录》已出五种和“现代社会学比较研究丛书”，也深受读者欢迎，畅销不衰。

2. 专柜陈列、经销温州籍作家、作者的著作，尽量搜集齐全，显示温州人杰地灵，文化荟萃，对吸引读者起到很大作用。如《夏承焘词集》《天风阁诗集》，王季思的《中国十大古典悲剧选》与《中国十大古典喜剧选》，董每戡的《说剧》，林放的《世象杂谈》与《未晚集》，吴景荣主编的《汉英词典》，叶大兵的《百戏史话》，等等。

3. 美术图书、品种近百种，有美术史论著、书画技法、画家传记、实用工艺美术、装饰美术等等。可供不同层次的美术工作者或业余爱好者的需求。最受欢迎的是实用工艺美术、绘画技法、书法碑帖等方面的。这些书，我店一直是热销的，深受美术界读者和业余绘画爱好者的欢迎，甚至连市新华书店的个别同志也常来选购，并表示满意。

4. 注意传播当今社会科学领域内新学科、新信息、新知识的有影响的学术著作和高层次的专著（包括系列化丛书），如《中国甲骨学史》《中西文化交流史》《中国彩陶艺术》《中国美术史纲》《当代新学科手册》等等。

此外，对启迪当代青年思想，指导学习成才方法的知识读物，也很重视，在我们的图书结构和储备中占有一定的比重。如“当代大学生丛书”（上海人民版）、“学习之友丛书”、“夜读丛书”（学林版）、“生活启示录丛书”（浙江人民版）和“五角丛书”（上海文艺版）。

5. 甘为读者作嫁衣，开展为读者找书、配书、预订、补缺等项目。如当畅销工具书《辞海》（缩印本）、《新华词典》或《情爱论》《爱情心理学》等类书籍缺货时，就请读者预留名字、住址，等待到书时通知前来购买。又如代为读者向外地补配图书。一次，温州某高校一位老师急需闽版的《中国古代经济思想史稿》一书，跑了不少书店都没有买到。当我们去福州进货时帮他买了一本，该老师高兴极了，连声道谢不已。又有一次，有位高龄道士为购买一套《百子全书》（浙江人民版），跑了好几个县的新华书店都没有。一天，当他跑到温州市店打听购买时，偶然听旁边的一位读者说我店有书，立即赶到我店花了50元钱买走了最后的一套，如获至宝，连称好运、好运。

6. 为方便读者买书，我们就延长营业时间，从原来上午七点半至下午五点半延长到晚上八点，改变了过去读者上班，我们开门，读者下班，我们关门的状况。这一调整，既方便了读者买书，又增加了销售收入。

竞争出压力，竞争出活力。在激烈的竞争中，特别是面对主渠道的新华书店，我们书店不能不下决心奋力拼搏，力争以高质的图书取胜，以优质服务取胜，以信誉取胜。在竞争条件极不等同的情况下，我们是有压力，有“危机感”的；但也促使我们的努力求存，发奋图强！

停业结语

从白手起家到异军突起，从兴盛发展到突然停业，只有一年半的时间，短暂一瞬，却给我留下一段难以忘怀的记忆。

一提起关门的事，不禁思绪万千，感慨系之。无论在回首身临其境的当年，还是时过境迁二十六年之后的今天，我心之沉重、无奈；情之惋惜、眷恋，依然犹存。

这里需要说的是相关环节的经过：

凡从事过书店的人都知道图书销售部门，都会例行定期盘存，清点图书，核实库存。我们也不例外，每月盘点一次，但就在这次引发停业的盘存中出现亏负，竟成了书店不再开门营业的终结之兆。

其实，据我所知，书店经营以来是略有盈余（这可从逐月报表查明）。我想不至于严重到这般地步。馆领导之所以不想再办下去，事出有因：一、原本说好联营合办，但实则只是名义而已。实际经营运作全靠我们一方之力不说，而且还得投入人力和财力，得不偿失，难以坚守。二、自办书店风险大，卖书利润低，运输费用高，收益少。不如停业转型，收回场地，谋求“生财之道”——出租铺面，省心省力，经济效益看好。

依我说，这便是停业的原因所在。至于盘存不实，引发关门，只是起因的导火线罢了。

从馆里的角度讲，倒也无可厚非，而遗憾的是在具体处理和做法上有欠周全。说实话，当时就自己感情来说，难以接受，无可奈何；暗自伤神，委曲求全，听其自然，“不求有功，但求无过”，稳中求进则好。

最后，借此抒怀片语：我因书店的开办而光荣入党，夙愿得偿；也因书店的特色，得到认可，赢得口碑，同时，也曾受到省出版总社出版研究室主任、主编蒋德闲先生的赞赏，并应他的约请写了一篇近五千言的介绍文字，刊于 1986 年上半年《出版与研究》上。

岁月在不经意间从身边划过，垂暮追忆，亲历历史，留下回忆，聊以慰藉。

感谢图书馆《籀园》编辑部和主编张永苏先生关心、鼓励和盛情约稿。

（原载《籀园》2012 年第 1 期）

“炸药包”扛在肩上

柳树椿

1965年，温州一中毕业，毕业那年赶上高中毕业支边新疆的政策，因我的视力差，外加我会经常出鼻血，当时的街道主任，就不让我去，给我安排其他的工作，我听到后很高兴。分配的工作是街道企业做印刷的工作，三毛钱一天，后来提到五毛钱一天，一直干到了1971年。“文革”开始以后，温州越剧团需要古弦乐的演职人员，我就去了，去做吹奏乐。这个工作一直做到1978年。当时女子乐队恢复了，越剧团就用不上我了，于是本系统调动，就把我调到了图书馆。

图书馆好多部门都做过，首先在科技阅览室做借阅，由陈铭兰负责，三个工作人员，两个女同胞，姜丽华、陈铭兰。自我感觉做得还不错，帮助不少读者出了成果。比如有个瑞安农村的青年读者，做食用菌种植，过来找资料，当时我们的资料比较贫乏，我就陪她去西山的农科所待了一天，那边工作人员也热情，教他怎么培植等。跑了几趟，隔了一段时间，我把这个事情也忘记了，过了两个月，我上班的时候，传达室的人有个东西转交给我，我打开一看，就是食用菌，有一小包。我想起来应该就是这个读者送的。

当时图书室都是闭架的，读者来找资料，都是我们根据读者需要，把书找出来。用的还是卡片式的目录。

然后去了报刊阅览室，报纸期刊放在一起，过了没几年，到了辅导部，到基层图书馆做辅导。当时辅导部是林启旦负责。林启旦这个人很能干，个人经历比较坎坷，他是托派，刚开始我是不知道的，落实政策以后，调到我们馆里，作辅导工作。这个人很聪明，他会做汉字编码，做事情认真负责。做培训班时，五六点就起床，电话打给我，我们出发吧，到车站去接。那个时候，培训班是（面向）全省的，各个市县都有过来的。

郁宗鉴，我们的老领导，这个人不但工作认真，记性很好，每周星期五业务辅导，主要做文学辅导。古典诗歌培训、散文讲座。柯国臻主要做谜语，那时候有个说法，叫南柯北陈，南方成一派，全国有名。

九十年代，到了地方文献组。陈寿楠快退休了，先过去的是张玲玲，工作还是没什么起色，然后张玲玲回来，我过去。沧河巷条件比较差，古籍部搬出后，都是一些旧期刊、旧报纸。先是弘音在那边做，然后张玲玲过去，陈寿楠负责，解放以前的报纸都堆在沧河巷，那时很多部门开始做部门志。做这个工作一般都需要翻阅老的报纸，沧河巷就是接待这部分读者。

陈寿楠除了接待工作以外，因为他本身是戏剧专家，毕业于上海戏剧学院，读书的时候，别人给他取了一个外号叫“资料员”，也在里面找了不少东西，收获不少。其次他喜欢买书，看电影，他收藏了好多电影票。再次他有韧性，他第一次出《董每戡集》，资料都收集齐全了，结果书出不了，中山大学的一位教授说他的学生在出版社，可以帮助出版，对方提出一个条件，要署名，其实就是写了一个序，把自己的名字放在前面，陈寿楠放在后面。他当时不高兴，不过书已经出了，也就算了。还有一次为了出版一本书，书上陈寿楠的名字提都不提，后记道谢的话也没提他，书也不给，还要自己跑到新华书店买书。

然后我过去了。这个工作不容易，古籍部搬到上村以后，就剩下一些旧报纸，排架很乱，沧河巷就剩下我和一个临时工，没法找资料，花费的时间比较长，读者也要在哪里等。我们用卡片重新编号，找起来方便，这个工作做了一个多月。

当时，张宪文起草了一个地方文献征集办法，我就按照这个办法，开展工作。说简单也简单，经常跑出去找别人用，说复杂也复杂。有次我想起来，民主党派应该有些资料，那时候民主党派大楼不在墨池坊，在周宅祠巷，那天刚好统战部在那边开民主党派主委会议。我那时胆子也很大，打断他们的会议，同他们的会议主持人说打扰五分钟，把我们的征集办法读了一遍。他们莫名其妙，过来干什么的？我开始解释，我是图书馆的，准备向你们征集一些民主党派的资料。回来以后，我想想，自己真的有点唐突。不过后来有效果。

征集地方文献的最大难度就是信息不畅通，我们不知道哪里有东西。后来工作时间长了，我电脑不会，就是看看报纸，看到有关信息后，我直接打报社编辑部的电话，询问有关信息。还有一个发现线索的办法，就是拿到一本征集到的文献后，他后面会有参考文献，或者会提到以前的著作，我就追过去，告诉他以前的有些资料，我们馆还没有收藏。体会最深的是，我在馆里二十八年，交了好多读者朋友，他们对我的工作很支持，他们大都是主动联系我，给我提供线索。

比如我打听到这个人住哪个楼，那个房间。有些楼没有电梯，我要爬上去，爬到了，不是这个楼，又要下来，这个倒没什么。有些书比较厚，比如《温州市人民代表大会志》，那么一大本，给你三本。我都当成一个炸药包扛在肩上，背到馆里。那个时候条件没现在好，那个时候三轮车五元钱，馆里报销不了。

胡雪冈先生著《孔尚任和桃花扇》

刚开始一个月，征集到的文献没有几种，征集的量少。当时黄德康是市委秘书长，我直接到他的办公室，要求他把我们的征集文件转发，效果很好，起到不少作用。后来顺手了，每月的征集任务都是超额完成。到退休的时候，我还留了两个月的任务交给晓映，开玩笑说，这两个月你可以不出门了。在这个工作中，我觉得搞著作展作用也明显，有一次我们在池上楼办个人著作展，有个网络作者，出了好多书，就是看到这个展览，送我们两套。还有其他一些人看了展览以后，给我们提供了很多线索。我们就根据这些线索给他们发征集函，以后发征集函也是我们征集文献的一个重要途径。

张国然，在越剧团和我是同事，工作细致，整理档案。园西巷快要开馆的时候，向温籍书画家征集书画作品，做了一次小型的展览。当时的副市长马云博都来了，拍拍潘馆长的肩膀说，你不要小看这些字画，这些都是财富。比如永嘉乌牛的林曦明，他的字画都要一万多，而那次征集给了我们四张。档案需要整理，这些字画怎么办？编号后，存放在档案室。工作做得很细致。

温籍作家许思言有个遗言，希望把藏书捐赠给家乡图书馆。种种原因，一直没有兑现。他有个女婿是上海医科大学图书馆馆长，也帮我们说话，他说图书馆搬新馆藏书还没给的话，以后别人就不要了。这个我们倒不会。问题在于许思言的老伴舍不得这些书，感情很深，也不是不同意，看到这些书就像看到老伴一样。后来年纪大了，从老房子搬出来了，我们去接收，和我一起去的有叶正康。有三千多册书，有整套的古籍，质量很高，装袋装了十件。

2013 年 7 月 16 日，温州百榕大厦

（本文系口述稿，鲁方平整理，并经口述人过目审定）

十年耕耘　春华秋实

郑笑笑

2000 年到 2009 年是我国改革开放不平凡的十年，是我国社会事业持续发展的十年，也是人民群众对文化需求日益增长的十年。我有幸在这十年主持温州市图书馆的全面工作，参与和见证了温州市图书馆这十年的建设与发展。常常为温图精神所感动，为温州图书馆人的坚韧、努力、刻苦、忘我而自豪。

2001 年初，市委市政府决定在新城中心区与市档案馆合建一座三万平方米的新图书馆，消息传来，我们兴奋不已。当时园西巷新馆开放不到五年，五年又能上一个新台阶，温州对文化建设的高度重视，当时在全国图书馆界引起了很大反响。为了新馆建设，我们在主管局指导下北上南下考察了不少国内比较先进的图书馆。当得知刚开放的首都图书馆被评为北京市十大优秀建筑，且它的面积、使用功能与我馆的规划差不多。我们即赴北京，找到首都图书馆的建筑设计师——北京建筑设计院的高工徐健，请他为我馆新馆设计。当时徐先生已设计过国内外多个图书馆，对图书馆内涵与服务功能了解透彻，是国内屈指可数的图书馆建筑设计专家。想不到他却婉言谢绝。因政府工程建设需要招标，北京设计院担心地方保护主义，他们难以中标，不愿做没价值的投入。而后我们又多次邀请沟通，最后设计师被我们的诚心所感动，答应前来投标。可投标结果出来，北京设计院的设计方案名列第二，这是意想不到的结果。我们反复研究拟中标的第一方案，认为外形虽然现代漂亮，但在图书馆主要功能设计上有很大缺陷，如外借部门设计在十一楼，多功能厅设计在十五楼，贮存书库在一至二层。这些主要功能区确实难以满足图书馆服务工作的需求，而且这些主要功能区又不能再做大的调整。当时我们心急火燎，连夜向市政府写出要求由第二方案中标的报告。在市委市政府决定工程建设的重要会议上，文化局瞿纪凯局长为每位与会者送上由我馆提供的关于第一设计方案严重违背图书馆使用功能的分析材料，并力推第二方案，有理有据，得到与会领导的大力支持，当即决定录用第二方案。设计方案的确定使我们松了一口气，但这只是迈出了新馆建设的第一步。水电、空调、消防、装修及智能化网络等等，从土建到竣工，大大小小评审会，招标评标会开了几十个，虽然工程建设是由市中心区指挥部负责，但我们无一不努力争取与会，提出我们的专业要求。温图人坚韧不拔的事业心和高度的责任感促使我们在新馆建设中不敢有丝毫松懈。

建筑工程如期完成，紧接的是繁忙的书籍搬迁。全馆同志团结一致，心往一处使，汗往一处流。班子成员分工协作，安排带领馆员们清点图书，打包，运送。书籍搬迁既是技术活又是体力活，为减轻馆员劳动强度，我们曾去劳力市场请来几位劳工帮忙，可不到半天他们就全部跑掉。馆员们高强度连续打包传递，以至一位女馆员悄悄对我说，自己夜里做梦还在搬书，两手不停地摆着，还说着梦话“快快快”，被老公梦中叫醒。可敬可爱的馆员们，让我好感动！副馆长张启林带领男馆员们重活累活双肩挑，温情可人的女馆员们也个个成了女汉子，互相间还笑侃，打包搬书免费健身减肥。近 80 万册图书清点下架，打好包编上号，再运至新馆。大卡车白天市内限行，装车运输必须在半夜进行，清晨结束。为了确保图书装车及运输的安全，男馆员们轮流跟车。古籍搬迁是我们工作的重中之重。馆员们戴上专用手套，小心翼翼包好 15 万多册典藏古籍，装箱编号。市公安局对我馆的工作给予大力支持，派出武警专车押运古籍，除了武警，馆领导与古籍部的同志们押车随行。温图人在不同年代以不同的方式精心尽力保护着国家珍贵的文化遗产。

在计算机快速发展的 21 世纪初，社会对新馆的网络化，数字化，信息化建设提出了更高的要求。时任技术部主任的胡海荣勇敢受命，带领年轻的团队，以初生牛犊不怕虎的精神，夜以继日，做方案，选设备，布网络，安装调试……后勤部门的同志们为新馆的借阅、办公、消防等设备设施的招标添置及改造尽心尽力，加班加点。采编及借阅部门的馆员们为图书的清点上架，书目数字化，以及新书的采编加工等等任劳任怨。社会活动部的馆员们为新馆讲座，展览，知识竞赛等各项读书活动的开展精心策划。信息服务部的同志们为专题信息开发与服务全身心投入……全馆以满腔的热情与高度的责任心各尽其职做好新馆开放前的所有工作。

我们的工作也得到了社会各界人士的大力支持。温州大学张索老师（现为华东师范大学副教授）更是尽心尽力给予帮助，为全馆的形象设计出谋划策，馆名悬挂、大厅对联、空间装饰无一不倾注了他的心血。在他的努力下，“十年树木，百年树人；刚日读经，柔日读史”与“书从历事方知味；理到平心始见真”两对大幅木制对联悬挂图书馆正门与大厅，展现了温州图书馆深厚的文化底蕴与承载的社会责任。原温州社科联副主席洪振宁、原温州作家协会副主席李涛等为图书馆各项活动的开展都给予满腔热情的支持。他们对温州本土文化的热爱，对温州建设事业的奉献精神深深印在我的脑海里，也深深留在我的心中。

2005 年 12 月 10 日（11 月 14 日试开馆），凝聚着集体心血汗水与智慧的一座现代典雅的图书馆全面开放，在温州新中心区世纪广场打开知识大门迎接读者的到来。

现代化的图书馆需要坚强有力的领导班子与优秀的团队来管理，在上级的高度重视下，一个团结协作，专业化年轻化的图书馆班子诞生，带领着全馆同志以文化传承与发展为使命，以服务社会为己任，提升馆员素质，提高服务质量，满足社会对文化的不同需求。首先我们创新观点，形成共识，新图书馆不单单是看书借书的地方，而是人们读书学习、信息交流、文化传播与休闲的社会文化中心与接受终身教育的场所。文献借阅数字化，专题信息开发，各类知识讲座，展览培训等等全面开展，社会效益明显，得到上级与读者的大力支持与肯定。

为提升服务质量，树立新时代图书馆员新形象，“有为才有位”，“百答不厌，百问不倒”成为馆员的追求目标与衡量标准。竞争上岗，人才引进，资深馆员上一线，学术研究，在职培训，礼仪训练等经过全方位的努力，馆员的精神面貌和服务水平有了较快提升。在全省图书馆自动化竞赛中，我馆荣获团体赛第二名，胡海荣荣获个人一等奖。继而胡海荣代表全省参与全国图书馆自动化竞赛，荣获团体一等奖（三人组队）。馆员们实践与学术研究相结合，更是硕果累累。在 2006 年 7 月中国图书馆学会学术年会上我馆馆员参与学术交流的专业论文质量与数量得到图书馆学专家的一致肯定，我馆荣获优秀论文组织奖，是全国唯一获此殊荣的地市级图书馆。2008 年 7 月在上海召开的中图学会青年学术论坛图书馆礼仪展示会上，我馆四位青年馆员展演的《图书馆员快乐忙碌的一天》书车舞展示了温图人积极向上的精神风貌，满满的正能量感动着每位参会者，中图学会汤更生秘书长当场给我发来短信：“温州图书馆好样的，真棒！”我馆得到了礼仪展演优胜奖（第一名），颁奖仪式上馆员们灿烂的笑容，知性挺拔的身姿，在我心里胜过奥斯卡的明星们。

十年耕耘，十年收获。我馆荣获全国先进文化集体、浙江省文明图书馆、温州文明示范单位、国家一级图书馆，副馆长仇杨坪成为温图解放以来首个温州市劳动模范……十年，转眼一瞬间。但给书海泛舟的我却留下很多美好的回忆，她丰富了我的人生，增强了我的阅历，使我的人生观价值观得到了提升。温州图书馆永在我心，温图情缘天长地久。

长江后浪推前浪，今天的温州市图书馆在上级的高度重视与社会的有力支持下，在全馆同仁的共同努力下，法人治理结构改革走在全国前列；城市书房在浙南大地遍地开花。书刊借阅数字化智能化，知识讲座，公益培训，文化驿站、书香门递等专题活动等等成为温州市民文化生活重要的一部分。中央电视台及全国各地媒体争相报道。我作为温图的一位老馆员感到由衷高兴与骄傲。

2019 年 5 月我们将迎来温州图书馆百年华诞，在这硕果累累，喜庆满满的日子里，送上我的祝福：祝温州图书馆百尺竿头更进一步！愿艰苦创业，团结协作，坚韧不拔，积极服务社会的温图精神代代相传！

2018 年 5 月 28 日于杭州

籀园，我心中永远的痛

潘猛补

九山河畔的籀园，世上再也没有人比我对她更觉亲切了。我的外公徐光熙曾经在此工作，我的父亲潘国存、母亲徐笑中也在此工作，在此相爱，在此生活，我的两位姐姐在此出生，连我的外婆及表哥也在此寄居。俗话说爱之深，恨之切。籀园，我心中不仅有美好的怀念，更多的是我心中永远的痛。

那是时在我整理父母的遗物时，一张发黄的老照片所引起的深深痛楚。依稀的景色都已经渐渐斑驳，不过很难忘却的依旧很难。早年的籀园有曲槛临流的回廊和松柏拱护的亭榭，那碧绿的波澜边有一月洞门，摄影家邵度正在籀园此处取景，创作名作《洞天月色独苍茫》，籀园图书馆馆长梅冷生先生就请邵度在月洞门下为我母亲摄影。母亲刚刚生下第一个孩子我的贝子大姐，于是母亲抱着爱女，留下这张照片。照片中的母亲是那样恬静年轻，怀中贝子是那样天真无瑕。这是贝子大姐唯一照片，贝子大姐早觞，今生我注定与贝子大姐无缘相见。正当1949年温州和平解放，我母亲第二个孩子我的大补大姐将要出世，时全城戒严，父亲在浙南游击纵队胡景瑊主任处打来通行手令，由工友从九山河划船送母亲至医院生产。一个新生命伴随着新政权一起诞生，可是贝子大姐却随着肃托运动而夭折。父亲在籀园图书馆工作时为党干了一些工作，在思想上一直倾向共产党。可是由于曾在瓯中为温州托派负责人黄禹石代过课，与温州托派负责人王国龙曾在永中同过事而相识，为《地方新闻》写过文章，帮王国龙编过副刊。这些在现在看来是十分平常的经历，却在那暴风骤雨的年代里成了莫大的罪状。所以一解放就因托派朋友问题即予扣押审查。一个对党充满感情的知识分子，却被党所怀疑，所审查，其个中苦楚是外人所不能理解的。母亲一人无精力照顾好两个襁褓中的女儿，贝子大姐不幸染上肺炎撒手人寰。不久父亲被释放，但没有给任何结论。稀里糊涂被拘，稀里糊涂被放。失去爱女的父亲在照片后题上自己的思念。想不到题词在“文革”中被定为向党进攻的罪证。上帝判我相思无期，籀园成为了我心中永远的痛。籀园庭前花丛蜂蝶相戏，我的泪眼再次迷离，树上鸟儿欢叫，也成了揪心的悲啼，父亲母亲及贝子大姐想必你们能在天堂相会，让憔悴的心得到慰藉。

最初我对籀园的认识只是停留在父母的口中，真正见到籀园却在很晚。20世纪70年代初，我就读于温州一中高中部，而籀园归一中所有。籀园当时早已经荒废了，一个空荡荡的院子几间破房。风里，满地的落叶在我的脚边翻卷着，半月形的小池早已干涸。在那西式结构的藏书楼前，我的第一印象好像到了农村生产队堆放农具的地方，看到的是满屋的锄头簸箕扫帚，当时斯文的确不如扫地。籀公祠里看到木工在抡大锯，籀公祠成了木工房。平常说的话是"鲁班门前弄斧""孔夫子面前背书"已极尽讥讽之能事，想不到形成籀公面前弄斧的荒诞一幕的黑色幽默，更是无可奈何，很是痛苦。这就是"文化大革命"中的籀园。我内心怎能不感到伤悲呢？那时学校的教学还没有走上正轨，学校开展"学工学农"活动。所谓"学工学农"，就是学校要在教学的同时，学生抽出一部分时间学习工业技术和农业技术。那个人人打了鸡血的年代，像传销洗脑那样要成为世界革命的接班人和四肢发达的劳动者被认为是最崇高的追求。学校要我们把籀园荒芜的假山和干涸的小池填平作铅球场用。每天早上我和同学拉着板车去雪山上搬运黄土，大约一个星期，累得够呛，最后总算熬过来了。籀园小池是文化的泉眼，宋杨万里"泉眼无声惜细流，树阴照水爱晴柔。小荷才露尖尖角，早有蜻蜓立上头"的诗句最合此景。可是作为小荷的我，却未露尖而败枯，反亲手埋葬了文化的泉眼，将美毁灭。真是我的罪过，原谅不懂事与少年意气的我。籀园，对你说声对不起！

本来我是有机会为自己罪过赎罪，20世纪80年代初，市里要建图书馆古籍部，曾经有将古籍部回迁籀园的意向，我想通过既是我的老师又是我所在古籍部的老读者洪震寰先生做工作。虽然洪先生对我说："我尽管已从一中调出，但我始终认为籀园还是作为古籍部最合适，我一定支持。"可是洪先生比不上温一中强势。一中抢先在籀园所谓空地上建了四层楼的图书馆。新建筑物挺立在上，相形之下籀园更显得特别矮小逼仄及无奈。建筑物像刀一样插入籀园，也插入我的心。籀园，又成为我心中永远的痛。

籀园被封闭了的大门的青石门楣上，张謇所书"籀园"两个大字透着历史的沧桑与庄严。每每在经过籀园的门前，我都要投以敬畏的目光。也许籀园，还是我心中永远的痛。现在只能用我的一颗遗憾的心，用我笨拙的笔，把你的一生点点滴滴收藏，也算是在心中对你的怀念和敬意。岁月剥蚀，籀园的大门自“文革”被封堵之后，从来没有开启过，如今确实还是一个古老的砖石结构的悲凉的围城。虽然教育史馆已在籀园开馆，但现在开的不是正门，是破墙而凿的一爿小门，籀园成了某一部门的自留地，贵族小学的后花园，还缺乏应有的尊重，未发挥更大的作用。籀园是温州所有知识者的精神家园，籀园不愧为温州最具人气的文化地标，是一座传播知识、普及文化的灯塔，放射着不灭的光辉。籀园，你是温州读书人的圣地，是温州读书人的麦加、耶路撒冷、兰毗尼。膜拜朝圣之旅通常是一个精神之旅，往往充满艰辛。许多朝圣者出发前往那神圣之地，希望当成一种悔过或是去实现诺言。籀园的大门何时向我们重新开放？何时慰平我痛楚的心？我们共同努力，我们共同期待。

（原载《籀园》2013 年第 2 期）

籀园追梦

——青年读书会琐记

张永苏

近日翻弄籀园老档案，其中一张泛黄的老照片吸引了我："籀园图书馆青年读书会成立大会摄影，民国二十九、十一、十。"虽然照片老化严重，已有残缺，人像也不太清晰，但人数之多却激起我追寻那段往事的兴趣。由于时代久远，有关籀园读书会人和事的记载大多已经湮灭，幸好20世纪40年代的老《籀园》曾出了一期"青年读书会成立专号"，为我们保留了那段历史。

温州读书风气素盛，近代以来，随着新式教育的普及和公共图书馆出现，众多的年轻人怀着吸取新知、提升自我、追寻真理的梦想，纷纷结团读书，至民国，遂达高潮，以抗战期间为最，各类读书会如雨后春笋般涌现，如由温州中学学生赵瑞蕻创办，马骅、林斤澜、唐湜、胡景瑊等参与的野火读书会，名噪一时。不过，当初大多读书会是小众的，一般不超过二三十人，而规模最大的，则非籀园图书馆青年读书会莫属，成立之日便有会员73人，至1940年底便增至117人。

籀园图书馆青年读书会成立于1940年11月10日，由籀园图书馆主办，孙孟晋馆长亲任会长。成立大会假座窦妇桥增爵小学大礼堂举行，共有温州各界代表13位和会员73位参会，其中女性13人。代表中有来自温台防守司令部、国民党永嘉县党部、永嘉县政府、三青团永嘉分团、永嘉县教育科等机关团体的负责人、学界和新闻界人士，可谓党政军、文教卫齐全。来宾虽然政界人物居多，但也不乏温州中学数学名师陈仲武这样的学人。

既然名为青年读书会，117名会员，除了孙馆长已年逾四十五外，三十以上的不到五人，绝大多数是二十左右的青年人，他们满怀激情，聚集在籀园图书馆的大纛下，追寻未来的梦。翻开发黄的"籀园图书馆青年读书会会员录"，在众多的追梦人中，还有几个熟悉的名字映入眼帘，其中比较耀眼的有：

洪焕椿，他是孙孟晋的外甥，年少时一直跟随在舅父身边，那年20岁，刚从温州中学毕业。不久孙孟晋先生调任浙江图书馆馆长，他也跟去当了馆员，干了四年多，奠定了做学问的基础，随后又跟从孙孟晋来到浙江通志馆任分纂。解放后，没进过大学门，只是在"图书馆大学"浸淫多年的洪焕椿当了南京大学历史系教授，成了著名的文史和目录学专家。

李成勋，1916年生于浙江温州，字曼庄，号双屿山民、瓯江钓叟。1933年考入上海美术专科学校国画系，师承刘海粟、潘天寿、黄宾虹、汪声远等。其连环画与年画《春香传》《彩楼记》《春草闹堂》等曾广获声誉。他的艺术造诣深厚，堪称大家。1983年被聘为上海市文史研究馆馆员。当年他25岁，在温中附小当美术老师，好学又热心社会活动，是籀园图书馆的常客，故而被选为候补干事。去年98高龄的李成勋先生还在他的学生戴宏海，温州书画院正副院长郑方伟、陈默等人陪同下来温参观温州书画院新大楼展览厅和"迎春书画展"。

出人意表的是，在这群追梦人当中，还看到我的老师周仁生名字。周先生又名任辛，1922年出生。1940年他18岁，温州中学刚毕业就考上浙大外语系，这年夏天，他从学校回到故乡温州度暑假，怀着年轻人纯真的梦想加入青年读书会，也是这时候由林松祺介绍，认识了王国龙，加入托派组织，成为一位忠诚的马克思主义、托洛茨基主义者。他早年从事宣传工作，捕前任托派中央的宣传部长。1952年12月冬至日"肃托"案被捕，判无期徒刑，直到1979年6月5日才完全获得自由。虽然前后总共被关押长达二十七年之久，但矢志不渝，不曾放弃年轻时候的理想。晚年定居在温州，从事外语教学和翻译工作，以高尚的人品、渊博的知识和无私奉献的精神，赢得温州人的尊敬。他留下译作有：《国际事务概览1959—1960》（合译）、《先知三部曲》第二卷、《彭述之回忆录》（由法文本译）、《托洛茨基文集补遗》上下两卷，此外还译了大量的短篇文章，2006年马克思主义研究促进会还整理出版了《周仁生文存》。

此外还有杨涵（版画家）、周冠华（后任台湾"立法院"秘书处处长）、鲁剑光（温州音乐界前辈）、陈惠开（温中高中部1939年秋季毕业，留学美国获电机工程博士学位，俄亥俄大学教授，先后获全美杰出教育家奖，西德洪堡奖、日本科学促进会最高奖等）、李树人、郑铸（又名郑汉杰，解放后任《宁波日报》总编辑，后调任中共浙江省委宣传部，再调浙江省人民广播电台任副台长、台长）、朱鹏（温中高中部1942年春季毕业，曾任温州中学副校长、温州师专副校长，出版有《图南吟稿》)、张树云(温中高中部1942年秋季毕业，版画家、美术教育家，南京艺术学院教授)、单雨龙等人。深信会员中像洪焕椿、李成勋、周仁生这样的出色的人一定还有不少，仅凭本人的孤陋寡闻，实乃难窥全豹，有待有识之士去进一步揭示。

籀园青年读书会的组织比较正规、严谨，除了会长外，干事会有总干事一人负责日常工作，加上九位干事，四位候补干事，而且下设总务、组织、研究、出版四股，每股设正副主任各一人和股员多人，可谓济济一堂。那简章更是正儿八经，分总纲、会员、组织、会议、经费、导师和附则，足足有七章二十五条，一点不输于今日的社团。此外，还有一个《籀园青年读书会工作计划纲领》，不但阐明读书会的目标、原则，还仔细罗列出组织、研究和出版三方面的内容，那雄心勃勃的计划，几乎可以和一个政党纲领比肩。当然，读书会活动也不差，从1940年12月到1941年12月短短一年，主要活动就有：王季思《谈读书》《怎样写时事论文》《温州南戏在中国戏剧史上之地位》、汪远涵《太平洋战争之透视》等讲座，以及1941年9月29日开始举办的“国学专修班”，每星期日下午在籀公祠开课，由本郡硕宿刘贞晦等任教。

有如此“大动作”的读书会，自然引起社会各方的关注，特别是国共两党的“关切”。据现年96岁的老馆员李作宇回忆，籀园读书会创办伊始，国民党和共产党就把它视为争夺青年人的阵地，只不过一个在明处，一个在暗处。从干事会人员组成和相关的民国文献档案来看这话不假：14位干事，除了三位籀园图书馆的人，县政府有三人，国民党县党部一人，三青团分团两人，警察局一人，小学教师三人，媒体一人，药房学徒一人。其中吃官饭的就超过一半，而且那位媒体人沙迦耶，身份更不一般——中国文化服务社永嘉分社社长，那可是国民党官办的出版机构，他是《温州新报》创办人，曾任永嘉县党部秘书、监察委员，是永嘉县图书杂志审查委员会成员，被中共浙南特委委员孙经邃称之为“反共专家”。当然，共产党也不含糊，据李老和中国大百科出版社的黄鸿森先生回忆，时年22岁的庄文俊，和黄先生在永嘉县政工队共过事，曾任政工队区队长、干事长、政工室指导员，他表面上是三青团永嘉分团宣传副股长、青年服务队队长，实际上是个地下共产党，而且颇受孙馆长的器重，据说孙先生调任浙江图书馆馆长时，还有意带他去呢！更为诡异的是，那姓庄的后来却不知何故叛党，结果一个风高月黑夜，在台州到乐清的路上被共产党游击队抓住送了命。那错综复杂的关系和情节足以再编一部《潜伏》!

读书虽然于个人是件拓展视野、增长知识、修身养性的私事，但是于民族和国家，则是关乎国民精神培育的大事。尤其在意识形态纷争激烈的年代，读书团体难免成了各党派之间的“兵家必争之地”。籀园读书会成立之初便带有浓厚官方色彩，可笑的是，籀园图书馆搞读书会的那班人，不知不觉被搅在里头。所幸孙馆长不久便调离温州，读书会未满两年也无疾而终，要不然不知会演绎出什么样惊天动地的故事。不过，不论政客们意图如何，图书馆引领社会阅读的职能则基本上为社会认可，所以青年读书会成立对社会就有那么大吸引力，对此笔者深有同感。20 世纪末，本人有幸参与筹建“温州读书协会”，虽然主办方也是官方——市委宣传部，但社会参与者也异常踊跃，短短几个月会员就逾千，可见图书馆作为承办方也是为社会认可的。可惜的是这个读书协会后来也莫名其妙无疾而终，令人叹息。

最后想谈点题外的话，最近有传闻，我国要对公民阅读实行立法，作为业界内人士，却有种“别有一番滋味在心头”的感觉。读书当然是好事，但属于个人修为和爱好，好像不是法律所能限制的，而推动全民阅读则是作为主要公共文化服务机构的公共图书馆责无旁贷的职责，理所当然要依靠国家法律来强制实行，所以为图书馆立法才是任何负责任国家的应有作为。怪就怪，该作为的不作为，无需作为的偏要为，就像那个“常回家看看”的立法一样，我们的立法者似乎对如何规范公民生活品行和习性情有独钟，而对那些政府行为有强制性的法律，如《图书馆法》，却“犹抱琵琶半遮面”，纵然是“千呼百唤”，依然是羞答答不出来！但是，相信大家都明白，依据契约精神，让个人、团体、政府每个社会分子回归本位，各司其职，各尽其责，才是正常社会应有的常态，人们能够在这样的社会中工作、生活、学习，各得其所，其乐融融，这应该是广大的中国人最大梦想吧！愿这样的中国梦早点实现！愿图书馆变成人间的天堂！也愿读书会真正成为读书人的一方净土！

（原载《籀园》2013 年第 3 期）

我与温州读书会联盟同成长

周仲亚

2016 年 6 月 16 日，偶然机缘，我跨行进入温州市图书馆工作。图书馆被称作没有围墙的学校，终生学习的地方，它的教育功能毋庸置疑。我从教育系统来到图书馆，带着推广阅读的职责和教书育人的使命，开启阅读推广创新项目——温州读书会联盟。

读书会联盟是个新提法，在接手这个任务之前，我忐忑过，只因平时读书甚少，如今竟然做起了教人读书的事情，多少有些底气不足。我困惑过，温州以生意人居多，组织市民定期参与读书会活动，不知能否坚持开展。我迷茫过，作为跨行业的图书馆员，如何才能打通与市民的距离，将阅读推广实实在在地惠及百姓。

带着这些问题，我在读者服务部王聪聪主任的帮助下，对全市读书会的情况进行了前期调研。调研后让人喜出望外，我们发现温州地区散布着大大小小的民间读书会，众多校园、医院、企业内部都有自己的读书俱乐部，并定期自发组织沙龙、讲座等形式多样的阅读活动，兼具公益色彩。这些读书会大多是由一群热爱阅读，并拥有分享交流欲望的人自发自愿组成的团队，多数负责人向我们反映，在读书会发展中遇到不少问题，如寻找场地困难，缺少阅读活动形式的策划引导，有时候经常为活动该选择什么样的书或有效的讨论话题发愁。他们非常渴望温州市图书馆能牵头成立温州读书会联盟这样的机构，让散落的读书会联结在一起形成合力，共同营造温州地区良好的读书氛围，让温州因为阅读而变得更加温暖。

对读书会的前期调研，极大地鼓舞了我开展工作的信心。我想通过自己的努力，读书会的合力，社会各界的助力，可以打造一个全新的公共阅读平台，我也将十八年的教育积淀反哺新的工作，服务社会。

温州读书会联盟是以温州市图书馆为主阵地，各单位读书会、民间读书会自愿加入，共同开展阅读推广活动和多元文化交流的公共阅读平台。它需要我站在为全市市民服务的高度设计方案，发动市民投身于全民阅读推广工作，这就意味着我要从原先只是服务幼儿、服务教师、服务家长的角色中上升到服务全市市民的层面，为提升城市文化品位和市民人文素养，出谋划策。

在这个共享时代，善于激活人脉，融合各方资源，是工作开展的关键。在读书会联盟成立之初，我最先拜访了《温州教育》主编林日正老师和温州半书房发起人陈长河老师。两位老师是有情怀的教育人，他们爱阅读，更爱家乡。对温州读书会联盟的创建非常支持，耐心地指导我该如何认识阅读的意义；该如何定位公共图书馆牵头的温州读书会联盟；该如何建章立制；该如何运营发展……在向他们取经的过程中，我的思维从固有的教育模式跳脱出来，用发展的眼光看待温州读书会联盟，它的作用是引领全社会向上向善地发展，而我正在开启最有意义的工作。

朱永新委员在全国两会上提出，建设书香社会，父母、教师和领导干部这三个人群最重要。我深有同感，儿童阅读推广已全面铺开，并向深度发展，而成人阅读似乎成了弱势群体，温州读书会联盟针对的人群，就要锁定成人，而成人中的父母、教师和领导干部就成了重中之重所要发展的人员。为了鼓励更多的单位、学校、家庭参与到温州读书会联盟，我不顾严寒酷暑，风雨交加，执着地走访各个单位、走遍街角巷落，动员各单位或民间组织成立读书会，并加盟温州读书会联盟，本着互惠互利、合作共赢的方式，推动全民阅读的健康发展。精诚所至，金石为开，我的每一次倡议都能得到各界积极响应，在招募期间，就有百家读书会成为温州读书会联盟的首批会员，壮大了我们的队伍，让我看到爱阅读的温州人正在向联盟走来，温州的书香味越来越浓。

有了这些美好的开端，我信心满怀同时又陷入新的困惑，我感到自己的经验储备不够支撑如此庞大的温州读书会联盟。我的困惑很快得到馆领导的重视，在胡海荣馆长的支持下，我参加由人民出版社筹建的“全国读书会联盟”学习会。我和来自全国各地爱读书的人坐在一起，听知名专家讲述有关阅读的点点滴滴，借鉴全国读书会联盟的优秀做法，这次学习让我又向前迈进了一步。我还记得那天去北京刚好是秋分节气，我随手带了一本《一起幸福读书会》陪伴我的旅程，并在自己的微信中记录到，幸福，是动词，是很多人一起行动的状态。我从事温州读书会联盟的工作，就是让很多人在一起阅读，享受最幸福的状态，我应该用心经营温州读书会联盟，让更多人加入幸福的行列！

经过一年多的运营，温州读书会联盟坚持以“联结社会力量，传播阅读价值”为纽带，构建“政府引导、各界融合、服务惠民”的公共阅读服务模式，致力于培育和聚合民间阅读力量，为全市各种民间阅读组织建机制、搭平台、促使全民阅读活动制度化、常态化、普及化。

在全民阅读的时代里，每个人既是参与者，也是推动者。各读书会在联盟平台下，定期走进图书馆、城市书房、文化驿站等公共阅读空间，面向市民开放“读书会客厅”，开展沙龙、朗读、讲坛等活动。在多元化的活动开展过程中孕育出许多优秀领读人，他们不仅承担着各自读书会的管理任务，同时也具备领读、品读的能力。在开展阅读活动的时候，他们以讲师导读、作品分析、角色分配等多样化的阅读方式带领读书会活动向高质量品读、多角度精读的方向发展，从而提高读书会的阅读质量，保障其活力和持续性发展，也进一步壮大阅读推广人的队伍。在优秀领读人的带领下，各读书会之间联合互动、融会共享，让读书会效益最优化，让阅读价值最大化。

读书会联盟还以弘扬和传承中国优秀传统文化及挖掘温州本土文化为己任，注重优质阅读内容的供给，阅读精品力作，弘扬时代主旋律。读书会联盟特别推出“每月专题读书会”，建立特色阅读风格，推广差异化阅读指导。在全市范围内举办大型读书会，如“年的味道——孩子们这样过年”阅读体验活动；“《白鹿原》三部曲——读小说、演剧本、观话剧”阅读联动；“温籍演员陶慧敏导读《人民的名义》”等主题书籍品读活动。邀请温州名人名家与读者对话，开展“曹众讲述《温州人的香港印记》”庆祝香港回归二十周年阅读活动；“温籍教育大咖共叙《开学第一课》”；“池上楼《中秋诗会》《金秋书会》”等系列活动，在读书会中还注重东瓯文化特色及非遗元素融入，如：瓯剧、瓯绣、瓯菜、瓯窑等分享沙龙，举办温州山水诗歌品读朗诵，弘扬和传承本土文化。

为适应数字化新趋势，推进数字化阅读发展，读书会联盟建立数字化阅读品牌栏目，定期在温州市图书馆官方微信平台推送，创造更为时尚便捷的阅读体验。读书会联盟开设【她·阅读】栏目，邀请知名女性与读者们共读分享优质书籍资源。栏目成立以来，先后邀请温医大校长吕帆，温州市委常委、宣传部长胡剑谨，副市长郑朝阳等女性开展系列好书、新书与好文推荐活动，营造良好读书氛围。温图线上荐书视频栏目【享·阅读】携手广大读书会书友，共同打造多角度、全方位的阅读专栏。读书会的书友们在栏目中讲述阅读心得、解读作品内涵、分享读书体会，引领阅读方向。线上读书栏目覆盖人群广，种类多，便于参与，满足现代读者的需求。

温州读书会联盟不是完成几次读书会活动就可以，而是要搭建好读书会联盟的平台，这个平台就要做到提升公共阅读服务的功能。

读书会联盟搭建的平台将衍生出一系列项目，如："温州读书会联盟金牌领读人""温州读书会联盟导师团""温州读书会联盟名家顾问团""温州读书会联盟耕读基地""温州读书会联盟阅读空间""温州读书会联盟文创用品"。借助读书会联盟优质人力资源和场地资源，推动各领域的特色阅读，年终回馈借阅量高，参与活动积极的市民，让图书馆和市民之间互惠互利。

我在温州市图书馆工作一年零九个月，全情投入温州读书会联盟品牌建设和运作，有书籍陪伴的这段日子，幸福满溢！阅读，将成为我终生的好习惯！这一年半载和一群温暖的人在一起，真切地读了一些文章，和一群热心阅读推广的人在一起倾情阅读，热爱那些活跃在书页上的力量，给予我和温州读书会联盟共同成长。衷心祝愿温州读书会联盟继续聚变读书会，聚创联盟线，聚焦100+读书会，营造活力、创新、联动、包容的读书联盟体，让阅读传播，资源共享，跨界融合。阅读，让生活更美好！

2018年5月25日三稿

一道闪耀在温图的光芒

——我所亲历的温图理事会

曹雪梅

犹记1999年，以新人之态初入温图，第一天即被郑笑笑馆长和朱峻微主任所惊艳，一则为其“腹有诗书气自华”的美貌和气质，二则因其对待新人亲切温和的姿态。于是，对温图的美好印象就此刻下烙印，并且从未磨灭，也让我一直坚守温图至今。

一晃二十年，我见证了温图一路走来的成长和辉煌，也感受到百年温图人的坚守和品格。无论是在基础读者服务，或是活动品牌塑造，抑或是体系构建和体制改革方面，温图一直走在全省乃至全国前列。郑笑笑任馆长时期，她带领的馆员队伍曾经惊艳全国，她指导的“书车舞”所带来的动感和震撼，是我们不灭的记忆；谢智勇任馆长时期，创建的读书话剧社和儿童知识银行，让温图开始打上了不走寻常路的创新印迹；胡海荣调任温图馆长后，他倾力打造的城市书房更是给全国图书馆带来变革，推进了当代图书馆的转型升级，全国慕名前来的领导、专家、媒体络绎不绝，把温州市图书馆推到了全国同行的最前面，也造就了温图一代“网红图书馆长”的形象。不禁自豪：温图如此多娇。

我想，也正是这样，才能吸引众多的社会力量加入温图，给温图热情无私的帮助与温暖。2014年，温图启动法人治理改革，理事会的运行和发展，也吸引了更多社会力量的参与与支持。而我作为理事之一，亲历理事会运行至今。一路走来，深感幸甚，与有荣焉。

初遇理事会

2014年2月，乍暖还寒之际，胡海荣馆长从省厅带来一个关乎甚至改变温图命运的消息：要将温图列入全省法人治理试点改革单位。法人治理是什么？其主要途径是通过组建理事会，对图书馆实行章程化管理。其目的是把文化行政部门对图书馆的具体管理职责交给理事会，强化公益属性，让图书馆的利益相关方共同来参与治理，加快文化行政部门职能由办文化向管文化转变。理事会制度在国外已经相当成熟，但是在国内，之前虽有少数一些图书馆开始探索，但是成效未显。2013 年 11 月，中共十八届三中全会提出深化文化管理体制改革，要求建立法人治理结构，推动公共图书馆、博物馆、文化馆、科技馆等组建理事会，吸纳有关方面代表、专业人士、各界群众参与管理，再次将法人治理改革推上日程。作为文化体制改革的先锋，温图成为十八大以后在全国最早最快成立理事会的公共图书馆。面对这一项政治任务，温图像对待任何一项创新与改革，却是无比认真。但是“请一班不懂图书馆事务、缺乏图书馆专业知识的人，来管理一个图书馆”的质疑，让温图面临的改革几乎望而却步。

“不做则已，要做就认真地做，彻底地改。”面对这一新事物，胡馆长却不惧不怨，欣然受命，与主管部门迅速达成共识，将法人治理改革作为吸引社会力量参与公共文化的一个重要途径，开始着手进行一场从理念到行动的彻底改革，使图书馆真正走上法人治理的道路。在此共识之上，广泛调研，精心设计，短短数个月的时间内，完成了温图理事会的结构设计，并提出了率全国之先公开招募理事的想法。通过媒体公布招募启事，之后短短几天的时间，29 份热情洋溢的自荐履历表放在我们面前。通过对报名人选材料的审核和电话沟通之后，我跟随胡馆长登门拜访了陈时升、郑雪君、胡笑玲等理事候选人。作为“理工耿直男”，我注意到，胡馆长每每与理事沟通，都没有做过多铺垫和陈述，而直线抛出几个最现实的问题，如“为什么想加入理事会”“加入理事会后有什么想法”等。不免过于直接，但确很实在有效。之后跟主管领导汇报研究后，确定了 13 位理事的构成。2014 年 6 月 6 日，这一天深刻铭记，温图首届理事会正式成立。这其中，我作为图书馆仅有的两位理事代表之一，与主管部门代表 1 名，社会理事代表 10 名，一起加入温图理事会，开始了亲历图书馆体制改革之路。

2014 年 10 月，温图因其公开招募理事、聘用企业家为理事长、完善运行机制等做法，被列入全国 10 家公共文化机构法人治理试点单位之一。

相伴理事会

胡馆长当时说，既然我入理事会，以后理事会的具体工作肯定要我直接参与并办理。于是我在温图办公室琐碎的工作之余，又多了一项理事会的工作。从对理事会的懵懂无知到了然于心，跟随着胡馆长的脚步，从《图书馆章程》的制订、理事会的组织、理事日常的联络、理事会工作的总结汇报材料，让我逐步接触和通盘了解了法人治理和理事会这个“新生事物”。理事会成立不久，它又为温图带来了另一新事物——温州市图书馆发展基金会。作为全市首家公益文化类基金会，它是由温图理事会发起成立，通过政府资金注入、民间社会团体个人捐赠等方式拓宽经费渠道，凝聚有志于文化公益事业的社会力量，推动全社会关心支持公共图书馆事业。可以说，理事会和基金会在温图的产生，不仅是温图体制变革的产物，更是标志着社会力量真正参与图书馆管理的格局的形成。

说起理事会，不禁想起首届理事会理事长李国胜。他是温州改革开放后第一代温商的杰出代表，是叱咤商坛三十年的风云人物。而参与理事会，源于他自身固有的人文情怀，源于他热衷社会公益的坚持，源于他感恩反哺回报社会的社会责任和担当。相对于他承担的其他社会职务，理事会这份职务显得微不足道，但是他却深感责任重大。理事会成立之初，他说：“我们要发扬温州人敢闯敢拼，敢为人先的精神，把这项试点工作做成全国的样板。”李理事长的一番鼓舞让理事会和温图人对未来前景充满了信心，也终使图书馆法人治理改革一路砥砺前行，直至吸引全国的关注，让曾经影响中国经济的“温州模式”在文化体制改革的探索中再次闪亮。

每次理事会，说实话是受胡馆长之命召开。但胡馆长嘱托，必先请示理事长。作为社会代表，而且是自身事务繁忙的社会成功人士，每次请示工作，我都心存不安，总觉得是麻烦了人家，或怕他长久下来会认为图书馆烦扰太多而心生怨念。但是通过一段时间的接触，发现他为人低调而不张扬、稳健而不失激情，性格温和内敛、胸怀豁达、意志坚韧、自律果敢，具有强烈的社会责任意识。每次电话或微信请示，他必是认真倾听，及时回复；每次理事会，他必提前审议议程，认真主持会议；每次临时性的活动邀请，他会尽量把图书馆的事务排在最前面，以最快的时间出现在图书馆里。记得，他自掏腰包，与我们共赴北京举办中图年会法人治理分会场，全场坐在一旁却不发一言，只是为了更加了解图书馆业务；记得，中央电视台摄制组来温，临时要求第二天召开理事会录制节目，他二话不说亲力组织理事成员一一到场；记得，首个理事接待日他率先在温图二楼大厅接见读者，细心聆听、认真记下读者的诉求；记得，他身为全民阅读节代言人的儒雅风姿；也记得他身为企业家，屡屡倡导组建企业家读书会、推动全民阅读的殷切嘱托。2017 年 11 月，李国胜先生在理事会二届一次会议上，以个人名义向“温州市图书馆发展基金会”捐赠 500 万元，较他之前每年坚持向慈善总会的捐赠数额，这确是一个小小的善举，但却给基金会注入了新生活力，促成了温州公共文化事业的多元化发展，也成了温州公共图书馆事业发展的里程碑。遗憾的是，2018 年 4 月，李先生因病离世。

理事会是个小小家庭，有一群可敬、可亲、可爱的成员。他们坚持在不支薪的情况下，百忙之中抽出业余时间，热心公益文化事业，关心温图发展。我与他们最直接的接触，是在一年召开的三次理事会上。但是平时在微信群、QQ 群里，大家为温图共谋发展、献计献策，以“命运共同体”的姿态共话发展、互相关心。这其中有温州知名企业家陈时升、胡乐玲，原温州市文联主席张思聪，浙江省特级教师郑可菜，有媒体界大咖郑雪君、翁逻沿，有温州大学副教授李博，温州医学院讲师方耀。来自各个行业的他们因为温图而结缘。实际上，他们加入理事会也并非偶然，每一个人身上或多或少都闪耀着文化的光芒，与图书馆或公共文化也有着千丝万缕的联系。他们有的多年前就与温图结下不解之缘并一直热身公益文化事业，如陈时升理事；有的自身就是社会组织管理方面的领导和专家，如蔡建旺理事；有的长期热心温州地方文献传承和开发，如杨桦理事；有的坚持文化创意工作并在民间读书会任要职，如胡笑玲理事；有的一直与图书馆一路同行推行全民阅读，如郑可菜理事、李博理事；还有的一直是图书馆的读者和粉丝，致力为温图的发展鼓与呼，如 80 后代表方耀理事。在加入理事会之后，作为“新图书馆人”，他们积极参与图书馆基层调研，出席图书馆读者活动，参加理事接待日和城市书房选址……对理事这一不支薪的职务，如此心存敬重并付诸热情，都让我们深深感动。他们尚且如此，作为温图人，也时刻鞭策和提醒自己，要更加认真地对待本职工作，更要学习他们心存无私的奉献社会之精神。

荣耀理事会

如今，国内很多公共文化机构都成立了理事会。但是改革步伐不一，多数仍然停留在建立一个理事会的层面。而温图理事会，面临着体制上的无法突破，仍然一直在努力地有所作为。温图理事会和管理层以及主管部门的关系，显得极其和谐融洽。大家是致力图书馆事业发展的伙伴，这是他们最基本的认知。正是这个认知，让大家心无旁骛，劲往一处使，才使温图法人治理改革能够取得显著成效。2016年底温州市图书馆法人治理改革以全国第一名的成绩顺利通过文化部验收，成为了全国文化体制改革的样板。2017年，与改革驱动下的创新服务城市书房一同入镜了央视政论片《将改革进行到底》，入选《砥砺奋进的五年》大型成就展；接待各级领导、专家及全国文化事业单位考察团纷纷来温专题考察调研一百余批次。2017年七部委制订出台的《关于深入推进公共文化机构法人治理结构改革的实施方案》和即将出台的《事业单位法人治理准则》都凝结了温图法人治理的改革经验。

法人治理改革以来，理事们率先垂范，广泛发动，激发了社会各界参与公共文化服务的热情。组织实施第三批全国公共文化服务体系示范项目——“城市书网”，成功打造了城市书房这个响彻温州、走向全国的文化品牌，成为温州城市的文化地标，并在全国复制推广。理事会的参与，也让主管部门和图书馆管理层更大范围更深层次上扩大了社会化管理的服务理念，更加注重市民阅读需求，以多元化发展来不断创新服务内容。自2014年理事会成立以来，接待读者量年均增长10%，书刊外借量年均增长6%，位列全国同类城市前茅。

很多考察团来我馆调研理事会工作时，犯难、抱怨、质疑者有之。当听完胡馆长的解释，无一不感慨、赞赏。胡馆长说：“理事会不是另一个婆婆，即使它目前不是决策机构，但它是我们事业发展的重要伙伴。”

是的，在困难面前，抓住机遇，顺势而为，大胆创新，这是温图的品格和精神。而理事会，并非是“一群不懂图书馆专业管理的人”，他们是来自社会的温暖和光芒，是闪耀温图奋发前行的力量。

2018年12月26日

芳尽馨德在，身去音容存

——追忆温州市图书馆理事长李国胜先生

胡海荣

在很多人眼里，李国胜先生是温州改革开放后第一代温商的杰出代表，是叱咤商坛的风云人物，被誉为温州商界的“常青树”。当然，他还有一个低调的身份：温州市图书馆理事会理事长。这个身份，源于他自身固有的人文情怀，源于他热衷社会公益的坚持，源于他感恩反哺回报社会的社会责任和担当！

2014 年 2 有，温州市图书馆响应省文化厅的号召，作为全省首批试点单位启动法人治理结构改革，开始面向社会公开招募理事成员，“寻找有一定的履职能力和业界威望，热衷社会公益，具备宽泛的社会资源和良好的服务意识”的人员。一个地市级公共图书馆谋求创新的小小举动，引起了达得利集团董事长、温州总商会副会长和市工商联副主席李国胜先生的关注，他欣欣然加入了理事会，全票当选首届理事会理事长。相对于他承担的其他社会职务，理事会这份职务显得微不足道，但是他却深感责任重大。理事会成立之初，他说：“我们要发扬温州人敢闯敢拼，敢为人先的精神，把这项试点工作做成全国的样板。”李理事长的一番鼓舞让理事会和温图人对未来前景充满了信心，也终使图书馆法人治理改革一路砥砺前行，于同年 10 月，被文化部列入全国公共文化服务机构法人治理结构试点单位，吸引全国的关注，让曾经影响中国经济的“温州模式”在文化体制改革的探索中再次闪亮。

担任理事会掌舵人期间，他以极度饱满的热情倾心于文化公益事业，心系图书馆事业的发展。百忙之中抽空主持每一次理事会议，对图书馆发展提出了许多有效的建设性意见。每逢我代表图书馆管理层约时间向他汇报工作，他都自己抽空亲自到图书馆来，不劳烦图书馆管理层跑来跑去。他视理事会和图书馆如自己的另一番事业，在众理事眼中，一直显得谦和敦厚、平易近人。他总是耐心地聆听每一位理事的意见，仔细了解和询问图书馆里点点滴滴的情况、面临的种种困难，与理事、馆员融洽谈处，尽心尽力地为图书馆发展出谋划策，倾授锦囊。他还代表理事会，利用社会和个人影响力积极向财政部门帮图书馆申请经费，近几年，图书馆的各项经费有增无减，理事长功不可没。为了倾听读者最真实的声音，提升图书馆的决策管理水平，李国胜理事长还亲自坐在图书馆服务大厅接待读者、市民，面对读者的提议，他总是耐心地聆听，认真地记录，恳切地应答，及时地反馈与协商解决。

理事会成立三年，进入了改革攻坚期。为了让这颗生根发芽的改革种子茁壮成长，李国胜等理事积极倡导发起了“温州市图书馆发展基金会”，凝聚有志于文化公益事业的社会力量，推动全社会关心支持公共图书馆事业，促进温州公共图书馆事业的全面发展。2017 年 7 月，李理事长又率领 6 位理事去深圳广州学习、考察，积极推动理事会和图书馆各项工作的开展。李理事长是省、市人大代表，自从进入理事会以来，他的提案中便又多出一项关于图书馆法人治理改革的建议，积极与财政等部门沟通，促成图书馆在人、财、事方面获得更多的法人自主权。在他的奔走呼吁下，市财政、人社、编办、文化四家相关部门终于联合发文，温图的法人治理改革进一步深化，迎来了新的起点与突破。

2016 年底，温州市图书馆法人治理改革以全国第一名的成绩顺利通过文化部验收，成为了全国文化体制改革的样板。2017 年 7 月，与改革驱动下的创新服务城市书房一同入镜央视政论片《将改革进行到底》。面对这项改革取得的辉煌成就，李理事长按捺不住内心的激动，当晚在理事会微信群里发表感言：“城市书房和理事会改革举措获得了中央深改办和中宣部的高度肯定，是我们温图人和理事同仁莫大自豪，我们温州人改革创新精神又一次走在了全国的前列，而这次是在文化事业领域。我为三年来全体理事同仁的倾情努力而感动！”在所有温图人的眼里，这光耀的荣誉背后，全都凝结着李理事长的精力与心血，他高瞻远瞩、深谋远虑的思维策略源源不断地为图书馆理事会注入创新发展的动能。“不止于此，继续做改革的先行者！”作为温图“当家人”，李理事长带领全体理事不断立下新的奋斗目标与期许。

推进全民阅读是他成为理事长后最关注的问题，他经常说：“当今，从中央到地方各级领导大力倡导全民阅读，温州作为改革开放的排头兵，全面建设小康社会的先行者，更要在文化建设，打造书香满城方面，当好表率。”平时也爱好读书的他，关注并支持每年的温州全民阅读节活动，担任理事长后，他多次出席阅读节启动仪式和发布会，并欣然担任阅读形象代言人。温州读书者会联盟成立后，他积极筹划建立"温州工商界读书会"。"企业家非常需要这样的沟通、交流的平台，我们想通过读书会的平台，在图书馆浓郁的人文氛围中，一起读书、交流，从而改变企业家的生活方式，培养企业家阅读的习惯，熏陶企业家的气质。"在社会经济与文化发展的轨道上，他在酝酿着搭建桥梁，让温州这座充满商业气息的活力之城浸润文化的熏陶。

"为公益文化事业贡献绵薄之力，是作为一位本土民营企业家的职责和担当。"2017 年 11 月 22 日，温州市图书馆多功能厅里掌声雷动，李国胜在理事会二届一次会议上，以个人名义向温州市图书馆发展基金会捐赠 500 万元，用于开展图书馆文化公益事业、推进全市公共图书馆服务体系的现代化建设、奖励在图书馆事业发展中有突出贡献的先进集体及个人。他的慷慨解囊之举赢得了社会各界的热烈赞许。面对这份无私的贡献，他总是深情而又轻描淡写："对图书馆的关爱是我的情结所在，希望社会各界都来关爱公共文化的发展，我只是抛砖引玉……"较他之前每年坚持向慈善总会的捐赠数额，这确是一个小小的善举，但却给基金会注入新生活力，促成温州公共文化事业的多元化发展，也成了温州公共图书馆事业发展的里程碑。

今年 1 月 14 日，李理事长还应邀出席我馆朗诵社举办的迎春朗诵会，他还和我一起上台朗诵；2 月 10 日，他独子结婚，宴请亲朋好友，我们还见了一面，精神抖擞。春节后，我联系他汇报工作，手机不接，微信不回，当时还以为他去美国商谈办学的事情。仲春三月杜鹃啼血，先是陈时升副理事长问我知不知道理事长生病的事情，后来传过来的几个消息，一个比一个凶险，最后我们得到理事长已回温，在附一医 ICU 接受治疗，在征得他家人的同意下，我和副理事长陈时升、理事曹雪梅前去探望，见了他最后一面。理事会成员连日祈愿希冀奇迹，4 月 11 日早传来噩耗，理事长永远离开了我们！悲切哀思，满怀遗憾。4 月 17 日上午，市文广新局张纯芳局长、柳升高副局长和理事会同人追思送别李国胜先生。

李理事长过世已有八个月，我们理事会的工作也暂停了一段时间。11 月 30 日，他的微信号闪动，我第一时间回复：理事长，您好！后来仔细一看，是他的夫人孙小黎女士用他的微信号，给我发了一条信息，约我下周面谈。我和曹雪梅应约去财富中心理事长的办公室面见孙女士，理事长办公室还保持着原来的样子，孙女士主要表达了两个意思，一是她用理事长的微信号，有关注我们的理事会群，她丈夫过世八个月了，希望我们理事会能迟早正常运行起来；二是李理事长当时承诺的每年捐赠 100 万到基金会，余下的 400 万由她继续替理事长来完成。这就是一个温州企业家的社会担当，虽然人不在了，但还是信守承诺！

四年时间的相处，缅怀来不及回顾的那些流去的短暂岁月，理事长昔日的音容笑貌还能时时清晰地浮现在眼前。一位心系公益文化事业的企业家，服务、慈善、奉献、责任是他不平凡人生中的大字！海纳百川，壁立千仞，他用一生诠释了一位工商界传奇人物的博大胸襟。正如新当选理事长的陈时升所说：我们理事会成员，一定要尽职尽责，认真工作，方才对得起李理事长的在天之灵。

故乡的杜鹃花

——金江先生捐赠藏书整理后记

章亦倩

2014年4月，沙黎影女士代表家属将著名寓言作家金江先生的毕生藏书及往来书信悉数捐赠温州市图书馆。我和采编部几位同事负责将其中的书刊整理编目，再录入书目检索系统。金先生的藏书多达五千余册，是一个小型图书馆的规模。我不清楚先生花了多少资金买这些书，他付出的心血想必更是难以估量。藏书扉页上先生的字迹依旧清晰，内容或是得书经过，或是读书感悟，或仅仅是签名和日期，当时的心情或许在时间更替中再难寻觅，但先生的思想、情怀却慢慢地展现了出来。

金江先生原名金振汉，字洛华。在他的早期藏书中，多签作“振汉”或“洛华”，还贴有“振汉藏书”字样的藏书票，上写：“凡借我书之诸君，请对书加以爱护，勿折，勿涂，勿使破损，并保持书之清洁；读后，请早日交还。此为本人恳切请求于诸君者，敬希注意！金振汉谨启。”藏书票有编号，如《散文诗》（屠格涅夫著，巴金译，文化生活出版社民国卅六年第三版）一书编为722。但此次整理中这样的书仅见数十册，记得方韶毅先生有一篇文章曾说，在孔夫子旧书网上买到一册“振汉藏书”，想来其他的就是在“文革”中抄家散佚的。1941年5月22日，先生在《前线日报》副刊《战地》上发表了处女作《沙漠的歌》，首次使用“金江”这一笔名。也许这个名字让先生对“金沙江”也有了爱屋及乌之情，他在白桦的诗集《金沙江的怀念》（中国青年出版社1955年）的扉页上写着：“因为爱这本诗，特地买了它。一九六二·六·二一，温州。”

先生的文学之路以诗歌起步，1947年出版第一部诗集《生命的画册》（文风出版社），收录了《生命的笔》等十首诗，并在1985年赠送我馆。其后他的诗作《沙漠的歌》和《雁子》被收入《中国新文艺大系·1937—1949诗集》（公木主编，中国文联出版公司1996年），《夜行》和《江边》被收入《中国现代经典诗库》(李葆琰等主编，北岳文艺出版社1996年)。在《中国现代经典诗库》第一卷的扉页上，先生写道："1999年9月辉儿在杭州新华书店寻得此书，特购之。由媳莲英带来温州赠我，我欣喜万分，并给莫洛、唐湜兄传阅。特志之，并珍藏。金江。"这部书共十卷，除收有先生的诗作外，还收有温籍诗人莫洛的《晨晚二唱》《校对员》，唐湜的《沉睡者》《晨歌》等。先生的藏书中，闻一多、艾青、邵燕祥、田间、骆寒超等人的诗作都有不少，诗歌是他终生的阅读兴趣，他在《诗海采珠：一九八五年新诗日历》(湖南人民出版社编，1985年)书上写下了这样一段话："这本诗集中了那么多'诗人'的短诗，读后，觉得好的仅只一二首而已。其余都是贫乏、平淡、矫揉造作、没有诗味的。新诗面临危机！可叹！金江，1988.4.14。"

诗人本多情，从藏书中也能感受到先生对家人浓郁的爱。送给爱人的《识谱法》(马剑华编，劳动出版社1951年)题有："黎影喜欢学音乐，特购此书给她，希望对她有所帮助，能够实现她的理想——学好音乐。金江，一九五二・一・三"。《乡村女教师》(东北教育社编译，人民出版社1951年)题有："给黎影读，华尔华拉就是我们小学老师的方向！金江，一九五一・一二・一五，购在温州。"送给孩子们的《谁猜得对》(田稼、张超南编，少年儿童出版社1957年)题有："给斐、辉、冲三个孩子，作为春节礼物。爸爸，1959年春节于景宁。"那一年，先生在景宁赤木山矿井劳改，在《怀乡曲》里表达着他的伤痛："母亲的白发，孩子的笑脸，爱人离别的忧郁的眼睛，是永远不能磨灭的记忆。啊，故乡，亲爱的故乡，哪一天我才能回到你的怀里？才能饮到你的井水？哪一天啊，我这创伤的心，才能得到你的抚慰？！"

金先生在文学上的最大成就在寓言，藏书中寓言、童话、故事等文学体裁占了近四分之一。自己创作及编选的寓言集就达五十种，收录了先生作品的寓言、故事集有两百余种，还有为数不少师友相赠的图书，其中五十余种寓言集在国家图书馆、上海图书馆网站上均未见藏。先生身边聚起的寓言作家圈是他勤奋创作和谦虚人格的外化，这些由出版社编辑或作者亲笔签名的图书，也为学林留下一段相互切磋，虚心问学的佳话。赠送者中，也有对先生的文学创作给予极大帮助和支持的严文井和张天翼这两位作家。在《严文井选集》(人民文学出版社2004年)的扉页上，先生题下："这是严文井老师身患重病，签名赠给我的'选集'。手发抖，字迹歪斜。三个月后，7月20日他即撒手人寰，溘然离世。这是他留在人间的最后笔迹，弥足珍贵，故特志之。金江，2005 年 8 月 26 日于无悔斋，时年八十三岁。”在《张天翼文集》(上海文艺出版社 1985—1993 年）首卷扉页上，先生写道：“此书承张天翼老师的夫人沈承宽所赠。书中第 417 页复浙江人民出版社编辑部的一封信，是天翼老师支持我的童话‘鼻子’出版、给我的儿童文学创作极大的鼓励。一九九三・三・二七。”那封信写于 1955 年除夕，张先生在信中肯定了先生“掉下鼻子”这种想象的寓言手法，并说：“我觉得金江同志要从事儿童文学，是有前途的”，他这种热心帮助青年作者的精神深深感动了先生，从此将张先生视为自己终生的老师。

寓言让金先生获得了无数的荣誉，也让他经历了无数的苦难。先生的学生叶永烈曾将自己的作品《沉重的 1957》(百花洲文艺出版社 1992 年）相赠，并题上：“金江老师，难忘历史沉重的一页。永烈，94.9.8，上海。”但先生将他蒙冤受屈的二十一年视为不平凡的磨炼，说苦难让他变得理智、冷静，也更坚强。他将书房取名为“无悔斋”，以表明一生“问心无愧，无怨无悔”。在《中华名人格言》(中国中外名人文化研究会编，中国文史出版社 2005 年）一书中，先生的格言是：“不幸是锻炼人生的最好学校。坚强者从不幸中奋起，懦弱者在不幸中沉沦。”读完寓言作家黄瑞云的《杜鹃花依旧开放》(作者 2001 年自印本）一书后，先生写道：“2002 年 1 月 26 日收到黄瑞云兄的信与此书。两天后即开始读《杜鹃花依旧开放》。瑞云兄的苦难一生与悲惨的遭遇，令我掩卷叹息，不忍卒读。时过两月，今天凌晨三时起床，再行翻开拜读，忍住眼泪和心悸，终于读毕。瑞云兄的遭遇与我有相似之处：命运对我们是何等残酷!？人生何等坎坷!？我们终于坚韧不拔地走过来了！我非常欣赏与同意他在结尾写的‘痛苦的人生也未必不是美的’、‘故乡山里的杜鹃花依旧开放！’金江，2002 年 3 月 30 日凌晨含泪读毕。时年八十岁。”

金先生将温州市图书馆称为他文学创作的良师益友，并建议本地和外地的温籍作家学者，都能将自己的著作和藏书捐献给温图以丰富它的馆藏，他是这么说的，也是这么做的。

2015 年 8 月 16 日

（原载《温州读书报》2015 年第 10 期）

从“二传手”到策划人

——新世纪温州历史文献出版工作侧记

卢礼阳

乡邦文献的编校出版，终究是为传承文脉，提升市民的文化认同与文化自信。从这个意义上来说，确实是“百年无废纸”。过眼历代乡邦文献，还能从历史中“遇见”具有现代观念的人士，产生共鸣，拓宽我们“这不过是故纸堆”的狭隘理解。

步入新世纪，温州启动了大规模的乡邦文献整理出版工作，我有幸参与其中，从充当一批老先生的“二传手”到策划整理出版温州图书馆馆藏日记，深感与有荣焉。

一

或许有人认为做编校，看古文，离开日常的表达稍远，其实未必尽然。

我入文献编校之业，因缘际会于三十年前。当时温州图书馆尚设在县前头，东南图书公司在馆内一楼设分公司，购得马叙伦的两册笔记《石屋馀沈》《石屋续沈》。不久翻阅发现他是瑞安陈介石（黻宸）的学生，就写了篇习作发表。当时在鹿城区政协文史委员会兼职的胡今虚先生看后，建议我增补材料，还送我好几刀稿纸。随后胡先生经手，以《马叙伦与温州》为题刊登于《鹿城文史资料》第四辑，从此开启了我研究马叙伦与近代史之路。

我常觉得，编校乡邦文献，滋养于不知不觉中。往前推十五年，我未必能胜任“馆藏日记丛刊”如此巨大的工作量。1980 年，我就读于上海水产学院，面对渔业船舶这类课程，感到非常枯燥，但当年从农村考上大学颇为不易，无法转学，四年间靠着读读人物传抚慰情绪，闲来也翻阅来新夏先生的目录学讲义，似懂非懂。好像面对历史，身处的外境（之所以说外境，而不用环境，是认为这个过程有修行之意，内境因读书而转化了外境）会慢慢平息。分配至温州后，幸得马允伦先生等前辈提携，辗转十六七年，才做上了这份心仪的工作。

2001 年至 2007 年，胡珠生先生担任《温州文献丛书》整理出版委员会副主任和编辑部主编，这是他晚年最大的贡献。对此，中国社科院历史所研究员何龄修先生给予充分肯定：“2001 年 7 月，珠生先生将满 74 岁，还应家乡需要，出任《温州文献丛书》整理出版委员会副主任兼编辑部主编……工作做得很出色，我读过其中若干种，觉得编、校、注、点质量上乘。这是温州地区文献的最新结集，具有历史意义，也是珠生先生一项卓越的学术业绩。”（何龄修《参加中国社会科学院公开招考科研人员工作纪事》，刊发于《南方周末》2017 年 8 月 10 日）

我作为整理出版委员会专职委员，承办编辑部的日常工作，当一批老先生的“二传手”，书稿不断往返于温州与上海社会科学院出版社之间，渐入乡邦文献之门。除了胡先生、马先生，温州还有好几位老先生，年过八旬，依然不知疲倦，坚持治学，如温州师院离休的周梦江先生，图书馆退休的张宪文先生，他们精力过人，时不我予，“小车不倒只管推”，希望把所知所学尽可能留下。近年，马、张、周、胡诸先生先后离世，怀念之余，教人倍感文献事业传承之重。

二

温州图书馆所藏乡邦文献颇丰，但 2001 年得以启动整理出版工作，来之不易。

1992 年《汉语大词典》温州编写组计划编印地方文献丛书，温州师范学院语言文学研究室主任陈增杰先生与同人提出书目并自行筹资未成。此后，1996 年，温州市政协文史资料委员会的马允伦、黄胜仁先生四处奔波，1998 年温州文物处副研究员胡珠生先生撰文倡议，2000 年纪念叶适学术研讨会的学界倡议等，终于促成了《文献丛书》在 2001 年 5 月启动。

回望近代温州乡邦文献的出版活动，以时间为序，较大规模地进行过四次。

第一次在清代同治、光绪年间，瑞安孙衣言汇刊《永嘉丛书》15 种，孙衣言、孙诒让父子出版的多为宋代文献。“永嘉之学”沉寂已久，有振兴之愿。

第二次是民国四年（1915），瓯海关监督冒广生编刻《永嘉诗人祠堂丛刻》14 种，这是提倡文教的“风雅吏”的高明之举。

第三次即 1928 至 1935 年间，温州旅沪实业家黄群刊刻《敬乡楼丛书》4 辑 38 种。

第四次是抗战爆发前，浙江第三特区（永嘉区）征辑乡先哲遗著委员会抄缮地方文献 402 种。

因此，2001 年启动的文献整理，可视作第五次。历五年九个月完成，共四辑 40 部 48 册，合计一千九百万言。特别值得一提的是，在出版社与各方面的支持下，《温州文献丛书》在北京、广州、武汉、西安、厦门、台北等 18 个大中城市上柜，并销行美国、德国、日本、韩国与加拿大五国，反映了乡邦文献的发行意识与时代同步发展。《丛书》发行工作做到家，成为我们的亮点，也是我和编辑部同仁引以为豪的。

接着苍南、平阳、乐清、龙湾等县（市、区）文献丛书先后启动，《温州文献丛刊》《温州方言文献集成》陆续上马，最近八年又重点整理馆藏日记，影印本与标点本并行，自觉关注、整理、出版与利用历史文献的社会气氛已经在温州形成。

三

近年以来，日记作为一种文献资料已经大量影印或整理出版，受到普遍的欢迎。温州市图书馆所藏的稿本、钞本日记，从清道光年间到新中国成立之初，时间跨度与中国近现代史基本相当，内容涉及时政、教育、文化、经贸等，从绅士个人的角度反映了当时的社会面貌，多侧面地展示一座沿海城市开放与转型的生动历程。日记作者虽然多数为温州地方的士绅，但他们的活动及见闻却远远超出温州的范围，对这批宝贵的日记进行系统整理和解读，意义非凡，不仅有助于梳理地方历史的脉络，对研究近现代中国尤其是沿海地区的社会变迁，也会有积极的意义。

《敬乡楼丛书》

2010 年 12 月，我的相关提议得到采纳，温图适时启动《馆藏日记稿钞本丛刊》

整理工作，经过馆内外的共同努力（包括法律顾问的协助），目前取得了可喜的成果。

《温州市图书馆藏日记稿钞本丛刊》去年1月由中华书局出版，满足了海内学术界的夙愿。这部丛刊六十册，十六开，影印收录29家日记，底本310册，正文32252页，约800万言。难能可贵的是，丛刊收录的日记九成以上为稿本，少数钞本亦系孤本。丛刊不仅将日记文献之原本原貌黑白影印，更着意保留其中的眉批、夹批、签条、照片等，这使得此套日记的出版更有价值。

除影印本之外，我们还选择分量较重、价值较高的十家日记，约请馆内外学术界同仁标点整理，收入中华书局的“中国近代人物日记丛书”。《刘绍宽日记》（全五册）、《符璋日记》（上中下）、《林骏日记》（上下）、《赵钧日记》（上下）等四部已于今春见书，社会反响相当热烈，发行情况超出预期。

上海社科院出版社前社长、朵云轩副总经理承载先生点评：“谁说温州人只会炒房、只会赚钱，只会仿冒。耐心读完这部新出炉的五厚册《刘绍宽日记》，就知道当年温州的文人、文化和民风民俗有多厉害。”

台州市椒江区读者缪含博先生感慨地说：“从温州文人的日记看台州社会、经济、军事、文教等领域，是一个很好的视角。温州人挖掘文人日记的经验，确是很值得台州借鉴学习。如果哪天我们的《卧虎山人日记》《研精覃思室日钞》等也能以这种方式与大众见面，那该是多么美好的事情。”

与《文献丛书》《文献丛刊》及《方言文献集成》相比，馆藏日记的编辑出版工作有四点显著的变化，可以视作温州历史文献事业的拐点。

一是出版经费不再由温州财政负担，完全是出版社筹集解决；

二是从图书馆自身而言，不局限于承担日常工作或参与一部分业务工作，而是贯穿于整个业务过程，策划选题、落实人选、审读书稿、对接出版，等等；

三是文献整理工作开始向专题文献（日记）倾斜，与古籍出版方面首屈一指的百年老店（中华书局）合作，并纳入中国近代人物日记丛书，图书品质有充分保障，尤其是发行力度迈上一个新台阶，这是对乡贤最好的告慰；

四是既出书又出人的局面形成，近年崭露头角的陈盛奖、陈伟玲、谢作拳等同人起到不可或缺的作用。

最近几年，从我实际感受来说，乡邦文献读者的接受程度有了增长和变化。

尤其是近年，“大拆大建”和城市变化的客观现状促进了文化保护意识，激起了人们对乡邦文献（包括家族谱牒等民间文书）的热切关注，在地方史志中寻找相关线索，就古桥、古庙、故居等遗址的保护，呼吁尽可能保留或异地建设。而历史文献的整理工作，任重道远，既需要坐冷板凳的精神和过硬的功底，更需要几代人的合力，坚持不懈地投入与付出。所以从各方面重视学术梯队的建设，其重要性不言而喻。只有这样，温州历史文献的整理出版工作，才有希望继续走在全国地级市前列。

2018 年 10 月 18 日

（原载《温州日报》2018 年 10 月 24 日，文化周刊第 314 期）

追忆温图时光

陈伟玲

五六年的时光似乎也只是人一生中的一个片段，在这个有限的片段里，我对温图的记忆却如陈年美酒经岁月洗礼般愈加醇厚，时时弥漫心间，在我心里留下了难以磨灭的印象。

2008 年年初，离春季毕业的时间越来越接近，我怀揣一份个人简历，敲开素昧平生的温图郑笑笑馆长的办公室。研究生时期学的是汉语言文字古代汉语方向，因了解到温图有十几万册的古籍，跟自己的专业比较接近，我也喜欢安静的工作，因此特别希望能在古籍部谋得一职。郑馆长办公室一眼望去素洁可亲，她态度和蔼，笑容可掬，充满自信，给我留下了美好的印象。她让我把简历留下，如有招聘信息跟我联系。后来经过几次和温州文化局的沟通讨论，通知我五月份到温图实习，看我实习成绩，如可以，以研究生的学历予以引进。因此郑馆长是我进温图的领路人，从此我开始了图书馆工作的生涯，在此对她表示深深的感激和敬意。

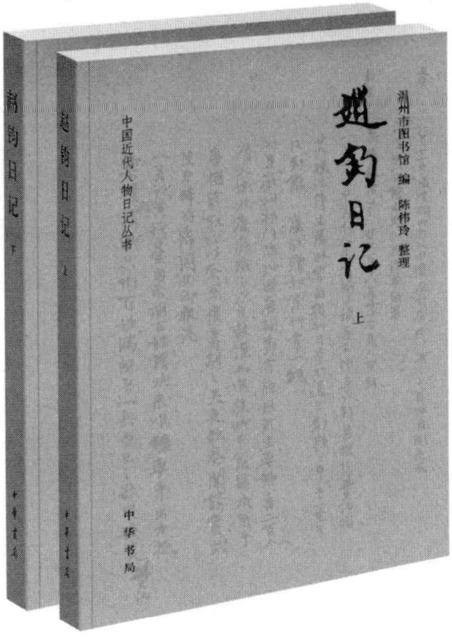

《赵钧日记》

进了温图古籍部，我的同事都是学识高深、在地方文献整理研究方面很有造诣的前辈，如潘猛补老师、卢礼阳老师是研究员，为人谦和，学殖深厚，各有所长，就连年纪比我大几岁的陈瑞赞，是厦门大学毕业的高材生，诗词佳句，信手拈来，沉潜古籍若干年，多有所得。当时温州大学教授、南戏专家刘水云（后调到上海戏剧学院）先生也是古籍部的常客，时时跟我们说起陈瑞赞的水平比有些博士、教授的水平高得多，确实，我的这位同事后来在职读博，最后调到温州大学当研究员去了，我想对于他的个人发展来说，温大的平台更适合展示他的才华。加上后来从业务办调来的张永苏老师，他负责图书馆馆刊《籀园》的编辑，英文水平高，与温大老师李新德共同翻译了清末来温著名传教士苏慧廉的《A Mission in China》。他们四人被称作是温图的四大才子，极大提升了温图人整体的学术实力。潘补补老师默默耕耘古籍修复事业三十余年，其修复技艺炉火纯青，受到多家媒体报道。负责地方文献征集的先后有郑晓映老师、凌秀丽老师，他们兢兢业业的工作态度、爽朗乐观的生活态度给古籍部带来很多的乐趣。在我进入古籍部后几个月，被文化局调用一年、比我早两年来温图的王妍也调到了古籍部，她研究生毕业于南开大学历史系，升为部门主任。虽然我和王妍是当时古籍部最年轻的人员，古籍部还是被戏称为“三高”部门：年龄最大、职称最高、楼层最高。在我调离前后，又引进了几位专业人才，近年老馆员逐步退休的前提下，完成了新老接替。

当时，我们每个人都各司其职，做好自己负责的事情，年轻人向老同事请教、同事之间互相帮助、老同事悉心指点都是很顺其自然的事情，从来没有为了一件事而红脸，那段日子感觉时间在指缝间悄悄流淌，工作在温图，其乐融融，再加上夏天无酷暑冬天无严寒，时间倏忽而逝，如用一句话来表达，似乎“岁月静好，现世安稳”比较妥帖些。感谢温图，感谢古籍部，我在这里成长了很多，参与了全国古籍普查项目、《温州读书报》第四版“瓯风”的编辑、《温州历史名人数据库》的建库、《温州历史文献集刊》的编辑，整理并出版了几种温州地方文献。温图古籍部地方文献藏量之丰，蔚为壮观，是源源不尽的宝藏，在古籍部工作的人，无论是谁，都从中汲取了丰富的养分，提升了自己的能力。我整理了《龙湾文献丛书》的《明代英桥王氏诗录》《清代英桥王氏诗录》，尤其是整理了有幸列入中华书局《中国近代人物日记丛书》系列的《赵钧日记》。赵钧是清朝瑞安人，跟我是异代同乡，他的日记《过来语》为研究道、咸、同时期地方近代史、社会生活史等提供了可靠而细致的史料，是对偏重宏观研究的中国近代史研究在微观史料方面的重要补充。从物质上来说，古籍整理是一项清贫的工作，却要付出极大的艰辛和毅力，不懂的问题还要多方请益，劳心又劳力。然而从精神追求来说，古籍传承着中华民族的千年文化，古籍整理实有裨于家国乡邦。有人说古籍整理出版事业是信念、理想、追求者的事业，此言于我心有戚戚焉。我何其有幸，能忝列整理者之列。

值得一提的是，温图整体工作氛围是十分团结和积极向上的。每逢图书馆遇到大事需要集全体之力的时候，馆领导带领馆员们一起上阵，大家二话不说，绝不扭扭捏捏，颇有点部队的姿势。如温图老馆（沧河巷旧址）旧书搬迁，那些陈年旧书积满灰尘，大热天的，大家穿蓝大褂、戴口罩，全体武装，一拥而上，挥汗如雨，一心只想早点完成任务。那天正好周五上午，一周只有周五上午是馆内整理、不接待读者，其他时间各个部门都需要安排人手对外开放，所以大家铆足了劲，高效率地完成了搬迁工作。最近听说温图闭馆半年装修，没有在图书馆工作的人大概会认为这半年够消闲，殊不知，这幕后的工作是多么的艰辛，非亲临实境、亲手整理者不能体会。幸好新媒体的运用，也让读者更好地了解了图书馆的幕后工作。不用再似梅冷生老馆长时代的人们以为的图书馆工作“尽可消闲”。随着新技术、新媒体的广泛应用，图书馆工作人员各有专长，可以走在技术的最前沿，也可以出没于历史的幽深之处，看着最近每年的迎新年午会的精彩报道，很感慨，图书馆的人才真是层出不穷啊。

我们的读者也很亲切，作为年轻人，古籍部的接待读者任务我肯定是责无旁贷的，当然不用每天都要在前台，几个年轻人轮流分配，作为新人的我觉得还是非常民主的。读者有为课题论文查资料的，有从温州各地来查家谱、查先辈资料的，有文史爱好者，有为自己单位查资料的等等，大家谦和有礼，虚心请我们帮助查资料。有些老先生一坐下来就是一天，我们看他辛苦，也会酌情泡茶给他喝，按规定是不能在阅览桌上喝水，以免万一打湿图书尤其是古籍，所以在旁边桌子上放了一杯清茶轻声叮嘱小心。每次他们有所发现的时候，他们眼里闪着惊喜的光芒，那种抉幽探微、偶有所获的心情也感染着我们。是的，他们所寻找的大都是陈年往事，无悲无喜的时光已经悄悄把它们锁进了密密麻麻的柜子里，有些柜子永远找不到开启的钥匙，有些柜子的钥匙尚有线索，而这些线索就在古籍部，当他们打开柜子的瞬间，灿烂的阳光照进柜子，也照进了他们的心灵，同时也照耀着我们，让我们觉得摒弃于金钱物欲世界外的古籍部工作也是一件很有意义的事情。去年，我接到了温州中学历史退休教师顾钟麟老先生的电话，他从别处问来我电话，嘱我好好护眼，谢我以前泡茶给他喝。一个小小的举动，能被读者牢记在心，我很感动，其实我更感谢他把我记住。感谢古籍部的读者，从他们身上看到了世事沧桑，看到了一腔热血，看到了坚韧不拔。这种熏陶是无形的，也是长久的。

当我因家庭原因打算调动时，当时谢智勇馆长找我谈了几次话，为我可惜，希望我克服困难。最难忘的是，他当时说我为了家庭原因牺牲温图工作很伟大，我自知平凡，日后每每念及此话，还是感动不已。周五上午闭馆、全体馆员开会的时候，谢馆长总是围绕着温图的发展方向、今后馆员的能力提升这些问题来展开，希望全体馆员能清醒认识到新时代技术突飞猛进带给传统图书馆的冲突，及早做好武装顺应新变革。2013 年 8 月，我怀着感恩的心离开温图，也以感恩的心来到浙江省瑞安中学。温图旧名旧温属六县联立籀园图书馆，是 1919 年温州文教界人士纪念孙诒让而设，瑞安中学最早的前身学计馆，孙诒让是主要创办人。瑞中 2016 年迎来了一百二十周年的校庆，温图一百周年的馆庆也近在咫尺，经过百年沧桑，他们已是参天大树，生机勃勃，在以孙诒让为首的近代温州乡贤不遗余力发展温州文教事业的余荫之下，多少学子汲取养分，成为有用之材。能侧身其间，与有荣焉。

2018 年 5 月 14 日草就，5 月 17 日改定

（作者现为瑞安中学图书馆馆长）

感恩温图

邵余安

只觉得温图九十周年馆庆尚未远去，我还蹲在书车旁分拣图书，被摄影的曾海宁老师抓拍了一张，收录进了《九十周年纪念集》。转眼十年过去，迎来温图的百年馆庆。回忆自己在温图工作的六年间的点点滴滴，纸短情长。

入职温图。我是 2008 年 6 月底投简历、参加面试，记得面试我的是郑笑笑馆长和仇杨坪副馆长。郑馆长面试前说了三句话至今还有印象。第一句，来图书馆工作的工资不高，要想赚大钱的，就不要考虑来我们这里；第二句，图书馆的工作比较繁琐，所以找轻松的，也劝你们别来；第三句，因为我们要接待的读者有老年人，不懂温州话的，也不行。接着是仇副馆长介绍了图书馆的各个部门，并逐个征询我们愿意去的部门。我说，我家里也收藏了很多书，我喜欢去书多的地方，想去可以推着书车上书的地方（就是外借部，现改为读者服务部）。仇副馆长想了下说，一般来图书馆的男孩子，去技术部和电子阅览室的居多，很少去外借的，确认过我的意向后，第二天我就接到了上班的通知。到了外借才知道，全部门男的，屈指可数，仅有两位，另一位是张永苏老师。

初到外借，要学习图书的上架、排架、整理书架，我被分配至三楼社科借阅室，外借的主任是陈烨，带我的启蒙师是林杨。从书标的排列开始教起，以前虽来过图书馆查书、找书、借书，见过书标，但现在系统地学起来也有难度，特别是 J 艺术类和 K 历史地理类的图书，后面跟着很多复分，年代复分、类型复分。一边学习分类法、一边要完成每天的还书上架。一天下来，穿的工作服几乎是干的—湿的—干的—湿的—干的，回到家就是到头大睡，到了饭点，起来吃过，休息一下，再睡。虽然很累，却乐在其中，能看到很多的书，虽不能一一翻阅，好在不愁没有书可看。经过一个暑期的强化，了解了图书排架规律，图书上架速度，虽说不上最快，但也还行，每班还回的书都能及时归架，不至于堆积过多。当时负责整理的架子先是 J-K 艺术类—历史地理类，艺术类主要是开本大小不一，厚薄又不同，兼有铜版印刷，极重。后来重新分配，负责整理了I文学类，文学类架子的特点是，要么很空，要么很满。其间遇到很多读者找书，为了方便指引读者找书，将书架两端的书号记下，编成表格，便于查询、记忆。后来，书架两侧有了指示牌，这个表格的用处不大了。

到了2009年初，四楼科技阅览室缺人，让我上去，我说好。负责整理的是TQ-TS化工类和轻工业技术类，几周后加了N自然科学类。在四楼上班是个更大的考验，四楼有个休闲吧，很多读者买了零食，会不经意间往里带，需要更加留意，提醒读者。还有个部主任值班，每到晚班，各个部门主任会在四楼科技阅览室柜台值班，通过各个主任，更加了解图书馆各部门的功能。

接着轮岗活动部。2010年底，各部门调整、整合。我被调整至社会活动部，主要是协助讲座策划和举办活动。协助是说得好听些，主要是跟着几位同事学，跟瞿海哥学调音和打灯光，跟曾海宁师父学摄影、布置展览，跟着周静学主持、写报道以及网站后台的活动信息的更新与维护，跟着鲜女学策划讲座、活动。虽说是主持策划过活动，说得过去的也就一期晒书会。这一年，还做了件事情，就是协助鲜女将以往的讲座视频整理成文字，从讲座选择的初筛、再筛、整理成文字、校对、与讲课老师联系确认，和出版社校对稿件，向主编卢礼阳老师请教稿件的修改，事情虽不算少，与讲课老师联系的周期比较长，编辑持续到2012年年底，《籀园讲坛》（上下册）出版，才算真正完成。

2011年底，采编部因工作需要，经主任推荐，分管的馆长同意，调至采编部。初至采编部，稍不适应，和之前的部门差别比较大，打个不恰当的比喻：一个是屁股不沾座，一个是屁股不离座。经过一个多月的学习，也逐步适应了采编部的工作氛围和工作要求。刚开始是对地方文献分编，地方文献图书数据大多需要原编，最能锻炼编目能力，做完的数据，先请编目同事检查，我再修改、交送。

2012年1月12日，主动请缨，参与民国文献的整理编目工作，获得主任首肯，开始民国文献整理编目工作。至2013年2月，历时一年有余，除个别零星还有增补外，民国文献当中的中文书整理编目基本完成。民国中文图书的总数将近两万册，我只是接触到了其中的三分之一。

刚开始整理民国文献，中文和外文全拉回来，运了十几个麻袋，整理完后发现，中外文图书各占一半，外文图书编得慢，占了大部分的书架，地方不够用。

于是决定去县前分馆的旧书库先分拣，将中文图书挑出运回先编。在阁楼的那两天，虽下过雨，但里面的灰还很重，一早去，先把那两扇小格窗户打开通风。即便这样，一早上下来，也是“两鬓苍苍十指黑”，有手套，翻书不方便，脱了手套；一天过去，就像刚出矿洞的挖煤工，人家挖煤我们挖书。后来听说，永苏老师和猛补老师，也曾造访这个旧书库，在那发黄的灯光下，也淘过书。淘出的宝贝六七筐，有印象的有这么几样：一是盖有林损印章的《□□□国史讲义》手抄稿，一是泰顺林宗强的毕业文凭（宣统三年），还有就是一本梅冷生馆长的笔记。与民国文献“耳鬓厮磨”间，几篇文章在张永苏老师及卢礼阳老师的鼓励下，见于《温州日报》与《籀园》馆刊。同时也得到了沈沉、洪振宁、方韶毅等老师的指点与鼓励。乐清张炳勋老先生特地来信鼓励并指点：“《夏令卫生概要》一书编者刘云五，系前贵馆馆长厚庄公哲嗣，名缙华，毕业于浙江医校，曾进修于北平协和医院，后在温州、平阳、乐清等地开设医院。奈染肺病，病榻缠绵，终致不起，得四十九岁。公遭此丧子之恸，病情加重，距子殁逾月遽逝。”我是何等幸福，得前辈慷慨赐教。可惜的是，后因工作调动，没有对民国文献进行深入研究，希望有机会再续前缘。

随后兼职读书报编辑。从 2013 年 1 月起，经章亦倩推荐，接棒担任《温州读书报》的一版编辑。由于我经验不足，以致刚接手的几期，不是版面太满就是版式画错，给排版的设计师和其他版面的编辑造成了不小的麻烦。好在编辑同事的谅解和帮助，加之主编礼阳老师都会再过一遍，没出大问题。一版印象最深的专栏有潘德宝老师的“扶桑卮言”和刘时觉老师的“图书馆纪行”。潘老师的《京都屠书记》《夜探神保町》，带来的是异域书情。刘老师的纪行，则是树立了做学问的榜样，为考证一本医书，可以《国图访书》《东北访书》《三进中科院》。还有两个专题大讨论“书香城市建设”和“籀园保护”，都引起了广泛的关注和热烈的讨论。

编辑除了编稿、画版面、校对、清样，还有就是轮流给作者寄稿费。2014 年第一季度轮到我负责，拿到稿费清单和作者地址，就去邮局一一汇款。看清单上有两位，陈增杰老师和郑梦熊老师，离着不远，就想着直接送去好了。晚上在洪殿丈母娘家吃过后，和太太下楼散步。先去住洪殿的陈老师，按着地址（洪殿北路 13 弄 4 号）找，找半天没找到 13 弄。散步的邻里只认得是温师院宿舍和温大宿舍，加上晚上灯暗看不清楼号，就用了笨办法，一幢幢找。好在，没找几幢，碰到下楼倒垃圾的陈师母。听到我找陈老师，看了下我，问："你找他有什么事情呀?""我是《温州读书报》的编辑，给陈老师送稿费。"了解情况后，陈师母用她手上的小手电引着我们到了家里。陈老师正在客厅里看稿子，一听是读书报的编辑，忙起身往屋子里让。自觉造访突然，怕打扰两位老师清净，就在门口奉上稿酬。陈老师接过后，说："特意跑一趟，太麻烦你们了。"连忙应："家离得近，不麻烦。"从陈老师楼上下来，很迟了，第二天才去郑老师家。

其实，在温图的六年多的时间，对温图同事的感激不是文字所能简单表达。2014 年 9 月，我如愿考入了瓯海图书馆。9 月 14 日，礼阳老师和亦倩姐将我送去瓯海馆报到，回馆后在二楼的亮相台前留影。礼阳老师发微博：

> 【送余安报到】在温图工作六年三个月之后，余安今天下午到瓯海馆报到。新的岗位参考咨询部，主要做地方文献。陈馆长挖人用心良苦，值得称道。社会积习，一官半职有人送，而普通布衣顾不上。礼阳与亦倩特意陪伴前往。社会平等，从自身开始改变。能改变一点，也是可喜的。

我当晚在朋友圈写下了这么一段话："我知道，我会哭，一直强忍着。看到考试成绩时候，没哭，我忍住了；体检结果出来时，没哭，我忍住了；前天晚上，在读书报同仁的送别宴上，我也忍住了；今天中午，在答谢宴上，我也忍住了；今天下午，礼阳老师和亦倩姐送我过去报到的时候，我也忍住了；礼阳老师给我拍照留影的时候，我也忍住了。看到礼阳老师发的微博，泪水就涌了出来。不知道是为什么，就是止不住，一路哭回家。那天，读书报同仁吃完，与礼阳老师一起步行回去，老师先到家，看着老师过街的背影，才体会到《背影》里沉积的爱。当小平馆长问亦倩姐舍不舍得的时候，我也感觉到她的一时失神，也是不舍，幸亏礼阳老师打圆场，才让她没有失态。其实，我何尝不是，我只是强忍着。从 2008 年 7 月 1 日到温图，至今六年三个月。感谢郑笑笑、仇杨坪馆长，让一个回温的游子免于'啃老'的尴尬；感谢陈烨姐与林杨姐，领一个图书馆门外汉入门；感谢曾海宁师父，手把手教我摄影；感谢海哥，教我调音，虽然我没学好；感谢鲜女姐，带着一个理科生做课题、编辑《籀园讲坛》；感谢吴谷副馆长，在我无助的时候，给以安慰；感谢蛟鹏哥哥，同意我进入采编部，时常搭我下班；感谢亦倩姐、小小姐教我图书编目；感谢谢智勇馆长，将民国文献交给我整理；感谢阿苏老师，将我每篇投稿都发在《籀园》上；感谢礼阳老师接收我担任《温州读书报》一版编辑，带我编辑《温州茶韵》；感谢建琼姐、晓颖姐，每当生日的时候，送上祝福。”

感谢温图带给我的收获，感谢温图同事的信任，感谢温图的栽培。

2018 年 5 月 24 日

（作者现为瓯海区图书馆馆员）

温图古籍普查亲历记

陈瑾渊

我于 2013 年 7 月进入温图古籍部之时，恰逢我馆古籍普查工作进入第一个高潮，我也立刻加入古籍普查的队伍当中，先是承担了佛教古籍的普查任务，到后期普本古籍基本做完后，又与王昀一起完成了善本古籍的普查。虽然以前在学校上过文献学专业课，学习了一些版本知识，但真正亲手接触到如此大量的古籍实物，还是感觉如入宝山，眼界大开。刻本、稿抄本、影印本、铅印本、石印本、活字印本、内府本、聚珍本、百衲本、巾箱本……这些曾经从书中了解的名词术语，如今化身为一部部面貌各异的典籍呈现在我面前。一本刊刻精良的古籍，翻开书叶，不待细品书中文字，单是其纸张之精洁、行格之疏朗、字体之端秀，已令人赏心悦目，不忍释手。更不用说其中哲思妙语、奇闻轶事，如珍馐杂陈，令人目不暇接。素来爱书的我，在这样的环境中仿若寄旅归家，得其所哉。

当然，古籍普查并不是一件纯粹的乐事。由于许多古籍在此前都曾屡遭颠沛流离，难免身婴痼疾、伤痕累累：有些多册本排架错乱，骨肉分离，需要让他们合家团圆；有些不同古籍被误订成一册，成为连体婴，需要分别泾渭，各复其旧；有些丛书子目分散各处，如浮游浪子，迷失本姓，需要助他们认祖归宗；有些古籍身首异处，仅剩断叶零篇，需要接骨续筋；有些曾遭水浸，书叶粘连如板砖，需要破瘀散结；有些曾遇火灾，满面焦黑，朱颜不再；有些老化霉变，抖落一室渣滓，如黑雪漫舞；有些鼠啮虫蛀，触手即成碎屑，如粉蝶蹁跹……面对这些疑难杂症，普查员们迎难而上，各施妙手，尽量让每部古籍恢复它们本真的模样。

与一般人的想象不同的是，我的古籍普查同事们并不是戴着眼镜、鬓发皤如的老学究，而是一群青春活泼的小姐姐，只是在工作之时，朴素的蓝大褂掩盖了她们婀娜的身姿，积年的尘灰染黑了她们洁白的手指。普查员的日常生活是这样的：每天，由部门主任王妍或负责古籍库房的同事将要普查的古籍装上书车，清点种类、册数，填写出入库登记单，普查员将这些书的基本情况在普查平台上一一著录，拍摄牌记、序言、卷端、序跋、钤印等反映重要信息的书影，在电脑里用修图软件剪辑书影图片并上传到普查平台，提交一审，负责一审的潘猛补老师每天将当天的数据审核一遍，如有问题则核查原书，确定无误后提交省馆二审，然后将书籍入库上架，填写入库信息，提取下一批古籍……她们日复一日，埋首于故纸堆中，为判定出一部疑难古籍的版本而振奋，为识别出一方生僻印章而欣喜。工作的时光忙碌而快乐，办公室的氛围团结而温馨，大家“如切如磋、如琢如磨”，古籍普查之于我们，早已不是一项被动领受的任务，而是一条将志趣相投的小伙伴们联结到一起并肩作战的纽带。

网络平台上的古籍普查登记完成之后，下一步就是纸质古籍普查登记目录的审校出版。2016年开始，别的同事都已各自回归日常的本职工作，我和王昉则继续奋战在普查审校的前线。审校的工作几乎都在EXCEL表格中进行，每天双眼紧盯屏幕，将一张十七列、动辄一万余行的EXCEL表格横竖拖动、左右腾挪，就成了审校人员的日常。表格中塞满了密密麻麻的文字信息，需要对它们进行反复的排列、比较、筛选、删改，一天下来，无不头晕眼花、双目如铅。审校的工作，既需要EXCEL强大的编辑能力，又需要审校员凭借自己的专业知识做出判断。有些问题不难一眼看出，而大多数时候，还需要查阅大部头的古籍工具书，对照平台上的书影，或是直接入库提取原书核查。遨游在数据的海洋中，无数书名从眼前掠过，无数著者从脑海中经过，难免不时被一些特别的书或人勾起好奇心和考据癖，剥丝抽茧，层层深入，直到水落石出方才罢休，这也成为高强度的审校工作中的独得之乐。四轮统校下来，我从一个对EXCEL一窍不通的门外汉变成了驾轻就熟的使用者，现在已经习惯于用它来处理工作和生活中的许多事务，自觉效率大增，这也算是一个意外的收获吧！

在纸质目录的编辑出版过程中，国图出版社的编辑们认真敬业，无论是存缺卷的数字核实、体例格式的统一，还是对异体字的处理、对前言的把关，均倾尽心力，巨细靡遗，往复数十遭，方成定稿。去年九月，《温州市图书馆古籍普查登记目录》上下册已先行面世，如今，《温州市图书馆民国时期传统装帧书籍普查登记目录》也出版在即。积数人之力、数年之功，成此二书，差堪自慰。业内有云：校书如扫落叶，随校随生，编目工作亦如是。此次古籍普查，既是对我馆先前古籍目录的一次全面整合，也将成为今后相当长一段时间古籍开发利用的基础和指南。正是基于这样的责任感，我们在普查编目时力争更全面一点、更准确一点，绝不敷衍塞责、草草从事。本次普查虽已囊括了古籍库的绝大部分线装书，但还有大量的平装书籍、碑帖、字画、信札、复印影印古籍尚待整理，更有大量的地方文献资料尚待开发，古籍普查的结束，绝不是古籍工作的终点，而是一个全新的起点。

不知不觉间，温图已届期颐之年，翻开厚厚的馆史，梅冷生馆长的聚书护书、舍身忘家，孙孟晋、张宪文、潘国存诸前辈的沉潜学问、勤于著述，播于人口，想望清辉，令人心驰神往。积聚甚难，守成不易，今日的古籍部，人才断层问题明显，耆宿乏人，庶务旁午，全凭几位八〇后小将勉力担负，诚恐有负前修，有隳家声。所幸文献有徵，仪型非远，这一方弥漫着樟木与芸香气息的小天地，是我们古籍人的安心之所；这满架缥缃，曾经过多少前人的摩挲呵护，逃过多少天灾人祸的劫难，才穿越百年沧桑与我们在此相遇，我种我文，我邦我家，身命所系，粲然在兹。书比人寿，我们能做的就是守护好它，并将它流传下去，播扬开去。前辈馆员们筚路蓝缕、以启山林，今天，历史的接力棒传到了我们手里，我们岂能不敬慎以临，孜孜以赴，方能不愧于先，不怍于后。是为记。

2018 年 12 月 6 日草

附　温图古籍普查备忘录

2007 年，中华古籍保护计划正式启动实施。中华古籍保护计划的首要任务是摸清家底，也就是对全国各藏书单位进行古籍普查登记。浙江省于 2011 年开始开展全省古籍普查项目申报。

我省的古籍普查有两个突出的特点：范围广、要求高。古籍普查登记的对象，按国家古籍保护的中心的要求为 1912 年以前产生的文献典籍，而浙江省则将范围扩展到 1949 年以前的传统装帧书籍。根据《全国古籍普查登记手册》的要求，古籍普查的必登项目有索书号、提名卷数、著者、版本、册数、存缺卷数六项，其他的为选登项目。而我省的古籍普查始终坚持平台项目全著录、文字信息和书影信息双著录，根据《浙江省古籍普查信息登记项目》规定，需要著录的项目共 16 大项、74 小项。

我馆的古籍普查项目申报立项在 2011 年 12 月，2012 年开始普查工作就已陆续进行，但由于早期著录难度较高，加上各位参与者手头都有别的项目正在进行，所以 2012 年全年完成普查数据仅 68 条。为加快普查进展，2012 年开始，我馆陆续派出王昉、王昀、吴慧等普查员参加古籍普查培训，部门又招聘了王林琳、夏静飞两位专职普查人员，其他几位同事也将工作中心转移到普查上来，普查登记工作开始全面展开。为此，部门制定了工作量考核指标，每位普查员每个工作日必须完成 5 条数据的著录。2013 年 10 月，鉴于我省的古籍普查工作量大、时间紧迫，省中心商订颁布了新的普查登记简化标准，适当放宽了著录要求。为了能在 2015 年 12 月底前完成普查任务，我馆根据馆藏古籍量制订了年度普查计划，将普查员的日工作量提高到 10 条数据，同时严格执行指标考核，每月检查指标完成情况。到 2013 年底，完成古籍普查 3405 种 21627 册。

2014 年 3 月 5 日，省古保中心在温州地区召开了古籍普查工作推进会，大大地鼓舞了我馆普查人员的士气。为进一步加快普查速度，2014 年 8 月，部门又招聘了潘莉莉、邵鸯鸯二位专职普查员，同时从业务办调入高丰苗加入普查队伍，2014 年完成古籍普查 8869 种 68669 册。到 2015 年底，完成全部馆藏线装古籍的普查工作，特别是对 8275 种、38148 册的复本古籍的开荒式整理，更是解决了古籍库的一个老大难问题。

普查结束后，由王昀从平台导出数据，汇总制成了古籍普查目录交给省馆，并撰写了古籍普查项目结题报告。经过此次普查，第一次弄清了我馆古籍库的家底：

从量上看，我馆现藏中国传统装帧书籍共 23150 部 151353 册，占全省藏量 6.03%，位于浙图、浙大图书馆、天一阁之后，居全省第四。其中古籍（1912 年以前）为 13994 部 104625 册，占全省藏量 5.95%，位于浙图、天一阁、浙大图书馆、绍兴图书馆之后，居全省第五。民国传统装帧书籍 9156 部 46278 册，占比 6.22%，位于浙图、浙大图书馆之后，位列全省第三。印制于域外的古籍、晚清民国期刊、平装及复印古籍、建国后印行的新版古籍，均不在统计范围内。

从质上看，我馆存有一级古籍 3 种 18 册，二级古籍 101 种 1718 册，三级古籍 2421 种 23937 册，四级古籍 20559 种 124146 册。单就一二等古籍而言，我馆无一级甲等（全省 6 单位有藏，共 77 部 357 册，大多藏于天一阁）、一级乙等（全省 9 单位有藏，共 132 部 1518 册）文献，馆藏等级最高者为一级丙等，计 3 部 18 册（全省 162 部 51428 册）。另有二级甲等 23 部 738 册（全省 1187 部 23530 册），二级乙等 66 部 793 册（全省 3136 部 26273 册），二级丙等 12 部 187

册（全省 995 部 8616 册），可见在古籍质量上我馆与省内其他强馆尚存在一定差距。

2015 年底，古籍普查登记工作圆满完成，从 2016 年开始，工作的重点转向了古籍普查目录的审校与出版上。省古保中心于 2016 年 6 月成立由全省 8 家单位的 14 名普查业务骨干组成的全省古籍普查登记目录统校和编纂工作小组，制定了《浙江省古籍普查登记目录编纂工作方案》《浙江省古籍普查数据统校细则》。审校的基本要求是客观登记、规范描述，侧重在登记目录文字的准确性和款目著录格式的规范性，避免内容出现硬伤。如同一部书分类不一致，同一部书著者著录不一致，版本表述不规范等。此外，考虑到将来编写《中华古籍总目・浙江卷》的需要，省中心要求每一部书都要查核《中国古籍总目》，在初始信息附注里填写此书在《中国古籍总目》中的页码如“集 5 页 355”，《总目》未收者填写“无”，《古籍总目》中只著录我省某馆孤本的，用绿色背景标出。

审校工作的流程如下：前期由省馆从平台数据中导出普查数据，区分古籍与民国传统装帧书籍，整理后按照题名排列，制成 EXCEL 表格，分给各统校员统校，结束后交由分区负责人复核，复核后由省馆发还各馆进行财产信息核对和重大著录信息修改认定，同时撰写前言，经各馆认定并由分区负责人最后审定，审定结束后提交国家图书馆出版社，开始出版流程。

我馆陈瑾渊、王昉参与了全省的古籍目录审校工作。第一轮审校为全省数据通审，每位统校人员每天需完成 350 条数据。从 2016 年 6 月到 11 月，陈瑾渊、王昉分别完成 11000 条、10441 条数据。第二轮古籍目录审校为分馆分地区审校，陈瑾渊、王昉分别负责温图本馆数据、温州地区其他八家图书馆数据的审校，从 2016 年 12 月到 2017 年 2 月，分别完成数据 13759 条、4663 条。

2017 年 3 月至 7 月，审校员与国图出版社编辑景晶对接古籍普查登记目录的编辑出版问题，并为本馆目录撰写前言。经过多次的审核、沟通、修改，2017 年 9 月，《温州市图书馆古籍普查登记目录》（上下册）正式出版，收入馆藏古籍共计 13783 种，102867 册。西泠印社社务委员会等十家收藏单位、浙江省瑞安中学等八家收藏单位《古籍普查登记目录》因合同问题，出版日期暂未确定。

古籍数据审校结束后，陈瑾渊继续参与了民国普查数据的审校工作。第一轮仍是全省数据通审，从 2017 年 4 月至 7 月，完成 20000 条数据的审核。第二轮负责温州和丽水地区民国数据，从 2017 年 7 月至 10 月，完成温图数据 9115 条，温州地区及丽水地区数据5477条。2018年1月至5月，与国图出版社编辑许海燕对接温州、湖州地区民国目录编辑出版工作，与温、湖地区各馆古籍负责人核实数据内容，并为本馆目录撰写前言，后续工作一直持续至今（2018年12月）。《温州市图书馆民国时期传统装帧书籍普查登记目录》预计将于近期出版，收入民国传统装帧书籍9121种，45706册，其中包括刘绍宽、孙孟晋、郑剑西、夏承焘等近代温州文化名家的著述稿本，以及黄群、杨绍廉、张㭎、戴炳骢、符璋、戴家祥等乡贤（寓贤）所抄的乡邦文献。

在古籍部全体成员的努力下，我馆的古籍普查工作历时六年，终于保质保量地完成了任务，得到了业内的认可。2014年，王妍获得“全国古籍保护工作先进个人”称号。2017年，王昀获得“温州市第一次全国可移动文物普查先进个人”称号。

十年，十年！

曾海宁

十年前，临近温州市图书馆建馆九十周年，我写了《十年磨一剑》一文，记录了一位美术工作者在图书馆的起步和渐进，以示感怀。

转瞬，2019 年似乎可以张望，流水十年间，梦想一直在升级。在图书馆的后十年，留下的是一位美术工作者从“美术设计”向“展览策划”的转型经历。

这次不仅仅写我自己，而是讲述我与“展览策划”之间的互动的故事。

前些天，听了马云的一段创业访谈，心有感触。最近十年，从做展览，到策展，何尝不是一次文化战场的创业呢。再次提笔，出于阅读体验的考虑，我想改换一下行文形式（风格），用一种“自我访谈”的方式来续写这后十年，准备了“十问”，没有采访人，那就“自话自说，自问自答”吧。

给温州市图书馆。给自己。

自问一：2009 年之前您一直从事美术设计工作，后来才做策展。是什么促成了这种转变？

自答：在大学学的是装潢设计专业，刚到图书馆那会儿，1998 年吧，就是奔着美术设计的岗位去。那年图书馆园西巷新馆刚落成，需要设计人员，还是事业单位，就来了，成为图书馆人。

正是赶上 21 世纪开始的公共图书馆大发展，2005 年底，市府路新馆落成，我们开始有了近千平方米设施不错的展厅，公共图书馆也开始面临更复杂的挑战，要多元化，要多样化，也因此，展览这块工作开始成为公共图书馆创新服务的新领域，领导也重视起来了。

之前么，在园西巷老馆（现在称老馆了呵）零零碎碎参与过一些展览活动，做些平面设计，所以展览这块工作貌似跟设计有些贴合，就这么顺理成章交到我手里，馆里不用再叫人，我呢一个人打两份工，一开始是设计照做，展览工作也兼着，就这么开始了。

自问二：万事开头难，中间难，最后也许更难。展览策划“难”在何处？

自答：刚开始，不少同事都会给我提供一些消息，哪里哪里谁谁谁要办展，给我联系方式，一直挺感谢的。我会主动出击，了解需求，再结合本馆要求等等，这是一部分。2006 年原本给的任务是全年 12 场，当年做了 17 场，一时间信心大增。小结一下，要干好一件活儿，是要讲些方法、要有些对策的。比如要主动出击、合作办展、扩大宣传等等，想想要做好展览策划，该是一个社会活动家了吧。也就在那时候，还知道了一个跟展览有关的专业名词——策展。

那时，平常的设计工作也占了很大一块时间，各部门都有自己的活动设计需求。都是那种什么时间这个要、那个要的，根本停不下来。那会儿说“难”可能还不够精准，说“忙”是一定的了。后来领导一看 12 场做下来感觉还有提升空间，第二年直接就把全年场次拉到 20 场了。2008 年全年展览 23 场。摸到规律，找到方法，心里有数了。

做展览策划，还得会写，会动脑会动笔，突然发现，你得写，难也得写，这些都需要锻炼。2016 年，以策展人身份为“随手拍摄影展”撰写大展评论“做一个读书人”，全文刊登于《温州日报》(6 月 29 日)，是第一次，想想这些都是挑战。把它看作一次创业机会吧，学会见招拆招，现在都在号召“双创”，当然，创业是一件非常严肃的事情，那就借此机会来审视创业的真相吧。

自问三：初期有什么故事可以跟我们分享吗？

自答：2008 年，奥运年。一直到今天，还是记忆在心的。根据主管局的部署，图书馆要举办一场有奥运元素的展览，展览时间就定在 4·23 读书月期间。第一次接受这样一个命题作“展”，节奏开始不一样了。

奥运知识图文展？历届奥运举办地图片展？迎奥运书法展？或奥运文献展？等等。总归感觉缺少想法，太普通！几天的展题思考，提出了，否定，再提出，再否定，这样的一个节奏虽然过于纠结，但对于一个设计师来说再正常不过。

机会总是为不甘平庸的人准备。通过网络，不经意间发现一条信息：“擎起奥运大厦的人们摄影展”在中国美术馆开展。精神一下子来了！再看展览介绍：“擎起奥运大厦的人们”纪实摄影展是我国首个以奥运建筑工人为视角的摄影展。

参与创作的北京摄影家们用将近两年的时间拍摄了上万幅作品。本次展览从中精选一百余幅作品，从不同角度、不同侧面展现奥运建设者的特殊经历和奉献精神，立体呈现奥运场馆的美感。

还有什么比这个更有亮点的奥运内容呢！通过北京当地 114 查号找到了主办方，北京摄影家协会。电话过去，开门见山提出是否可以在温州举办一场巡展。一位姓谭的女士接上了电话，从电话里，能明显感受到她觉得很意外，并且很自然的回复：NO!

展览内容早已打动我！

第一次感受到要促成这次巡展还需要继续沟通，拿出诚意，拿出说服力。我请谭女士向协会负责人汇报来自温州的诚意和申请，并加以阐明：如此打动人心的好展览不仅属于北京，也属于全中国。出于宣传奥运，出于宣传北京摄协，完全有理由让好展览走出北京，走向全中国，让更多想了解奥运、热爱奥运的人们共同分享。谭女士答应先汇报再回复。

两天后，回复了。北京摄协负责人同意来温州巡展。随后一连串的跟进动作：汇报、预算、接展、布展、讲座、巡展。2008 年 4 月 29 日，帷幕拉开，展览开幕式上，北京摄协的负责人发表了热情洋溢的发言，还有几位主创人员的创作分享，这一切，都是源于一条极具价值的搜索信息，让之后发生的一切变得如此美好。北京奥运，你真的很美！

回想这次经历，步步为营，全程跟进，我想这应该是对我展览工作三年来的一次小小的考验吧。

自问四：在您做展览策划的十年里，哪个时间段是比较重要的阶段？

自答：毫无疑问，应该是在 2012—2014 年，经历过 2008 年“奥运展”那一战，心气渐涨，开始用思考来走路，之后每年都有新作。2009 年策划推出我馆第一个国内巡展“中国最佳海岸线摄影展”；2010 年推出“网上展厅”，打造永不闭幕数字展；2011 年全案策划了“上海水彩画名家作品邀请展”，为温州导入了海派文化的新鲜气息，并以展促藏，首次以展览的名义丰富了我馆的馆藏资源。

那段时期，全力投入到展览工作中（美术设计已另外招人）。三年里，活动的脚步没有停歇，思考的翅膀也渐渐打开，传说中的策展人是那个样子吗，当时也有了那么一点意识。

2012年在春节期间，我馆的自主展品“温州地方民俗文化图片展”在上海图书馆展出，实现了温州上海两地馆际文化交流的首秀。正是此次带有温州风味的展览成功运作，顺势而为，策划推出我馆第一个系列展：温州味系列——图说南戏。这年的文化交流展挺频繁，还有下半年的广州温州文化周上的“温州人著作展”，在广州又是一次文化的相遇。2013年，走得又远了些，5月，我馆筹备的“玄觉著作存世版本展”在台北展出。这年下半年在上海举行的中国图书馆年会上再亮相——温州市图书馆展区。

从温州出发，到上海、到广州、到台北，我想如果分别用直接把两点相连，呈现的是辐射状，希望状的。经过一连番的打大仗，打硬仗，视野自然开阔了，能量随之增强了，能坐下来思考问题了。好像有点策展人的样子了，是吧。

2014年，两场带有国际视野的展览，是积累的发挥。

4月，深圳国际水彩画双年展（温州站）。据介绍本届展会共收到来自全球54个国家与地区艺术家提交的2825件参赛作品，成为目前世界范围内投稿最多的国际水彩画展之一，最终有237幅入展。好评自然不多说，一位美术老师在展后问，为什么这样一个国际范的展览能在温州展出？

当时这场展览的开幕式也极具创新，舍弃了传统的做法，请这个邀那个的。考虑改用朗诵诗歌的方式，先邀请诗人选择自己心仪的水彩画作品创作诗歌，再由朗诵团的成员现场配乐朗诵，来作为本次水彩展别具一格的开幕仪式。现场诗人、诵读人、画友和观展读者一起分享了这场视觉、听觉构成的全新体验。此举得到深圳主办方的点赞，直呼“真想不到”、“画界首创”。

这背后，因为策展人！

5月，字·汇——中美两国字体设计展登场。它们的标签上都带有“国际”两字。源于策展人的心怀星空，脚踏实地。既面向未来，也把握现在。

这背后，也因为策展人！

自问五：在您的心目中，好的展览“好”在哪里？

自答：所谓好展览，就是读者要有好的体验，这是一个体验为王的时代。我们可能已经感觉到，今天读者的话语权越来越强，一场好的展览，会口口相传。今天，每个人都可以发布信息，声音即使弱小，也总能被别人听到。展览是否能够成功，读者体验越来越成为一个关键因素。

自问六：除了策展，您还有其他兴趣爱好吗？这些兴趣与展览有关吗？

自答：呃，人一生中，必须有一样不以此为谋生的工作！我想这应该就是兴趣吧。从来没有过为缺少兴趣而担心过，喜欢绘画、设计、摄影、游泳、书法、策划（喜欢思考）、读传记、看历史，等等还有不少。很难说，哪个兴趣对工作有直接的关系，如果单独来看的话。但作为一个策展人，你要提出较为专业的观点，驾驭聚合思维，倘若没有丰富的兴趣点，我想很难支撑你后续的工作面。

因为对绘画的兴趣，才有了“2014 深圳国际水彩画双年展”的落地温州。在与主办方对接过程中，双方会需要有一些对画展运作较为深入的沟通和交流，现在我已是浙江省美术家协会会员，温州市美术家协会理事，市美术家协会水彩艺委会委员，的确需要有这样一个专业背景去操作这样一件专业的活儿。

因为初到图书馆，是以设计开道，也就有了“字·汇——中美两国字体设计展”的温州呈现。记得当时主办方在电话里问“为什么图书馆要做这样一个设计展”，很简单，我说我们是同行啊，那就懂了。想必没有这样的专业经历，对于它的展出与否一定是拿捏不定的。

如果把展览分解开来看的话，那么大多数展览都是为“图”而展，所有的文字、材料、形式、灯光、布局都是为了更好地呈现“图”，提升“看图”的体验感，这就好理解为什么那么多策展人都具有艺术的专业背景。

感恩上帝厚爱，让我职业与兴趣并驾齐驱。

自问七：当前，各级公共图书馆为了提高本馆办展知名度、扩大办展影响力和延伸读者覆盖面，都在大力支持巡展服务，您作为策展人，怎样考虑？

自答：奥运会举办期间，我注意到一条信息：洞头，中国十大摄影发烧风景地、中国最佳海岸摄影地。就这么一句话，开始了我的想法，评选有了结果，是否可以举办一次摄影展（巡展）呢？

当即联系到洞头摄协，把想法跟对方一沟通，觉得可行！要知道，那会儿馆里对展览的投入还是极其有限，但工作还是要开展，这就得到处化缘去，难为了。但我还是给出一个互惠的方案：图书馆方提供场地首展，并落实场地安排巡展，既打响摄影展知名度，也为洞头的旅游资源做了宣传。其他的事情由洞头方负责落实。

之前刚刚举办过奥运那场展览，有了底气。这次驾轻就熟，两招化解问题，双方合作顺利又愉快，很和谐。“中国十大摄影发烧风景地——中国最佳海岸摄影地（洞头）摄影展”经过半年多时间的筹备，于2009年1月在温州市图书馆开展，场面效果就不多说了，给赞。

之后的巡展经过牵线搭桥，先后安排了展览北上江苏，西进重庆、青海等内地各图书馆巡展，总巡时近一年，这是开展以来展览资源第一次走出温州。随后还策划推出的“百位名人谈读书”一展也受到各地图书馆认可，纷纷打来电话问询合作展出事宜，接下来，我们将考虑推出迎百年馆庆手绘版“百位名人谈读书”。

温州市区的巡展也在同步开展。2010年至今，我馆巡展已基本覆盖全市，巡展点分布到各区县图书馆，社区学校、城市书房、单位机关，巡展还辐射到村（2015年“温州望族图文展”进入驿头村），辐射力逐年增强，年均推出两至三场巡展，每场巡展八至十五站点。2018年上半年，已推出巡展5场，巡展点已超过50站。开始发力。目前已成为我馆办展的三驾马车之一（另有实地展、数字展）。

通过近些年的巡展，逐步建立起与国内各大城市公共图书馆展览资源共享的合作网络，有好的资源，既可以走出去，也可以请进来；对市内巡展，辐射到村，基本实现市内全覆盖。

自问八：公共图书馆展览资源获取有哪些渠道？比如温图，愿闻其详。

自答：自2003年以来，在文化部社会文化图书馆司的指导下，四次全国公共图书馆评估定级工作中，展览活动均被纳入评估项目之一。随着这些年来国内新落成和即将落成的图书馆，也都将“展厅”设为必不可少的服务空间。

确切说，公共图书馆举办展览有其不可比拟的优势。它的读者流量，文化氛围，丰富的馆藏等等。国内一些主要省、市公共图书馆展览业务也是开展得多姿多彩。但毕竟图书馆不是一个专业的展览机构，限于人才、资金和思维模式，要想把展览做到“常展常新”很不容易，尤其是一些欠发达地区公共图书馆和基层图书馆，也是有心无力，都面临共同的课题：展览资源。

现在大家都意识到“资源共享”是一个好办法。但在公共图书馆展览刚起步时，大家都缺资源。我们馆一开始怎么做呢，一是积极寻求社会资源，对方小范围刚展过，我们再继续展；二是跟行业协会合作，这很解决问题；三呢，就是有社会机构找上门要求办展的，当时我们门槛放低些；一年下来，展览场次有20场左右。尽量不让展厅空着，当然，这还谈不上真正意义上的“策展”。

后来上海图书馆推出了展览资源共享的巡展模式，有很大贡献，极大地推动了公共图书馆巡展的发展。2002年的“读书乐”摄影作品全国巡展就是一个示范，就是标杆。十年来，与我馆资源共享的兄弟馆有三四十家吧，上图、国图、浙图、中图学会等等；除了同行业，我们还跨行业寻求办展合作，那就更多了。2009年与中国人民对外友好协会合办了“中美建交30周年图片展”、2013年与浙江博物馆合办了“十里红妆图片展”、2014年与方正出版社合办了“反四风廉政漫画展”等等，不胜枚举。

我们觉得，今天的图书馆展厅，是建立长远文化价值的地方，并牢牢把握时代文化需求的风向标。馆里也逐年开始为展览投入经费，确保自主展览资源的积累。2017年，当年自主策划的展览数达到八个，占全年展出数量逾三分之一，为历年最多。同时这也确保了我馆网上展厅内容的不断充实。

一路走来也一路想来，自主展览不仅要展得出，还得要留得住，要有让一分钱用出一元钱的追求，让优质的展览资源代代分享，这是一种使命感。自2005年12月新馆开馆到2018年5月，我馆已举办各类展览逾500场（含线上线下及巡展），拥有了相当可观的观众群体。

总而言之，今天的温州市图书馆办展已经走过“为数量求生存”的起步阶段，在展览资源积累的过程中，我们一如既往地发挥关注社会、合作共赢、自主创新这三件宝贵经验，全力开启展览“源自温图，资源同享”的新局面。

自问九：想和您聊一个比较久远的话题，那就是在2008年，您提出未来十年展览工作分“三步走”的计划，今天做到了吗？

自答：回望自己走过的绘画之路，经历了一条从无法到有法，再而无法这样一个过程。今天我们不谈绘画，只是想借用这样一个艺术创作的规律来开启和指导我们做展览这份工作。十年策展路，与其说是在做展览，不如说是在为展览工作谋布局。从空白开始，要做好做大，是需要一个过程，有一个节奏，确实有创业的味道。

自2008奥运年开始，展览工作还是在摸着石头往河边走，还没到河边。前边这几年节奏还是比较慢的，那个奥运展就是走一步想一步摸索着来，摸索着做巡展，再摸索着搞数字展，看着别人成功的案例来临摹。不图快，只想做点对后边有用的积累。到现在也看到了，现在我馆主力展的三驾马车（实地展、巡展、数字展）就是多年实践中逐步建立起来。

实践多了，也摸到规律，开始尝试用理论来指导实践。也就是到了“有法”这个阶段。还有一个更重要的是，这个阶段开始体悟到自身的知识结构不足的问题。要学习啊，多看成功的案例书，还得多思考，多观察。在2012—2014年间，实践机会很充分，做了不少事情，感觉还是比较幸运。

再往后，感觉有了实践积累的本钱，就不慌也不忙了。策划越来越上手，也不受规矩约束，像“展中展”“手机微展”“温州味系列展（已举办六场）”“笔尖上的中国系列展（已举办两场）”“把文化带回家系列展”等等都是后期推出的新展，也都是围绕传统文化、地域文化来做；2017年7月策划了“温州民间文献联合展”之“与藏家面对面”现场分享会，作为与展览结合的一个带有学术探讨型的延伸活动，现场读者的参与热情令我们很受鼓舞，并就“延伸型”展览开始了思考和探索。以后，讲创新是常态，要在“无法”的道路上破冰而行，没有退路。

去年策划新推出的“读图写诗——原创诗歌优秀作品展”，是一次跨界的展览模式探索。为倡导全民阅读成为新常态，创新阅读推广新形式，我们配合世界读书日活动面向社会征集，此次“读图写诗”活动征集历时40天，共收到130余位作者的200多篇应征作品。分别来自海南、江苏、江西、山东、河南、甘肃、浙江等省市。媒体也主动找上门，要为活动作推广报道。当摄影遇上诗歌，会有怎样的新意和反响呢，待巡展结束后再总结吧，我也很期待。

“三步走”是一步一步一步地在追逐梦想，是为触摸到未来。

自问十：十年策展，您是否可以描述一下今天，温州市图书馆展览服务的模样？再给您十年呢？

自答：昨天！找米，仅够糊口；

今天！有米，家有余粮；

明天！好米，源自温图。

今天的温图展览，十年来有了长足的进步，从无到有，从有到优，我们为展览事业而创业，我们一直在路上。今天，我们有了线下（实地展）、线上（数字展）和巡展的三驾马车；今天，展中展、系列展、微展厅、延伸展等各类展品纷纷呼之欲出，她们都在时代呼唤创新的道路上，一起发力！

做展览，我们是认真的；

我们走出去，也请进来；

我们回望历史，也专注未来；

相信未来，既令人期待，亦无比精彩。

不经意间，《十年，十年！》与《十年磨一剑》已然成为姊妹篇，值馆庆百年来临之际，给温州市图书馆，也给自己。

这里，梦初启的地方。

梦想还在升级中……

2018 年 6 月 10 日写就

一段鲜为人知的往事

潘又补

今年清明，我因家有要事不能同兄弟姐妹们一起为双亲扫墓，心里感觉十分内疚不安。此时恰得到我弟阿猛转达温州市图书馆迎来一百周年华诞的纪念征文通知，我百感交集，情不自禁地打开了由我保存的尘封已久的父母遗物，面对红彤彤的文化部颁发给我母亲的从事图书馆事业30年的荣誉证书，我的回忆像潮水一般涌现，一段鲜为人知的往事浮现在我的眼前：

往事如烟，往事并不如烟，1977年秋天，全国恢复了“文革”以后第一次高考，我弟也参加了高考，考取了温州师专，这不是他的理想志愿。造化弄人，重新高复一年，又是考取温州师专，我弟心灰意冷。就在我弟处在人生的关键时刻，我母亲断然做出决定提前退休，离开挚爱一辈子的图书馆事业，让我弟顶替到图书馆工作。当时主持温州市图书馆工作的是副书记兼副馆长柯国臻，他把我母亲叫到办公室谈话，他对我母亲说：老太婆（我母亲当时年龄不大，但资格老，人家都尊称她老太婆），你舍得退休吗？母亲坚定地说一切为了儿子，我只能忍痛割爱。我儿子是个人才，能够接好我们的班，他爸老潘退休以后在家里研究整理四库全书目录，阿猛在旁边耳闻目染，相信他能够胜任这个工作，你一定要把他安排到古籍部。柯馆长又问：你的外借部组长和基本书库主管由谁来担任？（当时所谓的基本书库就是种子书库，收藏一些珍贵的单本的，内部的不能外借的书。）母亲毫不犹豫回答由倪新祯来担任。哦，你们不是冤家吗？柯馆长开玩笑地说。（母亲与新祯姨在工作上曾经有过误会和矛盾，具体什么原因，我们下辈不知道，也不用知道。）母亲又坚定地说：冤家归冤家，新祯工作负责，大公无私，工作能力一定比我强。柯馆长也被我母亲感动，最后说：老太婆，你真是举内不避亲，举外不避仇，是一个女伯乐！后来的人事安排果然如我母亲所推荐的。

当我弟第一次上班时，我母亲千叮咛万嘱咐，要他好好尊重新祯姨、欣欣姨等前辈。特别是新祯姨，不要因为她与我工作上的矛盾和误会影响你们，这是我们前辈的事。我弟回答：知道了，知道了，新祯姨的儿子蔡小文还是我高中的同班同学呢！上班不久，我弟觉得自己知识面不广，有欠缺，于是又重新考入杭州大学中文系深造。在一次放寒假回温州参加了图书馆的春节联欢会，要表演一个节目，我弟听母亲说，老一辈管理员就数新祯姨跳交谊舞跳最好。在联欢晚会上我弟想出了一个怪招，说在杭大里学到了不少知识，连没有艺术细胞的他也学会了交谊舞，希望各位女士做好准备，我要邀请她共舞一曲。这时女士们个个屏住呼吸，不知会轮到谁。只见我弟一个绅士的手势来到新祯姨的前面，新祯姨一愣，问：阿猛，谁告诉你，我会跳舞啊？我弟说：我妈告诉我的。新祯姨笑着说：这个笑中啊，这个笑中啊，跟阿猛一式唐。这时联欢会上响起了一片喝彩和呐喊声，倪老师来一个，新祯姨来一个，老太婆来一个。个个捧腹大笑，前仰后翻把联欢会气氛推向了高潮。后来我弟在学术上做出了成绩，被破格评为研究馆员，在版本学目录学地方史方面稍有名气，这不仅有他自己的努力，也与我母亲的推荐使他能在温州图书馆古籍部得天独厚的环境工作分不开。

记得有一年斯声先生和新祯姨夫妇在园西巷图书馆新馆举办个人书画展览，我陪同母亲一起去参观。在展览会上母亲与新祯姨紧紧地握手，母亲一个劲地夸新祯字写得好。并问她：你什么时候暗推推起来？钟好兮，钟好兮。你家阿猛才真钟好！在图书馆开专业课程，深入浅出，得到了一致好评。还在权威刊物上发表许多重量级的论文。母亲欣慰地笑着说：你们两个都钟好！都钟好！她们两个再一次紧紧地握着手，这一握手将过去误会和矛盾都烟消云散了。从那以后，凡他俩夫妇出的书都第一时间送给我父亲和我弟，并说他们都是做学问的，用得着。每次来到我家，同我母亲有说不完的话，她俩和好如初。

我们全家与图书馆有不解之缘。以书为媒，父母因书结下婚姻之缘。书为情，化解了母亲与新祯姨的恩恩怨怨。书为爱，伟大的母爱造就培养出了一位图书馆学的专家。书为怀，使我们兄弟姐妹投入到父母的怀抱之中。在纪念温州市图书馆100周年华诞的喜庆日子里，我仿佛看到父母在天上用羡慕和喜悦的目光注视着我们，让我们一起同庆这一幸福的时刻到来吧！

2018年4月8日

（作者系温州市新华印刷厂退休干部）

且以芳华浸书香

何　泽

书香常伴花语飘，漫步在温图的南广场，见绿茵草坪错落环绕，山茶花舒展着娇艳欲滴的花瓣，迎春的玉兰在树梢绽放，紫藤蔓在微风中飒飒摇曳……欣赏这绚烂的“百草园”，蓦然回首正门口的楹联，心头不觉微微一震。时光匆匆，白驹过隙，转眼这已是我来到温图的第四个年头。

书从历事方知味；理到平心始见真

第一次站在温图大门口，被悬挂在柱上的一副楹联所吸引，拾级而上，识到“刚日读经，柔日读史；十年树木，百年树人”，两句箴言学生时代就耳熟能详，又在图书馆门前重逢，犹如一阵儒雅的书卷气拂面，题字刚劲有力，桃木质地古朴典雅，令人赏心悦目。走进大厅，又见一副，内容却是头一回读到“书从历事方知味；理到平心始见真”，读万卷书阅万千事才能晓悟书中之理，要心平气和戒浮弃躁方能识真谛，这是温图给予我的一份开门“教导”。

而从这一刻起，温图成了我人生新的起点。

初来乍到，胡海荣馆长得悉我是一名中文专业的研究生，报考的是图书馆的文秘岗位，随后告知我需先通过轮岗全方位熟悉图书馆的工作。第二天读者服务部的黄海彬主任把我安排到二楼服务台，我穿上黑色的工作服，系上丝巾，开始了办证还书，接听咨询电话，每天和书与人打交道的一线馆员工作。环视这座现代化的图书馆，早已不是想象中的藏书大楼，一卡通的借还系统，RFID 自助办证借还机，温馨人性化的阅览室，讲座展览社团等多样化的读者活动，丰富有趣的内容绝对令你感慨先前对图书馆的了解实在太浅。

每天看着门口排长队的读者在打开馆大门的那一刻迫不及待地拥进来，扎进知识的海洋。入馆的读者形形色色，有白发苍苍的老者也有乳臭未干的孩子，有行色匆匆的中年人也有从容愉快的青少年。时不时前来总服务台向我们咨询和还书，每日我的手中接过又交出一本又一本的书，和好书相遇，常常就在这不经意的过程中。有一回坐下休息时看到柜台上放着的《籀园》馆刊，好奇地翻看了一下，读了几篇文章，发现有“馆员抒怀”专栏，就和主编张永苏老师联系并递交了自己写的一篇文章，张老师很热心，下期就刊登了，后来还让我兼任了馆刊的编辑。

在一线工作一个月后，我被调到四楼信息咨询区，负责参考咨询工作。日常服务日益熟稔，开始有些游刃有余。其间，黄海彬主任鼓励我发挥专业特长接手一些新的工作任务，于是在海彬主任引导下先后尝试编新书主题展板，撰文推送荐阅微信。后来因工作交接以及中文专业优势，我从周静老师那里接过籀园品书会的主持工作，那时品书会活动每月一期，因为多方联络的需要，认识了不少心系图书馆的学者与书友，如温籍文化学者戈悟觉先生，温州大学人文学院的崔勇老师，原温都博客的博主吴潇老师，还有温州作协的几位才华横溢而又亲切和蔼的作家，逸云、落樱、醉倚东篱（均为笔名）……以及每次活动都积极报名参加的热心读者们，在他们中间有土生土长、故乡情结浓厚的温州人，也有怀揣理想对这方水土充满好奇的新温州人。至今回想起一期期的品读活动，嘉宾们精彩绝伦、妙语连珠的讲述仍在耳畔，活动前后与大家融洽交谈、合影留念的场景历历在目，以及日后结下的友谊。那是一段弥足珍贵而尤为难忘的工作经历。

后来直到现在我一直在办公室当文秘。办公室工作纷繁忙碌，节奏快了不少，每天电话、来函、收信不断，还会有临时性的接待任务，一开始手忙脚乱，但也是在一桩桩的小事与细节中历练了我的思维和协调能力，让我变得从容不迫和有条不紊。主要负责的信息宣传工作也让我能够发挥专业的特长，几年来在岗位上不遗余力地撰写大大小小的通讯与综合材料，为了让通讯内容饱满生动，我经常奔走于馆里各个部门组织的各类活动中，拍摄和记录工作场面，总结归纳亮点与特色。每年发表信息报道百余篇，刊登各类媒体。看到讲述温图的文字登载在《光明日报》《中国文化报》上时内心也不禁小小自豪了一番。尽管每每报纸上通讯员是我的名字，但我内心深知这不能归于我的功劳，在业界有着标杆名声的温图日新月异的亮点工作才是内核，而宣传不过是锦上添花。

很感谢章亦倩老师推荐参与编辑本馆主办的《温州读书报》，有幸拜读名家书话，结缘翰墨书友。难忘每月与作者邮件往来中亲切的问候，一字一句仔细编辑来稿时的斟酌，排版文字图片的各种技巧。奈何水平有限，每一期都是在主编礼阳老师的精心指导下完成的。2017年有幸作为《温州读书报》编辑代表赴西施故里诸暨参加了第十五届全国民间读书年会，会上与不少图书馆和民办刊物编辑做了交流，拜识了一批江湖学人与民间书爱家，南大教授徐雁，浙工大教授子张，内蒙古电视台记者张阿泉，苏州学者王稼句，藏书家韦力……诸暨的雅集虽为时短暂，却让我收受益匪浅，见识了什么叫作真正的读书、识书、藏书。借巴金的语录而言即：多读书，多认识人，多了解人会扩大你的眼界……

近水楼台先得月，向阳花木易为春

苟日新，日日新，又日新。世界上唯一不变化的就是变。阅览室里每天剔架上架，主题推荐墙更新了一期又一期，崭新的书籍源源不断地运进馆里，经过分类编目加工后上架到阅览室供读者借阅，似乎不断地在提醒你，你也该自我更新了。在图书馆工作的好处就是，对于朝思暮想的好书，你总能近水楼台先得月！

图书馆员的工作节奏十分快，每天忙忙碌碌，与一本本的新书只能擦肩而过，唯有闲下来时才能当一名从容的读者，有时并不着急去寻索书号，且任由自己慢慢彳亍在书架之间，掠见一个喜欢的书名，取下来翻两页，不经意间总能在书本里邂逅一个有趣的灵魂。有些是百读不厌回味隽永的“故旧”，也有意欲开阔眼界泛舟书海的“新知”。曾经求学的岁月里，因为必读书单量太大而囫囵吞枣无暇细览的经典名著，像康德、福柯的西方哲学，加西亚·马尔克斯、福克纳、普鲁斯特这些文豪的长篇巨著，全是来图书馆工作后才有空慢慢细读。温籍语言学家郑张尚芳早年辍学，回顾自己的求知经历时曾说自己是“温州市图书馆大学毕业的”，那些年日复一日在馆勤奋苦读，日积月累填造起了知识的大厦，才有了日后厚积薄发的成就。百年树人，细细想来有多少默默的读者，在攀登知识高峰的求索之路上，从图书馆收获了第一桶金。

每年年末，不忘查查自己的读者证看看这一年借了多少本书，梳理一下“馆员书单”，看看印象中对自己启发最大的有几本。图书馆一项重要的职能就是做导读服务，即向读者荐阅。从负责品书会到制作荐书展板，以及后来拍摄“享·阅读”荐书视频，我参与的各类导读工作都促使我不停止地关注新书，阅读好书，只有不断扩大自己的阅读量，提炼阅读的深度，才能传递给读者最佳的精神食粮。

书香四溢，耳濡目染。读书能成为生活不可或缺的一部分，终究是离不开图书馆这座“天堂”的熏陶和陶冶，在这座富饶的精神大厦里，与书为伴，与知识为友，播种阅读习惯，传递书香文化。图书馆不仅是我的职业家园，更是我人生的第二课堂。感谢坐拥这笔宝贵的财富，恪守这“诗与远方”的伊甸园，令已日益养成恬淡虚无豁达通透的心境，安于清心寡欲知足常乐的淡然情怀。

因为职业情怀，无论去到哪座城市，都不自觉地想去当地的公共图书馆转转，似乎那里是一块巨大的磁场，有着无穷的吸引力，让人最心安。

愿有岁月可回首，且以芳华浸书香

书是人们的良师益友，图书馆在人们的心目中是知识的殿堂，静默芳馨，润物无声。可曾料想在它看不见的背后，埋藏着多少可歌可泣的故事。

在百年阡陌的十字路口，回首历史风云变幻，经历过动荡浩劫更替，留存下来的百年老字号已是屈指可数，延续了一百年生命的图书馆更是奇迹！厚重的积淀，先贤的身影，百年温图不得不令人肃然起敬。籀园情怀代代相承，常常在翻阅中不时读到老馆员的故事，在《籀园》馆刊上认识了黄东君、阮延龄，老馆员们舍身忘死护古籍的可歌可泣的事迹令我十分动容。浮想那样一个风雨坎坷的时代，那样一种奋不顾身的情怀，让我感觉自己是如此的渺小，心中油然而生崇高的敬意。喜欢读倪新祯老师的文字，《娜嬛墨痕》里记录的在图书馆工作的点点滴滴，阅读的笔记小札及部分回忆录，从她笔下去掀开过往的一角……潘国存与徐笑中夫妇的家庭故事是籀园美谈，我入馆时他们的儿女潘猛补、潘补补两位老师依然在古籍部工作。

百年历史并不是一个光环，更是给予后辈最珍贵的激励与教诲。一代又一代馆员“敬业、爱书、利人”的精神光芒始终鞭策着我们，而图书馆新的使命，新的愿景也在召唤我们站在新起点再出发。

我进馆工作的这几年，正是温州重视公共文化发展的新时代，随着科技迅猛发展，图书馆服务迅速延伸与升级，自助化程度越来越高。未来，图书馆无处不在，或者就在你身边。2014 年来，温州城市书房拔地而起，典雅有范儿颜值高，深夜不打烊，符合现代人的审美观，满足了当下市民对品质阅读的追求，全民阅读节活动丰富多彩，图书馆在人们心目中的位置愈来愈重，常常听到读者说“图书馆真好，你们的活动办的太好了”，甚至不少在温州工作的外地读者感慨因为图书馆爱上这座城市。这不能不让身为图书馆工作者的我们满心愉悦、引以为豪。阿根廷前国家图书馆馆长博尔赫斯说：“如果有天堂，天堂应该是图书馆的模样！”这是全世界每一位图书馆员最为自豪的宣言。印度图书馆学家阮冈纳赞说，图书馆是一个生长着的有机体。看似安静，却有着巨大的能量。在这个号召书香社会建设的时代，它就是全民阅读的领航者，是这座城市文化与文明的源头活水。我很感谢我能在温图开启我踏入社会的人生，即使身在一个平凡的岗位，也能够发光发热，在书香之路上拓展人生的宽度，享受更多学与做的乐趣。不求心无所迫，但求问心无愧。

人生百年，沧海一瞬，每一位馆员都是温图历史长河中的一条涓涓细流。幸哉！生正逢时，恰遇温图百年华诞，得以重温籀园精神。挥洒青春汗水，书写嫏嬛新篇章。

2018年5月12日初稿，5月23日定稿

日记编

张㭎日记（廿三则）

张　㭎

民国九年九月十七　（十月）廿八日　礼拜四

晴。又昨下午独赴三牌坊窦妇桥女子师范讲习所访木君幹斋不遇，转至民立中学访之，与茗谭片刻，乃与幹君同到籀园观书并谒籀庼先生祠。时图书馆长为老友王隽庼先生，闻有事去永场不遇，遇其管书人孔某及其长嗣君，因取其藏书目录阅之，见所藏者新旧皆寻常之书，无精刊罕见本。而近来滥恶白话体书，亦杂厕其间，可为一叹。又到藏书楼周览一遍，即告辞出，与木君判袂回校。

民国十一年（四月）十六　（五月）十二日　礼拜五

阴。晚刘冠三来邀晚饮。六句钟赴刘君冠三之约到伊家，而处州丽水蒋玉山先生及王隽卿先生已先在。蒋翁今年已七十有八，而白发长须，精神矍铄，耳聪音亮，真是难得。隽老亦七十一，尚康健如恒。蒋翁有诗一首，隽老和之，刘冠三亦和之书于扇上，颇见诸君雅兴也。既而金君昆生来，此君亦五十有九，予素未识荆。自言在福建办事多年，极其郡县之难治。既而刘君凤仙、张君玉生、陈君君檄及徐君某俱到，遂相将入席，酒馔极丰，主人亦殷勤劝客，厚谊可纫，席散已九句半钟。

（五月）十六　（六月）十一日　礼拜日

晴。下午三句钟出外与杨子龄同赴籀园图书馆访老友王隽卿先生，坐谭数刻。出，便至松台别业一游，见壁上悬有赵世骏所手临《慈恩圣教序》八幅，神采逼肖。晚赴日新书局看小说数节。

民国十二年十月初一　十一月八日　礼拜四

晴。二句钟出外，赴窦妇桥孙公籀园图书馆楼上看《庾子山集》，系钱塘倪鲁玉笺注本，板子甚好，注亦详明，当将《哀江南赋》一篇细抄录数则注以归。

是日交立冬。

（十月）初三 （十一月）十日 礼拜六

晴。三句钟乘人力车赴图书馆晤王隽老，坐谈数句钟，并借来《庾子山文集》卷二一册应用。

（十月）初四 十一月十一日 星期

晴。九句钟赴鼓楼乐园晤王戴山先生。盖乐园现已停止酒食，专办温属图书馆。此地适中，恰好为学校诸人假日来阅书报也。既而王隽卿先生亦来，因共坐谈至十一句钟回。

（十一月）初九 （十二月）十六日 星期

晴。下午二句钟坐车赴豆腐（窦妇）桥籀园应图书馆长王隽庼先生之会。是日到者寥寥，开会时只予及叶君西垣、张君次璆、江君蓬仙、潘君伯陶、陈君殿元、郭君伯厚及某君数人。散会回校已五句钟矣。所议之事则拟籀祠木主更正，及黄仲弢先附祀及捐书奖励，馆长另举诸条件而已。

（十一月）十二 （十二月）十九日 礼拜三

晴。十句钟王隽老持图书馆请奖禀子来阅，各县均有代表，瑞安则予与王戴山先生两人，因付钤印章一方而去。

民国十三年正月十二 （二月）十六日 礼拜六

晴。二句钟赴浣垞与犹子等谈。闻宗侠弟说："王隽卿先生于旧冬腊尾作古。"为之骇然。此公旧岁十一月间与予晤谈，言自已岁暮，其籀园中图书馆长欲辞职，请予继任，予谦不敢当，唯允为代理一切书目。既而择日开会提议图书馆接办事项，仍无效果。方拟本春赴郡与此公料理图书一月，以慰其愿。不意遽归道山，吾恐馆内书藏又不免散佚之虞矣，是所望于善继事者。

十二月初八 正月二日 礼拜五

阴。是日颇寒，亹儿同醒同赴瑞。看《瓯海公报》载：永嘉图书馆馆长严某斥退，六属代表公举钱君伯吹及宋君墨哀为馆长、会办；而代表中平阳刘次饶登报声明，并未预闻，且中间责原禀攻讦严氏之不实，乃以曝蠹之地为逐鹿之场，亦属不合。似嘲似讽，文颇尖冷。醒同亦言："永嘉代表沙某亦禀揭捏名瑞安陈谧并控宋墨哀学行未孚，文多剽窃，不胜会办之任"云云。噫！图书馆自吾友王隽庼先生逝世后，永嘉严氏以行贿得之，已失馆长资格，今钱、宋二人又以运动捏名为得计，更卑卑不足道矣。风雅道衰，斯文扫地，岂徒一图书馆而已哉！

民国十四年（三月）二十 （四月）十二（日） 星期

晴。坐车赴豆腐桥游法国人新建学校一座，四围地场极大，校舍纵约八九丈，横阔约五六十丈，上建楼三层，各以盘梯登之。其工程之伟大，建筑之巩固，光线之明爽，眺望之高远，实为郡城诸校之冠。惜工尚未竣，匆匆游览而下。旋赴籀园晤管书员孔君，相与坐谭一切。时予堂侄司书员松卿近请假回瑞，孔君因偕予游书楼上下，并观所藏各橱之书，尚是完整，其本子源流，亦由予侄笔录，足见少年之好学。惜老友王毓英已殇，此处图书馆长继任者为永邑严某，闻由运动而得，不理人口，又已辞职去，此刻尚无人任。闻近日有人拟公举刘君次饶，但此君现为平阳议长，未知果分身得来否。

民国十五年三月十二 （四月）廿三（日） 星期五

晴。退堂回舍晤郭君啸梧，盖来访阮君商咸者不值，坐予室少谭去。晚无事，步行至籀园一带，河光山色，气象万千，此地足称瓯郡第一胜境。

三月十三 （四月）廿四（日） 星期六

雨。九句钟冒雨赴校上高中班国文课，十句钟仍上高中班文课，十一句钟上一丙班中史科，十二句钟退班赴寄宿院午餐。晚赴籀园一带闲步片刻。夜仍雨。

（四月）初十 （五月）廿一（日） 星期五

晚饭后赴籀园图书馆散步，晤管书员孔君云孙。

（四月）十三 （五月）廿四（日） 星期一

晴。九句钟赴籀园图书馆访孔云孙不值，因坐阅报室，看《之江日报》《瓯东大公报》《申报》等，十一句钟回。

四月廿七 六月七日 星期一

晴。晨八句钟由校赴籀园一游，晤老友王君戴山，相与坐籀公祠中叙谭一切，并言近日图书馆长刘次饶对于前馆长王俊卿先生碑记颇不满意云云。可见天下办事不易，旧人一去，新即更张，萧规曹随，此风今难再觏，为之一叹！

（四月）廿八 六月八号 星期二

下午二句钟赴籀园图书馆晤孔云孙，因向馆中借《李寒支集》十四册携归校舍阅之。

（五月）十五 （六月）廿四（日） 星期四

晚饭后，同侯宗谷、李骏飞两位赴九山寺西畔湖桥上纳凉。此桥横跨长堤，两面湖光，西望则百雉回环，东眺则瓯校图书楼及吕文老新建家庙、孙公籀园，亭台布置错落，缥缈玲珑，洵东瓯之绝大胜景也。坐眺片时，以暮霭风凉，乃相将归校。

（五月）廿二 七月一日 星期四

下午五句钟赴籀园送还图书馆《李寒支集》十四册，又从孔云孙处借来翁松禅影印手迹日记五册。

（五月）廿八 （七月）七日 星期三

晴。昨晚各教职员因暑假已届，而数月月薪未发，乃于籀园教务室开议。既而会计员刘仲文来，由林省中、梅仲协及予等主张，着其设法张罗，以顾大局，议论数刻，结果允给六月份一月全数薪水，至前半月及七月份且俟谷校长来再付也。此项月薪限今礼拜内措付，故各教员近日均不能急切动身归家。

民国十八年（十一月）廿七 十月廿七 星期三

晴。午刻赴叶宅新屋中饭。饭后赴三牌坊巷籀园图书馆访孔云孙，同吴洗凡登楼观书，适遇老友刘次饶正在楼阅书手录，因相与叙阔至三句钟，相与同出籀园，路中又与畅谈时文。次老极赞明黄陶庵之文，皆与近时关合，并言近将孟子题切合慨世者，爰为拟作制艺数篇附己文集后，更见此老之胸襟较予尤好古云。

民国廿五年六（月）十一（日） 四（月）廿二 星四

晴。下午与黄君（瑞熙）又弈两局，遂坐人力车赴籀园访孙孟晋，阅四儿寄伊信，于同庄殇事颇详。盖此君体质颇健，忽无疾而终，想必去成正果矣。自籀园回，付来往车力铜元二十四片。

六（月）十三（日） 四（月）廿四 星六

晴。九句钟梅君冷生来行访予，茗谈片刻，并付来钞先哲文稿卷子数百张，云托人抄字，大约九千字计洋一元，予允归觅人为之。午后与黄瑞（熙）君弈一局。二句钟赴梅宅访冷生，引予坐其书室，示所辑先哲之本甚夥。又邀予同赴县政府访许专员蟠云。晤时予见其人大约卅多岁，而貌尚厚重，颇敬老重士，见予来即约予明午去饮，予因初次会面，不便扰其盛情，只得婉谢之。冷生为天一阁嘉靖《永嘉县志》是稀本宜抄，然须费洋百余元方肯许钞，乃乞专员从地方分银行领洋一百二十元应用，许君旋为盖印付之。予即与梅君告辞出，旋又便过玉林裱画店玩石笥公遗墨，冷生乃别去。

（《张棡日记》，温州市图书馆编，张钧孙整理，中华书局2019年4月版）

符璋日记（一百四十五则）

符　璋

民国六年丁巳九月廿一日，辛亥，（十一月）五号

晴。天气颇佳。午后答诣林浮沚，不遇。由西边纵步过籀园，近松台山下而归。

民国八年九月初六日，甲寅，（十月）廿九（日）

晴。闻府大街支那书店及东门某家昨夜火起，即灭。文华堂张某经手，为籀园取去书十八部，售洋三十五元。又去三部，洋一元二角半。

民国十一年壬戌五月十六日

黎元洪入京就总统职。籀园图书馆有数种书须假阅者：《左通补释》十二册，《纬攟》八，《易堂问目》四，《通艺录》廿，《东华录》全，《国朝馆选爵里谥法考》四，《野获编》卅，《西域传补注》二，《归方评点史记》四，《习学记言》十，《竹柏山房》三十，《木樨轩丛书》，《高陶堂集》四，《左海全集》百〇七，《骈体南针》八，《诗人征略》十六，《诗纪》卅，《春秋大事表》卅二，《毛诗注疏》廿四，《古事比》。

十一月初七日，丙寅，（十二月）廿四

晴。发黄燕宾函。午后诣籀园，风灾损坏过半，书楼尚存。《书目》三册，无多旧籍，宋、元、明本竟无一焉；丛书有十余种，《骈体金针》八册，皆颂贺、陈谢，表奏如《俪体金膏》，皖人汪絅辑，咸丰元年初刻，同治五年重刻，字大悦目。

民国十二年（三月）十八日，丙子，（四月）三（日）

晴。清晨答诣黄仲荃。午刻吕文老以《驱鬼》七古一篇属为点定，随即评识送还。刘次饶来郡，遣人送来修羊尾款乙百元。傍晚诣之，未遇。旋赴乐园文老

之招，而刘亦至，同座为刘、黄、梅、王、陈及严氏乔梓。散后，偕黄重诣刘邸一谈。刘家平阳西门白石街。

民国十三年三月初九日，辛酉，（四月）十二（日）

阴。昨取回寄存图书馆书廿三部九十四册。

初十日，壬戌，十三

晴。以《沈忠敏集》四册赠严琴隐。

十四日，丙寅，十七

阴。以旧板《智囊补》八册借严琴隐。

十九日，辛未，廿二

阴。致刘次饶函。严琴隐来。

廿五日，丁丑，廿八

晴。午饭时巷口失火，近在咫尺，慌乱异常。幸属东风而水龙尽来，得以扑灭，然亦险矣。严、陈二子先后来问。

廿六日，戊寅，廿九

晴。林亮周、严琴隐来。夜雷雨。

（三月）廿八日，戊辰，五月一号

晴。夜雷雨。严琴隐来。

四月初十日，壬辰，十三

阴。清晨诣吕，尚未起。诣严琴隐略坐。梅冷生以《章氏遗书》见还，闻明日赴省。

十七日，己亥，二十

晴。严琴隐来，借去《东西学书录》六册。刘次饶来，送伊孙赴医院治病。

（五月）初六日，丁巳，（六月）七（日）

晴。向严琴隐借来《宋元学案》四十册、《明儒学案》卅二册两书。

十一日，壬戌，十二

阴。午后诣旧温属图书馆一走。发刘次饶函。

（六月）十六日，丁酉，十七

天气反复，牙痛又作。林亮周来，谈卧云和尚与议员梅、王等四人言语冲突，徐知事为庇卧云，派警拘查，风潮大起。阅《大公报》所登颇详，知梅冷生等四人公电省长，请撤徐任矣。

十七日，戊戌，十八

天气如昨。发次饶函，附去四五诗。吕文起来，云卧云事无法调解，明日去温，沈、徐、曹各赠以赀，徐亦晋省，议员电讦是实。

廿一日，壬寅，廿二

如昨。马公裕来，云晏公殿友文医院一秦姓医士，瑞安人，中西医均佳。又云张楚桐女士将移居东山下旧通俗图书馆内。

（七月）初八日，己未，（八月）八（日）

晴。严琴隐来。

十三日，甲子，十三

晴，秋暑甚厉。飞鲸阻风，至夜未到。严琴隐来。

八月初一日，辛巳，八月三十号

晴。严琴隐来。

初二日，壬午，（九月）卅一号

晴。以《学案》两部还图书馆。

初五日，乙酉，三

晴。得次饶函。吕文老来。严琴隐来。夜微雨。

初六日，丙戌，四

晴阴相间。发次饶函。严琴隐来。

十六日，丙申，十四

阴。出门，路遇王统带，闻庆元失守信。诣吕，诣道尹，均以病未晤。诣严琴略谈谈。

十七日，丁酉，十五

阴。外间谣言纷起，刘、沈、严诸君均恐慌。得通告，准明晨七钟开行。

九月初二日，壬子，（九月）三十（日）

晴。清晨诣吕略坐，人多事烦，不能久谈。诣严琴隐，云在简巷，未面。

（十一月）廿五日，甲戌，（十二月）廿一（日）

晴。发刘次饶函。严琴隐来。

（十二月）初三日，辛巳，（十二月）廿八（日）

晴。严琴隐来，陈季孚来。得刘次饶函。

初四日，壬午，廿九

晴。为严事诣龚雪臣一走。诣监督、司令部，均未面。

初五日，癸未，三十

晴，连日甚暖。午后诣司令部，未通谒。严琴隐来。

民国十四年乙丑正月初二日，己酉，（二月）廿五

晴。方介庵、周孟由、严琴隐、叶墨卿、魏韶成来。

（二月）十二日，己丑，（三月）六（日）

阴。严琴隐来。陈仲陶来，约十四校内作诗钟，并谈及志局预算事。

三月二十日，丙寅，（四月）十二

晴。严琴隐来，云图书馆长已属刘次饶。

廿八日，甲戌，二十

晴，日光甚烈，地潮。得次饶函，寄回诗册，云图书馆长文件已到，月初来。

四月初二日，戊寅，（四月）廿四

阴。刘次饶、范介生、严琴隐来。

初六日，壬午，廿八

晴。刘次饶来，云移入图书馆。

初七日，癸未，廿九

晴。午后答诣次饶。严琴隐来。

廿七日，癸卯，十九

晴。由图书馆借来《春秋大事表》《白茅堂全集》两部。

闰四月初六日，辛亥，廿七

晴。得陈季孚两函，即答之。发刘次饶函。

初十日，乙卯，（五月）卅一号

阴。得刘次饶函，云印《志》事。午后雨。由图书馆借来书三部：《易堂问目》四册，《左海集》十三册，《竹柏山房》四十册。

十二日，丁巳，（六月）二（号）

晴。又从图书馆借来《孳经室集》廿四册，《廿二史考异》廿册，石印《群芳谱》四函廿四册，《通艺录》仅不完本四册。

十七日，壬戌，七

雨。刘次饶寄来张潜斋、张菊畦、华松生《诗稿》各一册，属为评选。

十八日，癸亥，八

晴。以《诗册》三寄还次饶。

二十日，乙丑，十

晴。函刘次饶索老少年。

廿四日，己巳，十四

晴。发次饶函，索老少年。

五月初一日，丙子，廿一

晴。订成抄本各种六册。得刘次饶复函。

初七日，壬午，廿七

晴。发刘次饶函。

十二日，丁亥，二

晴，时阴。周孟由来。得次饶函。

六月十六日，辛酉，五

晴。刘次饶来，带来老少年四五株。

（六月）廿七日，壬申，（八月）十六

晴，连日天热甚。下午诣图书馆，诸君亦集，归已黄昏。大雷雨。

七月初一日，乙亥，（八月）十九

阴。得次饶函并《嫠纬篇》一册、《跋后》一纸，云将回里选举。以诗函致曹、刘。

初二日，丙子，二十

晴。午刻赴籀园，冷巢招饮，同坐十二人，夏君臞禅有诗一首。归途遇雨。

七月十三日，丁亥，卅乙

晴。以《揅经室集》廿四册、《左海集》十三册不全、《廿二史考异》廿册、《通艺录》四册不全、《易堂问目》四册、《竹柏山房》四十册、《白茅堂》廿册、《春秋大事表》廿四册、石印《群芳谱》廿四册共九种送还图书馆。

（七月）廿一日，乙未，（九月）八（日）

晴。刘次饶到馆，送来梨一筐，又黄枚生一函及梨一篓。晡时以七律一首谢之，附录数诗去。

廿二日，丙申，九

晴。成七排廿四韵柬黄枚生、蔡笑秋，以彼为蔡新建一阁，名曰飞情，赋此张之，兼谢赠梨，函复平阳。下午诣次饶略谈，示以寄黄诗。

廿四日，戊戌，十一

晴。以曹诗致刘，亦附七律一首

廿六日，庚子，十三

阴。次饶来。雨作，旋止。冷巢以诗三首来。

廿七日，辛丑，十四

阴雨。和冷巢七律二首交去，并示次饶，附元唱去。

八月初一日，乙巳，（九月）十八

晴。连日右臂作痛，大不便事。借来图书馆不完本《守山阁丛书》八十一册，缺廿七种，又两种缺卷。得黄枚生函。

八月初四日，戊申，廿一

晴。曹、刘二君仍以诗来，不得已，各答一首。

（八月）十九日，癸亥，（十月）六（日）

阴。以新抄出售书目一册函属刘次饶觅售，以其未到馆，特寄平阳。

廿二日，丙寅，九

晴。为吕书就各件送还。得次饶复函，随又以一函去。

廿九日，癸酉，十六

晴。吕文老来，云江浙战事发生，沪杭车停。病后神气殊衰。又云道尹激赏《寿文》及次饶文。发次饶函，附四诗去。

九月十四日，戊子，卅一

晴。以近诗十五首寄次饶。

十月初四日，丁未，（十一月）十九

雨。图书馆取去《守山阁丛书》第一册。

初七日，庚戌，廿二

晴。图书馆索回《守山阁丛书》八十一本。

初九日，壬子，廿四

晴暖。从籀园借来《刘孟涂集》九册，《宣公奏议》四册。严琴隐来，刘次饶来。

十一日，甲寅，廿六

晴。下午诣次饶，而夏臞禅亦至，谈良久。湖州张氏石铭《适园丛书》刊成十集，多不经见之小品，无甚巨帙，而《千顷堂书目》在焉，闻百九十余册。

十三日，丙辰，廿八

晴。刘次饶来。

十七日，庚申，（十二月）二（日）

晴。次饶和五律四首，并来一单购书。

十八日，辛酉，三

晴。刘又来一单。书甫检齐，而延明巷火作，只隔一衖，危险异常，幸未延烧。午后以书六十部交去，并答次饶一函，另送其书四种。书价乙百廿五元，六折，七十五元二角四分。贱售应急，无奈何也。又退回十二部。

（十月）三十日，癸酉，十五

晴。发次饶函，附《印谱题词》四绝句去。

十一月初四日，丁丑，十九

阴。发刘次饶函。

初七日，庚辰，廿二

晴。冬至。得次饶答函。

十二日，乙酉，廿七

晴，连日　甚，可穿夹衣。发次饶函，附去《文稿》三册，又近文五篇。旋得其初九函，寄还《书目》一册，议已中变。

廿四日，丁酉，八

晴。发次饶函及诗。

廿八日，辛丑，十二

晴。刘次饶来。

廿九日，壬寅，十三

晴。次饶交还《文稿》三册。夜五更道前桥失火。

十二月初一日，癸卯，（一月）十四

阴。以七律二首函冷巢。午后答诣次饶。

十三日，乙卯，廿六

晴。图书馆取回《陆宣公集》《刘孟涂集》。以《论衡》还陈仲陶。

（十二月）初七日，己酉，二十

阴。刘次饶来，示以《东山种梅》六绝及冷巢新作四绝。

初九日，辛亥，廿二

晴。次饶来。午刻东山赏梅，并作诗钟，道尹所招，约二十余人。

民国十五年三月廿一日，辛卯，（五月）二（日）

晴。以《适园丛书》卅二册还图书馆，又借来《东壁全书》廿二册。得次饶函及诗，即发一函，亦附数诗。

六月十五日，甲寅，（七月）廿四

晴。夜诣图书馆，坐定，冷巢亦至，谈至二鼓后归。严琴隐来谈，为田土涉讼事。月色殊佳。

（八月）初二日，庚子，八

晴。以《国学专刊》二册还刘次老，又借来惠栋注《感应篇》一册。夜雨。

初四日，壬寅，十

雨。夜得次饶函，云明日回里。

初五日，癸卯，十一

雨晴不定。发次饶函，附诗两纸，寄平阳。

十三日，辛亥，十九

晴。发刘次老函，寄改稿去。严琴隐来，送节敬五元。

九月初四日，壬申，十

阴。刘次饶来，云前日到。

初五日，癸酉，十一

阴。为次饶撰《六十寿序》千余言，颇自憙。诣次饶一谈。

初六日，甲戌，十二

阴。以《寿文》赠次饶。

初十日，戊寅，十六

阴，旋雨。次饶袖诗来，送其寿分四元，未收。

十一日，己卯，十七

阴。午刻次饶招饮华盖山，张、杨、曹、余、王、刘、陶等。

十二日，庚辰，十八

晴。午后诣次饶一谈，闻沈仲纬谈戴立夫及林式言、林立夫各历史。戴现升充东江属政治委员，伊与蒋介石厚，与蒋百器儿女亲家。又云钱针即伯吹之子，其兄弟两三人均在广东。

十月十三日，庚戌，（十一月）十七

雨，午后止。以《古愚消夏录》《焦氏全书》《曲园集》《渊雅堂集》《惠注感应篇》等共五种乙百十六本还图书馆，另借来《四库提要》乙百十二本、石印《简明目录》八本、《五代史》十本、《十国春秋》廿本、《论衡》九本、《孟子正义》十本，共六种。

十月十四日，辛亥，十八

阴。发刘次饶函，并诗一轴。

十九日，丙辰，廿三

晴。得次饶函。

廿六日，癸亥，三十

晴。以《志议》三册送图书馆及刘、陶二君，又借来《止斋集》《习学记言》各十册。

廿八日，乙丑，（十二月）二（日）

晴。得次饶函及《六十书怀》七律四首，即和之，寄平阳。

十一月十一日，戊寅，（十二月）十五

雨。送还图书馆各书九部，共乙百九十乙本，另《浙江月报》两册，取得收条。亦一适轩退回寄售各件。

（十一月）十七日，甲申，廿一

晴。刘、沈二人来。

十八日，乙酉，廿二

晴。冬至。发次饶函，附诗一纸。

（十二月）初六日，癸卯，九

晴。刘次饶来。

初七日，甲辰，十

阴。次饶、冠山来。

十九日，丙辰，廿二

晴，旋阴。严琴隐来，赠年敬五元，云遇刘次饶于途。

民国十六年二月初一日，丁酉，四

晴。本日中校操场开反英大会，闻欲拆劣绅张书元屋。又闻有“打倒刘次饶”条子，道尹因王永山案有缉拏之说。

初十日，丙午，十三

阴雨，雷作。闻刘次饶来城。

十一日，丁未，十四

雨竟日。刘次饶来。

二月十七日，癸丑，（三月）二十

晴。借图书馆书五种，只来三种，为易氏《齿谱》、方氏《集虚斋集》、陈庆年《中国历史》，共三十册。

三月初一日，丙寅，（四月）二（日）

晴。得刘次饶函，云图书馆已由党部中人陈啸秋所得。

三月初六日，辛未，七

雨。得次饶函及诗，即答一函，亦附诗五纸去。

初十日，乙亥，十一

雷雨，旋止，午后晴，傍晚又雨。图书馆取回《齿谱》《集虚斋文》《中国历史》三种，共三十册。

廿八日，癸巳，廿九

晴。诣图书馆，与陶、孔二人略谈。

五月初六日，庚午，（六月）五（日）

晴。严琴隐来，谈陈仲陶谋图书馆长不成及通告事。

十五日，己卯，十四

阴，旋日出。诣次饶一谈，知陈、钱、梅、叶各人谋图书馆甚忙。

十八日，壬午，十七

雨，天忽冷。图书馆来新印《目录》六册，又见假抄本海宁人杭辛斋《读易笔谈》四卷一册，此书成于民八，时在广东。理与象数会参，而于象所得更深，能以西洋科学证实本于大《易》，皆极确切。于《易》兼汉、宋，而重在术数。盖得有秘传，近代如来氏、焦氏、纪氏、端木氏四家皆推尊之。所论极当，深信河洛及江氏精蕴，与余好尚正同，恨不见其人。另有《易楔》一书，必须物色。

十九日，癸未，十八

雨。借来图书馆《参同契阐幽》两册，即汪刻道统大成本，而民国八年合川会善堂慈善会重刻送赠者板纸粗恶。纪氏最重此书，而怀疑诘难处亦不少。

六月廿五日，戊午，（七月）廿三

晴。图书馆取回《翁文恭日记》《易学笔谈》《参同契阐幽》三种。

廿六日，己未，廿四

晴。清晨诣陶铸民，知姚平子定一号接事。孔馆员仍旧，其一为吴女士某。月薪略增，馆长月八元，现加十二元五角；馆员月十四元，现加十八元。其入款总约千五百元，戏捐千元，涂租五百元。内外涂租向例只报二百元，近已据实报出，究不知所入有数千也。

七月十七日，庚辰，（八月）十四

晴。以一函致李仲骞，附书五册。以《香研居词麈》二册交夏臞禅，先后共去书五种。贾凫西《木皮子词》一册，图书馆有之。明季归元恭《万古愁曲》、国初李笠翁《如意曲》两篇当合看。

（七月）廿五日，癸巳，九月一号

晴。借来图书馆《古愚消夏录》廿乙册、《焦氏遗书》卅七册、《春在集》卅三册，皆不完本；《渊雅堂集》廿四册全，由铸民陶君镕检交。焦书乃光绪二年扬州重刻，板宽，字亦不少，大可看，恨文集及他撰均未刻也。

廿六日，甲午，二

晴。刘次饶来。下午以近诗十余首函示刘。

廿七日，乙未，三

晴。次饶以诗四首来，旋录四诗答之。

廿八日，丙申，四

阴，微雨。为《陶翁寿诗》五古四首，写成一幅，函次饶转交，并抄代作《金陵怀古》一篇附去。夜雨。

廿九日，丁酉，五

阴晴不定。晨诣刘次老，已他出。

八月廿一日，癸未，（九月）十六

晴。诣图书馆。朱小崖来。

廿三日，乙酉，十八

晴。诣朱晓崖、周孟由一谈，周以绍兴人冯宝瑛《佛学要论》一册见示，颇佳。钱伯吹来。借来图书馆《清稗类钞》四十七册，缺首册。

民国十七年一月廿三日，甲申，（二月）十四

晴。向图书馆借来《感应汇编》四册，《感应篇注证》八册。

三十日，庚申，廿一

晴。李庆三来。严琴隐来。以书十六种五十三册捐赠图书馆，并借来《合璧事类》五十册，《四库提要》百十二册。

五月十四日，壬寅，七月一号

阴雨，时逗日光。以《合璧事类》五十册、《感应篇注证》八册、《汇编》四册送还图书馆。

八月十二日，戊辰，（九月）廿五

晴。由图书馆借来《野获编》廿册。

廿六日，壬午，（十月）九（日）

晴。二刘来，并邀沈同至乐园午餐，又往图书馆、吕公祠一转。以蒸豚馒首送次饶。

廿八日，甲申，十一

晴。以《野获编》还图书馆，另借来七种共卅五册，内有《习是编》四册十二卷，乾隆间古虞屈成霖辑，咸丰间番禺许应鑅重刻，内分居家要览、居官要览两门，采格言，证以遗事，颇切世用，但引书不著所出耳。居家分十四类，居官分十二类，许星台方伯刊以赠人，极称之。笔记中应添入群书札记一门。

十月初十日，乙丑，（十一月）廿一

晴。以《玉芝堂谈荟》《竹叶亭杂记》《萝藦亭札记》《汉溪书法通解》《书法正传》《习是编》六种送还图书馆，另借来《馀冬序录》《水东日记》《读书略释》《地理答问》《教乘法要》《起信篇注》共六种卅五册。

廿六日，辛巳，七

阴寒，小雨。得次饶廿三函并诗词各一首。九铭任交通部总务司长，已见

报。图书馆取回《太平野史》一册。

十一月十四日，己亥，（十二月）廿五

晴。午后诣图书馆阅报。

十二月初八日，癸亥，（十八年一月）十八

阴。撰《百子摘要序》一篇，殊惬意。诣图书馆。

十三日，戊辰，廿三

阴。方苑香来。图书馆借来《绎史》五十册，《玉函山房丛书》下半部五十四册，《唐才子传》三册，《困知录》一册，《何义门读书记》十二册。

民国十八年正月十九日，甲辰，（二月）廿八

阴。函刘冠山，附洋两元，托购上海良晨字号大小新出信封，及新出《唯识三字经》。严智道女士来，以仿单五张交伊分布，又以四张托图书馆孔某张贴馆内，并分给。得次饶十七函及《戊社第七集》。奉天省改称辽宁。

廿七日，壬子，（三月）八（日）

晴。诣图书馆阅报，见瑞安李、宋以文字攻讦涉讼事。以选出《名山集》四册付书坊装钉。昨日陈仲陶以诗属和，勉为答之。琴隐来，亦谈及李、宋事。

二月十四日，戊辰，（三月）廿四

阴。午后闻雷。图书馆取去《四库提要》内医学类两册，又《清稗类钞》第四十八册。

七月初四日，乙酉，（八月）八（日）

晴。将《玉函山房丛书》《绎史》《唐才子子传》《何氏读书记》《困知录》《地理答问》六种送还图书馆，别借来《咸丰东华录》五十册，《太平天国野史》《庚子西行记》《味和堂集》各一册，凡五十三册。夜大雨。

（《符璋日记》，温州市图书馆编，陈光熙点校，中华书局2018年2月版）

疚庼日记（五十八则）

刘祝群

疚庼随笔（第四册）

参政公《自怡集》，余于文澜阁钞出，民国九年庚申刊于高邮任所，今版存温州籀园图书馆。

民国二十三年十月廿六日

晨，诣次丈于谢池巷寓所。次丈邀午餐，同席为池仲麟、沈仲纬、刘宏轩、孙孟晋。午后同往籀园看书，傍晚归。夜赴温州中学音乐会。

廿七日

晨诣次丈，以《南田山志》稿呈政。沈仲纬邀午餐。餐毕，复赴籀园看书。孙孟晋邀晚餐。

刘祝群与堂弟刘慎甫合影

民国二十四年四月廿九日

诣次饶丈、孙孟晋、吴天五、梅冷生。天五邀午餐于醒春居。午后，偕至圕馆看书，并捐赠《宛委别藏》一部于圕馆，计价五十圆。

五月初一

《山志》付印，与翰墨林订约，计需五百馀圆，可印三百部。午后至圕馆看书。

初四日

磊明刻印三方以赠。《山志》排序例、目录，讹夺甚多，幸冷生允为校正，亦难得也。午后往圕馆看书，并送《苏平仲集》还孟晋。

六月十二日午后

今日曝书，并检箧藏有关掌故，可送入温州图书馆者，计如左列：

大清现存刑律　共卅六卷，秋审条款一本，禁烟条例一本，共十八本。

光绪新法令　分类编，宪政，官制，官规，外交，民政，财政，教育，军政，司法，农工商，交通，礼制，旗务，藩务，附录，统计，法典草案，共四函凡二十本，又分类总目一本。

宣统新法令　共四册。

浙江谘议局筹办处报告　甲编一本，乙编二本，补遗一本。

浙江谘议局各种规则　一本。

谘议局第一届议事录　三本。

同　　　上议决案　一本。

同　　　上建议案　二本。

同　　　上质问书　二本。

谘议局第二届议决案　一本。

同　　　上质问书　一本。

谘议局文牍第一第二第三编　共三本。

浙江厘饷沿革　一本。

浙江铁路公司文牍　一本。

浙江巡抚审订议案录第一集、第二集　各八本，共十六本。

浙江省官报自宣统元年六月始，至二年十二月，共汇为二十六本。　上共百零四本。

十月十一日

《宛委别藏》一部计百五十本，每本首盖“刘祝群”朱文方印，尾盖白文“启后亭长”方印，送藏籀园图书馆。

十二日

孙孟晋以先德籀公遗象影片见赐，感而有作。

旷代经师迈等伦，《名原》《墨诂》绪馀新。鲰生窃论公心事，物与民胞志未伸。

记从问字坐春风，善诱循循为发蒙。玉海楼高人万古，管蠡何以测渊穹。光绪辛丑，以重刊先《易斋》《盘谷》等集，始谒公于里第，假玉海楼书校字，获居门下者八阅月。

当年家国慨颠危，手墨重看泪欲垂。今日河山更何似，公生还是太平时。公数寄手书，有“神州沦胥，子孙将为外人奴隶”之语。

两楹兆梦忆弥留，木坏山颓廿八秋。戊申五月，偕厚庄丈自永嘉诣公榻前问疾，越日公即逝世。每过籀园欣有主，百城坐拥绍箕裘。孟晋今为籀园图书馆长。

十一月初三日　廿八

诣图书馆看书。

民国廿七年腊月初五日　廿四号

瑞安陈绳甫来书，愿以所藏《太鹤山人诗集》刻板全部见赠，复以此板可送存籀园图书馆，并以告之孙孟晋。

民国二十年二月五日　初十日

报载，浙江图书馆长陈训慈叔谅辞职，委孙延钊孟晋接充。可称得人，闻之为书林幸，尤为师门喜。

廿一日　廿六日

梅冷生来书，云孙孟晋调充省图书馆长，渠接充温州籀园图书馆长，于前日十六交替云。

五月十七日　廿二日

孙孟晋自龙泉来书，属为探查其眷属在永嘉近状。

十八日　廿三日

复孟晋，并致函梅冷生，属其探查孟晋眷属在瓯之近状。

八月六日　十四日

籀园图书馆转寄到福鼎卓剑舟征题《太姥山全志》诗文小启。烽火弥天之日，竟有此等雅事，斯实吾道不孤之一征也。再三循诵，快浮大白而记之。

民国三十一年三月十三日　正月廿七日

前存籀园圕馆之《南田山志》五十部，曾经友人索去数部。兹以家中一无所藏，每有友朋来索，辄无以应。因命允慈向籀园取回十部，今日赍到。

四月廿八日　十四日

寄梅冷生，并乞以《丛书》转递蕙园。

五月十九日　初五日

梅冷生来书，云周守良自香港脱险还永嘉，并以避嚣至吾邑西门陈宅少住。

二十日　初六日

复冷生，并柬守良。又寄王海髯，属冷生转付邮，以未详其现在何处也。少女随其乳母归十源，以农忙还家馌耕故也。

三十日　十六日

梅冷生书来，云次丈于下月九日受吊，永嘉耆旧均拟前往。惟时局如此，能否不避乱改期，真可恨也。

六月一日　夏四月十八日

寄次饶丈奠礼，由梅冷生转交。风鹤仓皇，不能前往，真可痛也。奠资寄去四十元，又振禾廿元，慎甫十六元。

民国三十二年五月六日　初三日

寄梅冷生书。黄迂叟七十生日，朋旧将集赀刊其诗集。迂叟有《辞谢》七律二首，末句云“忍死须臾待凯歌”，吾辈生逢乱世，真可哀也！

十八日　十五日

梅冷生来书，云得韩湘岩先生墨迹十二叶，极精新，所写诗俱见《滑疑集》，渠以三百金购得云。余见韩子墨迹行书中幅，而未见其小楷，极宜假以新法影照，铸之锌板，于韩子年谱脱稿印行，插入实美观也。

十九日　十六日

复冷生书，并与孟晋各以五十金属冷生为转寄，寿乐清黄迂叟七十。

六月十六日　十四日

孙孟晋去永嘉，晨起来告别，托以询梅冷生，近得韩湘岩墨迹，能否割爱。

七月廿五日　廿四日

孙孟晋还书馆，携来梅冷生藏韩湘岩先生手书册叶十二页，凡诗二十九首。当以《滑疑集》刻本校其字句，有无异同。今大略读过，于诗注中考见“乾隆辛卯冬，余自安庆府调守徽州，尚未赴任，壬辰春复奉旨调守松江”云云。又页尾有白文方印，曰“安庆、徽州、松江三郡太守章”。《县志》本传，误作十月调守苏州，遍考不详。今见先生手写诗稿册叶及印文，可以是正《县志》之误“徽”为“苏”，其快幸至不可状也！

廿六日　廿五日

终日坐观湘岩先生手写册叶，不忍释手。文字有神，先生殆以余撰其《年谱》，故发见手墨，以正志传之误乎。盖冷生于春间过装池见而得之，因得假之以观也。

八月三日　初三日

寄梅冷生，谢其假观册叶，为补订《湘岩年谱》极难得之考证。

十一月四日　初七日

梅冷生托孟晋传语，云端木太鹤小象旧藏之家，愿以让人，致书冷生，乞以磋商酬值，如力能及此，谨当归之，固桑梓敬恭之谊也。

十二月一日　十一月初五日

梅冷生来书，云端木太鹤画象为费子苕所作，甚精，索值千圆，宜设法归之。为诸启明作小幅一。

民国三十三年三月十七日　二月廿三日

前存籀园《南田山志》五十部，去年孙孟晋携来十部，今春又属焕椿取还十部，计尚存籀园卅部。后查允慈上年取回十部，计尚存籀园二十部。闻说仅存一部，因致函梅冷生，乞为检点。

四月二日　三月初十日

寄梅冷生，告以前存《山志》十包，每包五部，寇后来书，云无阙失。旋以雨苏索去二部；又由女孙允慈取回二包，计十部；孟晋、焕椿两次带回廿部；吕古音、池苏翁取去二部。以此计之，尚存十六部，今馆存仅一部，是阙失十五部，适为三包之数。可惜！

民国三十五年四月三十日　三月廿九日

寄梅冷生书，查寄存籀园之《南田山志》，并乞钞《渔村记》吴钺序之阙文，补入《韩湘岩年谱》，将以授梓。惟《南田山志》《先文成公年谱》两种，均经增订，拟再版，以纸贵工昂，未能付印为恨。

十一月十六日　廿三日

偕梅冷生冒雨诣籀园图书馆看书，有俞文豹《吹剑录外集》、知不足斋丛书本。郑元佑《遂昌杂录》，仅一册，凡二十九页，未知为全本否。可移写之，编入《括苍丛书》第三集。

廿二日　廿九日

偕冷生走访周守良及杨玉笙。午后出朔门，登穿山轮船，送李质卿将军入都。

廿四日　冬十一月朔日壬寅

梅冷生偕往城东。有同邑刘仰山者，经商雄于赀，于华盖山麓辟园修广，杂莳花果，园中有亭名曰承先，与余亭名启后遥遥相对，亦一巧事。随过王咏山，时方杜门避谤，坐谭阅时，出示名人手札多叶，云："为丁辅之旧藏，劫后窘迫，鬻及于此。"忆前己亥夏初，辅之来山中观瀑，方索予藏端木叔总《上奚》《虚白》丈尺书两叶以去，云："愿得手札便面。"千人肆为雅谈，不过四年，物已易主，世事变迁，何速如是？致足叹也！

又走寻谢磊明，高标雅致，共读中郎《追魂碑》凡四本，以丽水许禹庭藏为佳，馀则钩摹，无足观者。出示叶文定公圹志，龙泉窑，碧色瓷制，修鲁尺十三寸，广十一寸，厚寸许，背朱砂红，文曰："大宋吏部侍郎叶文定公之墓，淳祐十年吉立。"三行，行六字，篆书，古色可爱。数年前，刘仰山造园，掘土出此，圬者持示磊明，因得之。物聚所好，鬼神使之，信不虚矣。瓷制圹志，见所未见。水心易名，或曰"忠定"，观此可以辨证明确。

廿五日　十一月初二日

杨玉笙来。周守良酒集，主宾十人，予年最长，老友贞晦次之，张约霞、胡衡尘、陈越民、张益三、郭伯厚，主人周守良，皆清季讲学温州中学及门弟子也。梅冷生、李伯雄，梅为旧游，李则初识。一席十人，予与贞晦同姓，馀八人，凡七姓，都五百八十岁。散席，偕冷生诣朱镜宙，字铎民，乐清人。出示册叶，为黄鲜庵提学旧藏，多清季名人手墨，并以新摹上石之章太炎小赋拓本见赠。

灯时，铎民、冷生偕来。铎民云，明日以修谱事赴乐清，亟来答访，与约明年入山观瀑。相期后会，能不爽否？检点行李，拟买舟归去，殊感交通沮滞之苦。

廿六日　初三日

谢磊明来谈，阅时而去。诣杨雨农、汪惺时告别。又向冷生借来《遂昌杂录》《吹剑录外集》，带回山庐移写，备汇入《括苍丛书》。

民国三十六年九月廿八日　十四日

晴，八十四。梅冷生来书，云籀园图书馆于今日致祭孙籀庼师，属往参加。来书于前廿二付邮，昨夜始到，交通沮滞，已不能及期，殊歉然也。

九月廿九日　中秋节

昨日复冷生书，并以法币五万圆托其转交高薏园八旬寿礼。高叟寿礼，九月朔始寄去。

十月十四日　九月朔日丙寅

乐清高薏园今年八十，朋旧发启集赀，刻其著作以寿之，因馈五万圆寄梅冷生转交之。

民国三十七年四月廿三日　十五日

晨餐毕，诣梅冷生谈，悉俞寰澄已离沪上，云居台湾，未知其详也。杨雨农往沪，未遇。天雨不能出门访友，小楼闷坐看书，较之在家惊恐，则安心多矣。

廿九日　廿一日

冷生导访吴天五、近又字鹭山。周孟由。又至东城下，赁庑聊以下榻。

五月四日　廿六日

雨。假劲风阁藏《论衡》读之，以消客愁。将及旬矣，尚未毕业卷二十佚文篇，班叔皮《续太史公书》载，“乡里人以为恶戒，邪人枉道，绳墨所弹”一段，与余主张方志人物宜善恶并列之见相合，故吾邑志宜补汤思退传也。

徐廑侯、吴天五同设席于于园宴余，僭首席，宗贞晦、梅冷生、吴洗凡、郑伯琅皆至，肴核甚盛，可感也。

五月六日　廿八日

梅冷生持示杨龙友《洵美堂诗集》，为前丙子年贵阳陈庸庵夔龙据原刻本重刊者。中多官青田知县时作，而光绪年《县志》皆未收入，宜摘钞为《县志》补遗之资料。

五月八日　三月三十日

诣以景藩，偕至侯轩明寓答访，不值。途遇贞晦老友，持示所著《大若岩志》，梅冷生亦以《岐海琐谭集》见赠，破我客愁。叶逸凡迈来访，失候。旧温属六县设行政督察专员，今复以吾青及新设文成县隶之，任邑人杜伟为专员云。

五月十二日　初四日

梅冷生酒集箍园，杨雨农、刘贞晦、徐堇侯、吴天五、孙孟晋、蔡旅平，以余齿僭首席。杜时霞来谒。

五月廿八日　二十日

梅冷生来访，并钞示韩湘岩撰《经学三书》总序，此文《滑疑集》未见，嘉定唐秉钧辑《文房肆考》卷七文献门有此篇。序云上海唐桐园以所著《易诠义》《诗粹腋》《禹贡图书指掌》三书示韩氏，时乾隆癸巳冬日，韩序于上海使院之宣问斋。惜编《韩年谱》未见此作，倘能增订，宜补入之。属冷生撰《丛书》二集叙。复朱全性函，并附告以《丛书》编次。

十月二日　三十日

海髯买小艇，约克庵及余，自其屋后河乘之，至大士门上岸，步入箍园观书。归过百亨制造厂，曾氏旧园也，今易主矣。百亨辟室庋书，仅千馀卷。大腹贾附庸风雅，近来多有其人，然未可厚非也。归舟容与，夕阳在山，殊饶兴致。三人都二百二十岁，小艇如叶，白须飘萧，两岸观者，或亦诧为奇事矣。

十月十一日　初九日重阳日

晴，80。温州中学校创立于清光绪二十八年甲辰，至今历四十六周年。定以今日为校庆日，未知何昉。校长金嵘轩以余为光绪年老教师，特请参加，并演讲当年开办事实。因就所记忆者，略举以告学子。散会开宴，首席为专员翁光辉，余次之，同席朱铎民、江蓬仙、梅冷生、永嘉令陈文。

十二月三十日　夏历腊月己丑朔

午后冒雨走访梅冷生、郑碧琅，告以将移寓龙泉巷，虑其见过相左也。复至怀萱处一坐。

民国三十八年八月十六日　廿六日

晨携健男诣慎甫，久谈。归过籀园，晤梅冷生，云潘鉴宗将军之遗书万卷，今已尽归馆藏。中有丽水郑景崇少游撰《南田刘氏族谱凡例》一册，颇有可资参证。盖在民国四年乙卯仲夏月，时慎甫弟任丽水团区司令，尝以族谱求序于章质夷先生，先生转荐郑少游，将谱董理，再行作序。故少游拟定凡例，以复章氏，并有《改编〈南田刘氏族谱〉意见书》，弁在首简。又有《复章先生论编修〈通志·金石志〉》，及《征刊括苍先正遗集书》附于册尾。少游为郑景翘次渔之从弟，余于读书莲城书院时，与次渔、少游，皆有一日之雅。迄今思之，诗酒宴集，犹如昨日之事，忽忽已逾五十馀年矣。少游能文牍，书法秀润，游幕而无所遇。次渔视余尤厚，惜年甫强仕，仅以名孝廉终。郡守赵亮熙于其卒也，亲临其丧，而厚赗之。忆在光绪庚子夏间，余是时亦深哀次渔之不永年，而知己之感，未有以报，至今耿耿，不能自已也。

八月二十日　廿六日

阴，82。书丽水郑景崇少游手稿后：

此丽水郑景崇少游之手稿也。所拟改编余家谱牒之体例，及议海宁陈氏谱之阙失，语多可采。观其复章质夷先生书，论吾浙续修通志，沈寐叟、徐班侯诸先生主持其事，竟谓《金石志》可以在家修成，是当日之续修，但求捃拾官书，幸未成编，犹免为世诟病耳。至于近年设馆重修，龙游余绍宋越园所定体例纲要及编目，见解卓越，果能循其途辙，以底于成，信是盛业。惜以珥笔乏人，历时七稔，自癸未冬，迄今己丑四月停止，鲜有脱稿。今则时事变迁，赓续成书，殆不可期。而越园亦已赍志以殁，深可悲也。昨诣籀园图书馆，梅冷生馆长见示此册，因交卷尾，以识过眼。

一九五〇年八月三日　二十日

霁，82。吴洗凡复书至，云《咏海棠》诗贞晦、梅庵、冷生、伯琅、景逊诸君子皆有和作，惜未获见示。

九月十四日，初三日

雨。雨农邀午餐，贞晦、漱泉、侠逊、冷生、洗凡、菊裳偕集。

九月十六日，初五日

晴，热度九十。取《丛书》廿部交洗凡。步还过德孚侄寓一坐，乘车而归。

午餐少睡，精神稍复。梅冷生来，谈年来图书馆事业，渠受事迄今十稔，拟编善本书目云。

九月十七日　初六日

晴，88，热甚。晨出诣洗凡，不值。随诣夏克庵久谈，留午餐。还过龙泉精舍，梅冷生集雨农、洗凡，肴馔精美，谈至更阑而散。又遇郑伯琅、谢磊明。

九月十八日　初七日

晴，90。晨出，答访韩郁堂，谈至傍午。赴洗凡酒集，雨农、冷生、侠逊、克庵、伯琅、季材皆至，尽欢而散。

（刘祝群著《疚庼日记》，影印本见《温州市图书馆藏日记稿钞本丛刊》，卢礼阳主编，中华书局2017年1月版，第五十册至五十八册）

夏承焘日记（四百四十八则）

夏承焘

民国六年闰二月二十四日　星期日

是日天气晴暖，晚七时下雨，少顷即息。午后四时与怀素苏二君散步街上，因至依绿园故址，时籀园将落成，屋宇甚宏也，坐松风水月寺登眺少时，乃循旁径返，顺便又过曾氏宗祠息半晌云。五时归家。

八月二十五日水　天气晴凉

是日为瑞安孙籀庼公入祠，各校各有欢迎之举。师校各同学于上午九时预办一切，候中学校及模范小学至齐，一同由师校起程，过大街，转打罗桥，一路军乐洋洋，道旁观莫不羡赞。十一句钟抵籀园，先少息松风水月寺，由地绅及中学祭毕，乃拔队鱼贯而入园，面公神主，脱帽行三鞠躬礼，穆穆堂堂，令人起敬。十二句钟方出园，与中校分道归校。是日欢迎者中学校及师校模范小学共约七百余人，大同女学数十人，瓯海道尹暨各地方官长地绅约数百人，一时途为之塞。园中装饰甚宏大，鼓吹腾耳，公可谓耀于生而荣于后矣。

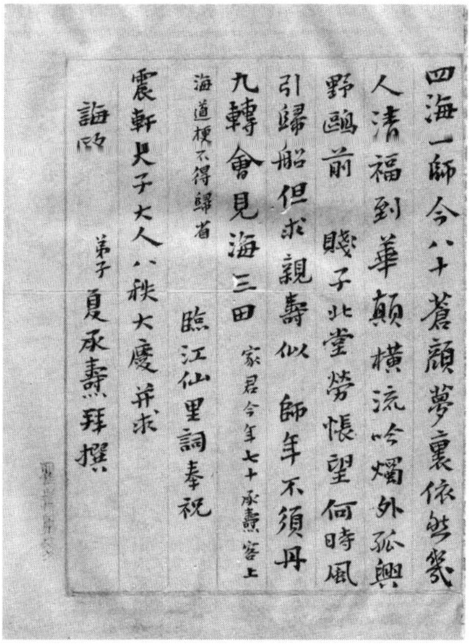

四海一師今八十蒼顏夢裏依然
人清福到華顛橫流吟燭外孤興
野鷗前　賤子北堂勞悵望何時風
引歸船但求親壽似　師年不須丹
九轉會見海三田　家君今年七十承燾啓上
海道梗不得歸省　臨江仙里詞奉祝
震軒夫子大人八秩大慶并求
誨啟　弟子夏承燾拜撰

夏承焘寿张棡词

八月二十六日木　天气晴凉

二句钟同陈亦超出游籀园，时方经理未毕，乃返。道过曾氏怡园，坐曲栏观鱼，微风过水，竹簌自鸣，意得甚。遇同学林桢、郑德等，因复邀予入内园游，内园较外面更深，遂曲而一跃颓垣坏壁，较外面亦甚，绿石磴，上为一楼，可望全园径景。旁有亭，以曲径可通，而上荫严桂，金粟纍纍，时开方盛，主人恐人摘取，画数字于旁，语秽不堪入目。绿石磴由西向下通一月洞，泉流其下，人行其上，甚佳，唯石多摇动不因，人不敢过。再西行即为后厅，四周基树颇多，奇花怪石不胜枚举，惜半已荒秽。曲槛过半，有小亭在池水中，额曰“月到风来”，联云：“钓阁遥听西涧雨；基轩远见北村镫。”园主栏此设茶炉，客至烹供之以渔利，揭其旁曰“本园花钱一概现钱交易，无论亲友，不许暂登”云云。予因忆吾邑嘉道之间，如曾竹史、曼琹、小石诸先生皆一时名士，门庭车马，文酒风流，于斯为盛，岂知未及百年，而后叶衰丧如此，世事沧桑，诚堪悲也。语下为之太息久之。四时乃出园而归。

九月初三日木　天气晴凉

晨读《左传》数篇。上午各课如常。午后习大楷。第一时几何。二时国文，出宿题六七，皆“泛舟”“游籀园”“怀籀亭纪念祠”“观学界公祭孙籀庼先生化盛”“籀园藏书楼登眺记”等云云。

九月十四日月　天气晴暴冷

法制课毕，补作前星期文课，《游籀园记》一篇，约三千字。

民国七年元月十一日

早晨读《春秋》数篇，上午窗下作日记，是日为予春秋十九生日。午后陈叔伦过访，坐少时，与同往府前书局购走，因价昂不得，弃而他顾。歆走游落霞潭，途遇董锡鸿，便道过其家，谈少顷辞出。不数十武即抵籀园，时楼阁建筑已半落成，瞻仲容先生遗像，登藏书楼倚窗凭眺，于时绿浮四野，春生远山，为绝好一幅新春书屏。临视落霞潭，水波如织，东风微与，令人心志一旷。叔伦欢予曰：“对此清幽，我歆有厌无之想。生前富贵草头露，死后风流陌上花。安得长抛尘世，登山临水，以乐天年哉！”予惊曰：“子奈何又对景伤情，发此牢骚语？大丈夫七尺躯，禀天地之英气，岂可虚负一生，与草木同腐？况我辈少年前程甚如何远大？骑鲸弩虎有许多未为事业，更宜若何修养，待时而动哉！”叔伦曰：“当今南风作秋声，从有其志，亦莫之何。”予笑曰：“子惟喜杜诗，故能作是等语。然令杜甫生今时，不知其痛笑吟呻更作如何语。要之此种灰心伤时语，断非少年人所可诵。英雄造时势，时势造英雄，乱世甚吾人大有为之秋也。”

民国八年五月十七日　晴

午后有学生来，谓展览会定明日方开幕，今日籀园中尚未布置云云。一场兴趣被数语打散，为之怅然。

六月二十七日　晴

午后过籀园旧温属图书馆翻阅《逊学斋集》及仲容先生《札迻》《墨子间诂》《古籀拾遗》等书，薄暮方归。

九月二十二日　晴

午后往访林漱泉，与同赴籀园图书馆观书。读蒋维乔《废止朝食论》一本完。大意谓精神与形骸百官两须，调和劳逸为长生之本，又谓肥胖为最可怕之病，无药可疗（下略）。平生苦体弱多病，自明日始，当起而效行也。五时归家。

十二月二十一日　晴

晚与洒周过籀园观书，遇微雨而归。灯下习《尔雅》数篇，九时入寝。

民国九年四月初八日　晴

是日布业国民学校举行春季旅行，上午九时各同事齐集，遂于午后一时出发，学生共五十余人，教职员七人，先至籀园阅书馆为第一休息所，停一句钟；次由大同巷转过徐信记五云书院，为第二休息所；三时许乃由大街直返本校摄影。共行十余里路，诸小学生有只五六岁者亦了无疲容，且校服一律、旗帜新鲜，观者啧啧称羡，惟唱歌不甚纯熟，步伐亦间有层次，殊足为全璧之玷。然本校开办只二阅月，而成绩如此，亦不易易也。

四月初九日　晴雨交半

早饭后携书包往小南趁航船赴校，旋以船已开不果。上午往访梅冷生，适李仲骞亦在，未几王隽顾先生踵至，共作谈诗文，颇趣。九时与仲骞往中校访张震轩夫子，别来盖数载矣。坐间谬蒙誉予诗词，殊足感也。午后第四高小学生陈鸿等四人来城，遂与同舟赴校，六时方到。

八月初七日　晴

上午在家理拾旧书籍，失意归来，依然又理旧业矣。午后在布业学校代莘石先生授课数小时，三时过星池家，冷生、姜门及曾公侠皆在，同出散步至籀园王俊卿先生处，遇翟楚材，谈笑至暮方归。

八月十七日　晴

上午校课如常，午后同洒周过籀园图书馆观书，至暮方归。

民国十四年七月十八日　大雷雨

午后赴籀园看书，大雷雨震惊。六时乘车赴岳家尝新，夜十时偕内子同归。

八月十七日　阴

成一诗。

十四年夏五归自关中，六月廿七日曹民甫厅长邀集籀园逭暑，
越日柬谢并呈刘次饶、符笑拈二丈暨仲陶、冷生

腾腾人海倦吟秋，短简林塘约搜幽。垂老炎威强弩末，浪游心事大刀头。招邀过水成三笑，寥阔凭高足四愁。着句未工容兀傲，诗城今日敌曹刘。

八月二十日雨　午晴

午曹民甫招燕籀园，同席有刘次老、符笑老、朱晓崖、王明卿、冷生、仲陶及审判厅中诸办人。素菜甚可口，笑老谈刘翰怡刻书事，谓此人不学，题跋皆出他人手。民甫谈章士钊，颇不然其为人，曹君与章总角交也。四时散，与冷生过瓯海中学筹备处商募捐事。

曹明父、刘次老送来和予籀园雅集诗，录下：

连宵急雨报新秋，昼日林塘爱静幽。喜见高朋来谷口，共延胜□到楼头。前游河岳增奇观，归路干戈动旅愁。巾杖相将裴中立，藉糟厚意愧招刘。已上刘次老诗。

腾腾天地是何秋，寂寞子云亭自幽。山入书城围列座，潭流帽影与科头。宦非工巧诗犹拙，酒不能狂醒更愁。好与高歌折杨柳，关中且莫论嬴刘。君自关中归，所居曰杨柳巷。已上曹明父诗。

八月二十二日　夏正七月初四　星期六　晴，午热，早晚已转凉矣

早八时，瓯海公学在保安桥曾宅祠堂招生考试。许文长、陈世奇、林省中筹备事忙，终夜未眠。应考生三百人左右。午后三时半方归。在图书馆看陈卓人《白虎通疏》一过。符笑拈先生过访，不值。昨曾送和予《籀园雅集》二诗，当为一首报之。仲陶来，不值，还访其家，谓曹民父又送和予一诗来，在冷生许。录符丈诗：

籀园燕集和瞿禅　　七十三叟符璋　笑拈

长安踏破汉陵秋，陕游乍归。杖策何心并冀幽？三辅关河谈酒后，九天珠玉唾楼头。樊南知己令狐少，江左人才洗马愁。诗国驺摇能夺霸，不徒避舍是曹刘。明民〔甫〕、次饶二公。

用原韵奉柬　前人

照座双眸剪水秋，室中兰是谷中幽。昔闻辟掾因三语，今见斯人出一头。栖厦燕归梁占稳，入宫蛾妒黛凝愁。征书读启钦才藻，媒介燃藜阁上刘。识于刘馆长座。

八月二十三日　晴　夜雨

早赴籀园瓯海公学新生口试。午后阅国文试卷完，学生程度甚参差。

九月五日　晴　风

午赴籀园阅书。清初天门胡石庄承诺《绎志》浙江局重刊版，李申耆得而复失，嘱刘竹泉印行者。此书出晚，未入《四库目》，与万〔唐〕甄《潜书》同时，能自成一子者，而议论较平允，文章亦逊唐书之奥衍沈博，惟篇幅冗长过之。共八本。草草一过目，未得其详也。午后偕妇出，归家久坐，燕弟疟已除。赴瓯海公学筹备处送考试题目。至心存家小谈，同访冷生，听留声片至晚。归借《甲寅杂志》四本。

九月六日　阴晴不定

午后偕内子游九山第一，登西城小眺。平湖浮绿，小桥倒影，风水中扶阑小竚，同似画中人也。大哥来。坐籀园阅书。郑子尹《巢经巢诗文集》，莫友芝序推挹甚至，又有内弟黎庶昌序，末附子尹子知同伯更《屈庐诗》一本。子尹经学，得知同阐扬，蔚为西南大师。文集中论列贵州水利地势，亦甚有补治黔省舆地。诗其余事，颇近苏、黄。胡适尝举与金亚匏之《秋蟪吟馆诗钞》，代表道咸同三朝。近人汪辟疆国垣作《光宣诗坛点将录》，以继舒位《乾嘉诗坛点将录》，收录于道咸同三朝阙如，好事者可补为之也。借胡石庄《绎志》八本归。

九月十二日　阴

送《绎志》一部还图书馆。纯白来，留午饭，谈夫己氏事，以怨报德，纯白甚愤慨。子平来言自新学校事。瓯海公学之起因，本以英人艺文学校学生激于五卅事变，宣言离校。在南京各同学江冷、洒周诸人，发起另设校收容。艺文学生离校时，曾推举教员谷寅侯主持下学期办学事，适林省中亦自汕头归，遂共相合作。由谷寅侯、吴江冷、陈啸秋、许叔鸣、林省中五人组织委员会，李仲骞则后加入者，议定委员中推寅侯对外得称校长。筹备处初设四明银行旧址，校务分部进行，集地绅三四十人开筹金委员会二次。旋划炭业中学生会罚款千元为基本金，租定平水王庙及籀园隔壁曾氏祠堂二处，为高中、初中校舍。

十二月四日　晴

晚过笑拈丈谈，多过情之誉，示以《唐铸万传》，许为可传之作，谓前日籀园畅谈归，曾作诗三首，在曹民甫厅长处。归过民甫家，观笑丈诗，未过从三旬矣，谈至上灯时归。允为予作书致四川、吴中友人问唐甄事迹，且约明午饮乐园。

民国十五年二月十三日　夏正丙寅元旦　阴　夜猛雨

六时起札《说文》水部半本。午后偕内子出游，过九山籀园一周归。诣曹明甫、符笑丈贺年。

七月九日　晴　午后大雷雨

早与止水赴籀园看书，见叶水心《习学记言》，光绪间黄漱兰用孙太仆校本刻于江阴。黄序谓水心才识最长于论史，以论史者论诸子、论经，岂能无偏？然较之空言无实者，盖不啻万万焉云云。此亦永嘉学一重要书，暇当细看。阅《清经解》，陈启源《毛诗古编》订正传疏，其总诂数篇，举要考异正字等，甚有用。毛大可《春秋毛氏传》《春秋简书刊误》《春秋属辞比事记》《经问》《论语稽求》，臧琳《经义杂志》，江永《春秋地理考实》《群经补义》《乡党图考》，吴廷华《仪礼章句》，皆草草一涉猎。

七月十日　晴热

早赴籀园阅《清经解》百余本。沈彤《周官禄田考》以欧阳氏官多田寡禄将不给之疑而作，分《官爵数》《公田数》《禄田数》三篇及《问答》。惠栋《九经古义》，自谓四世传经，咸通古义，为此以述家学。庄存与《春秋正辞》。卢文弨《钟山札记》有字义不随者区别，氏字古音与民相通诸条。《龙城札记》鞠躬鞠穷，伪尚书古文不可废，而与能古音义同，更受古互用。王鸣盛《尚书后案》专辑郑义及王、马传疏，以发明郑氏康成一家之学。翟灏《四书考异》。秀水盛百二《尚书释天》。孙志祖《读书脞录》。段玉裁《古文尚书撰异》《毛诗故训传》《诗经小学》《周礼汉读考》《仪礼汉读考》，以其所发明古音十七部，解汉人读如、读为、当为三例。十二时归。

七月十一日　热　晚大雷雨

今日在籀园阅《清经解》共百余本。早九时去，晚四时归。

七月十四日　晴

早籀园阅《续经解》，毛大可《续诗传鸟名》《白鹭洲主客谈诗》；江永《仪礼释例》，只《释服》一篇，惠栋《易例》《易汉学》，《明堂大道录》考明堂制度，甚详。借《黄梨洲遗著》廿本、李富孙《说文辨字正俗》四本归。

七月十五日　晴

籀园阅毛瑞辰《毛诗传笺通释》卷八，《郑风总论》谓卫诗之淫在色，郑诗之淫不专在色。思“郑声淫”一语为经学界中聚讼数百年。或谓诗淫，或谓声淫，各持一说，迄无定案。暇拟翻宋至今各家说《诗》之书，作《郑淫诗汇辨》一篇。胡承珙《毛诗后笺》，多取段氏《诗小学》说，此当为最完备者矣。严元照《尔雅匡名》专考文字异同。沈钦韩《春秋左传补注》，又《春秋地名补注》。《左传》一书，清人补注有昆山顾氏，吴朱氏，元和惠氏，桐城姚氏、马氏，阳湖洪氏，江都焦氏。又刘文淇有《左传旧疏考证》，嘉兴李贻德有《左传贾服注辑述》，吴钱绮有《左札》三卷，此书未见。丛残补掇，可谓备矣。而沈氏二书，尤为详赡。有能删其骈枝，钩其精要，效王先谦补注体裁，汇成一本，亦必传之业。杜注亦有可删处，不必全载。整理故籍，此为要著，未知已有人从事否耳。闻瑞安宋慈褒近有《左传释词》之作，亦可列入。午后阅沈涛《论语孔注辨伪》，谓孔安国《史记》《汉书》皆不言其著书。古文《尚书》《孝经》二传，已为后人发为伪托。《论语》注散见于何晏《集解》者，亦晏所假托以难郑学者。列举五证，亦经学一发明也。汪远孙《国语发正》以疏证韦解。汪小米之于《国语》，疑不止此书。海州许桂林《谷梁释例》，半本而已，为谷梁学一名著。廖平尚有《古义疏》，未见。《说文解字音韵表》，段玉裁命江沅编成。武进张成孙《说文谐声谱》，二书相似。张书甚繁，此龙翰臣所节录者。临海金鹗《求古录礼说》。胡培翚《仪礼正义》有补注、申注、附注、订注四例，以订郑注贾疏之讹。阅《梨洲遗著》。晚遇陈仲陶，怪予近日消瘦，想读书过度矣。

七月十六日　晴

籀园阅汪照《大戴礼记补注》，丁晏《尚书馀论》，此书须看。中谓《忠经》非汉之马季长〈作〉。《禹贡锥指正误》。《诗谱考正》。《孝经征文》为宋人之疑《孝经》者述也。迮鹤寿《齐诗翼氏学》。凌曙《公羊礼疏》《公羊答问》《春秋繁露注》。潘维城《论语古注集笺》。柳兴恩《谷梁大义述》，甚详赡。朱右曾《逸周书集训校释》《诗地理征》。刘宝楠《论语正义》等。迁书房于中堂。

七月十七日　晴

与止水赴籀园阅《续经解》，陈乔枞《毛诗郑笺改字说》《诗经四家异文考》

《礼记郑读考》，曲园亦有此书，仿段氏《周礼汉读考》。邹汉勋《读书偶识》，刘书年《刘贵阳经说》，钟文烝《谷梁补注》，成蓉镜《禹贡班义述》，刘恭冕《何休注训论语述》，孔广牧《先圣生卒年月日考》。陶方琦《汉孳室文钞》，载息妫非息夫人说，引《列女传》，谓被虏者为息妫，殉死者为息夫人，创论足发千古之蒙。湘潭胡元玉《驳春秋名字解诂》，谓王氏以声近破本字，不先求古假借，而专求之声近通假，不免支离之失，驳王氏有厘然当心者，亦有浅陋者。曲园仿王氏之作，胡氏未见，当亦有可驳处。止水留晚饭，谈豫中兵匪之惨，心为之恻。民国十五年来兵乱可刺取各报纸中为《兵纪》一书。

七月十八日　晴

籀园阅嘉兴钱仪吉《经苑》，采唐宋元明说经各书，自温公《易说》至熊朋来《瑟谱》，共计廿五种，道光间刻。阅温公《易说》。病王弼之虚无玄渺，于古今事物情状，贯彻疏通。《诚斋易传》大旨本程氏，而多引史传证之。宋陈栎、吴澄讥其以史证经。宋人性理空谈，而忌引史，此何异典午清谈。宋永嘉郑伯熊《敷文书说》。宋王质《诗总闻》，南宋之初废《诗序》者三家，朱子、郑樵及质也。《吕氏读诗记》，与朱传歧异。永嘉戴溪肖望有《续吕氏读诗记》。王安石《周官新义》，《提要》谓荆公惧富强之说为儒者所排击，于是附会经义以钳儒家之口，实非真信《周礼》为可行云云。此足见宋人之忌说功利。唐陆淳《春秋啖赵集传纂例》分例编成，发其师啖助、赵匡之绪。此经学之初变，亦一要书也。《孟子外书》熙时子注，或谓即公非先生刘贡父，共四篇，虽与内编不同，亦颇具遗文轶事。阅《石经汇函》，共顾绛《石经考》、杭世骏《石经考异》、严可均《唐石经校文》，及翁方纲、孙星衍、冯登府诸家作。午后阅钟谦均《古经解类函》，刻唐以前各经解，《四库提要》定为伪者不刻，《通志堂》已刻者不刻，《皇清经解》已刻者不刻。《通志堂》所刻多宋人书，古书只《子夏易传》、《经典释文》、成伯玙《毛诗指说》三种。此刻自王应麟集撰之《郑氏周易注》、李鼎祚《周易集解》、《易纬八种》、杜预《春秋释例》《经传长历》《尚书大传》《韩诗外传》、郑《志》、《匡谬正俗》等，皆汉唐时书，有此与徐氏通志堂，阮、王两家《清经解》，古今解经之书，完具于此矣。

七月二十二日　阴凉

晚过籀园图书馆晤次饶丈谈，谓日本语与温州俗语，语根同者甚多。如温语谓此地曰勾勾，入声，平阳蛮语曰可可，日本则曰款款。日本谓笔一本、树一本之本音讧去声，而温州谓菜根曰菜讧，去声。其他一音之转者甚多，足证日本人种，实出于我国沿海各省。此说甚奇，暇当审之。温人之留日者，倘能得数十百条成一书，亦研究东国人种学一好资料也。次饶丈示予新作《宛妹传》。阅张乳伯《说文审音》，下数卷皆依韵分列许书各字，可观者只上两本耳。其书于双声、迭韵各有新例。次饶丈云：论双声迭韵，亦太拘执，其实反切中迭韵字能用喉声字自容易准，日本文、英文元音五字，亦皆喉音。阅《说文发疑》二本，亦吉安张行孚作，通释体裁，甚精严可看。阅姚文田、严可均合撰《说文校议》，专正徐铉之失，凡三千四百四十条。阅钱坫《说文解字斠诠》，毛斧扆刊本，大小徐本及许解许读之误，琐琐足资校对而已。

七月二十三日　晴，凉

午后籀园观钮树玉《段氏说文注订》，谓其与许书不合者有六端。自谓以《玉篇》诸书参校异同，实自予始。钮氏初以《说文考异》、此书据跋云未刻。《说文新附考》示段，段取其说入注，而没其名，故钮作此攻之。阮元序谓段书成时年已七十，校雠之事，又属之门下士，往往有不参检本书，未免有误。《说文新附考》乃疏通大徐新附四百余文，为不必附、不当附。其师钱竹汀序，谓大徐附字出宋太宗意，曾见于《养新录》者。刘熙载《说文双声》取形声字，以许氏之声为双声，以大徐注音为迭韵。如秘，必声，大徐注兵妹切，兵可改用必，谓反切实始造字之初，不始于孙炎。许氏时未有双声迭韵之名，然论形声及江、河二字，河、可谓迭韵，江、工为双声。又有《说文迭韵》二本，以许书明古韵，未细看。胡秉虔《说文管见》札记之体，无系统。元和胡玉缙《说文旧音补注》剌取《诗笺》《文选注》等书之旧音，列《说文》每字下，无甚用处。甘泉薛传均子韵（阮元云当作韵）《说文答问疏证》，竹汀此书，举《说文》与经师异文，如塙即《易》“确乎其不拔”之“确”，即“括囊”之“括”等，凡二百余条。薛氏《疏证》，间亦订其谬误。附陈寿祺《说文经字考》及俞樾《第一楼丛书附考》，皆续钱书，搜集其遗漏，好学者大可仿薛氏例为二书作疏证也，书名从陈氏较明白。李因笃《古今韵考》，以亭林《音学五书》浩繁，依其所分十部，作此以为作诗用韵之准。四卷，一集汉魏六朝唐人通用古韵，注《诗》《骚》之异于每条之下。二入声汇录，列入声可派入去声数百字，以亭林以入声为闰音也。三集唐人古诗通用韵，唐人古诗用韵宽于今韵，四唐谓韵选专取初、盛诸公近体尝用之韵，唐人近体用韵更严于今韵，古韵最宽，而后人乱之，律韵最严，而又泛滥不可救，其病均也，倡复古韵，此最明㥪易知，惟积重难返，行之转哗俗耳。严可均《说文声类》与姚文田《说文声系》，大旨相同，严论转韵较详。苗夔《说文声订》补亦声字及订从声之误，谓许书错误，由大徐点窜者居多，中自变量祭也，谓数祭即切，是许书以反切为训者。夜内子腹痛，就食岳家。与止水坐小西湖保安桥玩月，忆清任一桂丛山，吾乡任桥人。有“水近月多情”句。

七月二十四日　夏正六月望　晴热

早于籀园次饶丈席晤金嵘仙校长，自杭州归，谈次及整顿学风。予谓学生吃香烟、做淫戏，美其名曰表演，非严禁不可。温州今日自中学至小学，无不盛行演剧，流弊有不堪言者，当为一文张报端大骂之。午赴家尝新，伯吹伯父及外祖父来。晚与止水籀园看书。庄述祖《说文古籀疏证》，以支干自甲至亥分为二十二部，谓由文字以求甲子，由甲子以求八卦，知归藏纳甲之义，与《周易》相辅而行云云。不免今文家诡秘习气，未细看。桂馥《缪篆分韵》取汉铜印字编成，以辅缪篆之缺，学篆刻者所当备。钱大昭《说文统释序》一本，原书六十卷，未刻已佚，须细看。毕沅《音同义异辨》，任大椿《字林考逸》《小学钩沉》。今日所看各书惟《说文统释自序》一本须详看，馀琐琐者知其书名体裁足矣。晚饭后与止水步月小西湖、九山第一，水天如昼，惜无扁舟，捉流萤数颗归。民甫厅长邀赴籀园玩月不值。

七月二十五日　休日　晴热

得第十中学通知书，九月一日开学。上午籀园阅明末歙黄生扶《孟子诂》。《四库提要》谓于六书多所发明，每字皆有新义，而根据博奥，书只一本，附族孙黄承吉《兄字说》一篇，数十万字，与《字诂》相埒。黄生与顾亭林同时而不相闻问，其说小学声音训诂，以音近通假为主，开清代小学先声，不特为皖派先辈已也。又《义府》一本，皆考证札记之文，论经史诸子，考究淹通，如《日知录》,《字诂》侄字条、太字条，可入《古称呼考》。张参《五经文字》。三衢叶秉敬《字孪》，以四言韵语，诠辨字体相似者，取便记诵而已。司马光《类篇》，以《集韵》为本，而补其所遗。明末廖文英百子《正字通》,《康熙字典》屡征引之，而不入《四库》。宋戴侗《六书故》，自叙谓由秦而下，六书之学遂废，虽有学焉者，往往支离傅会，而不适于道，是其意直抹杀《说文》《玉篇》，故尽变许书之分部，括为数、天文、地理、人、动物、植物、工事、杂疑九类，其论假借，谓前人以令、长为假借，不知二字皆从本义而生，非从外假。若韦本为违背，借为韦革之韦，豆本为俎豆，借为豆麦之豆，凡义无所因，特借其声者，然后谓之假借。论转注谓因文而转注之，侧山为，反人为匕，反欠为，反子为。《四库提要》谓其文皆用钟鼎，其注虽用今文，又皆用小篆改隶书，非今非古，颇碍施行，吾邱衍《学古编》，讥其字多杜撰，虽皆切中其失，然体大思精，其于小学，亦犹郑夹漈之史学，不可轻议也。朱允倩《说文通训定声》，自叙谓以字之体定一声，以经之韵定众声，以通转之理定正声、变声。论转注假借曰：转注者，体不改造，引意相受，令长是也。假借者，本无其意，依声托事，朋来是也。其书乃论转注假借之书，而于二者定义，皆改许书之旧。成镜蓉谓朱说不可易，戴氏以互训说转注，有七不可解，于每字之下，列本义、别义、转注即引申、假借、声训、如兄，荒也，本《释名》。转音、古韵。朱氏又著《诗传补笺》《仪礼经注》《夏小正补传》《天算琐记》《数度衍约》《白描诗录》等十余种。成蓉镜谓其为学无所不窥，解天象、《九章算术》，又工诗文辞，博通不愧竹汀弟子矣。又附《说雅》《古今韵准》二书。《说雅》循《尔雅》之条理，贯许书之说解，分释诂、释言等，《释亲》上半篇可入《古称呼考》。许书中汉以前称呼，尽于此矣。《广雅》中亦当搜采。《古今韵准》则与李子德《古今韵考》相似。

七月二十七日　晴热

籀园晤陈洒周、赵柏庼。阅《癸巳类稿》：《节妇说》《贞女说》《妒非女人恶德论》《书旧唐书车服志后》，考女人缠足，皆最有趣味之考据。顾亭林《五经同异》三本引唐说答明阜问百姓，谓古民无姓，有姓者皆有土有爵者也，此语可补夹漈《氏族略》。惠定宇《九经古义》《周易本义辩正》，皆据古字古义改训今字。《古文尚书考》一本。上卷条辨伪书，下卷博引传记逸书，证古文之所出，甚详赡，间亦借引阎潜邱说，沈彤序谓此书与阎书未及半，而辨证益明，条贯亦益清。钱大昕序，阎于《太誓》沿唐人《正义》之误，未若此书精而约也云云。阎书繁赜明伪，古文大概，此书足矣。下午阅乔松年鹤侪《纬攟》十四卷，前十二卷甄总佚闻坠简，末二卷曰订误、曰存考，以正明孙双甫《古微书》之失。杨侃谓纬书为秘经，图谶为内学，纬谶之分，判若泾渭。孙书溷谶纬为一，故踳驳特甚，其中多取李季《乾象通鉴》，举例又不著其名，益滋后贤疑议。《四库提要》于孙书，只谓其挂漏舛误均所不免，而不及此。与乔同时集纬专家，有华亭殷氏元正立卿，侯官赵氏在翰鹿园，其掇拾古佚别为辑本者，有张惠言、孔广林、马国翰、俞正燮、陈乔枞。殷书兵燹后佚。自乔书出，求殷书者可从此窥其藩，读孙书者可据此纠其谬矣。臧琳《经义杂记·隋大儒王通考》，谓王通虽无传，然名明见于王勃、王绩二《传》，不可疑无其人。《王勃传》谓通尝起汉魏尽晋，作书百二十篇，以续古《尚书》后，亡其序，有录无书者十篇。勃补完缺逸，定著二十五篇。近人章太炎《检论·案唐》，遂谓《中说》《文中子》皆王勃所谰诬矣。又考李，古理字。行理，理，吏也，李，法官也。硕人其颀，当作颀颀，与硕人敖敖对文。夫读如扶条，可入《古称呼考》。武亿《经读考异》卷首叙述须看，考各经异读，有无关大旨〔恉〕者。

七月二十八日　晴热

籀园阅陈寿祺《五经异义疏证》，桂文灿《桂氏经学丛书》、《易大义》，以《礼运》证《易》，补惠定宇之阙。《毛诗释地》，谓王应麟有未尽者。《诗笺礼注异文考》自加按语。《周礼今释》以清官制喻周官，虽浅蹇而颇便查考。桂，南海人，陈兰甫弟子。《七经孟子考文补遗》，日人山井鼎辑，自谓积勤三年，成疾几死。上虞朱亦栋碧山，竹汀弟子。《十三经札记》冯一梅序，谓易图及《古文尚书》不可废，其论《古文尚书》云"伪书虽出枚仲真之手，然《大禹谟》六府三事，已引见《左氏传》及《周官》大司乐郑注。《伊训》制官刑，已引见《墨子·非乐篇》。《泰誓》'朕梦协朕卜'，又引见《国语》，则《古文尚书》之佚者，实赖仲真搜采佚文，厥功非浅，但不如近人辑古书，皆必注其所出耳。阎、惠诸君皆熟精枚传之人，故能一一详悉其自来而辨其所误，亦欲学者知其真中之伪而采其伪中之真，非竟欲尽废其文也。如人心道心之文，辟伪书者多谓出于《荀子》，安知非《尚书》本有此文，而荀子据此以证明性恶之说者乎？又安知非《尚书》佚文，更有引见他书，而仲真采之者？今所引之书已佚，犹幸于仲真所辑而见之乎"云云。此亦谈《尚书》者所当知者。朱氏又有《群书札记》，杂滥不足观。内子腹痛，午就餐岳家。午后阅武进《西崖经说》、吴鼎《易堂问目》、《通志堂经解》中朱善《诗解颐》，孙明复《春秋尊王发微》谓春秋有贬无褒，昔人讥其以申商法治《春秋》，失之太刻者也。

七月二十九日　晴热

早赴籀园观书，留午饭。阅陈第《屈宋古音义》，序谓万历间书于东瓯江心寺浩然楼，未知县乘已收其人否。仁和柴绍炳虎臣《柴氏古韵通》毛先舒序，书分全通、半通、间通、旁通四例，首卷杂记可看。宋杨伯嵒《九经补韵》，捃摭九经字以补《礼部韵略》，凡七十九字。邵子湘《古今韵略》类似《柴氏古韵通》，定今韵为元阴时中、时夫删并刘渊平水韵三千一百字而成者，非即平水韵。此书删正其讹复六十余字，增收七百八十余字，以存毛、刘两家之大凡。借夏味堂《拾雅》十本归。

七月三十日　晴热

早六时即赴籀〈园〉看书，留二饭。午后四时方出。阅戴震《声韵考》，汇各家说以考反切之始，韵书之始，四声之始等，共一册。戚学标《汉学谐声》，以音分编许书。卷末总论甚精详，祁寯藻谓此及《诗经证读》，不让《毛诗古音考》及《诗本音》。陈澧《切韵考》分声类考、韵类考，通论最可看。龙翰臣《古韵通说》以双声为转韵之异名同实，乃其自创之说，总说中论古韵宽严得失，谓论古韵者自亭林以前失之疏，自茂堂以后过于密，江慎修酌于其中，而亦未为尽善。张惠言《说文谐声谱》，近来言古韵者莫善于是。武进刘申甫《诗声衍》，尤至密而无憾，又论方音合韵转声，论诗以双声为韵，《说文》以双声为声等条，皆透辟。谭玉生谓其合段、张、姚、苗四家撰述及孔、王、刘三家之说为一书，言古韵之书，于是为备，洵非阿好之言也。以上数书，皆究音韵者所不可不看者，惜未精看。又刘熙载《四声定切》，发明敛开意齐乌合于撮，亦一要籍。资州饶炯《文字存真》，中分《六书例》《说文解字部首订》二本，可作训初学课本。夏炘心伯《读诗札记》附《诗章句考》《诗乐存亡谱》《诗古韵表廿二部集说》，乃集顾亭林、江慎修、段茂堂、王念孙、江晋三五家之说，斟酌王、江二家说，定为廿二部，亦简明足参稽阅。陈乔枞《诗纬集证》《毛诗郑笺改字说》。苗夔先路《毛诗韵订》四本，乃采锡山安古琴之《韵征》而成者，未详看。采宋翔凤《小尔雅疏证》，俞樾《韵雅·释人》、王念孙《广〈雅〉疏证·释亲》入《古称呼考》。归省，留晚饭。夜过冷生小谈，新自杭议会归。

七月三十一日　晚微雨，凉

早六时赴籀园看书，留早午饭。晚四时出。阅钱塘姚炳彦晖《诗识名解》，毛大可序甚推重之。从父首源姚际恒序，谓注经释义不如释名物。安邑宋鉴半塘《尚书考辨》四卷，一辨今文古文、伪古文传述源流，二辨古文经字异同，三辨伪经文摭袭之本，四辨《论》《孟》《左》《国》《礼记》《诗序》逸篇之与伪古文殊异。半塘与阎潜邱同里同时，而书之简括、眉目明辟过之。孙渊如序谓近世治经有二失：一则曰千虑一失，疑□后学也，前人为《尚书》之学者，朱文公知晚出古文之伪，而信“惟精惟一”之语为道统之传，吴澄信真古文而删“若稽古皋陶”，阎若璩辨别是非，而以《泰誓》白鱼入舟之文为伪，宋君则于《太誓》之真伪阙疑俟考。一则曰词费而不雅驯也，宋明人解经以语录，毛奇龄之说经以诙谐侮慢之词。胡渭《禹贡锥指》非注非疏，屋下架屋，宋君之书括以四卷，而无不备云云。其书多引阎氏、朱竹垞说，精而益严，盖后来居上矣。盛百二跋谓其说伏氏今文非口授，发千古耳食者之蒙，此则不知乃阎氏《疏证》第十四引冯班之说，非宋氏创发者也。明旌德梅鷟致斋《尚书考异》，疑古文始于朱子。元吴草庐因而撰《书纂言》，谓古文乃东晋晚出之书，但注今文不注古文。梅氏始专著书，力辨其伪。虽魏源作《书古微》讥其意多武断，考证尚疏，然实开阎、惠之门径者也。浙局本，四册。魏源《书古微》，攻东汉马、郑古文凿空无师传，谓西汉今古文，本即一家。伏生与孔安国大同小异，不过十一。自后杜林得漆书，传之卫宏，贾逵作训，马融作传，郑玄注解，动诋今文欧阳、夏侯为俗儒。及东晋伪古文出，而马、郑亦废。近人知攻东晋伪古文，遂以马、郑本为真孔安国本，非也云云。举其不可信者五。清人治《尚书》，江声、王鸣盛多祖马、郑，孙星衍持平于西汉今古文，而段玉裁则凡史迁之异于马、郑者，皆挤为今文说，专以东汉马、郑之古文为真古文，且谓今文之说皆不如古文。自《魏书》据《史记》、《汉书》、伏生《大传》并攻马、郑为伪，则更进一层矣。惟其论《泰誓》与朱彝尊、主伏生书无《太誓》，合书序为二十九篇。王引之引董生对策，主伏生书有《太誓》。异，谓伏生所得乃《太誓》残本，据各书为补作三篇，则肊决之言不足信。丹徒张崇兰猗谷，咸丰时人。《古文尚书私议》条驳惠栋《古文尚书考》，助毛大可张目，共二本。

八月一日　夏正六月三十三日　晴，凉

上午下酿禾。温俗语夏时暴雨也，甚益稻禾，二字雅驯。早饭岳家。

籀园阅刘承幹新刻乌程纪磊位三《易》学书多种。《周易姚氏学》，初从虞氏，后得李氏《集解》，见三家注，以为司农之注优于荀、虞，乃据郑为主，参以汉魏经师旧说。有清一代《易》学书，此与焦氏《通释》，端木国瑚《周易指》、纪大奎《易问观象外编》，皆能自出机杼者，惟纪氏书未见。安陆李道平《周易集解纂疏》，疏李鼎祚《集解》，王先谦不以入《续经解》，当非佳著。瞿塘来知德《周易来注》，言易象最佳，反复周详，为初学说法。端木鹤田《周易指》，鹤田三代研《易》，此积数十年力而成者。笑拈丈谓，反复数次不能解，未看。贺贻孙《易触》，无多发明，说理平浅。包慎伯作《姚配中仲虞，旌德。传》云：姚氏工琴，于对几设副琴，鼓至窈眇之时，则副琴弦不动而自鸣，又几案所置杯盎及枨槅，时或响应。余怪问之，君曰："各物皆有数，数同则声应。《唐书》所载寺磬每无故自鸣，僧虑其不详，万宝常为克磬成痕而鸣止。盖其磬与宫中钟同数，钟鼓于宫，则磬应于寺。克痕虽么细，而磬之得数已与钟异，故鸣止。"姚氏物各有数数语，论理甚精。董子《同类相动》篇亦云：调琴瑟而错之，鼓宫则他宫应，鼓商则他商应，比而自鸣，非有神，其数同也。数句待校。两人发明物理学，在近百年间，我国汉时人已能冥契暗合，不可谓无格物工夫。近人海宁杭辛斋作《学易笔谈》四卷，抄本一本。且谓七色变白，化学之分剂，微生虫变物，皆与《易》象数相合。虽间近附会，然亦足资研究者也。杭氏书有甚谬者，如谓十字架非耶稣受刑具，乃与我国两仪图同用，同为东西文化之根原。又载西教士花之安著《自西徂东》一书，谓伏羲为巴比伦人。

曹明甫厅长过访籀园，谈梁公约、孙龙尾事，垂暝方去。留籀园二饭，七时方归。

八月二日　晴热，晚酿禾

早留籀园一饭。阅黄式三《论语后案》，杂采汉魏至元明，不分汉宋，与刘氏《正义》同为一代名著。过冷生，见其持筹握算甚悤悤，小立即行。午饭岳家。

八月三日　晴热

籀园留二饭。阅汪小米《汉书地理志校本》，刘文淇《楚汉诸侯疆域志》，惠栋《后汉书补注》，钱大昭《两汉书辨疑》《补续汉书艺文志》，朱一新《汉书管见》，周寿昌《汉书志校补》，沈钦韩《前后汉书疏证》。范介生偕旧同学温秉民彝来籀园，留午饭，作诗钟消遣，予成数联录后。翁、郑、徐诸生来授《孟子》。

八月五日　晴，热极，赤日如火

早籀园阅徐松《汉书西域传补注》，徐以翰林戍伊犁，六年而成，二本。李光廷《汉西域图考》四本。宝应成孺《史汉骈枝》，只十叶，仿《论语骈枝》例，又《宋州郡志校勘记》。通州周云《晋书校勘记》。黟汪南士文台《七家后汉书》辑谢承、司马彪、华峤、袁山松等七家。钱坫《新斠注地理志》。翟云升《校正古今人表》一本。郝懿行《补宋书刑法志食货志》《晋宋书故》，考据笔记体裁。阿堵，堵音者，即者个。洪北江《三国东晋十六国疆域志》，《汉魏音》一本，刺取汉魏诸儒注中音读之字。秦州康发祥《三国志补义》。周寿昌《后汉书补注》《三国志补注》《三国志证遗》，不尽考据，间论事实，甚可观。钱大昭《后汉书补表》《三国志辨疑》，序列裴注所引书目。章宗源《隋书经籍志考证》。吴江潘眉《三国志考证》，专考讹文，训诂异同。梁章钜《三国志旁证》，博采古今人考证《三国志》之说，集此书之大成，于地理尤详审，后人谓不减三刘之于两《汉书》，吴缜之于《五代史》，六本。晚归省。

八月六日　晴热

早籀园阅吴承志祁甫《唐贾耽记边州入四夷道里考实》五本，刘承幹新刻。钱大昕《元史世族表》三卷一册，用力三十年，为读《元史》者所不可少。《元史艺文志》二本。南海黄任恒秩南《补辽史艺文志》铅印一本。归安吴兰庭《五代史记纂误补》一本，补宋吴缜《五代史记纂误》之佚。洪北江《四史发伏》四本。萧山汪辉祖《元史本证》分《证名》《证遗》《证误》三种。当涂徐文靖位山《竹书纪年统笺》。郝懿行《竹书纪年校正》，首载《通考》一篇，甚详。甘泉岑建功《旧唐书佚文》二本，据《御览》等，考旧书遗佚。《旧唐书校勘记》则岑建功延罗茗香士琳、刘孟瞻文淇、伯山毓崧、陈卓人立共校者，共六十六卷，卷帙之繁，为从来校史者所未有。志冲过籀园谈。午后访冷生小谈。

八月八日　夏正七月初一日　晴热

早籀园阅汪小米《国语三君贾逵、虞翻、唐固注辑存》《发正》《考异》，共五本。明邵经邦仲德，仁和。《弘简录》补夹漈《通志》唐以后至金，而无《二十略》。午后曹明甫厅长约过籀园谈谑，至暝方归，和予《楼居杂题》三首，又示《秦淮纪事》诗云："秋娘迟暮惜华颜，结习难消素愿闲。安得量珠去浮海，左看佛髻右神山。"

八月十日　晴热

籀园阅万季野《历代史表》、段长基《历代统纪》。阅宋墨哀所为《孙籀庼先生年谱》，载《东方杂志》。孙君十三岁即著《广韵姓氏刊误》，二十七草创《周礼正义》。予今年亦二十七矣。冷生来。商务印书馆取史地教科书九本来。

八月十一日　晴热

早籀园阅徐鼒《小腆纪年》，纪明末三王。王之春《国朝柔远记》，记顺治迄同治中外交涉。吴应箕《两朝剥复录》，夏燮校，记熹、毅两朝奄祸始末。《痛史》两函中阅《蜀纪》、《鹿樵纪闻》、《启祯记闻录》叶绍袁、《哭庙纪略》金喟事、《庄氏史案》、《老父云游始末》陆丽京女莘行、《嘉定县乙酉纪事》各种。阅《南雷文定》，《移史馆论不宜立理学传书》，宜归儒学。《王征南墓志铭》，谓少林以拳勇名天下，然主于搏人，人亦不得而乘之。有所谓内家者，以静制动，犯者应手而仆，故别有少林为外家，盖起于宋之张三峰，三峰为武当丹士，徽宗召之，道梗不得进，夜梦元帝授之拳法，厥明，以单丁杀贼百余。三峰之术，百年以后流传于陕西，而王宗为最著，温州陈州同从王宗受之，以此教其乡人，由是流传于温州。嘉靖间张松溪为最著云云。此亦可入温州遗事者。城中疫尚盛，楼上日夜闻送丧鼓管声。午后籀园晤省中、洒周，商瓯校延期招生。夜曹厅长送来和予楼居诗八首。

八月十二日　晴热

上午籀园阅钱大昕作洪适、洪迈、陆放翁、王深宁、弇州山人《年谱》，张穆作《阎潜丘年谱》《顾亭林年谱》。钱作简要，张作详核。近人仁和张采田孟劬作《玉溪生年谱》，亦一名作，刘承幹新刻，未细看。又阅王之春作《船山年谱》，及朱伯庐《无欺录》，自定年谱，多载琐节。十时归。午后曹民父邀过籀园闲谈，商招次饶丈来。夏正八月十四日在籀园为孙仲容先生作八旬生日会，旋复核之，乃在明年，遂止。仲容先生以光绪三十四年去世，迄今十八年矣。阅瞿木夫中溶、陈言夏瑚，确庵。《年谱》，上灯归。

八月十三日　晴热

早阅《宋元学案》止斋、水心两卷，《明儒学案》泰州二卷，钱林《献征录》，王棻子庄《台学统》。阅《南雷文定》三集《丰南禺别传》坊，琐事甚可嗢噱。《广师说》谓古人不敢轻自为师，《南雷文案》卷四亦有《续师说》一篇，谓今人不特耻为弟子，相率而耻不为师，与《文史通义・师说》，皆足为中学教材。自有学校以来，教员笼络学生为固位计，嗾之起风潮排异己。女学教员且借皋比为渔色地，师道亦不可问矣。

八月十四日七夕　秋霖

籀园阅陆游《南唐书注》，康熙间祥符周在浚雪客撰。马令《南唐书》，足为酒后谈资耳。陆书则可匹《五代史》，周注体裁依裴注《三国》，五本。刘承幹刻。承幹另有《补注》四本。采续出《大典》诸书并青浦汤虞尊运泰之注为之。

道光间梁廷枏作《南汉书》刘隐三本，附《考异》三本，《南汉文字》二本，述作仿陆书，相去远矣。吴任臣志伊，仁和，康熙。《十国春秋》，体裁雅近李延寿《南史》，足补《五代史》之阙，附周昂《拾遗》《备考》各一卷。沈名荪、朱昆田竹垞子同辑之《南北史识小录》，仿《两汉博闻》例，摘字句之鲜华，事迹之新异者为之，《南》《北史》只可作短书小说看，赋手取材，诗人隶事，樵苏渔猎不尽。一经点出，倍为了目，惟其书依原书之次第，可仿《世说》及《宋琐语》例，分类编排，且删其繁芜，以便观览。赵怀玉序谓欲窃其义作《五代史蠡测》，见此书而辍，好事者可续成其志也。偃师段长基《历代沿革表》地理，《历代疆域表》三大本。《历代疆域表》乃增减顾氏《方舆纪要》为之，亦有订正顾氏处。邵二云序极推为前人所未及，其文似顾，其义非顾所能及云云。两书皆甚有用，然谓胜顾书之体大思精，则不敢坚信。孙仲容辑刘宋郑缉之《永嘉郡记》，只十余叶。骈文一序甚典博，谓永嘉出"八辈蚕"，此三字雅，可觅一佳对。仁和赵一清《水经注释》四十卷，以全谢山谓道元注中有注，本双行夹写，今混作大字，一清因从其说，以大字、细字分别书之，而文仍相属。胡林翼作汪梅村《水经注图序》，谓赵本不如戴东原。汪士铎《水经注图》附录共一本，为班书《地理志》而作，梅村著述有《仪礼郑注今制疏证》《广韵疏证》《广韵声纽表》《韩诗外传疏证》《佚存书目》《礼服记》，皆佚于粤乱，见胡林翼序。胡氏之《读史兵略》，汪亦与其事，其人博通经史、小学，非徒以地学擅长者也。宋乐史《太平寰宇记》，讥贾耽及李吉甫《元和郡县志》为漏阙，故其采摭繁富，于列朝人物一一并登，题咏古迹亦皆并录，后来方志必列人物艺文者，其体皆始于史。《四库提要》谓记载至是书而始详，体例亦至是书而大变。"永嘉"一条登谢灵运诗甚多，人物只载一人。《天下郡国利病书》道光间成都龙万育订，故及乾隆间事。

去年七夕偕俶昭移家马宅巷养疴，离家独居周岁矣。

八月十七日　上午微雨，密雨成阵

晒书。过籀园阅书，无人而返。雨后小西湖新水平眼浩漫，令人神王。

八月十八日　晴

午饭图书馆，阅《三通》及《续三通》《清三通》，郑《志》、马《考》皆蓝本杜《典》。马《考》分条排纂，体裁稍别，而转较杜、郑已经剪裁熔铸者，眉目清醒，惟失之太繁。常熟严虞惇《文献通考详节》八本，汰其枝叶，留其要干，最便阅览。《库目》以郑《志》及《续志》入别史门，馀入政书，以其兼有纪传也。宋徐天麟《西汉会要》，《提要》谓其所采只据本史，于汉制见于他书者概不采缀，失之于隘云云。王应麟之《汉制考》，当可补其阙。王书未见。《东汉会要》则于范书之外，兼采袁《纪》、《文选》、《通典》、《通鉴》诸书，间附以案语。《西汉会要》亦可据此例补之。阮元谓胜宋王溥之《唐会要》《五代会要》。止水来共读黄岐农《雪竹楼诗》，暝去。

八月十九日　晴

早籀园阅《四库书目表》。晤志冲，谓明早赴杭。晒书。

八月二十日　午后酿禾

晒书。籀园阅《经义考》，遇雨跄踉归。阅《梨洲遗著汇刊》：《舟山兴废》《日本乞师记》及《文约》各墓志铭，《文定四集》卷一《万贞一诗序》，论诗不必主温柔敦厚，变风变雅，不可废。近人陈石遗作《观堂集林序》即袭此意。还籀园《梨洲遗著汇刊》。

八月二十一日　晴热

早籀园阅《经义考》下半部《逸经》《拟经》《承师》《刊石》《书壁》《镂板》《著录》《通说》各篇。翁覃溪有《经义考补正》，以朱书《尔雅》二卷外，凡形声训诂之书，皆未著录。翁书见谢启昆《小学考》所引者，皆补小学各书。予谓有清一代经学书出朱氏后者，可仿其体例，作《清代经义考》，有清学术以经学为中坚，此书似不可少，惟嘉道以后著作，较难搜求耳。谢氏《小学考》，乃专补朱氏小学一门者。曲园谓为自来言小学者之钤键，治小学者不可不读，竹汀谓较之竹垞，精博实有过之，盖竹垞当日异书犹多伏而未出也。

八月二十二日　夏正七月望　晴

早籀园阅归安陆心源《皕宋楼藏书志》，共十五万卷。明以后刊本则别贮守先阁。李宗莲序，谓天一阁不及陆氏者有五，天一阁止五万卷，今则化迁于日本矣。午后阅龙起瑞《经籍举要》一本，开列各要籍名目，以便学子诵习。袁昶增其大半，龙原本甚少，同时邵位西诋其简略，经袁增补，近代各要书方得其大凡。近人梁任公、胡适之各开国学书目，胡甚无理，梁稍较平允，然亦不能出此矩范，苟能手此一编而尽通之，不必泛求高远，自足成学，所谓显处视月之广，往往不若牖中窥日之精也。中江讲院刊本。邵位西晚年作《检书图记》，亦提要钩玄，以约为归。未见。海昌吴寿旸虞臣，吴兔床子。《拜经楼藏书题跋记》，管庭芬跋，以为胜《读书敏求记》，共三本。昭文张金吾月霄《爱日精庐藏书志》，张氏负债于人，志成而书已散。顾千里序谓其每书列新旧本之优劣，钞刻之异同，开聚书之门径，载各家序跋，复自就校雠考证之所得，各发题解，标读书之脉络，为插架所不可无。自序云“目录存于今者，晁、陈两家外，惟《读书敏求志》略述原流，故储藏家艳称之。然卮言小说术数方技居其大半，下至雷神纪事之荒诞，孟姜女集之无稽，兼收博采，难语乎择焉而精。此编取宋元旧椠及钞本之有关实学而世尠传本者，不登习见及无用书”，盖书目中一名著也。日本人涩江全善、森立之《经籍访古记》，海保元备乡老序，谓古籍之繁富，决〔抉〕择之精且确，更出于乾隆《天禄琳琅书目》。张金吾《爱日精庐藏书志》，东国自藤〈原〉佐世之《现在书目》以后，当以此为巨擘矣。借钱大昭《说文统释》一本归。

八月二十六日　晴

午后与止水赴籀园看书，水阻而反。与止水读《三国志》。思关羽为后世尊敬，跻为圣列，殊不可解。

八月二十八日　晴

籀园阅莫友芝《郘亭知见传本书目》，钱熙辅《金山钱氏家刻书目》，钱熙祚辑正续《艺海珠尘》及《指海》，皆丛书，借浙局本《小学考》廿本归。付蔡家下半年房租十六金，目前无适宜居住，暂再住半载。阅《小学考》尔雅类。

八月二十九日　晴

上午籀园阅《金石萃编》《金薤琳琅》《中州金石志》《宝刻丛编》，戴咸弼《东瓯金石志》及赵明诚《金石录》。《金石萃编》有益小学，金石之学非所耽习，草草过目而已。赴瓯海公学出招生试题。

八月三十一日　晴

籀园阅高似孙《史略》一过，有《通鉴参据书目》，共二百二十余种。阅《小学考》，徐铉等校定《说文》，钱大昕跋谓其于形声相从之例，不能悉通，妄以意说，条举其谬误甚多，谓王荆公之《字说》滥觞于此。又小徐锴《说文系传》，钱曾《敏求记》谓字学于焉集大成，楚金真许氏之功臣。卢文弨与翁覃溪书，则摘其改窜旧文，夺漏误讹处，几如竹汀之攻大徐，且谓其于徐字下，上泝颛顼，推偃王之仁，合于太王去之之义，又引徐宣立盘子，“稺”字下又引徐孺子，侈陈家乘，非著书之体。

九月一日　晴

早籀园阅书至午归，两目为眩。

九月五日　夜雨，雷电

早赴籀园阅《邹特夫遗书》，杭夏鸾翔紫笙《白芙堂算书遗稿》。阅应劭《风俗通义》，其书考论典礼类《白虎通》，纠正流俗类《论衡》。《四库提要》语。在汉人著述中，无甚精义可取者。曹明甫厅长约过籀园谈，久待不至，晤刘次饶丈，见七道士曾衍东《哑然诗钞》，□□俚语游戏之作，本不足存，近人于报纸间重印为小本，其自题一首有云“偶然搜索枯肠尽，弄得诗多屁更多”，可知其全体矣。曾聊城人，谪居温州。温人黄口小儿，亦知谈七道士画，近人评其画堕入诡僻一派，不足观。当时二三达宦怜其潦倒，为之吹扬，故享大名，实则画与其诗同道也。所著另有《古榕杂缀》《题画小品》《豆棚闲话》，《小豆棚》一种风行最广，曩客陕西曾见排印本。阅《艺海珠尘》中曹仁虎《转注古文考》一种，汇自许君至明人转注说甚备。赴十中夜宴。

九月八日　晴

阅《小学考》王安石《字说》节。与苏融和过籀园，诣次饶丈谈，谓宋平子不喜人呼先生，有以此称者，辄恚曰：“我不能医药，不能祷神。”陈介石实学不如陈孟冲，为文似报章讲义，所擅长乃在八股文。次饶丈近作《管理图书馀暇记》，予劝其多载诸先辈轶事。午饭瓯海公学。出题目。阅陈思《书苑精华》、《复堂类集》及《墨池编》等。

九月九日　阴雨

籀园阅方以智《通雅》。雅训之书，当以此为最烦杂。末卷载列药方，尤为不伦。书十余册，未完看。《称谓》一篇，可入《古称呼考》。

九月十二日　休日　晴

曹厅长邀同过籀园诣刘次老谈，以时晏不赴。瓯海公学送来授课表，三年甲组国文七小时，一年地理六小时，合十中学校九小时，每星期共廿二小时，可得月薪七十二金。十中四十六金，瓯校二十六金。特时局不靖，十中薪水未定能否照常发耳。（编者按：以下缺失九月十三日、十四日、十五日、十六日日记）

九月二十二日　争秋热

授三课。籀园阅方以智《物理小识》，此书本附《通雅》后，体裁如今日坊间之家庭常识，明末有此书，固自为风气矣。阅《七修类稿》《馀冬录》诸类书，借《癸巳类稿》五本归。瓯校图书馆借来孙执升琮《山晓阁评点柳柳州全集》一函。志冲来借《诗经》六本去。阅《小学考》完。夜眠不安。

九月二十四日

□□籀园阅各类书《初学记》《潜确类书》《元和姓纂》《韵府群玉》《广博物志》等。阅《抱朴子》正郭、诘鲍二篇。阅《癸巳类稿》卷十三《原相》三篇，谓汉黄宪以器宇胜人，天下后世莫能摘其非，虞翻通儒而骨节不媚，《吴志》称其多见毁谤，独非以相哉？又《节妇说》《贞女说》《妒非女人恶德论》三篇与钱大昕《妇人七出说》，皆于伦理有新意，可选作教材。

九月二十五日　晴热

午后无课，在籀园阅书半日，翻《玉海》《词学指南》及附刻《小学绀珠》《急就篇注》《姓氏急就篇》《六经天文篇》《周易郑注》《王会篇补注》《汉艺文注考证》《汉制考》《大戴礼践祚篇集解》《通鉴答问》《通鉴地理通释》《诗考》三家佚诗、《诗地理考》十三种，又张大昌《深宁年谱》《琐记》，浙局本。清陈元龙《格致镜原》，每物必溯其源委，洵博识之学。高承有《事物纪原》，未见。方中德桐山人《古事比》与明陈禹谟《骈志》、周亮工《同书》、李清《诸史异同》相似，取古事之相类□□载一□□同书皆在其搜采之例，四库骈（下蠹损十数字）博赡，乃胜方中通之骈（下蠹损四行）述墨学论，谓墨者，宋君臣之学也。引宋襄公战于泓，华元、向戌、宋牼皆以止兵为务，其说甚新，前人所未发者。古学书多论驳巍遵张有写。晋以后古人无书可读之说。俞书考据题目，皆甚新鲜有趣，惟嫌文字太朴质冗长。阅《越缦堂日记·荀学斋乙集》。有乐亭史香厓梦兰《迭雅》十三卷，附《双名录》一卷，又谓《明诗综》须补桑海诸公遗集，当时未出者。十一时方寝，今日阅书过多。

九月二十六日　晴热

早志冲来。午后过曹厅长久谈，还《饮冰室诗话》。籀园阅明沈德符《野获编》。

九月二十八日　晴热

十中授晁补之词。晚籀园阅仁和王文诰（蠹损十数字）人，此为集苏诗注之大成（下蠹损五行）京口游记，去一书属其停裁。

九月二十九日　晴

课暇籀园阅集部书数十种。《杨升庵全集》数十本，张士佩编，《外集》则焦竑编，皆所著笔记，有《经说》《史说》《子说》《古今谚》《古今风谣》《诗品》《词品》《古今略例》《古文韵语》《俗言》《谢华启秀》集句对等数十种。其《史说》中三十九卷英雄一条，草木之精秀者为英，兽之特群者为雄云云，乃抄袭刘劭《人物志》而不注其出处。《人物志》非甚僻书，升庵胆大心粗如是，其他可知矣。升庵在明代以淹博称，而不免薄行，且往往杜撰故典，良以当时太□□读书人耳。

九月三十日　夜雨

早偕内子赴三官殿道士治足趾痛，师校告假。籀园阅集部书。《在陆草堂集》储同人、《变雅堂集》杜于皇、《杜皇于选朴园诗》冒襄、《陈忠裕诗集》卧子等。

十月七日

籀园阅宝山袁谷廉翼《邃怀堂集》。顾千里《思适斋集》，涧蘋为校雠学第一名家，集中论此道专门之学，不可不看，诗亦饶风致，不作学人腐语。姚春木《晚学斋文集》及《通艺阁诗录》，未详阅。近人刘翰怡嘉业堂所刻《章实斋遗书》，昔曾草草过目，翻《丙辰札记》《阅书偶札》等数种，谓欧公《五代史》只文章可观，不解史法史识，叙论皆以"呜呼"二字起，可谓诔词挽联集。卷七《述学驳文》，谓容甫聪明有余，识力不足，以三九次篇为赘，昔读《述学》时亦有此意。惠士奇谓不读非圣之书，非善读书。此语有解放思想，不但可为专己自封之学究作顶门针。

十月十七日　阴雨不定

早赴籀园阅书，翻张石洲《殷斋文集》。黄式三《儆居集》，分《经说》《史说》《读通考》《杂著》四种，史说最下。梅棋伯《大梅山房集》，分《复堂〔庄〕诗问》《骈体文》《疏影楼词》。谭献《复堂类集》，分文、诗、词、日记、箧中词。《白香词谱笺》。宝竹坡《偶斋存稿》。陆心源《仪顾堂集》。吴敏树《柈湖文集》。《胡林翼遗书》。泰顺林太冲鹗《望山草堂诗集》，诗有奇气，在温州近代各诗人上。止水来，留午饭。

十月十九日　晴，凉

晚籀园阅书。金亚匏《来云阁诗集》。黄岩王子裳咏霓《六潭诗文词集》，缪荃孙、谭献、冯煦、郭传璞各序皆极推挹。郭序谓其于人间有字之书，无不搜讨，实则诗词似皆平平，从许竹篔使德各诗，亦无多奇肆之作也，文未看。王诒寿《缦雅堂骈文》，施补华《泽雅堂诗集》，冯桂芬《显至堂集》，不全，录《校邠庐抗议》。泰顺周焕枢《坎泉庵文集》，符笑拈丈《蜕庵诗剩》，皆草草翻一过。丈幼有咏五代史句云："宰相当时皆郑五，小民何处不朱三。"为人激赏。

十月二十四日　休日　晴

籀园阅宋姚铉《唐文粹》，文不收四六，诗不录近体。《四库提要》谓欧、梅未出以前，毅然矫五代之弊，与穆修、柳开相应者，实自铉始。清郭麐作补遗，不补诗赋，文间登骈俪。姚书分类甚琐碎，如以项羽碑入奸雄类，郭书不从。吕祖谦《宋文鉴》，诗兼收近体，朱子谓此书篇篇有意。所录皆北宋文。道光中，秀水庄仲方作《南宋文范》续之。元苏天爵作《元文类》，自元兴以逮中叶，终元之世，未有续者。《四库提要》谓《唐文粹》本宋白《文苑英华》，《宋文鉴》本江钿《文海》，此书则一无凭借。虞山张月霄《金文最》，以有《御定全金诗》，故不录诗。阮元序谓金人专集只存《拙轩》等集五家而已，足见此书搜集之不易。清薛熙《明文在》，汪琬门人，《四库提要》谓其榛芜未剪，在五书中，当为最下矣。梁章钜《文选旁证》，引书至千三百余种。杨慎《全蜀艺文志》，康对山《武功志》以简胜，此以多胜。金仁山《濂洛风雅》，专选宋元人理学诗。茅鹿门选八大家文，以抗李梦阳之倡复古，见自序。送陶铸民寿诗一律。

十月二十六日　阴

十中授《大宗师》《马蹄》。籀园阅冯惟讷《诗纪》、选自三代至唐诗。《七十二家集》、自宋玉至薛道衡。陈卧子《皇明诗选》、《西泠五布衣诗》。丁敬、金农等。

十月二十七日　阴，微雨

籀园阅戴道默《唐诗苑选》，分类子目本明张王屋定本。顾奎光《元诗选》。吴绮《宋金元诗永》。嘉庆间席世臣邻哉《元诗选癸集》，续顾君侠《元诗选》九集之绪者，顾书自甲至壬皆取有专集，以无专集者入癸集，未成而卒，此本扫叶山房新印。《历代赋汇》。上海赵维烈《历代赋钞》，自先秦至明。彭元瑞《宋四六选》。严可均《全上古三代秦汉三国六朝文》，以嘉庆间开局辑《全唐文》，严氏发愤以一人力成此，或谓严氏窃稿于他人，未知信否。梅鼎祚曾仿冯惟讷《诗纪》作《文纪》一书，集唐以前文，见严氏凡例中，不知近有传板否。《湖海文传》，王氏自谓仿吕氏《文鉴》例，而所选皆平生师友，一如《诗传》，征文献，重实学，自康熙中叶至嘉庆初年大率具是。阮元谓尤重于《诗传》，有明三百年无此作也，自足江湖万古。王氏自谓后有吕公其人，未必不藉此为嚆矢云云。此其有益学术，几与《汉学师承记》并重矣。翻阅厉鹗《汉西京无太学辨》、驳晋灼。焦循《贞女辨》数篇。潘衍桐《两浙輶轩录》比阮氏正录卷帙更多。《学海堂四集》《诂经精舍集》，经史诸部皆可阅。

十月二十八日　晴

籀园阅贺长龄《经世文编》，曾唯近堂《东瓯诗存》，陈遇春镜帆《瓯括文存》，王豫柳村《江苏诗徵》。蕲水陈沆秋舫《诗比兴笺》，此书素不甚喜，附会托讽，不如看《唐诗纪事》之明确。唐以前诗纪事尚无人作。魏默深序之甚长，未详看。乌程蒋壑《全三代秦汉三国晋南北朝文编目》，恐严书卷帙太繁，易于散佚，撮其目录及出处为十余本。虽事同抄胥，而保护乡邦文献之盛心为可劝也。札《齐策》。

十月三十日　晴，冷

瓯校授退之《祭田横丈》。籀园阅宁波辨志学会文集、南菁讲舍文集，南菁建于黄漱兰，是集刻于黄以周者，有吴朓文数篇。一解“沽酒市脯”，引《周礼》酒正郑注“功沽”疏，训善恶，谓“沽”当训恶薄。“市”字引《论语后案》古本，“脯”为多骨肉。一解《尔雅》命名，谓“雅”当训“记疋”之“疋”。此老少攻古学，今则忽放浪一切，鄙薄古籍，自誓不看线装书，出词不择，杂以骂，趋新浮薄少年，随声附和，同然一辞。今日学风之浅俚不学，此老亦负其咎也。阅宫梦仙《文苑英华》选本。

十一月一日　夏正九月二十六日　晴

瓯校讲《毛诗》。邀周彧甫过籀园孙仲容先生祠下久谈。阅《国策·楚策》完。陆陇其有《国策去毒》二卷。顾千里谓《国策》次第非原书，乃刘更生一家之学。唐柳捷卿不以所著示人，高情远抱，卓见过人。而羊叔子未免嗜名过甚。少年人名誉满前，必非晚成大器。

十一月二日　晴

午饭岳家。瓯校授《诗经》。籀园阅词曲类书完。翻荆州监利蔡称季举《黄楼词》、有豪气。戈载《翠薇山馆词》、梁廷相《曲话》、《钦定曲谱》、徐积馀《闺秀百家词》等十余部。籀园书只丛书一类未阅，尚须一月功夫也。今日精神甚困倦，阅书多，无一心得。

十一月三日　晴

授三课。籀园阅《汉魏丛书》，郑渔仲必信《三坟》为真，亦犹毛河右之于《古文尚书》，大抵意气必求异人。又翻王楙《野客丛书》，罗大经《鹤林玉露》，周密《齐东野语》，唐赵璘《因话录》，唐范摅《云溪友议》，足补孟棨《本事诗》。孙光宪《北梦琐言》，方勺《泊宅编》，彭乘《墨客挥犀》，范公偁《过庭录》，岳珂《桯史》，周密《癸辛杂识》，郭象《睽车志》，志奇异事，取睽卦“载鬼一车”。及柳子厚《龙城录》等，首三部可详看。

十一月七日休日　晴

发寅侯一书，为省中索薪。籀园阅李调元《函海》，末附李氏自所著书甚多，李著书多札记小品，《全五代诗》一部，较有价值。阅卢抱经所校《逸周书》《新书》《春秋繁露》《方言》等，及《群书拾补》《钟山札记》。借《陔馀丛考》十本归。阅《陔馀丛考》。此书及《廿二史札记》，李慈铭日注谓赵氏以千金购之常州一老儒者，未知信否。民父厅长来，同过籀园久谈，午后一时去。上灯方返，久坐口苦。病尚未愈，头痛。

十一月十一日　晴

是日笑拈丈又送来两函迭迟字韵二首，古风一首。此老可谓健吟，夜中方成二首答之。

病起登籀园楼眺晴，归得笑丈诗，即用其韵

困余笼鹤损风标，小阁凭危气尚豪。渔市人家霜意饱，菊花天气雁声高。闲心何意关蛮触，此手惟堪把蟹螯。放翁句。安得松寥容坦腹，江风满枕听秋涛。

十一月十四日　阴冷

笑拈丈又送来迭韵诗一首，不能再和矣。为止水送二书还籀园。札《魏策》。

十一月十九日　晴

十中瓯校共授五课，一星期中今日为最忙矣。午饭岳家。籀园阅《知不足斋丛书》一集，宋吴世杰《两汉刊误补遗》，补公是、公非三刘之作，多匡正三刘处。《公是先生弟子记》。阅《中衢一勺》，皆言漕、河、盐三事。灯下阅《国策》。阅《陔馀丛考》第四十二卷，男人女名，女人男名。女娲氏、徐夫人、丁夫人、冯妇皆男人，傈祖、赵子儿、卫子夫、次男、荣男、崔哥、韩公皆女人。命名奇诡。金胡沙虎之子名猪粪。女扮为男。张督妻仕于郭汾阳。长寿。桓君山二百余岁。多子。《汉书》中山胜有子百二十余人。童女生子。张丽华十岁有孕。老妇生子。张督妻七十再嫁生二子。内监娶妻。见《汉书·刘愉传》。男娼、尼姑、和尚教坊。《癸辛杂识》：东都盛时有以男娼图衣食者。妻肉僧。宋太祖始禁道士不蓄妻孥。馆师为帝王。赵普、陈霸先。盗贼敬名德。周党、姜诗、姜肱、郑玄等，当时风气如此，故张角之乱，向栩请遣人于河上北向读《孝经》以化之，使在后世虽极迂腐之士，亦必不出此言矣。权奸有仙骨。李林甫、卢杞、蔡京、安惇。是卷皆甚趣事，惟盗贼敬名德节，不引韩韶为赢长，太山贼公孙举伪号多年，闻其贤，相戒不入赢境一条，李莼客日注，谓此书贪多务博，多有失之目前事者。

十一月二十日　阴冷

还籀园图书馆《越缦堂日记》八函，一函王荆公诗注一部，还瓯校图书馆《柳柳州集》一函。王诗柳文涉猎一过而已，无多心得。午饭岳家。刘次饶丈今年六十，旬前报上见其辞寿启，闻其弟子王理孚诸君近为发启各交游以贺寿金购《藏经》全部贮平阳之半山庵。予谓刘丈方长籀园旧温属图书馆，最好以此一二千金购《四库全书》或他种要籍贮藏馆中。前瑞安黄氏蔘绥阁书寄存馆中，近人拟为仲弢先生悬一象纪念，刘丈将来正可仿此例为之。此事关系全邑文化，沾润后人无穷，较购《藏经》胜多，有便拟属冷生为刘丈言之。

成刘丈寿诗。

寿次饶丈六十

皤然一叟仰灵光，遗绪孙仲容吴祁甫待榷商。北海经师征士里，西京家学校书郎。世教刘勰老耽佛，我重次公醒更狂。腰脚明春应更健，年年杜岙野梅芳。

十一月二十一日休日　雨，午后出日

午后明父厅长邀过籀园，谈时局，闻闽省周荫人溃兵有退入浙省消息，温州恐不得平安。周雪庵、苏昧朔后至，谈至上灯归。

十一月二十二日　晴

授四课。籀园阅《知不足斋丛书》，《公是先生弟子记》，杭堇浦《诸史然疑》，《榕城诗话》，放翁《入蜀记》。为陶铸民写寿联。

十一月二十三日　晴，冷

十中授《荀子·性恶》，瓯校授《学记》。与周彧甫过籀园阅《知不足斋》四集。彧甫谓拟为《国策》作补注，分三例：一、集各书中战国事实为参证，如裴注《三国》；二、集清人各家集中校订字句考究事实之作；如全谢山论文种非□人，俞曲园论冯暖为吴人。三、音训，以《淮南》《吕览》等订高注异同。夜瓯校开校务会议，不赴。

十一月二十四日　晴

上午籀园阅《知不足斋》五、六集。宋乐清钱文子《补汉兵志》，门人陈元粹注，补班史之阙。金刘祁《归潜志》。山阴祁承㸁密士《澹生堂藏书约》，分读书、购书、聚书、鉴书四训。曹溶《流通古书约》等。

十一月二十六日　晴

籀园阅《知不足斋》十一、十二集。阅刘献廷《广阳杂志》有云："非远出人情，不能成大谋，王道本人情，此圣人与天下人言之耳。"书中多客湘中事，甚推挹王而农，功顺堂丛书本。籀园借来《责备馀谈》共二本。《知不足斋》九集。嘉靖间昆山方鹏时举著，胪列各史闻人，举正其一二小过，盖仿《春秋》责备贤者之义，颇足为吾人接物立品之训。

十一月二十七日　雨

午后籀园阅《知不足斋》十三四两集。

十二月一日　晴

瓯校授《史记·自序》完。籀园阅知不足斋《天水冰山录》、严分宜抄家单。吴缜《新唐书纠谬》等。

十二月五日休日　晴阴暧曃

止水来，与同赴籀园看书，晤明父，谈至暝归。

十二月十日　晴

授五课。籀园阅《知不足斋丛书》十八至廿一集，宋朱翌新仲《灊山集》，诗才力甚富，古体极纵横跌宕之致，律诗喜以成语属对，妥帖自然，非蟠屈排奡，与南宋平易啴缓牵率潦倒之作不同。《四库提要》语，共一本半。宋陈鹄《耆旧续闻》。明华燧《文苑英华辩证》。明冯舒《诗纪匡谬》。明陈第《世善堂书目》。宋刘昌诗《芦浦笔记》。清吴兰庭《五代史记纂误补》二本。吴师道《吴礼部诗话》。无名字《藏海诗话》。卢文弨《征刻古今名人著作疏》当序，可与曹溶《流通古书约》同看。《孝经郑注》。清中叶得自日本，钱侗序。洪颐煊《孝经郑注补证》。臧子东《孝经郑注辑解》。宋吴炯《五总志》，记见闻及考证，取龟生五总灵而知事之语为名。郑所南《百二十图诗》。《锦钱馀笑》，以锦为钱，虽美观，无实用也。诗效寒山、拾得。《所南文集》。南宋李季可《松窗百说》，杂引古事，断以议论，极为王梅溪所赏，一本。宋赵德麟《侯鲭录》。取诸儒先佳诸绪论逸事及逸语奇字，二本。阅《陔馀丛考》三十三卷，刻书册；雕本肇于隋，行于唐，扩于五代，精于宋，又宋时有泥活字。合同；本草；西瓜始于五代；烟草。崇祯中下令私种者斩。三十四卷干支；驳亭林古人但以干支记日。一日十二时始于汉；古一日只十时。十二相属〔属相〕起于后汉；葬术；不始于郭璞。佛；西汉已入中国。西王母；据《尔雅》作地名解。安期生、浮邱伯；浮邱伯授申公诗，乃儒者。八仙诸条。

十二月十一日　阴

午后籀园《知不足斋丛书》廿三集至廿五集完。宋王辟之《渑水燕谈录》。范成大《揽辔录》使金、《骖鸾录》赴帅广西，纪行三录之二。《吴船录》已见前。《放翁家训》。《草窗词》。宋俞文豹《吹剑录》，谓韩、范、欧、马、张、吕诸公无道学之名，有道学之实，故人无间言。又引欧公语曰："著述宜老后，积勤宜少时。"明程敏政篁墩《宋遗民录》。汪水云《宋旧宫人诗词》。元李衎息斋《竹谱详录》。孙奕季昭《履斋示儿编》六本。《霁山集》。歙县鲍氏流寓吾浙桐乡之郘镇，乾隆间四库馆开，进书六百余种及此丛书，恩赏举人，丛书刊至廿七集，未竣。廷博卒，其子士恭续刊至卅集而止。籀园所贮止廿五集，又间有残阙，暇当就冷生许遍阅之。光绪间常熟鲍廷爵《后知不足斋丛书》卅四种，未见。丛书之名，始于唐陆龟蒙《笠泽丛书》，实诗文集之别称耳。宋宁宗时太学生俞鼎孙集《石林燕〈语〉辨》七种，刊为《儒学警悟》四十卷，为丛书之所昉。

十二月十二日休日　阴

午后同赴籀园阅《守山阁丛书》，金山钱锡之熙祚，又字雪枝。辑，共百有十种。有阮元、胡培翚序，谓采择之精、校雠之审，较昭文张若云海鹏之《墨海金壶》奚止数倍。其书仿张书以四部分，所辑尚有《指海》一种，未见。是日阅经部，清会稽范家相《三家诗拾遗》，江永《周礼疑义举要》，宋李如圭《仪礼释宫》，惠栋《左传补注》，宋李德《四书笺义》诸书。史部，阅失名或疑陈景云。《三国志辨误》，只一二十页，不如何焯书校正之详，而不似焯书之泛作史评，不能如杭世骏书征据之博，而亦不似世骏之蔓引杂说，其抉摘精审处，要不减三刘之于西汉，吴缜之于五代史也。钱校语。杭有《三国志补注》。明薛虞畿《春秋别典》，采《韩诗外传》《吕览》《淮南》《说苑》《韩非》《晏子春秋》《史记》《新序》《孔丛子》《御览》《新书》《吴越春秋》。晚归省家中，定夏正十三日迁对门新屋，留晚饭谈金选青公事。八时过岳家，偕内子返妆楼下。（按：以下缺失十二日日记部分、十三日、十四日全部，十五日部分）

十二月十五日　晴

午饭岳家。籀园阅《知不足斋》六集岳珂《媿郯录》，张翥《蜕岩词》；七集梁皇侃《论语义疏》，卢文弨序，汪翼沧得自日本，吴仁杰《离骚草木疏》；八集王铚《默记》，周密《苹洲渔笛谱》，蔡絛《铁园山丛谈》。

一九二七年正月八日　阴雨，晚晴

午后籀园阅陆心源《十万卷楼丛书》，中惟洪迈《夷坚志》甲至丁四集占大半部，馀皆琐琐医书，甚不足观。金山钱培名《小万卷楼丛书》只七种，《中论》《申鉴》《越绝书》等有札记，校勘甚精。培名为守山阁钱雪枝熙祚之从子，所刻皆以谨严称。

七月十日　晴

止水来，谓被派赴杭听讲，不日起身。同过籀园，借胡秉虔《说文管见》一本、书目六本归。过陈铎民。晚得修人杭州书，新任清党委员会秘书，谓王亦文新委严州第九中学校长，邀予任国学教席。予嫌道路僻左，不欲往。

八月二日　晴

晚赴籀园图书馆诣次饶丈，已于今早归平阳。晤吴江冷及其妹莲影、叶生月眉，借《赌棋山庄词话》六本来。江冷邀共诣雁晴及黄美玉，皆不值。翻次饶丈新修《平阳县志》，载予及冷生和灵峰摩岩词各一阕。阅《赌棋山庄词话》。

八月七日　晴雨不定

早柏庼来，以林希骞一箑属书，携来纳兰容若《渌水亭杂识》一本。上三卷杂记见闻琐节，不足观。四卷上半卷论诗词，可取者十二三。容若一代词手，不能于此道罄说精深，寥寥短简，合之十数语而已，亦一憾事也。夜饭岳家。与柏庼过籀园借《说文发疑》二本、《函海》三本、梁廷枏《曲话》一本、《心园丛刻》一本、《别下斋丛书》一本归。

十月卅日　晴　休日

阅《西河词话》，选五节入《廿种词话选》。郑振夏自杭来，闻省垣各校叠起风潮，反对教育当局。昔唤口号打倒者，今且高呼打死。各校学生已捉去数人。足成数诗一漫词。

日归久已厌饥驱，身命狂奴是蠹鱼。除却梅花更何忆，湖楼万卷籀园书。数诗效郭频伽，毫不着力处不能及也。

一九二八年一月十日　晴

过籀园借吴灏《闺秀百家词选》、周之琦《心日斋词》六本、《赌棋山庄词话》六本。伤唇。

一月十一日　阴冷酿雪

早冷生来索观日记。谓予作绝句有进步。过琴隐假得《灵芬馆词》一本及笑丈《词麈》、《词学集成》。与止水、丛柏过籀园借来《樊榭集》、吴缜《五代史纠谬》、《廿二史札记》二本、《汇刻书目》廿本。

二月七日　晴，冷

上午札《十七史商榷》。止水来，留午饭。乘车送书还籀园图书馆及冷生书。于冷生处见符丈一诗，翻《娱园丛书》一过。夜与内子过鹿城旅馆晤亦文夫人久谈，过炎生家话别，九时归。严州挈眷之行，今日决定。

三月五日夏正二月　晴

夜杲明邀谈，至九时归。闻瑞安孙氏玉海楼书将化售于嘉兴，蔘绥阁善本亦变卖几尽。仲容先生在时，置田百亩，为修书之费，而子孙卒不克荷负。蔘绥阁书藏永嘉籀园者未及其半，而予受沾溉已不小，惜不及一登孙氏楼。乐之谓“蔘绥”二字仿佛出《法言》，训“大”，未知却确否。

四月十三日　晴，夜风雨

得止水书，问典屋，答一书，托向籀园借《燕乐考原》《乐府指迷》。改《词律论》，重翻各词话校之，复增入五、六条，结论主结解放词律，作自由词。

五月廿一日　晴，热

以《廿二史札记》二本、《十七史商榷》二本、《五代史纂误》一本、《五代史纂误补》一本寄止水还籀园图书馆。发止水一书，属商作《学术年表》，并告康乐诗“战胜臞者肥，鉴止流归停”二句。阅《香东漫笔》。抄《白石道人诗词年谱》入《词林年谱》。晚与内子游东湖，归过小学部久谈。

一九二九年十月廿四日

接止水信，知符笑拈先生已作古。予书到温，止水携访其庐，已迟二日矣，为之惊悼。先生名璋，宜黄人，父为闻人雪樵先生。先生前清末年官瑞安知县，遂流寓永嘉。予儿时即闻其名，能诵其所作诗钟句。十四年夏间，归自陕西，初谋面于籀园曹民父席上，一见拱两手，谓见予为刘次饶先生作《温州图书馆征书启》，有数语不知出处。次日赠予两长句，予为一七古答之。自此过往甚密，诗函唱和共得数十首。时予居妆楼下一小楼上，先生居府城隍巷卅六号，民父寓石坛巷，次饶先生则方长籀园图书馆。一诗成，则互相传看。凡先生倡一诗，民父必先和，书札来往，先生常六、七和不倦。佣一老奴，须髯已白，每来辄自诉为先生递诗奔走苦。民父尝以先生好胜，盖速藻之才，余三人皆不及也。既而予赴甬，民父去官，次老亦辞馆职，往时豪兴遂风流云散。明夏，予归见先生，颇以落寞为言。自吕文起先生既逝，遂无人存问先生者。晚境益窘，年逾八十，须发皓然，犹日不离笔砚。去年寄予《无题诗》一本，谓次老将为付梓，嘱予为一骈体序。予以讲诵少暇，成二词寄之，自此遂断音问。前日寄一书，问为白石歌曲考证，已不及矣。盖相识往还者，首尾凡五载。

一九三〇年七月廿一日　晴

过籀园访王希逸，不值。漱成织厂看燕弟，亦不值。

八月九日　夏历闰六月望　晴

阅《宋诗纪事》，札数事入《姜词考证》。午后仲骞来谈音韵，谓黄季刚近日写十三经白文数字，期以五年功力完之。冷生来。夜与止水步月至籀园，遇王希逸，十一时归。

八月十四日　晴

伯枢伯父来。晚过籀园图书馆查各地志，晤茶山林仲炳。过瓯公潘公权。

八月十六日　晴

早赴籀园翻江建霞《宋元名家词》、朱彊村《湖州词徵》、《诂经精舍文集》一过。阮元辨浙江为岷江，创说也。晚过申江栈看垂平，为作一书致哲夫，属定八月廿六为垂平婚期。过冷生借《舒艺室全集》十二本来。冷生近嗜牧猪奴戏，连日在外，虚负劲风阁明窗净几矣。

八月廿二日　晴

早过籀园翻《南宋文范》及各地志。午后过王季思问曲。同过柏庼，约明午访孙孟晋。借《稗海》十本来。垂平招往说婚事，岳家以阿鹏未愈，须延期。在柏庼处啖梨后腹泻。夜送还冷生《舒艺室全集》。

八月廿三日　晴

午后四时与季思、柏庼赴虞师里大南医院访孙孟晋，籀庼先生长君也，鼻下至下颔，颇似先生画象。谓年来编琴西、籀庼二先生年谱将成，近着手整理遗书。《经迻》未札成，将来拟编为丛书，家藏二先生交游手迹甚多，曲园尤夥。予告《舒艺室集》时及二先生，孟晋云已编入。又谓北平王式通诸人拟编《清儒学案》，分省为编，体例殊不当耳。

八月廿四日

孟晋欲移玉海楼书来永嘉，不知能办到否也。琴隐来，还《词综》三册。

八月廿六日　晴，晚大雨

早过籀园看书。晚接钟钟山复，之江九月五日开学，三日考新生。

八月廿七日　晴

早过籀园看《思适斋》《春融堂》《观堂集林》诸书。午归。札《曝书亭集》。夜送《曝书亭集》、陈三立诗、《东方杂志》等还冷生。归省，父亲又感冒，请池仲老诊。告定卅日星期六趁海晏船行。

十二月廿五日　晴

早赴籀园，借张尔田《玉溪生年谱会笺》四本来。《年谱》附载词笺，故名“会笺”。间伤太繁，笺亦不免附会。有考温飞卿事数则，可入予《飞卿谱》。

一九三一年一月一日　夏正十一月十三日　晴暖

早过籀园，还《玉溪生年谱会笺》四本。翻《天一阁》《拜经楼》《天禄琳琅》诸书目，寻词集。拟五日与内乘益利船赴杭。

一月四日　晴

早过籀园，抄《翠微花馆词》关系白石者数事。并翻《校礼堂集》、守山阁《词源》、杨慎《词品》。午希逸留饭，谈季思事。闻季思已赴苏州。二时归理行装。

一九三二年正月廿二日　阴

午饭岳家。过冷生久谈。见柏庼函，词采斐然。冷生谓，具此手笔年入不乏二千金，惜其尚沉沦黉舍也。冷生甚憎恶其长子不熹学而好冶饰。予举实习斋“督子十过，不如奖子一长”之语告之，因叹温州私立中学之宽纵误人子弟。使予而富财货，当发一宏愿，岁斥万金，办一中学，造育乡里人才。过籀园，见南京图书馆新印《元明杂剧》共廿七家，止数家少见者。翻黄溯初印《敬乡楼丛书》三集。

二月十一日　晴

发长途电话致之江大学，问开课延期否。发陈适乐清片，招其来住籀园。早过蓉轩、亦文不值。饭止水家。午后琴隐来。

二月廿五日　晴冷

早送书还籀园。林炜然来。午与内子归省。阿敏生日，馁面。与内子过许竺人人参巷七号新居。午过冷生，强还予九金，并开七百元借券一纸，另有子钱八金。予坚不受，与冷生十年交好，不望其斤斤为此也。

一九三六年二月廿一日　雪冷

接冷生函，嘱助里中诸友编《永嘉诗徵》。永嘉一县，以余及池仲林、陈仲陶、严琴隐分任之。又谓厚庄丈今年七十，同人拟为醵建一别业于籀园左侧，生前为寓庐，千秋即以供香火，嘱予为作醵金启。

二月廿七日　阴冷

募建厚庄别业疏

敬启者：平阳厚庄刘次饶先生，缵孙籀庼、吴祁甫坠绪，巍然瓯骆灵光；齐七十悬弧，老矣绛人甲子。望剡中以办隐，早笑嘉宾；爱南村而移居，晚同徵士。先生近侨寓永嘉。同人等佥谓祝延议礼，无如安宅论仁。藜阁星辰，本中垒雠书之地；带湖鸥鹭，知稼轩投老之盟。爰营依绿之一区，待弆杀青以万卷。先生曾长籀园图书馆，即依绿园故址，兹相地其左为别业，移先生藏书实之。高门宜柳，近水明楼。儿童熟问字之车，龟鱼识过桥之杖。比邻桑落，容次公为酒狂；生日在十月。异日茅庵，共弥陀之佛火。千秋后即于此供尸祝。噫嘻！蒲轮藻席，既废西京问治之风；撰屦抠衣，期复东胶敬长之教。敢求解橐，伫唱抛梁。此疏。“中垒”可对“东坡”。

一九三七年三月廿九日　晴

黄花冈纪念放假。午后王馨一自武康来，云近作汤若士年谱。张慕骞来，携来孟晋信，云温州图书馆拟出一杂志曰《蔘绥》，嘱予撰稿。

四月二十三日　晴

早入城访孟晋于清泰旅馆，前日自温州来，同访佩秋，以《白石行实考》

还予，为予校订二三十处，云翻书将五十部，此情感刻无地矣。午留饭。曹靖陶来谈至二时，与孟晋过图书馆，于慕骞处见龚橙手迹《理董许书》及《六典》数册，乃高野侯物，文字奇僻，笔画尤犷恶。又见谭仲修所订《董子》。五时归。

七月二日　晴热

早以慕骞招入城，先过华粤旅馆晤冷生夫人，谈冷生各妇事甚久。予二十岁始交冷生，来往甚密，其时冷生好储书，其尊甫好莳范，夫人鬻育子女，家人怡然。逮予出游平、陕，冷生为省议员，尽反昔所为，不检之行播于人口，二亲即世，家日中落，长子又不率教。此外妇名识莲，前时阅人甚多，冷生迷恋不返，闻不日亦欲踵夫人来杭。晤时当面劝其毅然割爱，亟亟回头教子做人。过慕骞午饭，孟晋同席。为慕骞改一文。五时半方归。

十二月五日　晴

午后天五来，同过籀园性朴翁、孟晋处。贞晦丈、陈守庸、王梅庵荣年先后来，谈救国公债事，晚方散。

十二月十一日　晴暖

早天五、雁迅来，同过籀园，邀性朴翁、孟晋同饭市楼。孟晋赠林公铎《政理古微》。雁迅谓从各杂志录得予诗共四十余首，其意足感。午后王永山来，为冷生情妇事不值、访雨农、三访冷生夫人各不值。早晨一面哭诉冷生不顾家事，予劝其亟电冷生，促其入蜀。

丨二月川一口　阴雨

理书。午后与天五、礼鸿往籀园还性朴文、《薏园诗文稿》。

一九三八年一月五日　阴

夜季材、天五招饮，张云雷、徐慕初、刘贞晦、高薏园诸翁及王超凡、孙孟晋诸君在座。

一月九日　晴

午后与天五、孟晋访孟楚，同出看梅雨农家。夜与孟晋醵饮中央饭店，终席笑浪，同席孟楚、琴隐、礼鸿、朴并、铎民、介堪诸君。

一月十日　晴

早天五来，为予诵《二公亭》诗甚好。午赴陈守庸席，屋曰丹叶草堂，甚精丽，同席云雷、贞晦、雨农、孟晋、天五诸君。午后与天五过冷生谈至暝，见其一词甚佳。彼赏予七里泷《浪淘沙》词，谓为天机一片，近日转不能为。夜与天五赴方介堪席，看幼和诸君作画，贻予一纸。十时方归。国事如此，海澨一隅，犹得诗酒过从，抚心自叹。

一月十六日　晴

早幼和、孟晋、天五、庆禧来。

一月十七日　晴

午孟晋招陪慕骞饭，陈修仁同席。

一月十八日　雨

午招约三、叔岳、慕骞、天五、孟晋、张兆骞小酌，午后三四时方散，孟晋谈太炎事甚趣。天然、陈瑜来商组慎江讲舍事。

一月廿四日　阴

早孟晋来馈扎羊，同过天五，晤雁讯。孟晋邀市楼。午后过朴庄、季材。陈叔平、沈鍊之翁婿来。

一月廿七日　晴

午孟晋、季思、一飞、季瑜、俞生天民留午饭，天民新自严州来，谓杭州失守前，钟山眷仍在严州下涯埠之徐闲。午后与孟晋过天五久坐，读陶诗。

一月卅一日　夏正戊寅元旦　雨

早枕上闻新年鼓声，不聆此八九年矣。九时方起，孟晋、天五、伯烺先后来贺岁，久坐去。孟晋欲为礼鸿介温州师范教席。

二月三日　雨

午后孟晋来谈前清仕途故事，阅予日记至暝。琴隐来。

二月五日　雨

纯白来。夜渭夫招饮，式昭三十初度。过孟晋、定侯。

二月七日　雨冷

过天五，遇孟晋，共留午饭。

二月十一日　阴

早天五来。访张梦吉于申江旅馆。午后孟晋来，以《蔘绥年刊》发刊词相商。与孟晋、伯烺、天五行公园，过武谷如，钟雯，法院庭长，杭州人。云杭城尚有十余万人，奸淫甚惨。沪杭不日通邮，其尊人曾保先生，尚陷城中未出。

二月十三日　雨

早孟晋来，谈晚清文人掌故。午后又来小坐。

二月十四日　晴　夜又雨

早过天五，晤贞晦翁、泠生、周仲铮。午后与天五过泠生。过籀园孟晋处，久坐，遇武如谷。归途访范耀雯于周宅寺巷，七十五岁矣。

二月十五日　阴　夜有月

孟晋送来宋墨庵《寥天阁诗集》，中有赠予五古，作谢函未复。夜，孟晋复来，谓礼鸿郑楼温州师范事已成。坐谈宋平子先生遗事甚久。礼鸿今晚接长沙表兄函，方欲往汉口，予以路危尼之。得往郑楼任教，喜可知矣。

二月十八日　晴

午后孟晋来。午前管绕溪雄来。过天民、泠生、润玉，坐间见登原《议清史稿》一文于《国闻周报》十四期。

二月廿六日　晴暖

止水、天五来，与同上市。逃难者提携老幼，赁舟车不绝于途，与天五过松台别业访性朴翁，晤孟晋，彼约予明早来胡定侯家暂避。坐间看曾涤生为邵位西墓铭一篇，铭文大佳。蒋礼鸿自郑楼来，云彼处但见飞机而不闻炸声。礼鸿谈温师学校事，甚慰。

二月廿七日　晴

过西山堂小坐，十二时抵新桥渭夫班处，淑昭三姊妹、岳父等皆已在，岳母亦新自上乡来，云昨闻炸声，人传是城中，惊惶无地，宝珩母且对之恸哭。午饭后尚平静无事，乃与岳父、止水、内子、鸣石、亦卿坐舟归，至水心上陆行，过孟晋小坐，返家。

二月廿八日　晴暖

早遣女佣去，与内子步至窦妇桥松台别业避炸弹，父亲与曼青不肯往，午予饭性朴翁处，内子饭孟晋家，二时归，过林炳东、止水，于止水家卧读梅村绝句，殊少佳作。五时返谢池巷，终日无警报。孟晋谓得邵伯絅书，邵次公已以去腊在开封去世，尚停丧浙江会馆，五十二岁，遗书皆未刊，榆生殆未知也。

四月十三日　晴　夜大雨

午后雁讯来，与出访孟晋，半途又闻警报二次，一在止水家，一在泠生家，路人惊避纷纷，幸即解除，遇刘翼夫，谓轰炸时正在梧埏家中，共投十六弹，十弹落田间，六弹落机场，库屋三间仍未伤，敌费数千金又了无所得，闻有航空母舰在瓯江口，未知信否。午后与冷生、雁讯过性朴翁及孟晋，谈至暮，冒雨归。饭岳家。

四月十四日　晴

终日无警报。札《稼轩词》。午后孟晋来，属写《蓼绥年刊》题签。与同步过公园访仲林先生不值。

四月廿日　晴

夜许漱玉、翁来科皆招饮，辞许赴翁，贞晦翁、孟晋、公度、介生诸人同席。贞晦翁谓，闻之仲陶，叶水心墓近日为挖军壕者铲平，约贞晦翁往看。

四月廿九日　晴

孟晋来。

五月二日　雨

早铭石、堇侯、天五来，同过冷生小坐，谓战局即和，内部矛盾亦不可免。过性朴翁、孟晋。孟晋谓琴西先生《水心年谱》已见《叶氏家谱》，乃从叶小阶处假得，曾为《水心墓碑记》作一跋。孟晋又出示蕖田先生《浮沚年谱》，仅三页。又有《温州先哲生卒表》，约六七十人。孟晋谓近得三百余人。孟晋送来《小三吾亭词》一册，鹤亭夫人黄瓯碧曾葵有词六首，可入《词徵》。

五月四日　雨

孟晋来，留午饭。午后视韵青表兄病。夜与季材醵饮，贞晦、适庵、性朴诸翁，冷生、孟晋、天五、堇侯、明石、介庵诸君，席间冷生口快，有数人为之不欢，贞翁于时事大发议论。群居守口不易，冷生将悔之。

五月七日　晚大雷雨

贞晦翁来，共拟成《募修叶水心墓启》，欲于四围植树，前建牌楼，限五月初九水心生日之前竣功，并于是日举行公祭。列刘次老、高性朴、池仲霖、黄仲荃诸翁及冷生、孟晋、天五、仲陶诸君为发起人。午后持访孟晋不值，还《小三吾亭词》一册。贞翁拟组一水心社，每年生日公祭。水心卒于嘉定十六年癸未正月二十日，生于绍兴二十年庚午五月初九。

五月十三日　晴

午云从来，定明早乘船往上海，夜冷生为其饯行，贞晦翁、孟晋诸人同席，冷生托其甥壻朱耀东为换船票，十时余方携行李上船。此君绌于外才，不及任心叔，温州师范教职半途不终，亦坐忠厚被欺，可恨也。晨贞晦翁来商修水心墓。

五月廿七日　雨　晚晴

过冷生，晤孟晋，皆未他避。

七月七日　晴热

午前过高朴老、孟晋，送杲明遗著三本。朴老属为其《薏园文钞》写题签。见朱铎民信，商修族谱事，识见甚高。

七月八日　晴热

孟晋来，同访雁晴于申江馆，已于今早行矣。

八月九日　晴　西风　大热

早，贞晦翁、孟晋来，贞晦翁欲注苏辛词，允为予序《永嘉词徵》。

八月廿七日　晴热

沪行定明早首途。过孟由翁辞行。孟晋过，谈甚久。

九月二日　夜雨

补日记至夜方毕。冷生托买慈善奖券，即函去一张，附往孟晋信。

十月一日　晴，休日

早与内子访秉如，问温州船期，了无端倪。复刘次饶先生平阳函，并问平上去坠入之说。此十余年前闻其绪论于籀园，未详其出于何书也。

一九三九年四月五日　晴

早得佩秋先生书，知到沪，曾过予之江不遇。自温携来震轩师八十自寿诗及孟晋《温州藏书家考》。亟以电话询其寓所，已出觅屋，约明日往访。

四月十三日　晴

发刘次饶先生平阳函。问四声外当另一坠声，此说出于何人。十余年前在籀园闻其谈，当时未及细问，念念在心。昨在国专讲课及此，亟作函询之。

六月六日　雨

作孟晋函，为欣夫问籀庼先生遗稿及玉海楼藏校本书，附去冷生书。

六月二十六日　雨凉

接孟晋复，谓玉海楼书皆移庋乡间，欣夫求抄各书，不能应命。又嘱代向张文伯先生家乞还《攟古楼金文》一书九册，仲容先生手校本也。

七月十五日　阴风

午后邹梦禅夫妇来，以孟晋《攈古录》事托之。

八月十九日　晴

发孙孟晋函，附去张文伯小姐函，言《攈古楼金文》事。发冷生一笺，附孟晋函去。

十月三十日　晴

今大人右手刻不停，动至夜乃止。呼吸虽如常人，而时有断续。予侍诵《感应篇》并与说《阿弥陀经》。午后神智转清，目光能转动，家人以为回光，一一至床边与见面，尚能点首示意。晚孟晋来，谓仲容先生亦以脑血管破裂下世，含胡语十余日乃逝。冷生来谈各交游困厄状，感喟不已。发心叔、俶昭、天五书。

十月三十一日　晴　夏正九月十九日

是日为观音证道日。大人以晚七时正弃养，伤哉伤哉。早冷生来。晚六时孟晋、止水来。

十一月三日　阴

默大人《自述》竟，作《哀启》。介夫来。孟晋来，与商《哀启》。

十一月十四日　阴

午后过渭夫、亦卿，过孟晋于籀园，谈至暮归。夜写讣文名单，共二三百份。

十一月十九日　雨

今日大人三复之期，吊客百三四十人，宴十八桌。跪伏回拜，腰膝为痛。午后客散，冷生、姜门、琴隐、孟晋、仲陶留坐谈诗。孟晋赠《括苍丛书》一部，刘祝群先生新印。另一部嘱携赠王欣夫。

十一月廿八日　夜雨

接王欣夫函，嘱向孟晋代借玉海楼校本书，并问张宋庼《丛编》集款，即作片与宋庼。以原函由冷生次郎转孟晋。

十二月一日　晴

午后冷生来，近应党部聘在业余学社讲国文，专选关系世道者，予力怂恿之。晚孟晋来，谈至上灯去。省府欲移其家善本书往龙泉，彼不愿奉命。

十二月三日　晴　夏正十一月

今日大人五复，开吊出殡。昨犹阴翳欲雨，今早放晴，和煦入春。早五时大哥即起，八时家祭，九时开始受吊。男女来宾共二百五六十人。午宴廿余席。午后三时发引，白衣执绋者二百人，仪仗长半里。出谢池巷，由大街折入县城隍殿巷法院前，再自大街入五马街出三角门，抵清明桥厝所。刘贞晦、余兰卿诸翁送至三角门，冷生、仲陶、孟晋、介夫、性禅及诸戚友送至厝所。四时与子平同归，途中甚虑有警报，居然安度。各戚友无不羡大人修福。今日共享百五六十金。

十二月四日　晴

两访雨农问船。理书册，移书橱。孟晋来，托向张约园定《四明丛书》。

十二月十九日　晴

早授四六文、楚辞二课。访金松岑翁于光华大学。晤王欣夫，交与孟晋定《己卯丛编》二十元。又交光华庶务股李子衡五十元，为孟晋定《四明丛书》第五集。

十二月廿四日　晴　休日

作子亭复。作家书、止水书，附去孟晋函。

一九四一年三月十日　晴暖

阅《三鱼堂日记》，愈琐细愈有趣。共党诸领袖以新四军解散事不出席参政会，国共冲突益烈。众料中日战事若和平解决，国共战事将继起。得冷生快函，孙孟晋调任浙江省立图书馆馆长，籀园遗缺以冷生接充。嘱予为征求藏书。

丨二月川一口　晴

接止水、鸣石本月十四日函，谓其秋间患疟，几危。冷生办籀园图书馆甚有进展，月前请贞晦翁讲《劝学篇》，听者百余人。

一九四二年四月十日　晴

逸群嘱作学词经历，拟稿如次：

予年十五六，始解为诗。偶于学侣处见白香词谱，假归过录。试填小令，张震轩师见之，尝赏其《调笑令》“鹦鹉鹦鹉，知否梦中言语”二句。民国十年廿二岁，林铁尊师来宦瓯海，与同里诸子结瓯社，得读常州张、周诸家书，略知源流正变。林师尝转寄所作请质于况蕙风、朱彊村二先生。其年秋，出游冀陕。在陕四五年，治宋明儒学。归里后，僦居邻籀园书馆，颇事博览籀园邑人祀孙仲容先生。

庋黄仲弢先生藏书，遂废置文艺。三十左右，客授四明、严州，无书可读，乃复理此事。并时学人，方重乾嘉考据之学。予既稍涉群书，亦好摭拾词家遗掌。居杭州十年，成书数种，而词则不常作。大劫以来，违难上海，枨触时事，其不可明言者，辄怙此体为之发抒。林师与吷厂、鹤亭、眉孙诸老结午社，予亦预座末。拈题选调，虽不耐为，而颇得诸老商量之益。昔沈寐叟自谓诗学深，诗功浅。予于寐叟无能为役，自忖为词，则正同此。故涉猎虽广，而作者甘苦，心获殊尠。若夫时流填涩体、辨宗派之论，尤期期不敢苟同。早年妄意欲合稼轩、遗山、白石、碧山为一家，终仅差近蒋竹山而已。逸群、怡和夫妇抄予词成，嘱记学词经历，爰略书如此。他日拟再录数十年来日记为学词记，匆匆未遑属笔也。

六月二日　晴

阅次饶先生行状，夏绍俅作。未刊遗稿尚有《厚庄札记》《厚臆语》《平书》《金石文字释例》《唯识真诠》《磨涅编》《厚庄闲话》《寿词择雅》八种。五月六日子刻即世，七十六岁。先生与予相识十七八年，其长籀园图书馆时来往最密。最后一面在何时，竟不可记。天五约共为诗挽之。

九月十六日　晚雨

午后冷生来，同过籀园，借马夷初《读书记》三册归。冷生长书馆年余，以七八千元买得馆后余地，欲募构讲演厅、旅行社，为来往名流淹息之所。冷生往年私生活不免小德出入，而任公勤恳，一丝不苟，至可叹佩。

九月十八日　晴

阅夷初《读书记》。冷生来不遇。

九月十九日　晴

午后伯烺来，同过冷生久谈，瑞安有十老祠，结社为息老之所。冷生欲于籀园后新买地筑数椽，约同志各移藏书实之。此意甚好。冷生谓《永嘉县志》载《竞渡歌》“思远楼前路”之词，此乃刘后村《金缕曲》，见毛刻《后村词》。思远楼在永嘉西山，故词有“珠帘暮卷西山雨”之句，可收入县志。予疑后村无永嘉行迹，当再检本集。

九月二十日　晴

伯烺、冷生邀游江心孤屿，遇翮父同行，三时渡江，傍晚归。卓公祠被炸，颓坏不堪。文信国祠，亦野草齐人。江心寺晤钦云方丈，壁悬贞晦翁寿序，称其为临济宗第七十四代。谈次屡言钞票可爱，为之匿笑。过籀园，假石斋书牍归。途次冷生谈阮元、周稚圭事。王梅庵评予诗，何苦学后山作苦语，屡对冷生言之。冷生谓姜门亦好为苦语，憬然有忧生之惧。梅庵气盛言宜，殆半关天分，半关体力。

九月廿一日　晴

夕与天五过冷生久谈。天五携来瑗仲七月十二上海书，谓李培恩去金华行时行李被炸，孑然一身，近已安抵闽中。

九月廿二日　晴

早与天五过籀园，借佛学书二册。

九月廿三日　晴

夜鸣石、堇侯、天五、冷生同步公园玩月。

九月三十日　午后雨

上午与天五、无闻过永嘉中学，过籀园借书。吴闻初名雯，予为取字雨文，旋为改今名，字予闻，赵百辛谓可改无字：无闻。

十月一日　细雨

阅《新世训》《庄子》。午后与天五过冷生，闻与宋墨庵为借书事争闲气，殊可笑。

十月八日　晴

早归省，母病仍未愈，为往道前桥买草药。过冷生，承赠三圣门痢药。晚过冷生，谓仲容先生今年九十六岁，拟出其手稿为百年纪念会，不知四年后得承平否。又谓陈介石颇窃宋平生所校子书。冷生谈整顿籀园图书馆事甚久。

十月十一日　晴

早归省，母病渐就愈。冷生邀往霞坊搬籀园书，自茶院寺雇舟先过南湖，看杨家祠堂，冷生约同来此避乱。午到霞坊，饭叶范卿家，五年不见，老态龙钟矣。过幼和不遇。过叶征礼家，见其寡妻，悲哀可愍。四时载书到籀园。晤孟晋、无闻，同归。借孙琴西先生所校《水心集》一部来。

十月十六日　夜猛雨

早冷生来，嘱过录孙琴西先生评点《止斋集》。午后授《逍遥游》。

十月二十日　晴

改卷。两过冷生不值，还籀园书四本。午饭岳家。

十月廿五日　晴冷

休日。午后与声宇至籀园还《庄子集解》《诸子系年》。看《儒志编》，《四库提要》疑其掇集于明人，真伪难定。冒疚翁跋，辨许及之象赞为赝作，此书开端即有复性语。又谓小人无真得志之时，皆甚精。

十一月一日　晴

休日。午后赴籀园开沦陷实录委员会，嘱予聘采访一人。五时与声宇、无闻归。

十一月十七日　晴

过籀园，无闻按脉，乃九十，四时半同归。

一九四三年七月廿一日　晴

季思、希逸来。夕过冷生久谈，约予暑间在籀园讲演。有警报二次。

七月廿二日　晴雨无定

早冷生来，同过雨农，晤贞晦翁、介夫。十一时与冷生同过南门土地堂巷五十五号访王志澂翁，新居甚爽垲，王翁须发皓然，不多发言，微笑和蔼，与刘次老同风范。

七月廿七日　晴　大热

早与北屏过瓯海公学访寅侯。访江冷，新自平阳归。过籀园借《圣经》一本。

八月廿日　晴热

早冷生来，谓病得一诗云："身后不知谁念我，眼前总觉受恩多。"讶其衰飒。同过雨农，见报载予廿二日籀园讲演消息，冷生于予多过誉。

八月廿一日　大热

晒日记。旧失一册，今晨觅得，甚喜。预备明日籀园讲稿。

八月廿二日　晴大热　西风

休日。午后三时，乘车往籀园演讲。骄阳似火，听众五六十人。讲题：《苦节诗人林霁山》。讲一点半钟。单君寿年作笔记。张贞园、刘印顽、朴庄、雁迅、无闻、希真皆往听，甚愧其盛意。冷生介绍，谓予以诗词治宋史，欲独力重订《宋史》。后者不敢当，前者可以自勉也。发天五永嘉中学聘书。

八月廿九日　傍晚大雷雨　转凉

休日。早赴籀园，午冷生招饮。贞晦翁、季思、桂芳、蔡孔耀、王小同、幼和同席。午后季思演讲。以天雨早归，中路避雨国货公司。

九月二日　夕大雨

早冷生来，说定为天五代永嘉中学课，每周六小时。夕云帆来，要予添代一级，予不诺之。过籀园，阅周予同《汉学与宋学》一文。借《阳明与禅》、康德《人心能力论》、《日常生活之科学》三本归。

九月十二日　晴

往籀园听桂芳讲演《空间与时间》，傍晚归。在故里无暇读书，甚以为惧。

九月十四日　阴

与孟晋过籀园，看《续藏经·碧岩集》及《维摩经》各注。

夏承焘家属捐赠的《群经概论》

十月三日　晴　休日

早过冷生，谈瑞安诸君恩怨，见新修《瑞安志·艺文》一册。过籀园还书，借泰戈尔《森林哲学》一册。

一九四四年一月二日　阴

休日放假。作天五复。拟一电复贞翁诸人，辞志局事，以休日无工役入城不果发。修志事予全未经心，不得冒昧，且浙大聘约未满，不能半途离去。

一月三日　阴　夜雨

托季思入城复贞翁、冷生电，告浙大聘约未满，辞志局事由张宝琛转。

一月七日　晴　冷至零度，见冰

作冷生书，告辞志局之故，如必以公谊相责，可为分纂充数，担任专门短篇，为力所能勉者，不领薪米，由炎生转递。

二月五日　阴冷

发冷生书，借钱竹汀《放翁年谱》。

二月十三日　晴暖

发天五书，寄五古八首。冷生书，借《老学庵笔记》，寄"读中州集"《洞仙歌》词。

二月廿七日　晴

休日。接冷生复，谓修志事，贞翁雅意殷拳，似不可负。浙大聘期内不能来，后约仍坚持也。竹汀《放翁谱》、《老学庵笔记》，已交季思带来。疑予《洞仙歌·题遗山集》，似为孟劬翁而发，此误会之见也。

三月七日　晴暖

接冷生电，催杨生事，殊为难。

三月廿六日　晴　夏正三月初三

复妇书，告暑假前提早一月归，约五月底动身，不重返龙泉，嘱其养病医院或女居士林，附一笺与鸣石及冷生，告归期。托冷生在里中借《放翁集》，恐年谱不能在此断手也。

六月十九日　晴

冷生来，坚约为县志局协纂。

六月二十日　晴

午招罗、黄、陶、陈诸生小饮。午后同过籀园，晤贞晦翁。

六月廿四日　晴阴

冷生夫人来，与内子谈一下午，冷生又沾恋旧燕，夫妇时时反目，天五谓由冷生不看佛经。夕与天五谈诗至八九时。

六月廿五日　大雨　夏正端午

早季思自龙泉来，与同过介堪、幼和、冷生。冷生、磊明来，二君近皆经商获利，磊明犹眉黛沉沉。

六月廿六日　阴

午雨农招饮，贞晦翁、冷生、天五同席。晤德清俞寰澄翁凤韶，县志局协纂，民元时曾任湖州军政分府，新自雁荡归。一妻一女同游七日，费二万元。

七月三日　晴　大热

午后冷生、宋墨庵来，同往籀园县志纂修处开第一次处务会议，五时散。议决由止水往景德寺运县署档案，由马眉仲调查工厂，胡衡忱调查矿山，由戴幼和调查氏族，由宋墨庵作经籍志及杂记，由冷生与予合编人物传。冷生交予郑烺《明瓯东殉节三先生合传》，嘱予为林讱斋传。

七月十一日　晴

过籀园，晤贞翁、冷生，谈县志人物传。予拟重修《叶尚高传》。冷生以刘中藻《葛衣集》见假，可为《林梦龙传》参考也。予意水心先生可为事辑一编。

七月十八日　晴

上午敌机过境。午后过籀园，晤冷生，出《叶尚高传》与商酌数字。留一函与贞翁，告不领公粮，仍不能无计较心。

七月廿日　晴

早赴籀园，与冷生商《林梦龙传》，翻南明野史，无林事。黄石斋可为事辑一篇。

七月廿一日　晴雨无定

夕，云帆、冷生招饮云帆家。陈继严、林长风、洪芷坨、谷寅侯、王季思、朱一青、邱瘦荆及萧山蔡君同席。十时归。

七月廿四日　晴热

午陆心国偕其妻弟郑保镛自慈溪来，步行四五日，日行百余里，亦辛苦甚矣。云过岭时，赤日中亦不觉热，唯足肿难碍。午后与心国过籀园，晤贞翁、雨农、郑孟达。过冷生不值。

七月廿五日　晴热

有飞机过境。冷生来。

七月廿六日　夕雨，凉，久旱望雨如望岁

冷生夫人来，诉冷生情妇事。

七月卅日　晴热

过温中，访朱一青。途遇冷生，劝其勿再恋昔怜。

八月四日　阴雨，旋晴

早雨农翁来招午宴，同席许蟠云、萧冀勉、副军长，粤人。贞翁、冷生。蟠云欲为予印《词徵》，不见七八年矣。冀勉谈近日军人信佛道，贞翁骂省当局不识人才。四时散。

八月六日　晴

夕，冷生送《艺概》来。

八月八日　晴，晚密云不雨

伯烺新自宁都归，午后与同过冷生，晤贞晦翁。贞晦翁谓，中央党部令各省县志局主纂须尽先用党员，拟呈请辞职。

八月九日　阴热

午后与伯烺过箨园，晤贞翁、雨翁及陈继严夫人，南京人。同过江冷小坐。

八月十二日　夜大雨

晚伯烺邀同访俞寰澄先生于白塔巷遇诸途。过寅侯。过箨园，晤贞晦翁。

八月十五日　晴　夕雨

午后与内子过冷生，见费晓楼为端木鹤田绘小像，五十六岁。已以万元卖与青田县库。又见许督仁遗稿一小箧，零乱纸条甚多，冷生嘱予为整理。

八月十七日　晴

午王梅庵、吴洗凡招饮，俞怀忱、贞翁、冷生、伯烺、云帆同席。贞翁谈《续孽海花》，二时散。有飞机过境。

八月十八日　晴

季思来，留午饭，邀冷生共访俞环忱先生，谈乐府诗、谈词曲、谈战局。俞翁主诗必合乐，方能普及民间。过箨园，晤刘翁、杨翁，闻金华敌增兵六千，丽水碧湖及永嘉当局皆开紧急会议。

八月廿日　晴

早途遇冷生，谓昨夕间消息甚紧，缙云来电，告日军企图在永嘉矣，兵器已到永康。沈鍊之、江冷来，鍊之新自闽研究院归，谓前星期在途已闻金华敌增兵之说。夕徐廷狗招饮，晤警局长王履康，谓十八夕消息甚亟，近稍缓和，永康方面确一度接触，明日永嘉第二次疏散人口。席散，与止水过冷生，云午后无特别消息。此番如再须避居乡间，每人须带万元。连日银根奇紧，上乡又收成不佳，人心为此益惶惶。

八月廿一日　晴

今日永康方面无消息。报载武义有小接触。午后过冷生、沈鍊之，皆不遇。

八月廿二日　夕雷

夕过冷生，谓传杭州又有三团南来，缙云已闻炮声，武义前线被炸。

八月廿四日　晴

方欲摒挡于今午首途，有邻人来，云局势忽弛。与冷生同过正报社，询吴望伋，云敌离丽水尚有数十里，在相持中。晚闻人言，丽水电报仍通。夕与剑生过冷生，适其次郎自丽水来，云昨下船时，确甚紧张，我军继续退入城内，青田人亦多逃避，敌在缙云、宣平、丽水界，似有向龙泉企图，我军自破浙闽公路。

九月廿六日　晴

阅湛翁《洪范约义》，甚精。晚与天五行田间，论学颇多开悟。夕坐月谈马湛翁。忆十三年前，与天五初识面于泠生家，问予在杭识马翁否，谈此老竟十余年不倦。住南阳一月满矣。

十二月十三日　晴

从成老借得《圆觉经》及肇公注《维摩诘经》。午后登龙鼻洞，对天柱、双鸾曝日，予阅《圆觉》，内子制鞋底。张君自永嘉来，知贞晦、仲荃二翁皆在枫林大箬坑陈继严家，即作一书候之，并问泠生消息，附去《清平乐》词。

一九四五年三月十八日　晴

休日。早开校务会议。无闻来午餐，示本月八日《东南日报》八区专员公署奉省政府令，馈泠生、梅庵、张景飞、仲霖丈、仲荃丈及予六人各万元，贞晦丈、雨农、来科等七人由县酌送旅费，吴百亨等六十七人专函慰问。以皆避居乡间，未尝返陷区也。

三月廿一日　晴

午后与内子过净名访岳、闻。与松祺过灵岩看成圆师及瓯公诸友。与灵岩别旬余，如见故人。四时归。二灵间桃花甚盛。途遇刘平，云张宝琛专员在某报为社论，颇张表泠生及予等四人。

四月十六日　阴

昨接高性朴翁函，有送潘君往龙川书馆诗，疑泠生在龙川，作一书托季思转，附松祺函去。

七月十三日　晴

午后过堇侯，与天五同过泠生，已归二十余日。泠生来。

七月十四日　晴热

午后泠生偕陈穆庵、张宋庼来，同访堇侯、贞晦翁。夕泠生招饮，十时与天五归。

七月十七日　晴热

夕与天五过泠生久谈。看中央镇迎灯。

七月廿一日　晴

午后与天五过泠生，过温中朱一青，为天五两郎复学事。

七月廿五日　晴，午后凉雨

早与天五、鞠真过籀园，晤泠生、贞晦翁、仲武，借《西塞罗文录》及《爱弥儿》来。

七月廿六日　晴热

冷生来，示专员公署王永山（事）批示："冷生侠肠可佩。"

七月廿八日　晴

阅报，美中英三国发文告警日本无条件投降，昨东京广播日要求盟国宽大条件。王梅庵来，午与天五饮雨农家，贞翁、冷生、梅庵同席。听梅厂以日本音歌唐诗"月落乌啼"一首，日人妇孺亦能歌此也。

八月五日　晴，晚雨

过冷生，谈贞翁《大若岩志》。

八月七日　晴

看冷生病。改《读山记》。阅《爱弥儿》。

八月九日　晴

午后闻呼卖外号，知苏联已向日宣战，炸满洲。此非英美原子炸弹之威力不至此，战事当急转直下矣。宋子文重飞苏，与史太林续开谈判，甚望中共问题亦得解决。夕于冷生家闻之翁圣木县长，谓十余日前重庆已有日苏将开战消息，并传苏只认重庆政府。夕与天五、岳希看冷生病，已愈，承留饮，同席翁圣木外，有仙岩寺了恖和尚、陈仲武、吴明远诸君。

八月十三日　晴热

夕与天五过冷生、剑生。战事将结束，物价、金价皆大跌，商人甚惶恐，全世界欢庆声中，乃有此辈贱丈夫。内子前日以五万元买金。天五谓，治生未始不可，但不可动心。念佛家应无所住，以生其心。

八月十四日　晴热，夏正七夕

午后籀园开永嘉修志局结束会。初识王亩仙业。修志局开办至此共二十月，遭寇迁徙，遂无成业，共费款二十万元。

八月廿六日　晴热

冷生送翁圣木县长函来，邀（明）日讲演。

八月廿七日　晴热

今日孔子圣诞，教师节。早八时，冷生来邀，同往城南游艺园讲演，听者百余人，大半中小学教师，张专员与予皆讲半小时。午后与心叔过瓯中，过九山第一看妖精，四大金刚下泥人雕塑甚美，僧谓已二百余年。过籀园看《续藏经》。

八月卅日　晴，大热

午后过籀园，听平阳潘镜开讲佛经。领县志局薪米。

九月一日　热，夜大雨

冯超尘携来《太师张文忠公集》十册，《张孚敬奏议》六册，文、诗各二册。永嘉陈先生《两汉博议》五册，皆蓝格抄本，黄溯初先生敬乡楼藏书，有贞晦翁校跋《博议》伪字甚多，似刘次饶丈校。超尘谓：新以五百元得于城西街冷摊者，嘱予为署端。溯初去年在西南下世，其藏书抄本数大簏其［在］永嘉，前冷生诸君欲为介沽。书存溯初夫人处，破屋数间，不蔽风雨，夫人光景甚困匮，此书遂分散流出。故乡劫后公私皆无力顾此，甚可惜也。

九月二日　晴

休日。午后三时，在籀园图书馆讲《不游雁荡是虚生》，听众一二百人，贞晦翁、翩父、天五夫人、内子皆在座。四时余毕。母亲疟发。今日上午日本代表在美舰签降书。

九月三日　大风雨

今日全世界和平胜利纪念日，九时放长声警报，满城然爆竹，以大风雨未开庆祝会提灯。过冷生，看其所藏书画，借曼青荷花一帧归。晚与冷生、季思在雨农家宴仲荃、寰澄二翁，查诵坚、贞晦翁、翁圣木、徐堇侯同席。贞晦翁每饮必骂。十时冒雨散。

九月九日　晴，夕雨

今日上午九时日代表冈村宁次向何应钦投降，此为对双十节之双九节矣。午后与心叔、天五过籀园听俞寰澄翁讲中国古代经济思想。夕与冷生、孟晋、季思过蛟翔巷，应翁圣木县长招宴。

九月十六日　午后大雨

午天五招饮。午后过籀园，听季思讲词之正变。归遇雨。

九月十八日　晴

午后冷生来，嘱写讲稿付《温州日报》。

九月廿日　风雨

夏正中秋。夕天五招饮，黄仲荃先生、冷生、堇侯、明磊、云帆共席。写《不游雁荡是虚生》稿未竟。

九月廿五日　阴

冷生来，寅侯来，朱重光来。

十一月十四日　晴，甚暖

早冷生来，谓《地方新闻》有署名"庸史"者评予《不游雁荡是虚生》一文，共有三篇。接吴洗凡桐庐函，谓廿七日在杭州《东南日报》见予此文，不知何人持往。

十一月十八日　晴

早与天五登松台山，寻永嘉大师塔不得。天五谓：林竹轩有禅宗意味，当受玄觉影响。过籀园看黄溯初先生藏书，共卅八箱。

十一月十九日　晴

午后寅侯来，以梁漱溟论办中学一文示之，勗其勿因循。夕寅侯招饮，天五、冷生、介夫、剑生、笑清、堇侯同席，八时归。

十一月廿九日　午后雨

午后过籀园，并送孟晋行，遇雨归。

十二月十五日　阴

午天五邀饮市楼，孟叔坚乐清县长。乔梓、蒋德川夫妇、冷生、堇侯诸君同席。叔坚谓，印西已还俗取妇，此亦意中事，唯望其勿再出家耳。

十二月廿六日　晴

绮琴来，留午饭。同过鲁芝。过籀园，阅王云五访英日记。

十二月廿八日　晴

早冷生来，嘱为《温州日报》撰文。

十二月廿九日　晴

命敏侄抄孟劬先生信，冷生为《温州日报》索稿也。（按：以下至十二月三十一日缺佚）

一九四六年一月二日　晴暖

杭州之行，今日首途。午后四时与季思、挺三、慕骞同上大华轮船房舱，半票一万三千元。月来行客较前减拥挤，然亦杂沓不堪。雨农、冷生、徐绮琴姊妹、修龄夫妇来送行。

一月六日　晴阴雨

午后到上海。晚与季思访陈仲陶于中央银行不值，过旅行社买车票不得，冷生托携函交王咏三，遇刘合卿先生，因托其代致。夕咏三留宿。

一月十日　晴冷

浙大旧生今日开课。发咏三快函，附去冷生书。发冷生书、雨农书、俶昭书，附去天五、无闻书。

三月二十二日　雨

桵金松岑先生十九日苏州函，别五年不通候矣。为吕诚之问浙大史学系讲史。松翁三月中欲重游雁荡，问冷生诸君住址，七十老翁，有此雅兴，想腰脚尚健。

三月二十八日　午后晴

午后见日，偕妇行白堤，入里湖，过大佛寺，为冷生问乱前所存衣物。访慧山和尚不遇。过通志馆，晤孟晋，为冷生问韩湘岩字幅，见抄本章宗源《隋书经籍志考证》，末有仲容先生题识一行。卷中校语，则仅一二处。傅节子朱笔校颇多。

三月廿九日　晴

青年节、先烈纪念日放假。之芳来，为作一书与一飞，以冷生嘱也。

五月四日　阴

得金嵘轩书、冷生书。夜多梦。

五月五日　晴

休日。接冷生电，嘱觅翁圣木，问所托事，不知何事也。两次行至西泠。

五月六日　晴

为冷生探问翁圣木（以下墨丁数字）。

五月七日　夕大雨

午后入城，过鉴宗夫人问翁圣木，发冷生电报，告圣木已赴嘉兴。

七月七日　晴雨无定

午后过通志馆，晤孟晋、梅庵、墨庵、抱冲，谈冷生、永山事。

七月廿九日　雨

得季思函、慕骞函。季思与刘子植同舟归，子植十年不宁家，已持长斋数年，益静好矣。冷生以保永山事不慊于温州各校学生，又夫人病重，欲辞籀园书馆。寅侯以瓯中学生打浙瓯日报馆，一度欲投河，顷已辞职矣。

八月十日　晴热

得天五书，冷生前月丧妇，心绪甚劣。梅夫人与予妇甚亲爱，数日前予妇告予，得一奇梦，到一积水处，如非人境，梅夫人以一黑纸衣赠予妇穿之。彼时虽知夫人病笃，不知其已故也。

八月十八日　晴

休日。早梅庵翁来不值，云欲为冷生令嫒介婚王抱冲。

九月一日　晴热

得冷生复，示挽妇联。

九月廿二日　晴，午后大雨

早过天五，适寅侯在座，相见惊喜，留啖鸭。午后过冷生，谓欲改名生单，欲以游食过活，学半个陈性禅也。听谈商人陈君办孤儿院事，甚可钦佩，拟为文记之。仍宿鸣石家。

九月廿四日

早冷生来，同访周守良。午后过天五理书。

九月廿七日　晴凉

访沈鍊之。介夫、天五来，冷生来。冷生索去太炎夫人词札。

九月廿九日　晴

早冷生邀同王定侯、朱铎民、李德生、天五游护国寺。舟中听铎民谈《金刚经》破相之说，颇念阳明语不可易。护国寺兵后荒废。过雪山紫霄观啜面，一老道谓：永嘉二次陷寇时，观中道人殉难者七人，此老道匿菜圃得免。二时过西山地藏王庙，微妙上人留啜年糕。五时归。微妙颇不俗，僧界新进之能守戒行者。

十月六日　午后雨

天五母堂似有起色。过冷生，亦病顿格热。

十月九日　阴雨，九月望

午后过冷生。

十月十四日　晴

体温卅八度。可卧阅书报。堇侯、冷生来。

十月十五日　晴

夕温度转高，此病象如此，再发高热一二日乃退。冷生、祥楣来。

十月廿一日　晴

午后始出门，过冷生，过菊英。冷生欲盖新屋，问予借钱。

十月廿三日　晴。

冷生来，取去五十五万五千元。（以下至十二月三十一日缺佚）

一九四七年一月廿六日　雪止甚寒

过里湖通志馆访孟晋、墨庵，为雪泥取越园字幅来。于《温州报》知冷生以九十万元为籀园书馆购得杨志林先生家藏秘籍数十种，有旧抄《宋元词选》一种，不知何人选。

一月廿七日　晴，融雪，甚冷

早冷生次郎之芳来，留午饭，新自家中析产来杭。大学路讲白石词。

五月十七日　晴

今日浙大罢课，派课代表六人往京请愿。午后冷生自温州来，讶为意外。饭后同过孟晋、博文处久谈。

五月十九日　晴，大热

休日。夕往通志馆访冷生，又迁往旅舍矣。

五月廿日　晴热，晚雷雨

九时过里湖新新旅馆看冷生不值，闻其明早返里。

五月廿一日　晴

六时下床，即出散步至断桥，因过新新旅馆访冷生，同来罗苑早饭，九时送其过西冷桥。过通志馆晤钟毓龙。

七月二日　晴

冷生来。夕与天五坐月久谈。

七月四日　晴

得欣夫上海函，问仲容先生遗著，嘱为校录数种相贻。止水来，偕内子往瓯海医院看病。宋颀来。冷生来，以王式通《志庵稿》二册赠之。

七月五日　晴热，夕仍凉

冷生为予作一联挽池苏翁先生："耄年秉烛深宁叟；高咏传灯老学庵。"

七月十日　晴，大热

过籀园晤冷生，借得《万有文库》五本。《英雄与英雄崇拜》二册、《魔侠传》二册、《七月十四日》一册。以二万元托冷生转遗高性朴先生刊书。

七月十二日　晴，大热

为张驭虚撰墓铭，以渭夫嘱也。夕冷生来。予问驭虚何如人，冷生曰刚介。天五谓其治《通鉴》甚勤，并好读宋儒书，虽不免富贵气，然读书绩学，诚富贵中罕有。予欲以张南湖为比。

七月十六日　先后微雨

过籀园书馆，借小说数册归。阅许天虹新译《戴维·考柏菲尔》及林纾译迭更司《孝女耐儿传》，原名《古董店》。林氏以文言文译，有过做作处。作张驭虚墓铭。

七月十七日　阴

翮父来谈冷生、江冷往事。

七月十八日　晴

夕与天五过冷生，不遇，其令嫒谓在妆楼下。出与天五相忧叹冷生不谨细行，将何以齐家。近又为王永山事不谅于众人，以道义施之，惜怜永山，其如道义何？与天五谈《块肉馀生述》。

七月廿三日　晴

午后与天五赴吴洗凡宴。冷生、仲陶、钟芷芬、徐仲和同席。仲陶新自上海归。席散，与冷、陶同过谢池巷拜周守良殡。连日与天五商定《张驭虚墓铭》。冷生嫌起首不妥，复改写一过。天五谓以张功甫比驭虚，甚斡旋费力。乃删去此段。

七月廿八日　晚密云不雨

早十时与天五赴籀园冷生、定侯招，同席王亩仙、钟芷芬、谢磊明、陈仲陶等十余人，午后四时散。雨农谓贞晦翁病仍未愈，验痰有肺病象，忧甚难治。冷

符璋手稿

生出示符笑拈先生遗稿十余册，诗文外有《范子辑略》《立宪胶言》二种，乃其嗣郎石卿度钧托庋书馆者，石卿近任直接税局收发。忆早年与符翁、明甫、次饶丈游燕籀园，忽忽二十年，三老皆先后去世矣。冷生谓文中屡及予及仲陶。仲陶谓可刊入《籀园丛书》。见笑拈先生尊人雪樵翁兆纶《卓峰草堂诗》，有江弢叔序，论诗运日新，不当依傍古人。此当抄示黄胜白。胜白于弢叔研究甚深，不知已见此否。送《张驭虚墓志铭》交渭夫。平生未尝为铭箴文字，四易稿方成，颇得天五、冷生之益。

七月卅日　晴，大热，九十余度

夕朱铎民、吴国栋招饮功德林，同席仲陶、冷生、堇侯、倪文亚夫妇、庭侯诸君，十时散，步公园。

八月一日　晴，大热，夏正六月望

夕冷生来谓王永山汉奸案十二日公审。冷生自谓若当时不当省议员，今日已是第一等财主。

八月二日　晴

作欣夫函，为冷生问《辛巳丛刊》。

九月四日　午后晴

午后与天五送书还籀园，阅近人论文学书。郭沫若有一文论闻一多治学态度，闻氏考得《诗》新意："鱼网之设，鸿则离之"，鸿是蟾蜍，殊新而确。

九月五日　晴

二时散。过籀园看书。

九月七日　晴热

理行装，拟以十日首途赴杭。夕雨农招饮，纯白、冷生、蒋一鸿、张盘孙、徐行长中央银行同席，听纯白谈收复杭州时捕汉奸王五权经过。

九月九日　阴雨

途遇慕骞，明早首途，予以母目未愈，决迟至十七日行。渭夫、天五、礼芳、冷生皆馈海菜。早访冷生，衔纯白命，请为县府主任秘书，坚不肯就。纯白称止水有为有守，近兼任教育科长。

十月廿八日　晴

早过通志馆晤孟晋，谓浙教育厅第三科科长赵欲仁过孟晋，谓玉海楼当分一部分赠籀园及浙省图书馆，此报纸引起纠纷也。

十一月六日　晴

王梅庵翁送一诗来。午后孟晋来示冷生函，以玉海楼书归浙大事对孟晋极不满，颇多意气语。

十一月十四日　阴

国民政府寄到仲容先生百年诞辰匾额“学林泰斗”四字，午后心叔送与孟晋，孟晋甚欣喜，谓已得家书，族中于此事皆无异辞，此出意外。属予作书与冷生疏说。

十二月四日　阴雨

晚过孟晋告已发冷生信，言玉海楼归浙大事，由予无意间谈起，缘心叔甚念籀公遗著未尽出，属予商之孟晋，承孟晋慨然肯捐。冷生前致书孟晋，诮其好高骛远。心叔属予作书解释之。于孟晋处见袁秋爽《日课》，有云“数日不谈朱子书，便百病丛生”，编中检点身心语甚多。知其晚节磊磊，盖从理学中出，断非一时意气捐生。世但以诗人目之，浅矣。

十二月十四日　雨

休日。得冷生复，言籀园分玉海楼藏书事，言须得相当精本。若陈编巨册，馆中已嫌颗颐。

一九四八年十一月十日　阴冷

报载北平已下雪矣。发止水、凝香信，告瑞兰百金已由冷生划汇。

十二月十七日　晴

发冷生函、天五函、詹祝南函，唁其丁忧。

一九四九年一月七日　晴，冷，里西湖全冰

十时往赴袁孝根之约，至白堤，遇潘希真来访，新自嘉兴法院归杭。谓其母堂欲捐鉴宗先生藏书于公家，予劝其捐入浙大中文研究所。午后三时即往晤鉴宗夫人，开一书目来，与约定明午邀郑石君主任来谈。所藏有《四库珍本丛书》、《四部丛刊续编》、《四明丛书》、影印《碛砂藏经》、《三希堂法帖》等等，共四五千册。鉴宗夫人初听孙某言，欲运沪出卖，希真主捐公家。予与谈数语，母女即慨以赠浙大，其藏书在温州者多于此间两倍，予亦劝其捐入籀园或各中学。

一月十日　阴，大寒

西湖冰益厚，里湖可行人。午后大冷，拥被观《变雅堂文》。并作一书与冷生，告潘鉴宗夫人有意捐赠在温州藏书与公家，嘱其径与一函，请其归籀园书馆。晚间心叔自校归，云潘家书共三千九百余册，今日午后已完全点交与浙大中文研究所矣。此事仅两面十数语即说妥，可谓顺利。此在希真，可谓义举豪举矣。

二月十七日　晴

得天五书，嘱介一中央大学学生借读浙大。得冷生书，属设法使希真家永嘉藏书捐归籀园。

三月二日　晴

早冷生函告潘宅赠书籀园事，已与潘夫人洽妥，但有二条件：一登报，一每书盖捐赠印章。午后孟晋来以一长诗属商。

三月九日　晴

过宏道女中看希真，谓捐书籀园事，已去数函矣。

三月十五日　雨

冷生寄来《温州日报》，载予记郑以真文，即寄数份与以真。阅报，共军围攻乐清县城三日，纯白幸早辞职。

四月七日　晴

过宏道中学访希真，告籀园已取得瞿溪藏书。

八月廿五日　晴凉

雁迅来访不遇，遇于西泠桥，谓张冷僧先生藏严元照评点《鲒埼亭集》，于阙文多据原抄本补，关系史学甚大。不知与籀园所藏同出一本否。

一九五〇年三月十四日　晴

张嘉仪偕史颂远来，留午饭。张君昨夕自温来杭，谓五六日后往北京访梁漱溟。谈温州各友人近况甚详，谓戴幼和、方介堪、王梅庵皆甚艰窘，惟贞晦翁及冷生尚优裕。贞翁惯于处穷，冷生则社会关系较好，依然长袖善舞也。

五月九日　晴

抄雁宕旧词。得冷生书，属汇贷五六十万元。前者故乡人来，皆谓其仍是长袖善舞，不谓亦复诉穷，疑其仍有外遇。

五月十一日　晴

校词卷一过，改乙数处。得王抱冲南京复，谓新丧父，天五事无望。复冷生，告下月以卅万相濡。

十二月十日　晴

休日。札杜诗一册半。晨孟晋来馈虾尾，谈温州各友困状，以王梅老最甚，冷生收房租尚不恶，刘贞翁亦可过。

一九五一年一月十一日　日出，雪未消，甚冷

晨起理行装，作归计。四时五十分上火车。七时余抵杭，雇人力车返罗苑。车力五千元。白堤两岸，积雪莹然。灯下阅来信十余封，贞晦先生言秀之婚事属予为女方介绍人；冷生函有所告贷；岳希华北革大政研院已卒业，属予与心叔作书致马夷初先生问服务事。

一月二十日　阴

晨往大学招待捷克文化代表团，孟晋偕其郎亦来。普实克君来中文系看仲容先生著作时，孟晋以《墨子间诂》一部为赠。寄冷生复，汇去三十万元。

一月三十一日　晴

得冷生复，发岳希上海复，得陈奕良长春书。

四月十日　雨

晤慕骞，谈家事，甚懊丧。谓拟作书与冷生，商其尊人藏书事。

四月廿六日　阴

下午开学习会，讨论镇压反革命是阶级立场关系，非由经济生活关系。晤慕骞，出示冷生来书，梅庵确已作古，刘祝群亦同命，闻王冰臣至半途气绝，刘王皆八十左右；梅、冰有夙冤，今白首同归矣。

十月三十日　晴

晨天五来。与天五过冷生，方病痢疾。

十一月一日　晴

上午天五来久谈，同视冷生病。谓次饶先生日记四十本，皆在籀园书馆。午后介堪、季材、洗凡来。诣贞晦翁久谈。昨夕母亲睡不安，今早有痰。冷生谓其母堂去世时方饮粥半瓯，痰上遂不治。四年不归故乡，经故人门巷，不胜感慨。

一九五二年五月十日　夕雨

晨在中文书库阅孙仲容先生各手稿，有一册题《橘枝胠述》，录宏光年间清兵到温州时情况，约八九纸，日记体裁，字甚潦草，不注出处，当录自当时地人日记。第一条是生员谷积被打杀。忆曩年见冷生藏清初永嘉人某日记，记清兵入城事，极简略，不及此编之详。当考出，载入地志。仲容先生尝预修《温州府志》，不知已收此编否。又有艺文学堂《开学礼演讲词》一篇，用白话体。是日李提摩泰亦来与会。又有一册校《尚书》，疑是《尚书骈枝》之最初稿。仲容先生手稿，多用他种稿纸背写，一何好俭若此。薛孝宽谓须早为装潢，当告心叔。

十一月十五日　晴

讲韵文选、文学史二课。闻徐赤文被选为温州副市长，冷生被推为协商委员。

一九五三年四月十三日　雨

晨上一课，殊吃力。伤风仍未愈。夕天五过谈，谓冷生办图书馆，甚积极。劝天五亦以身许国。冷生不致与王永山等同归，是□□救了他。又谈陈剑生见识亦不可及。

一九五四年一月三十一日　晴

慕骞今日返里，属予写新诗示冷生。

新年移居头龙头新舍

窗下风船唤不应。昨宵诗梦落西兴。写江曾费千张纸，历块今须五尺藤。老去本应置高阁，吟成剩可颂新灯。旁人倘讶门墙峻，第一龙头最上层。

八月十四日　晴，夕转凉。七月望

晨与天五往大华饭店访贞晦先生，谈至十一时。晤同房淡云、大悲二和尚，皆能诗。午同过孟晋，于其提□新邨，邀其同出饭于杭州酒家。午后二时散。贞翁谓水心先生墓，已拨得款重修。诵新作二律诗。谓冷生明年六十，欲辞去图书馆事。

十月二十三日　晴

发曼略先生函。发冷生片，托查潘柽卒年。

十月二十九日　晴

得冷生复片，《永嘉内外集》无许及之、潘柽墓铭圹志，《永嘉外集》有张栻

《思终堂记》，为及之父事。

一九五五年四月十三日　热，多骤雨

雁迅来电话，谓冷生来杭。发一函，告星期六往访。

一九五六年二月九日　晴

得柔庄函。得冷生函，为温州图书馆乞《词人十谱》。夕马骅返温，托其带《词人十谱》与冷生、止水，并四十元与柔庄。

十二月一日　晴

午后冷生自北京南归过访，七八年不见，颓然老矣。二时与同车往文化区访天五，不遇。过化工学校，遇徐彝，亦七八年不见。介唐澄士、董朴垞。五时与冷生饭于新会酒家，谈冒疚翁诸老事，七时前去。

十二月二日　晴

休日。午后往西湖饭店，送冷生返温州，遇张冷僧先生于门口。

十二月十一日　晴

得冷生函，托荐宋廎。得《东海》月刊社函，即复一函，寄出《雁宕词》四首。午后孟晋来，还所借九十元，谈黄仲弢先生遗事。谓仲弢光绪三十三年丁巳卒，仅五十四岁，其《中国教育史》一书只写至孔子，积稿如束笋，身后竟无下落。彼亦自恨限于官事，不能成此巨著。张之洞《劝学篇》确是仲弢作，其他遗著尚有《二妙年谱》，谱嘉、道间海宁万西屏、施绍庵二围棋名手事实。又有《永嘉谱》一种，似专记录永嘉书画艺术者，今不可见。其夫人为张之渊之洞弟女，仲弢卒时有《挽诗》二十绝，诚一字一泪云。

一九五七年三月十六日　晴

得冷生函，约春假返温讲唐宋词。

三月二十二日　阴

午后孟晋送来冷生及吴昭征二函，邀予春假归讲楚辞，发一函辞之，以须在此待任中敏也。拟《陆放翁诗传纲要》，孟晋谓“诗传”之名，较诗事、诗史好。

六月一日　晴

午睡初醒，闻冷生叩门，谓昨来杭州，开全省图书馆会，谈至夕六时半去。

谓近搜集宋平子诗成一册，予谓可属浙江人民出版社印一部《宋平子全集》，合《六斋卑议》、文、诗词为一集，以太炎诸人文字为附录。冷生属予必成此事。

六月五日　大风

上下午文联皆以车来迎，开改组会议。上午九时访冷生不遇。

六月十四日　阴

冷生书属为磊明介文史馆事。

七月五日　阴

晨步奎来，告苏联马林科夫、莫洛托夫等皆以叛党解除职务，此惊人消息。阅《温州报》，刘贞老仍被揭发。以尝向张宝琛保王永山，冷生被批判为立场模糊。

九月七日　晴凉

浙江人民出版社来函，以蔡君《放翁诗选》前言属改，送来审稿费一百七十五元。问《宋平子全集》，即作函催冷生九月内寄稿来。

一九五八年六月十八日　晴

得冷生函，问贷百元，手头无现款，无以应之。

六月二十日　晴

夕为杭州大学作中文系概要。复冷生。

一九五九年五月三十日　晴

浙人民出版社送来冷生所编《宋平子集》，共《六斋卑议》及《六字课斋津谈》二种。出版社以后者不合古为今用原则，拟仅印《卑议》。步奎谓作思想史看，可交北京出版社印作近代史资料，其全部著作皆可印。驾吾云必不当删选。

十月二日　晴

上海中华书局陈嗣英来，不遇。中华属予审查温州胡珠生所编《宋恕文集》，当即冷生所编者。

十一月六日　晴

休日。冷生来，谓参加民革会议，来杭已旬余，留午饭。午后慕骞来，三人同游黄龙洞。冷生谓冠老以全国人民代表落选有牢骚，欲以骂吓人，七八十老名心尚炽盛如此。李斡甫挽联云："彦回早死宁为福；公斡当年有盛名。"甚自喜，谓下句用平视甄后事。冷生谓见陈叔通为人题扇，写毛主席《庐山》一律云：

“一山飞峙大江边，欲上逶迤四百旋。冷眼向洋看世界，[①] 热风吹雨洒南天。西来九派浮黄鹤，东下三吴起白烟。陶令不知何处去，桃花园里可耕田。”又诵马湛翁自书联云：“九旬方识玄言费；八地应知起念难。”上句用智者大师事。五时送其至松木场，雇车去。

一九六一年十一月三日　阴

得冷生片，前月来杭。得黄屏函。（按，时作者在上海）

十一月五日　休日，阴

发冷生片。

十一月十日　雨

午后参加政协文史资料研究委员会成立会，予被推为编审会委员。会上遇冷生，明日离杭归，今年六十六岁，仍甚老健。五时散。到会五六十人。

一九六四年四月十日　阴

得大哥函，谓冷生患心脏肿大症，仍住雪山疗养院，近体重增加殊可。

十月十三日　阴

晨入城访孙孟晋，借《水心年谱》稿本来。谓琴西先生一生熟于《水心集》，今赠杭大之三个本子之《水心集》，皆有其手批每篇文字之作年，可札出为《水心集》作编年目。宋刻《水心集》本编年，明人乃易以分类，惜宋本今不可见。《四部丛刊》本《水心集》有沈子培题记，谓曾见宋本，不知今在何处。孟晋谓曩年所编《温州宋儒年表》，只写至南宋初，始于王开祖。稿本近交冷生携去，予怂恿其写成。孟晋今年七十二，尚健步如壮年，其夫人七十三，如六十许人。近移住三楼，谓每日上下十余次，行三百步，亦是锻炼身体。午后阅《水心年谱》，甚精细。

一九六五年一月十八日　晴暖

今晨慕骞入殓。柔庄四时半即起，六时饭，八时同坐校车，经浙大、浙图、博物馆，邀挺三、楚淮、毛春翔、夏朴山、沙孟海、陈叔谅同往。九时到凤山殡

① 手稿作“一飞峙大江边，欲上逶迤……施冷眼□洋（冷生记不全）”。

仪馆，各校长、同事及温州各女眷来者共三十余人。十时行礼入殓，十时半还家。张夫人及慕骞姊甚悲怆。夕妙杭、锬孙来，谈锬孙工作事，予属其整理《明季南北略》。今日冷生来书问慕骞病，并嘱寄还震轩师诗集九册，即以告锬孙。

四月十一日　晴，冷

得止水温州函，谓月来皆学习廿三条，冷生亦作大会发言，揭了不少盖子。止水写示一词数诗。

八月十七日　晴热

晨遇驾吾，云冷僧翁已于昨日下午三时一刻去世。予疑今日下午在浙江医院大殓。二时半与心叔往赴，则昨日已移往殡馆。夕眠不安。片告从周冷翁耗。

挽张冷僧先生："香国祝来生，词榭联吟如昨日；梨洲承绝业，礼堂余恨在遗编。"四十年前侍先生吟集永嘉词人祠堂，记先生有"愿王香国祝来生"句。补编《明文海》，尚有数卷抄校未竟。

心叔成一联云："馀事手抄八千卷，老来身见太平时。"

予年二十五，自西安归娶，冷翁方任瓯海道尹，以冷生介，初谒见于道尹公署。时翁四十余岁，已伏案钞书，从木箱中取出手钞《洛阳伽蓝记》见示，谓旧图遗一河道，时黄式苏先生亦来见，因成初识。越日晤于东山永嘉词人祠堂会祭，作诗钟王射二唱，翁得二联："欲射文禽怜并宿；愿王香国祝来生。""假王已识淮阴祸；观射方知矍圃尊。"其后尝与冷生过沪，谒于沪寓，仍伏案钞书。抗战中闻其流转西南，所钞书颇亡失。解放后，翁来长浙省图书馆，年六十九。同寓西湖，时相过从，予妇多病，时时请诊。近十五年来，旬月晤见，谈学不倦，今年六月廿八日，病榻旁谈《兰亭》真伪，谈修《明文海》二小时，为最后一次矣。

一九六六年二月廿一日　雨

发冷生函，问有出让《南社全集》与研究室否。

二月廿八日　晴

得冷生复，谓藏书已捐籀园图书馆，去秋其七十生日，寄来与鹭山唱和二首，谓鹭山近作《周易象象微》，心叔甚赞其为为己之学。

三月四日　晴

虞美人寄冷生：

儿时小阕依稀记，颠倒双星事。画堂灯影有沧桑，能几回逢，各已满头霜。

听潮江城合眼长如画，归梦真无价。三年一纸是寻常，不用相思，自是不相忘。与冷生缔交五十年，相聚首者不过三数年，阔别十余年中，通书不满十纸，然论平生故人，第一仍数我冷生。顷得函告，去年七十初度，忆初识面时和作反七夕词，如昨日事也。

三月五日　雨

午后写冷生词示心叔，心叔谓改稿好。曩年为予跋词稿，许予词为学东坡、遗山者。

三月六日　晴，夕雨

休日。上午检日记五六册，寻与冷生初识面年月不得，费时半天。自觉日记浮泛无意义。

三月廿二日　雨

发苏渊雷哈尔滨师院复，写去寿冷生七十词。

五月十七日　晴

阅报，邓拓反党言行被揭出益多，工农兵群起攻击。得怡哥函，冷生前月得半身不遂症，近已稍愈，能绕室扶行。陈守庸前月逝世。

九月十日　晴

休日。夕陈增杰来久谈，留饭，以杨无恙画海棠及《剑庐说诗图》属题、听谈毛主席悼陈毅词，谓冷生卧病如常，自谓一生作诗，只二句可存："微阳温落叶，残水答疏钟。"

十月三十日　晴

北京中华书局寄来《月轮楼词论集》印样全部。得冷生函，示钵水、景逊诗，即写复书，写□头凤一首，只尽二半纸，即头晕。

十月卅一日　晴

发冷生复。

一九七三年一月十六日　雨

得冷生、梓良函，录示《桃花诗》各八首。枕上成桃花六诗和冷生。

二月六日　阴

昨夜哦成桃花诗和冷生八首。

二月九日　雨

过仲浦，与商《梅花八咏》，午后嘱哲明写出，即寄与冷生，并告请诸乡友代删《词问》。

十日　雨

良侄傍晚来送季炎，季炎今晚返里，托其带《词问》一册与梓良，转交冷生，嘱梓良为冷生之《病榻梦痕录》。

十九日　雨

下午接冷生长函，有三五王景逊桃花诗多首。

三月五日　上午晴，下午阴

冷生寄来龙顾山人郭则沄《清词玉屑》一函。

十八日　晴

休日。与鬘选《词问》，存五十首。得梓良函，谓冷生嘱勿仓卒印《词问》。

四月十三日　晴

得冷生挂号信，言《词问》事。

十四日　晴

发冷生复。

六月四日　雨

得梓良书，示与冷生和水心诗。

八月十六日　晴

上午与闻校读《清词玉屑》所抄段落。朱鹏图南来杭开会，下午过访，托其带《清词玉屑》一函还冷生兄。

一九七四年三月二十二日　阴

上午看《辞海》稿。发叔常、冷生、止水、承锡、承炽、阿雷信，问平安。

三月三十一日　晴风

接止水、冷生信，告温州近已平靖。常云来信，告《六经堪丛书》事。修棕棚二十三元。得冷生示句，有“江山如此待红甜”句，拟对以“□□□□□须白”妥。冷生原句“岁月□□抛白战”。

四月十四日　阴间雨

孙孟晋来信，转冷生。

十七日　晴

下午接叔常、冷生信。

五月一日　上午雨，下午晴

上阮延龄持冷生、介庵信来取孟晋家书。子颐来。黄冰来，傍晚去。夕王君来。

六月廿九日　晴

晨往医院。得冷生函，寄敬年骨刺诗。

九月二日　星一　晴

得田雷函，惊悉冷生以流毒性感冒毒入脑，神志不清，已奄奄一息。午后发函问其女絜云。

九月三日　星二　晴

发怡生及梓良信，托问冷生病。

九月十日　晴　星二

得梓良信，冷生已有起色。

九月十一日　晴　星三

得怡生复，冷生已有起色。

一九七五年一月廿八日　晴　十二月十八日　星二

得任梓良北京函，近寓其女家，寄来诗多首及冷生书。

二月十二日　初二　晴

访叶遐修夫妇，在其家遇梅冷生之孙梅余春兄弟登，彼新从温州来杭，谈其祖病况。五时回家，读冷生信，谓病体稍痊，经济拮据。赠叶遐修字一幅，内容写陈龙川梅诗一首。

二月十三日　初三　阴雨

得严乙莙信，谈其父古津临逝状况及其家经济困难情形。与闻至保俶路取款，汇梅冷生、严乙莙各一百元。复冷生信。

二月十七日　星一　晴　初七

严乙莙来信，谓100元款已收到。夕，庚君来。得冷生寄中文系信贷二百。

二月廿五　星二

冷生来信，谓百元□已收到。附来一诗。

二月廿八日　星五　十八　晴

狂记抽帆过富春，看山镜面净无尘。一竿合向严光借，梅福平生我故人。《严

江舟中赠梅冷生》

三月四日　阴雨　廿二

赠冷生：往岁抽帆过富春，谁歌小阕动星辰。一作“看山镜面净无尘”。一竿合向严光借，梅福平生我故人。

五月十一日　晴

梅冷生来信还百元，尚以未来生活为忧。谓诸葛亮身殁之日，不使家有余财。彼则望身后无欠债。

五月十二日　晴

复冷生寄去送宗白华词。

五月十七日　晴

忆冷生句，似有“江山犹白战，岁月正红酣”句。昨闻欧亚风云日恶。

六月十七日　雨　初八　星二

得冷生书，今年八十岁，嘱为一长调寿之。

赠梅冷生：记共抽帆过富春，谁歌小阕问星辰。一竿合向严光借，梅福平生我故人。一作“看山一路绝纤尘”。传说严光是梅福女夫。

十二月廿七日　晴

发梓良信，寄文丞相祠词及四印斋庚子秋词，属示冷生诸君，并问止水家有残水浒否。

十二月廿九日　晴暖

得梓良信，寄来王敬身与伊和文文山祠满江红各一首，谓冷生因谷寅侯去世，情绪不好未和。谓故乡前旬大雪。

一九七六年一月十九日　冷

得梓良函，寄来乡友和文山祠共有徐平老、朱洁父、林镜平、陈冰原，其中三人未识面。闻冷生心情不宁。

八月二日　晴

减兰　得冷生噩耗

滩声七里，牙旷知音今已矣。旧梦低回，白月烟篷访钓台。冷生五十年前在七里泷舟中过誉小词浪淘沙，谓他日刊集，当首列此阕。　江湖迟暮。不分邯郸寻梦路。莫话黄粱。绕枕风雷过太行。邯郸有小站名黄粱梦，在太行山麓，时河北、京、津地震。

三日

发天五信，寄去满江红词十首并告到洛情形，附去挽冷生词。

九月十五日　晴

得阿铿函，转来天五三绝句，乃赠浦江清夫人者，因忆与浦江清旧情不可无一词。天五谓冷生久病中尚对天五诵予“试展龙须遣归梦，龙湫雷雨夜浪浪”全首，“可谓知音矣”。

九月十六日　阴

阿铿来信转寄其父函，谓冷生临逝之前尚击榻诵予“试展龙须遣归梦，龙湫雷雨夜浪浪”之句。

一九八〇年二月廿七日　晴

寄任梓良《词论集》，附为冷生《劲风楼（遗稿）》题辞。

四月十六日多云

梅之芳来信索挽冷生诗词。检得《挽冷生词》：“滩声七里，唱我小词人冷齿。”

五月十八日晴

休日。上午君曼来，阅《西清散记》颇有味。数十年前年尝在冷生家见此书，尚记得大概，不能舍手。下午君曼伴予下楼散步。

一九八五年四月七日　晴

今午在和平门烤鸭店宴客，郭守仁代定四席。自家去无闻、阿芒、遥遥、迅迅。予惮行未去。宴会由无闻主持。无闻、迅迅皆今日生日。无闻以补充予录像带镜头拟目四纸交白岗，托其与安仲凯商量便中代拍，计：

温州 5 镜头：1. 谢池。2. 东山下词人祠堂。3. 谢邻。4. 师范故址。5. 江心孤屿及题词刻石。应加 6. 籀园。

严州 4 镜头：1. 七里垄。2. 钓台。3. 严中宿舍。4. 严州西湖。

杭州 4 镜头：1. 月轮楼。2. 罗苑故址。3. 杭州大学及宿舍。4. 白堤，孤山。应加 5. 白堤浙江图书馆。

雁荡 5 镜头：1. 灵岩寺。2. 灵峰寺。3. 天柱峰。4. 双鸾峰。5. 大龙湫。

（《夏承焘日记》，吴蓓主编，浙江古籍出版社 2019 年版）

夏鼐日记（两百则）

夏　鼐

一九三二年六月二十三日　星期四

下午至瓯公访翔鹏，据云已于前周赴南京了。至籀园图书馆，出馆后至郑桀家中，邀其同赴张国雄处，国雄正在那里预备英文，说下星期拟赴沪投考中央政治学校或清华去。

一九四二年三月十九日　星期四

下午至张府基巡视一周，慕思堂碑仍矗立于菜园中。至籀园阅书。

五月十五日　星期五

上午至仲光堂兄处，将昨日所接洽之西装放弃，决定不要买。旋赴籀园图书馆。

五月十六日　星期六

上午又有警报，机声隆隆过境。下午赴籀园图书馆阅书。

十月三十一日　星期六

下午赴籀园图书馆，翻阅外埠报纸。

十一月十一日　星期三

下午至籀园阅报。

十一月二十九日　星期日

下午至籀园阅报，阅毕《朱筠年谱》（1—162页）。

十二月四日　（五）

今日天霁，天气渐寒。下午赴籀园图书馆，晤及昌镠，并承其介绍于馆长梅雨清冷

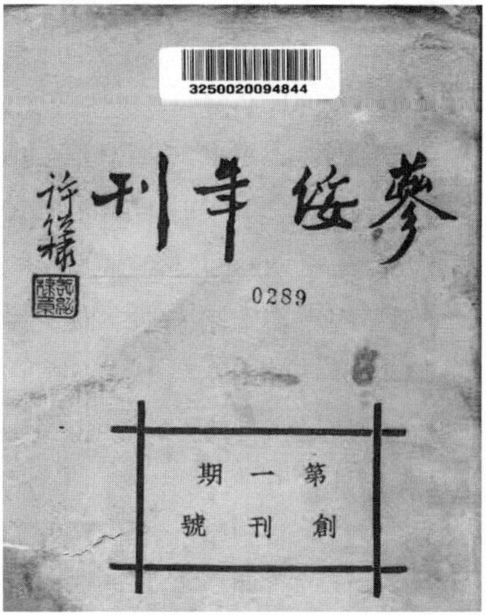

《蓼绥年刊》

夏鼐《醉乡琐志》书后

生先生，聚谈良久。梅氏贻以《蓼绥年刊》及所校姜准《岐海琐谈》一部。

十二月十八日 （五）

上午至府前街文华堂，翻阅瑞安杨绍廉氏之旧藏古书，闻此批书籍由其孙售出，售价五千三百元（关于小学及金石之学，现下仍在杨氏手中）。此批书籍中无特殊佳书，《五峰集》（永嘉诗人祠堂丛刻本），有杨绍廉氏之朱笔校注，已于昨日为洪欣（曲□）所购去；郑秉卿亦购去数十册，梅冷生为图书馆选书数十种，放在一堆，尚未取走。余曾选出汲古阁原刊本《香□》一册、清初雍正间修《雁山志》一册，皆以议价不合放弃，索价二十余元：只购得有黄绍箕校语之孙氏《永嘉郡记集本》一册、孙氏《九旗古义考》一册，计洋八元。下午阅《永嘉郡记集本》。

十二月十九日 （六）

旋至籀园，晤及董朴垞君，相偕至温中，承其惠赠《瑞中校刊》一册，以其中有其所作之《瑞安文风与温中》一文也。

一九四三年一月八日 星期五

阅毕伍译《泰西进步概论》（1—293 页），译笔涩难，但原书则殊值得一读。作图谱登记表。下午赴籀园阅报。

一月九日 星期六

阅郑鹤声《中国文献学概要》。下午至籀园阅书。

二月十三日 星期六

下午赴赵恕君处，旋至籀园图书馆阅报。返家闻祥第曾来访，用点心后即去。

三月十三日 星期六

下午赴籀园阅报。

三月十六日 星期二

下午赴小同处，以贤修太夫人去世，商酌合伙赙赠。旋赴陈叔平先生处执绋，晤及从前十中教师陈铎民先生及省立图书馆馆长孙孟晋先生，余即以中博院名义，接洽温州古甓及仲容先生遗墨问题。据云现下均尚保存，将来可以赠送或售卖与公共机关，此事待战事平静后再谈。后来与孙孟晋及梅冷生先生，赴蝉街方介堪先生寓所。访戴幼和家祥先生，乃清华国学研究所毕业同学，此次尚初度见面，谈至傍晚始返。

三月十八日　星期四

下午孙孟晋君来，谈及瑞安修志一事，谓以主持者各怀私见，执笔者多不尽不实，故退出修志局，在籀园时曾修有《温州备志长编》，收集清末以来之事迹，现已送浙江史料委员会。又谈及温州古甓，谓将来可以移购中央博物院。

四月二日　星期五

写毕新王国时期串珠全章，开始誊清。上午微雨，下午放晴，至籀园阅报。据闻昨日丽水又遭轰炸，一连三天，闻目的物为由温州运去的仓米，贮藏之祠堂被炸，米粒狼藉。

一九四六年四月十三日　星期六

返家午餐后，至籀园图书馆阅报。

四月十九日　星期五

上午赴世美巷二号，晋谒刘冠三先生，言及昨日专署谈话会关于王永山事件。旋余询及敬乡楼书籍事，据云《敬乡楼丛书》刊印本，每种原仅五百份，除赠送及售出者外，其余存于沪上宝山路黄宅，毁于火；至于所藏书籍，共四十箱，皆在温州，现寄存籀园图书馆，已缺少两箱（其中有《东莱博议》及《张文忠公全集》二书，为郭溪洪某所购去），现已草成书目，尚未付印云云。

四月二十日　星期六

晨间微雨，旋即放晴。至梅冷生先生处闲谈，约定下星期二至籀园观敬乡楼藏书，余略谈此次西北考察经过。旋即辞归。

四月二十三日　星期二

赴籀园图书馆，晤及梅冷生馆长，一观寄存此间之敬乡楼藏书，并借得叶嘉抡著《叶文定公年谱》（抄本）。闻孙琴西太仆亦撰有《年谱》，稿本藏于瑞安某氏，籀园有抄本，惜为孙孟晋氏所携去。又天一阁藏之弘治《温州府志》，籀园亦有抄本，惜亦为人所携去。余以此次西北考察之照相取出传观，馆员潘国存君及温中陈木庵君在座，观后闲谈一会，并借得《水心文集》及《年谱》，乃返舍。

四月二十四日　星期三

梅冷生及吴天五二君来。吴君乐清人，长于书法，与夏瞿禅氏比邻同居，来观余所携回之西北考察照相及唐碑拓片。旋同至谢磊明君处，谢君出外未归。余等观及其所藏之叶文定公墓砖，系绿釉瓷砖，釉面有百裂纹，颓残若空，已断为二，釉下刻槽有黑色篆书三行："大宋吏部侍郎 / 叶文定公之墓 / 淳祐十年吉立。"又有清代名人书札四册，则购于沪上。谢氏所藏金石书籍颇多，工书法，兼善刻印，亦吾邑一名士也。

五月五日　星期日

今日为还都庆祝，全城悬挂国旗，然未能有其他点缀。开始读《水心文集》，借籀园所藏《永嘉丛书》本转录孙琴西太仆之校注语者，过录一番。

六月三日　星期一

上午仍下雨，阅《永嘉县志》。下午雨霁，往访叶昌荫君，又至煜光处一谈，访沈炼之君未遇，至籀园阅报。

六月四日　星期二

上午至籀园还书，借得《瓯海轶闻》。下午在家阅读二卷。

六月五日　星期三

阅《瓯海轶闻》卷三及卷四。

六月六日　星期四

阅王明《参同契考证》及《瓯海轶闻》卷五。

六月七日　星期五

阅《瓯海轶闻》卷六。午间宴请叶啸谷、梅冷生、沈炼之、徐希焘诸君。席间叶氏谈及三十二年家居时，以梅氏住于南湖杨雨农祠堂中晒书，而杨氏之家住花柳塘，曾作"大雅春风花柳塘，伊人秋水杨梅庵。"后梅氏作一联以嘲叶氏昆仲："求田问舍非啸谷：贪泉酿酒乃廉夫。"梅氏又述及少年时曾作"天"、"发"诗钟："白雪满颠悲发短，青云无路恨天高。"今年仅五十一，而鬓发斑白，家境中落，郁郁不得志，前语不啻诗谶也。

六月八日　星期六

阅《瓯海轶闻》卷七。

六月九日　星期日

阅《瓯海轶闻》卷八。

六月十日　星期一

上午籀园图书馆潘国存君来谈，并借去北大《国学季刊》一册。在家阅《瓯海轶闻》卷九至卷十一。

六月十一日　星期二

在家阅《瓯海轶闻》卷十二至十六。

六月十二日　星期三

阅《瓯海轶闻》卷十七至二十。余森文专员已由处州来温。今日仍雨。

六月十三日　星期四

阅《瓯海轶闻》卷二十一至二十三。

六月十六日　星期日

阅《瓯海轶闻》卷二十四至二十五。

六月十八日　星期二

在家阅《瓯海轶闻》卷二十八至三十。

六月十九日　星期三

上午在家阅《瓯海轶闻》卷三十一。

六月二十一日　星期五

昨宵迟睡，今日精神萎靡。阅《瓯海轶闻》卷三十二至三十四。

六月二十二日　星期六

阅《瓯海轶闻》卷三十五至三十八。

六月二十三日　星期日

阅《瓯海轶闻》卷三十九。

六月二十四日　星期一

阅《瓯海轶闻》卷四十至四十三。

六月二十五日　星期二

阅《瓯海轶闻》卷四十四及五十五，已刊部分尽于此矣。取《永嘉县志》以互勘，颇多补正《县志》之处。惟亦有误抄处，如卷二十一，据《畿辅通志》卷七十《名臣传》所录之“育德崇尚理学”一条，实系育德弟旸谷之事，当由“果”、“杲”二字形近致讹。叔果（育德）系嘉靖庚戌进士，未至大名府。叔杲则系壬戌进士，曾出守大名，修天雄书院（此或由于《畿辅通志》误刊杲为果，琴西先生抄录时未加修正，遽编入叔果事迹中）。又有未加考证处，如卷四十二引《水心集》卷八“送朱相士”，知朱相士为平阳朱黼之族孙，而“不知何名”。肅按：朱相士名子文，戴栩《演川集》卷三，有七绝二首题“赠朱子文”，即和水心此诗也。刊刻讹字亦颇多。

六月三十日　星期日

校阅《岐海琐谈》卷一。下午赴籀园阅书，访叶啸谷君未遇。

七月三日　星期三

至籀园还书。《瓯海轶闻》。

七月十四日　星期日

下午至籀园阅书，晤及潘国存君，借得孙琴西校本《止斋集》一部。返家后，阅《永嘉县志》卷四。

七月十五日　星期一

持照相机拍摄与叶水心有关之古迹（慈山之坟、水心桥、文定祠）。琐事丛集，仅转抄《止斋集》孙琴西校语首二卷。

七月十六日　星期二

转录《止斋集》孙琴西校语卷三至十七。

七月十七日　星期三

下午转录《止斋集》孙琴西校语卷十八至三十四。

七月十八日　星期四

转录《止斋集》孙琴西校语卷三十五至卷四十。

七月二十日　星期六

将《止斋集》孙琴西校语转录完毕。

八月四日　星期日

上午赴籀园借书。

八月二十七日　星期二

阅《永嘉县志》卷二十八、二十九。赴籀园借书。

九月六日　星期五

阅《王介园存稿》卷十五至卷十八。至籀园借书，知明刊胡汝宁《雁山志》籀园亦有一部，为杨志林旧藏。惜亦仅余“艺文”一册，补板较余所得者多三、四页。

九月七日　星期六

上午至梅冷生馆长处，偕往访朱铎民先生。朱为章太炎之女婿，曾任甘肃财政厅长，现为华西副经理，告假在家，承示以所藏清末名人致黄漱兰父子之尺牍原信，及嘉定所得之新津出土汉石刻。返家后，阅《王介园存稿》附录。

九月八日　星期日

以籀园所藏之万历《雁山志》，与自己新购之《雁山志》相对照，共缺六页，乃影抄以补之，并作跋语一则。

九月十二日　星期四

上午赴籀园还书，改借数册。下午阅《永嘉县志》卷三十五及三十六。

九月二十五日　星期三

下午至籀园阅书，并介绍兰英侄女工作事，以梅馆长不在，又至梅宅一谈。阅章实斋《校雠通义》三卷。晚间飓风过境。（编者按，此前接洽永嘉县教育科多趟，介绍侄女到水木石小学任教未成。）

九月三十日　星期一

下午梅冷生馆长偕朱铎民镜宙先生来谈。晚间至六房，为介绍兰英侄女籀园服务事也。

十月十八日　星期五

至籀园阅书，借得金毓黻《中国史学史》。至温中，谒金嵘轩及陈铎民二先生。金先生约余下星期至温中讲演。

十月二十日　星期日

阅毕金毓黻《中国史学史》（1—329 页）。此书虽间有小误，大体尚不错。

十月二十一日　星期一

上午至籀园阅书，晤及潘国存君。

十月二十三日　星期三

赴籀园，梅冷生及潘国存皆不在馆。

十月二十九日　星期二

下午至籀图借书，遇及潘国存君。

十一月一日　星期五

上午屠白麐君来谈。下午至籀园借书。阅罗香林《唐代文化史研究》。

十一月七日　星期四

上午至籀园阅书。

十一月八日　星期五

上午赴籀园，遇及梅冷生馆长，闻杨志林藏书善本及金石、说文类书籍，其遗族急欲出售，梅氏拟往接洽，为籀园购获此批书籍，惟其中颇多与籀园藏书相重复，故征求私人与之合购，将复本全数让与之。余颇有意，惜自力限制于经济能力也。

十一月十三日　星期三

上午至籀园还书。至海关晤及叶焜君，托购船票。至刘景晨先生处辞行。

十一月十五日　星期五

至梅冷生馆长处接洽收购杨志林藏书事。至六房，谈兰英侄女职业问题，及集资助生活费事。

一九四七年一月十五日　星期三

至籀园，翻阅最近购进之杨氏藏书，闻以 90 万元成交，颇多善本之书，金石书籍颇多，午间始出来。

一月三十一日　星期五

至籀园阅报。下午写信致傅所长，报告行期。

五月二十五日　星期日

赴籀园晤及潘国存君，知梅冷生馆长仍在沪未返。

五月二十六日　星期一

潘国存君来，偕往应道观后巷菜园中，访“康氏累世尚义碑”，俗传为义犬坟，以碑阴旌义石碑磨泐不可识，故俗传遂有此误。碑为嘉靖间所立，碑阴则为成化年间物，王瓒撰文，季楷书丹，叶式篆额。

八月三日　星期日

上午陈穆庵君来，聚谈半日，留之午饭。饭后赴夫子庙泮池书店，为籀园图书馆购书，即请书店邮寄。

八月二十七日　星期三

今日为孔子诞辰放假。下午至泮池书店交涉籀园换书事。

八月三十日　星期六

下午赴夫子庙交涉为籀园换书事。又至国史馆宿舍陈穆庵先生处，同至街上购书。

九月二十八日　星期日

下午至陈穆庵先生处，同赴泮池书店交涉籀园购书事，幸得顺利解决。

十月二十六日　星期日

今日星期。至陈穆庵先生处，知籀园图书馆换书事仍未办妥，乃前往书店交涉，拣选了几部掉换的书，即令书店寄去。

一九四八年二月三日　星期二

下午与锄非君同赴双屿山，顺道访梅冷生先生。晚间祭灶。

二月四日　星期三

阅《旧唐书·本纪》卷一至卷三。下午赴籀园借书。今日还冬祭神。

二月二十二日　星期日

上午赴籀园还书，顺便至叶焜君处，并托之代购船票。晚间阅《旧唐书·本纪》。

十二月十六日　星期四

上午梅冷生先生来谈。闻谢磊明家于十一月七日失火，宝蕴楼所藏字画、碑帖尽归一炬，亦吾乡文化之一劫也。午后至邮局取书，由京中寄来五十包，其中四十八包已到，领取后开扎核对无讹。

十二月二十三日　星期四

赴籀园，获见谢磊明先生赠与馆中之叶文定墓砖及姜立纲石砚。

十二月二十四日　星期五

赴籀园阅报。下午在家，阅毕徐蔚南《中国美术工艺》（1—179 页）。

一九四九年一月六日　星期四

赴籀园阅报。至施德福医师处晚餐。

一月二十六日　星期三

今日精神不舒。下午至籀园阅书报。

二月一日　星期二

出门至永沣取款，以预备明日春宴也。归途至梅冷生先生处贺年，未遇。

二月八日　星期二

上午王则诚君来谈。下午梅冷生先生偕陈穆庵先生来谈，又偕往访刘景晨、吴天五、王志澄、刘祝群诸先生。返家时已傍晚矣。

二月十八日　星期五

继续剪帖图版及插图。此篇计图版六，插图九，此事告一段落。赴籀园阅报。叶云帆及叶正棪二君来访皆未遇。

二月二十四日　星期四

上午至浙南中学，晤及姜伯仙校长。归途赴籀园阅书。

三月十三日　星期日

上午沈炼之君来谈，下午整理《叶水心年谱》。赴籀园查书，晤及昌荫君，傍晚闭馆时出来，偕至黄宗石君，知已奉命返粤服务。

三月十六日　星期三

上午赴籀园，抄录籀园所藏之宋元圹志四种，皆未见著录者也。适张一纯君亦在此处查书。下午在家写信。

三月十九日　星期六

至籀园阅书，晤及潘耒野君，闻瞿溪潘国纲鉴宗之书，已允捐入籀园，有《四部丛刊》及《大藏经》。

三月二十三日　星期三

继续昨日誊抄工作。下午赴七圣殿巷薛补阙祠抄录薛叔似墓志。赴籀园，获睹新得之潘氏捐赠书籍，大部头书为日本弘教书院本《大藏经》，商务印《碛砂藏》，涵芬楼影印殿本《廿四史》、《四部丛刊》、《正谊堂丛书》、《武林掌故丛书》等。潘耒野君正在整理中。

四月十四日　星期四

赴籀园，为编《温州先哲现存书目》也。

五月一日　星期日

上午至永嘉中学调查现存之府庙碑石（下略）。旋与张君往谒梅冷生先生。返家午餐。

五月三日　星期二

赴籀园图书馆，校对新由县学移置之元代柳贯撰书之《重修县学碑》。此碑《东瓯金石志》亦收入，孙仲容氏按语谓：校以柳氏文集“又三年”脱“又”字，“令赵君”脱“令”字，“笃于自修”作“笃行自修”，然原碑皆未误，盖抄碑者之误，孙氏未能就原碑校之，可谓失之睫眉矣。又至张氏巷校《慕恩亭记》，《县志》所录颇多误字。又至张氏家庙，校对《谕敕碑》及《圣制诗碑》等。下午又至籀园翻阅书报。

五月八日　星期日

晨间上街阅报，知铅山、上饶已解放。遇及沈炼之君，偕之访叶昌荫君。闻第四团一部分退状元桥，瑞安并未收复，此次入城时机稍嫌过早，以叶芳知青年军有一师将乘空山轮来温，故提早起事。关于接收诸事，皆未有准备，重要人物皆未来城。三人相偕出来，店铺仍未营业，路上往来人众，有类旧历新年。午后学联会开欢迎大会，会后游行。余赴籀园阅书，遇及潘国存君，馆中开放阅览如常。

五月十日　星期二

至籀园，遇及潘国存君，谓已有人来接洽接收，嘱将反动书籍抽出，不再借阅。

五月十六日　星期一

各校都复课了。自己的写作生活也旷了十来天，今日又开始写《甘肃考古漫记》。下午赴籀园，晤及潘国存君。闻籀园将有人接受，梅馆长嘱早编书目，以便移交。

五月十九日　星期四

上午赴籀园阅书。返家见周邦基君来条，谓瓯海医院护士有空缺，乃赴六房告知兰香侄女。

五月二十日　星期五

上午赴籀园阅书。晚间有飞机盘旋市空颇久。

五月二十一日　星期六

上午赴籀园阅书。下午至永嘉中学，晤及张一纯君，闲谈一会儿，同出至墨池坊，访瓯隐园（即明玉介园）遗址。

五月二十四日　星期二

连日温城逮捕战犯及特工已达二三百人，叶蕴辉、邱鸣和等国民党重要分子皆已自首。籀园潘国存君因在瓯中代理“托派”黄禹石君之功课，今日亦被逮捕。军管会下令将各巷口所设立栅栏门皆加拆除。

五月二十五日　星期三

赴籀园晤及梅馆长，闻潘君仍未释放。下午军管会通知城区诸地主，集会于普安局，为摊派军粮也。

六月四日　星期六

报载青岛已解放。上午王则诚君来借去《集刊》十八、十九两册。下午赴籀园阅书。

六月十一日　星期六

上午叶昌荫君来赴瓯公，遇及谷寅侯校长，谈及锄非劳作费事。出来后赴籀园阅书，出来遇及张一纯君，至永嘉中学小坐。下午在家阅书写文章。

六月十六日　星期四

下午赴籀园阅书。

七月六日　星期三

上午赴籀园阅书，已于六月二十八日接管，派有军事代表林大奇君，闻系暨大毕业。

七月十八日　星期一

将《甘肃考古漫记》中《佛爷庙墓地之发掘及收获》一节写毕。下午赴籀园阅报，航运不通，沪上之《解放日报》及《大公报》，仅寄至七月七日为止。

七月二十二日　星期五

赴籀园阅报，知上海私立大学已开始招生。返家后知素琴同学数人，拟结伴于二十六日以前起程赴杭投考。

八月七日　星期日

至籀园借书。收到向觉明来信，促我北上。

八月二十一日　星期日

上午赴籀园还书。今日起开始阅《仪记注疏》，拟日尽一篇。

八月三十日　星期二

校阅张一纯君之稿，摘出错误之点数处。下午至籀园阅报。

九月六日　星期二

下午赴籀园阅报。返家后，知中研院汇来二十万元，大概作为旅费之用，余托方逊年君代为退还。

九月十四日　星期三

胃病又发，身体不舒。傍晚至地政处，旋至籀园阅报。归途至杨慕衡君处，约作伴赴杭。

九月十九日　星期一

上午至籀园阅报。归途访杨杰君，未遇。

九月二十一日　星期三

晨间七时既有空袭警报。今决定将《甘肃考古漫记》作结束，将来有暇续写。拟开始预备讲义，以便将一部分参考书留放家中。上午至瓯公，晤及叶正钦君，又至籀园阅报。

九月二十四日　星期六

下午赴籀园阅报。

九月二十六日　星期一

晚间拟赴董朴垞君处，中途遇雨，在梅冷生先生处闲谈，借雨伞返家。

九月二十七日　星期二

昨日下雨后，天气骤凉。上午将雨伞送还与梅先生。至府前维新号，取回董朴垞君所写之墓碑，其中一纸不合用。下午又去请他重写一纸，并闲谈一会儿。

一九五〇年二月十日　星期五

送信与梅冷生及张千里先生，以张、杨二君之托也。返家写信给杨杰及吴定良二君。（按，二君似指杨杰、张慕骞二君）

二月十二日　星期日

至籀园，晤及潘耒野君。

二月二十三日　星期四

下午至籀园，遇及梅冷生先生，闻陈木庵先生已返温，往访未遇。

三月三日　星期五

阅周谷城《世界通史》第一册。上午至籀园。

三月四日　星期六

梅冷生、潘耒野二君来，偕往海坛山杨府庙，访元丰三年赵屼作碑之残石。梅先生拟移置之于籀园，与庙中主持者郭景汾君接洽。

三月二十八日　星期二

下午至永沣，则谷寅侯、陈剑生、梅冷生等皆在座，颇似一法国之沙龙座谈会。

四月二十五日　星期二

下午至籀园阅书，遇及潘耒野、董朴垞二君。

五月三日　星期三

至地政处申请更正大哥地价税为162万，相差几达20万。又出售之屋，朱林淦一坵转让与林阿池，托余至地政处更正复丈结果。顺便至籀园阅报。

八月七日　星期一

至永沣钱庄，晤及叶昌荫君。返家后，秀庵君在家等候余，留之午饭。饭后闲谈。赴籀园，途中遇梅冷生及谢磊明二先生。偕梅先生至籀园，与梅、潘二君闲谈，傍晚始返家。

八月十七日　星期四

上午至籀园借书，遇及潘耒野君。下午阅M.Boule，*Fossil Man*［布尔：《化石人类》］。

八月二十六日　星期六

上午董朴垞君来，新由杭州返里，谈及组织温州文物委员会，偕往籀园访梅冷生先生未遇。

一九五二年九月三十日　星期二

上午赴温工，晤及锄非、立人及叶岑君，又至籀园访梅冷生馆长，未遇。

十月一日　星期三

今日国庆日。傍晚赴县学前观展览会，遇及梅冷生先生。稍谈后，赴第一桥，至金校长家中，遇及金嵘轩先生及志庄君，王祥弟君亦在座。

十月九日　星期四

上午黄国定君来谈，即新租住室之房客。下午赴籀园，遇梅冷生先生，并稍观新没收诸家之书，以瑞安张慕骞君9000余册，永嘉王希逸4000余册，戴幼和3000余册为最多。

十月十日　星期五

午间梅冷生先生来，邀后日文物保管委员会开会。写信复梁先生并续假二星期。

十月十二日　星期日

下午赴籀园开温州市文物保管委员会，由梅冷生先生主持，出席者有张一纯、方介堪、陈逸夫等，梅冷生先生报告一年来之工作，讨论修理江心寺及叶水心墓等事，最后由余报告中央关于文物保护之政策，及解放以来之考古工作。

十月十三日　星期一

下午冒雨与梅冷生、张一纯、方介堪诸君至慈山，访叶水心墓，已被铲平。绕道海坛山返家。继续校改郭译《美术考古发现史》。

十月二十日　星期一

下午至籀园，知阅览室已于前日迁入石板巷黄宗石新屋中，梅馆长与林醒民君正在整理书籍。出来后，至瓯公，遇及叶正钦及俞成泮二君，闲谈一会儿，至石板巷新辟市立图书馆阅览室阅书。

一九五六年十月八日　星期一

苏醒石表叔来谈。梅冷生、方介堪二先生来谈，并约明日赴江心寺参观文管会陈列室。

十月九日　星期二

今晨微雨，江心之游作罢。上午苏醒石先生来，偕往沧河巷市立图书馆访梅冷生先生，未遇。无意中晤及汪远涵同志，正来借书。

十月十日　星期三

上午接梅冷生馆长来信，谓因今晨往工商联听报告，江心寺之游改为明日，微雨亦可往，孤屿秋光大好也。苏醒石先生来约明日游江心寺。

十月十一日　星期四

今日又雨。吴洗凡先生来，携来七律一首："侵晓浓阴未破时，江游胜侣尚迟迟。青山列几宜招饮，白石生辰合赋诗。姚景石结社大梁，尝以九月八日为白石老仙寿。异域接归人考古，君方自法归。故园秋好菊含滋。几回夏里尝相访，风雨鸡鸣最系思。右小诗写似郢政，丙申九月八日吴洗凡俶稿，时年七十又一。冷生、介堪约同赴江心，起身之晨作，奉怀夏作铭同志。"浙江文管会周中夏同志来访，系第二届训练班学员。苏醒石及梅冷生先生亦来，时阴雨未霁。下午闻有六级风，但仍决定前往。经西门，吕灵士同志加入一起渡江，方介堪及吴兆英同志在江北迎接，至江心寺小坐，新收得晋咸宁朱景妻买地券。参观陈列室，以新石器时代物及六朝磁器为最出名，三代铜器无精品；六朝造像乃戴夷乘所捐赠，乃是赝物；宋瓷龙泉窑亦为平常品；平阳钱仓塔中所出之五代天福写经，为敦煌写本之外所罕见之物。名人字画，乡贤真迹颇可贵，外地名家除近人外，恐多不可靠。温州市文物处郁宗鉴处长亦来，并约来《温州日报》摄影记者拍了几张照相。午间设宴招待。饭后游文天祥祠、浩然楼及兴庆寺，最后参观烈士纪念祠。以恐风浪午后加猛，提前渡江返城。

十月十二日　星期五

傍晚梅冷生先生来约下星期一在市立图书馆座谈。

十月十四日　星期日

今日放晴。上午民盟温州市委会举行第一次科学讲座，请我向盟员及一部分中学历史语文教师作有关历史文物问题的学术报告。下午返家后，冯真、吴友三同志来谈，谢磊明、梅冷生、方介堪三先生亦来谈，至傍晚始去。

十月十五日　星期一

午后赴市立图书馆参加座谈会，系市文管会及图书馆召集，由梅冷生先生主持，出席者有金嵘轩、方介堪、谢磊明、汪远涵等三十来人。下午二时开始，五时三刻始毕，报告关于中央文物政策，列宁图书馆情况及图书馆方针编目，文管会及博物馆问题，最后解答问题。

十月十六日　星期二

上午至图书馆，晤及方介堪同志，知朱伯谦同志由杭州来，拟下午来看我。偕梅冷生先生至石坦巷书库，关于温州先哲遗著又有增加。

十月十八日　星期四

午间梅冷生先生来，约下午至石坦巷市立图书馆书库。饭后至大哥家，将祖父母真容加以翻照。旋至梅冷生先生处，获睹薛应旗重编的四卷本《高士传》、宋平子手稿、明末卢若腾《留庵文集》等。又偕至松台山散步闲谈，至华大利用餐。

十月二十日　星期六

整理图书，预备邮寄。午后梅冷生先生来。

十月二十三日　星期二

上午整理藏书，将集成版“廿四史”共400册赠送市立图书馆，守钦、守元来协助，捆30包。今晨有二家旧书铺前来接洽，购买不要的旧书。苏醒石先生来谈。下午岳母来，姬妹来。赴民盟支部访金嵘轩先生，谈及温州师专及保护文物事。又至王祥第同志处，约之明日前来拣去要用的书籍。晚间在家写了几封信。

十月二十四日　星期三

上午少兰姊夫来，陈德煊同志来，梅冷生先生来，为籀园选拣书籍。午后联合古旧书店来，拟收购剩余的书籍，洽价未妥，约明日再来。

十月二十五日　星期四

上午联合古旧书店来，购去所余书籍，计 50 元，连书橱一个计 63 元。据籀园所藏温区先哲著述，以校补《温州经籍志》。邮寄书籍又 26 包，计 35.51 元，连前日邮寄共计 84.99 元。

十月二十六日　星期五

上午秀君收拾行装，籀园图书馆取去赠书。正用晚餐，谢磊明、周孟由、梅冷生、苏醒石诸先生约出来，在仓桥大鸿楼共进餐。

十月二十七日　星期六

上午继续校补《温州经籍志》。午后行李送运，共七件，由温赴金华，共计 9.41 元。方介堪、梅冷生、郁家鉴三同志来，送来龙泉县最近拆塔时出土的唐代写经（乾宁四年《太上洞玄灵宝无量度人上品妙经》）。将钱币及书画赠送给文管会。

十月二十八日　星期日

今晨三时余大嫂即来送行，起身洗脸后，于四时余由家中动身，没有车子，步行前往（由仓桥出发来送者，有大哥、大嫂、岳母、守钦、守元、仲仙，在路上遇及大姊及姬妹，秀琴、月秋）。至车站，梅冷生先生已来，苏醒石表叔、王祥弟同志、仲光堂兄、诸声鑫表弟等来送。五时四十分开行，由车中外望，尚看到晓初堂兄及冯真同志来参加送行。中午抵丽水，下午四时半抵金华，梅冷生先生在车中吐了好几次，我因为胃病的关系在车中（永康、金华之间）也吐了一次。抵金华，住浙东旅社，一进去后，又人吐一次。晚间胃病仍作痛，今日除了几片苏打饼干之外未食他物，晚间喝二碗牛奶。

十月二十九日　星期一

晨间六时许将行李七件交运，六件送北京，一件送上海，计 51.12 元。7 时 23 分火车开行，车中阅 Seton Lloyd，Ancient Anatolia［西顿 · 劳埃德：《古代安纳托利亚》］。中午 12 时 8 分抵杭州，决定下车住一天，下榻清泰第二旅馆。出来进餐后，送秀君赴杭州化工学校张立人处。我回来后，将行李提单寄给正暄。梅先生赴浙江师范学院，据云夏瞿禅先生赴武汉，张慕骞先生赴苏州，沈炼之先生开会去了。

十月三十日　星期二

晨间 7 时 40 分由杭州动身，立人表弟及素娥来送，下午 1 时 17 分抵上海。

下车后雇三轮至汉口路，找到旅馆，都是客满。梅先生去宣和印社找到方去疾先生，将行李暂寄印社，已三时许。至建国酒家用点心，同时设法找到孟渊旅舍一房间（217号）。安顿好后，又雇车至淡水路三房。我赴上海图书馆，晤及王育伊同志，约定明日再来。

十月三十一日　星期三

晨间呼车至宣和印社，偕梅冷生先生至上海图书馆，将梅先生介绍给王育伊同志。我自己先回来，至福州路第五联合诊所疗治，据云十二指肠溃疡已复发，开了药水及药粉。返旅舍即卧床休息，仅饮牛奶。晚间梅先生来，托之送信给正寅侄，后来梅先生来说，正寅今晚夜班，明晨八时许来访。

十一月二日　星期五

上午偕秀君赴上海博物馆参观。午餐后至宣和印社晤及梅先生，赴大光明看电影《花木兰》。返舍休息，车票尚无消息。

十一月三日　星期六

上午陈淮同志来，为干部学校购书及购仪器来沪也，稍谈一会。余即赴福州路第四医院看病，归途顺便至古籍书店及旧籍书店回视一周。返舍，知车票已送来，下午四时即可离沪。至宣和印社，梅先生不在，留言告别。

十一月九日　星期五

晨间梅冷生先生由上海来，即借宿自家。晚间院中迎新会首都剧场话剧，戏票即转让与梅先生。

十一月十一日　星期日

上午校阅《历史研究》寄来的两篇文章，梅先生的孙子明杰（光春，在钢铁学院）及陈湛如来看梅先生，即在自家午饭，饭后他们出来。我午睡后赴东安市场购物。晚间与梅先生闲谈。连日胃病未愈，精神不佳。

十一月十七日　星期六

今日下雪。上午梅冷生先生来所参观图书室，下午参观院部总图书馆。中午偕他去东来顺吃涮羊肉，大概是由于吃得多了，晚间胃病作痛，呕吐了几次，一夜不能安眠。

十一月十八日　星期日

上午梅先生的外甥叶正乐（在铁路局工作）来访，即在我家用午膳。晚间与梅冷生先生闲谈，梅先生今天已购定车票明晚离京。今天他整天在中国书店翻书及购书。

十一月十九日　星期一

赴医院治病，晤及张铁铉同志，来疗治血压过高症，顺便询问介绍梅冷生先生参观北京图书馆事。午后介绍梅先生去参观北京图书馆。晚间送梅先生上车南返。

一九五七年二月五日　星期二

下午梅冷生先生之孙由钢铁学院来，谓进城看病，借去十元。张国熊太太偕其女公子来，都是同乡，新年贺年未能免俗。

三月三十日　星期六

下午至西单商场附近之鼎古堂，为梅冷生先生寻求《清词玉屑》，据云已售罄，在商场旧书摊一转，至东四七条宿舍访王明同志，这两天也以重感冒，请假在家。

一九五八年十一月二十日　星期四

下午写信给大哥及梅冷生先生。

一九六〇年一月八日　星期五

晨间梅冷生先生之孙明杰，由温州来京复学，送来信函一封、瓯柑一篓、《宋赵昌离圹志》等二份，留之午饭，饭后始去。

六月七日　星期二

下午同乡梅明杰同志来访。

七月十日　星期日

下午赴中国书店，为温州市图书馆购书事。傍晚同乡吴益三夫妇来谈。

七月十一日　星期一

午后至中国书店，询问温州市图书馆购书事，即复信给梅冷生馆长。

一九六一年二月二十日　星期一

梅明杰同志来自家贺年，我以上班，未遇。

一九六二年一月二十五日　星期四

晚间拍一回电给梅冷生馆长，转告接洽请人为孙诒让先生遗著遗物展览会题词事也。

一月二十六日　星期五

中午将温州市图书馆的信及宣纸送到顾颉刚先生处，才知道他尚在广东未返，留下一字条。

二月二十七日　星期二

晚间梅明述同志来，因即赴上海实习，家款未到，借去 20 元。

五月七日　星期一

素娟内侄女明日返里，今天上午来我家，以其医院离城过远也。取瑞安许刻本《真腊风土记》以校《古今说海》本，拟即交素娟带回温州交还给温州市图书馆。晚间预备明天去北大的讲演稿子。（按，李素娟供职于中医研究院附属医 院）

六月一日　星期五

上午赴所，途中遇及李素娟内侄女由温州返京，肩挑两个大提包，多是别人托带的东西。我到所后，审查赴日考古图片展览的照片，所中同仁如苏秉琦、安志敏、佟柱臣、王伯洪等也一起商量。审查毕后，我提前返家，偕秀君及素娟一起至华侨大厦的大同酒家用餐。素娟谓归途至金华车站候车入睡，被人偷去手提

夏鼐赠苏路熙作品

包一个（我托她带给温州图书馆的许刻本《真腊风土记》即在其内）。

九月二十三日　星期日

梅明杰同志来，谓日内即分配南下，借去25元。

十一月五日　星期一

接梅冷生先生来信，拟来京游览，去函表示欢迎。

十二月十六日　星期日

写信复梅冷生先生，并寄去苏惠廉夫妇著作二册。

一九六三年六月五日　星期三

上午治疗。去理发。返室，得家中来信并附来梅冷生先生一函，介绍许铁生同志。秀君云，许同志前日礼拜天曾来过自家。

六月十五日　星期六

赴东安市场及王府井大街购书。楷儿来，谓同乡许铁生同志来访，遂返家。铁生系许漱玉先生之庶子，在上海京剧院工作，此次来京参加编剧作家学习，据云主要系如何贯澈反封建精神。又谓灏玉先生已八十四岁，近由沪返温；马公愚先生之父温州耆宿马秀眉（兰生）先生今春去世，享年九十六岁；郑剑西先生已于一九五七年去世，亦在上海京剧院工作，即许铁生君之师傅，享年约六十岁。谈话颇久，辞别时还说月底离京以前，再来会谈一次。

一九六六年一月二十一日　星期一

晚间与秀君、炎儿一起去正中侄家，因玉琴侄女返里，送她水果、糖果、核桃肉等路上吃，并将显微照片托她带交梅冷生。

一九七四年十月二十日　星期日

下午任梓良夫妇及其女来访，携来梅冷生先生一信及虾尾一包。

十一月二十四日　星期日

上午在家读梅冷生先生的《劲风楼诗集》及《桃花诗》。

一九七五年四月十三日　星期日

温州一中语文教员黄立中来，携来梅冷生和胡福畴的信，及胡的《叶水心传》一文，并附有一诗。

一九七六年七月二十八日　星期三

接温州来电，知梅冷生先生已去世，到邮局拍一唁电。途中遇雨，今天继续有余震。

八月十一日　星期三

今天在家休息。接王祥第由温州来信，谓梅冷生（雨清）于七月二十二日去世，享年八十一岁。七月三十日开追悼会，会上有我和王栻等唁电、挽联三十多对。晚宿棚中，夜间有小雨。

一九八一年三月十七日　星期二

上午赴所，写了几封信。返家，遇及任志良先生，五年前由梅冷生先生介绍，曾来访问过我，乃温州文人，能诗词，已七十五岁，去年丧偶后来京住其女儿处。留之午饭。午后偕之赴所，拟取《王海髯诗词集》，遍觅不见，允找到后寄给他。

八月二十四日　星期一

晚间，同乡陈冰原同志来，送来任梓良先生一函及《劲风楼酬唱集》二部，他是温州师院副教授。

一九八二年六月十七日　星期四

今天下了几阵雨。写信给魏忠及张宪文（皆在温州）。

十月十三日　星期三

赴江心寺游览。市文物保管会周笃同志来接我及秀君、秀莲到沧河巷图书馆。少顷，叶云帆、苏渊雷、林镜平、任梓良、王敬身等老先生，及王祥第、缪天荣二同志亦来，至朔门公安码头过江至江心寺。已十年、八年未来此，孤屿仍媚江中心。（下略）

一九八三年八月二十七日　星期六

阅温州寄来《劲风阁遗稿》（梅冷生遗著），为胡福畴同志所编。

一九八四年九月二十三日　星期日

写了三封信（张宪文、王祥第、唐云明）。

十一月八日　星期四

下午在家，写了几封信（易漫白、侯灿、林之满、张宪文、中国教育报）。

十二月六日　星期四

上午赴车站接守元内弟及其妻舅张宪文来，即住自家。晚间将夏承焘《天风阁学词日记》翻阅一过。

十二月十四日　星期五

上午偕守元内弟及张宪文赴北大访李素娟及其母。我赴宿白同志处，一面探疾，一面谈考古所与北大考古学系合作事。

宋王忠文公文集第一卷
知樂清縣事楚南後學唐傳鉎人岸重編
邑後學進士楊森秀清會校
御試策
問蓋聞監于先王成憲其永無愆遵先王之法而
過者未之有也仰惟祖宗以來立綱陳紀百度著
明細大畢舉皆列聖相授之模爲萬世不刊之典
朕纘緒丕圖恪守洪業凡一號令一施爲靡不稽
諸故實惟祖宗成法是憲是若然晝一之禁賞刑
之具猶昔也而奸弊未盡革賦斂之制經常之度
猶昔也而財用未甚裕取士之科作成之法猶昔
宋王忠文公集　卷之一

《王梅溪集》

十二月十五日　星期六

下午在家。雪愈大。傍晚偕张宪文往访王则诚同志。晚间，王则诚同志回访，与张宪文闲谈，谈到十时。

十二月十八日　星期二

上午赴所（中略）。下午在家，张宪文将我在《温州经籍志》及《东瓯金石录》的眉注过录在他的本子上。晚间送他与守元内弟上火车南返。他们是六日来京的，在自家住了十二天。

一九八五年一月十日　星期四

下午在家写了两封信（广武陈可卿、张宪文）。

（《夏鼐日记》，华东师范大学出版社 2011 年 8 月版；《夏鼐日记·温州篇》，华东师范大学出版社 2013 年 8 月版，并承王世民先生提供帮助）

编后记

明年五月，温州图书馆喜迎百年华诞。温州公共图书馆事业从籀园起步，走过了不平坦的道路，前辈们筚路蓝缕，薪火相传，取得了可歌可泣的业绩。

籀园百年，我们重新出发。传承前辈精神，重温百年历程，纪录与总结图书馆在城市社会建设中的作用与经验，是题中应有之义。

各界读者既是我们的服务对象，也是图书馆事业的合作者、参与者和见证人，主体部分理所当然是诸位读者的文章。此前七十、八十、九十周年馆庆，我们先后出过《七十春秋录——温州市图书馆馆庆纪念集》《温州市图书馆建馆八十周年纪念集》《温州市图书馆九十周年纪念集》，分别收入读者回忆文章十七篇、十八篇、十四篇，这次“读者编”集中收录社会各界人士的六十五篇文章，份量比较厚重，十分合适。其次是馆友编，收入新老馆友文章三十篇。加上日记编一组五家，三者合计，共一百篇，合百年之数。

读者编，分六组，前面四组，每组十篇，第五组十一篇，最后一组十四篇。第一组，不管是阐述图书馆的职能与使命（“文脉的建构者”），探讨图书馆与文澜阁的历史渊源，还是回顾图书馆与地方学术事业的密切关系（以《汉语大词典》《温州文献丛书》《温州方言文献集成》《温州市图书馆藏日记稿钞本丛刊》《温州通史》等为代表），乃至《温州读书报》的连续发行、籀园讲坛的不断举办、城市书房的应运而生，从各个方面从不同领域，浓墨重彩，清晰地记录了图书馆事业发展的轨迹，留给我们许多有益的启示。第二组，则从不同的历史阶段展示图书馆与图书馆人的精神风貌。第三第四第五组，均抒写作者与图书馆的情缘，只不过前一组作者以天南海北的师友为主，第四组则出自本籍学人之手，第五组的作者也是本籍学人，文章侧重于反映图书馆对他们学术成长的影响。第六组的文章，除殿后的张学义先生一篇，其余选自《七十春秋录》《温州市图书馆建馆八十周年纪念集》《温州市图书馆九十周年纪念集》等三本纪念集，文字一般不作改动，以存其真。

馆友编，十篇一组。第一组是旧文新编，其中前四篇作者为我们的老馆长王毓英、刘绍宽、孙孟晋、梅冷生先生。刘先生的《籀园笔记》原载《瓯风杂志》，时隔八十多年，全文重刊，以便读者了解籀园图书馆藏书建设的经过与得失。孙先生的文章《二十年来之籀园图书馆》，原载《浙江省立图书馆馆刊》第四卷第三期，当初收入《七十春秋录》时，略去原注二十一条，鉴于注释文字包含不少历史信息，这些注释保留为宜，此次自然予以恢复。梅先生的文章，则查对底本《籀园月报》，做了必要的订正。需要说明的是，四九年之前的老馆长，不止以上四位，可惜严琴隐、姚平子、王希逸三位未留下相应的回忆文章，只好付之阙如。好在他们任内的事迹，刘绍宽的《籀园笔记》，张棡、符璋等人的日记，叶永烈先生的新著，各有不同程度的反映，差堪告慰。第二组中，旧文七篇，新稿三篇。其中，郁宗鉴先生《回首十年浩劫中的市图书馆》初稿发表于《七十春秋录》，后来作者又做了较大的补充，篇幅增加一倍，刊于《温州文史资料》第十一辑，我们依据后者收入。陈锡仁与陈寿楠两先生的文章均选自《籀园》馆刊，陈瑞赞兄回忆古籍部前主任张宪文先生的文章，则选自《温州日报》副刊。第三组的作者，既有退而不休的老馆友，也有精神饱满的新同事，还有依依不舍调离图书馆的两位前同事：陈伟玲、邵余安。伟玲、余安两人的文章，与郑张尚芳先生的回忆一样，饱含深情，读来感慨不已。籀园“爱乡爱才爱书”的传统，在他们三位身上，得到了完美的诠释。

最后一组是日记编，从张棡、符璋、刘祝群、夏承焘、夏鼐五家日记中，辑录他们与籀园（温图）、籀园（温图）人交游的内容，特别是关于籀园前期活动的记载，生动而珍贵，足以佐证籀园不愧为近代温州的学术摇篮。

经过三个半月紧锣密鼓的工作，《籀园芳馨——温州图书馆百年馆庆文集》终于编选完成了。在组稿与编辑过程中，我们得到了社会各界的热烈响应与积极支持。短短的两个半月时间，新约稿共收到五十篇，有的作者反应神速，动作敏捷；有的作者郑重其事，考虑周到；还有的作者三易其稿，不厌其烦：无不令人感佩。两篇未采用，作者给予充分的理解。这四十八位作者中，上海、杭州各五位，北京、南京各四位，山西、河北各一位，其余二十八位均为温州本土的学人。北京王世民先生、杭州路伟先生，则为附录的编选提供方便。旧稿里面有二十篇文章，由古籍部王昀打字；图片扫描，王昀也出了大力。对一如既往给予帮助的诸位师友与同事，谨此表示衷心的感谢。

总结是为了进步和提高。百年馆庆之际，读者朋友的文章难免溢美之词，我们应该清醒地看待，意识到自身的不足，姑且把大家的鼓励、点赞化作我们前行的力量吧。

卢礼阳
2018 年 7 月 16 日起草，7 月 20 日修改

附记

按合同规定交稿之后，书稿又有调整。口述一组五篇不再收入，新约了几篇，次序相应更动。读者编六十五篇、馆友编三十篇、日记编五题，合计一百篇。因而给出版社的同仁增添不少的工作量，借此机会表示真诚的歉疚和感谢。

编者
2019 年 1 月 15 日

图书在版编目(CIP)数据

籀园芳馨:温州图书馆百年馆庆文集/温州市图书馆编. —上海:上海书店出版社,2019.5
ISBN 978 - 7 - 5458 - 1799 - 7

Ⅰ.①籀… Ⅱ.①温… Ⅲ.①图书馆史-温州-文集
Ⅳ.①G259.275.53 - 53

中国版本图书馆 CIP 数据核字(2019)第 075303 号

责任编辑 杨柏伟　何人越
封面设计 汪　昊

籀园芳馨:温州图书馆百年馆庆文集
温州市图书馆 编

出　版 上海书店出版社
(200001　上海福建中路 193 号)
发　行 上海人民出版社发行中心
印　刷 江阴金马印刷有限公司
开　本 710×1000　1/16
印　张 34.5
版　次 2019 年 5 月第 1 版
印　次 2019 年 5 月第 1 次印刷
ISBN 978 - 7 - 5458 - 1799 - 7/G · 145
定　价 120.00 元